Kohlhammer

Behinderung, Bildung, Partizipation
Enzyklopädisches Handbuch der Behindertenpädagogik

Herausgegeben von
Iris Beck, Georg Feuser, Wolfgang Jantzen, Peter Wachtel

Gesamtherausgeber:
Wolfgang Jantzen

Band 5

Iris Beck/Heinrich Greving (Hrsg.)

Lebenslage und Lebensbewältigung

Verlag W. Kohlhammer

1. Auflage 2012

Alle Rechte vorbehalten
© 2012 W. Kohlhammer GmbH Stuttgart
Umschlag: Gestaltungskonzept Peter Horlacher
Gesamtherstellung:
W. Kohlhammer Druckerei GmbH + Co. KG, Stuttgart
Printed in Germany

ISBN 978-3-17-019634-6

Vorwort der Gesamtherausgeber

Das Enzyklopädische Handbuch der Behindertenpädagogik „Behinderung, Bildung, Partizipation" ist ein Lexikon in Stichwörtern, die jedoch nicht alphabetisch, sondern thematisch in 10 Bänden strukturiert wurden. Insgesamt wurden ca. 20 Haupt-, 100 mittlere und 300 kleine Stichwörter erarbeitet. Sie suchen zum einen in ihrer Gesamtheit einen Zusammenhang des Fachwissens herzustellen, in dem jedes Stichwort und zugleich jeder Band verortet ist. Zum anderen aber bilden die Einzelbände aufeinander bezogene thematische Einheiten. Somit ist das Gesamtwerk in zwei Richtungen lesbar und muss zugleich auch so gelesen werden: als Bestand aufeinander verweisender zentraler Begriffe des Fachs zum einen und als thematischer Zusammenhang in den Einzelbänden zum anderen, der aber jeweils auf die weiteren Bände verweist und mit ihnen in engstem Zusammenhang steht. Dementsprechend wurden Verweise sowohl innerhalb der Einzelbände als auch zwischen den Bänden vorgenommen, wobei einzelne Überschneidungen unvermeidbar waren.

Der Anspruch, das Gesamtgebiet der Behindertenpädagogik darzustellen, kann angesichts der Differenzierung und Spezialisierung der Einzelgebiete und ihrer schon je komplexen Wissensbestände nicht ohne Einschränkung vorgenommen werden. So ging es uns nicht darum, diese Komplexität aller Theorien, Methoden, Handlungsansätze und Einzelprobleme in Theorie und Praxis einzufangen, sondern den Wirklichkeits- als Gegenstandsbereich der wissenschaftlichen Behindertenpädagogik hinsichtlich seiner konstitutiven Begriffe, Aufgaben und Problemstellungen zu erfassen. Dabei sollte der grundlegende, auf aktuellen Wissensbeständen beruhende und der zugleich erwartbar zukunftsträchtige nationale und internationale Forschungs- und Entwicklungstand im Sinne einer synthetischen Human- und Sozialwissenschaft berücksichtigt werden. Reflexives Wissen bereit zu stellen ist also die wesentliche Intention. Dies gelingt nur, wenn aus anderen Wissenschaften resultierende Forschungsstände und Erkenntnisse möglichst breit und grundlegend verfügbar gemacht werden. Aufgrund der komplexen biopsychosozialen Zusammenhänge sowohl von Behinderung als auch von Persönlichkeitsentwicklung und Sozialisation müssen das gesamte humanwissenschaftliche Spektrum Berücksichtigung finden und insbesondere Philosophie, Psychologie und Soziologie, aber auch Medizin und Neurowissenschaften einbezogen werden. Gerade der neurowissenschaftliche Bezug, der selbstverständlich äußerst kritisch betrachtet wird, ist notwendig, um gegen neue Formen der Biologisierung die entsprechenden Argumente für Vielfalt und Differenz auf jeder Wissenschaftsebene, also auch auf der neurowissenschaftlichen, in die Debatte führen zu können. Vorrangig mit Blick auf die disziplinäre Verortung ist jedoch die Erziehungswissenschaft, Behindertenpädagogik ist eines ihrer Teilgebiete.

Für die Konzeption ist ein Bildungsverständnis tragend, das Bildung als Möglichkeit zur selbst bestimmten Lebensführung, zur umfassenden Persönlichkeitsentwicklung und gesellschaftlichen Teilhabe betrachtet; mit Wolfgang Klafki: Entwicklung der Fähigkeiten zur Selbstbestimmung, Mitbestimmung und Solidarität, entwicklungspsychologisch mit Wolfgang Stegemann als Entwicklung auf höheres und auf höherem Niveau. Die erziehungswissenschaftliche Begründung von Bildungs- und Erziehungszielen muss über gesellschaftliche Erwartungen, wie sie sich in Forderungen nach einem Wissenskanon als Zurüstung auf die berufliche Eingliederung niederschlagen können, notwendigerweise hinausreichen und die Lebensbewältigung insgesamt umfassen. Bildung und Erziehung eröffnen Optionen für die Lebensgestaltung, und das bedeutet, die eigene Identität nicht nur schicksalhaft oder einzig von außen determiniert zu erleben, sondern auch über Möglichkeiten der Selbstverwirklichung und der Auswahl von Handlungsmöglichkeiten zu verfügen, Zwänge und Grenzen ebenso wie Handlungs- und Veränderungsmöglichkeiten erkennen und nutzen zu können. Nicht in jedem Fall, in dem diese Möglichkeiten nicht per se aufscheinen, ist diese Problematik begrifflich quasi automatisch mit Behinderung zu fassen. Umgekehrt heißt Bildung aber auch, solche Strukturen und Prozesse zu gestalten, die „Bildung für alle, im Medium des Allgemeinen", unabhängig von Kriterien, ermöglichen. Behinderungen im pädagogischen Sinn liegen dort vor, wo die Teilhabe an Bildung und Erziehung gefährdet oder erschwert ist oder wo Ausgrenzungsprozesse drohen oder erfolgt sind, und zwar aufgrund eines Wechselspiels individueller, sozialer und ökonomischer Bedingungen. Hier tritt die Frage der Ermöglichung von Partizipation in den Vordergrund. „Wo Menschen aus ihren Lebenszusammenhängen herausgestoßen werden, da wird lernender und wissender Umgang mit bedrohter und gebrochener Identität zur Lebensfrage" (Oskar Negt) und ebenso die Ermöglichung von Lebenschancen. Damit werden zugleich eine Abgrenzung zu sozial- oder bildungsrechtlichen Definitionen und eine weite Begriffsbestimmung von Behinderung vorgenommen, im Bewusstsein der Problematik, die diese mit sich bringt. Doch fasst auch der schulrechtliche Begriff des sonderpädagogischen Förderbedarfs, der wiederum nur partiell deckungsgleich mit dem sozialrechtlichen Behinderungsbegriff ist, äußerst heterogene, darunter auch rein sozial bedingte Benachteiligungsprozesse zusammen. Pädagogik heißt für uns somit auch nicht einseitige und ständige Förderung. Emil E. Kobi hat dies in der Gegenüberstellung einer ‚Pädagogik des Bewerkstelligens', der es immer um den Fortschritt geht, die sich nur auf den Defekt richtet und das So-Sein nicht anzuerkennen in der Lage ist, und einer ‚Pä-

dagogik der Daseinsgestaltung' beschrieben, die anerkannte Lebensbedingungen zwischen gleichberechtigten und als gleichwertig anerkannten Subjekten und eine befriedigende Lebensführung auch bei fortbestehenden Beeinträchtigungen zu schaffen vermag. In diesem pädagogischen Verständnis von Behinderung liegt eine Begründung für die Beibehaltung des Begriffes der Behindertenpädagogik. Wir respektieren Benennungen wie Förder-, Rehabilitations-, Sonder-, Heil-, Integrations- und Inklusionspädagogik; der Begriff der Behinderung hebt jedoch wie kein anderer nicht nur die intransitive Sicht des behindert Seins, sondern auch die transitive Sicht des behindert Werdens hervor und lässt sich pädagogisch sinnvoll begründen. Ebenso entgeht er Verengungen mit Blick auf den Gegenstandsbereich; behindertenpädagogisches Handeln greift weit über den Bereich der institutionalisierten Erziehung und Bildung hinaus und findet lebensphasen- und lebensbereichsübergreifend statt; auch innerhalb des schulischen Bereiches ist das Handeln weitaus vielfältiger als allein unterrichtsbezogene Tätigkeiten; gleichwohl bleiben diese prominente Aufgaben. Behindertenpädagogik, in diesem weiten Sinne intransitiv verstanden, ist zwar einerseits Teilgebiet der Erziehungswissenschaft, andererseits trägt sie in transitiver Hinsicht zu deren Grundlagen bei. Denn behindert werden und eingeschränkt zu sein sind alltäglich und schlagen sich keineswegs nur in der sozialen Zuschreibung von Behinderung nieder. Entgegen der noch vorfindbaren Gliederung nach Arten von Beeinträchtigungen bzw. schulischen Förderschwerpunkten und einer institutionellen Orientierung ist für uns ein an den Lebenslagen und an der Lebenswirklichkeit der Adressaten von Bildungs- und Erziehungsangeboten orientiertes Verständnis pädagogischen Handelns leitend. Diese Perspektive auf den individuellen Bedarf an Unterstützung für eine möglichst selbst bestimmte Lebensführung ist der Bezugspunkt der personalen Orientierung, aber dieser Bedarf impliziert immer auch den Bedarf an Überwindung der sozialen Folgen, also der behindernden Bedingungen des Umfeldes. Traditionell wird der Lebenslauf- und Lebenslagenbezug der Pädagogik durch die Gegenstandsbezeichnungen der einzelnen Teildisziplinen angezeigt (Pädagogik, Andragogik, Geragogik einerseits; Sozial-, Berufs-, Freizeitpädagogik usw. andererseits). Hiermit können aber auch Abgrenzungen und Abschottungen einhergehen, so dass der Bezug zur Lebenslage als Ganzer und zum Lebenslauf in seiner biographischen Gewordenheit verloren geht. Lebenslagen- und Lebenslauforientierung stellen demgegenüber die notwendige Gesamtsicht her, die allerdings in ihrer Bezugnahme auf die Chancen und Grenzen selbstbestimmter Lebensführung einer Pädagogisierung im Sinne der andauernden intentionalen Erziehung entgehen muss. Sie hebt die spezifischen Gegenstandsbestimmungen und Handlungskonzepte der erziehungswissenschaftlichen Teildisziplinen nicht auf, sondern wird als konzeptionelle und methodische Leitperspektive tragend. Ebenso hat jedes Verständnis von individueller Teilhabe- und Bildungsplanung die Deutungshoheit der auf Unterstützung und pädagogisches Handeln angewiesenen Menschen zu respektieren und zentral von politischer Mitwirkung und der Gewährleistung der Menschen- und Bürgerrechte auszugehen. Dies verlangt die Demokratisierung und Humanisierung der Handlungsprozesse und Strukturen in Theorie und Praxis sowie die Auseinandersetzung mit Ethik, Moral und Professionalität.

Die aus diesem Verständnis von Bildung, Behinderung und Partizipation resultierenden Fragen lassen sich zusammenfassen in die nach dem Verhältnis von Ausschluss und Anerkennung, Vielfalt und Differenz, Individuum und Gesellschaft, Entwicklung und Sozialisation, System und Lebenswelt, Institution und Organisation, über die Lebensspanne hinweg und immer bezogen auf die Grundfrage nach Bildung und Partizipation angesichts behindernder Bedingungen.

Von diesen Grundgedanken ausgehend wurde die Konzeption und Anlage der Stich-

wörter von Iris Beck und Wolfgang Jantzen erarbeitet und dann durch das Team der Bandherausgeber kritisch überprüft und ergänzt. Es ergibt sich folgende Gesamtanlage: die Bände 1 und 2 dienen der wissenschaftlichen Konstitutionsproblematik mit Blick auf die wissenschaftstheoretische Begründung des Fachs einschließlich der erziehungswissenschaftlichen Verortung und dem Verhältnis von Behinderung und Anerkennung. Die Bände 3 bis 6 repräsentieren Aufgaben und Probleme der Bildung und Erziehung im Lebenslauf mit den Kernfragen nach Bildung, Erziehung, Didaktik und Unterricht zum einen, Lebensbewältigung und gleichberechtigter Teilhabe am Leben in der Gemeinde zum anderen. Die Bände 7 bis 10 behandeln Entwicklung und Lernen, Sprache und Kommunikation, Sinne, Körper und Bewegung sowie Emotion und Persönlichkeit. Sie stellen grundlegende pädagogische Auseinandersetzungen über Persönlichkeitsentwicklung und Sozialisation angesichts behindernder und benachteiligender Bedingungen dar, und zwar in übergreifender Sicht, die zugleich die notwendigen speziellen und spezifischen Aspekte zur Geltung bringt. Allgemeines und Besonderes sind insgesamt, über alle Bände hinweg, vielfach aufeinander bezogen und haben gleichsam ihre Bewegung aneinander. Dort, wo sich gemeinsame Probleme quer zu speziellen Gebieten stellen, sind diese auch allgemein und mit der Absicht der Grundlegung behandelt, auch um Redundanzen zu vermeiden. Dort, wo ohne Spezifizierung zu grobe Verallgemeinerungen und damit unzulässige Reduktionen erfolgt wären, sind die Besonderheiten aufgenommen. Angesichts der zahlreichen Publikationen, die spezielle und spezifische Fragen en detail und mit Blick auf Einzelprobleme behandeln, ist diese Entscheidung auch vor dem Hintergrund einer ansonsten nicht zu gewährleistenden Systematik getroffen worden.

Wir sind uns bewusst, dass dieser Versuch der Systematik nicht ohne Lücken, Widersprüche und Redundanzen auskommt. Die allfällige Kritik hieran verstehen wir im Sinne des „Runden Tisches", als den wir die Zusammenarbeit unter den Herausgebern und Autoren verstehen, als Motivation zu neuen Fragen und neuer Forschung.

Wir danken allen Bandherausgebern und Autoren für ihre konstruktive Arbeit, die in Zeiten der Arbeitsverdichtung und Effizienzsteigerung nicht mehr selbstverständlich erwartet werden kann.

Iris Beck
Georg Feuser
Wolfgang Jantzen
Peter Wachtel

Vorwort

Alle Bände der Reihe „Behinderung, Bildung, Partizipation: Enzyklopädisches Handbuch der Behindertenpädagogik" verweisen thematisch aufeinander; doch für den vorliegenden Band 5 und den Band 6 „Gemeindeorientierte pädagogische Dienstleistungen" gilt dies in besonderer Weise: Beide Bände sind von vornherein als Spiegelungen der inhaltlichen Strukturierung und zugleich als eine Doppelung der Perspektive auf die Lebensführung angelegt worden. Für den einzelnen Menschen bedeutet sie sein „ganzes Leben", seine Lebensweise ist eine individuelle; und doch vollzieht sie sich im Spannungsfeld von „System und Lebenswelt", die individuelle Lebenssituation wird von gesellschaftlichen Bedingungen, von Organisationen und Institutionen, geprägt und beeinflusst. Dieses Spannungsfeld durchzieht beide Bände, doch mit unterschiedlicher Gewichtung: Während der Band 6 stärker die Organisation und Erbringung professioneller pädagogischer und sozialer Dienstleistungen für eine gemeinde-integrierte Lebensführung behandelt, liegt der Schwerpunkt des Bandes 5 auf der Auseinandersetzung mit zentralen Fragen der Lebensführung und Lebensbewältigung angesichts von Beeinträchtigung, Benachteiligung und Behinderung, und zwar nicht losgelöst von der professionellen Sichtweise auf erschwerte Bildungs- und Partizipationsprozesse, aber doch ohne sie von vornherein aus organisations- und institutionsbezogener Sicht oder dadurch vermittelt zu thematisieren und zu beschreiben. Band 5 zentriert in den Begründungen und Differenzierungen auf Menschen als soziale und politische Wesen in der Gesellschaft und als davon ebenso beeinflusst wie aktiv sich auseinandersetzend. Lebensführung und Lebensbewältigung sind umweltabhängige und multifaktoriell beeinflusste Prozesse, Bildungs- als Lebenschancen von und mit der Gesellschaftspolitik verknüpft. Die konzeptionelle Verbindung der beiden Bände wird geleistet durch einen offenen und lebensphasenübergreifenden Begriff von Bildung und Erziehung als Förderung von Identität, Partizipation und Lebensbewältigung; durch ein Verständnis pädagogischer Professionalität, in dem die Orientierung an lebensweltlichen Bedingungen und an kooperativen Beziehungen einen wichtigen Teil der fachlichen Qualifikationen bildet; und durch die Thematisierung von Grundproblemen der Organisation pädagogischer Dienstleistungen im Spannungsfeld von „System" und „Lebenswelt", von gesellschaftlichen, politischen, rechtlichen Bedingungen auf der einen Seite und den Ansprüchen und Hoffnungen der Adressaten auf einen gelingenden Alltag in ihrer je gegebenen, mehr oder weniger Optionen und Ressourcen beinhaltenden, makro- und mesostrukturell vorgebahnten Lebenslage auf der anderen Seite.

Die Verbesserung von Lebenschancen nimmt „lebensweltlich" basiert die individuelle Alltagsbewältigung und den Lebenslauf, die Identitäts- und Persönlichkeitsentwicklung im Rahmen räumlich-zeitlicher Bedingungen und sozialer Beziehungen in den Blick; der Lebenslage-Begriff thematisiert dagegen stärker die strukturellen, äußeren bis hin zu gesellschaftlichen und politischen Bedingungen, aber, und das ist ganz wesentlich: in ihrem Einfluss auf und ihrem Wechselspiel mit den individuellen Handlungsmöglichkeiten. Lebenswelt und Lebenslage stehen somit – in unterschiedlicher Gewichtung – für das Spannungsfeld, in dem sich die je individuelle Lebensführung realisiert. Partizipation und Inklusion sind die Bedingungen der Lebenslage, denn um Interessen zu entfalten und zu befriedigen, bedarf es des Zugangs zu Handlungsfeldern und Ressourcen, die für die Lebensführung bedeutsam sind. Auf der Basis einer grundlegenden Darstellung der Begriffe der Lebenswelt und der Lebenslage sowie einer ausführlichen Erörterung der Lebenslaufperspektive entfalten sich in diesem Band die unterschiedlichen, chronologisch verorteten Dimensionen der Lebenslage (Arbeit, Wohnen, Freizeit, Kunst, Kultur und Spiel, Gesundheit, öffentliches Leben, soziale Beziehungen …) und die Lebensphasen (von der Kindheit und Jugend über die Familie bis in die Zeit des Erwachsenseins und des Alters). Soziale Exklusions- und Desintegrationsrisiken, Macht und Abhängigkeit nehmen zentralen Einfluss darauf, ob und wie Beeinträchtigungen in Behinderung und damit soziale Ungleichheit umschlagen. Die Realisation und Konkretisierung der sozialen Netzwerke und von sozialer Unterstützung berührt in vielfachem Sinn die Bewältigungsstrategien der Menschen. In der Zusammenschau dieser Themenfelder gelingt somit eine ausführliche Darlegung aktueller Lebenslagen und -bewältigungsansätze im Rahmen der Bildungs- und Partizipationsnotwendigkeiten und -möglichkeiten. Diese zentralen Fragestellungen bilden in diesem fünften Band die Grundlegung für die differenzierten Erörterungen der Einzelprobleme und -themen: Diese können somit als Querschnittsthemen der umgreifenden Ansätze und Annahmen zu Lebenswelt und Lebenslage, zu Biographie, Sozialisation und Lebenslauf verstanden werden. In der professionellen Wahrnehmung dieser Fragen und Themen gelingt eine methodologisch begründete Auseinandersetzung, Analyse und handlungsrelevante Orientierung auf den Feldern der Bildung und der Partizipation bei Beeinträchtigung und Behinderung.

Integration, Inklusion und Partizipation sind wichtige Ziele, die einer Fundierung bedürfen, damit sie handlungsleitend wirksam werden können. Sie sind jedoch kein Zweck an sich, sondern, wie dies Walter Thimm in seiner Begründung eines „Lebens so normal wie möglich" verdeutlicht hat, müssen letztlich immer als Mittel verstanden werden für die Verbesserung der Lebensführung. Dafür braucht man ein Verständnis dessen, was in einer je gegebenen gesellschaftlichen und individuellen Situation eine anerkannte und den Einzelnen befriedigende, ihm notwendige und wichtige Handlungsspielräume eröffnende Lebensführung bedeutet. Einer solchen sozialwissenschaftlichen Analyse der Lebensführung, die sich ebenso auf einen gesellschaftlichen Hintergrund wie auf eine individuelle Situation in ihrer Verwobenheit mit den jeweiligen sozialen Bedingungen bezieht und ihre Komplexität ebenso wie ihre Kontingenz zu verstehen sucht, entspricht im Grundverständnis eine Pädagogik der Daseinsgestaltung, wie sie Kobi begründet hat. Emil E. Kobi, der 2011 starb und mit zwei Beiträgen in diesem Buch vertreten ist, und Walter Thimm, der 2006 starb, möchten wir diesen Band widmen.

Iris Beck/Heinrich Greving

Inhaltsverzeichnis

Teil I
Grundlegung

Lebenswelt, Lebenslage

Iris Beck & Heinrich Greving

1 Definition

Das Duden Herkunftswörterbuch (2001) gibt zur Herkunft des Wortes „Leben" folgende Hinweise: „das gemeingerm. Verb mhd. *leben*, ahd. *lebēn*, got. *liban*. engl. *to live*, schwed. *leva* gehört wahrscheinlich im Sinne von ‚übrig bleiben' zu der […] vielfach erweiterten idg. Wurzel [s]lei. Eng verwandt ist die Wortgruppe […] von bleiben (germ. Präfixbildung *bi-liban*)"; eine alte Substantivbildung ist „Leib" im Sinne des Körpers („leibhaftig" = wirklich, selbst; leiblich = körperlich, persönlich; Dudenredaktion S. 474–478). Der allumfassende Charakter des Begriffs „Leben" im Sinne der Gesamtheit alles Pflanzlichen, Tierischen und Humanen deutet auch schon die Schwierigkeit der Definition der Begriffe „Lebenswelt" und „Lebenslage" an: In beiden Fällen geht es um „das ganze Leben" von Menschen, um die individuelle und um die gesellschaftliche Lebensführung. Beiden Begriffen unterliegt eine Mehrdeutigkeit, und sie werden beide in Theorie und Praxis sozialer und pädagogischer Arbeit mit unterschiedlichen Bedeutungen, stellenweise unsystematisch, zunehmend auch gemeinsam und in unterschiedlichen Verwendungszusammenhängen gebraucht: Beide Begriffe werden als reformatorische Leitformeln, als Zielperspektiven für Politik und Praxis verwandt und stehen hier für die Forderung, das pädagogische Handeln an einem umfassenden, subjektive und objektive Dimensionen der Lebensführung beachtenden Verständnis des Bedarfes an Erziehung und Bildung auszurichten und zur Teilhabe und Emanzipation beizutragen. In der Forschung finden sich sehr vielfältige Ansätze, die unter dem Primat der Verbesserung von Lebenschancen entweder „lebensweltlich"-basiert die individuelle Alltagsbewältigung und den Lebenslauf, die Identitäts- und Persönlichkeitsentwicklung im Rahmen räumlich-zeitlicher Bedingungen und sozialer Beziehungen thematisieren oder eher „lebenslage"-orientiert stärker die strukturellen, äußeren bis hin zu gesellschaftlichen und politischen Bedingungen in ihrem Einfluss auf und ihrem Wechselspiel mit den individuellen Handlungsmöglichkeiten untersuchen. Wissenschaftstheoretisch deutet sich mit ihnen das Spannungsfeld zwischen individuellen und gesellschaftlichen Bedingungen an, in denen sich die Lebensführung realisiert, und die zu ihrer Analyse und Erklärung herangezogen werden müssen; auf dieser Ebene stehen sie für sehr grundsätzliche methodologische Auseinandersetzungen.

Der *Lebensweltbegriff* meint zum einen – gleichsam ahistorisch – ein anthropologisches Fundament der Bestimmung des Menschen zur Welt und zwar in dem Sinn, dass die Welt dem Menschen immer schon sprachlich und durch Handlungen anderer Menschen vorerfahren, also sozial und kulturell vermittelt entgegentritt, mit Bedeutung versehen ist und sich als subjektiv erlebte Welt von der natürlichen Welt unterscheidet. Demnach erfolgt also alles Erleben nie „rein" und unmittelbar; daraus folgt, dass es auch keinen „reinen", unmittelbaren Erkenntniszugang außerhalb der Lebenswelt (anti-metaphysischer Ansatz) geben kann. Alle Erkenntnis – auch die nach wissenschaftlichen Methoden gewonnene – wäre demnach lebensweltlich gebundene Erkenntnis. Auf der anderen Seite bedeutet Lebenswelt im Gegensatz zur „Natur" das Reservoir an eingelebtem Wissen und Traditionen, das über Sozialisation und Erfahrung die Wahrnehmung des Individuums und dessen Handeln alltäglich prägt. Da sich die Lebensbedingungen historisch-kulturell und individuell entwickeln und sich zudem jeder Mensch subjektiv Bedeutungen erschließt, also das Erleben auf die Definition von Situationen Einfluss hat, ergibt sich die „Subjektivität der Lebenswelt [...] also im doppelten Sinne: Einmal dadurch, dass sich die Lebensbedingungen der Menschen unterscheiden. Zugleich aber auch dadurch, dass sich die Menschen selbst unterscheiden (in ihrer physischen und psychischen Ausstattung). Es unterscheidet sich also zum einen das, *was* wahrgenommen wird, zum andern aber auch, *wie* etwas wahrgenommen wird" (Kraus 2006, 122). Dennoch wird bei der Wahrnehmung immer auf schon bestehende Bedeutungen und damit auf Strukturen zurückgegriffen (vgl. Kraus 2006, 120); dies ermöglicht und erzeugt Intersubjektivität (im Gegensatz zur Annahme einer objektiven, vom Bewusstsein unabhängigen Erkenntnis). Das subjektive Sinnempfinden des Einzelnen ist hochgradig mit dem sozialen Sinn verbunden. Man könnte also vereinfacht sagen, dass zwar ein Unterschied zwischen der objektiven Realität (Natur) und der menschlichen Wirklichkeit als Lebenswelt angenommen wird, aber objektive Strukturen und zwar eben nicht nur physisch-materielle, sondern auch soziale Strukturen durch gemeinsames Handeln hervorgebracht werden und dass sie unabhängig vom individuellen Bewusstsein existieren und dieses prägen [→ II Sinn/sinnhaftes Handeln und der Aufbau der sozialen Welt].

Damit entsteht ein Spannungsfeld der Begriffsbedeutung zwischen einer allgemeinen und grundsätzlichen Bestimmung des in der *Welt-Seins* und Wesens des Menschen und einer Auffassung von Lebenswelt als der konkreten, sich historisch-kulturell wandelnden *Alltagswelt*, einer allgemeinen phänomenologischen Wissenschaftstheorie [→ I Phänomenologie] und Ontologie (nach Husserl) auf der einen Seite und einer speziellen für die Entwicklung von Basisbegriffen der Soziologie begründeten Phänomenologie (nach Schütz), die den sinnhaften Aufbau der sozialen Welt handlungstheoretisch basiert beschreibt, auf der anderen Seite. Dieser phänomenologische Anspruch steht im Gegensatz zu solchen soziologischen Begründungszu-

sammenhängen, die den sozialen Strukturen gleichsam eine vom individuellen Handeln unabhängige, eigenständige Wirkung als „soziale Tatbestände" (Auguste Comte) zusprechen. Wissenschaftshistorisch grenzen sich beide Bestimmungen von der logisch-analytischen Wissenschaftstheorie des Wiener Kreises und vom sogenannten Positivismus [→ I Empirismus und Positivismus] ab, der gerade umgekehrt einen freien, unmittelbaren Zugang zur Wirklichkeit annimmt. Demnach wäre es doch möglich, empirisch-synthetische Sätze, also Aussagen über erfahrbare Phänomene der Wirklichkeit, zur Basis *objektiver* Erkenntnis zu machen, auf die (über Vorschriften der wissenschaftlichen Methode) auch alle logisch-analytischen Sätze bzw. theoretischen Sätze rückführbar sind [→ I Erklären und Verstehen; → I Kritischer Rationalismus].

Der Lebensweltbegriff stellt somit zum einen als Fundament phänomenologischer Ansätze eine konstitutive Kategorie mit weitreichenden Folgen für erkenntnistheoretische und methodologische Fragen dar. Zum anderen bezeichnet er nach Schütz als empirische Alltagswelt den Gesamtinbegriff der für Menschen subjektiv erfahrbaren, interpretierten und erfahrenen Wirklichkeit; die Interpretation dieser Wirklichkeit – genauer: ihres Sinnes – bildet dabei einerseits die Grundannahme des Aufbaus der sozialen Welt und gleichzeitig ist sie auch die Methode (verstehende Soziologie). Neben die Interpretation als konstitutive Kategorie tritt die Interaktion als aufeinanderbezogenes, aneinander orientiertes und interpretiertes soziales Handeln, in welchem Bedeutungen und Sinn vermittelt und interpretiert werden, sich Normen und Rollen herausbilden, soziale Integration entsteht und sich mikrosoziologisch die soziale Welt aufbaut. Damit stellt die phänomenologisch begründete Philosophie nach Schütz einen der zentralen Begründungszusammenhänge für die soziologische Beschreibung der Ausdifferenzierung der Gesellschaft, den Aufbau der sozialen Welt und die Mechanismen der sozialen Integration dar.

Der Lebensweltbegriff ist „einer der zentralen Begriffe sowohl der klassischen wie auch der gegenwärtigen soziologischen Theorie" (Treibel 2006, 172).

Mit den Kategorien *Interpretation* (als Annahme über das Handeln und als wissenschaftlich Methode), *Interaktion* und *Intersubjektivität* ist das *interpretative Paradigma* der Soziologie umrissen, das aus den Ansätzen der Phänomenologie nach Husserl und Schütz und dem Symbolischen Interaktionismus entstand (G. H. Mead und H. Blumer), der zeitlich und inhaltlich parallele Entwicklungen aufweist. Die Wissenssoziologie als Soziologie des Alltagswissens von Berger/Luckmann (1980; erstmals 1966) ist maßgeblich von Schütz beeinflusst. Für Jürgen Habermas, der diese philosophischen und soziologischen Lebensweltansätze analysierte, bildet der Lebensweltbegriff in seiner „Theorie des kommunikativen Handelns" (erstmals 1981) den Hintergrund und zugleich das begründende Moment des kommunikativen Handelns.

Der Begriff der *Lebenslage* ist anders als der Lebensweltbegriff in einschlägigen Handbüchern oder Lexika häufig nicht verzeichnet, wohl aber angrenzende Begriffe wie „Soziale Lage", „Lebensqualität", „Lebensstandard", „Lebensstil", „Lebensniveau", „Lebensbedingungen", „Lebensverhältnisse", „Lebenshaltung", „Lebensführung". In der Begriffsbestimmung des Fachlexikons der sozialen Arbeit (Deutscher Verein 2002) bemängelt Glatzer (606), der Begriff stehe „kaum unterscheidbar in einem Konglomerat verwandter Begriffe" wie den oben genannten. Die z. T. uneindeutige und uneinheitliche, manchmal wenig systematisch und theoretisch fundierte, sich „im Zwielicht von Pseudowissenschaftlichkeit und intellektualisierter Alltagssprache" (Schmidtke 2005, 13) bewegende Verwendung als einem „Vollinklusions- oder Allerweltsbegriff" (ebd.) ist ebenso wie beim Lebensweltbegriff in der Reichweite der umfassten Phänomene begründet, die sich von der Ebene der Gesellschaftsstruktur bis zu der des individuellen Handelns erstre-

cken. Das „für Lebenslagenanalysen bevorzugte Feld [liegt] in der Schnittmenge von Soziologie, Sozialpolitik und Sozialarbeit" bzw. Pädagogik (ebd., 14). „Lebenslage" fungiert somit gleichermaßen als wissenschaftlicher Begriff und Forschungskonzept wie als politischer Leitbegriff und als Interventionsperspektive der Praxis. Die uneinheitliche Verwendung kontrastiert mit einer in den letzten Jahrzehnten stetig zunehmenden Verbreitung in Politik, Theorie und Praxis, wobei eine „kreative Vielfalt und erstaunliche Heterogenität an theoretischen Gebrauchsweisen und empirischen Einsatzgebieten" (ebd.) herrscht. Dabei ist der Lebenslagebegriff weder neu – die Ursprünge seiner Begründung gehen auf Neurath (1925) zurück – noch wurde er nie präzisiert. In einer der bekanntesten Definitionen, der nach Ingeborg Nahnsen (1975, 148), bezeichnet der Begriff der Lebenslage den äußeren, strukturell vorgegebenen *Handlungsspielraum*, den „die gesellschaftlichen Umstände dem einzelnen zur Entfaltung und Befriedigung seiner wichtigen Interessen bieten. Sie [die Lebenslage, Verf.] stellt damit den Gesamtinbegriff der *sozialen Chancen* [Heraushebung durch I. B./H. G.] des einzelnen dar." Der Schwerpunkt der Betrachtung liegt also bei den *Möglichkeiten*, die je gegebene Lebensbedingungen für den Einzelnen zur Erlangung individuellen Wohlbefindens beinhalten. Im Gegensatz zu sozialstrukturellen Konzepten wie Schichttheorien, die im Wesentlichen nur ökonomische Dimensionen ins Zentrum der Betrachtung sozialer Lagen rücken, ist der Lebenslageansatz mehrdimensional angelegt: Er umfasst ökonomische, nicht-ökonomische und immaterielle Dimensionen (z. B. Einkommen, Wohnen, Gesundheit, Bildung, soziale Beziehungen). Nach Engels (2006, 1) sind Lebenslagen „die Gesamtheit der Rahmenbedingungen, Situationsmerkmale, Ressourcen und persönlichen Voraussetzungen, innerhalb derer sich Personen befinden und aus denen heraus sie [...] kommunizieren und handeln oder auch nicht handeln". Den „subjektiven Umgang mit der Lebenslage" trennt er vom Begriff selbst; zugleich wird damit schon eine wichtige Verbindung zum Lebensweltbegriff markiert. Die Dimensionen der Lebenslage als äußerer, struktureller Rahmen der Bedürfnisbefriedigung konstituieren sich somit durch umfeld- und individuumsbezogene Ressourcen, die nutzbar gemacht werden müssen: der „Spielraum" wird vom Individuum oder Gruppen (z. B. der Familie) ausgefüllt. Ressourcen können erst über Austauschprozesse mit der sozialen und ökologischen Umwelt verfügbar gemacht werden; zugleich müssen sie dafür im Umfeld aber auch vorhanden sein und auf Seiten des Individuums muss ein Interesse an der Nutzung entfaltet sein. Nach Kaufmann et al. (1980) sind Lebenslagen das strukturelle Pendant der Umweltpartizipation, wodurch Partizipation [→ Politische und soziale Partizipation] sowie *Einschluss- und Ausschlusskriterien*, die diese eröffnen oder begrenzen, zu einer *zentralen* Bedingung des Handlungsspielraums werden. Auf der anderen Seite wird der Handlungsspielraum selbst wieder zur Bedingung der Umweltpartizipation, so dass nach Voges et al. (2003, 50 ff.) Lebenslagen einerseits erklärt werden durch Ressourcen und die Handlungsprozesse des Ressourcengewinns als Lage bzw. Spielraum *(Explanandum)* und andererseits wiederum als Bedingung der Partizipation wirken und z. B. Restriktionen der Partizipation erklären *(Explanans)*. Lebenslagen sind relativ, „da je nach gesellschaftlich-historischer Situation unterschiedliche Dimensionen zu berücksichtigen sind" (Voges et al. 2003, 39) und sie sind „in ihrer Temporalität sowohl Determinanten als auch Wirkung eines gegebenen Ausmaßes an gesellschaftlicher Teilhabe" (Voges et al. 2003, 8/9). Auf der individuellen Ebene nehmen je gegebene gesellschaftliche Umstände – sei es die politische Lage oder aber die wirtschaftliche Situation in einer Region – Einfluss auf die Präferenzen und auf die Möglichkeiten des Einzelnen; doch ist seine Lage damit nicht vorherbestimmt, Verhältnisse lassen sich unterschiedlich wahrnehmen.

Mit diesen Bestimmungen lässt sich der Begriff von eng verwandten Begriffen wie dem der sozialen Lage abgrenzen; er ist der theoretischen Begründung zugänglich, auch wenn die Probleme der Operationalisierung bzw. letztgültigen Begründung im Spannungsfeld von psychologischen, mikro-, meso- und makrosoziologischen Aspekten schon deutlich zu Tage treten. Dennoch kann er sowohl für die Forschung als auch für die Ableitung von partizipations-orientierten Handlungsansätzen fruchtbar gemacht werden, und zwar insbesondere deswegen, weil er auf das Wechselspiel zwischen sozialen, strukturellen und individuellen Aspekten abzielt und dabei handlungstheoretisch basiert ist bzw. ergänzt werden kann, aber ohne handlungstheoretisch eingeengt zu sein und sein zu dürfen. Nach Schmidtke (2005, 15) steht außer Frage, dass trotz Problemen der theoretischen und empirischen Begründung „dem Konzept der Lebenslage eine hohe Potentialität bescheinigt wird und es für eine adäquate Beschreibung sozialer Gesellschaftsgefüge als bisher wertvollstes Analyseinstrument gilt", weil es als „mehrdimensionales, aber nicht einfach kumulatives Konzept ökonomische, kulturelle und soziale Bereiche genauso einbezieht wie immaterielle und individuell-subjektive Faktoren" (ebd.).

2 Begriffsgeschichte

2.1 Lebenswelt

Der Begriff der Lebenswelt geht bis in die Zeit der Jenaer Romantik, hier vor allem auf F. Schlegel, zurück. Eine intensive und für die Philosophie wie für die Soziologie gleichermaßen relevante Grundlegung und Differenzierung erfuhr er in den Ansätzen von Husserl, Heidegger und Schütz. Die Rezeption historischer Ansätze basiert in der Pädagogik und Sozialarbeit wesentlich auf Husserl und Schütz, deshalb wird auf den Ansatz Heideggers, Schüler von Husserl, in diesem Rahmen nur verwiesen. Der Ansatz von Habermas wird als gegenwärtig einflussreicher unter 3. behandelt; bzgl. der grundsätzlichen wissenschaftstheoretischen und methodologischen Auseinandersetzung wird auf Band 1 verwiesen.

Edmund Husserl

Edmund Husserl, der Begründer (1859–1938) der Phänomenologie [→ I Phänomenologie], markiert einen philosophischen Standpunkt, der Geltung für die Erklärung von Erkenntnis und Bewusstsein und damit für die Erkenntnistheorie per se beansprucht. Er bestimmte den Begriff „Lebenswelt" einerseits als Sphäre und Bereich des selbstverständlich Gegebenen und damit als grundlegende anthropologische Basis der Beziehungen des Menschen zur Welt; andererseits war er für ihn aber auch eine Bezeichnung für das Konkrete und real Vorhandene: Lebenswelt im Sinne der „Gegebenheiten der bloßen Wahrnehmungswelt, das selbstverständlich vorausgesetzte, die vorwissenschaftliche Basis" (Treibel 2006, 85) ist zugleich die Welt, wie sie vom Einzelnen erfahren wird und als erfahrbar erlebt wird, sie steht also immer in Bezug zum erlebenden Subjekt. Der „Boden" steht dabei als Metapher für das Vertraute, als das, was als selbstverständlich kaum noch wahrgenommen wird (ohne diesen Boden würde man sozusagen ins „Bodenlose" stürzen). Als „Lebensboden" kehrt er bei Neurath (s. Kap. 2.2) in dessen Bestimmung des Lebenslagebegriffs wieder und bildet hier das Fundament der Lebensstimmung, des Wohlbefindens des Menschen. Der „Horizont" tritt bei Husserl als Bildbegriff für die Grenzbereiche der Lebenswelt, für die Übergänge in das Unbekannte, Nichtvertraute, das Fremde (vgl. Gröschke 1997, 147 f.) hinzu. Jede Wahrnehmung wird „vor dem Hintergrund eines persönlichen Erfahrungshorizontes gemacht" und somit ist „das Ergebnis einer Wahrnehmung immer abhängig von der Sozialisation, Kulturation und Personalisation des Wahrnehmenden" (Kraus 2006, 119), das Objekt also notwendig auf ein Subjekt bezogen. „Das Bewusstsein ist immer intentional, ist Bewusstsein *von* etwas"; gleichzeitig ist die

„Welterfahrung eines Individuums [...] nicht abtrennbar von seiner Gemeinschaftserfahrung" (Treibel 2006, 85). Husserl betont so zwar einerseits den subjektiven Charakter der Wahrnehmung; andererseits ging es ihm darum, gleichsam hinter dem subjektiven Erfahrungswissen, den übergreifenden, „wesentlichen" Sinn, unabhängig von Interpretationen (des einzelnen Menschen oder des Forschers) aufzudecken, um den „intersubjektiv gültigen Wesensgehalt der Phänomene zu erfassen" (Kraus 2006, 119).

Aus dem Spannungszustand dieses Begriffes zwischen Universellem und Konkretem, zwischen Einzelnem und Vielfältigem entwickelten sich in der Soziologie (und der Philosophie) mannigfaltige Bedeutungen: Lebenswelt kann im Sinne der Erkenntnistheorie eine ontologische Bedeutung bekommen, aber auch die Welt bezeichnen, welche individuell-persönlich von jedem Menschen erlebt wird. Zudem kann sie im Sinne einer geschichtlich-gesellschaftlich geprägten Umwelt gemeint sein.

Alfred Schütz

Der Soziologe Alfred Schütz (1899–1959) hat Husserls Konzept aufgenommen und für die soziologische Analyse fruchtbar gemacht. In seinem Werk „Der sinnhafte Aufbau der sozialen Welt" (erstmals 1932) begründet er den verstehenden Zugang zur Soziologie, den Max Weber entwickelt hatte, philosophisch, und zwar mit dem Ziel, „die Sinnstruktur der Sozialwelt zu beschreiben und damit die Methodologie des Fremdverstehens sowie die Basis der soziologischen Grundbegriffe zu klären" (Eberle 1993, 297).

Lebenswelt in der Bedeutung als kulturell geformte, sozial verortete und historisch begründete und geprägte Welt, die schon bei Husserl angelegt ist, ist hier der unhinterfragte Hintergrund unseres Handelns, in dem Menschen über eingelebte und tradierte Bedeutungen Sinn erfahren und verinnerlichen und andererseits selbst in Interaktion und Kommunikation Sinn erzeugen. Das Soziale ist die Keimzelle, der Schlüssel zum Verständnis des Menschen, es baut sich aber mikrosoziologisch, von unten auf, ausgehend vom Sinn des Einzelmenschen, und dieser Aufbau verläuft weder deterministisch, also in einer einzigen, ganz bestimmten Art und Weise, noch ist er historisch zwangsläufig.

Schütz strukturierte den Begriff der „Lebenswelt", indem dieser bei ihm die Erfahrungen der Menschen beschreibt, die von ihnen als unhinterfragt gegeben erlebt werden (Schütz & Luckmann 1979 im Werk „Strukturen der Lebenswelt", das posthum erstmals 1975 erschien, von Luckmann herausgegeben). Da diese Lebenswelt immer schon mit anderen Menschen geteilt wurde (und wird), ist sie a priori eine intersubjektive Welt und alles, was der Mensch von ihr wissen kann, ist letztlich intersubjektiv entstanden und verfasst. In der empirischen Wendung ist Lebenswelt als alltägliche Lebenswelt (Schütz verwandte auch den Begriff Alltagswelt) die konkrete Lebensführung eines Menschen, die über verstehende Methoden, z. B. der Ethnographie, erschlossen werden kann. Und doch ist sie zugleich immer auch ontologisch zu verstehen und bildet die Basis des Verstehens. So können und müssen der Alltag und zugleich das Wissen oder die Wege der Gewinnung des Wissens über den Alltag, also das Leben von Menschen, kritisch auf Sinn und Bedeutung hin geprüft werden. Wenn die Lebenswelt den menschlichen Wissens- und Erfahrungsgrund bildet, kann sie methodologisch nicht durch Verfahren erklärt werden, die davon abstrahieren, dass jede Erfahrung vor-gegeben und zugleich durch die eigene Wahrnehmung geformt ist; damit sind positivistische bzw. „natur"wissenschaftliche Methoden auszuschließen. Die Deutung menschlichen Handelns und Denkens muss nach Schütz mit einer Beschreibung der Grundstrukturen der vorwissenschaftlichen, für den Menschen selbstverständlichen Wirklichkeit beginnen.

Wissen und Erfahrung ermöglichen Handlungssicherheit in einer potentiell unsicheren, komplexen und kontingenten Welt. Sinn (als Bewertung von Kommunikation und Inter-aktion) konstituiert das Soziale; über Abstimmungen des Erwartens und Verhaltens bilden sich regelmäßige oder ähnliche Interaktionen, die Komplexität und Kontingenz [→ I Komplexität und Kontingenz] reduzieren und zur Strukturbildung führen, deren Basis die soziale Rolle ist. Soweit scheint der Schütz'sche Aufbau der sozialen Welt deckungsgleich mit dem von Talcott Parsons, der als Systemtheoretiker [→ I Systemtheorie, sozialwissenschaftlich: Luhmann] gleichsam den makrosoziologischen Gegenspieler darstellt. Doch bei Parsons ist Rollenübernahme und -konformität gleichsam „natürlich" sinnvoll für das Individuum: die individuellen Motive der Überlebens- und Bedürfnissicherung führen zu größeren, eben diese Funktionen gewährleistenden und den individuellen Motiven damit entsprechenden sozialen Strukturen. Damit bilden umgekehrt zu Schütz die größeren sozialen Systeme (Organisationen, Institutionen, gesellschaftliche Teilsysteme) die konstituierenden Elemente der Strukturbildung: Die Mikroperspektive der Interaktionen zwischen Menschen ist vermittelt durch die Meso- und Makroperspektive sozialer Strukturen. Diese Vermittlung ist bei Parsons relativ starr; Institutionen [→ VI Institution und Organisation] sind größere Systeme zur Koordination von Handlungserwartungen (Rollen), die als generalisierte Muster nicht mehr hinterfragt werden und damit Ordnung legitimieren sowie Nahtstellen zur Integration individuellen Handelns in soziale Systeme bilden. Die Handelnden sind eingebunden in ein System gemeinsamer Erwartungen, die Abweichungen des tatsächlichen Handelns von den Erwartungen klar angeben: die Verfehlung gesellschaftlicher oder institutioneller Ziele und (unhinterfragter) Normen. Die Ursache „abweichenden" Verhaltens kann sozialstrukturell durch eine Spannung oder ein Missverhältnis zwischen gesellschaftlichen Zielen und den Mitteln zu ihrer Realisierung entstehen, aber auch durch die individuelle Unfähigkeit zur Rollenübernahme. Diese Sichtweise wird als ätiologisches oder normatives im Gegensatz zum interpretativen

Paradigma der Soziologie bezeichnet. Schütz dagegen entwirft ein dynamisches und subjektorientiertes Bild der Rollenübernahme als einem interpretativen Prozess und baut ihn konsequent von „unten" nach „oben" auf. Das Handeln geschieht symbolvermittelt, historisch und kulturell bedingt und zugleich individuell geprägt. Situationen werden, so das „Thomas-Theorem" des Sozialpsychologen William Thomas der 1920er Jahre, dadurch real, dass sie als real definiert werden.

Lebenswelt ist der individuellen Erfahrung vorgängig, zugleich ist sie eine soziale, eine intersubjektive Welt und erst ihre Auslegung verdeutlicht den Sinn ihrer Strukturen. Dafür wird auf unterschiedliche Verfahren der Auslegung zurückgegriffen, die dem Spannungsfeld von Vertrautheit/Unhinterfragtheit („selbstverständliche" Wirklichkeit, „Boden") und Fremdheit/Unsicherheit („Unbekanntes", „Horizont") entsprechen. Schütz bezieht hierauf auch die Frage der Konstitution sozialer Beziehungen und leitet hieraus die Strukturbildung ab (Schütz & Luckmann 1979; vgl. Treibel 2006, 87–89). Unterscheidbar sind demnach:

a) Das Gewohnheitswissen, hierzu zählen Fertigkeiten, Gebrauchswissen und Rezeptwissen.

b) Die Erfahrung; aber „Vertrautheit ist lediglich Vertrautheit mit Bezug auf Typisches" (Schütz & Luckmann 1979, 34), also dass Prozesse immer wieder gleich ablaufen. In neuen Situationen aber wird Erfahrung brüchig, die sonst Handlungssicherheit ermöglicht.

c) Typisierungen sind das „dritte Verfahren, das Schütz zur Auslegung der Welt anführt" (Treibel 2006, 88) und der Weg, Handlungsunsicherheit zu reduzieren. Sie entstehen über mittelbare Erfahrungen und erlauben eine Einordnung von nicht direkt Gewusstem und Erlebtem.

Die Vertrautheit als „Boden" der unhinterfragten Erfahrung bildet zugleich die Basis für die Differenzierung sozialer Beziehungen, deren Vielfalt sich ebenfalls aus dem Kontinu-

um von enger, unmittelbarer Bekanntschaft bis zur weiten, nur noch mittelbar erfahrbaren sozialen Welt als ganze ergibt. Die erste Form ist die der Ich-Du-Beziehung, in der sich ein „Ich" einem „Du" zuwendet, es wahrnimmt. Die wechselseitige Wahrnehmung führt zur „Wir"-Beziehung (face-to-face); die Basis der Intersubjektivität der Lebenswelt ist die gemeinsame Erfahrung. Wo keine unmittelbare Beziehung mehr besteht, setzt Typisierung ein, denn anstelle von Bekanntschaft tritt – und dies ist in komplexen Gesellschaften täglich der Fall – Anonymisierung, Fremdheit, die durch Reduktion all dessen, was der unbekannte Mensch sein könnte, auf einfache Stereotype ein Sich-Verhalten durch Einordnen und damit wiederum (vermeintlich) Handlungssicherheit ermöglicht (vgl. Treibel 2006, 90). Dabei verhelfen Merkmale wie Alter, Geschlecht, Kleidung usw. in Verbindung mit Gewohnheitswissen und Erfahrung sozialen Umgangs zur schnellen Schematisierung und Einordnung. Auf der Basis früher Sozialisationserfahrungen, von Erziehungspraktiken und zentralen Normen und Werten bilden sich so Einstellungen als „stabiles System von positiven oder negativen Bewertungen, gefühlsmäßigen Haltungen und Handlungstendenzen in Bezug auf ein soziales Objekt", so Cloerkes (2001, 75), der sich auf Kretch et al. (1962, 177; zitiert ebd.) bezieht. Sie sind die Grundlage der Typisierung als „‚typische' Verfahren zur Auslegung der modernen Welt" (Treibel 2006, 90).

Die Lebenswelt begründet bei Schütz somit die Basis des Wissens überhaupt (Wissenssoziologie). Wissen und Welt entstehen im Kontext der Erfahrungen vieler Menschen über viele Generationen; Wissen ist immer sozial und nur zu einem geringen Teil individuell. Die Entstehung sozialer Beziehungen geht auf das generelle Eingebundensein in das Soziale und Geschichtliche zurück; die Angewiesenheit und Verwiesenheit auf den anderen Menschen ist konstitutiv gegeben. Auf dem Hintergrund dieser Vernetzungen von kollektiv-gesellschaftlichem und individuellem Wissen entwickelt Schütz den Begriff der

„Sinnprovinzen". Sie bezeichnen die vielfältigen Erfahrungsfelder, an welchen die Menschen teilhaben können (wie das Spiel, die Musik, die Kunst, die Religion, die Wissenschaft etc.). Wirklichkeit entwickelt sich in und durch die alltägliche Lebenswelt, in der diese Erfahrungen gleichsam integriert sind, vor dem Hintergrund eines spezifischen kognitiven Stils. Was im Alltag erlebt wird, ist immer auf den Anderen, auf seine Sicht der Dinge, also letztlich auf Kommunikation angelegt. Phänomenologisch nach Schütz gedacht, entsteht soziale Integration über die unmittelbaren, vertrauten Beziehungen im Alltag, Persönlichkeit und Identität entwickeln sich in der Interaktion, im stetigen Wechselspiel zwischen Menschen und ihrer sozialen und materiellen Umwelt, über die vielfältigen Bezüge, in denen sie eingebunden sind und die es ermöglichen, sich in unterschiedlichen Rollen und Kontexten zu erfahren. Die eigene Biographie als Geschichte von subjektiv Erlebtem, mit Bedeutung versehen oder aber verworfenen Erfahrungen vermittelt sich mit den Erwartungen, Normen und Werten, die über informelle und formelle, institutionell-gesellschaftliche Kontexte, den Sozialisationsagenturen, an den Menschen herangetragen werden. Diese Vermittlung stellt sich dar als eine alltägliche Bewältigungsaufgabe, die sich über den Lebenslauf hinweg erstreckt und insbesondere an den Übergängen oder in krisenhaften Situationen [→ Übergänge und Krisen] Herausforderungen beinhaltet, die sowohl Chancen für die Persönlichkeitsentwicklung und Identität im Sinne erfolgreicher Bewältigung als auch Risiken des Scheiterns bergen können.

Schütz kann als erster Vertreter einer sozial-konstruktivistischen Begründung der Philosophie und der Soziologie gelten. Methodologisch sind mit der Grundlegung einer mikrotheoretisch begründeten verstehenden „Geisteswissenschaft" die bis heute nicht völlig überwundenen Auseinandersetzungen sowohl um die dem „Gegenstand" der Sozial- und Geisteswissenschaften angemessenen Theorien als auch um die Methoden

verbunden, die im „Positivismusstreit" einen Höhepunkt erreichten, sich aber auch in der „Paradigmendiskussion" in Pädagogik und Behindertenpädagogik [→ I Paradigma und Paradigmawechsel] (vgl. Beck 1994; Beck & Jantzen 2004; Bleidick 1976; 1977) wiederfinden. Das interpretative oder Kontroll-Paradigma stellt in der Soziologie ein Gegenprogramm zum ätiologischen bzw. normativen Denken über soziale Tatbestände dar. Im Rahmen des ätiologischen (bzw. normativen) Paradigmas leiten sich gleichsam „natürlich" Ursachen sozialen Handelns aus bestimmten Bedingungen ab, die gegeben sind und sowohl struktureller (z. B. Schichtzugehörigkeit) als auch individueller Art (z. B. Persönlichkeitsstruktur) sein können. Diese Sichtweise unterschlägt die historisch, kulturell und sozial vermittelten Bewertungsformen, in denen erst ein bestimmtes Verhalten eine bestimmte Qualität zugesprochen bekommt. „Abweichungen" sind ebenso wenig Eigenschaften wie soziale Normen, sondern es sind Relationen, sozial bedingte Verhältnisse zwischen Individuen und Situationsdefinitionen. In dieser „akteurtheoretischen" Sicht der phänomenologisch begründeten Soziologie ist die soziale Welt Ergebnis individueller Handlungen und Interpretationen. Diese werden nicht voraussetzungslos gedacht, doch wie die „selbstverständliche Wirklichkeit" bereits strukturell geprägt ist und wie wiederum Strukturen dann doch das individuelle Handeln prägen, bleibt fraglich; zumindest rücken strukturelle Aspekte, die die soziale Lage des Einzelnen und seine tatsächlichen Handlungsmöglichkeiten bedingen, aus dem engeren Blickfeld, so dass letztlich der Dualismus zwischen Mikro- und Makrosicht auf Gesellschaft bestehen bleibt und „Lebenswelt" in dieser Fassung eindeutig mikrologisch, mit einer dominanten Fokussierung alltäglicher Sozialbeziehungen, von Interaktion und Kommunikation, konnotiert bleibt.

Berger/Luckmann und Goffman

Peter L. Berger und Thomas Luckmann, deren Werk bis heute großen Einfluss in der Wissenssoziologie und für die konstruktivistische Sicht gesellschaftlicher Wirklichkeit, aber auch für die Analyse funktional differenzierter Gesellschaften und ihren Wandel besitzt, wurden maßgeblich durch Schütz beeinflusst. Bei Luckmann werden die Ergebnisse der Lebensweltanalyse als vorsoziologische (protosoziologische) Grundlegung der Wissenssoziologie ausgewiesen, der Wirklichkeitsbezug der Wissenschaft ist demnach zwangsläufig von den Strukturen umgeben, die in den phänomenologischen Untersuchungen beschrieben werden. Das heißt, man benötigt eine formale Grundbegrifflichkeit, anhand derer historisch invariante Strukturen der Alltagswelt erkannt werden können, die an der sozialen Konstruktion der Wirklichkeit mitbeteiligt sind. Welche invarianten Strukturen liegen der Versprachlichung geschichtlicher konkreter Typisierungen menschlichen Handelns zugrunde? Peter Berger und Thomas Luckmann (1980) haben aus wissenssoziologischer Perspektive die Beziehung zwischen Bewusstseinsstrukturen und institutionellen Strukturen zum Ausgangspunkt ihrer Analyse gewählt: warum ein bestimmtes Wissen zur gesellschaftlich etablierten Wirklichkeit wird und warum es so schwer ist, Institutionen zu verändern. Gesellschaft tritt dem Einzelnen als vorgefundene Realität entgegen, als Faktum; Institutionen, Organisationen, soziale Rollen erscheinen wie äußere Zwänge, denen man sich gegenübersieht, und die den Lebenslauf manchmal gerade nicht als selbst gewählt oder zumindest mit beeinflusst, sondern als Abfolge von äußeren Notwendigkeiten erscheinen lassen. Berger und Luckmann weisen dabei Institutionen eine entscheidende Rolle zu (Berger & Luckmann 1980, 57) [→ VI Institution und Organisation] und hierüber schlagen sie die Brücke zwischen Handlung und Struktur. Gesellschaftliche Wirklichkeit ist immer historisch gewordene und sozial konstruierte, mit Bedeutungen versehene Wirklichkeit und sie wird im Handeln selbst wiederum hergestellt, bestätigt, aber auch gestaltet, verändert und verworfen. Ontologisierung ist der Prozess, der genau dies verschleiert und den Lauf der Dinge als wesenhaft erscheinen lässt: „naturhaft", „schicksalhaft", „das war schon immer so". Routinisierung und Typisierungen befördern dies, und Institutionalisierung ist als Prozess der dauerhaften Regelung zentraler Tatbestände des menschlichen Lebens Motor der Ontologisierung dort, wo nicht mehr klar ist, dass und warum eine bestimmte Ordnung entstanden ist. Gerade weil Institutionalisierung auch komplexitätsreduzierend und entlastend, handlungs- und identitätssichernd wirkt, ermöglicht sie bei aller Kontrolle auch Freiheit, doch das ontologisierende Denken durchzieht dennoch das Alltagsverständnis vom Verhältnis zwischen Individuum und Gesellschaft: Hier bin ich – dort sind die anderen, als ob man, so Norbert Elias (vgl. Elias 1986, 9–12), von ihnen wie durch eine unsichtbare Wand getrennt sei und nicht im Gegenteil viele einzelne Menschen durch Abhängigkeiten und Angewiesenheiten auf mehr oder weniger enge, labile, Weise verflochten wären. Diese Verdinglichung, so Norbert Elias und so Berger & Luckmann (1980), lässt sich auf die spezifischen Zwänge zurückführen, die soziale Gebilde, also Menschen, aufeinander ausüben und denen man gleichsam eine Gegenständlichkeit zuschreibt. Schichtzugehörigkeit, Armut, Behinderung: All das ist dann entweder natürliches individuelles Schicksal oder ebenso gleichsam natürliche Folge der gesellschaftlichen Verhältnisse. In beiden Fällen wird von kausal interpretierbaren Zuständen ausgegangen, ihre Relativität kommt nur schwer in den Blick. Bergers & Luckmanns Analysen der Institutionen inhärenten Funktion der sozialen Kontrolle rücken einerseits Interaktionsstrukturen und soziale Rollen hinsichtlich der ihnen unterliegenden Definitionen, Machtbalancen und Zwänge in den Blick, doch richtet sich ihr Blick andererseits auch auf den Möglichkeitsraum sozialen Handelns und von Gesellschaften insgesamt, z. B. hinsichtlich der abnehmenden Bindungskraft „traditioneller" Institutionen in modernen Gesellschaften. Mit ihrer Betonung der Wechselseitigkeit von Struktur und Handlung lassen sich Berger & Luckmann nicht mehr ausschließlich dem klassischen phänomenologischen Ansatz zurechnen, ebenso wenig wie Erving Goffman, auf den sich beide beziehen, doch im Zentrum stehen eindeutig Rekonstruktionen der Interaktion im Alltagsleben.

Auch Goffmans „Leitmotiv" war die Interaktionsordnung, das Regelwerk des Alltagshandelns in sozialen Situationen, und dies von der face-to-face-Beziehung bis hin zu den Institutionen, doch ohne Fragen nach sozialstrukturellen Einflüssen oder der Wechselseitigkeit von Struktur und Handlung im engeren Sinn aufzuwerfen. Goffman rückte die Regeln, die – häufig unbewusst – das Handeln leiten, in den Mittelpunkt seiner Analysen der Alltagsinteraktion und hat mit dem Bild von der „Vorder"- und der „Hinterbühne" den Charakter der Interaktion als Inszenierung beschrieben, in der darauf gezielt wird, auf eine bestimmte Art wahrgenommen zu werden. So wird auch der Alltag als etwas Fremdes wahrnehm- und entlarvbar und die Komplexität von Rollenstrukturen und der individuellen Wege, diese zu interpretieren und auszufüllen, wird verdeutlicht. Es waren aber Goffmans Analysen der Repressivität sozialer Phänomene wie der „totalen Institution" (Goffman 1972; erstmals 1961) und von Stigmatisierungsprozessen [→ II Stigma/Vorurteil] (Goffman 1967; erstmals 1963), die international eine enorme Wirkung in Theorie und Praxis für das Aufbrechen verdinglichender, dehumanisierender sozialer Praktiken und Zwänge entfalteten wie die Abwertung von „Rand"gruppen, die Beschädigung ihrer Identität und die Reduzierung ihrer Lebenschancen durch die unmenschlichen Bedingungen, die sich in vielen Anstalten bis in die 1980er Jahre fanden. Mit seinem analytischen Begriff der „totalen Institution" gewann er ein Instrumentarium, das die Repressivität sozialer Phänomene im Sinne der totalen Kontrolle über die Identität, Persönlichkeit und Handlungsspielräume von Menschen schonungslos

in ihrer Wirkung auf die hiervon Betroffenen aufdeckte. Mit der Einführung des Stigma-Ansatzes in die Behindertenpädagogik durch Thimm (1975) wurde Behinderung im sozialen Sinn bestimmt als eine im Auge des Betrachters erzeugte abwertende Perspektive auf Eigenschaften oder Merkmale anderer Menschen, als Zuschreibung eines alles andere überlagernden Merkmals, eine Leer-Rolle, hinter der andere soziale Rollen zurücktreten, was Folgen für die Identität der davon Betroffenen haben kann. Mit dieser Fassung von Behinderung als Stigma verband Thimm den Anspruch, eine Alternative zu ontologisierenden Ansätzen zu etablieren, in denen Behinderung entweder ausschließlich als kausale Folge individueller „Defekte" (individualtheoretisch) oder als ausschließlich makrostrukturell (gesellschaftstheoretisch) verursacht erklärt wird und damit die pädagogischen Bemühungen vor allem an der Interaktion und Kommunikation, der Etablierung gleichberechtigter Kommunikations- und Interaktionschancen und der Ermöglichung einer alltäglichen Lebensführung auszurichten.

2.2 Lebenslage

Nach Glatzer (2002, 606) sowie Husi & Meier Kressig (1998) bilden marxistische (Engels über die Lage der arbeitenden Klassen in England) und soziologische Untersuchungen von Max Weber (über die ostelbischen Landarbeiter) den Ausgangspunkt der Analysen zur Lebenslage. Husi & Meier Kressig (1998, 257 und Fußnote 180) nennen darüber hinaus René König als Kronzeugen für die Einführung des Begriffes durch Emile Durkheim („genre de vie"), der ihn allerdings ohne weitere Klärung verwandt habe. Insofern muss er schon eine Art gebräuchlicher oder naheliegender Begriff gewesen sein, bevor Otto Neurath ihn explizit beschrieb und eine theoretische Fundierung vornahm. In der Literatur werden übereinstimmend Otto Neurath als der historische Begründer des Lebenslagekonzeptes, Kurt Grelling und Gerhard Weisser sowie Ingeborg

Nahnsen als die Fortentwickler der Konzeptualisierung genannt, deren in den „30iger, 50iger und 70iger Jahren verfassten Schriften zur Lebenslage bis heute als Hauptquelle für gegenwärtige Definitionen und als Grundlage für aktuelle Forschung zur Lebenslage fungieren" (Schmidtke 2005, 18; weitere Zusammenfassungen siehe Voges et al. 2003; Husi & Meier Kressig 1998).

Otto Neurath

Nach Voges et al. (2003), Schmidtke (2005) und Husi & Meier Kressig (1998) gilt der Philosoph und Nationalökonom Otto Neurath (1882–1945) als Begründer des Lebenslageansatzes. Neurath war Mitglied des „Wiener Kreises", einem Zusammenschluss von Vertretern des Logischen Empirismus. Der Logische Empirismus als Weiterentwicklung des reinen Positivismus geht erkenntnistheoretisch von einem unmittelbaren Zugang zur Wirklichkeit aus, d.h. dass alle Phänomene zurückführbar sind auf empirische Tatsachen und somit die Möglichkeit besteht, empirisch-synthetische Sätze nach bestimmten Regeln zur Basis objektiver Erkenntnis zu machen, auf die irgendwann logisch-analytische Sätze rückführbar sind. Für Neurath war entsprechend alles, auch das Soziale, auf materiale Gegebenheiten zurückzuführen, er war philosophischer Materialist und verfolgte eine „streng wissenschaftliche, unmetaphysische ‚physikalische' Soziologie" (Mikl-Horke 2001, 97) und die Idee der Einheitswissenschaft, in der es keine Trennung in der Erkenntnisbasis oder der Methode nach Gegenstand („Natur" oder „Geist") gibt. Damit steht er zugleich in Opposition zur Phänomenologie [→ I Phänomenologie]; andererseits plädierte er für Gesellschaftsveränderung als Verbesserung der sozialen Verhältnisse und verstand sich auch als Gesellschaftsplaner. Diese anti-metaphysische, zugleich sozialreformerische und normative Haltung mit Blick auf die Funktionsbestimmung der Wissenschaft entspricht nun aber auch nicht der Position „reiner" Positivisten oder logisch-analytischer Empiristen.

Der Lebenslageansatz ist damit von der ersten wissenschaftlichen Verwendung an ins Spannungsfeld zwischen dem Anspruch nach empirischer Operationalisierung einerseits und der Verwendung zur sozialpolitisch und sozialreformerisch motivierten Verbesserung sozialer Bedingungen andererseits gestellt.

Neurath hatte erkannt, dass die Lage der Bevölkerung mit einzig ökonomischen Maßen wie Einkommenshöhen nur unzureichend erfasst wird. Entsprechend greift eine Sozialpolitik, die nur auf Einkommensverteilung setzt, zu kurz. Er wollte ein Begriffsystem mit den Determinanten entwickeln, die die soziale Situation der Menschen konstituieren und die zugleich durch die gesellschaftlichen Bedingungen, insbesondere Wirtschafts-, Sozial- und Bildungspolitik beeinflussbar und damit gestaltbar sind. Demnach ist der „Lebensboden" ein „Stück Welt mit all seinen Bestandteilen, Einrichtungen" (Neurath in Hegselmann 1979, 271), das die „Lebensstimmung" als „Erfreulichkeit oder Unerfreulichkeit des Erlebens, Glück oder Unglück" des „Stimmungssubjekts" (272) – das individuelle Wohlbefinden – beeinflusst, während „Lebensordnung" die Normen, Gewohnheiten, Gebräuche usw. eines Menschen oder einer Menschengruppe meint, also die historisch-kulturell und sozial bedingten sozialen Zusammenhänge, die die Art und Weise der Lebensführung – bei Neurath die Wirtschaftsweise – bedingen. Die Lebenslage selbst ist nun einerseits Teil des Lebensbodens, und zwar derjenige, „der gewissermaßen wie eine engere Schale das Stimmungssubjekt umhüllt und die Lebensstimmung unter Umständen – wenn wir ein vollständiges Wissen annehmen – eindeutig bestimmt. Neurath rückt hier Aspekte in den Vordergrund, von denen er annimmt, dass sie – und eben nicht der Lebensboden als solcher – das subjektive Erleben „verhältnismäßig unmittelbar" beeinflussen. Seine Aufzählung dafür relevanter Aspekte – der Dimensionen der Lebenslage – ist unsystematisch und nicht näher begründet. Gleichwohl wird mit der Nennung von Bestandteilen auch ohne deren Gewichtung oder Systematisierung die Grundlage für die Mehrdimensionalität des Lebenslagebegriffes gelegt und für die Fokussierung der äußeren Umstände, die jedoch nicht mit der gesellschaftlichen Sozialstruktur an sich gleichzusetzen sind, sondern sich ganz offensichtlich erst *durch das individuelle Handeln im Rahmen bestimmter struktureller und sozialer Bedingungen* herausbilden. Andererseits ist die Lebenslage aber Ergebnis des Zusammenwirkens von Lebensboden und Lebensordnung, den strukturellen Bedingungen wird also eindeutig großes Gewicht zugemessen. Da es Neurath vorrangig um die Beeinflussung, ja um die Gestaltung von Lebenslagen ging (Husi & Meier Kressig 1998, 262), stellt sich die Frage, wie Lebenslagen verglichen und bewertet werden können und wie man sich den Einfluss politischer Maßnahmen zu denken hat. Damit nimmt Neurath die Kernprobleme des Wohlfahrtsstaates und der Steuerung sozialer Problemlagen vorweg. Neurath ging davon aus, dass die Gesamt-Lebensstimmung nicht additiv durch den Beitrag einzelner Lebenslagedimensionen als Summe mal positiver, mal negativer Stimmungen entsteht, sondern dass die Lebensstimmung einer Person oder einer Gruppe als Ganzes in Bezug zu den Lebensbedingungen insgesamt gesetzt werden muss und es darum gehen muss, zu untersuchen, welche Veränderungen welcher Bedingungen zu welchen Veränderungen in der Lebensstimmung führen (264). Dann aber wäre es möglich, gezielte Steuerungsmaßnahmen zu etablieren und die Verteilung von Lebenslagen zur politischen Aufgabe und zu deren Ziel zu machen.

Kurt Grelling und Gerhard Weisser

Hier setzt die Konzeption von Kurt Grelling (1886–1942) an, der wissenschaftstheoretisch in einer gänzlich anderen Tradition als Neurath steht, aber ebenfalls den Standpunkt der Verbindung von empirischer Datensammlung mit normativer, an Leitzielen oder Überzeugungen ausgerichteter sozialpolitischer Analyse vertrat (Voges et al. 2003, 40). Bei Grelling bleibt das Individuum nicht gleichsam eine

„black box", sondern hier kommen durch seine idealistisch-geisteswissenschaftliche Sicht explizit subjektive Handlungen ins Spiel, und zwar anhand von *Interessen* oder Wertpräferenzen. Damit aber ist die Lebenslage nicht die engere „Schale" der Lebenshaltung (oder Lebensführung) wie bei Neurath, sondern der *Handlungsspielraum*, der durch die Verfolgung von Interessen bei je gegebenen Ressourcen entsteht. Der Begriff des Interesses rückt normative und subjektive Aspekte in den Mittelpunkt, und die Lebenslage bildet nun eine Auswahlmenge, einen *multidimensionalen Raum an Möglichkeiten für die Lebensführung*. Grelling war ebenso sozialpolitisch motiviert wie Neurath; als Lehrer Gerhard Weissers (1898–1969) hat Grelling wiederum dessen Arbeiten stark beeinflusst. Weissers Bedeutung liegt in der Weiterentwicklung des Ansatzes, seinen Beiträgen zur Sozialpolitik und seinem Einflusses auf die Entwicklung des westdeutschen Wohlfahrtsstaates nach dem 2. Weltkrieg. Weisser war Gesellschaftswissenschaftler und Politiker; er wirkte am Godesberger Programm der SPD mit und verfasste zahlreiche Schriften zur Erkenntnistheorie, zur Wirtschafts- und Gesellschaftswissenschaft, in denen er auch Bezüge zu pädagogischen Fragen herstellte, z. B. zur Gesellschaftsgestaltung durch Sozialpädagogik und zur politischen Bildung (vgl. Prim 2000). Wie bei Neurath verband sich bei ihm das erkenntnistheoretische Interesse an der Begründung einer Lehre von der Gesellschaft mit dem normativen Interesse an der Gesellschaftsgestaltung. Er entwickelte seine erkenntnistheoretische Position aus der Kritik an Max Webers Postulat von der Wertfreien Wissenschaft und der Position Karl Poppers. Popper [→ I Kritischer Rationalismus] hält im Gegensatz zum Logischen Empirismus einen reinen Zugang zur Erkenntnis für unmöglich. Hieran schließt Weisser an, aber Poppers Falsifikationsprinzip, wonach Wahrheit im Sinne absoluter Wahrheit nur als regulatives Ideal fungiert und Gültigkeit immer nur vorläufig ist, sich aber logisch-analytisch oder empirisch intersubjektiv gültig (in den Basis- oder Protokollsätzen zumindest bis zu ihrer Falsifikation) begründen lässt, hält er für nicht einlösbar. Weisser nimmt hier fast einen phänomenologischen, ja konstruktivistischen Standpunkt ein, was die Frage der intersubjektiven Nachprüfbarkeit betrifft: er betont die subjektiven Unterschiede und die Relativität im Erkenntnisvorgang und -vermögen und damit die Relativität der Wahrnehmung überhaupt (Prim 2000, 8). Zudem hielt Weisser es für zwingend und möglich, auch präskriptive Aussagen in wissenschaftliche Aussagen aufzunehmen, er verfolgte also eine wertgeleitete Position mit dem Anspruch der Begründung.

Mit Lebenslage wird von Weisser der Spielraum bezeichnet, „den die äußeren Umstände dem für die Erfüllung der Grundanliegen bieten, die ihn bei der Gestaltung seines Lebens leiten oder bei möglichst freier und tiefer Selbstbesinnung und zu konsequentem Verhalten hinreichender Willensstärke leiten würden" (Weisser 1978, 275).

„Lebenslagen lassen sich […] nicht hinreichend mit sozioökonomischen Größen wie Einkommen, Ausbildung, Wohnungsgröße, Busverbindungen, Berufsposition etc. bestimmen. Es geht dabei um ‚Grade des Wohlbefindens'. Genauer gesagt, geht es um die Qualität von Chancen, zu Wohlbefinden zu gelangen. […] Das Lebenslagenkonzept hat angesichts seiner Verbindung von objektiven und subjektiven Faktoren sicherlich einige Verwandtschaft mit dem u. a. aus dem symbolischen Interaktionismus bekannten Deutungsmuster der ‚*Lebenswelt*'" (Prim 2000, 9, Hervorhebung durch die Verfasser). Das Individuum ist aktiver Gestalter der Interessensbefriedigung, auch wenn es nicht unbedingt seinen Spielraum zu nutzen weiß oder die richtigen Entscheidungen dabei trifft, denn die „Selbstbesinnung" kann „insbesondere dann befangen [sein], wenn sie durch Traditionen oder aufgedrängte Ideologien beschränkt werde" (Husi & Meier Kressig 1998, 265). Weisser betonte, dass auch „das Maß, in dem eigene Initiative […] aufgebracht wird, […] von der Lebenslage abhängt, besonders bei langdauerndem, evtl. über Generationen reichendem

Bestehen dieser Lebenslage, und besonders dann, wenn sich die Lage nahe dem physischen Existenzminimum befindet. Aufgedrängte Beruhigungsideologien der Mächtigen können zu dieser Lähmung der Initiative beigetragen haben. Das Maß der Zufriedenheit mit der Lebenslage kann also manipuliert sein" (Weisser 1978, 278).

Nach Weisser (1978) sind die Interessen oder Grundanliegen anthropologische Kategorien und damit dem Subjekt eignend, allerdings historisch-kulturell und sozial beeinflusst und überformt und zudem nicht immer oder gleichermaßen bewusst. Dann ist aber zu fragen, wie man sie bestimmen kann: ob sie gleichsam zeitlos sind und die jeweilige historische Überformung auf anthropologische Konstanten rückführbar ist, ob sie gleichwertig oder rangmäßig geordnet, wie sie zu bewerten sind und wie man unmittelbare und mittelbare Interessen identifiziert und unterscheidet; alle Probleme der Bedürfnisforschung [→ VII Bedürfnisse] sind mit dieser Konzeption verbunden. Die dabei leitende Vorstellung von einer gerechten und guten Gesellschaft wird durch Weissers Zumessung von Werten und Unwerten der Lebenslage bestärkt. So zählen für ihn zu den Werten der Lebenslage u. a. Arbeitsfreude oder die Chance, ein aktives Mitglied der Gesellschaft zu sein; Unwerte stellen z. B. Monotonie der Arbeit und Abhängigkeit dar (Husi & Meier Kressig 1998, 268). Das zentrale Interesse von Weisser sind klar die äußeren Umstände, die vom Individuum selbst nicht, wohl aber durch die Politik und praktische, soziale und pädagogische Intervention zu beeinflussen sind, und die seinen Spielraum determinieren. Dabei „kontrastiert [er] […] potentielle und faktische Bedürfnisse einerseits und vorgeordnete soziale Verhältnisse andererseits. […] Empirisch zu bestimmen, welche Spielräume sich den Handelnden de facto eröffnen oder verschließen und welches Ausmaß Erscheinungen ‚sozialer Schließung' (Weber) in der ihrem Anspruch nach ‚offenen Gesellschaft' (Popper) angenommen haben, ist ebenso schwierig wie wichtig" (266).

Die Bedeutung der Weisser'schen Konzeption für ein Verständnis von Sozialpolitik als Gesellschaftspolitik [→ Gesellschaftspolitik] zur Herstellung von Chancengleichheit und sozialer Gerechtigkeit ist ebenso groß wie für die wissenschaftliche Untersuchung sozialer Ungleichheit; entsprechend hat der Ansatz bzw. haben die hierauf beruhenden Weiterentwicklungen eine hohe Relevanz in der Forschung, v. a. der Ungleichheits- und Armutsforschung. Seine Konzeption wirft die Frage nach der Vermittlung objektiver mit subjektiven Bedingungen auf, zwar ohne hierfür theoriegeleitete Antworten zu geben, doch mit gesellschaftskritischem Blick, und mutet hiermit wie mit dem Bezug auf Exklusionsrisiken außerordentlich aktuell an. Das Problem der Äußerung von Zufriedenheit trotz objektiv schlechter Bedingungen ist der Lebensqualitätsforschung als Paradoxon bekannt. Die Exklusionsrisiken der individualisierten Gesellschaft sind nicht länger mehr nur ein Randgruppenproblem. Der Weisser'sche Ansatz ist dynamisch in der Betonung der Relativität der Chancen in Abhängigkeit historisch-kultureller Bedingungen, also ihrer temporalen Veränderung. Relativität und Dynamik stellen zugleich die Potentiale für die Beeinflussbarkeit dar und generieren die praktische und politische Relevanz.

Ingeborg Nahnsen

Weissers Schülerin Ingeborg Nahnsen (1923–1996) setzte an den Problemen der Operationalisierung und Bestimmung der Interessen nach Weisser an und löste den Ansatz damit aus der anthropologischen Verankerung heraus (Nahnsen 1975). Auch sie hält den Ansatz für unmittelbar sozialpolitisch relevant, da Einzelprobleme durch den Lebenslagebegriff eine Klammer und ihren zentralen Bezugspunkt erfahren (Husi & Meier Kressig 1998, 270). Nahnsen hält an der Definition von Lebenslagen als Spielraum fest, wendet aber die Frage nach der Erfüllung von Interessen oder Grundanliegen in die Frage, unter welchen Bedingungen sich denn überhaupt Bedürfnisse entfalten. Sie geht davon aus, dass jegliche

individuelle Bedürfnisartikulation oder -verfolgung sozial beeinflusst ist und sich insofern zentral die Frage „nach der Ausprägung der Bedingungen (stellt), unter denen Interessen überhaupt ins Bewusstsein gehoben und befriedigt werden können" (Nahnsen 1975, 150). So kann eine äußerst schlechte, unsichere Lebenssituation die Entfaltung bestimmter Bedürfnisse verhindern, was nicht deren Fehlen beim Individuum bedeutet. Die Unkenntnis oder Unmöglichkeit von Alternativen kann darüber hinaus eine objektiv schlechte Situation dem Individuum als ausreichend erscheinen lassen. Nahnsen geht es nicht um die Frage, welche Bedürfnisse jemand tatsächlich befriedigt, sondern darum, welche Spielräume sich für den Einzelnen durch äußere soziale Bedingungen ergeben, die dann den „Umfang der *sozialen Chancen* individueller Akteure […] konstituieren" (Voges 2003, 42). Das Problem, dem Einzelnen ein Bedürfnis oder gar einen ganzen Bedürfnis-Katalog zu unterstellen und noch zu überprüfen, ob dies in einen konkreten Bedarf mündet, wird damit umgangen, indem andererseits gefragt wird, ob generell ein Spielraum für die Bedürfnis- oder Interessenbefriedigung besteht. Diesen zu sichern, ist die Aufgabe der Sozialpolitik.

Nahnsen muss nun angeben, welche sozialen Tatbestände für die Entfaltung von Interessen denn wichtig sind, die den Spielraum als deren Rahmenbedingung inhaltlich beschreiben. Dazu unterteilt sie den Spielraum in fünf Einzelspielräume, die nicht weiter theoretisch abgeleitet sind, aber nach Plausibilitätskriterien begründet erscheinen und „mit analytischer Absicht" (Husi & Meier Kressig 1998, 271) entwickelt wurden: „So hängt zweifellos das Maß möglicher Interessenentfaltung und Interessenrealisierung […] von einer Reihe gesellschaftlich bewirkter Umstände ab, die den Umfang möglicher Versorgung mit Gütern und Dienstleistungen bestimmen (*Versorgungs- oder Einkommensspielraum*). Es hängt ferner von den Möglichkeiten ab, die die Pflege sozialer Kontakte und das Zusammenwirken mit anderen […] erlauben (*Kontakt- und Kooperationsspielraum*)" (Nahnsen

1975, 150). Weitere Einflüsse sind die „Bedingungen der Sozialisation, von Form und Inhalt der Internalisierung sozialer Normen, vom Bildungs- und Ausbildungsschicksal, von den Erfahrungen in der Arbeitswelt, vom Grad [...] beruflicher und räumlicher Mobilität usw. *(Lern- und Erfahrungsspielraum)*. Eine weitere, entscheidend wichtige Rolle spielen die psycho-physischen Belastungen, die dem einzelnen in typischer Weise abgefordert werden durch Arbeitsbedingungen, Wohnmilieu, Umwelt, Existenzunsicherheit u. ä. *(Muße- und Regenerationsspielraum)*. Schließlich werden Interessenentfaltung und Interessenrealisierung nicht zuletzt durch die Verhältnisse strukturiert, von denen es abhängt, wie maßgeblich der Einzelne auf den verschiedenen Lebensgebieten mitentscheiden kann *(Dispositionsspielraum)*" (ebd., Hervorhebung durch die Verfasser).

Es ist unschwer festzustellen, dass diesen Spielräumen eine theoretische Orientierung an grundlegenden physiologischen, psychologischen und sozialen Bedürfniskategorien unterliegt. Nahnsen definiert mit den Spielräumen aber einen Katalog an *Bedingungen ihrer Entfaltung*; der Einkommensspielraum ist demnach zu fassen als *Bedingung* des Maßes der materiellen Versorgung und Verfügbarkeit von Gütern; der Muße- und Regenerationsspielraum wäre die Bedingung des Maßes an Regenerations- und Mußemöglichkeiten usw. Damit wird u. E. der Charakter der Spielräume als Optionen oder Gelegenheitsstrukturen besser verdeutlicht und zugleich lassen sich die Spielräume auch begründet erweitern oder verändern. Lebenslagen setzen sich damit nicht aus Interessen oder Grundanliegen zusammen (wie bei Weisser) oder geben per se Aufschluss über z. B. die individuelle Lebensqualität oder den Lebensstandard, sondern sie stellen die Bedingungen und Möglichkeiten für die Entfaltung und die Befriedigung von Interessen dar. Ein soziales Netzwerk aus fünf Personen, zu denen eine Beziehung besteht, kann demnach die Chance auf soziale Zugehörigkeit als Grundanliegen beinhalten (und diese wäre Teil des Kooperationsspiel-

raumes). Die tatsächliche Realisierung ist davon getrennt zu sehen und unterliegt vielen Einflussfaktoren; ihre Untersuchung macht einen Blickwechsel *auf die Ebene der Interaktion und Interpretation* notwendig. Das Problem der Bestimmung, Gewichtung und Bewertung dieser Einzelspielräume ist damit jedoch nicht gelöst.

Wenn Lebenslagen empirisch gemessen werden, ergeben die vorrangig strukturellen Daten der äußeren Bedingungen (wie Einkommen, Wohnen, soziale Beziehungen) also keinen Aufschluss über die Nutzung des je gegebenen Spielraumes. Die gemessenen Einkommenshöhen, Wohnbedingungen, Bildungsabschlüsse, Sozialbeziehungen sind strukturelle Voraussetzungen dafür, aber andererseits auch Folge von Partizipation an und Austauschprozessen mit der Umwelt. Die Chancen sind von außen beeinflussbar; ihr Pendant, individuelle Voraussetzungen und Umweltpartizipation, bleiben außen vor. Sie werden aber in den Adaptionen und Fortentwicklungen des Ansatzes immer bedeutsamer. Mit dem Ansatz Nahnsens kann nach Schmidtke das erste Mal „von einem sowohl theoretisch entwickelten als auch methodisch einlösbaren Konzept der Lebenslage gesprochen werden" (Schmidtke 2005, 21).

3 Zentrale Erkenntnisse und Probleme

3.1 Relevanz und Verbreitung vor dem Hintergrund der Gesellschaftsentwicklung

Wandel der Moderne: Wandel des Verhältnisses von „Optionen und Ligaturen"

Sowohl der Lebenslage- als auch der Lebensweltbegriff finden trotz ihrer historisch weit zurückreichenden Entstehung und Differenzierung in der Erziehungswissenschaft und insbesondere in der Behindertenpädagogik erst seit den späten 1970er Jahren und zunehmend dann in den 1980er Jahren Verwendung (exemplarisch: Löffler 1989; Schiller 1985; Thiersch 1992; Wendt 1988). Die breite Rezeption in Theorie und Praxis bis hin zur Konstatierung: „Die Rede von Lebenswelt und Orientierung an der Lebenswelt ist in der sozialen und pädagogischen Arbeit ubiquitär" (Grunwald & Thiersch 2006, 144), was ebenso für den Lebenslagebegriff gilt, geschieht wesentlich seit Anfang/Mitte der 1990er Jahre. Die Gründe liegen ebenso sehr in gesellschaftlichen wie in wissenschaftlichen Entwicklungen, die aneinander ihre Bewegung haben.

Der Prozess der Modernisierung als Wandel von der starken Vorgegebenheit der Lebensstile und sozialen Rollen hin zu ihrer Pluralisierung und einem Aufbrechen traditioneller Vergesellschaftungsformen vollzieht sich seit der Industrialisierung und der Aufklärung mit „fundamentalen sozialen, politischen und ökonomischen Umwälzungen der gesellschaftlichen Ordnung im 18. und 19. Jahrhundert" (von Kardoff 1989, 27). Die gesellschaftliche Differenzierung sowie die Institutionalisierung im Sinne der Verrechtlichung und Steuerung der Lebenslagen durch den Staat nehmen seitdem erheblich zu. Alte Ordnungen verändern sich ebenso wie das Verhältnis zwischen Individuum und Gesellschaft, obwohl traditionelle Rollenerwartungen und bürokratische Ordnungsmechanismen noch lange Zeit dominant waren und auch heute nicht gänzlich verschwunden sind. Doch die Auflösung traditioneller Lebensgemeinschaften und die Zunahme der „Vereinzelung" bei gleichzeitig immer stärkerer Einbindung der Menschen in Institutionen und Organisationen lässt danach fragen, wie sich Integrationsprozesse nun vollziehen, was die Gesellschaft – jenseits einer durch Gott oder Feudalhierarchie vorgegebenen Ordnung – zusammenhält. „Soziale Ordnung, individuelle Identität und das Verhältnis beider zueinander werden von nun an zum Dauerdiskurs der Moderne" (von Kardoff 1989, 28). Die Suche nach der „dritten Kraft" zwischen Individuum und Gesellschaft – Gemeinschaft – und

die Formierung einer neuen bzw. veränderten Rolle sozialer Beziehungen aus der gesellschaftlichen Praxis heraus werden zum Thema der Soziologie, ebenso wie Institutionen zu ihrem Gegenstand werden [→ VI Institution und Organisation]. Dabei wird dieses Interesse von den Zeitsignaturen unmittelbar beeinflusst, in denen „der Zwang zum Neuarrangement sozialer Beziehungen [einhergeht] mit dem Reflexivwerden sozialer Ordnung wie der Subjekte selbst" (ebd.). Aber die Annahmen über die Funktion sozialer Beziehungen für das Individuum (Identität) und für die Gesellschaft (Sozialisation, Integration), wie sie Schütz, Weber oder Durkheim trafen, sind allgemeiner, sozial-anthropologischer Art: Individualität und Vergesellschaftung geschehen beide durch Interaktion, die Frage nach Solidarität und Integration ist eine grundsätzliche, die nun aber eine neue Dynamik und Richtung erhält: Es entstehen „neuartige Bindungen, die eine eigene ‚Geometrie sozialer Beziehungen' herausbilden, in der sich Verhältnisse von Nähe und Distanz, Über- und Unterordnung, Privatheit und Öffentlichkeit, Verpflichtung und Freiheit neu formieren und entlang der gewandelten ‚systemischen' (ökonomischen, politischen und technischen) Bedingungen neu arrangieren" (ebd., 31).

Der „Lebensboden" als räumlich-zeitliche Verankerung der Existenz verweist sowohl im Konzept der Lebenslage wie in dem der Lebenswelt auf Orte im Sinne örtlicher Gemeinschaften, auf soziale Räume [→ VI Öffentlichkeit und Gemeinde], auf Privatheit und Öffentlichkeit, auf die „Doppelnatur der Vergesellschaftung des Individuums im Schnittpunkt ‚sozialer Kreise'" (ebd., 30). Im Konzept der Lebenslage geht es um die Frage, unter welchen Bedingungen sich in diesem sozialen Raum Interessen herausbilden können und Teilhabe realisiert werden kann, lebensweltlich gewendet bilden die „Formen elementarer von den Individuen in ihren lebensweltlichen Bezügen von Familie und Freundschaft hergestellter sozialer Integration [...] die Basis für Identitätsbildung sowie für Handlungs-

und Veränderungsfähigkeit der Einzelnen" (ebd., 32). Damit aber sind sie Teil der „sozialen Chancen" im Sinne der durch äußere Bedingungen, den sozialen Beziehungen konstituierten Handlungsspielräumen. Lebenswelt und Lebenslage überschneiden sich in der Fokussierung der sozialen Interaktionsprozesse, akzentuieren dabei jeweils stärker mikro- oder makrostrukturelle Bedingungen. Dass sie heute zunehmend gemeinsam verwandt und Ansätze zu ihrer Verbindung, auch im Sinne einer besseren Abgrenzung, unternommen werden (u. a. Engels 2006; Kraus 2005; Preyer 2006; Wendt 1988), spiegelt die „Doppelnatur" der Vergesellschaftung und die Anerkennung der Komplexität und Mehrdimensionalität der Lebensführung wider; dem entspricht die Anerkennung eines mehrdimensionalen und relativen Begriffes von Behinderung als einem komplexen, biopsychosozialen Prozess der Erschwerung von Aktivitäten und Teilhabe zwischen Menschen und ihrer materiellen und sozialen Umwelt.

Von Ralf Dahrendorf stammt das Diktum der „Lebenschancen" als Funktion des Verhältnisses zwischen Bindungen, Abhängigkeiten, Verpflichtungen (Ligaturen) auf der einen und freien Wahlmöglichkeiten (Optionen) auf der anderen Seite (vgl. Dahrendorf 1979). Dabei ging es ihm einerseits um die Vermittlung von Freiheit und Bindung bzw. Sicherheit, zum anderen, wie den Lebenslage-Vertretern, um die Verbindung von Soziologie und Politik bzw. Wissenschaft und Praxis (vgl. Albers 2009). In den „Lebenschancen" (1979) suchte er „nach einem besseren Verständnis der Freiheit in der Gesellschaft. Mit Durkheim entdeckte er nun den Wert zwischenmenschlicher Bindungen oder ‚Ligaturen', so dass ihm Optionen oder vielfältige Wahlmöglichkeiten nun nur noch als eine von zwei unabdingbaren Komponenten von Lebenschancen galten [...] Zu den Optionen [gehören] sowohl eine Angebotsseite der Sicherung von Auswahlmöglichkeiten – wozu Freiheitsrechte ebenso zählen wie vor allem durch den Markt eröffnete Konsumchancen – als auch eine Nachfrageseite der *Gewährung*

von Anrechten und Zugangschancen, vor allem durch Staatsbürgerrechte" (Hervorhebung durch die Verfasser) (Albers 2009, 48). Den Ort zur Konstituierung von Bindungen stellt die Bürgergesellschaft dar, in der sich Freiheit auf der einen und solidarische Verpflichtung und Bindung auf der anderen Seite zur Realisation von Lebenschancen bedingen.

Dieses Spannungsfeld von Optionen und Ligaturen wird häufig zur Charakterisierung der Moderne bzw. der Post- oder reflexiven Moderne herangezogen, weil sie sich durch eine Veränderung dieses Verhältnisses kennzeichnen lässt. Die Nähe des Dahrendorf'schen Ansatzes zu den „sozialen Chancen" als Handlungsspielräume nach dem Lebenslagekonzept ist unübersehbar, auch die Verbindung zur sozialen Ungleichheit und zur normativen Begründung von Politik als Verteilung von Lebenschancen. Ebenso unübersehbar ist aber auch die Relevanz für ein Verständnis von Behinderung als sozial ungleiche Zugangschance zu Bildung, Einkommen, Beschäftigung, Bürgerrechten [→ Soziale Exklusions- und Deintegrationsrisiken: Soziale Ungleichheit, soziale Abhängigkeit] auf der gesellschaftlichen Ebene und als erhöhte Abhängigkeit von Hilfen und Dienstleistungen, als Einschränkung von Optionen, freien Wahlmöglichkeiten für die eigene Lebensführung, aber auch als Erfahrung von sozialer Distanz und Ausgrenzung, als mangelnde Einbindung in enge, stützende und vertrauensvolle Beziehungen auf der individuellen Ebene. Von Martin Hahn (1981) stammt die erste empirische Studie, die vor diesem Hintergrund die erhöhte soziale Abhängigkeit im Erleben behinderter Menschen nachzeichnete, um von dieser Lebenswirklichkeit ausgehend Aufgaben des pädagogischen Handelns und pädagogischer Angebote abzuleiten. Walter Thimm (1997) zeigte anhand des Spannungsverhältnisses von Optionen und Ligaturen die Gefahren nur einseitig auf Selbstbestimmung setzende professionelle Bemühungen auf, wenn dabei sowohl bestehende Abhängigkeiten, fehlende Kontroll- und Einflussmöglichkeiten und Ange-

wiesenheiten behinderter Menschen ausgeblendet als auch die grundlegende Funktion
sozialer Beziehungen und Bindungen zur Erfüllung psychosozialer Bedürfnisse vergessen
werden.

Für die Moderne ist der Rückgang an Ligaturen und die Erhöhung von Optionen
kennzeichnend und lässt sich gesamtgesellschaftlich wie auf der individuellen Ebene nachvollziehen. Das *Individualisierungs-
theorem* (Ulrich Beck) beschreibt diese
Entwicklung ähnlich: Mit dem Aufbrechen
enger, starrer Rollenvorgaben erhöhen sich
die Möglichkeiten für den Einzelnen, sein Leben nach eigenen Vorstellungen zu gestalten,
Lebenswege selbst zu bestimmen; zugleich
aber bedeutet dies auch, mit flexibleren, sich
ausdifferenzierten und verändernden Rollenerwartungen umgehen und auch divergierende Erwartungen integrieren zu können. Diese gesellschaftlichen Veränderungsprozesse
haben sich über lange Zeiträume, wesentlich beschleunigt aber seit Mitte bis Ende des
20. Jahrhunderts vollzogen. Eine durchgängige gesellschaftliche Orientierung (aller Ge-
sellschaftsmitglieder) an kulturellen Normen
hat es nie gegeben, es gab immer schon eigene
„Sinnprovinzen", aber heute hat sich die Individualisierung der Lebensstile – parallel zum
Normenpluralismus, dem Reflexivwerden alter Ordnungen – vervielfältigt. Das Ende der
großen (polarisierenden, linear-kausalen) Erzählungen in der Wissenschaft fällt zusammen mit dem Ende der selbstverständlichen
kollektiven Einordnungen in und Orientierungen an relativ homogenen Zugehörigkeiten (Klassen oder Schichten, Mitgliedschaften in Kirche oder Gewerkschaft usw.) bis hin
zur Rede von der Weltgesellschaft.

Der Wandel birgt Chancen, aber ebenso
Risiken: Vielfältig gesteigerte Möglichkeiten
der Rollenübernahme und -interpretation,
der Kritik „alter" Ordnungen und damit des
Reflexivwerdens von Institutionen ermöglichen für jeden Einzelnen gesteigerte Optionen der Lebensführung („flexibler Normalismus") und sie führen zu veränderten
Einstellungen auch „Abweichungen" gegen-

über, was Folgen für die Sichtweise auf ehe-
mals klar abgegrenzte und von der Mitte der
Gesellschaft geschiedene „Randgruppen" wie
behinderte Menschen hat. Die geäußerte To-
leranz gegenüber behinderten Menschen hat
sich seit ca. Mitte der 1980er Jahre erhöht (vgl.
Klauß 1996; Cloerkes 2001; Ellinger & Koch
2006), zahlreiche gesetzliche Veränderungen
heben das Recht auf Selbstbestimmung und
volle Teilhabe hervor (u. a. das SGB IX). Die
Forderung nach der Verwirklichung der vollen Bürgerrechte und der Gleichstellung für
alle gesellschaftlichen Gruppen sind Korre-
late dieser Entwicklung. Die Kehrseite der
Individualisierung sind Verluste an Zugehörigkeiten und erhöhte Anforderungen an
den Einzelnen, nun sein Leben auch selbst
gestalten und verantworten zu müssen, sich
anschlussfähig zu erweisen an die Leistungs-
zusammenhänge der gesellschaftlichen Teilsysteme.

Mit dem „Ende des Wohlfahrtsstaats" als
Folge des Endes des wirtschaftlichen Wachstums, mit der Globalisierung, mit ökonomischen, politischen und ökologischen Krisen
treten neben die „alten" sozialen Problemlagen neue Ungleichheiten, die sich nicht mehr
allein an klassischen Statusrisiken festma-
chen, sondern gleichsam quer dazu verlaufen.
Die Fragen nach der Aufrechterhaltung oder
Wiedergewinnung von Solidarität gegenüber
der Verlagerung der Verantwortung für die
Lebensführung auf den Einzelnen, nach der
Bestimmung des Verhältnisses von Freiheit
und Selbstbestimmung gegenüber Kontrolle
und Abhängigkeit gewinnen vor diesem Hintergrund eine gesteigerte Bedeutung und lassen sich in drei große Problemkreise der jüngeren und jüngsten Gesellschaftsentwicklung
zusammenfassen, die die Verwendung von
lebenswelt- und lebenslageorientierten Denk-
Ansätzen seit den 1980er Jahren stark gefördert und die alle drei besondere Bedeutung
für die Lage behinderter Menschen haben:

a) das Auseinanderfallen der gemeinschaftlich basierten Sinnprovinzen, Wertsphären
und Lebensbedingungen hin zu isolierten,

parzellierten Milieus, Szenen und Öffentlichkeiten bei steigender Unsicherheit der Lebensplanung sowie zunehmenden Statusinkonsistenzen (vgl. von Kardoff 1989);

b) die Frage des Aufbaus und der Veränderung des Gesellschaftsgefüges im Zuge des gesellschaftlichen Wandels und dessen Wirkungen auf Chancen und Grenzen der Positionierung (Lage) individueller Akteure („alte" und „neue" soziale Ungleichheiten);

c) das Problem der sozialen Sicherung und der Herstellung von Wohlfahrt bzw. Lebensqualität generell sowie der sozialstaatlichen Steuerung von Problemlagen mit dem Ausgangspunkt der Ökonomie und ihren negativen Folgen wie Verrechtlichung, Expertokratisierung, Bürokratisierung und Parzellierung der Bedarfslagen.

Diese Problemkreise laufen zum einen auf die gesellschaftlichen Fragen nach der gerechten Verteilung von Lebenschancen, nach der Gewährung von Zugangschancen und der Bekämpfung sozialer Ungleichheit zu und zum anderen nach den individuellen Möglichkeiten der Lebensbewältigung, der Identitätsgewinnung und Teilhabe, bezogen auf soziale, räumliche und zeitliche Dimensionen eines kontingenten, unsicher werdenden Lebensverlaufes.

Erkenntnisleitende Interessen und Verwendungszusammenhänge

Die aktuelle breite und vielfältige Verwendung „lebensweltlicher" und „lebenslage"-orientierter Ansätze verweist auf eine äußerst starke Ausstrahlungskraft, die ihren normativen und theoretischen Implikationen (offensichtlich auch *vor* einer umfassenden theoretischen Begründung bis hin zur eher schlagwortartigen Verwendung) geschuldet ist: Analytisch lassen sich mit ihnen genau diese gesellschaftlichen Entwicklungen und Problemlagen der Modernisierung und zwar unter der Grundfrage nach Lebenschancen und sozialer Ungleichheit fokussieren. Sie ermöglichen anhand eines mehrdimensionalen, allgemeinen Betrachtungsrahmens der Lebensführung auch die unmittelbare Thematisierung der Lage behinderter und benachteiligter Menschen. Die Eignung, als operationaler Betrachtungsrahmen für Partizipationsprozesse und die Verteilung von Lebenschancen fungieren zu können, verhilft dem „alten" Lebenslagekonzept zur aktuellen Relevanz in der Ungleichheitsforschung. Denn der Begriff steht, was seine theoretische Begründung betrifft, ja in unmittelbarem Zusammenhang mit Fragen der Verteilung von Ressourcen und des Zugangs zu gesellschaftlichen Lebensbereichen und damit im Zentrum des Problems von Gleichheit und Gerechtigkeit [→ VI Gesellschaftsentwicklung und soziale Gerechtigkeit].

Am Lebenslagebegriff erfahren diese Auseinandersetzungen gleichsam ihre empirische Wende; seine aktuelle Relevanz folgt also aus seiner Komplexität und der Betonung wechselseitiger Prozesse ebenso wie aus der aktuell drängenden Frage der sozialen Ungleichheit und der Sicherung einer menschenwürdigen Lebensführung, vor allem der Steuerung durch Politik und professionelles Handeln. Das Konzept schaffe es, „die Überlagerung und Verbindung marktvermittelter Ungleichheit mit kulturell und politisch induzierter Ungleichheit zu erfassen" (Geissler 1994, 549, zit. nach Schmidtke 2005, 15) und „soziale Differenzierungen *feingliedrig* zu erfassen, ohne sich in Einzelfallbetrachtung und Subjektivismus zu verlieren" (Schmidtke 2005, 15). Zugleich ist es normativ motiviert mit Blick auf die Verbesserung von Lebensbedingungen. In dieser Tradition steht seine Verwendung in der Sozialpolitik und der Sozialgesetzgebung als Leitbegriff einer auf Verteilungsgerechtigkeit zielenden Gesellschaftspolitik [→ Gesellschaftspolitik], aber auch von Anfang an in der Forschung und Theoriebildung.

Dem Lebenslagebegriff kommt selbst keine metatheoretische oder methodologische Funktion zu, aber er ist verbunden mit erkenntnis- und metatheoretischen Absichten entwickelt worden. Neurath und Weisser gingen dabei von entgegengesetzten Standpunkten aus, unternahmen jedoch die gleichen „Grenzüberschreitungen": Zum einen spannten beide den Lebenslagebegriff zwischen Struktur- und Handlungstheorie, zwischen Individuum und Gesellschaft, zum anderen verwandten beide den Begriff auch in reformerischer Absicht und nahmen so eine normative Standortbestimmung der Wissenschaft als der Verbesserung von Teilhabechancen verpflichtet vor. Ingeborg Nahnsen wiederum trug wesentlich zur empirischen Begründung bei; sie verfolgte aber wie ihre Vorgänger das Ziel, eine für die Politik handlungsleitende Orientierung bereitzustellen.

Der Lebensweltbegriff wiederum in der Fassung nach Schütz und Berger & Luckmann ist viel mehr als nur „subjektive Perspektive": Er hebt auf die Lebensführung als Ganzes ab, bietet hierfür jedoch gleichsam kein empirisches Korrelat, bleibt unbestimmt und unscharf in der Unterscheidung nach „Vertrautem/Unvertrautem", aber nicht dort, wo es um die soziologische Fokussierung der Interaktion, der sozialen Beziehungen, der Identität geht, um die Vermittlung und Interpretation von Wissen und Regeln und um die Frage der Institutionalisierung als Prozess der Ermöglichung und Einschränkung von Optionen. Mit der Thematisierung der Lebensbewältigung und ihrer möglichen Gefährdung durch Stigmatisierung, Ontologisierung und „totale" Institutionalisierung wird der vom Lebenslageansatz betonte Handlungsbezug theoretisch fundiert. Der Lebensweltbegriff ist mikrotheoretisch begründet, aber ohne darauf reduziert zu sein. Zugleich unterliegen auch ihm normative Implikationen: Die Aufdeckung und Interpretation von Normen erschließt einerseits ihre Bedeutung für das Handeln, andererseits wirkt sie der Ontologisierung entgegen, indem die soziale und historische Gewordenheit von Normen aufgedeckt wird.

Somit lassen sich beide Begriffe grundsätzlich nicht direkt miteinander vergleichen; aber durch die expliziten oder impliziten erkenntnisleitenden Interessen bzw. Implikationen lassen sich idealtypisch für beide Begriffe

drei gemeinsame Diskurs-Ebenen unterscheiden, auf denen sie relevant sind:

a) Methodologische und metatheoretische Diskurse: Hier geht es um die Frage, wie sich Lebenschancen denn generell „zwischen System und Lebenswelt" realisieren (Aufbau des Sozialen, evolutionäre Differenzierung und Wandel der Gesellschaft) und welchen methodologischen Standort die Wissenschaft dabei einnimmt. Lebenslage- und Lebensweltbegriff stehen beispielhaft für die methodologischen Auseinandersetzungen zwischen Struktur- bzw. System- und Handlungstheorie. Sie stehen aber zugleich auch dafür, praktische und wissenschaftliche Bemühungen an Zielen wie Partizipation, Aufklärung oder Erhöhung von Lebenschancen zu legitimieren, was die empirische, aber auch normative Rechtfertigung erfordert und die Brücke zur Konzeptualisierung von Dienstleistungen schlägt, die von konkreten Lebenssituationen ausgehend Handlungsspielräume und Zugangschancen des Einzelnen erhöhen, seine Subjekthaftigkeit wahren und hieran, an der alltäglichen Lebensführung orientiert, organisiert und erbracht werden sollen.

b) Wissenschaftliche Konzeptualisierung: Für den Lebenslagebegriff finden sich spätestens seit den 1980er Jahren zunehmend Ansätze zur wissenschaftlichen Begründung, um ihn auf der Ebene der Forschung und für die Konzeptualisierung auf der Handlungsebene für die Verbesserung von sozial ungleichen Lebenschancen fruchtbar zu machen. Für den Lebensweltbegriff finden sich breite, langjährige und vielfältige theoretische Begründungen in Theorie und Praxis, die teils in der Schütz'schen, teils in der Husserl'schen, teils in der Habermas'schen Tradition stehen. In der Pädagogik und Soziologie sind interpretativ verfahrende mikrotheoretische Ansätze von großem Einfluss. Das Augenmerk liegt dabei „auf Lebensweltanalysen und rückt die Kategorie des Handelns, verstanden als symbolisch vermittelte, sinnorientierte, sinndeutende soziale Interaktion, in den Mittelpunkt [der] Untersuchungen" (Klein 2000, 233). Das Alltagsleben mit seinen spezifischen Rhythmisierungen und Mustern, in denen die Art und Weise der Bedürfnisbefriedigung zum Ausdruck kommt, bildet den Ort der Sozialisation und der Konstruktion der sozialen Realität. Die Interaktion im Rahmen der alltäglichen sozialen Beziehungen wirkt sinnstiftend und identitätsbildend für das Individuum, die Frage der Entwicklung und Sicherung von Identität wird damit zu einem Kernthema von Bildung und auch von Behinderung. Der Bogen spannt sich von der Untersuchung des Einflusses der Biographie, von institutionellen Kontexten und/oder von sozialen Beziehungen (soziale Netzwerke, soziale Unterstützung) auf Bildungschancen, auf Identität bis hin zur Frage, wie sich Alltagsleben und Sozialisation im Alltag vollziehen, welche Funktion dabei den sozialen Beziehungen der Menschen untereinander zukommt und wie sie im Gefüge externer und interner Bedingungen ihr Alltagsleben bewältigen. In der Lebenslauf- und Biographieforschung werden Sozialisationserfahrungen erschlossen und Implikationen für das pädagogische Handeln abgeleitet. Eine weitere für die (Behinderten-)Pädagogik bedeutsame Forschungsrichtung stellen die theoretisch und empirisch gut begründeten und umfänglichen Arbeiten zur Krisen- und Belastungsbewältigung, zu sozialen Netzwerken und sozialer Unterstützung dar. Anhand mehrdimensionaler Betrachtungsmodelle wird hier der Einfluss externer, vorrangig sozialer, und interner (subjektiver, psychischer) Faktoren auf das Wohlbefinden, auf die Alltagsbewältigung und soziale Integration, aber auch auf die Entstehung oder die Bewältigung von Belastungen oder kritischen Lebensereignissen untersucht. In der Fokussierung der alltäglichen Lebensführung und ihrer Dimensionen, in der Thematisierung der sozialen Beziehungen

und in der Aufnahme subjektiver, aber auch „objektiver", besser: intersubjektiver Phänomene laufen dann auch lebenswelt- und lebenslageorientierte Ansätze wieder zusammen.

c) Diskurse um die Begründung von Leitzielen und Interventionsperspektiven: Der implizite und/oder explizite Reformwert hat zu einer Verwendung beider Begriffe als Leitbegriffe für das pädagogische Handeln geführt. Hier stehen sie für die Forderung nach einem an der alltäglichen Lebensführung, am Einzelnen und seinen Sichtweisen und Interessen ausgerichteten pädagogischen Handeln im Gegensatz zu einer Unterordnung des Einzelnen unter institutionelle Festlegungen von Bedarfslagen und Zielen. In dieser Bedeutung werden die Begriffe häufig mit oder neben weiteren wie Sozialraum-, Gemeinwesen- oder Netzwerkorientierung [→ VI Personenorientierte Hilfen, Soziale Netzwerkförderung, Umfeldkonzepte] und Empowerment verwandt, aber auch, vor allem in der Behindertenpädagogik, im Zusammenhang mit Leitzielen wie dem der Integration durch Normalisierung, der Lebensqualität [→ Normalisierung, Integration, Lebensqualität] und Selbstbestimmung [→ II Selbstbestimmung/Autonomie], der personalen Orientierung und der sozialen und politischen Partizipation [→ Politische und soziale Partizipation] und der Inklusion. Die Verwendungen erfolgen dabei mehr oder weniger theoretisch und normativ begründet, eingebunden in unterschiedliche Verweisungszusammenhänge und Traditionen innerhalb und zwischen den einzelnen Disziplinen bzw. erziehungswissenschaftlichen Teildisziplinen.

d) Politische Diskurse: Die wissenschaftlichen Bemühungen um die Begründung der Begriffe sind neben der Gewinnung als konzeptioneller Dispositionsfonds für die Forschung und für die Interventionsebene auch darum zentriert, politische Ziele zu begründen: „Die Ziele, die sich Wirtschafts- und Sozialpolitiker aus ihrem professionellen Verständnis setzen wie Industrieförderung, Beschäftigung, wirtschaftliches Wachstum, Erhöhung der Sozialleistungsquote, greifen zu kurz oder führen vom Weg ab, wenn nicht zuvor geklärt ist, wie mit der Verfolgung dieser Ziele das Leben der Menschen eine höhere Qualität gewinnt. ‚Lebenslage' wird daher als ein Ziel gesetzt, das den konventionellen politischen Zielen als Orientierung vorausgehen und die Maßnahmen zur Zielerreichung begleiten soll", so Christian von Ferber (2008, in einem Briefwechsel mit I. B. zum Lebenslagebegriff), der maßgeblich zur Durchsetzung eines sozial bestimmten Behinderungsbegriffes und einer lebenslageorientierten Politik beigetragen hat. Beide Begriffe finden sich in für behinderte und benachteiligte Menschen zentralen sozial- und bildungspolitischen Dokumenten und Gesetzestexten, wobei dies insbesondere für den Lebenslagebegriff gilt. So ist er in der deutschen Sozialpolitik seit Ende der 1950er Jahre etabliert und stellt den Leitbegriff für die Sozialberichterstattung über die Lage der Bevölkerung und von einzelnen Bevölkerungsgruppen wie über die Maßnahmen der Politik dar. 1961 fand er in das damals neu verabschiedete Bundessozialhilfegesetz Eingang („Hilfe in besonderen Lebenslagen"), das das alte Fürsorgegesetz ablöste, und erlangte für behinderte Menschen eine große Bedeutung, weil er die Abkehr von einer einzig an der Ursache der Behinderung oder nur am Ziel der beruflichen Eingliederung orientierten Behindertenpolitik einleitete. Die Anerkennung von Behinderung als eine „besonderen Lebenslage" hebt auf die soziale Verursachung der erschwerten Teilhabe ab. Generell verbindet sich mit einer lebenslageorientierten Politik die Idee der wohlfahrtsstaatlich gesteuerten Erhöhung der Lebensqualität und Chancengleichheit und eines Abbaus sozialer Ungleichheit. Den Empfehlungen der Kultusministerkonferenz (KMK) zur sonderpädagogischen Förderung von 1994 liegt mit dem Leit-

motiv einer „personenbezogene[n], individualisierende[n] und nicht mehr vorrangig institutionenbezogene[n] Sichtweise" (Ständige Konferenz der Kultusminister 1994, 3) eine lebensweltliche Orientierung zugrunde. Die KMK vollzog damit eine damals in der Wissenschaft bereits etablierte Programmatik auf der bildungspolitischen Ebene nach.

3.2 Zur Realisierung von gleichberechtigten Lebenschancen „zwischen System und Lebenswelt"

Die Verwirklichung von Lebenschancen in einer funktional differenzierten, pluralen Gesellschaft wirft zwei Fragenkomplexe auf:

a) Wie hält „Gesellschaft" zusammen, wie verläuft die Steuerung und ist Integration dafür als analytischer Begriff der „Einheitsgarantie" ausreichend?

b) Wie kann ein gerechter Zugang des Einzelnen zu relevanten Feldern der Interessensentfaltung und -befriedigung gewährleistet werden und wie ist der Einfluss äußerer Bedingungen auf die Interessensentfaltung und Teilhabe zu denken?

Als Erklärungszusammenhänge sind dafür insbesondere kommunikationstheoretische, systemtheoretische und strukturalistische Ansätze bedeutsam. Alle drei treffen sich im Anspruch der Verbindung mikro- und makrotheoretischer Sichtweisen und der Thematisierung von Steuerungs- und Teilhabeproblemen, mit unterschiedlichen Akzentuierungen. „Teilhabe" ist zum aktuellen Leitbegriff der Verständigung über soziale Gerechtigkeit insgesamt geworden, auch weltweit. Der Teilhabebegriff bzw. der Begriff der Partizipation [→ Politische und soziale Partizipation] verkörpert den positiven Gegenbegriff zur Ausgrenzung. Das Wortpaar Inklusion/Exklusion wird dafür von manchen Wissenschaftlern der Ungleichheits- und Lebenslagenforschung bevorzugt, stellenweise auch inhaltsgleich zum Teilhabe- bzw.

Partizipationsbegriff verwandt. Beide heben auf das konkrete Einbezogensein des Individuums in gesellschaftliche Lebensbereiche ab, entstammen aber *unterschiedlichen Traditionen*. Der Inklusionsbegriff ist in Deutschland durch Niklas Luhmann (1995) systemtheoretisch vorgeprägt, während in der Politik der Partizipationsbegriff traditionell angestammt ist und hier sowohl die politische Teilhabe und Teilnahme mit unterschiedlichen Stufen und Formen der Beteiligung als auch das soziale Einbezogensein in Lebensbereiche („Teilhabe am Leben der Gemeinschaft und Gesellschaft") meint. Bartelheimer z. B. (2007) lehnt den Inklusionsbegriff der Systemtheorie ab, da sie ein anderes, nur beschreibendes Interesse verfolge und bevorzugt den Partizipationsbegriff, weil er weitaus stärker mit einem Reformwert der Analyse sozialer Ungleichheit um ihrer Verbesserung willen verbunden sei. In Frankreich dagegen ist die „Semantik der Inklusion und Exklusion in der Sozialpolitik genauso präsent wie in der Sozialtheorie" (Stichweh 2007, 1), Pierre Bourdieu ist hier prominenter Vertreter der Ungleichheitsforschung. Ein weiterer „Herkunftskontext einer Soziologie der Inklusion und Exklusion ist die britische Wohlfahrtstheorie seit T. H. Marshall" (ebd.).

System und Lebenswelt nach Jürgen Habermas

In der Soziologie wurde sehr früh die Unterscheidung zwischen sozialer Integration und Systemintegration getroffen; sie geht darauf zurück, dass in kleinen, archaischen Gesellschaften Integration auf Zugehörigkeit (zum Stamm, durch Verwandtschaft) und der Form nach auf Solidarität beruht, während in größeren, funktional differenzierten Gesellschaften dieser Prozess durch vielfältige Prinzipien ersetzt wird. Nun macht es einen Unterschied, ob man von der Integration einzelner Menschen und Gruppen in die Gesellschaft spricht oder von der Integration einzelner gesellschaftlicher Systeme. Für Jürgen Habermas (1992, erstmals 1981) ist Lebenswelt eine Kategorie, anhand derer das Verhältnis von *Sozial-*

und Systemintegration analysiert werden kann. Er knüpft explizit an die handlungstheoretischen Begründungen nach Schütz und Berger & Luckmann an, bezieht sich aber auch auf die systemtheoretischen Ansätze von Parsons und Luhmann und zielt methodologisch auf den Entwurf einer sozial-evolutionären Theorie der gesellschaftlichen Ausdifferenzierung, in dem der Widerspruch von Mikro- und Makrosicht überwunden wird. Lebenswelt ist auch bei Habermas Hintergrund von Wissen und Erfahrung, die gerade in ihrer „Unhinterfragtheit" Quelle der Integration und Handlungssicherheit sind. Aber lebensweltliches Handeln ist für ihn nur *ein* spezifischer Handlungstyp neben anderen: er unterscheidet die Grundkategorien des sozialen und des instrumentellen Handelns, auf die alle Handlungen rückführbar sind. Das soziale Handeln wiederum differenziert sich weiter aus in das kommunikative, verständigungsorientierte und das strategische, erfolgsorientierte Handeln.

Anders als bei Parsons wird das Handeln nicht über Motive oder Bedürfnisse, sondern über Akte der Verständigung koordiniert und aufgrund gemeinsamer Situationsdefinitionen bestimmt. Habermas ordnet nun der Lebenswelt den Typus des kommunikativen, verständigungsorientierten Handelns zu: „Sie ist der Ort, an dem die Selbstreproduktion und Selbstinterpretation einer sozialen Gruppe stattfindet. Lebenswelt ist für Habermas in Verständigungsprozessen ‚zentriert'" (Treibel 2006, 174). Die Handlungskoordinierung erfolgt lebensweltlich auf der Basis kommunikativer Vernunft, also von konsensuellen Verfahren der sprachlichen Verständigung. Der Lebenswelt kommen drei Funktionen zu, die für die intersubjektive Kommunikation relevant sind und die sie zugleich kennzeichnen:

a) Kulturelle Reproduktion: Sie stellt einen kulturell beeinflussten und gewachsenen Vorrat an Deutungsmustern dar, ermöglicht kulturelle Reproduktion durch Verständigung, die die Kontinuität der Überlieferung sichert, für Kohärenz sorgt und Sinn „produziert".

b) Soziale Integration: Sie ist der Raum, in dem soziale Handlungen und soziale Integrationsprozesse vollzogen werden – welche erst aus einer wechselseitigen Verständigung erwachsen können, sie ist Ort der sozialen Integration, der Regelung von Zugehörigkeiten durch Handlungskoordinierung als Basis der Gesellschaft bzw. gesellschaftlichen Ordnung, Ergebnis ist Solidarität.

c) Sozialisation und Persönlichkeitsentwicklung: Sie deutet auf das soziale Klima und die Bedingungen der Sozialisation hin, welches die Voraussetzungen für eine subjektiv-personale Bildung von Identität bereitstellt, sichert den Erwerb von Handlungsfähigkeit und bringt Ich-Stärke hervor.

Lebenswelt reicht aber nicht aus, um Gesellschaft insgesamt zu beschreiben, denn Gesellschaft ist auch „System": Im Zuge der funktionalen Differenzierung entstehen Teilsysteme, die vorrangig die materielle Reproduktion sichern bzw. lebensweltliche Funktionen mit übernehmen, aber sie operieren nach einem anderen Modus, nämlich dem der Zweckrationalität (strategisches Handeln), und über die Steuerungsmedien Geld und Recht. Die Umstellung der Handlungskoordinierung von Sprache auf solche Steuerungsmedien bedeutet, dass sich die Interaktion von lebensweltlichen Kontexten abkoppeln und gleichzeitig den Anschluss lebensweltlicher Koordinierung an die eigenen Regeln und Entscheidungen herstellen kann. System und Lebenswelt können sich ergänzen und gleichsam unproblematisch die gegenseitig je nötige Anschlussleistung herstellen, das zweckrationale Handeln kann das lebensweltliche entlasten; problematisch wird es dann, wenn Systeme auf die Lebenswelt so zugreifen, dass deren Reproduktionsfunktionen gestört, umgeschrieben, untergeordnet, „kolonialisiert" werden, z.B. durch die Verrechtlichung oder Monetarisierung von Sozialbeziehungen. Das kommunikative Handeln ermöglicht und stützt das zweckrationale, aber die erfolgsorientierten, strategischen Handlungstypen verselbstständigen sich und wirken so auf das lebensweltliche Handeln zurück, dass sie ihren Funktionen nicht mehr nachkommen kann oder diese zerstört werden: Die Lebenswelt wird pathologisch verformt, das Bewusstsein fragmentiert, mit Folgen für die Kultur, die Sozialisation und Persönlichkeitsentwicklung sowie für die gesellschaftliche Integration. Die These von der „Kolonialisierung" der Lebenswelt ist zu einem zentralen Bezugspunkt der Rezeption des Lebensweltbegriffes in der Behindertenpädagogik und in der sozialen Arbeit geworden. „Dass Lebenswelt – synonym für ein auf Verständigung zielendes Handeln, im weiteren: für alles Persönliche und seinen Schutz – etwas ist, das durch den Systemcharakter moderner Gesellschaften (Verrechtlichung, Ökonomie, staatliche Bürokratie) bedroht werden kann, ist auch heute noch eine eingängige These" (Antor 2006, 234 f.). Löffler (1989) hat auf der Basis der Theorie des kommunikativen Handelns von Habermas eine kommunikative Pädagogik mit Kindern und Jugendlichen mit einer Lernbehinderung entwickelt. Er geht hierbei grundlegend davon aus, dass die kommunikative Pädagogik „Wissenschaft mit Engagement [verknüpft]. Ist sie [...] auf Lernbehinderte [...] hin orientiert, setzt sie das angesammelte Wissen über diese Population zu deren Schutz und zur Verbesserung ihrer Lage ein [...]. Ihr geht es um den Schutz der Lebenswelt gegen Systemübergriffe und um die Stärkung der Lebenswelt [...]. Kommunikative Pädagogik [...] bereitet den Weg des verständigungsorientierten Handelns in einem auf Erfolgsorientierung zugeschnittenem Schulsystem vor" (266 f.). Thiersch, der als Begründer einer lebensweltorientierten Sozialen Arbeit gelten kann, baute seinen Ansatz auf gesellschaftstheoretischen Überlegungen nach Habermas auf, im „Horizont einer hermeneutisch-pragmatischen Erziehungswissenschaft" (Grunwald & Thiersch 2006, 144) und unter Bezug auf interaktionistisch fundierte kritische Alltagstheorien. Der Ertrag der Lebensweltorientierung liegt für ihn darin, dass es ein „sozialpolitisch und pädagogisch ausgewiesenes *Theoriekonzept* ist, das eine spezifische

Sicht auf Lebensprobleme mit institutionellen und professionellen Konsequenzen verbindet" und theoriebasiert ermöglicht, „Kriterien zur Kritik an Institutionen und Strukturen heutiger Sozialer Arbeit zu gewinnen" (ebd.).

Lebenswelt ist ein Prozess permanenter Evolution – und eben nicht eine ein für alle mal festgelegte Analyse und Beschreibung. Dieser Evolutionsprozess löst festgefahrene kulturelle Traditionen (und Normen) auf und bedarf der Verfahren, um diese neu zu begründen, um somit letztlich Potentiale für eine individuell-autonome Lebensführung gestaltbar werden zu lassen. Die Kommunikationsstrukturen in solchermaßen verstandenen Lebenswelten müssen nach Habermas immer wieder neu austariert und aufgebaut werden. Gerade die somit permanent aufrecht zu erhaltende Entwicklung von Meinungs- und Willensbildungsverfahren macht diese Interpretation des Lebensweltbegriffes zu einem politischen Instrument (vgl. Bächtold 1990; Habermas 1992; Gröschke 1997). Verständigungsorientiertes Handeln führt zur Demokratisierung, die Öffentlichkeit und Partizipation voraussetzt und fördert. Lebenschancen wären demnach vorrangig als Beteiligungschancen im politischen Sinn zu verstehen, die wiederum Voraussetzung bilden für die Stützung und Förderung lebensweltlicher Funktionen (sinnhafte kulturelle Deutungsmuster, Solidarität, Identität) und andererseits durch sie ermöglicht werden.

Die sozialräumliche Basis der Herstellung von Solidarität, Handlungsfähigkeit und Identität ist die Gemeinde [→ VI Öffentlichkeit und Gemeinde] als Ort der „Überschneidung sozialer Kreise", von Privatheit und Öffentlichkeit, als der Ort der unmittelbaren Erfahrung des Zusammenwirkens von gesellschaftlichen, politischen regional-infrastrukturellen Bedingungen mit der eigenen Lebensführung. Die ethische Begründung des Diskurses [→ II Ethische Grundlagen der Behindertenpädagogik: Konstitution und Systematik] als einen Austausch von Argumenten oder guten Gründen mit dem Ziel der Verständigung beruht auf der normativen Voraussetzung der wechselseitigen Anerkennung der Menschen als mündige Personen, zwischen denen eine vernünftige Verständigung grundsätzlich möglich ist. Die Herstellung öffentlich legitimierten Konsenses bedarf also der Anerkennung dieses moralischen Prinzips. Die Analyse der gesellschaftlichen Differenzierung dient auch und vor allem dazu, zu untersuchen, wie die Selbstreflexivität der Moderne als wertrationales Projekt gestützt und erhalten werden kann. Insofern ist es problematisch, Habermas' Thesen auf die Praxis pädagogischer Arbeit unmittelbar oder auf die Situation eines einzelnen Menschen zu übertragen. Analytisch geht es um solche Fragen wie die nach den möglichen Folgen der zunehmenden Verrechtlichung des gesamten Bildungs- und Sozialwesens, die nach der Verkümmerung kommunikativer Diskurse durch eine einseitige Zweckrationalisierung oder die Durchdringung weiterer Sphären des öffentlichen Lebens durch marktwirtschaftliche Prinzipien, die dann wiederum Anlass für eine Analyse der Folgen für die Gestaltung von Bildungs- und Teilhabeprozessen, das Verständnis von Sozialisationsprozessen und die Steuerung der Dienstleistungen sind, neben den u. E. unmittelbar pädagogisch relevanten Fragen wie die nach der Stützung von Identität, politischer Handlungsfähigkeit und Solidarität.

Angesichts der Zersplitterung der „Diskurslandschaften" und Sinnprovinzen muss man die uneingeschränkte Geltung verständigungsorientierten Handelns hinterfragen ebenso wie ein tendenziell „romantisches" Bild der Lebenswelt, das deren eigene Konflikthaftigkeit und Brüchigkeit, die Frage von Macht und Abhängigkeit unterschlägt, die in den Ansätzen von Goffman und Berger & Luckmann noch enthalten ist. Ein wesentlicher Grund für die *vernunft*betonte Fassung von Lebenswelt dürfte Habermas' Integrationsbegriff sein, der dazu dient, gesellschaftliche Integration ausgehend von der *lebensweltlichen* Integration zu begründen. Damit verliert er tendenziell die konflikthafte Seite der Lebenswelt ebenso aus dem Blick wie die komplexe Struktur sozialer Systeme, da er sie ja grundsätzlich nur in Form zweier Handlungstypen und ihnen zugeordneter Funktionen beschreibt: Ökonomie und Staat sind systemisch integriert, Lebenswelt ist kommunikativ integriert, beide agieren nach eigenen Regeln. Das Problem von Macht und Herrschaft und der Ungleichverteilung der Interessensentfaltung in und durch Institutionen und Organisationen rückt weniger in den Blick, sie scheinen aus der Lebenswelt zu verschwinden, obwohl Institutionen lebensweltlich verfasst sein können. Auch Steuerungsprobleme erfolgen dann wesentlich nur verursacht durch zweckrationale Systemimperative (Staat und Ökonomie); die tatsächliche Komplexität und vor allem die Kontingenz der Steuerung wird damit nicht abgebildet im Sinne einer konkreteren, genaueren Erfassung der Prozesse, die tatsächlich dann Beteiligungschancen generieren.

Systemintegration und Inklusion/Exklusion: Systemtheoretische Bestimmungen nach Parsons und Luhmann

Die Unterscheidung zwischen sozialer Integration und Systemintegration wurde von Talcott Parsons (1969) in die Differenzierung von Integration und Inklusion überführt: „Startpunkt der expliziten Entwicklung einer Theorie der Inklusion und Exklusion war Talcott Parsons' […] Aufsatz ‚Full Citizenship for the Negro American?', der eine analytische Perspektive vorbereitete, die die Inklusion größerer Bevölkerungskreise als einen Schlüsselprozess in der Ausdifferenzierung der die Moderne prägenden Funktionssysteme auffasste" (Stichweh 2007, 113). Talcott Parsons Aufsatztitel steht dabei exemplarisch für die frühen Anfänge einer normativen und wissenschaftlichen Debatte um soziale Ungleichheit und Bürgerrechte. Niklas Luhmann (1995) [→ I Systemtheorie, sozialwissenschaftlich: Luhmann; → Soziale Exklusions- und Deintegrationsrisiken: soziale Ungleichheit, soziale Abhängigkeit] schloss an Parsons an.

Die Annahme der Ausdifferenzierung von möglichen Teilsystemen der Gesellschaft wird durch die Differenzierung im Hinblick auf unterschiedliche soziale Systeme (informelle Systeme, Organisationen, gesellschaftliche Teilsysteme/Gesellschaft) und Umwelten ersetzt. Die Differenzierungen zwischen System und Umwelt lassen sich als Frage eines Verhältnisses von Identität – nämlich der Identität des Systems – und der Differenz zur Umwelt beschreiben. Durch diese Prozesse entsteht eine funktionale Differenzierung der Gesellschaft in wiederum funktional unabhängige, aber dennoch miteinander verbundene, funktionale Teilsysteme wie z. B. der Wirtschaft, der Politik, des Rechts, der Religion, der Erziehung u. a. Diese jeweiligen Teilsysteme produzieren und reflektieren materielle bzw. symbolisch kommunizierte Ressourcen: Geld, Macht, Recht, Liebe. Organisationen sind entscheidend für den Ordnungsaufbau von Funktionssystemen wie dem Wirtschafts- oder Erziehungs- und Bildungssystem, weil sie in diese Systeme gleichsam Kausalität, die rationale Zurechung von Ursache und Wirkung einbauen (nur an den Schulen selbst lässt sich etwas über das Bildungssystem feststellen) und gleichzeitig Entscheidungen nur über die Organisationen sichtbar sind (z. B. wer wie unterrichtet wird). Komplexe Gesellschaften erfahren Entlastung durch funktionale Differenzierung, aber Kontingenz und Komplexität bringen gleichzeitig auch dysfunktionale Wirkungen hervor, die sich ähnlich, wie sie Habermas beschreibt, in zu hoher Spezialisierung, Entkoppelung, Bürokratisierung äußern können.

Systemintegration beschreibt so die Frage, wie es in funktional differenzierten Gesellschaften gelingt, Zusammenhalt auf der *Gesamtebene* zu ermöglichen. Wenn man nun diese Frage als Problem moralischer Solidarität sieht, dann, so Luhmann (1995, 238), kann es sein, „dass wir das Differenzierungskonzept mit Erklärungsansprüchen überlasten und es zu stark strapazieren" (ebd.), sprich, den Integrationsbegriff mit der Verkörperung eines „Einheitssinnes", einer einzigen Werthaltung, die die ganze Gesellschaft moralisch „integriert", überfrachten.

Was die Systemintegration betrifft, so kann „das Ganze" nicht von einem einzigen „Einheitsgaranten" hergestellt werden. Der Integrationsbegriff wird von Luhmann auf dieser Ebene inhaltlich und funktional entlastet und beschreibt jetzt die wechselseitige Einschränkung von Freiheitsgraden der einzelnen, strukturell gekoppelten Teilsysteme. Das Rechts- und das politische System stellen z. B. sicher, dass sich andere Teilsysteme der Bildung oder Wirtschaft nicht voneinander entkoppeln, wer als Bürger/-in gilt und welche Rechte ihm/ihr zustehen. Alle Teilsysteme bilden zugleich eigene Selbstbeschreibungen aus. Die tatsächliche Teilhabe des Individuums jedoch wird mit dieser Ebene der Systemintegration nicht erfasst, sie erwächst aber auch nicht allein als Zugehörigkeit im Sinne der sozialen Integration. Denn wer an diesen Ressourcen teilhaben möchte, muss sich den Bedingungen und Bedingtheiten der jeweiligen Systeme anpassen. Geschieht dies nicht, so riskiert der Jeweilige einen Ausschluss, also eine Exklusion aus diesem System (vgl. Kleve 1997, 414). Niklas Luhmann hat den Begriff Inklusion gewählt, um auszudrücken, dass man Zutritt zu den Teilsystemen erhalten oder präziser: kommunikativ von diesen adressiert werden muss – wenn die Lebensführung die Inanspruchnahme ihrer Funktionen nötig macht.

Dieses tatsächliche Einbezogensein unterscheidet sich klar von einem formalen rechtlichen Anspruch. Aus systemtheoretischer Perspektive ist die Inklusion in die Gesellschaft per se durch Anwesenheit im umfassenden Sozialsystem Gesellschaft hergestellt bzw. dominieren nach Stichweh (2007) in den Funktionssystemen ohnehin „vollinklusive" Selbstbeschreibungen nach dem Motto: wer schulpflichtig ist, wird natürlich vom Bildungssystem „eingeschlossen". Inklusionsformen hängen hochgradig voneinander ab bzw. stellen „Umwandlungs- und Kontextbedingungen" füreinander dar. Für die Organisation hingegen ist Exklusion typisch, denn „jemand muss explizit *eingestellt,* als *Mitglied* behandelt werden, *Empfänger* von Leistungen

sein, *Kunde* oder *Insasse.* Diese Formen der Inklusion lassen sich auf unmittelbare *Entscheidungen* der Organisation zurückführen" (Nassehi 2002, 467). Organisationen stellen Mitgliedschaftsverhältnisse dar (ebd., 468), sie sind aber auch Machtapparate und „in der modernen Gesellschaft [sind es] vor allem organisationsvermittelte und -gestützte Strukturen, die *Lebenslagen* hervorbringen" (ebd.) [ausführlich hierzu: → VI Institution und Organisation]. Nassehi zufolge werden durch Mitgliedschaften in Organisationen „*Normal*lebenslagen, *Normal*lebensläufe und die Beobachtungsmuster von *Normal*biographien" (Nassehi 2002, 469) hervorgebracht und eine Passung zwischen individuellen Lebensverläufen und der „Diskontinuität und Geschwindigkeit von Funktionssystemen" (ebd.) erreicht, wobei die Zurechnung zum System nicht Bezug nimmt auf das Individuum, sondern auf Aspekte der Person, auf Relationen, Rollenerwartungen, Statusmerkmale usw.: Soziale Ungleichheit wäre demzufolge „keine *Abweichung* vom Selbstverständnis der Moderne, sondern ihre *Folge*" (ebd.).

Die tatsächliche Inklusionswahrscheinlichkeit vollzieht sich demnach auf der konkreten meso- und mikrostrukturellen Ebene zwischen Personen und Organisationen und Institutionen und nur vor diesem Hintergrund lässt sich eine Verbindung zwischen „Interaktionssystemen" und Gesellschaft herstellen und viel konkreter fragen, welche Formen und Stufen die Inklusion als Bedingung der Lebenslage annimmt. Stichweh, der Inklusion als die Art und Weise bestimmt, wie sich Sozialsysteme auf ihre personale Umwelt beziehen, sieht soziale Rollen als Verdichtungen von Inklusionen an, als Zusammenfassungen von Erwartungen, die Prozesse der Adressierung steuern. Werden überhaupt keine Erwartungen mehr an die Person gerichtet, herrscht Exklusion – eine Leer-Rolle (vgl. Goffmann 1972; erstmals 1961).

Mit Inklusion wird somit kein romantisches Bild gezeichnet, sondern jenes sehr komplexer Prozesse in komplexen, funktional ausdifferenzierten Gesellschaften. Jede Inklusion beschreibt dabei zugleich eine Exklusion, die aber nicht per se negativ sein muss. Denn niemand nimmt ständig überall teil und auch innerhalb eines Funktionssystems kann es zu vielfältigen Exklusionen oder Gefährdungen der Inklusion kommen bzw. müssen Formen und Stufen differenziert werden. Insofern gibt es keine „vollständige" Inklusion, wohl aber die Erwartung dessen. Wenn also keine soziale Ungleichheit entstehen soll, darf es keine dauerhafte unfreiwillige, erzwungene Exklusion geben – dauerhafte Exklusionen werden durch „Inklusion in der Exklusion" herstellende Systeme bearbeitet, die die Illusion der Inklusion nähren: Sonderschulen sind der Weg zur (späteren) gesellschaftlichen Teilhabe – und es darf keine Verkettungen von Exklusionen geben durch die strukturelle Koppelung von Teilsystemen (Beispiel: Arbeitsmarkt und Schule), weil sie Gerechtigkeitsvorstellungen und denen der (weltumspannenden) Bürgergesellschaft zuwiderlaufen (vgl. Engels 2006).

Macht, Lebenslage und Ungleichheit: Zur Verbindung von objektiven Strukturen sozialer Räume und subjektiven Handlungsspielräumen nach Bourdieu

Organisationen und Institutionen sind die Schaltstellen für Zugangschancen zu Ressourcen, die sich dann messen lassen in Einkommenshöhen, Raten der Beschäftigung oder des Übertritts auf weiterführende Schulen, Anzahl und Art der sozialen Beziehungen usw. und die die Lebenslage bedingen. Marginalisierung wirkt negativ auf Zugangschancen, sie wirkt aber auch auf die Identität der davon betroffenen Personen. Insbesondere Pierre Bourdieu (u. a. 1983; 1985; 1989) hat mit seiner strukturalistischen Theorie, in deren Mittelpunkt der Begriff des Habitus steht, herausgearbeitet, wie sich gesellschaftliche Bedingungen im Lebensstil und dem Handlungsrepertoire des Einzelnen niederschlagen. Bourdieu, der sich sowohl von „reinen" „objektiven" strukturtheoretischen wie von phänomenologischen Ansätzen abgrenzt, indem er die enge Verbindung von

objektiven Strukturen und subjektiven Orientierungen betont, betrachtet Gesellschaft als sozialen Raum, der sich in Felder ausdifferenziert. Positionen und Abgrenzungen in diesen Feldern bestimmen sich maßgeblich durch das Verfügen und die Nutzung unterschiedlicher Kapitalformen – ökonomisches, kulturelles, soziales (symbolisches) Kapital –, die ungleich verteilt und wertgeschätzt werden. Macht entsteht, strukturiert und erhält sich über alle drei Kapitalformen. Bourdieu benutzt dafür den Begriff der Lebenslage, und zwar in Erweiterung von Marx, der das ökonomische Kapital als Bedingung der sozialen Lage betrachtete, und verweist auf die äußeren Bedingungen, während die eigentlichen Handlungsspielräume als Lebensstile bezeichnet werden und davon getrennt zu sehen sind: Lebensstile stellen bei ihm eine Funktion aus Habitus, Kapitalsorten und Positionen im sozialen Raum dar und damit eine begrifflich begründete Analyse des Niederschlages sozialer Interaktion und Kommunikation im individuellen Handeln und der äußeren, durch Ressourcen und Statuspositionen gekennzeichneten Lage. „Mein Versuch geht dahin zu zeigen, dass zwischen der Position, die der einzelne innerhalb eines gesellschaftlichen Raumes einnimmt, und seinem Lebensstil ein Zusammenhang besteht" (Bourdieu 1989, 25, zit. nach Treibel 2006, 227). Ein Lebensstil ist demnach nicht nur Ausdruck der gesteigerten Optionen moderner Gesellschaften, sondern in ihm kommen zugleich unterschiedliche soziokulturelle Wertschätzungen von Statuspositionen zum Ausdruck; sie sind die symbolischen *Sinnprovinzen* des sozialen Raums, auf die der Einzelne zugreifen muss, um seine Lebensweise zu finden. Der Lebensstil und die Lebensweise sind damit aber im Prinzip *Ergebnis* des Handlungsspielraumes im Nahnsen'schen Sinn. Die Ausdifferenzierung von Lebensstilen folgt einerseits der Strukturierung nach den Machtpositionen in Bezug auf ökonomisches, kulturelles und soziales Kapital und andererseits dem Habitus, der gleichsam das Bindeglied zwischen objektiven Strukturen und der Erfahrungen in den sozialen Räumen und der Persönlichkeit darstellt. „Habitus" bedeutet die Disposition zu einem bestimmten Verhalten, geprägt von der eigenen Biographie, den Erfahrungen im sozialen Raum, welche Bewertung den eigenen Statusmerkmalen zukommt und welche Machtposition sich hierin verkörpert. Bourdieu zählt unter die Statusmerkmale nicht nur Bildungs- und Beschäftigungsstaus, sondern auch und vor allem solche wie Geschlecht, Alter, ethnische Herkunft usw.

Zur Verbindung von Lebenswelt und Lebenslage unter der Fokussierung von sozialer Ungleichheit

Gerhard Weisser nahm an, dass Einstellungen befangen sein können, insbesondere wenn die Lage über Generationen schlecht ist. Alfred Schütz ging von der Prägung der subjektiven Wahrnehmung durch äußere Bedingungen aus. Pierre Bourdieu rückt mit dem Habitus-Begriff als Einschränkung der individuellen Handlungsmöglichkeiten dem Einstellungsbegriff sehr nahe, insofern es um Denk- und Wahrnehmungsschemata geht, die mit darüber bestimmen, was dann im tatsächlichen Handeln realisiert wird, welche Interessen von jemandem entfaltet, ob und welche Handlungsspielräume erkannt und dann genutzt werden. Lebenswelt- und Lebenslagevertreter bleiben im soziologischen Bezugsrahmen, doch mit den Begriffen Identität, Einstellung, Habitus, Lebensbewältigung sind die Übergangsbereiche zur Sozialpsychologie berührt. Bourdieu leistet mit der Herausarbeitung der Relevanz der Statuspositionen eine zentrale Verbindung zwischen Verhaltensdispositionen und strukturellen Aspekten der ungleichen Verteilung von Ressourcen und er nimmt dabei die vertikale, mit unterschiedlichen Wertschätzungen von Bildungs-, Einkommens- und Beschäftigungspositionen einhergehende Ungleichheit ebenso in den Blick wie die horizontale, quer dazu entstehende, die sich an Merkmalen wie Geschlecht, Alter, Behinderung, soziale oder ethnische Herkunft festmacht. Zugleich kann über Goffmans Stigma-Begriff die Frage der *individuellen Bewältigung* von negativen Statuszuschreibungen thematisiert werden. Wei-

tergehend liegen im Rahmen der Forschung zu sozialen Netzwerken und sozialer Unterstützung, der Belastungs- und Bewältigungsforschung breite Erkenntnisse über Bedingungsfaktoren der Bewältigung von alltäglichen und dauerhaften Belastungen und Krisen vor. Mit den systemtheoretischen Bestimmungen tritt die vermittelnde Ebene der *Organisationen* als zentrale Schaltstelle für *Mitgliedschaften* und ein differenziertes Bild der Inklusionsprozesse hinzu. Mit Habermas schließlich lässt sich eine *normative Fundierung* mit Blick auf die Frage der Verteilung von Lebenschancen vornehmen und er verweist, zusammen mit Luhmann, auf dysfunktionale Wirkungen systemischen Handelns. Preyer (2006), der den Lebensweltbegriff von Habermas mit demjenigen der Systemtheorie von Luhmann kontrastiert, setzt am Problem der Vernunft im Habermas'schen Lebensweltverständnis an und plädiert dafür, den Begriff der Lebenswelt diesbezüglich unbestimmt zu lassen. „Lebenswelt ist das Vertraut/Nicht-Vertraute, wobei ihre Thematisierung durch diese Unterscheidung selbst zu einer ‚vertrauten Unterscheidung' wird" (Preyer 2006, 14). Es sollte dann darum gehen, die Frage zu beantworten, ob und wie in der Theorie des kommunikativen Handelns die *Institutionalisierung von Lernpotentialen* analysiert wird.

Lebenswelt und Lebenslage bleiben damit nach wie vor unterschiedlich akzentuiert, doch sind sie aufeinander bezogen zu sehen und stellen in der Komplexität einen der Lebensführung angemessenen Betrachtungsrahmen dar, der viel mehr als „subjektive Perspektive" einerseits und „Ressourcen" andererseits meint. Es bedeutet nichts weniger als eine Doppelung der Perspektiven, die zugleich als eine Doppelung in der Perspektive begriffen werden muss: Die mikrotheoretische Perspektive umfasst soziale und (sozial-)psychologische bis hin zu physiologischen Bedingungen und muss zugleich in der Thematisierung der Interaktion meso- und makrotheoretische Aspekte berücksichtigen, während umgekehrt jede makrotheoretische Perspektive den Anschluss zur Mesoebene und potentiell zu den unmittelbaren Interaktionen enthalten sollte.

Die hiermit geforderte Komplexität lässt sich auf der Ebene der Forschung oder der Praxis nicht nahtlos einholen, denn insbesondere die geschilderten Theorien sind, gerade weil sie den Anspruch umfassender Gesellschaftstheorien erheben, sehr abstrakt, sie umfassen eine Vielzahl an beteiligten Variablen, und lassen sich grundsätzlich nicht vollständig operationalisieren. Begriffe wie Lebenswelt, Lebenslage, Habitus, sozialer Raum usw. bleiben immer unscharf. Jede Konzeptualisierung für die Forschung muss sich deshalb zwangsläufig beschränken, wenn konkrete Phänomene beschrieben und erklärt werden sollen. Insofern bleibt eine stärkere Fokussierung in die eine oder andere Richtung nicht aus, und dies gilt ebenso und in weitaus stärkerem Maße für die Handlungsebene, auf der sich ja auch die Handlungs- und Veränderungsmöglichkeiten je nach Position im Feld und Aufgabe begrenzt darstellen. Und schließlich ist jede Situation, jeder Mensch anders, keine Theorie lässt sich deshalb nahtlos „herunterbrechen"; ein solches Vorgehen trägt zur Ontologisierung der Praxis – und der Theorie – als „Handwerkszeug" bei, das die soziale und biographische Gewordenheit individueller Situationen und institutionell-organisatorischer Prozesse unterschlägt. Insofern bilden die o. a. theoretischen Begründungsansätze zusammen einen reflexiven Rahmen, der Forschung und Konzeptualisierung anleiten und begründen kann.

Konsequenzen für die Wissenschaft

„Die lebensweltliche Perspektive begegnet den Gefahren der Verselbstständigung des wissenschaftlichen Diskurses, der Absage an die wissenschaftliche Perspektive und dem Ignorieren der kommunikativen Grundstruktur wissenschaftlichen Wissens dadurch, dass sie 1. von den vorwissenschaftlichen Erfahrungs- und Handlungsstrukturen ihren Ausgang nimmt; 2. von dort aus methodisch beobachtet

und erklärende Modelle konstruiert, die 3. unter Berücksichtigung des Beobachterproblems 4. auf lebensweltliche Evidenzen zurückbezogen werden sollen. Dabei sollte 5. methodologisch dem Umstand besonders Rechnung getragen werden, dass wissenschaftliche Erkenntnis ein Ergebnis kommunikativer Prozeduren ist" (Knoblauch 1996, 101). Aussagen der Wissenschaft sollen demnach „nicht nur einen Bezug zur lebensweltlichen Realität ihrer Subjekte herstellen […], sie haben von dort auch ihren Ausgang zu nehmen" (ebd., 93/94). Somit besteht die methodologische Rolle des Lebensweltbegriffes in der Soziologie und in den Sozialwissenschaften „keineswegs in einer Reduktion wissenschaftlicher Aussagen auf die subjektive Perspektive und noch weniger folgt sie der […] Zweiteilung der gesellschaftlichen Wirklichkeit in ‚Mikro- und Makrostrukturen'" (ebd., 94). Gerade für die Gewinnung wissenschaftlicher Aussagen ist der Lebensweltbegriff von Relevanz: Im Hinblick auf die Methodologie gelingt es damit, beiden Postulaten methodologischer Erkenntnisprozesse Rechnung zu tragen: der Offenlegung der Leistungen der theoretischen Prämissen (damit nachvollziehbar wird, von welcher Sichtweise und Schau (theoria) die jeweils einzelne Forschungsrichtung ausgeht) sowie dem Faktum, dass alle wissenschaftlichen und wissenschaftstheoretischen Darlegungen in und durch kommunikative Verläufe generiert werden. So entsteht eine „Wissenschaft der Lebenswelt und [eine] Wissenschaft als Lebenswelt" (Knoblauch 1996, 95). Dabei darf es aber nicht um „unreflektierten hermeneutischen Positivismus" (Kappelhoff 2003, 20) gehen: „Auch eine Methodologie des Verstehens beruht notwendig auf Distanzierung und der Verwendung von Deutungswissen, also theoretischem Wissen" (ebd.). Ebenso kann es nicht mehr um ein „Entweder-Oder" von qualitativen und quantitativen Methoden gehen. Monokausale oder deterministische Erklärungsansätze sind überwunden; Erklären und Verstehen sind keine Gegensätze. Die „Natur" des Menschen ist eine kulturelle und zugleich muss sich der Mensch „in einer objektiven materiellen Welt behaupten. Mehr noch, jede kulturelle Deutung der Situation hat sich über ihren handlungssteuernden Charakter in der real vorgefundenen materiellen und gesellschaftlichen Umwelt zu bewähren" (Kappelhoff 2003, 3). Bourdieu verwandte qualitative, verstehende und quantitative Methoden, letztere um die „objektiven" Rahmen- und Verlaufsdaten als äußere Bedingungen zu erfassen, die dann aber wieder der Interpretation und Analyse unterzogen werden müssen. Normaufdeckung, Interpretation, logische und empirische Begründung, Kritik wechseln sich ab bzw. sind aufeinander bezogen. Diese Implikationen bezüglich der Methodologie betreffen logischerweise auch die Theorien im Sinne ihrer Eignung zur Fokussierung des Wirklichkeitsbereichs und seiner Konstitution. Walter Thimm hat dies 1975 unter Bezug auf den symbolischen Interaktionismus als Paradigma-Alternative treffend gefordert, an die Stelle des „In-den-Normen-Denken[s]" (Thimm 1975, 151), das die Gefahr der Ontologisierung „sowohl im wissenschaftlichen Denken als auch im Alltagsdenken" birgt (ebd., 152), eine „reflexive Sichtweise" zu setzen und „über' die Normen" zu denken (ebd., 154). Dies ist gerade nicht Relativismus, sondern ein Programm, das das Soziale als eigenständige Wirklichkeitsdimension fasst, im intersubjektiv-verstehenden und erklärenden Sinn: Das Soziale konstituiert sich immer durch eine schon vorerfahrene Wirklichkeitserfassung und deren Rekonstruktion, Interpretation und Veränderung im zwischenmenschlichen Handeln, in dessen Niederschlag in Regeln (Institutionen) und in sozialen Systemen (funktionalen Handlungszusammenhängen), und letztere haben wiederum emergente Wirkungen.

Damit geht es insgesamt a) um das Verstehen und das Erklären des individuellen Handelns und der Alltags- und Lebensbewältigung; b) um die Frage, in welchen Kontext das Handeln eingebettet ist; c) um Institutions- und Organisationsanalysen und die Veränderung von Institutionen: Wie wird der kulturelle Raum ausgeweitet und wie Institutionen und Organisationen verändert mit dem Ziel des Abbaus sozialer Ungerechtigkeit? Und es geht d) um die unbeabsichtigten Folgewirkungen, um Komplexität, Dynamik und um Kontingenz, um Bedingungs- und Wirkungsanalysen.

Die normative Verpflichtung auf eine kritische Wissenschaft im Sinne der Aufklärung und Verbesserung von Lebenschancen bedeutet, „die menschlich-gesellschaftlichen Geschehenszusammenhänge unserem eigenen Verständnis näherzubringen und uns einen wachsenden Fundus zuverlässigeren Wissens über diese Zusammenhänge zu erarbeiten" (Elias 1986, 13). Aufzuklären gilt es nach Elias darüber, dass die oft Leiden verursachenden Zwangsläufigkeiten und Zwänge der Gesellschaft, denen sich Menschen ausgesetzt sehen, gerade nicht naturhafte oder schicksalsgegebene, sondern von Menschen gemachte und von Menschen auf sich und andere Menschen ausgeübte Zwänge sind (ebd., 13–15). Damit geraten die Erklärung und die systematische Vergrößerung des Wissens über diese Zwangsläufigkeiten zugleich zum Emanzipationsprogramm. Nach Thimm (1972) bedarf es der Reflexion der Normen und Entscheidungen bezüglich des Entstehungszusammenhangs, aber im Begründungszusammenhang gilt es, intersubjektive Überprüfbarkeit anzustreben. Die „Begegnung zwischen Wissenschaft und Werturteil" muss „ausgehalten werden", so Thimm (1972, 13) unter Bezug auf Dahrendorf. So ist werturteilsfreie Wissenschaft das Ziel, aber sie ist ebenso wenig ohne Normativität zu denken wie die Menschen, die sie betreiben. Das Programm umzusetzen ist anspruchsvoll: Es erfordert empirische Forschung, es bedeutet, theoretische Erklärungszusammenhänge im Schnittfeld von Pädagogik, Soziologie, Philosophie herzustellen und es zwingt zur Auseinandersetzung mit moralischen und ethischen Fragen.

3.3 Lebenschancen und Lebensbewältigung

Zur Steuerung von Problemlagen als „Verteilung von Lebenschancen"

Soziale Ungleichheit als Gegenstand der politischen Steuerung und der Sozialberichterstattung
Die heute nahezu die gesamte Bevölkerung einbeziehende Steuerung von Lebenslagen durch die Politik bedeutet nichts Geringeres als den „Erhalt von Lebenschancen aus der gesellschaftlichen Produktion als Sozialgüter" (von Ferber 1977, 31). Politisch und gesellschaftlich herrschte über Jahrzehnte der Glaube, dass über Makro-Steuerungsmaßnahmen wie den Ausbau der sozialen Rechte und der sozialen Leistungen Chancengleichheit und Integration in die Gesellschaft gleichsam automatisch hergestellt und soziale Problemlagen abgebaut werden. Die Wirkung auf die Lebenslage der Bevölkerung und einzelne Gruppen sollte sich dabei an der Erhöhung der Lebensqualität als Ergebnis der Lebenslage ablesen lassen, gemessen anhand methodischer Verfahren der Sozialberichterstattung. Seit den 1970er Jahren haben sich deshalb unterschiedliche makrostrukturelle Ansätze entwickelt, die für die Informationssammlung über beobachtbare Lebensbedingungen methodisch abgesicherte Verfahren für die gesellschaftliche Steuerung und Zielorientierung bereitstellen wollen und Bezug auf gesellschaftliche Ziele und soziale Probleme nehmen. Die Bundesregierung legt regelmäßig Sozialberichte vor (Familien-, Kinder- und Jugend-, Behinderten-, Familien-, Alten-, Armutsbericht), in die Daten der Sozialberichterstattung einfließen. Über das Instrument der „Sozialen Indikatoren" sollen sowohl Anzeige-Instrumente für Dimensionen der Lebensführung über ökonomische Maße hinaus bereitgestellt werden als auch Evaluationskriterien für gesellschaftliche Wohlfahrtsmaße und für die Identifizierung von Disparitäten. In einer der bekanntesten Definitionen nach Zapf (1984, 23, enthalten in der zentralen Publikation von Glatzer und Zapf 1984) ist Lebensqualität die Übereinstimmung von objektiven Standards mit subjektiver Zufriedenheit, von erwünschten und realisierten Verhältnissen und bezeichnet dabei sowohl die Beschaffenheit als auch die subjektive Wahrnehmung dieser Prozesse. Lebensqualität als „Output" der Lebenslage versucht also strukturelle Bedingungen einerseits und deren Wirkung auf die „Lebensstimmung" andererseits zu operationalisieren.

Neben dem Problem der Auswahl, Gewichtung und Eignung der Indikatoren zur Abbildung bestimmter Sachverhalte stellt die Bestimmung der Schwellenwerte ein Problem dar, also ab wann man von prekärer Lage oder Exklusion spricht und wann entsprechend Handlungsbedarf angezeigt ist. Um Schwellenwerte festzulegen, muss ein Standard formuliert werden. Dabei müssen Standards im Sinne von empirischen Durchschnittsmaßen von normativen Standards, in denen sich eine Zielvorstellung ausdrückt, unterschieden werden. Entsprechend kann das Problem nur durch eine Verbindung von empirischer und normativer, an Wertvorstellungen ausgerichteter Begründung, gestützt durch wissenschaftliche Erklärungsansätze, gelöst werden. Relevante Wirkungen lassen sich gesellschaftlich als differenzierte und bewertete Wohlfahrtsniveaus, auf der individuellen Ebene als das Überwiegen positiver Affekte und Zustände in Bezug auf emotionale, soziale, physische Aspekte der Lebensführung (Abele & Becker 1994) feststellen (physisches und psychisches Wohlbefinden, soziale Integration). Zufriedenheit meint hier die kognitive Bewertung des Verhältnisses von Anspruchsniveau und Befriedigungszustand. So können sowohl makrostrukturelle *objektive Lebensbedingungen* (wie Wohnen, Arbeit, soziale Beziehungen, Bildung, Freizeit, Sicherheit, politische Rechte, materieller Standard usw.) von Gruppen oder Gesellschaften bezüglich durchschnittlich vorfindbarer Werte ermittelt werden als auch Analysen der *Zusammenhänge zwischen Lebensbedingungen und subjektivem Wohlbefinden* vorgenommen werden. Wohlgemerkt, es geht hier noch immer und ausschließlich um makrostrukturelle Maße, nicht um individuelle! Die Erhebung (sozial-)psychologischer Indikatoren wie Anspruchsniveaus, Einstellungen und Zufriedenheit zeigt also die subjektive Wahrnehmung objektiver Lebensbedingungen auf, aber eben bezogen auf Gruppen. Zusätzlich werden nun noch soziodemographische Variablen einbezogen: Diese geben Aufschluss über Zusammenhänge zwischen Variablen wie Geschlecht, Alter, Erwerbs- oder Bildungsstatus, der geäußerten Zufriedenheit und den vorfindbaren objektiven Standards. Durch die Erhebung von wahrgenommenen Konflikten und Ängsten, Zufriedenheiten und Ansprüchen entsteht ein Bild des sozialen Wandels und der sozialen Wirklichkeit, objektiver (unterdurchschnittliche Lebensbedingungen) und subjektiver Problemlagen (negative Befindlichkeiten) sowie unterschiedlicher Wohlfahrtspositionen. Dabei hat sich nach Glatzer & Zapf 1984 empirisch gezeigt, dass die „Lebensstimmung" eben nicht eine Addition der Bedingungen in einzelnen Lebensbereichen ist und auch keine durchgängige kausale Wirkung zwischen äußeren Bedingungen und geäußerter Zufriedenheit besteht: neben der Kombination „gute (bzw. schlechte) Lebensbedingungen – gute (bzw. schlechte) Zufriedenheit" = „Wellbeing" bzw. „Deprivation" gibt es „gute Bedingungen – Unzufriedenheit" und „schlechte Bedingungen – Zufriedenheit" (vgl. Zapf 1984, 25). Die Gruppe der „Dissonanten" entfaltet und formuliert ihre Ansprüche vor dem Hintergrund der Kenntnis von Alternativen, sie agiert also im öffentlichen und politischen Raum, während die Gruppe der „Adaptierten" ihre Anspruchsniveaus infolge einer anhaltenden schlechten Lage, auch in Unkenntnis von Alternativen und Handlungsmöglichkeiten, absenkt. Entsprechend reagiert die Politik eher auf die „Dissonanten" als auf die „Adaptierten" oder „Deprivierten", denn beide Gruppen sind durch Teilhabedefizite gekennzeichnet und verfügen gerade nicht oder nur eingeschränkt über die Zugänge zu Bereichen demokratischer Willensbildung und ihre Interessen sind aufgrund fehlender Macht „nicht durchsetzungsfähig". Ihre Interessen müssen von anderen gesellschaftlichen Gruppen wie Gewerkschaften, Verbänden und Vereinen [→ Vereine, Verbände] wahrgenommen werden. Damit zeigen sich deutlich die Grenzen sowohl dieser Art der Berichterstattung und Untersuchung als auch dieser Form der politischen Steuerung von Problemlagen: Angesichts der erheblichen sozialen Ungleichheiten, die die Sozialberichterstattung und Sozialforschung nachweisen, rücken die Fragen nach den konkreten Bedingungen der Teilhabe immer mehr in den Mittelpunkt. Wenn die „Lebensstimmung" nicht additiv gedacht werden kann als Summe aller Lebensbereiche, muss es darum gehen, relevante von weniger relevanten zu unterscheiden. Die Diskrepanzen zwischen Anspruchsniveau und Befriedigungszustand lassen annehmen, dass sie in unterschiedlicher Weise dazu führen, dass das Individuum die Lebenslage als durch eigenes Handeln beeinflussbar wahrnimmt. Teilhabe als Bedingung der Lebenslage aber wird und muss aktiv vom Individuum durch eigenes Handeln verwirklicht werden. Strukturelle Bedingungen wirken sich also in Abhängigkeit weiterer Variablen deutlich unterschiedlich aus. Eine Konsequenz daraus ist in der Forschung die wesentlich differenziertere Erfassung der „Lebensweise", es existieren zahlreiche unterschiedliche Ansätze und breite Diskussionen über die angemessenen Forschungsdesigns (vgl. hierzu u. a. die Diskussionen im Sozio-ökonomischen Panel SOEP beim Deutschen Institut für Wirtschaftsforschung oder zur sozioökonomischen Berichterstattung, SOEB 2006). So nähert sich z. B. die Lebensstil- und Milieuforschung (u. a. Hradil 2005) der lebensweltlichen Perspektive: Weder die Lage der „Deprivierten" noch die der anderen Gruppen lässt sich hinreichend durch schichtbezogene Merkmale allein erklären (Einkommens-, Bildungs-, Erwerbsstatus), zudem haben sich die Lebensformen pluralisiert und individualisiert. Milieus bilden sich zwar vor dem Hintergrund des vertikalen Sozialstatus, aber auch anhand politischer und religiöser Überzeugungen, von Normen und Einstellungen, den feingliedrigen wirtschaftlichen, infrastrukturellen und politischen Bedingungen einer Region und den Mustern des Alltagslebens. In der Ungleichheitsforschung und in Politik und Praxis geht es damit viel konkreter um die Frage, wie Zugehörigkeit nun tatsächlich hergestellt wird und wie viel Ungleichheit die Gesellschaft akzeptiert.

Behinderung als „besondere Lebenslage"
Für Menschen mit Behinderungen gilt die gesellschaftliche Zumessung von Lebenschancen in ganz besonderer Weise, wohl kaum eine Gruppe ist in so hohem Maße und so direkt von sozial- und bildungspolitisch gesteuerten Diensten und Hilfen abhängig und dies gilt ebenso für ihre Familien und sozialen Netzwerke in der ihnen möglichen Unterstützungsleistung und Belastbarkeit. Je mehr Menschen in ihrer Lebensführung auf Hilfen angewiesen sind, desto höher ist ihre soziale Abhängigkeit. Je höher ihre soziale Abhängigkeit ist, desto größer wird die soziale Verantwortung für den Erhalt gleicher Partizipationschancen. Vor den zeitlichen Horizont des Lebenslaufs gerückt, können die Jahre, die bis zur Verabschiedung eines neuen Gesetzes, ja die Monate, die bis zu einer Antragsbewilligung vergehen mögen, von ganz entscheidender Bedeutung für diesen Lebensverlauf sein. Die großen Reformen der Bildungs- und Sozialpolitik der 1960er und 1970er Jahre haben unter dem Leitziel der Chancengleichheit und Lebensqualität zumindest der Intention nach die gesellschaftliche Verursachung der Lage behinderter Menschen anerkannt und anstelle des kausalen ein finales, an den Folgen von Beeinträchtigungen orientiertes Denken gesetzt. Kausal gedacht gehen zum einen Teilhabe-Erschwerungen linear, ohne dass Einflüsse mitgedacht werden, aus einer „Schädigung" hervor; Hilfen richten sich entsprechend in erster Linie auf die Dimension der „Schädigung" und eine „Integration" im Sinne der bestmöglichen Anpassung an bestehende Strukturen. Zum anderen war im deutschen Sozialrecht lange die Ursache leitend für die Ansprüche auf Leistungen: Bis 1961 waren Menschen, deren Behinderung nicht durch Kriegs-, Wehrdienst oder beruflich bedingt war, rechtlich erheblich schlechter gestellt. Die Reduktion von Behinderung auf die Schädigung und entsprechend das Vernachlässigen der Hilfe zur Überwindung von Beeinträchtigungen der Aktivitäten und der Teilhabe sowie die Verengung der Integrationsbemühungen auf einzig die berufliche Integration, wie sie zu dieser Zeit dominant war, stehen beispielhaft für dysfunktionale Wirkungen, wie sie gerade im Bereich des professionellen Helfens ab den 1970er Jahren erkannt und kritisiert wurden: Zu starke Verrechtlichung und Bürokratisierung, Unterordnung der Interessen und der Lebensführung der Adressaten unter die Erfordernisse und Ziele des „Systems", schematische, an sehr engen Definitionen der Problemlagen orientierte Bedarfserfüllung. In der Praxis entsprach dem eine Problembearbeitung durch die Organisationen der Erziehung, Bildung und sozialen Hilfe, die sich in erster Linie spezialisiert an der Schädigung orientierte: Die Reduktion von Problemen der Lebensführung auf beschreibbare Defekte und spezialisiert und getrennt zu behandelnde Interventionsbereiche, das Nebeneinander-Stehen und Konkurrieren der unterschiedlichen Teilsysteme Arbeit, Schule, Wohnen, die unterschiedlichen Behinderungsdefinitionen, Ziele und Handlungsansätze, lassen den „behinderten Mensch erscheinen als in seine physischen, psychischen, sozialen Einzelteile zerlegtes Objekt" (Thimm 1978a, 302). Ebenso prominent wurde die Kritik an der „Entmündigung durch Experten", also die mangelnde Berücksichtigung lebensweltlichen Wissens z. B. von Eltern behinderter Kinder gegenüber dem durch Status legitimierten professionellen „Herrschaftswissens" und die Verdrängung informeller Hilfen durch ein imposantes, überwiegend separiertes, der Alltagserfahrung der Menschen enthobenes Hilfesystem.

Thimm (1978b) legte die erste Übertragung des Lebensqualitätsansatzes auf die Lage behinderter Menschen vor, mit dem Ziel, anhand der empirischen Beschreibung konkreter Lebensbedingungen Anhaltspunkte für die tatsächliche Integration zu erhalten und zugleich, ausgehend von der Lebenswirklichkeit, Ableitungen für das pädagogische Handeln und die Ziele und Aufgaben behindertenpädagogischer Angebote zu ermöglichen. Zu diesem Zeitpunkt waren kaum Daten vorhanden, die Einsicht in die Lebensverhältnisse ermöglicht hätten. Die Auseinandersetzungen um Integration waren weitaus stärker ideologisch als empirisch basiert. Doch auch heute lesen sich die Berichte der Bundesregierung zur Entwicklung der Teilhabe und der Lage der behinderten Menschen noch immer eher als Bericht durchgeführter schulischer, beruflicher, sozialer und medizinischer Maßnahmen als dass sie einen differenzierten Einblick in die Lebensverhältnisse gewähren. Eine Analyse der Berücksichtigung behinderter Menschen in der Sozialberichterstattung und Sozialstrukturforschung, z. B. in den Kinder- und Jugendberichten, Familien- oder Altenberichten der Bundesregierung, oder in der Kindheitsforschung (vgl. Beck 2002) weist Kenntnisstand und Kenntnislücken auf und konstatiert eine weitgehende Marginalisierung. Die weitgehend fehlende „kommunikative Adressierung" behinderter Menschen in Forschung und Berichterstattung ist ein Spiegel ihrer gesellschaftlichen Lage, die von sozialer Ungleichheit gekennzeichnet ist, wie es auf der Makroebene die Daten des Mikrozensus [→ Soziale Exklusions- und Deintegrationsrisiken: soziale Ungleichheit, soziale Abhängigkeit] deutlich belegen. So wirkt sich der Status „Abgänger der Sonderschule" per se benachteiligend auf die Chancen des Zugangs zu Ausbildung, selbstständiger Lebensführung, aber auch auf die Chancen sozialer Unterstützung innerhalb sozialer Netzwerke aus. Damit wiederum verringern sich die Chancen des „Austritts" aus dieser Ausgangslage und zugleich werden Behinderungsfolgen verstärkt. Der Ausbau von sozialen, pädagogischen, medizinisch-therapeutischen und beruflichen Leistungen hat nur unwesentlich zu einer durchgängigen Verbesserung ihrer Teil-

habechancen auf Einkommen, Bildung und Beruf beigetragen. Dabei lassen sich in Abhängigkeit von weiteren Merkmalen wie Geschlecht, Art und Schwere der Behinderung, Zeitpunkt des Eintritts der Behinderung und soziale Herkunft nochmals spezifische Benachteiligungen und auch kumulierende Problemlagen identifizieren. Die Zahl der „besonderen" Angebote der Beschulung oder des Wohnens übersteigt noch immer die der „integrativen", einzig im Kindertagesstättenbereich haben sich gleichberechtigte Teilhabechancen in größerem Umfang ergeben, obwohl sich ein Wandel hin zu mehr integrativen, gemeindenahen, offenen und mehr Selbstbestimmung ermöglichenden Angeboten spätestens seit den 1980er Jahren vollzieht und auch zahlreiche Rechtsansprüche auf Selbstbestimmung und Teilhabe am gesellschaftlichen Leben verankert sind [→ VI Rechtsgrundlagen von Teilhabe und Gleichstellung; → VI Rechtsgrundlagen für das gemeinsame Lernen und Leben: Inklusion in Kindergarten, Schule und selbstbestimmtes Wohnen]. Mit der von der Bundesregierung beschlossenen Ratifizierung der 2008 verabschiedeten UN-Konvention über die Rechte behinderter Menschen gehen weitreichende Verpflichtungen zur Umsetzung des gleichberechtigten Einbezogenseins in alle Lebensbereiche, auch und vor allem in das Bildungssystem, einher. Damit sind zahlreiche Rahmenbedingungen zur Verbesserung der Lebenslagen geschaffen und eine zunehmend auf Selbstbestimmung setzende Orientierung tragend geworden. Dennoch ist die Umsetzung der vollen Teilhabe noch immer Programm und allenfalls in Teilbereichen entscheidend vorangekommen.

In Politik, Wissenschaft und Praxis ist mittlerweile erkannt worden, dass die Vergabe sozialer Rechte allein noch längst nicht Zugehörigkeit für den Einzelnen bewirkt; dass die traditionellen *Integrations*maßnahmen wenig wirksam sind, wenn sie neben oder innerhalb von unverändert exkludierenden Systemen etabliert werden; dass ein Merkmal wie der rechtliche Behindertenstatus nicht ausreicht, um die tatsächlichen Risiken und Chancen der Teilhabe des Einzelnen zu erfassen und entsprechende Leistungen zu planen. Art und Schwere der Behinderung und die persönliche Situation spielen dafür ebenso eine Rolle wie die strukturellen, finanziellen, rechtlichen und konzeptionellen Bedingungen: „Sozialpolitik wird zu einer ‚Lebenslagenpolitik‘, wenn sie die unterschiedlichen Lebensbedingungen der Menschen differenziert genug wahrnimmt, dementsprechend zu handeln, gestattet, die Benachteiligten nicht mehr nur nach Maßgabe ihres Einkommens zu Leistungsempfängern macht" (Wendt 1988, 82) und die kollektive Lage nicht mehr anhand weniger schablonenhafter Zuschreibungen wie „behindert" charakterisiert. Aus all diesen Gründen muss viel schärfer als bisher das komplexe Wechselspiel zwischen diesen Bedingungen in den Blick genommen werden. Wenn beide Begriffe – Lebenswelt und Lebenslage – zunehmend gemeinsam verwandt werden, sei es in der Forschung, der Politik oder der Praxis, dann spiegelt das auch und vor allem diese Erkenntnisse wider.

Handlungsspielräume als Chancenstrukturen der Lebensbewältigung behinderter Menschen

Makrostrukturelle Einflüsse, mesostrukturelle Gegebenheiten in einer Region oder einer Gemeinde, die mikrosozialen Zusammenhängen, in die ein Mensch eingebunden ist wie seine sozialen Beziehungen, seine personalen, auch statusbezogenen Voraussetzungen und seine inneren Deutungen, Interpretationen, Erfahrungen und Wünsche: „Erst die Durchdringung der Dimensionen erlaubt quasi eine räumliche Abbildung wenn nicht des Prozesses, wie einer ‚mitten im Leben‘ steht, so doch des jeweiligen Zustandes, in dem sich Menschen befinden" (Wendt 1989, 79 f.). „Von der Lebenslage sprechen heißt, alle diese Gesichtspunkte nebeneinander bedenken, in sozialer Arbeit abhandeln und in sozialpolitischen Maßnahmen berücksichtigen – was in solcher Differenzierung nur lokal, auf kommunaler Ebene möglich sein dürfte" (ebd., 83). Mit den

„Arrangements, die Menschen für sich selber und nach außen hin treffen, um individuell zurechtzukommen" (ebd.), nach allen Seiten hin umzugehen, ist ein hoher Anspruch, doch nur diese Differenzierung ermöglicht angemessene Hilfen. In der Konkretisierung dieses Anspruches verhilft eine analytische Trennung der Ebenen zur besseren Bestimmung der jeweiligen Ansatzpunkte, die im einen Fall eher struktureller, im anderen eher individuumsbezogener Art sein können. Diese Trennung markiert zugleich die Aufgaben und Wirkungsbereiche unterschiedlicher Akteure (bzw. sozialer Systeme) wie der politischen Gemeinde oder eines Bezirkes, von Organisationen, von professionellen Fachkräften usw.

Auf der Ebene einer Region ist der soziale Raum öffentlicher und politischer Raum der Interessenvertretung, der Sozialplanung, der Infrastrukturen, des bürgerschaftlichen Engagements, der Kultur und vieles mehr; er ist Ort der Lebensvollzüge von Menschen (Alltagsbewältigung) und räumliche Dimension ihrer sozialen Beziehungen (soziale Netzwerke), er bildet die Vermittlungsinstanz zwischen Individuum und Gesellschaft als Ort der Vergemeinschaftung, als Bürger, in Vereinen, Nachbarschaften, Freundschaftsbeziehungen. Aber auch der *materielle Raum*, z. B. die Wohnung, so Norbert Elias (1983, 70), ist „der Niederschlag einer sozialen Einheit im Raume, der Typus ihrer Raumgestaltung eine handgreifliche, eine – im wörtlichen Sinne – sichtbare Repräsentation ihrer Eigenart", unserer Lebensweise. Und ebenso repräsentieren Wohnbedingungen Machtpositionen. Raum konstituiert und repräsentiert sich im Bewusstsein der Gesellschaft wie des Einzelnen, auch der materielle Raum. Denkt man sich nun all diese Dimensionen – die politische, die öffentliche, die konkret-materielle und die soziale – zusammen, dann bilden sie das Gesamt der strukturellen Bedingungen ab, die die Lebenslage des einzelnen Menschen beeinflussen. Mittlerweile liegen in Deutschland differenzierte Sozialstrukturanalysen für die regionale Ebene vor, die wirtschaftliche Daten von der Beschäftigungsrate bis zu den Durchschnittsverdiensten ebenso umfassen wie Angaben zu den Milieus, bezogen auf Bildungsstand, Einstellungen und Werthaltungen, Konsummuster usw. Damit lassen sich regionale Disparitäten (im Sinne sogenannter strukturschwacher Regionen, bezogen auf besondere soziale Problemlagen oder aber die Versorgungsstruktur) ebenso identifizieren wie das Solidarpotential, z. B. Art und Ausmaß bürgerschaftlichen Engagements, Vereinsstrukturen usw.

Bezogen auf Lebenslagen behinderter Menschen können solche Angaben als erster Baustein zur Untersuchung der Teilhabechancen dienen. Dafür schlägt Engels (2006) zwei Schritte vor, die eine Bestimmung der relevanten Dimensionen der Lebenslage und eine genauere Erfassung der Teilhabe jenseits des binären Schematismus „totale Exklusion – totale Inklusion" erlaubt. Die äußeren Dimensionen der Lebenslage, also „Rahmenbedingungen, Situationsmerkmale, Ressourcen und persönliche Voraussetzungen, innerhalb derer sich Personen befinden und aus denen heraus sie [...] kommunizieren und handeln oder auch nicht handeln" (ebd., 110), werden bei Engels in einem ersten Schritt in Teilhabeformen unterschieden: Arbeit und Beschäftigung; soziale Beziehungen und Familie; Information, Bildung und Kultur; Freizeit, Mobilität, Gesundheit; öffentliches und politisches Leben, um dann über „Kausalketten die Beziehung zwischen diesen Bereichen und ihre Gewichtung zu verdeutlichen" (Engels 2006, 114). Nun werden die Relationen analysiert, um „Bedingungen zu identifizieren, die erfüllt sein müssen, um Zugang zu einem bestimmten Bereich bzw. sozialen Teilsystem zu erhalten" (ebd.). Auf dieser Ebene werden nun die persönlichen Voraussetzungen wie z. B. ein bestimmter Bildungsabschluss aufgenommen. Eine solche Analyse kann unter Einbezug regionaler Gegebenheiten potentielle Zugangschancen oder -grenzen bereits erweisen. „So setzt eine Partizipation am gesellschaftlichen Leben [...] den Zugang zu einem Mindestmaß an sozialen und materiellen Ressourcen voraus" (ebd.), diese wiederum

setzen in der Regel ein Einkommen voraus. Einkommen wiederum, das auf Erwerbsarbeit beruht, setzt wiederum physische und mentale Leistungsfähigkeit des Einzelnen voraus. Engels schlägt nun vor, im ersten Schritt thematisch relevante Ausgangspunkte zu wählen, um die Zugangsvoraussetzungen zu klären. Je nach Lebensalter, Problemlage, Fragestellung lassen sich damit andere Dimensionen wählen, denn die Gewichtung und ihre Anzahl ändern sich in Abhängigkeit dieser Bedingungen, ohne dass man grundsätzlich Dimensionen vernachlässigt. Damit lassen sich bei der Übertragung auf die Situation eines einzelnen Menschen für ihn relevante Dimensionen bestimmen; es kann hierüber, auf Regionen oder Gruppen bezogen, aber ebenso ein Bild potentieller Chancenstrukturen oder -begrenzungen gezeichnet werden.

Im zweiten Schritt wird nun der Grad der Einbindung und zwar aus Sicht der Teilhabebereiche beschrieben: So ist ein hoher Bildungsabschluss mit einer höheren Chance der „kommunikativen Adressierung" durch das Beschäftigungssystem verknüpft; der Zugang zum Wohnungsmarkt lässt sich über Miet- und Verhaltenserwartungen erschließen und koppelt sich somit an persönliche und an einkommensbezogene Voraussetzungen; eine Feinanalyse von Freizeitangeboten kann verdeutlichen, ob und wie z. B. behinderte Kinder daran partizipieren können. Eine solche Beschreibung braucht dann auch keine absoluten Schwellenwerte und weist über den Schematismus eines „Drinnen" oder „Draußen" im Sinne von Abstufungen hinaus (Barthelheimer 2007, 8). In diesem Sinn schlägt Barthelheimer (ebd.) vor, „ausgehend von der gesellschaftlichen ,Mitte' eine Zone der Prekarität oder der sozialen Verwundbarkeit, eine Zone der Fürsorge und eine Zone sozialer Ausgrenzung bzw. ,Entkopplung'" zu unterscheiden. Die Gewichtung von Lebensbereichen kann und muss sich dabei auf empirisch erhärtete Erkenntnisse zur Relevanz einzelner Bereiche und damit von zentralen, grundlegenden Bedürfnissen stützen; so ist Einkommen und damit für die meisten Menschen Erwerbsarbeit Bedingung der materiellen Versorgung und der Sicherung der Existenz, Bildung wiederum die Voraussetzung dafür. Bildung und Arbeit im Sinne von Tätigkeit wiederum sind aber zugleich Mittel der Persönlichkeitsentwicklung. Im Ergebnis geht es also um Einkommens- und Erwerbsbeteiligung, aber ebenso um soziale Netzwerke vs. Isolation, um den Bürgerstatus, um den Erhalt sozialer Dienstleistungen usw. Damit lässt sich aber auch erfassen, wo es zu Exklusionsverkettungen oder für die Lebensführung riskanter Exklusion bzw. prekärer Inklusion kommt und wie diesbezüglich die einzelnen Bereiche aufeinander wirken und wie insbesondere Statusmerkmale wie Alter, Geschlecht, Behinderung hierauf negativ einwirken.

Teilhabe „ergibt sich erst durch Zusammenwirken verschiedener Teilhabeformen" (Barthelheimer 2007, 8) im Lebensverlauf. Nach Barthelheimer (2007, 11) kann eine Teilhabeform Kontextbedingung oder Umwandlungsfaktor für eine andere sein. Dies gilt insbesondere an den Übergängen im Lebenslauf, die zu Bruchstellen im Teilhabeprozess geraten können, aber auch horizontal im Gefüge der jeweiligen Lebenssituation und beteiligten Dienste. Eine Gestaltung von Lebensräumen stellt somit auf die Bereitstellung von Chancenstrukturen (vgl. Wendt 1988, 82) ab, in denen behinderte Kinder in ihren Familien aufwachsen, erwachsene behinderte Menschen alt werden und die Menschen ihre „Rechte und Beteiligungschancen […] wahrnehmen können" (Grunwald & Thiersch 2006, 144). Es geht darum, „Lebensräume und -kompetenzen zu unterstützen" (ebd.), ohne dass es an den Übergängen im Lebenslauf oder zwischen den je in der Lebenssituation relevanten Bereichen zu solchen Friktionen kommt, die ein Herausfallen konstituieren.

Stellen die bisherigen Erörterungen auf eine Veränderung der regionalen Strukturen, Organisationen und Institutionen im Sinne des sozialen Einbezogenseins und auf Passungsprobleme ab, so muss die Frage der Solidarität und der Macht gleichrangig beachtet werden: Das Statusmerkmal Behinderung ist noch immer Auslöser der Gefährdung im Sinne ungleicher Lebenslagen, und damit auch relativ schlechterer Positionen der Interessensdurchsetzung. Deshalb sind Menschen mit diesem Statusmerkmal auf Verteilungsgerechtigkeit angewiesen, brauchen also soziale Rechte und spezielle Leistungen, für die man einstehen muss. Die Sicherung ihrer Lebensführung kann aber nicht losgelöst von der Lebensführung im Allgemeinen erfolgen; damit ist sie in ein Spannungsfeld konfligierender Interessenlagen eingebunden. Dieses Spannungsfeld wird dort, wo es um ein anerkanntes Leben im Gemeinwesen geht, zur ganz konkreten Erfahrung dessen, was Verteilungskonflikte bedeuten und diese werden vor allem dann auftreten, wenn behinderte Menschen im Gemeinwesen, z. B. in einem Wohnviertel bislang wenig sichtbar waren – auf der „Hinterbühne" – und von den Bürgern nicht realistisch nachvollzogen werden kann, dass und wie man auch bei schweren Behinderungen sein Leben bewältigen kann. Politische Teilhabe realisiert sich über vielfältige Stufen und Formen, und diese Formen müssen in den Handlungsprozessen und Entscheidungsstrukturen verankert sein, damit sie tatsächlich wirksam werden können. Politische Partizipation muss erlernt und sie muss als wirksam erlebt werden. Sie fängt bei der Stützung und Förderung der Selbsthilfe- und Interessenvertretung des Einzelnen an und erstreckt sich über die Kooperation mit den Selbsthilfegruppen, Behinderten-Beiräten und Beauftragten vor Ort bis zur Interessenvertretung in den kommunalpolitischen Gremien [→ Politische Beteiligungsverfahren und kommunale Interessenvertretung]. An Preyers (2006) Reformulierung kommunikativer Vernunft als Lernprozess, der auch Irrtümer, Unvernunft und Widersprüche schließt die Forderung von Grunwald & Thiersch an (2006), Konzepte der lernenden Organisation, die „auf der Permanenz von kommunikativen Reform- und Lernprozessen insistieren", zu etablieren, um der Gefahr der „Eigenlogik und Hegemonie" zu begegnen (2006, 145).

Menschen sind „durch ihre subjektiven Deutungs- und Handlungsmuster und [...] durch die Erfahrung in Raum, Zeit und sozialen Bezügen [geprägt]" (Grunwald & Thiersch, 2006, 144), sie sind „engagiert in der Pragmatik von Bewältigungsaufgaben" (ebd.). Lebenswelt ist „immer auch befangen in unzulänglichen Ressourcen, bornierter Enge und Machtstrukturen. Lebensbewältigung ist – so verstanden – Kampf um Anerkennung in den Widersprüchlichkeiten der Lebenswelt" (ebd., 145).

„Um seine gegenwärtige Position und Problematik zu begreifen, nimmt jeder Mensch Bezug auf seine Lebensgeschichte und in deren Fortsetzung auf seine Perspektiven und konfrontiert seine innere Verfassung mit den äußeren Umständen" (Wendt 1989, 79 f.), die „Anliegen bestimmen den Spielraum zumindest ebenso sehr wie die Umstände, die ihn abstecken, [...] der Prozess individueller Lebensführung macht aus der sozialen Lebenslage eine eigentümlich persönliche" (ebd., 81).

Damit verweist Wendt (1988) darauf, bei aller Beachtung der äußeren Bedingungen nicht die Subjektzentrierung zu vergessen, die dem Lebenslageansatz innewohnt. Engels (2006) will die subjektive Interpretation davon trennen, Wendt hingegen überschreitet diese Grenze, die „lebensweltlich" oder anders gesagt: mit weiteren, die mikrotheoretische Ebene in den Blickwinkel nehmenden Überlegungen gefüllt werden muss, um damit die für den einzelnen Pädagogen vorrangig relevante Handlungsebene besser zu kennzeichnen. Ähnlich argumentieren Thiersch und Grunwald, die eindeutig systembezogene und systemkritische Überlegungen mit phänomenologischen zumindest implizit verbinden. „Die Individualisierung der Lebenslage erfolgt innerhalb von sozialen Strukturen" (Wendt 1988, 81) und nimmt ihren Anfang bei der Infrastruktur vor Ort, die wiederum Ausdruck der je herrschenden gesellschaftlichen – wirtschaftlichen, politischen und kulturell-sozialen – Verhältnisse ist, die „die Lebensführung einzelner Menschen ‚bahnen‘. Wie die sich tatsächlich verhalten, wird von [...] Lebensweisen, den Routinen in ihnen,

vorgeprägt. Die Biographie eines Menschen lässt sie von Ausgangslagen her verständlich sein. Je nach Persönlichkeitsstruktur bleibt die Person in ihren Routinen flexibel und nutzt so ihren Spielraum. Eine Routine kann verlassen werden, wenn sich im Blick auf Zugangs- und Verfügungsmöglichkeiten Aussichten auf einen Wandel, konkrete Chancen für ein besseres Leben bieten" (ebd., 81 f.). Dafür muss man sich in den „superstrukturell gewiesenen Bahnen" (ebd., 82) bewegen, z. B. einen Schulabschluss machen, und bleibt zugleich abhängig von Makro- und von Mikroentwicklungen, vom Ausbildungsangebot vor Ort und der sozialen Unterstützung, die man erfährt; man greift auf sozial vorstrukturierte Muster und Rollen zurück und beurteilt seine Lage vor dem Hintergrund seines Anspruchsniveaus, aber auch seiner Erwartungen und Wünsche für die Zukunft. Die Bedingungen für „den Fortgang der eigenen Biographie" (ebd., 81) werden dabei verändert und wirken auf die Identität wiederum zurück. In einem anderen Fall können Routinen nicht verlassen werden, Chancen werden nicht erkannt oder können nicht genutzt, Erfahrungen gelingenden gewollten Zugangs nicht gemacht werden. Um die Dialektik, aber auch die „Unterscheidung von Soziallage und Individuallage" (ebd., 83) zu verstehen, müssen somit Merkmale herangezogen werden wie der Status „Behindert", weil sie die Lage vorstrukturieren, weil sie auf die Erfahrung von sozialer Ungleichheit, Positionshindernissen, Abhängigkeit deuten, ohne die Lage „mit dem Faktum [...] schon für ausgemacht zu halten" (ebd., 83). Denn der Einzelne legt seine Lage selber aus, deutet und interpretiert sie und in den Aktivitäten, die er verfolgt, der Art und Qualität seiner Beziehungen, seinen Einstellungen, in seinen konkreten Lebensbereichen individualisiert sich seine Situation. Es macht einen großen Unterschied, ob jemand im Erwachsenenalter behindert wird oder die Behinderung von Kindheit an besteht; es macht darüber hinaus einen Unterschied, ob ein unterstützendes soziales Netzwerk vorhanden ist und belastende Erfahrungen wie z. B. Stigmatisierungen in einem Lebensbereich durch positive in einem anderen ausgeglichen werden können oder nicht, ob man ein Stigma zu bewältigen hat oder eine Kumulation diskriminierter Merkmale.

„Teilhabe ist aktiv: Sie wird durch soziales Handeln und in sozialen Beziehungen angestrebt und verwirklicht. Bei der Beurteilung von Teilhabe kommt es auf die handelnden Subjekte an, auf ihre Erfahrungen und darauf, wie sie ihre soziale Lage bewältigen" (Barthelheimer 2007, 8). Bewältigung ist aber keine individuelle Fähigkeit, sondern ein umweltabhängiger Lern- und Erfahrungsprozess. Denn die Möglichkeiten für den zur Lebensbewältigung notwendigen Kompetenzerwerb und die Entwicklung von Handlungsstrategien sowie wichtige kognitive, praktische und psychosoziale Hilfen werden durch externe Ressourcen wie die informellen sozialen Netzwerke, die Selbsthilfegruppen und die professionellen Kräfte vermittelt, deren Unterstützungsmöglichkeiten die Behinderungsbewältigung und die Chancen für eine selbstständige und selbstbestimmte Lebensführung beeinflussen. Die sozialepidemiologisch und salutogenetisch begründeten Ansätze der Stress-, Krisen- und Belastungsforschung [→ Alltags- und Belastungsbewältigung und soziales Netzwerk], die die Rolle unterschiedlicher Ressourcen bei der Bewältigung besonderer, kurz- oder langfristiger Belastungen im Verhältnis zu Ressourcen untersuchen, haben breit abgestützte Erkenntnisse erbracht, auch zur Frage der Bewältigung des Lebens mit einer Behinderung und des Einflusses professioneller und informeller Leistungen hierauf (vgl. Eckert 2008; Heckmann 2004; Schiller 1987; Thimm & Wachtel 2002). Für die individuelle Alltags- und Belastungsbewältigung sind Art und Qualität der sozialen Beziehungen, Anerkennung, verlässliche Bindungen und soziale Integration als externe Ressourcen von wesentlichem Einfluss für die psycho-soziale Situation des Einzelnen und haben größere Bedeutung als materielle Faktoren, wenngleich diese nicht aus dem Blick geraten dürfen, da sie als Rahmenbedingungen wesentlich auf

die Möglichkeiten der Bewältigung Einfluss nehmen. Auf der Seite des Individuums haben sich als wirkungsmächtig erwiesen: Offenheit für neue Erfahrungen, Verstehbarkeit dessen, was um einen herum geschieht, das Gefühl, etwas bewirken zu können und das Gefühl der Kontrolle über das Leben anstelle von Abhängigkeit und Fatalismus. Damit aber schließt sich wieder der Kreis zu den äußeren Bedingungen, denn dem individuellen Kontrollgefühl und dem Erleben von Selbstwirksamkeit entspricht eine Umgebung, in der Beteiligung gelernt und „Wirksamkeit" erfahren werden kann, in der das Spannungsverhältnis von Macht und Abhängigkeit immer wieder zugunsten symmetrischer, partizipativer Prozesse ausgerichtet wird. Lebenschancen entscheiden sich letztlich stärker an dem, was in dieser Hinsicht in Bildungs- und Erziehungsprozessen gelernt wurde als am Statusmerkmal „behindert" oder „benachteiligt".

4 Ausblick: Bildungs- als Lebenschancen

Das Spannungsfeld der Lebenschancen ist konstitutiv für die Pädagogik: „Wenn man entsprechend dem Selbstverständnis der Pädagogik davon ausgeht, dass Erziehung und Bildung auf Mündigkeit und Autonomie ausgerichtet sein sollen, dann deutet sich als Basis erziehungswissenschaftlicher Theoriebildung ein handlungstheoretisches Menschenbild an: Wenn es Ziel pädagogischen Handelns ist, Autonomie zu fördern, dann ist es notwendig, die Möglichkeit von Autonomie vorauszusetzen" (König 1999, 35), die wiederum über gezielte Einflüsse und Fremdbestimmung, die sich auch aus der sozialen Verantwortung für die Bildungsmöglichkeit des Bildungsadressaten ergibt, die Selbstbestimmung und Selbsttätigkeit fördert: Hilfe und Kontrolle, Selbst- und Sozialverantwortung, freie Wahlmöglichkeiten und Bindungen und Verpflichtungen. All dies sind keine absoluten Dichotomien, sondern aufeinander bezogene, konstitutive Bedingungen der Lebensführung. Emanzipation oder „Teilhabe" fungieren dabei als Ideale, deren umfassendes, letztliches Eintreten kaum überprüft oder ganz konkret festgemacht werden kann, die aber die Wege und Mittel der Bildung bestimmen und zur Aufklärung und Reflexion über das Verhältnis von Optionen und Ligaturen und den sich je bietenden Spielraum für die individuelle Lebensführung auffordern. Bildung ist ein individueller Prozess, aber nicht individualistisch zu begreifen: Sie umfasst politisch-gesellschaftliche und soziale Dimensionen (politisch-gesellschaftliches Bewusstsein und soziale Verantwortung) in der Bildung des Einzelnen ebenso, wie soziale und gesellschaftliche Bedingungen den Bildungsprozess beeinflussen.

Die erziehungswissenschaftliche Begründung von Bildungs- und Erziehungszielen muss über gesellschaftliche Erwartungen, wie sie sich in Forderungen nach einem Wissenskanon als Zurüstung auf die berufliche Eingliederung niederschlagen können, notwendigerweise hinausreichen und die Lebensbewältigung insgesamt umfassen, wenn dem Zweck der Bildung als Möglichkeit zur selbst bestimmten Lebensführung, zur umfassenden Persönlichkeitsentwicklung und gesellschaftlichen Teilhabe Rechnung getragen werden soll. Erst der Bezug zu den konkreten Lebenslagen und Lebensverläufen stellt das Wissen bereit, um zu bestimmen, was an „Fürsorge und Erziehung, an Bildung und Herausforderung, an Begleitschutz und Unterstützung" (Hiller 2006, 43) im Einzelfall durch pädagogische Konzepte bereitgestellt werden muss. Bildungschancen beeinflussen in mehrfacher Weise die individuelle Lebenslage: Der Bildungsabschluss ist eine wesentliche Determinante für den sozialen Status (Beschäftigung, Einkommen, Prestige) und er impliziert damit automatisch eine vorteilhafte oder nachteilige Bedingung für die Soziallage. Bildung ist aber mehr als das, was sich in klingende Münze wenden lässt: Bildung eröffnet Optionen für die Lebensgestaltung, und das bedeutet, die eigene Lebensführung

und Lebenserfahrung, die eigene Identität nicht nur schicksalhaft oder einzig von außen determiniert zu erleben, sondern auch über Möglichkeiten der Selbstverwirklichung und der Auswahl von Handlungsmöglichkeiten zu verfügen und damit Identität in Freiheit zu transformieren (vgl. Negt 1995).

Lernen und Bildung sind eine zentrale Bedingung dafür, Zwänge und Grenzen ebenso wie Handlungs- und Veränderungsmöglichkeiten erkennen und nutzen zu können. Bildung heißt auch, über praktische Kompetenzen und Bewältigungsfähigkeiten zu verfügen, um den Alltag zu meistern, aber auch Belastungen, Krisen und Risiken, die sich im Lebenslauf jedes Menschen stellen, z. B. wenn man fürchten muss, keine Arbeit zu finden oder durch ein krisenhaftes Ereignis gezwungen wird, sein Leben neu einzurichten; oder wenn einem als behinderter Mensch die „normalen", aber oft sehr eindimensionalen Wege der Anerkennung, die die Gesellschaft gemeinhin auszeichnet, wie berufliche Leistungsfähigkeit, Kommunikationsfähigkeit usw. nur eingeschränkt zugänglich sind. Deshalb geht es in der Behindertenpädagogik neben der Wissensvermittlung immer auch darum, Bildung und Erziehung als Wege zu einer möglichst selbst bestimmten Lebensführung und zur Bewältigung von Benachteiligung und Belastungen zu konzipieren. Ein Bildungsbegriff, der Bildung von individuellen Voraussetzungen abhängig macht und nicht an den Fähigkeiten der Bildungsorte, auf individuelle Ausgangslagen einzugehen vermag, oder der einseitig nur auf kognitives Wissen setzt, schließt wichtige Dimensionen der Persönlichkeitsentwicklung aus. Ein enger Bildungsbegriff schließt aber auch ganze Personenkreise aus und produziert scheinbar klar von den „Normalen" getrennte Randgruppen und Sonderfälle. Dass es dabei in erster Linie um Kinder, Jugendliche und Erwachsene geht und dass Risiken und Probleme der Lebensführung uns alle betreffen können, wird damit ausgeblendet. Die Anerkennung des umfassenden Bildungsrechts ist aber noch weitergehender wirksam: Sie sichert das Lebensrecht. Dort, wo jemandem das Bildungsrecht abgesprochen wird, weil man dies an Kriterien und Fähigkeiten oder ständige „Fortschritte" bindet, ist auch der Personstatus gefährdet mit Folge des Ausschlusses bis zur Aberkennung des Lebensrechts. Deshalb sichert Bildung Teilhabe und sie ermöglicht sie, z. B. am öffentlichen und sozialen Leben, aber sie ist auch schon Teilhabe. Bildung kann so schließlich begriffen werden als Mittel zur Gestaltung von Lebensverhältnissen: durch die einzelnen Menschen selbst, aber auch und vor allem muss Bildungspolitik als Mittel der Gesellschaftsgestaltung und von Lebenschancen begriffen werden.

So wie durch Pädagogik ein Zugewinn für Lebenschancen durch Förderung und die Ermöglichung von Teilhabe an normalen Lebensvollzügen entstanden ist, wirkt die Dynamik auch in die andere Richtung: Ohne Förderung und Unterstützung treten Verluste und Folgeschäden ein, die Behinderung wird also durch soziale Bedingungen größer, als sie aufgrund der Beeinträchtigungen sein müsste. Dabei erschöpft sich aber absichtsvolles, zielgerichtetes pädagogisches Handeln nicht in einseitiger, ständiger Förderung. Kobi (1985) hat dies in der Gegenüberstellung einer „Pädagogik des Bewerkstelligens", der es ausschließlich um den Fortschritt als Fähigkeitsverbesserung geht, die sich dabei immer nur auf den „Defekt" richtet und die das „So-Sein" nicht anzuerkennen in der Lage ist, und einer „Pädagogik der Daseinsgestaltung" beschrieben, die menschenwürdige und das Wohlbefinden fördernde Lebensbedingungen zwischen gleichberechtigten Subjekten zu schaffen vermag. „Die individuenbezogene Perspektive bedarf dringend […] der Ergänzung durch eine sozial-räumliche Perspektive. Die Feststellung von individuellen Hilfen zur Integration und Partizipation […] und deren Legitimation laufen ins Leere, wenn nicht gleichzeitig die Gestaltung der Infrastruktur der sozialen Räume, in denen Partizipation und Integration verwirklicht werden müssen, in Angriff genommen wird" (Thimm 2005, 327).

Literatur

Abele, Andrea & Becker, Peter (1994): Wohlbefinden. Theorie-Empirie-Diagnostik. Weinheim

Alber, Jens (2009): Die Ligaturen der Gesellschaft. In memoriam Ralf Dahrendorf – ein persönlicher Rückblick. WZB-Mitteilungen 125, 46–49

Albert, Hans (1994): In memoriam Karl R. Popper. Kölner Zeitschrift für Soziologie und Sozialpsychologie 46, 4, 758–763

Antor, Georg (2006): Lebenswelt. In: Antor, Georg & Bleidick, Ulrich (Hrsg.): Handlexikon der Behindertenpädagogik. 2. Aufl., Stuttgart, 233–236

Bächtold, Andreas (1990): Gemeindenahe Hilfe für Behinderte. Ein Spannungsfeld zwischen System und Lebenswelt. In: Speck, Otto & Martin, Klaus-Rainer (Hrsg.): Sonderpädagogik und Sozialpädagogik. Handbuch der Sonderpädagogik, Band 10. Berlin, 87–106

Barthelheimer, Peter (2007): Politik der Teilhabe. Ein soziologischer Beipackzettel. In: Friedrich-Ebert-Stiftung (Hrsg.): Projekt Gesellschaftliche Integration. Fachforum Analysen und Kommentare, Arbeitspapier No. 1. Berlin, (http://library.fes.de/pdf-files/do/04655.pdf, entnommen am 19.03.2010)

Beck, Iris (1994): Neuorientierung in der Organisation pädagogisch-sozialer Dienstleistungen für behinderte Menschen: Zielperspektiven und Bewertungsfragen. Frankfurt a. M.

Beck, Iris (2002): Die Lebenslagen von Kindern und Jugendlichen mit Behinderung und ihrer Familien in Deutschland: soziale und strukturelle Dimensionen. In: Sachverständigenkommission 11. Kinder- und Jugendbericht (Hrsg.): Gesundheit und Behinderung im Leben von Kindern und Jugendlichen. München, 175–316

Beck, Iris (2003): Lebenslagen im Erwachsenenalter angesichts behindernder Bedingungen. In: Leonhardt, Annette & Wember, Franz (Hrsg.): Grundfragen der Sonderpädagogik. Bildung, Erziehung, Behinderung. Ein Handbuch. Weinheim, 848–874

Beck, Iris & Jantzen, Wolfgang (2004): Der Positivismusstreit in der Behindertenpädagogik. In: Schnoor, Heike & Rohrmann, Eckhard (Hrsg.): Sonderpädagogik: Rückblicke, Bestandsaufnahmen, Perspektiven. Bad Heilbrunn, 37–52

Berger, Peter & Luckmann, Thomas (1980): Die gesellschaftliche Konstruktion der Wirklichkeit. Eine Theorie der Wissenssoziologie. Frankfurt a. M. (erstmals 1966, deutsche Erstauflage 1969)

Bleidick, Ulrich (1976): Metatheoretische Überlegungen zum Begriff der Behinderung. Zeitschrift für Heilpädagogik 27, 7, 408–415

Bleidick, Ulrich (1977): Pädagogische Theorien der Behinderung und ihre Verknüpfung. Zeitschrift für Heilpädagogik 28, 4, 207–229

Biemel, Walter (1996): Gedanken zur Genesis der Lebenswelt. In: Preyer, Gerhard et al. (Hrsg.): Protosoziologie im Kontext. „Lebenswelt" und „System" in Philosophie und Soziologie. Würzburg, 41

Bourdieu, Pierre (1983): Ökonomisches Kapital, kulturelles Kapital, soziales Kapital. In: Kreckel, Reinhard (Hrsg.): Soziale Ungleichheiten. Göttingen, 183–198

Bourdieu, Pierre (1985): Sozialer Raum und ‚Klassen'. Zwei Vorlesungen. Frankfurt a. M.

Bourdieu, Pierre (1989): Satz und Gegensatz. Über die Verantwortung des Intellektuellen. Berlin

Cloerkes, Günther (2001): Soziologie der Behinderten. Eine Einführung. 2. Aufl., Heidelberg

Dahrendorf, Ralf (1979): Lebenschancen. Anläufe zur sozialen und politischen Theorie. Frankfurt a. M.

Deutscher Verein für öffentliche und private Fürsorge (Hrsg.) (2002): Fachlexikon der sozialen Arbeit. Frankfurt a. M.

Dudenredaktion (Hrsg.) (2003): Das Herkunftswörterbuch. Etymologie der deutschen Sprache. 3. Aufl., Mannheim

Eberle, Thomas S. (1993): Schütz' Lebensweltanalyse: Soziologie oder Protosoziologie? In: Bäumer, Angelica & Benedikt, Michael (Hrsg.): Gelehrtenrepublik – Lebenswelt : Edmund Husserl und Alfred Schütz in der Krisis der phänomenologischen Bewegung. Wien, 293–320

Eckert, Andreas (2008): Familie und Behinderung. Studien zur Lebenssituation von Familien mit einem behinderten Kind. Hamburg

Elias, Norbert (1986): Was ist Soziologie? 5. Aufl., Weinheim

Ellinger, Stefan & Koch, Katja (2006): Einstellung gegenüber geistig behinderten Kindern 1974 und 2003. In: Vierteljahresschrift für Heilpädagogik und ihre Nachbargebiete (VHN) 3, 225–238

Engels, Dietrich (2006): Lebenslagen und soziale Exklusion. Sozialer Fortschritt 5, 109–117

Ferber, Christian von (1977): Soziologie und Sozialpolitik. In: Ferber, Christian von & Kaufmann, Franz-Xaver (Hrsg.): Soziologie und Sozialpolitik. Opladen, 11–33

Ferber, Christian von (1989): Zukunftsorientierte Politik für Behinderte. In: Beck, Iris & Thimm, Walter (Hrsg.): Integration heute und morgen. Düsseldorf, 248–264

Glatzer, Wolfgang (2002): Lebenslage. In: Deutscher Verein für öffentliche und private Fürsorge (Hrsg.): Fachlexikon der sozialen Arbeit. 5. Aufl., Frankfurt a. M., 606

Glatzer, Wolfgang & Hübinger, Werner (1995): Lebenslagen und Armut. In: Döring, Diether et al. (Hrsg.): Armut im Wohlstand. Frankfurt a. M., 31–55

Glatzer, Wolfgang & Zapf, Wolfgang (Hrsg.) (1984): Lebensqualität in der Bundesrepublik. Objektive Lebensbedingungen und subjektives Wohlbefinden. Darmstadt

Goffman, Erving (1972, erstmals 1961): Asyle. Über die soziale Situation psychiatrischer Patienten und anderer Insassen. 1. Aufl., Frankfurt a. M.

Goffmann, Erving (1967, erstmals 1963): Stigma. Über Techniken der Bewältigung beschädigter Identität. 1. Aufl.. Frankfurt a. M.

Gröschke, Dieter (1997): Praxiskonzepte der Heilpädagogik. München

Grunwald, Klaus & Thiersch, Hans (2006): Lebensweltorientierung in der Behindertenhilfe. Das Reden von Lebensweltorientierung ist ubiquitär. VHN 75, 144–147

Habermas, Jürgen (1992): Theorie des kommunikativen Handelns Band I und II. Frankfurt a. M. (erstmals 1981)

Hahn, Martin (1981): Behinderung als soziale Abhängigkeit. Zur Situation schwerbehinderter Menschen. München

Heckmann, Christoph (2004): Die Belastungssituation von Familien mit behinderten Kindern. Soziale Netzwerke und professionelle Dienste als Bedingungen für die Bewältigung. Heidelberg

Hegselmann, Rainer (1979) (Hrsg.): Otto Neurath. Wissenschaftliche Weltauffassung, Sozialismus und Logischer Empirismus. 1. Aufl., Frankfurt

Helferich, Christoph (1992): Geschichte der Philosophie. München

Hiller, Gotthilf Gerhard (2006): Lebenslauf und pädagogische Begleitung. In: Antor, Georg & Bleidick, Ulrich (Hrsg.): Handlexikon der Behindertenpädagogik: Schlüsselbegriffe aus Theorie und Praxis. 2. Aufl., Stuttgart, 43–46

Hradil, Stefan (2005): Soziale Ungleichheit in Deutschland. 8. Aufl., Wiesbaden

Husi, Gregor & Meier Kressig, Marcel (1998): Exkurs: Das Lebenslagenkonzept In: Husi, Gregor & Meier Kressig, Marcel: Der Geist des Demokratismus. Modernisierung als Verwirklichung von Freiheit, Gleichheit und Sicherheit. Münster, 257–280

Husserl, Edmund (1986): Phänomenologie der Lebenswelt. Ausgewählte Texte Band II. Stuttgart

Kappelhoff, Peter (2003): Evolutionäre Erkenntnistheorie als Grundlage eines aufgeklärten Kritischen Rationalismus. Aufsatz. Veröffentlicht als pdf-Datei [URL: http://www.wiwi.uni-wuppertal.de/kappelhoff/papers/eekr.pdf] auf der Homepage der Bergischen Universität Wuppertal, Fachbereich 06, Empirische Wirtschafts- und Sozialforschung

Kardoff, Ernst von (1989): Soziale Netzwerke. Konzepte und sozialpolitische Perspektiven ihrer Verwendung. In: Kardoff, Ernst von et al. (Hrsg.): Zwischen Netzwerk- und Lebenswelt – Soziale Unterstützung im Wandel. München, 27–60

Kaufmann, Franz-Xaver et al. (1980): Sozialpolitik und familiale Sozialisation. Zur Wirkungsweise öffentlicher Sozialleistungen. (Schriftenreihe des Bundesministers für Jugend, Familie und Gesundheit Bd. 76). Stuttgart

Klauß, Theo (1996): Ist Integration leichter geworden? Zur Veränderung von Einstellungen für die Realisierung von Leitideen. Geistige Behinderung 1, 56–68

Klein, Gabriele (2000): Kultur. In: Korte, Hermann & Schäfers, Bernhard (Hrsg.): Einführung in die Hauptbegriffe der Soziologie. Opladen, 217–236

Kleve, Heiko (1997): Soziale Arbeit zwischen Inklusion und Exklusion. In: Neue Praxis 27, 5, 412–432

Knoblauch, Hubert A. (1996): Soziologie als strenge Wissenschaft? Phänomenologie, kommunikative Lebenswelt und soziologische Methodologie. In: Preyer, Gerhard et al. (Hrsg.): Protosoziologie im Kontext. Würzburg, 93–103

Kobi, Emil E. (1985): Behinderung als pädagogisches Problem. Vierteljahresschrift für Heilpädagogik und ihre Nachbargebiete 54, 2, 121–126

König, Eckard (1999): Gibt es einheimische Begriffe in der Erziehungswissenschaft? Pädagogische Rundschau 53, 29–42

Kraus, Björn (2006): Lebenswelt und Lebensweltorientierung – eine begriffliche Revision als Angebot an eine systemisch-konstruktivistische Sozialarbeitswissenschaft. Zeitschrift für Systemische Therapie und Familientherapie 37, 2, 116–129

Löffler, Max (1989): Zwischen Lebenswelt und System. Zu einer kommunikativen Pädagogik mit lernbehinderten Kindern und Jugendlichen. Frankfurt a. M.

Luckmann, Thomas (1992): Theorie des sozialen Handelns. Berlin

Luhmann, Niklas (1995): Inklusion und Exklusion. In: Luhmann, Niklas: Soziologische Aufklärung 6: Die Soziologie und der Mensch. Opladen, 237–264

Meier Kressig, Marcel & Husi, Georg (2002): Auf den Spuren des Lebens. Eine Weiterentwicklung des Lebenslagenkonzepts. In: SozialAktuell 15, 20–23

Mikl-Horke, Gertraude (2001): Soziologie. Historischer Kontext und soziologische Theorie-Entwürfe. 5. Aufl., München

Nahnsen, Ingeborg (1975): Bemerkungen zum Begriff und zur Geschichte des Arbeitsschutzes. In: Oster-

land, Martin (Hrsg.): Arbeitssituation, Lebenslage und Konfliktpotential. Frankfurt a. M., 145–166

Nassehi, Armin (2002): Die Organisationen der Gesellschaft. Skizze einer Organisationssoziologie in gesellschaftstheoretischer Absicht. In: Allmendinger, Jutta & Hinz, Thomas (Hrsg.): Organisationssoziologie. Sonderheft 4 der Kölner Zeitschrift für Soziologie und Sozialpsychologie. Wiesbaden, 443–478

Negt, Oskar (1995): Lernen in einer Welt gesellschaftlicher Umbrüche. In: Dieckmann, Heinrich (Hrsg.): Lernkonzepte im Wandel. Stuttgart

Neurath, Otto (1979): Wirtschaftlichkeitsbetrachtung und Wirtschaftsplan. In: Hegselmann, Rainer (Hrsg.): Otto Neurath. Wissenschaftliche Weltauffassung, Sozialismus und Logischer Empirismus. Frankfurt. 1. Aufl., 262–287

Parsons, Talcott (1969): Full Citizenship for the Negro American? In: Parsons, Talcott (Hrsg.): Politics and Social Structure. New York, 252–291

Preyer, Gerhard et al. (1996): Einleitung. In: dieselben (Hrsg.): Protosoziologie im Kontext. „Lebenswelt" und „System" in Philosophie und Soziologie. Würzburg

Preyer, Gerhard (2006): Soziologische Theorie der Gegenwartsgesellschaft II. Lebenswelt – System – Gesellschaft. Wiesbaden

Prim, Rolf (2000): Praktische Sozialwissenschaft, Lebenslagenforschung und Pädagogik bei Gerhard Weisser. Internetfassung des Vortrages, publiziert in Heft 2/1996 in der Reihe Vorträge des Fachbereichs Sozialwesen der Fachhochschule Ravensburg/Weingarten. Internet: www.ph-weingarten. de/homepage/lehrende/prim/v…ntlichungen/ PRIM/gerhard_weisser.htm (20 von 26). 22.09. 2006

Schiller, Burkhard (1985): Lebenslagenforschung – ein soziologischer Beitrag zur Sonderpädagogik. In: Oldenburger Institut für Sonderpädagogik (Hrsg.): Sonderpädagogik. Theorie und Praxis. Heidelberg, 119–128

Schiller, Burkhard (1987): Soziale Netzwerke behinderter Menschen. Das Konzept sozialer Hilfe- und Schutzfaktoren im sonderpädagogischen Kontext. Frankfurt a. M.

Schmidtke, Kerstin (2005): Konzepte und Methoden zur Abbildung von Lebenslagen – Bildung von Lebenslagen-Indices am Beispiel der Berliner Sozialhilfestatistik. In: Meinlschmidt, Gerhard, Senatsverwaltung für Gesundheit, Soziales und Verbraucherschutz (Hrsg.): Sozialstatistisches Berichtswesen Berlin. Spezialbericht 2005-1. Berlin: Senatsverwaltung für Gesundheit, Soziales und Verbraucherschutz

Schütz, Alfred (1974): Der sinnhafte Aufbau der sozialen Welt. Eine Einleitung in die verstehende Soziologie. Frankfurt a. M.

Schütz, Alfred & Luckmann, Thomas (1979): Strukturen der Lebenswelt. 1. Aufl., Frankfurt a. M.

Sozioökonomische Berichterstattung – SOEB (2006): Werkstattgespräche. Berichterstattung zur sozioökonomischen Entwicklung Deutschlands – Zweiter Bericht. Göttingen. Internetdokument, abrufbar unter www.soeb.de/werkstattzwei.php

Ständige Konferenz der Kultusminister (1994): Empfehlungen zur sonderpädagogischen Förderung in den Schulen in der BRD. Beschluss der Kultusministerkonferenz vom 6.5.1994. Sekretariat der Ständigen Konferenz der Kultusminister

Stichweh, Rudolf (2007): Inklusion und Exklusion in der Weltgesellschaft – Am Beispiel der Schule und des Erziehungssystems. In: Jens Aderhold & Olaf Kranz (Hrsg.): Intention und Funktion: Probleme der Vermittlung sozialer und psychischer Systeme. Wiesbaden, 113–120

Thiersch, Hans (1992): Lebensweltorientierte Soziale Arbeit. Weinheim (2009 in 7. Aufl.)

Thimm, Walter (1972): Soziologie – Soziologie der Behinderten – Rehabilitation. In: Thimm, Walter (Hrsg): Soziologie der Behinderten. Neuburgweier, 9–22

Thimm, Walter (1975): Behinderung als Stigma. Überlegung zu einer Paradigma-Alternative. Sonderpädagogik 5, 4, 149–157

Thimm, Walter (1978a): Versuch einer Ortsbestimmung professioneller Behindertenhilfe. Bundesarbeitsgemeinschaft der Werkstätten für Behinderte: Dokumentation Werkstättentag '78, 1. Bundeskonferenz Werkstätten für Behinderte, 299–313

Thimm, Walter (1978b): Behinderungsbegriff und Lebensqualität. Ansätze zu einer Vermittlung zwischen sonderpädagogischer Theorie und Praxis. In: Brennpunkt Sonderschule, 24–30

Thimm, Walter (1997): Kritische Anmerkungen zur Selbstbestimmungsdiskussion in der Behindertenhilfe oder: Es muss ja immer wieder etwas Neues sein ... Zeitschrift für Heilpädagogik 6, 222–232

Thimm, Walter (2005): Das Normalisierungsprinzip. Ein Lesebuch zu Geschichte und Gegenwart eines Reformkonzeptes. Marburg

Thimm, Walter & Wachtel, Grit (2002): Familien mit behinderten Kindern. Wege zur Unterstützung und Impulse zur Weiterentwicklung regionaler Hilfesysteme. Weinheim

Treibel, Annette (2006): Einführung in soziologische Theorien der Gegenwart. 7., aktual. Aufl., Opladen

Voges, Wolfgang et al. (2003): Methoden und Grundlagen des Lebenslagenansatzes. Endbericht. Publikation des Bundesministeriums für Arbeit und Soziales.

Weisser, Gerhard (1978): Beiträge zur Gesellschaftspolitik. In: Katterle, Siegfried et al. (Hrsg.): Sammelband. Göttingen

Wendt, Wolf Rainer (1988): Das Konzept der Lebenslage. Seine Bedeutung für die Praxis der Sozialarbeit. Blätter der Wohlfahrtspflege 4, 79–83

Zapf, Wolfgang (1984): Individuelle Wohlfahrt: Lebensbedingungen und wahrgenommene Lebensqualität. In: Glatzer, Wolfgang & Zapf, Wolfgang (Hrsg.): Lebensqualität in der Bundesrepublik. Objektive Lebensbedingungen und subjektives Wohlbefinden. Darmstadt, 13–26

Sozialisation, Biographie und Lebenslauf

Walter R. Heinz

Einleitung

Das Verhältnis zwischen Individuum und Gesellschaft [→ I Individuum und Gesellschaft] wird in den Sozialwissenschaften als eine dynamische und zeitabhängige Wechselbeziehung untersucht, in der sich im individuellen Lebenslauf die soziale und personale Identität bildet. Für lange Zeit war dieser Prozess Gegenstand von Sozialisationstheorien, die entwicklungspsychologische und gesellschaftstheoretische Annahmen über den Einfluss von Familie und Schule auf die Persönlichkeitsentwicklung in Kindheit und Jugend verbunden haben. Da in modernen Gesellschaften der rasche Wandel von Lebenssituationen die Entwicklungschancen der Menschen immer stärker bestimmt, ist der gesamte Lebenslauf zur zentralen Rahmenstruktur für Sozialisationsprozesse geworden. Der Lebenslauf wird in der Soziologie als Institution [→ VI Institution und Organisation] der modernen Gesellschaft konzipiert, er ist durch die Lebensbereiche Familie, Bildung, Arbeit und den Sozialstaat geprägt und liefert Orientierungen für das biographische Handeln der Individuen.

Die Sozialwissenschaften befassen sich erst seit den 1960er Jahren mit der Prozessstruktur des Lebenslaufs, um die Transformation traditioneller weiblicher und männlicher Biographien im Gefolge des Wandels der Sozialstruktur der Industriegesellschaft zu einer Wissens- und Dienstleistungsgesellschaft zu erklären. In diesem Prozess haben sich die sozialen Definitionen der verschiedenen Lebensalter, die den Individuen soziale Rechte und Pflichten zuschreiben, geändert. Fundamental für die Lebenslaufforschung in modernen Gesellschaften ist die Frage danach, wie die Institutionen des Wohlfahrtsstaats einerseits mit den veränderten Altersstruktu-

ren und Altersnormen und andererseits dem Anspruch, individuell über biographische Übergänge im Lebenslauf zu entscheiden, umgehen. Der historische Wandel kann dazu führen, dass im Verlauf des 21. Jahrhunderts das chronologische Alter weniger folgenreich für die Biographie sein wird als Lebensumstände, soziale Rechte und individuelle Leistungsfähigkeiten.

In den folgenden sieben Kapiteln wird zunächst ein knapper Überblick der Sozialisationsforschung gegeben, daran schließt sich eine kurze Einführung in die Lebenslaufperspektive unter dem Aspekt des gesellschaftlichen Wandels an. Darauf folgen Diskussionen ausgewählter Theorien zum Lebenslauf und über soziale Definitionen der Lebensalter. Die ersten fünf Abschnitte sind als Vorbereitung auf das ausführliche Kapitel sieben zu lesen, in dem die Phasen des Lebenslaufs als psychosoziale Prozessstruktur vorgestellt werden. Der Beitrag schließt mit einem Blick auf zentrale Fragestellungen, denen sich die Lebenslauf- und Biographieforschung in Zukunft zuwenden wird.

1 Sozialisation

Sozialisationstheorie und -forschung stellen eine Brücke zwischen biologisch-genetischen und gesellschaftlich-strukturellen Annahmen über die Persönlichkeitsentwicklung [→ II Person, Persönlichkeit] her. In einer eher traditionellen Auffassung wurde angenommen, dass die individuellen Motive, Kenntnisse und Wertvorstellungen allein durch die Gesellschaft bestimmt seien. Eine wieder aktuelle, ebenfalls umstrittene Annahme ist, dass die genetische Ausstattung die prägende Kraft der Persönlichkeitsentwicklung sei. Durch die Forschung der letzten Jahrzehnte hat sich erwiesen, dass beide Positionen fehlerhaft sind (vgl. Tillmann 1989; Hurrelmann & Ulich 1991; Kagan 2000): Persönlichkeit entfaltet sich in der Interaktion zwischen den individuellen Begabungen und der sozialen, kulturellen sowie materiellen Umwelt. So erweisen sich beispielsweise Kompetenzen wie Sprache und Empathie als Produkte aus Interaktionen und anregenden zwischenmenschlichen Begegnungen. In der Kindheit wechseln in vielfältigen Interaktionssituationen in Familie, Nachbarschaft, Kindergarten etc. soziale Kontexte und Rollenerwartungen. Immer ist das Kind dabei auch aktiver Agent seiner eigenen Lernprozesse. Private Kontexte und mit dem Heraustreten aus der Familie zunehmend öffentliche Institutionen sind „Sozialisationsagenturen", die Anforderungen, Anregungen, Anerkennung, aber auch Korrekturen und Sanktionen an das sich entwickelnde Individuum richten.

Vier große Theoriegebäude haben im frühen 20. Jahrhundert die Grundsteine für die Analyse von Sozialisationsprozessen gelegt (vgl. Geulen 2007):

- Theorie der soziale Kontrolle und des sozialen Bewusstseins („sozialer Strukturfunktionalismus", Durkheim),
- Triebentwicklung im Gebäude von Es – Ich – Über-Ich (Freud),
- kognitive Strukturgenese (Piaget) und
- soziale Rollenübernahme aus der Perspektive des Anderen („role-taking", Mead).

Den ersten drei Theorien ist gemeinsam, dass sie die aktive Rolle des heranwachsenden Individuums an seiner Entwicklung zugunsten der Annahme sozialer bzw. biologischer Determinanten oder eines gestuften Entwicklungsprogramms unterschätzt haben.

Demgemäß wird in den Basistheorien, insbesondere in der psycho-sexuellen Konzeption Freuds, die (frühe) Kindheit als grundlegende Phase der sozialen Formung der Persönlichkeit betrachtet, was sich angesichts des raschen sozialen Wandels in dynamischen Gesellschaften als eine Verkürzung erweist. In der Weiterentwicklung des Modells der psycho-sexuellen Phasen zu einer Konzeption der psycho-sozialen Entwicklung durch E. H. Erikson (1988), der Kognitiven Theorie durch L. Kohlberg (2000) in Verbindung mit der Theorie der Rollenübernahme und mit der Entwicklungspsychologie der Lebensspanne (Baltes 1997) hat sich die Fixierung der Sozialisationstheorie auf Kindheit und Adoleszenz relativiert.

Heute wird unter Sozialisation ein lebenslanger Entwicklungs-, Lern- und Orientierungsprozess des Individuums verstanden, der auf den affektiven und kognitiven Grundstrukturen der Kindheit aufbaut und diese auch modifiziert. Sie ist sowohl Voraussetzung als auch Folge von selbstständigem Handeln in (neuartigen) sozialen Situationen, die in gesellschaftlichen Strukturen und Lebensumstände eingebunden sind.

In der neueren Sozialisationsforschung haben sich neben den sozialökologischen auch die zeitlichen Aspekte des Lebenslaufs als zentral für die Differenzierung und Gestaltung unterschiedlicher Biographien erwiesen. So haben schon vor 40 Jahren die Studien von Kohn (Kohn & Schooler 1983) und die Forschungen von Bernstein (1977) gezeigt, dass sich Eltern in verschiedenen sozialen Schichten bei der Kindererziehung an unterschiedlichen Wertvorstellen und Kommunikationsformen orientieren. In Arbeiterfamilien wird großer Wert auf Gehorsam, Ehrlichkeit und gutes Benehmen gelegt, in den Familien der mittleren und oberen Schichten auf Kreativität, Rücksichtnahme und Selbstkontrolle. Schichtunterschiede wurden auch in den Erziehungsstilen (Kontrolle und Bestrafung vs. Liebesentzug und Begründung von Verboten) und in der Kommunikation zwischen Eltern und Kindern festgestellt (restringierter vs. elaborierter Code) (vgl. Steinkamp 1991).

Auch wenn sich in der Sozialstruktur die Schichtgrenzen verschieben und sich prekäre Lebensumstände bei Alleinerziehenden, Langzeitarbeitslosen, und Geringverdienern bündeln, so haben jüngst die PISA-Studien

(Baumert u. a. 2002) wieder einmal belegt, dass sich vor allem in Deutschland die soziale und ethnische Herkunft im Schulerfolg der Kinder und Jugendlichen spiegeln.

Für die individuelle Identitätskonstruktion [→ II Identität] sind Sozialisationserfahrungen grundlegend, da sie psychosoziale Voraussetzungen für gemeinsames und individuelles Handeln vermitteln, vor allem für die Fähigkeit, sich in die Überlegungen und Absichten, d. h. die Perspektive anderer Menschen hinein versetzen zu können. Durch Erfahrungen mit sozialen Rollen und durch die Sprache entwickelt sich die Fähigkeit entsprechend den jeweiligen sozialen Erwartungen und Anforderungen, unter Wahrung eigener Interessen, kompetent handeln zu können (vgl. Garz 2006). Wie oben schon angedeutet, entwickelt und verändert sich diese Kompetenz gemäß den Theorien von Mead (1968) und Kohlberg (2000) aus vielfältigen sozialen Interaktionen im Verlauf des Lebens. Eine solche Perspektive geht über spezifische Lernprozesse hinaus, indem sie betont, dass für eine demokratische Gesellschaft nicht nur Kompetenzen, sondern auch Empathie und moralische Urteilsfähigkeit grundlegend sind. Damit werden die Mängel der älteren Theorien aufgehoben, die Sozialisation mit einer Anpassung der Individuen an die Gesellschaft und deren Sozialordnung gleichsetzten oder als Ausgestaltung einer genetisch vorgegebenen Abfolge von Entwicklungsstufen sahen.

In der globalisierten Wissens- und Dienstleistungsgesellschaft sind die Menschen in eine Vielzahl auch durch Medien und Internet vermittelte Sozialisationskontexte eingebunden, die unterschiedliche Anforderungen und Lebensvorstellungen implizieren. Im Modernisierungsprozess haben sich die Sozialisationsinstanzen Familie, Kindergarten, Gleichaltrige, Schule, Ausbildung, Hochschule und Arbeitsorganisation zu Agenturen der Gesellschaft verändert, die selbstständiges Handeln ihrer Mitgliedern, Klienten und Kunden fördern und einfordern.

Aus der Sicht des Lebenslaufs sind vor allem die Übergänge zwischen den Sozialisationsagenturen wichtige Erfahrungsräume für die Gestaltung der eigenen Biographie, weil sie die Person mit neuen Herausforderungen konfrontieren. So erleben beispielsweise Grundschüler je nach sozialer Herkunft unterschiedlich starke Brüche zwischen Familie und Schule, wenn sie auf die formalen Lern- und Kommunikationsanforderungen gar nicht oder gezielt vorbereitet wurden. Heranwachsende können in den Gruppen von Gleichaltrigen die für ihre Selbstpräsentation geeigneten Symbole und Haltungen erproben, zunehmend auch über virtuelle Netzwerke im Internet. Schulabgänger müssen bei Bewerbungen ihre Interessen darstellen, ihre Bildungsbiographie vertreten und ihre Chancen für Ausbildungs- und Studienplätze ausloten, also Entscheidungen über ihren Lebensweg treffen.

Da es in modernen Gesellschaften eine Vielfalt von Lebensweisen, verbunden mit unterschiedlichen Wertvorstellungen und Normen gibt, erweisen sich einfache Sozialisationsmodelle oder Generationentypologien als unangemessen. Beispielsweise gelten Altersnormen nicht mehr unangefochten, sondern werden zwischen Gruppen, Experten und Institutionen ausgehandelt und in verschiedenen Sozialisationskontexten relevant (Reduzierung des Wahlalters, Studienzeitverkürzung durch Bachelor-Studiengang, Vorruhestand ab 55, Rente ab 67). So verfügt die Forschung über keine empirisch überprüfbaren Annahmen über Ursachen und Wirkungen, da Sozialisationsprozesse nicht nach Plan, sondern kontingent, als komplexe, zeitabhängige Wechselbeziehungen zwischen Sozialstruktur, Sozialisationsagenturen und Akteuren verlaufen.

In der Theorie wird daher aufbauend auf dem Modell der Rollenübernahme von Mead (1968) das Konzept der „Selbstsozialisation" formuliert, um den aktiven Part, den das Individuum in seiner Entwicklung und Erhaltung als eine gesellschaftlich handlungsfähige Persönlichkeit spielt, systematisch einzubeziehen (Zinnecker 2000; Heinz 2003).

Mit neueren Sozialisationskonzeptionen, die das Aktivitätspotential der Akteure thematisieren, kann auch der Zusammenhang zwischen sozialen Definitionen von Behinderung [→ II Behinderung als sozial- und kulturwissenschaftliche Kategorie] und individuellen Reaktionen erhellt werden, nämlich im Rahmen der Umgangsweisen mit abweichendem Verhalten. So verweist der Kriminologe Fritz Sack darauf, dass „Abweichung [...] eher zu Neuverhandlungen von Normen [führt] und auf diese Weise den sozialen Wandel [befördert]" (2007, 187). Wenn beispielsweise Verhaltensweisen und Leistungen von Heranwachsenden immer wieder öffentlich als nicht normgerecht markiert werden, dann kann dies langfristige Sozialisationskonsequenzen für ihre Selbstdefinition, aber auch Veränderungen im Normenkatalog von Institutionen zur Folge haben. Informelle und offizielle soziale Kontrolle wirken in der Ausschließung und Abdrängung von auffälligen und abweichenden Personen in Randgruppen-Milieus zusammen, wodurch Sozialisationsprozesse eingeleitet werden, die zur Verfestigung abweichender Handlungsmuster und belasteten Biographien führen: Weniger Angepasste werden zu „Störern" und Leistungsschwache zu „Versagern" abgestempelt. Allerdings muss diese gesellschaftliche Reaktion nicht immer langfristige Identitätsfolgen haben, wie die Langzeitstudien von Sampson & Laub (2005) über kriminelles Verhalten im Jugendalter belegen. Durch absichtsvolle Entscheidungen und die Übernahme der Verantwortung für deren Folgen kann abweichendes Verhalten im Erwachsenalter fortgesetzt, aber auch aufgegeben werden. Aus der Sicht des Lebenslaufs zeigt sich, dass Menschen auch im Kontext von Behinderung ihrem Leben angesichts bestehender Zwänge durch pragmatische Überlegungen und Wahlentscheidungen eine neue Richtung geben können.

2 Lebenslauf

Der chronologische Lebenslauf ist eine soziale Institution [→ VI Institution und Organisation], die mit dem Aufstieg der Industriegesellschaft entstanden ist, in dem Maße wie der Lebenszyklus durch die Abfolge von Bildung, Arbeit und Ruhestand (für Männer) und Bildung, Arbeit, – Familie, Rückkehr in die Erwerbstätigkeit –, Ruhestand (für Frauen) reguliert wurde (Kohli 1985). Es ist also nicht der Prozess des biologischen Alterns, der den Lebenslauf „antreibt", sondern er ist eine Verlaufskurve, die aus Übergängen zwischen Lebensbereichen zusammengesetzt ist, eingebettet in einen Rahmen kultureller Vorstellungen, sozialer Regeln und Netzwerke.

Der individuelle Lebenslauf entfaltet sich im Zeitverlauf als Koproduktion sozialer und wirtschaftlicher Bedingungen, sozialstaatlicher Leistungen und individueller Entscheidungen an Übergängen und Wendepunkten der Biographie. Angesichts der zeitabhängigen Zusammenhänge zwischen kulturellen, sozialen und individuellen Aspekten verlangt die Analyse moderner Lebensläufe Untersuchungen, die Sozialstruktur, Institutionen und Persönlichkeit einbeziehen.

Auch wegen dieser Komplexität ist Lebenslaufforschung eher eine Perspektive als eine geschlossene Theorie, sie bietet Konzepte für die Analyse des Verhältnisses von Persönlichkeit und Gesellschaft im Zeitablauf auf drei Ebenen an: die Entwicklung der Sozial- und Bevölkerungsstruktur auf der Makroebene, der Einfluss von Institutionen und sozialen Netzwerken auf der Mesoebene und der Zusammenhang von Sozialisationsprozessen und biographischem Handeln auf der Mikroebene. Die Dynamik von Lebensläufen kann einmal erschlossen werden durch makrosoziale Analysen von Governance-Strukturen, die soziale Pfade für biographische Entscheidungen angesichts sich wandelnder wirtschaftlicher und politischer Verhältnisse sowie kultureller Deutungsmuster regulieren und zum anderen durch mikro-soziale

Studien von Biographien, die akkumulierte Lebenserfahrungen und Abfolgen von Statuspassagen und Lebensphasen analysieren. Von den Theorieansätzen werden Begriffe und Hypothesen angeboten, um zu erklären, wie Sozialstruktur und Biographien in zeitabhängigen Prozessen im Rahmen historischer Ereignisse, institutioneller Regulierungen, Sozialisationsverläufen und individueller Entscheidungen verknüpft sind.

Heutzutage können beispielsweise altersbezogene biographische Meilensteine wie Berufsstart, Heirat, Elternschaft nur noch selten auf Altersnormen bezogen werden. In den vergangenen Jahrzehnten haben veränderte Marktmechanismen zu verlängerten und ganz unterschiedlichen sozialen Pfaden in das, durch das und aus dem Erwerbssystem und damit zu erhöhter Altersvariabilität beruflicher und privater Übergänge geführt. Dies lässt die Folgerung zu, dass die Altersnormen für Kindheit, Jugend, Erwachsensein und Alter an Verbindlichkeit verlieren und damit die Abgrenzung zwischen zentralen Lebensphasen unscharf wird. Dazu kommt, dass bei Übergängen zwischen Lebensphasen und Institutionen durch die Individualisierung des Lebenslaufs Optionen sowie Risiken zunehmen. So besteht zunehmende Ungewissheit im Hinblick auf Zeitpunkt, Dauer und Folgen der Übergänge von der Ausbildung in den Beruf und vom Arbeitsleben in den Ruhestand. Wie die gesellschaftsvergleichende Forschung belegt (Esping-Andersen 1996; Mayer 2005), sind die Implikationen der Individualisierung für den Lebenslauf vom Bildungssystem, der Regulierung bzw. Flexibilisierung des Arbeitsmarkts, dem Gesundheitssystem und der Sozialpolitik abhängig.

Die Mikrodynamik von individuellen Lebensläufen schließlich lässt sich durch eine Kombination psycho-sozialer und entwicklungspsychologischer Annahmen, also von Sozialisations- und Handlungstheorien, analysieren. Diese Ansätze können Fragen darüber beantworten, wie Individuen als aktive Agenten Kompetenzen zur Gestaltung ihrer Biographie erwerben und einsetzen.

3 Sozialer Wandel und der Lebenslauf

Seit der Mitte des 20. Jahrhunderts haben sich wirtschaftliche, politische und kulturelle Umbrüche beschleunigt und die Industriegesellschaft in eine Wissens- und Dienstleistungsgesellschaft transformiert. Dadurch haben sich das Familienleben, Bildungsgänge, das Beschäftigungssystem ebenso wie das Wohlfahrtssystem verändert. Dieser tiefgreifende historische Wandel hat auch zur Erhöhung der Lebenserwartung [→ Demographie, demographischer Wandel] in den meisten Gesellschaften der OECD Welt geführt.

Der Lebenslauf entfaltet sich als Abfolge von altersbezogenen Phasen und Übergängen [→ Übergänge und Krisen] von der Wiege bis zur Bahre. In der modernen Gesellschaft werden fünf mehr oder weniger abgrenzbare Abschnitte des Lebens unterschieden: Kindheit, Jugend [→ Kindheit und Jugend], junges Erwachsenenalter, Erwachsenenalter und Alter [→ Erwachsensein und Alter]. Diese Phasen haben sich in Verbindung mit dem Struktur- und Bevölkerungswandel auf nationaler und globaler Ebene herausgebildet. Der traditionelle Lebenszyklus, bestimmt durch biologisches Altern, Natur, Klima und kulturelle Übergangsrituale („rites de passage", van Gennep 2005), wurde in den modernen Lebenslauf transformiert, der durch psycho-soziales Altern, Institutionen des Wohlfahrtsstaats und Optionen für individuelle Entscheidungen geprägt ist. Geformt wird der Lebenslauf durch Gelegenheiten und Risiken, welche die Biographie einer Person durch Ort und Zeit begleiten.

In afrikanischen Stammesgesellschaften dienen Übergangsriten zu einer gemeinschaftlich gefeierten Abgrenzung der Altersgruppen voneinander, beispielsweise wird die Passage vom Kind zum Erwachsenen durch Initiationszeremonien symbolisiert. In Industrie- und Dienstleistungsgesellschaften fehlen solche Zeremonien; sie weisen eine ausgedehnte Jugendphase mit variablem Übergangsalter in den Status als Erwachsener auf.

Wenn auch die soziale Herkunft einen lebenslangen Einfluss ausüben kann, so ist es nicht nur die Familie, die den individuellen Lebenslauf prägt, sondern auch die Zugehörigkeit zu einem bestimmen Geburtsjahrgang (z. B. die geburtenstarke Kohorte der „Baby Boomers") oder einer Absolventenkohorte (z. B. die „1968er"), das Bildungssystem, der Arbeitsmarkt sowie die Sozial- und Familienpolitik. Aber auch die sozialen Merkmale einer Person, ihr Geschlecht, ihre Herkunft und Nationalität führen zu Variationen in der Gestaltung ihres Lebenslaufs.

Die Forschung orientiert sich dementsprechend an drei Dimensionen der Zeit: historische, institutionelle und individuelle Zeit, die den Blick auf langfristige Folgen der (lockeren) Koppelung von Sozialstruktur, Optionen, Regulierungen und biographischen Entscheidungen richten. Wenn Kontinuität und Wandel der Lebensläufe in und zwischen Generationen bzw. Kohorten analysiert werden, dann geht es um die Effekte des chronologischen Alters, der Kohortenzugehörigkeit und historischen Ereignisse auf den Ablauf und die Qualität des individuellen Lebens. In modernen Gesellschaften sind diskontinuierliche Lebensläufe üblich, nicht nur als Folge von politischem Wandel (z. B. Erosion der Sowjetunion, Fall der Berliner Mauer) und Wirtschaftskrisen (z. B. Aktien- und Finanzmärkte) und Arbeitsmarktrisiken, sondern auch aufgrund individueller Entscheidungen an biographischen Übergängen und Weggabelungen.

So kann das Ausmaß, in dem die Dauer der (Aus-)Bildung und der Zeitpunkt von Berufsstart, Heirat und Ruhestand zwischen Generationen und Gesellschaften differieren, auf Zusammenhänge zwischen Lebensumständen, Beschäftigungskriterien, Bevölkerungsstruktur, Sozialpolitik und individuellen Entschlüssen zurückgeführt werden. Beispielsweise waren die „Baby Boomers" (Jahrgänge zwischen Mitte der 1950er und 1960er Jahre) eine starke Kohorte, die länger im Bildungssystem blieb und später zu Arbeiten anfing als alle früheren Kohorten. Sie trug

dazu bei, dass das Bildungswesen ausgebaut wurde, kreierte neue Jugendkulturen, neue Musik- und Unterhaltungsmärkte. Wenn die „Baby Boomers" in großer Zahl um 2020 aus dem Arbeitsleben ausscheiden, dann werden sie den Wohlfahrtsstaat und sein Rentensystem stark belasten. Die Reaktion der Sozialpolitik auf diese Bugwelle war die schrittweise Erhöhung des Rentenalters auf 67 Jahre und die steuerliche Förderung privater Alterssicherung. Dieses Beispiel zeigt, wie durch Politik in die Übergangsmuster im Lebenslauf eingegriffen und Eigenverantwortlichkeit gefördert und gefordert wird: Die Stärke von Geburtskohorten und ihre Erwerbsoptionen und die Lebenslaufpolitik (Leisering 2003) des Wohlfahrtsstaats wirken bei der Modifizierung der Struktur des Lebenslaufs zusammen.

Dies gilt auch für das junge Erwachsenenalter und das hohe Alter, die als neue Lebensphasen entstanden sind, da die Dauer der Übergänge von der Adoleszenz über Bildung in Beschäftigung und Familiengründung sich bis in das dritte Lebensjahrzehnt dehnen kann und die Jahre nach dem Arbeitsleben immer länger werden („Ergrauen der Gesellschaft"), weil Gesundheitsvorsorge und neue Lebensstile die Langlebigkeit fördern.

Verglichen mit vorindustriellen, wirtschaftlich und technologisch weniger entwickelten Gesellschaften sind individuelle Kompetenzen [→ VI Kompetenz] und Leistungsfähigkeit wichtiger für die Zuweisung zu Lebensphasen als das biologische Alter. Anstelle von zugeschriebenen Alters- und Geschlechtsrollen orientieren sich Institutionen und Personen an universalistischen Prinzipien von Chancengleichheit, auch wenn diese bei Zugang und Verteilung sozialer Güter immer wieder eingefordert werden müssen.

4 Theorien über den Lebenslauf

Im ersten Jahrzehnt des 21. Jahrhunderts ist der Lebenslauf zu einem wichtigen Feld international orientierter, interdisziplinärer Forschung geworden: Sozialanthropologie, Sozial- und Kulturgeschichte, Soziologie, Politikwissenschaften, Gerontologie und Sozial- und Entwicklungspsychologie richten ihr Interesse auf das Zusammenspiel personaler und sozialer Dimensionen in den Prozessen und Phasen des Älterwerdens. In diesem Kontext nimmt die Soziologie aufgrund ihres Beitrags zur Theoriebildung, Längsschnittforschung und zum Gesellschaftsvergleich (vgl. Mortimer & Shanahan 2003; Sackmann 2007) einen prominenten Platz ein. Als Pionierarbeiten sind die Studien des amerikanischen Soziologen und Sozialpsychologen Glen Elder zu würdigen, vor allem seine einflussreiche retrospektive Untersuchung (1974) der Lebensläufe von Kindern aus der Zeit der Wirtschaftskrise um 1930 und seine theoretischen Arbeiten (z. B. Elder & O'Rand 1995). Seine Konzeption betont, dass zwischen der Sozialstruktur und den Lebensläufen kein direkter Zusammenhang besteht, sondern eine „lockere Kopplung". Elder schlägt vor, diesen Zusammenhang auf der Basis von fünf Vermittlungsmechanismen zu analysieren:

- jede Phase beeinflusst den gesamten Lebenslauf: das Prinzip der Lebensphasen;
- aktive Konstruktion der Biographie: individuelles Gestaltungspotential;
- historische Ereigniskonstellation: Zeit und Ort;
- Lebensumstände und Lebensereignisse beeinflussen Übergänge: Wahl des (richtigen) Zeitpunkts für Statuspassagen;
- enge und weite Sozialbeziehungen tragen zur Gestaltung der Biographie bei: verbundene Lebenswege („linked lives").

Diese Perspektive bedeutet für empirische Studien, dass die Erhellung der komplexen Vermittlungsprozesse zwischen sozialen, kulturellen und individuellen Faktoren einen longitudinalen Forschungsansatz verlangt, der moderne Lebensläufe im Zeitablauf auf der Makro-, Meso- und Mikroebene untersucht. Auf der Makroebene sind es wirtschaftliche Bedingungen (Markt), Werte und Normen (Kultur) und die Sozialpolitik (Staat), welche die Möglichkeiten und Grenzen biographischen Handelns bestimmen. Auf der Mesoebene sind es die Institutionen, Organisationen, Medien, sozialen Netzwerke (Verwandtschaft, Freundeskreis und Kollegen) [→ Alltags- und Belastungsbewältigung und soziales Netzwerk] und lokalen Lebenschancen (Bildungsangebot, Arbeitsmarkt), die Kontexte für biographisches Handeln bieten. Die Mikroebene betrifft die zwischenmenschlichen Beziehungen, persönlichen Erfahrungen und Sozialisationsprozesse, die sich in den individuellen Kompetenzen, Wertvorstellungen und Lebenszielen ausdrücken. Diese subjektiven Faktoren definieren die Kapazität der Individuen, durch Lernen (Selbst-Sozialisation) und realitätsnahe biographische Entscheidungen ihren Lebenslauf sinnvoll zu gestalten (Wohlbefinden und Lebenssinn) [→ Lebenssinn].

Da der Lebenslauf historische Ereignisse, Bedingungen und Anforderungen via Institutionen, Medien und Netzwerken zu Leitlinien des individuellen Handelns im Horizont der Lebenszeit transformiert, ist seine Erforschung für die Erklärung der Wirkungsweisen des sozialem Wandels auf Lebensführung und Lebenspläne sowie für die Aufdeckung von biographischen Risiken unerlässlich.

Wenn Sozialwissenschaftler den Lebenslauf untersuchen, dann gehen sie anders vor als Statistiker, aber auch anders als Biographen. Sie analysieren die Sozialstruktur und individuelles Handeln mit Fokus auf die historische Zeit (Periode), institutionelle Zeit (Regeln und Optionen, Zugang zu Lebenschancen) und individuelle Zeit (Lebensalter, Biographie) als grundlegende Merkmale der menschlichen Existenz. Die Pfeiler moderner Gesellschaften bestehen aus den Institutionen der Sozialisation und Bildung, der Beschäftigung und Wohlfahrtspolitik, die den Lebenslauf in drei große Abschnitte gliedern: Lernen, Arbeiten und Ruhestand (Kohli 1985). So integriert der deutsche Wohlfahrtsstaat den Lebenslauf seiner Bürger durch Wege in und durch Bildung und Berufsausbildung, Beschäftigungsstandards und ein öffentliches Gesundheits- und Rentensystem; wobei letzteres immer mehr durch private Vorsorge ergänzt werden muss. Demographen dokumentieren den Lebenslauf auf der Makroebene durch statistische Modelle der Bevölkerungsentwicklung und Veränderungen der Zeitpunkte (Verschiebungen im Lebensalter), an denen Lebensereignisse wie Eheschließung oder Ruhestand stattfinden. Sozial- und Entwicklungspsychologen analysieren die Herausbildung von Handlungspotential und Persönlichkeitsmerkmalen in den Lebensphasen mit dem Ziel, die Entwicklung von Kompetenzen über die Lebenszeit hinweg zu erklären. Im Gefolge der Revision kindheitszentrierter Sozialisationstheorien betont die Mikroanalyse, dass sich die Persönlichkeit in einem lebenslangen aktiven Konstruktionsprozess in Auseinandersetzung mit den sich verändernden körperlichen und geistigen Kapazitäten und Lebensumständen entwickelt (Erikson 1988; Baltes 1997).

Die Sozialwissenschaften verfügen über verschiedene Theorieansätze und Methoden zur Erforschung des Lebenslaufs als soziale Institution und biographische Konstruktion. Sie greifen dabei auf Theorien des sozialen Wandels, sozialer Ungleichheiten, der Persönlichkeitsentwicklung und des individuellen Entscheidungshandelns zurück. Die Integration der Analyseebenen ist erst seit einigen Jahren möglich; nämlich durch Fortschritte in der Methodik der Längsschnittforschung und der Rekonstruktion von Lebensgeschichten in retrospektiven und prospektiven Designs (Ereignis-, Sequenzanalyse und narrative Verfahren) (vgl. Giele & Elder 1998; Kluge & Kelle 2001).

In den folgenden Abschnitten werden nun Kernkonzepte der Lebenslauf- und Biographieforschung vorgestellt.

4.1 Übergänge („transitions") und Lebenspfade („social pathways")

Der gesellschaftliche Wandel bewirkt keine direkten Modifikationen in der Struktur und Verlaufsrhythmik des Lebenslaufs, sondern führt zu veränderten Regelsystemen und Lebenschancen, mit denen sich die Kohorten auseinandersetzen müssen. Eine zentrale Aufgabe haben in diesem Prozess die Institutionen, die für Übergänge zwischen und innerhalb der Lebensabschnitte zuständig sind. Während beispielsweise in den USA diese Übergänge weniger institutionalisiert und eher durch soziale Netzwerke und Gelegenheiten vermittelt werden, sind sie im deutschen Modell des Wohlfahrtsstaats noch stärker durch Alters- und Leistungskriterien reguliert. Der Lebensweg wird durch vielfältige Übergänge strukturiert und zwar durch Zeitpunkt und Dauer der Beteiligung in den verschiedenen Lebensbereichen Familie, Bildung, Arbeit, Ruhestand. Aktivitäten in diesen Sphären bilden eine Abfolge bis zum Erwachsenenalter und überlagern sich dann zunehmend, vor allem für Frauen, im Kontext von Familienleben und Erwerbstätigkeit. Dies bedeutet, dass sich die Menschen auch im Rahmen von mehr oder weniger regulierten Übergängen zwischen verschiedenen Wege entscheiden können bzw. müssen, z. B. von der Schule in eine akademische oder berufliche Ausbildung, vom Single in eine Partnerschaft oder Ehe mit oder ohne Kinder, Elternschaft oder/und Berufstätigkeit, von der Erwerbstätigkeit in den Vorruhestand oder endgültigen Ruhestand.

Da jede Lebenssphäre ihren eigenen Zeitplan als Abfolge von Ereignissen, Übergängen und Zeitspannen definiert, die spezifische Erwartungen an die Individuen stellen, sind Zeit-Kollisionen in modernen Gesellschaften die Regel. Vorgegebene Abfolgen werden nicht selten unterbrochen, wenn sich Personen an Weggabelungen entscheiden, beispielsweise das Studium zugunsten eines attraktiven Stellenangebots abzubrechen, die Berufslaufbahn wegen eines Kindes zu unterbrechen oder aus gesundheitlichen Gründen vorzeitig aus dem

Erwerbsleben auszuscheiden. Derartige Entscheidungen können langfristige Auswirkungen auf den Erwerbs- und Ruhestandsverlauf haben, insbesondere in Gesellschaften mit institutionalisierten Pfaden, aber eher kurzfristige Auswirkungen bspw. in den USA, wo Lebenspfade stärker von Netzwerken und Märkten abhängig sind. Das Konzept der an Institutionen gebundenen Übergangswege richtet den Blick auf die komplexen Abstimmungen, die vor allem Frauen mit den selten kompatiblen, oft konkurrierenden Zeitansprüchen („work-life-balance", Hochschild 2002) verschiedener Institutionen durchführen müssen.

4.2 Strukturelle Ungleichzeitigkeiten

Soziologen haben den Anspruch, herauszufinden, weswegen es Fehlabstimmungen zwischen Menschen und ihren Lebensumständen gibt, nämlich Ungleichzeitigkeit („structural lag", Riley et al. 1994) im Verhältnis von sich verändernden Lebensauffassungen und dem Wandel von Strukturen und Normen. Prominente Beispiele sind heute die mangelhafte Koordination zwischen (Aus-)Bildung und Beschäftigungschancen, Familie und Erwerbstätigkeit oder dem Zeitpunkt des Ruhestands und der Rentenhöhe.

Da es einen Zusammenhang zwischen dem Wandel von Mustern des Lebenslaufs, Arbeitsmarkt und Sozialpolitik gibt, kann der Staat altersbezogene Optionen zur Kombination von sozialen Rollen und Lebensbereichen fördern oder einschränken. Im Allgemeinen gehen Veränderungen in der Lebensführung der Menschen den Transformationen in der Sozialstruktur voraus, weil kulturelle Muster und Institutionen resistent sind und sich nur allmählich, mit bürokratischem Widerstand an die Einstellungen und Praktiken vor allem der jungen Generation und der Frauen anpassen. So waren altersbasierte berufliche Karrieren in der Industriegesellschaft (Senioritätsprinzip) ziemlich stabil, die allerdings in den wachsenden Dienstleistungssektoren immer seltener werden und kontingenten, d. h. flexiblen und unvorhersehbaren Erwerbsverläufen weichen. Der Niedergang lebenslanger Beschäftigungssicherheit im erlernten Beruf wird durch die Zunahme von Zeitarbeit, Minijobs und der Auslagerung bzw. Verlagerung vieler Arbeitstätigkeiten in Billiglohnländer beschleunigt. Dies hat zu Friktionen nicht nur beim Übergang in die Arbeitswelt, sondern auch im Berufsverlauf und dem Erwerb von Versorgungsanrechten im Bereich von Gesundheit und Ruhestand geführt. Solche Markttransformationen bedeuten, dass Lebensläufe durch verlängerte und verzweigte Wegstrecken in die Erwerbstätigkeit sowie Erwerbsunterbrechungen und variable Zeitpunkte des Ausscheidens aus der Arbeitwelt geprägt werden. Auf diese Entwicklung hat der Staat durch sozialpolitische Entscheidungen gemäß des Prinzips der Ungleichzeitigkeit spät (z. B. Hartz IV, private Rentenversicherung) reagiert. Damit deutet sich auch eine erhöhte Altersstreunung in den Karriereverläufen innerhalb der jüngeren Kohorten, wachsende soziale Ungleichheit innerhalb und zwischen Kohorten an und eine Relativierung von Altersnormen beim Absolvieren von Übergängen [→ Übergänge und Krisen].

4.3 Biographie und Lebensskript

Will man Lebensläufe auf der Mikroebene verstehen, dann muss sich der Blick auf die Individuen in ihrer Interaktion mit den sich im Zeitablauf wandelnden sozialen Kontexten richten [→ III Identität und Interaktion]. Aufbauend auf Sozialisationserfahrungen in Familie, Schule, Ausbildung und Beruf und ihren Handlungsressourcen entwickeln Individuen Lebensskripte als Leitlinien für biographische Entscheidungen (Fuchs-Heinritz 2000; Hoerning 2002). Eine Biographie resultiert aus Prozessen der Selbstsozialisation, die mit der Abfolge und Verbindung sozialer Rollen in den verschiedenen Lebensbereichen einhergehen. Diese Rollen sind locker an Lebensalter, Geschlecht und Leistungserwartungen gebunden. Dies impliziert für die Person bei Übergängen und Statuswechsel neue Lebenserfahrungen zu machen und zu reflektieren und gegebenenfalls ihr Lebensskript zu modifizieren. So ist die Biographie das Ergebnis subjektiv sinnhafter Handlungen im Rahmen der historischen und institutionellen Zeit.

Biographieforschung untersucht, wie Individuen den gesellschaftlich strukturierten Lebenslauf in ein Verhältnis zu ihren Erfahrungen und Lebensplänen setzen.

In der modernen Gesellschaft haben Möglichkeiten und Risiken von Entscheidungen über den geeigneten Zeitpunkt der Übernahme neuer Rollenrepertoires zugenommen. Dies hat den Handlungsspielraum bei der Gestaltung der eigenen Biographie erweitert und gleichzeitig die Übersicht über Konsequenzen für den weiteren Lebenslauf eingeschränkt.

In der modernen Gesellschaft wird von den Menschen erwartet, dass sie sich als Handlungszentrum ihrer Biographie verstehen und flexible Lebensskripte konstruieren, die es erlauben, individuelle Ziele und Handlungsbedingungen im Zeitablauf auszubalancieren (Beck 1986; Sennett 2000). Diese Erwartungen dominieren die modernen Arbeitsorganisationen, wo Bewerber und Erwerbstätige immer wieder ihre Beschäftigungsfähigkeit durch Selbstmanagement und eine optimierte Mischung sozialer und technischer Fähigkeiten (Voß & Pongratz 1998) dokumentieren und erneuern müssen.

Im Rahmen der Gelegenheiten, sozialen Kontexte und institutionellen Regeln versuchen die Akteure soziale Pfade zu wählen, die ihrem Lebensskript und ihren Kompetenzen entsprechen. Ihre Entscheidungen über Lebenswege beruhen auf der Einschätzung von Chancen und Risiken, ihrem Portfolio von Ressourcen und ihren Präferenzen. Diese drei Dimensionen gilt es in der Biographie zu koordinieren, um dem Lebenslauf Kontinuität zu geben und Brüche zu bewältigen. Es ist offen, ob die Zuweisung biographischer Eigenverantwortung die Folge einer Zunahme individueller Kompetenzen und Ansprüche an eine selbstständige Lebensführung ist oder

des Nachhinkens der Sozialstruktur durch eine mangelhafte Koordination sozialer Ressourcen und institutioneller Regulierungen für den Lebenslauf.

4.4 Biographisches Handeln als Entscheidungsprozess

Die subjektive Konstruktion eines Lebenslaufs impliziert, dass Individuen angesichts von Übergängen und Ereignissen Entscheidungen antizipieren und treffen sowie über deren Folgen für die Biographie nachdenken. Das Modell der rationalen Wahl („rational choice", Elster 1986) und die Theorie des symbolischen Interaktionismus (Mead 1968) bieten Erklärungen für Entscheidungen mit biographischen Konsequenzen an. Eine rationale Wahl bedeutet, dass Akteure aufgrund subjektiver Nutzenserwartungen, Präferenzen und sozialer Deutungsrahmen entscheiden; also in der Form gesellschaftlich gebundener Rationalität. Entscheidungen sind gemäß der symbolischen Interaktion subjektiv bedeutsam, selbstreflexiv und sozial vermittelt. Beide Theorieansätze teilen die Annahme, dass biographische Akteure ihr Lebensskript als eine bewusste Adaptierung an wechselnde Rollenerwartungen und Handlungsumstände verfolgen. Hinsichtlich der Reichweite von biographischen Entscheidungen kommen die Ansätze allerdings zu unterschiedlichen Aussagen. Da Biographien Produkte langfristiger Investments mit ungewissem Ausgang sind, ähnlich des Aktienhandelns, macht die Annahme der rationalen Wahl, motiviert durch kurzfristige, situationsgebundene Nutzenserwartungen, wenig Sinn für die Biographie- und Lebenslaufforschung. Menschen konstruieren ihre Präferenzen und Handlungen und können dabei Wünsche und Erwartungen je nach Handlungsresultat ändern.

Selbstbezug und soziale Bewertungen spielen bei biographischen Entscheidungen eine wichtigere Rolle als Nutzenserwartungen, da sie die individuelle Einschätzung der Stimmigkeit von Lebensskript, Wünschen und

Handlungsergebnis steuern. Die Dynamik biographischer Entscheidungen beruht daher auf dem selbstreflexiven Rückblick, der Bilanz vergangener Handlungen im Licht der Gegenwart und im Hinblick auf den Handlungsspielraum für den zukünftigen Lebenslauf. Dies heißt, dass Entscheidungen im Zeithorizont der Biographie die Zukunft antizipieren, indem die erwünschten und unerwarteten Folgen des bisherigen Lebenslaufs überdacht werden.

5 Gesellschaftliche Definitionen des Alters

Bei der Erforschung des Lebenslaufs unterscheiden Soziologen zwischen dem Lebensalter, dem Altwerden und der Altersstruktur einer Gesellschaft. Das Lebensalter bedeutet nicht nur die Anzahl der Jahre seit der Geburt, sondern auch eine Konfiguration sozialer Definitionen, die gesellschaftliche Erwartungen hinsichtlich Zeitpunkt und Dauer der Ausübung von Rechten und Pflichten ausdrücken. Wir alle erfahren, dass diese Standards von Generation zu Generation und zwischen Gesellschaften, aber auch für Frauen und Männer differieren. Älter zu werden bedeutet, dass sich physische und mentale Kapazitäten und die Erwartungen im Lebensverlauf verändern, dieser Prozess ist an Lebensbedingungen und Institutionen gebunden, die für die verschiedenen Lebensstufen zuständig sind. Es gibt also Sozialisations- und Handlungskontexte für alle Lebensphasen, die durch Institutionen reguliert sind, z. B. Kindergarten für Vorschüler, Sekundarstufe für die Adoleszenz, berufliche oder akademische Bildung für junge Erwachsene und Betriebe für Erwachsene.

Die Altersstruktur bezeichnet die Verteilung von Menschen in einer Gesellschaft gemäß den verschiedenen Lebensabschnitten oder Altersgruppen. Viele Merkmale des Lebenslaufs ergeben sich daraus, wie Kultur, Politik und Arbeitswelt mit ihren Organisatio-

nen und Agenturen den Handlungsspielraum der Menschen am Schnittpunkt von Alter und Institutionen gestalten: von der Kindheit in Familie, Kindergärten und Grundschule bis zum hohen Alter, von Verwandten und den ambulanten Sozialdiensten unterstützt oder im Alten- und Pflegeheim.

Folgerichtig können Normen und Erwartungen nicht einfach vom Lebensalter abgeleitet werden, ihre Variationsbreite ist aufgrund kultureller Traditionen und historischer Veränderungen in den Lebensverhältnissen enorm. Im Allgemeinen signalisieren Altersnormen den Zeitpunkt für Passagen in neue soziale Rollen und definieren Rechte und Pflichten, wie Jugendstrafrecht, Führerschein, Wahlrecht, Pensionsgrenze. Es gibt also unterschiedliche Zeitpläne für das angemessene Alter, in dem bestimmte Lebensereignisse stattfinden sollen: Einschulung, Schulabschluss, Auszug aus dem Elternhaus, Berufsstart, Heirat, Ruhestand. Jedoch wird von den Individuen erwartet, dass sie im Rahmen dieser kulturellen Vorgaben und institutionellen Regulierungen ihre Übergänge aktiv betreiben und die Chancen und Risiken für biographisch sinnvolle Entscheidungen abwägen.

Die Verteilung einer Bevölkerung nach Alterskriterien, die Mitgliedschaft und Teilhabe in den Lebensfeldern definieren, ist Folge einer jüngeren historischen Entwicklung, nämlich der chronologischen Organisation des Lebenslaufs. Die Zuordnung von Kindern und Jugendlichen zum Bildungssystem gemäß ihrem Lebensalter wurde durch die Einführung der Schulpflicht festgeschrieben. Heute haben sich die Altersangaben für den Schulbesuch und eine Ausbildung beim Übergang in den Arbeitsmarkt gelockert; altersdefinierte Meilensteine können nicht mehr zeitgerecht passiert werden. Statuspassagen verlängern sich in dem Maße wie Einstiege in eine Beschäftigung nur vorübergehend angeboten werden (Praktika, befristete Verträge). Ähnliche Verschiebungen ergeben sich bei Heirat und Geburten. In Deutschland ist Mitte des ersten Jahrzehnts des 21. Jahrhunderts das Heiratsalter für Männer auf 32 Jahre und für Frauen auf 29 Jahre gestiegen (Statistisches Jahrbuch für die BRD 2005). Wie entstehen solche Veränderungen in der Übergangszeitpunkten?

Die Sozialdemographie legt nahe, dass die Institutionalisierung von nach Lebensalter gestuften Bildungsgängen Kohorten formt, die auf gemeinsame Erfahrungen zurück blicken. Als Gleichaltrige passieren sie dieselben Meilesteine, entwickeln ähnliche Lebensstile und Zukunftserwartungen. Mit der Expansion und Verlängerung von Bildungsgängen und der Verzögerung des Berufsstarts verlieren die Normen für das angemessene Alter beim Übergang ins Erwachsenenleben an Verbindlichkeit. Daher gibt es in modernen Gesellschaften keine einheitlichen Vorstellungen über das „richtige" Alter, in dem Bildung abgeschlossen, Erwerbsarbeit begonnen und beendet und geheiratet werden sollte. Dieser Prozess illustriert die Folgen von Veränderungen auf der Mikroebene des biographischen Handelns sowie der Mesoebene der institutionellen Regulierungen für die Umstrukturierung des Lebenslaufs.

5.1 Lebensalter und Übergänge

Im Unterschied zum Geschlecht ist das Alter ein transitorischer Status, weil wir von Zeit zu Zeit von einer Alterskategorie in die andere wandern, entsprechend unserer Beteiligung in den verschiedenen Lebensbereichen und institutionellen Kontexten. Traditionell wurden Übergänge symbolisch durch Rituale anerkannt und aufgezeichnet, um neue Verantwortlichkeiten beim Wechsel von Organisationen und sozialen Zirkeln für Person und Gemeinschaft zu dokumentieren. Heute begleiten Übergangsriten noch einige Lebensereignisse, wie Studienabschluss, Heirat, Ernennung, Beförderung, Pensionierung und Beerdigung. Diese Zeremonien dienen dazu, die kulturelle Bedeutung des Statuswechsels der Person und ihrem sozialen Netzwerk ins Bewusstsein zu rufen und die Institutionen zu bestätigen, die für die administrative Begleitung des Lebenslaufs zuständig sind.

Im Laufe des 20. Jahrhunderts hat jedoch die Bindung an Übergangsriten aufgrund der gestiegenen Häufigkeit abgenommen, mit der Individuen ihre Mitgliedschaft in Organisationen und Lebensgemeinschaften wechseln und der schrittweisen Abnahme altershomogener Statuspassagen. Aufgrund der Zunahme individualisierter Biographien kommt es zu mehr Variation im Alter, wann bestimmte Lebensübergänge begonnen und abgeschlossen werden. Die gesellschaftlich erwarteten Zeitpunkte des Beginns und der Dauer von Bildung und Training erodieren nicht nur wegen der schlechten Einstiegschancen in den Arbeitsmarkt, sondern auch durch die steigende Anzahl von Älteren, die in das Bildungssystem zurückkehren und durch Weiterbildung im Kontext des lebenslangen Lernens.

5.2 Die Altersstruktur

Beim Vergleich aufeinander folgender Kohorten geht es darum, wie und in welchem Maße sich die Altersstruktur des Lebenslaufs aufgrund historischer Umstände ändert. Allein schon wegen der Unterschiede in der Größe von Kohorten sind Lebenschancen und Lebenserfahrungen ihrer Mitglieder verschieden. Im Verlauf des 20. Jahrhunderts hat sich die gesamte Altersstruktur moderner Gesellschaften dramatisch verändert. So hat sich in Deutschland von 1910 bis 1990 der Anteil der unter 14-Jährigen von 34 % auf 16 % reduziert, während der Anteil der über 65-Jährigen im selben Zeitraum von 5 % auf 15 % angestiegen ist. Demographen sagen voraus, dass die Bevölkerungsstruktur in den nächsten Dekaden noch unausgewogener sein wird: 2025 wird sich die Anzahl der über 80-Jährigen verdoppeln [→ Demographie, demographischer Wandel].

Die Gründe für diesen Wandel der Altersstruktur liegen einmal im Anstieg der Lebenserwartung: Männer des Jahrgangs 1900 konnten erwarten, 46 Jahre alt zu werden und Frauen 49 Jahre, während Männer, die 1990 zur Welt kamen, erwarten können, 73 Jahre alt zu werden und Frauen 80 Jahre. Diese Entwicklung wurde insbesondere nach dem 2. Weltkrieg durch steigenden Lebensstandard und den Ausbau des Wohlfahrtsstaats begünstigt. Dies belegt, dass wirtschaftliche Bedingungen und politische Entscheidungen, welche die historischen Perioden prägen, in denen Kohorten ihre Lebensübergänge gestalten, entscheidend für den Wandel in der Altersstruktur sind. Auch hier zeigt sich, dass Folgen gesamtgesellschaftlicher Transformationen und individueller Biographien durch Marktmechanismen und Institutionen vermittelt werden: So nimmt die Nachfrage nach personenbezogenen und sozialen Dienstleistungen sowie Vorkehrungen von Wohlfahrtinstitutionen aufgrund der steigenden Anzahl alter und sehr alter Menschen zu, die Forderungen nach ambulanter und stationärer Betreuung und Pflege stellen und dadurch die Gesundheits- und Rentensysteme unter Reformdruck setzen.

6 Lebenslaufdynamik als psycho-sozialer Prozess

Nach unserer Darstellung der Auswirkungen veränderter Altersstruktur und der sozialen sowie politischen Arrangements des Lebenslaufs wenden wir uns nun den Hauptphasen des modernen Lebenslaufs zu: Kindheit, Jugend, Erwachsenenalter und Alter, zusammen mit ihren wichtiger werdenden Teilphasen Adoleszenz und junges Erwachsenenalter. Die Gliederung des Lebenslaufs in diese Abschnitte ist ein Merkmal von Industrie- und Dienstleistungsgesellschaften, so kennen vorindustrielle Kulturen keine Lebensphase zwischen Kindheit und Erwachsensein, andere unterscheiden nicht zwischen erwachsenen und alten Menschen.

Die beiden einflussreichsten theoretischen Beiträge zur Analyse der individuellen Biographie rücken das Zusammenspiel von Persönlichkeit und Gesellschaft als lebenslangen Sozialisationsprozess in den Mittelpunkt: die Theorie der Identitätsentwicklung von Erik H. Erikson (1988) und das Konzept der Entwicklung in der Lebensspanne von Paul Baltes (1997). Ein drittes Modell erklärt die Entwicklung von Intelligenz und moralischer Urteilsfähigkeit (Kohlberg 2000), das allerdings stärker auf Kindheit und Jugend ausgerichtet ist.

Aufbauend auf Psychoanalyse und Kulturanthropologie hat Erikson ein psychosoziales Modell der individuellen Entwicklung über acht Stufen des Lebenslaufs vorgestellt, von der frühen Kindheit bis zum hohen Lebensalter. Jede Stufe besteht aus spezifischen Entwicklungsaufgaben in Gestalt von Konfliktkonstellationen, welche die Bedürfnisse und Wünsche des Individuums mit sozialen Forderungen konfrontieren. Die Art und Weise, in der eine Person mit diesen Aufgaben fertig wird, beeinflusst, wie sie an die folgenden Stufen herangeht und diese absolviert. Dieses Modell bietet einen ausgearbeiteten Rahmen für die Untersuchung der variablen Kontexte von Übergängen und ihrer individuellen Gestaltung.

Allerdings dominiert die Kindheit in Eriksons Modell: Vier der acht Entwicklungsstufen der Identität beziehen sich auf Lösungen der psycho-sozialen Krisenkonstellationen bis zum Ende der Grundschulzeit. Die nächsten vier Entwicklungsstufen reichen von der Adoleszenz bis zum Alter, Lebensphasen, die heute ebenfalls durch psychosoziale Veränderungen geprägt sind.

Die neuere Konzeption der psychischen Entwicklung in der Lebensspanne („lifespan-development", Baltes 1997) betrachtet den individuellen Lebenslauf als einen Prozess des physischen, mentalen und emotionalen Alterns, der durch die Bemühung der Individuen gekennzeichnet ist, eine Balance zwischen Verlust und Kompensation von Stärken und Schwächen herzustellen.

6.1 Kindheit

Neugeborene sind von ihren ersten Bezugspersonen abhängig, meist von ihrer Mutter, um ihre Grundbedürfnisse nach Nahrung und emotionaler Geborgenheit zu befriedigen. Die Art dieser Beziehung ist nach dem Modell der Identitätsentwicklung die Ausgangskonstellation für Grundvertrauen oder Misstrauen. Babys, die liebevoll umsorgt werden und Zuneigung erfahren, lernen ihre Welt als einen sicheren Bereich wahrzunehmen und Menschen zu trauen, während solche, die einer unzuverlässigen Betreuung und emotionaler Distanz ausgesetzt sind, ihre Welt als nicht voraussagbar und restriktiv erleben und Misstrauen entwickeln.

Die nächste Konstellation kann die zweite psychosoziale Krise auslösen, wenn nämlich das Kleinkind mehr Bewegungsspielraum gegenüber den elterlichen Vorgaben und Einschränkungen beansprucht. In dieser Phase bildet sich Identität aus dem Verhältnis des Gefühls von Autonomie und Zweifel an den eigenen Fähigkeiten. Kinder, die ermuntert werden, sich selbst zu (ver-)trauen, ihre Umwelt und Talente zu explorieren, können lernen, Aufgaben mit Selbstvertrauen zu lösen, während Kinder, die unbegründete Einschränkungen und Bestrafungen erleben, wenn sie versuchen ihre Autonomiebestrebungen durchzusetzen, Hilflosigkeit, aber auch Aggressionen entwickeln.

Während der Vorschulzeit lernen Kinder neue soziale und kulturelle Räume neben der Familie kennen, vor allem durch den Kindergarten, der immer mehr als „Vorbereitungsagentur" für die Schule betrachtet wird. In dieser Umwelt sind sie mit Herausforderungen und Verunsicherungen konfrontiert, die Initiative anregen, aber auch das Gefühl von Unterlegenheit vermitteln können. Kinder bauen Beziehungen zu Gleichaltrigen auf, erleben erste Freundschaften, erleben aber auch Auseinandersetzungen und Rivalitäten, sind darauf aus, neue Rollen auszuprobieren, zu helfen und Aufgaben in der Gruppe zu meistern. Wenn Bezugspersonen und die Eltern diese Aktivitäten anerkennen, dann tragen sie zur Stärkung der Fertigkeiten und des Selbstwertgefühls des Kindes bei. Wenn jedoch ihre Handlungsweisen zurückgewiesen und lächerlich gemacht werden, dann kann dies dazu führen, dass Kinder ihr Verhalten für unangemessen halten und sich selbst die Schuld für Inaktivität geben.

Wenn Kinder in die Schule kommen, dann wollen sie ihre Fähigkeiten ausweiten, neue Fertigkeiten erproben und in der Gruppe der Gleichaltrigen anerkannt werden. Gemäß den Theorien der kognitiven Entwicklung und der symbolischen Interaktion ist diese Phase für die Entwicklung der Einsicht in soziale Vereinbarungen für Spiele [→ Spiel] und Kommunikation entscheidend, wenn nämlich das freie Spiel in Wettspiele übergeht, in denen gelernt wird, dass und wie man nach Regeln mitspielt. Diese Herausforderung kann ein weiteres psycho-soziales Dilemma begründen, das aus der Spannung von sozialen Aktivitäten und Selbstbewertung erwächst. Abhängig von ihren Erfolgs- und Misserfolgserlebnissen und ihren Sozialisationskontexten (fördernd, fordernd, restriktiv oder indifferent) können Grundschüler entweder auf ihre Fertigkeiten und Leistungen stolz sein und so lernen, dass es Spaß macht, sich zu beteiligen oder ein Unterlegenheitsgefühl aufbauen, verbunden mit der Angst, in Gruppen und in Leistungssituationen zu versagen.

Das Identitätsmodell vernachlässigt jedoch, dass die Entwicklungskonstellationen der Kindheit in ihren Folgen für den Lebenslauf je nach den Lebensumständen der Familie differieren. So hat in Deutschland das Armutsrisiko für unter 15-Jährige zwischen 1998 und 2007 von 16 % auf 26 % zugenommen (Deutsches Institut für Wirtschaftsforschung 2008), wenn sie in Familien leben, die über weniger als 60 % des durchschnittlichen Einkommens verfügen, überwiegend in Haushalten von Alleinerziehenden, Geringverdienenden und Langzeitarbeitslosen. Wie sich eine benachteiligte Kindheit im Lebenslauf auswirkt, haben Elder (1974) bei amerikanischen Kindern der Weltwirtschaftskrise und Schoon (2006) in einem Vergleich der britischen Geburtskohorten von 1958 und 1970 untersucht. Elder konnte zeigen, dass Kinder, die in der Familie mithelfen konnten, Selbstvertrauen und Widerstandsfähigkeit entwickelten und mit weniger Beeinträchtigungen durch den Lebenslauf kamen. Schoon verglich in ihrer Längsschnittstudie die Erfahrungen von zwei zwölf Jahre auseinander liegenden Geburtskohorten, um die Bedeutung von Entwicklungsfaktoren und Kontextbedingungen für Risiken und deren Bewältigung im Lebenslauf zu klären. Die Ergebnisse legen nahe, dass Persönlichkeitsfaktoren einen geringeren Einfluss als Interaktionen zwischen Kompetenzentwicklung und Veränderungen in sozialen Kontexten haben. Dies gilt vor allem in Bezug auf entscheidende Wendepunkte wie Schuleintritt, weiterführenden Schulbesuch oder Berufsstart. Periodeneffekte zeigen sich darin, dass die Chancenungleichheit bei der später geborenen Kohorte zugenommen hat.

6.2 Adoleszenz und Jugend

In den psychosozialen Entwicklungstheorien gilt die Adoleszenz als Höhepunkt der Identitätskrise sowie der Strukturbildung der Intelligenz. Eine Identität [→ II Identität] ausgebildet zu haben, bedeutet zu wissen, wer man ist, woher man kommt und wohin man gelangen will. Sie entsteht aus dem Gefühl der biographischen Kontinuität in Bezug auf Vergangenheit, Gegenwart und Zukunft. Um sich kennen und schätzen zu lernen, sind Handlungsspielräume für Selbstexploration notwendig, die nach Erikson ein „psychosoziales Moratorium" ermöglichen, das den Heranwachsenden den Freiraum zur Konstruktion eines eigenen Lebenskonzepts einräumt (vgl. Baethge et al. 1988; Keupp et al. 1999).

Die Entwicklungskrise im Jugendalter kann entweder zur Identität als Integrationsfähigkeit und zu Selbstvertrauen führen oder zu Identitätsdiffusion als Unsicherheit und

dem Gefühl, ausgeschlossen oder zurückgewiesen zu sein. Während das Identitätsmodell das Selbstwertgefühl hervorhebt, betont die Theorie der sozialmoralischen Entwicklung die Kompetenz zum abstrakten Denken als Entwicklungsaufgabe und -ziel dieser Phase. In der Adoleszenz beginnt das Nachdenken über Rollenerwartungen sowie das Hinterfragen von Normen, dies kann die Abkehr von Konventionen zu Gunsten allgemeiner ethischer Prinzipien einleiten. Die Konstruktion und Behauptung von Identität in der Adoleszenz legt die Grundlagen für psycho-soziale Unabhängigkeit von elterlichen Kontrollen und für die Formulierung eigener Lebensziele.

Als Lebensabschnitt ist die Jugendphase (vgl. Hurrelmann 1999) eine historisch junge soziale Erfindung: An der Wende vom 19. zum 20. Jahrhundert haben Psychologen diese Periode zwischen Kindheit und Erwachsenenalter als eine mit besonderen Risiken bezeichnet. Sie beschrieben die Jugend als eine Zeit mit „Sturm und Drang" und als eine Periode des Optimismus. Diese Charakterisierung spiegelt den Wandel einer agrarischen Ständegesellschaft in eine urbanisierte Industriegesellschaft, Hand in Hand mit der Ausweitung des Schulbesuchs über die Kindheit hinaus. An die Stelle einer frühen Teilnahme am Arbeitsprozess wurde nun von den Heranwachsenden erwartet, dass sie eine gute Schul- und Berufsausbildung absolvieren.

In den vergangenen Jahrzehnten hat sich die Jugendphase sowohl in das Lebensalter der Kindheit als auch des Erwachsenenseins ausgedehnt; sie beginnt früher und endet später als in früheren Generationen. Zu Beginn des 21. Jahrhunderts hat sich unter den Jugendlichen beträchtliche Ungewissheit hinsichtlich der Zeitpunkte und Dauer der Stationen und Aufenthalte auf der Reise in das Erwachsensein ausgebreitet, die strukturelle Ursachen hat (Blossfeld et al. 2005; Heinz 2008). Daher ist es schwierig geworden, spezifische Altersangaben für Beginn und Ende der Jugendphase jenseits der Schulpflicht und Volljährigkeit mit 18 Jahren zu machen, was jedoch dem gefühlten oder biographischen

Alter selten entspricht. Während die Abgrenzung vom Elternhaus, der Konsum und erste sexuelle Erfahrungen das Ende der Adoleszenz signalisieren, verzögern sich Berufseinstieg, feste Paarbeziehungen und Familiengründung und werden zu Übergängen mit variablen Zeitpunkten. Für den Lebenslauf bedeuten diese Verschiebungen, dass Altersnormen ihre soziale Verbindlichkeit verlieren und Statuspassagen zu individuellen, auch reversiblen Entscheidungen werden. Dies hat jedoch den Einfluss der sozialen Herkunft auf den Umfang von Optionen nicht abgeschwächt, ganz im Gegenteil: Jugendliche aus der Mittel- und Oberschicht nabeln sich früher vom Elternhaus ab, bleiben aber länger im Bildungssystem, beginnen später zu arbeiten und zu heiraten als junge Leute aus der Unterschicht und aus Migrantenfamilien, die das Bildungssystem schnell hinter sich bringen (müssen), um Arbeit zu finden und eine Familie zu gründen. Zusammengefasst ist die Dauer der Jugendphase heute variabel, ihr Verlauf wird durch die soziale und ethnische Herkunft, Geschlecht und Bildungsniveau beeinflusst.

Die Identitätstheorie und die sozial-kognitive Theorie vertreten die Ansicht, dass die Entwicklungsdynamik in Kindheit und Jugend einen stärkeren Einfluss auf die Persönlichkeit [→ II Person, Persönlichkeit] ausübt als die gesamten Phasen und Übergänge bis ins hohe Alter. Diese Annahme ist für die einflussreichen psychologischen Konzeptionen aus der ersten Hälfte des 20. Jahrhunderts typisch, die von politischen und wirtschaftlichen Katastrophen betroffen war, aber noch nicht durch den folgenden tiefgreifenden Strukturwandel von national geprägten Industriegesellschaften zu global eingebundenen Dienstleistungs- und Wissensgesellschaften. Daher werden diese klassischen Theorien den lebenslangen Sozialisationsprozessen nicht mehr gerecht, mit denen sich die Individuen durch eine aktive Gestaltung ihrer Biographie auf eine flexible Lebensführung einstellen. Der Strukturwandel fordert die Menschen über den gesamten Lebenslauf, sich mit den raschen Veränderungen der Lebens- und Arbeitsbedingungen zu arrangieren. Derartige Herausforderungen hängen nicht nur mit unsicher gewordenen Übergängen zusammen, sondern auch mit der Kopplung von Erwerbschancen und lebenslangem Lernen, die schon am Beginn des Arbeitslebens einsetzt.

6.3 Übergang in das Erwachsenalter: Junge Erwachsene

Da sich in den vergangenen Jahrzehnten der Übergang in das Erwachsensein durch die Verlängerung von Bildung, Ausbildung und Arbeitssuche weiter verzögert hat, durchlaufen Jugendliche neue Sozialisationsprozesse, die mit den Bedingungen und Folgen dieser Verzögerungen variieren. So verstärken sich die Unterschiede zwischen den individuellen Verläufen durch die soziale Herkunft: Junge Erwachsene aus unteren Schichten und Migrantenfamilien verlassen die Schule mit begrenztem Erfolg und finden selten einen Ausbildungsplatz, während Jugendliche aus sozial besser gestellten Familien die Schulen mit Aussicht auf Berufsausbildung oder Studium absolvieren und sich bei der Exploration von Optionen mehr Zeit lassen können: von Studienfachwechsel und Praktika bis zu Rucksacktouren in exotische Länder. Beide Pfade führen zu verlängerten Übergängen, welche die Phase des jungen Erwachsenalters charakterisieren: Der eine Pfad wird unfreiwillig aufgrund mangelnder Optionen und Qualifikationen beschritten, der andere mehr oder weniger selbst gewählt.

Wie aus international vergleichenden Studien (Blossfeld et al. 2005) hervorgeht, verzögert sich die Übernahme von Verantwortlichkeiten für Arbeit, Familie und das Gemeinwesen in modernen Gesellschaften immer mehr. Einige Entwicklungspsychologen (z. B. Arnett & Tanner 2006) betrachten diese Verzögerung als eine verlängerte Explorationsphase mit einem positiven Einfluss auf die Persönlichkeitsentwicklung und sprechen vom emergierendem Erwachsensein („emerging adulthood"). Soziologen sind weniger optimistisch und sehen diese Phase als ambivalentes Lebensstadium, da kulturelle und wirtschaftliche Erwartungen eine schnelle Transition nahelegen, während begrenzte Arbeitsmarktchancen einen verzögerten Übergang auferlegen.

Daher bezeichnen Soziologen und Demographen diese Ungleichzeitigkeit von Persönlichkeitsentwicklung und Lebenschancen als Destandardisierung der Übergangsperiode in das Erwachsenenleben, die eine individualisierte Biographiegestaltung – also erwachsene Jugendliche – verlangt, aber auch ermöglicht, in der sich die Ungewissheit von Erwerbs- und Familienverläufen spiegelt (Kohli 1994; Heinz 2003; 2008).

Die anhaltende Krise auf dem Ausbildungsmarkt hat Zeitpunkt und Dauer der Berufssuche verlängert, aber auch viele junge Leute dazu veranlasst, höhere Schulabschlüsse zu erwerben. Heute beträgt das Durchschnittsalter in der Berufsausbildung 20 Jahre (1960 lag es bei 16 Jahren), beim Absolvieren der Hochschule 27 Jahre. Mit der Einführung des Bachelor als ersten beruflich qualifizierenden Hochschulabschluss wird eine Verkürzung des Übergangs in das Erwerbsleben angezielt. Aber weiterhin werden danach Praktika, befristete Beschäftigungen, Zeit- und Leiharbeit die Pfade in das Erwerbssystem verlängern. So hat schon fast die Hälfte der erwachsenen Jugendlichen unter 30 Jahren Erfahrungen als Leiharbeiter oder mit Tätigkeiten in untertariflicher Entlohnung. Diese biographische Ungewissheit verzögert auch die Familiengründung, so dass das Heiratsalter in den vergangenen 20 Jahren bei Frauen von 24 auf 29 und bei Männern von 26½ auf 32 Jahre gestiegen ist.

Es gibt also eine Reihe von Indizien dafür, die Periode des verzögerten Übergangs in das Leben als Erwachsener als eine eigenständige Lebensphase der „erwachsenen Jugend" zu betrachten, die schon vor Ende der Schulzeit, also je nach Schulart zwischen 18 und 20 Jahren, beginnt und bis zum Einstieg in den Arbeitsmarkt und zur Familiengründung bis in das dritte Lebensjahrzehnt dauern kann. Die Dauer dieser mehr oder weniger prekären Phase hat Konsequenzen für den Zeitpunkt und die Art der Erwerbstätigkeit und damit auch für die Chance, Anrechte in der Sozial-, Arbeitslosen- und Rentenversicherung zu akkumulieren. Darüber hinaus werden vor allem in Deutschland im jungen Erwachsenenalter geschlechtsspezifische Benachteiligungen reproduziert, wenigen qualifizierten Frauen gelingt der Einstieg in Managementpositionen und Selbstständigkeit auf professioneller Ebene. In allen Fällen sind Frauen mit engeren beruflichen Optionen und geringerem Einkommen konfrontiert. Sie müssen sich aber nicht nur mit Aufstiegsbarrieren arrangieren, sondern auch Familie und Berufsarbeit koordinieren.

6.4 Erwachsenenalter

Im 20. Jahrhundert war das Erwachsenenalter ein relativ stabiler Lebensabschnitt, auch wenn er durch zwei Weltkriege kollektiv einschneidend unterbrochen wurde. Heute ist dies eine Periode im Lebenslauf, die Individuen immer wieder durch Herausforderungen und Risiken mit Diskontinuität konfrontiert. Arbeit, Ehe, Elternschaft und Ruhestand haben ihre biographische Bedeutung verändert. Es wird immer unwahrscheinlicher, dass man den erlernten Beruf lebenslang ausübt, die Ehe intakt bleibt und man in derselben Region über den gesamten Lebenslauf hinweg lebt.

Für die Theorie der Identitätsentwicklung, die annimmt, dass sich die erwachsene Persönlichkeit mit der Krisenkonstellation Partnerbeziehung gegenüber Isolation auseinandersetzt, bedeutet dies, die Folgen biographischer Entscheidungen für mehrere Lebensbereiche einzubeziehen. Denn die Identität von Erwachsenen kann sich nicht mehr auf eine haltbare Koordination von Arbeit, Familie und Freundeskreis verlassen, da temporäre Lebensarrangements im modernen Lebenslauf immer häufiger auftreten.

Nach Erikson ist im späteren Erwachsenenalter das psycho-soziale Dilemma durch den Gegensatz von Generativität und Stagnation geprägt. Die Biographie kann entweder durch den Stolz auf den eigenen Beitrag für Familie, Nachkommen und Gemeinwesen charakterisiert sein oder durch das Gefühl der Nutzlosigkeit und Hilflosigkeit, gepaart mit Selbstbezogenheit.

Da das Identitätsmodell ganz Produkt seiner Zeit ist, unterscheidet es nicht zwischen der Persönlichkeitsentwicklung von Frauen und Männern, obwohl die sozialen Chancen, Rollenerwartungen und kulturellen Überzeugungen beträchtliche Variationen in den Lebensläufen von Erwachsenen hervorrufen können. Aufgrund der geschlechtstypisierten Arbeitsteilung zwischen Beruf und Familie verlaufen die Biographien von Frauen seltener kontinuierlich als die von Männern, sie erleben Unterbrechungen im Beruf und sind hinsichtlich Einkommen, Aufstieg und Rückkehrpfaden in den Arbeitsmarkt benachteiligt.

Für die Geburtskohorten vor dem Zweiten Weltkrieg war der Übergang der jungen Männer in den Erwachsenenstatus durch eine frühzeitige Integration der Zeitpunkte von Berufsstart, Heirat und Elternschaft [→ Elternschaft] gekennzeichnet. Etwa im Alter von 30 Jahren wurde die Exploration von Optionen beendet und der eingeschlagene Lebensweg mehr oder weniger verbindlich. Mit 40 Jahren war im Allgemeinen eine feste soziale Position ausgebaut, von der aus beruflicher Aufstieg möglich wurde. Wechsel von Arbeitsplatz und Beruf wurden nicht selten als Belastung erlebt, da sie oft mit persönlichen Einschränkungen wegen Gesundheits- oder Arbeitsmarktproblemen einhergingen. In einer amerikanischen Studie in den 1970er Jahren (Levinson et al. 1979) zeigten Männer in diesem Lebensabschnitt im Alter zwischen 40 und 50 Jahren Zeichen einer „Mid-life" Krise: Sie begannen, ihren Berufsverlauf, ihre Ehe und das Familienleben zu hinterfragen: Was hat mir mein Einsatz für die Lebenszufriedenheit gebracht, was will ich wirklich für meine Familie und mich? Diejenigen Männer, die diese Krise gut bewältigen konnten, betrachteten diese Phase als die kreativste ihrer Biographie. Dem Identitätsmodell folgend legen solche Ergebnisse nahe, dass Männer im mittleren Erwachsenenalter das Gefühl entwickeln, sowohl produktiv als auch verantwortlich zu sein und dass sie ihre Erfahrungen konstruktiv und verantwortlich für die jüngere Generation einsetzen. Allerdings haben sich in den letzten Jahrzehnten erhebliche Variationen des Lebensalters ergeben, in dem Bilanz gezogen wird. Durch kritische Lebensereignisse, misslungenen Berufsstart, Berufswechsel, Scheidung, Arbeitslosigkeit und Regimewechsel werden Menschen angeregt, ihre Biographie zu hinterfragen und neu zu gestalten.

Es gibt bislang nur wenige Studien, die Lebensläufe von Frauen und Männern untersuchen; aber eine wichtige Längsschnitterhebung in den USA konnte eine kleine Stichprobe von Männern und Frauen aus der um 1920 geborenen Kohorte bis ins hohe Alter verfolgen (Clausen 1993). Beide veränderten ihre Planungskompetenz für biographische Entscheidungen im Umgang mit neuen Herausforderungen vor allem im Arbeitsleben. Männer und die (wenigen) erwerbstätigen Frauen, die mit frühen Veränderungen im Berufsverlauf und Turbulenzen auf dem Arbeitsmarkt zurechtkamen, behielten ihre planvolle Handlungsweise über den gesamten Lebenslauf bei.

Es gibt neuere Befunde, die deutlich machen, dass sich mit Konzepten wie Altersstruktur und Lebensphase die Biographien erwachsener Frauen nicht angemessen erfassen lassen. Ein Hauptgrund hierfür ist die geschlechtsspezifische Struktur von Lebensereignissen. Der Zeitpunkt des ersten Kindes variiert in Abhängigkeit von Ausbildung und Beschäftigungsoptionen und ist an Entscheidungen der Partner über Zeitpunkte, Dauer und Art der Erwerbstätigkeit und an Karriereschritte geknüpft (Born et al. 1996; Moen & Roehling 2005).

Dies bedeutet, dass Mütter, die sich nicht auf Kinderbetreuung verlassen können, ihre

Berufstätigkeit unterbrechen müssen, Karrierepositionen erst um das 40. Lebensjahr herum erreichen, also etwa zehn Jahre später als Männer. Daher verschieben heute immer mehr qualifizierte Frauen die Realisierung ihres Kinderwunsches und beginnen mit ihrer Berufslaufbahn gleich nach dem Examen. Diese Entscheidungen stellen biographische Investitionen dar, deren Ertrag mit den Qualifikationsniveaus und erreichten Berufspositionen der Paare variiert, da sie nach dem Lebenslaufprinzip der „linked lives" (Elder & O'Rand 1995) getroffen werden, das die Entscheidungen von Frauen stärker beeinflusst als die der Männer. Das Konzept der verknüpften Lebensverläufe wird der Tatsache gerecht, dass viele biographische Entscheidungen von Erwachsenen nicht solo getroffen, sondern mit Partner, Kindern, den eigenen Eltern abgestimmt werden.

Daher gilt: Wenn wir das Lebensalter einer Frau kennen, dann erfahren wir wenig über ihre soziale Stellung im Lebenslauf im Hinblick auf Ehe, Elternschaft und Berufsposition. Wenn wir aber wissen, wann und wie viele Kinder sie bekommen hat, dann können wir mehr über ihren sozialen Status und ihre Rollenkonfiguration im Lebenslauf sagen.

Für den Handlungsspielraum von Müttern und ihrem Partner hinsichtlich Arbeitszeiten, Elternzeiten, Kinderbetreuung und Rückkehr in den Beruf sind Arbeits-, Sozial- und Familienpolitik, die auf Gleichstellung der Beteiligungschancen in allen Lebensbereichen zielen, unerlässlich. Doch ist auch für diejenigen Länder, die „gender-mainstreaming" Standards der Europäischen Union umsetzen, noch nicht ausgemacht, inwieweit diese Lebenslaufpolitik dazu beiträgt, dass die Vereinbarkeit von Beruf und Familie auch strukturell erleichtert wird.

Im Erwachsenenalter ist der Lebenslauf der Geschlechter weiterhin gespalten; obwohl Frauen die gleichen Niveaus beruflicher und akademischer Bildung wie Männer erreicht haben, sind ihre Lebensläufe durch verschiedene Dynamiken gekennzeichnet. Beginnend mit dem Übergang vom Bildungssystem in den Arbeitsmarkt müssen sie auf Aktivitäten in den zwei Hauptfeldern des Lebenslaufs Bezug nehmen: Arbeit und Familie, eine oft widersprüchliche Herausforderung, die ihre Teilhabechancen im Beschäftigungssystem einschränkt, selbst wenn sie ihren Kinderwunsch aufschieben.

6.5 Das Alter

Folgt man dem Modell der Identitätsentwicklung, so ist das Alter durch das psycho-soziale Dilemma von Integrität gegenüber Verzweiflung gekennzeichnet. Alte Menschen können entweder sich und ihre Biographie akzeptieren, indem sie ihr Leben als eine sinnvolle Lebensgeschichte rekonstruieren, oder ihre Vergangenheit unterdrücken und sich im Blick auf die verbleibenden Lebensjahre und den unvermeidlichen Tod hilflos und ausgeliefert sehen. Die Stereotypen über das Alter legen eine Distanz älterer Menschen gegenüber der Alltagskultur und dem Erwerbsleben nahe und betonen deren Rolle als Kostenfaktor für die Kranken- und Rentenversicherung. So sagten in einer neuen repräsentativen Umfrage (BAT Stiftung für Zukunftsfragen 2008) 49 % der Deutschen, dass man alt ist, wenn man zum Pflegefall wird, 38 %, wenn man starr und inflexibel wird und 33 %, wenn man sich nutzlos fühlt. Weiterhin wird das Alter als Lebensphase betrachtet, in der die Kapazitäten für eine selbstständige Biographiegestaltung abgebaut werden. In der Öffentlichkeit [→ VI Öffentlichkeit und Gemeinde] gibt es viele Fehlannahmen über die Lebensweisen und Handlungskapazitäten alter Menschen. Es wird angenommen, dass sie in ihren Erinnerungen leben, anstatt ihr Alltagsleben zu organisieren, kulturelle und technische Innovationen abwehren, Lebensstile der Jugend ablehnen und politisch konservativ seien. Überdies wird unterstellt, dass die Alten sich vom sozialen Leben zurückziehen und von Krankheiten geplagt schließlich in einem Pflegeheim landen. Tatsache ist jedoch, dass die Mehrheit der über 85-Jährigen noch mehr oder weniger selbstständig im eigenen Haushalt lebt, oft von ambulanten Diensten unterstützt. Im ersten Jahrzehnt des 21. Jahrhunderts lebten nur 5 % der Menschen über 65 in einem Alters- oder Pflegeheim. Allerdings ist damit zu rechnen, dass durch die Zunahme von Demenz die Anzahl der in einem Pflegeheim betreuten alten Menschen steigen wird.

In den Wohlfahrtsstaaten hat heute eine steigende Anzahl von Menschen nach dem Ausscheiden aus dem Arbeitsleben die Chance, in relativ sicheren Verhältnissen länger gesund zu leben als alle Generationen vor ihr. Langlebigkeit wird nicht nur durch einen Lebenslauf in verbesserten Arbeits- und Lebensumständen begünstigt, sondern auch durch eine vorausschauende Sozial- und Gesundheitspolitik, wie sie in den meisten europäischen Wohlfahrtsstaaten institutionalisiert ist.

Die selbstständige Lebensführung vieler Alten bedeutet aber nicht, dass sie eine distanzierte Beziehung zu Kindern und Enkeln hätten, ganz im Gegenteil, es gibt enge Kontakte und die Bereitschaft, die nächste Generation materiell und emotional zu unterstützen: Solidarität zwischen den Generationen. In den nächsten Jahren wird wegen des Anstiegs der Erwerbstätigkeit von Müttern, der Zunahme von Scheidungen und der Anzahl von Alleinerziehenden sowie des Mangels an Einrichtungen zur Kinderbetreuung die Rolle von Großeltern als wirtschaftliches und emotionales „back-up" System immer wichtiger werden.

Im Unterschied zur „Disengagement-Theorie" aus den 1960er Jahren, die annahm, dass die Alten sich von sozialen Aktivitäten zurückziehen würden, ist heute klar, dass das Bild von defizitären und isoliert lebenden alten Menschen nicht deren Lebenswirklichkeit spiegelt. Vielmehr repräsentieren sie eine Vielfalt von Lebensstilen, je nach ihrer Lebensgeschichte und ihren Lebensumständen. Verglichen mit früheren Generationen verfügt die Mehrheit der Älteren über ausreichende soziale und materielle Ressourcen, da sie auf eine relativ ununterbrochene Erwerbs-

biographie zurückblicken, in der sie Rentenanwartschaften akkumulieren konnten. Langlebigkeit hängt jedoch immer noch von der sozialen Lage ab: Arbeitsbedingungen, Einkommen und Lebensumstände ungelernter und angelernter Arbeiter reduzieren ihre Lebenserwartung um acht Jahre.

Trotz des in Deutschland (besonders langsamen) Anstiegs der Erwerbsbeteiligung von Frauen seit dem Zweiten Weltkrieg bestehen noch große Unterschiede bei den Renten, die Männer und Frauen beziehen. Die Rentenansprüche von Frauen sind viel geringer als die von Männern: Die Durchschnittsrente betrug im Jahre 2001 für Frauen 670 Euro, für Männer aber 970 Euro. Diese Differenz erklärt sich durch geschlechtsspezifische Lebenslaufmuster und Erwerbsverläufe; Mütter unterbrechen ihre Erwerbstätigkeit wegen Familienaufgaben, arbeiten häufig in Teilzeit und erzielen geringeres Einkommen als Männer. Ein weiterer demographischer Faktor bestimmt das Leben im Ruhestand: Frauen leben etwa sieben Jahre länger als Männer und es gibt fünfmal mehr Witwen als Witwer. Der nach Geschlecht strukturierte Lebenslauf benachteiligt die Witwen in besonderem Maße, über die Hälfte von ihnen hatte im Jahre 2001 eine Rente von nur 480 Euro. Diese Zahlen des Verbands der Deutschen Rentenversicherungsträger belegen, dass in der Lebensphase des Alters Armut und hohes Lebensalter weiblich sind.

Die Interaktion struktureller, institutioneller und individueller Dimensionen des Lebenslaufs wird deutlich in dem Auf und Ab des Rentenalters. Nach einer Periode der Senkung des durchschnittlichen Rentenalters auf unter 60 Jahre durch die Förderung eines frühen Ausscheidens aus dem Arbeitsleben (um die hohe Arbeitslosigkeit in den 1990er Jahren zu reduzieren) hat jüngst ein Wechsel in der Lebenslaufpolitik in Deutschland zu einer stufenweise Erhöhung auf 67 Jahre geführt. Die Lebensphase Alter wird also durch die Rentenpolitik und weniger durch das chronologische Alter strukturiert. So gilt z. B. in den USA keine offizielle Altersgrenze für das

Verlassen des Arbeitsmarkts. Dort ist der Erwerbslebenslauf weitaus weniger durch eine staatlichen Arbeitsmarkt- und Rentenpolitik institutionell koordiniert als in Deutschland.

Die Effekte verschiedener Wohlfahrtsregimes zeigen sich auch in der Erwerbsbeteiligung der Altersgruppe 55 bis 64 Jahre; es gibt in Europa große Unterschiede: Im Jahre 2005 arbeiteten in Polen nur 27,2 %, in Schweden aber 69,4 % der Angehörigen dieser Altersgruppe, in England 56,9 % und in Deutschland 45,4 %, bei einer durchschnittlichen Erwerbsbeteiligung in der EU von 42,5 %. Derzeit zeichnen sich in Deutschland aufgrund der Knappheit jüngerer qualifizierter Arbeitskräfte wieder eine steigende Beschäftigungsquote von Älteren und eine Flexibilisierung der Passage in den Ruhestand ab.

Die Theorie des Lebenslaufs erklärt die historische und internationale Variabilität des Zeitpunkts von Übergängen in den Ruhestand durch die jeweiligen institutionellen Regelungen, die das biologische Alter (Leistungsfähigkeit) gegenüber sozialen Standards, betrieblicher Arbeitspolitik und privater Vorsorge in den Hintergrund rücken lassen (vgl. Kohli et al. 1991). Demgemäß sind altersstrukturierte Karrieren und Übergänge kontingent geworden und Altersnormen weniger verpflichtend, was die Beteiligung an lebenslanger Bildung und den Berufsausstieg angeht. Die Umstellung von einer umlagefinanzierten gesetzlichen Rentenversicherung auf einen höheren Anteil betrieblicher und kapitalgedeckter Eigenvorsorge bedeutet, dass schon beim Einstieg in den Arbeitsmarkt die Planung für die materielle Sicherung des Ruhestands begonnen werden muss und damit das Bewusstsein der Eigenverantwortung für die Biographie zunimmt.

In Anbetracht der gemeinsamen historischen Erfahrungen (2. Weltkrieg, Wirtschaftswunder, Europäische Einigung, deutsche Wiedervereinigung, Klimakrise) und den aktuellen Problemen der Finanzierung der Gesundheits- und Rentensysteme könnte man erwarten, dass die Älteren in Deutschland ein kollektives Generationenbewusstsein

entwickeln würden und mit einer Stimme auf politische Entscheidungen antworten. Doch ist dies nicht eingetreten, Parteipräferenzen und die Wahrnehmung sozialer und politischer Themen bleiben heterogen.

Im politischen Prozess und bei Wahlen sind ältere Menschen besser informiert und engagierter als die junge Generation. Im Hinblick auf die Reformen in der Gesundheits- und Rentenversicherung ist die Generationengerechtigkeit zu einer öffentlichen Streitfrage geworden. Die wachsende Anzahl der Alten und Hochbetagten (über 85 Jahre) kann durchaus zu einer Mobilisierung älterer Bürger, aber auch der jungen Generation führen, wenn es um die Beiträge zur Rentenversicherung und die Erhöhung von Renten geht. Daraus entsteht eine konflikthaltige Konstellation, da die Kohorten der aktiven Erwerbstätigen aufgrund der gesunkenen Geburtenraten immer kleiner werden. Dies ist ein Beispiel dafür, wie die Ungleichzeitigkeit von Bevölkerungsentwicklung und Sozialpolitik auf die Lebensläufe mehrerer Generationen einwirken.

6.6 Tod und Sterben

In den post-industriellen Gesellschaften des 21. Jahrhunderts sterben die meisten Menschen in höherem Alter, da die Lebensbedingungen und die medizinische Versorgung ein langes Leben ermöglichen. Die veränderte Altersverteilung in der Bevölkerung zu Gunsten der Betagten und Hochbetagten hat zu einem Wandel der Bedeutung des Todes geführt. In der Vergangenheit mit einer ausgeglichenen Altersverteilung war der Zeitpunkt des Todes durch wirtschaftliche und politische Bedingungen bestimmt, denn fehlende Gesundheitsversorgung und Armut machten viele Krankheiten zu tödlichen Ereignissen. Heute können die meisten Menschen davon ausgehen, dass sie der Tod erst im hohen Alter ereilt, denn auch chronische Erkrankungen können durch lebensverlängernde Behandlungen gemildert werden. Die fatalistische Haltung gegenüber dem Tod ist einem Gefühl der Vorhersehbarkeit und der Erwartung gewichen, dass der letzte Übergang in Abstimmung mit dem Arzt selbst bestimmt werden kann [→ VI Rechtsgrundlagen der Sterbehilfe und von Verfügungen]. Allerdings hinken die Rechtsnormen und die Gesundheitseinrichtungen noch dem Kulturwandel der Bedeutung des Todes hinterher. Die Entmystifizierung des Todes hat aber auch dazu beigetragen, dass die Endgültigkeit des Sterbeprozesses und die Todesfurcht verdrängt werden. Diese Orientierung erschwert es, dass wir uns auf das Sterben vorbereiten und verlagert diese finale Passage in Institutionen: 70 % der Todesfälle ereignen sich im Krankenhaus oder Pflegeheim, selten sind die nächsten Verwandten dabei.

Über das Sterben als sozialen und emotionalen Prozess des Abschiednehmens hat Kübler-Ross in den 1960er Jahren in einer qualitativen Studie Einblicke gewonnen. Dieser Übergang verläuft in fünf Stadien: Leugnung und Selbstisolation, Zorn und Groll, Hoffnung auf Aufschub, Niedergeschlagenheit und Verlorensein und schließlich Akzeptanz. Heute ist es aufgrund der Langlebigkeit und des medizinischen Fortschritts möglich, das Leben auch gegen den Willen des Patienten zu verlängern. Daher haben viele Menschen Patientenverfügungen ausgestellt, um solchen Interventionen zu entgehen und ihre Entscheidung über Zeitpunkt, Art und Ort ihres Todes vorab zu treffen. Es bleibt abzuwarten, ob und wie sich die Gesellschaft sowie die Institutionen von Justiz und Medizin auf diese Individualisierung des Todes einstellen und die letzte Transition menschenwürdig gestalten.

7 Die Zukunft des Lebenslaufs

Die Lebenslauf- und Biographieforschung erhellt, wie sich im Zeitverlauf sozialer Wandel und Ungleichheit auf die Struktur des Lebenslaufs und die individuellen Biographien auswirken.

Die Sozialwissenschaften stehen nun vor der Herausforderung, durch vergleichende Längsschnittstudien herauszufinden, in welchem Ausmaß und durch welche Prozesse die Rhythmen moderner männlicher und weiblicher Lebensläufe umgestaltet werden:

- der demographische Wandel: sinkende Geburtenrate und steigende Lebenserwartung;
- die Flexibilisierung des Arbeitsmarkts: diskontinuierliche Erwerbsverläufe; Zeitarbeit; lebenslanges Lernen und die Umverteilung der Lebensarbeitszeiten durch neue Abfolgen von Arbeiten, Lernen und Elternzeit;
- die Pluralisierung von Familienkonstellationen: Ehen ohne Trauschein, Alleinerziehende; Scheidungen, neue Eheschließungen;
- die neuen Lebenskonzepte der jungen und älteren Generationen: individualisierte Biographien und aktive Gestaltung der Statuspassagen und Lebensphasen;
- die Reorganisation des Wohlfahrtsstaats: Private Gesundheits- und Rentenvorsorge, Flexibilisierung der Altersgrenze, Kürzung der Dauer von Arbeitslosen- und Sozialhilfe.

Durch eine Kombination von quantitativen und qualitativen Forschungsmethoden kann gezeigt werden, wie diese Entwicklungstendenzen auf der gesellschaftlichen, institutionellen und individuellen Ebene miteinander verknüpft sind:

Wie wirken sich Destandardisierung und Brüche in den Lebensbereichen Familie, Bildung, Arbeit und Ruhestand auf die Ablaufstruktur und den Zeitpunkt von Übergängen im Lebenslauf aus? Wird die soziale Integration durch die Zunahme individueller Entscheidungen über Lebenswege gefährdet? Können bzw. werden die Lebenslaufpolitiken der Wohlfahrtsstaaten Optionen für die Konstruktion selbst bestimmter Biographien garantieren, erweitern oder einschränken? Welches wohlfahrtsstaatliche Arrangement liefert eine erfolgreiche Kombination von sozialer

Marktwirtschaft, Sozialpolitik und demokratischen Institutionen, um Lebensbedingungen und Sozialisationskontexte zu schaffen, die individuelle Kompetenzen und Selbstbestimmung für biographische Entscheidungen fördern? Vergleichende Forschung kann zur Beantwortung solcher für moderne Gesellschaften zentralen Fragen beitragen, weil sie sowohl die staatliche Lebenslaufpolitik mit ihren verschiedenen institutionellen Arrangements als auch die Lebensgeschichten der biographischen Akteure im Zeitverlauf dokumentiert und analysiert.

Literatur

Arnett, Jeffrey Jenson & Tanner, Jennifer Lynn (Hrsg.) (2006): Emerging Adults in America. Washington, DC: APA

Baethge, Martin et al. (1988): Jugend: Arbeit und Identität. Opladen

Baltes, Paul B. (1997): On the incomplete architecture of human ontogeny: Selection, optimization, and compensation as foundation of developmental theory. In: American Psychologist 52, 366–380

Baumert, Jürgen et al. (Hrsg.) (2002): PISA 2000. Basiskompetenzen von Schülerinnen und Schülern im internationalen Vergleich. Opladen

Beck, Ulrich (1986): Risikogesellschaft. Auf dem Weg in eine andere Moderne. Frankfurt a. M.

Bernstein, Basil (1977): Beiträge zu einer Theorie des pädagogischen Prozesses. Frankfurt a. M.

Blossfeld, Hans-Peter et al. (Hrsg.) (2005): Globalization, Uncertainty, and Youth in Society. London

Born, Claudia et al. (1996): Der unentdeckte Wandel. Annäherungen an das Verhältnis von Struktur und Norm im weiblichen Lebenslauf. Berlin

Clausen, John A. (1993): American Lives: Looking Back at the Children of the Great Depression. New York: Free Press

Elder, Glen H. (1974): Children of the Great Depression. Chicago: University of Chicago Press

Elder, Glen H. & O'Rand, Angela M. (1995): Adult lives in a changing society. In: Cook, Karen S. et al. (Hrsg.): Sociological Perspectives on Social Psychology. Needham Heights, MA: Allyn and Bacon, 452–475

Elster, John (Hrsg.): (1986) Rational Choice. New York: New York UP

Erikson, Erik H. (1988): Der vollständige Lebenszyklus. Frankfurt a. M.

Esping-Andersen, Gosta (Hrsg.) (1996): Welfare States in Transition. London, Sage

Fuchs-Heinritz, Werner (2000): Biographische Forschung. 2., erw. Aufl., Wiesbaden

Garz, Detlef (2006): Sozialpsychologische Entwicklungstheorien. 3., erw. Aufl., Wiesbaden

Gennep, Arnold van (2005): Übergangsriten. Frankfurt a. M. (frz. Original 1909)

Geulen, Dieter (2007): Sozialisation. In: Joas, Hans (Hrsg.): Lehrbuch der Soziologie. 3., erw. Aufl., Frankfurt a. M., 137–158

Giele, Janet Z. & Elder, Glen H. (Hrsg.) (1998): Methods of Life Course Research. London: Sage

Heinz, Walter R. (Hrsg.) (1997): Theoretical Advances in Life Course Research. Weinheim

Heinz, Walter R. (2002): Self-socialization and posttraditional society. In: Settersten, Rick A. & Owens, Tim J. (Hrsg.): Advances in Life Course Research: New Frontiers in Socialization. New York: Elsevier, 41–64

Heinz, Walter R. (2003): From work trajectories to negotiated careers: The contingent work life course. In: Mortimer, Jeylan T. & Shanahan, Michael J. (Hrsg.): Handbook of the Life Course. New York. Kluwer/Plenum, 185–204

Heinz, Walter R. & Marshall, Victor W. (Hrsg.) (2003): Social Dynamics of the Life Course. New York: Transaction Books

Heinz, Walter R. (2008): Youth transitions in an age of uncertainty. In: Furlong, Andy (Hrsg.): Handbook of Youth and Young Adulthood. London: Routledge

Hochschild, Arlie Russell (2002): Keine Zeit. Work-Life-Balance. Opladen

Hoerning, Erika M. (2000) (Hrsg.): Biographische Sozialisation. Stuttgart

Hurrelmann, Klaus (1999): Lebensphase Jugend. München

Hurrelmann, Klaus & Ulich, Dieter (Hrsg.) (1991): Neues Handbuch der Sozialisationsforschung. Weinheim

Kagan, Jerome (2000): Drei Grundirrtümer der Psychologie. Weinheim

Keupp, Heiner et al. (1999): Identitätskonstruktionen. Reinbek

Kluge, Susann & Kelle, Udo (Hrsg.) (2001): Methodeninnovation in der Lebenslaufforschung. München

Kohlberg, Lawrence (2000): Die Psychologie der Lebensspanne. Frankfurt a. M.

Kohli, Martin (1985): Die Institutionalisierung des Lebenslaufs. In: Kölner Zeitschrift für Soziologie und Sozialpsychologie 37, 1–29

Kohli, Martin (1994): Institutionalisierung und Individualisierung der Erwerbsbiographie. In: Beck,

Ulrich & Beck-Gernsheim, Elisabeth (Hrsg.): Riskante Freiheiten. Frankfurt a. M., 219–244

Kohli, Martin et al. (Hrsg.) (1991): Time for Retirement: Comparative Studies of Early Exit from the Labour Force. Cambridge: Cambridge UP

Kohn, Melvin L. & Schooler, Carmi (1983): Work and Personality. Norwood: Ablex

Kübler-Ross, Elisabeth (1969): Gespräche mit Sterbenden. Berlin

Leisering, Lutz (2003): Government and the life course. In: Mortimer, Jeylan T. & Shanahan, Michael J. (Hrsg.): Handbook of the Life Course. Kluwer/Plenum, 205–225

Levinson, Daniel J. et al. (1979): Das Leben des Mannes. Köln

Mayer, Karl Ulrich (2005): The life course and life chances in a comparative perspective. In: Svallfors, Stefan (Hrsg.): Analyzing Inequality. Palo Alto, CA: Stanford UP, 17–55

Mayer, Karl Ulrich & Baltes, Paul B. (1996): Die Berliner Altersstudie. Berlin

Mead, George Herbert (1968): Geist, Identität und Gesellschaft. Frankfurt a. M. (engl. Orig. 1934)

Moen, Phyllis & Roehling, Patricia (2005): The Career Mystique. Lanham: Rowman and Littlefield

Mortimer, Jeylan T. & Shanahan, Michael J. (Hrsg.) (2003): Handbook of the Life Course. News York: Kluwer/Plenum

Riley, Matilda White et al. (Hrsg.) (1994): Age and Structural Lag. New York, Wiley

Sack, Fritz (2007): Abweichung und Kriminalität. In: Joas, Hans (Hrsg.): Lehrbuch der Soziologie. Frankfurt a. M., 183–215

Sackmann, Reinhold (2007): Lebenslaufanalyse und Biographieforschung. Wiesbaden

Sampson, Robert J. & Laub, John H. (2005): A life-course view on the development of crime. In: Annals, AAPSS, 602, 12–45

Sennett, Richard (2000): Der flexible Mensch. Die Kultur des neuen Kapitalismus. Berlin

Schoon, Ingrid (2006): Risk and Resilience. Cambridge: Cambridge UP

Steinkamp, Günther (1991): Sozialstruktur und Sozialisation. In: Hurrelmann, Klaus & Ulich, Dieter (Hrsg.): Neues Handbuch der Sozialisationsforschung. Weinheim, 251–277

Tillmann, Klaus-Jürgen (1989): Sozialisationstheorien. Reinbek

Voß, Günter G. & Pongratz, Hans J. (1998): Der Arbeitskraftunternehmer: eine neue Form der Ware Arbeitskraft? In: Kölner Zeitschrift für Soziologie und Sozialpsychologie 50, 131–158

Zinnecker, Jürgen (2000): Selbstsozialisation – Essay über ein aktuelles Konzept. In: Zeitschrift für Soziologie der Erziehung und Sozialisation 20, 272–290

Teil II
Zentrale Fragestellungen

Kindheit und Jugend

Richard Münchmeier

1 Definitionen

Nach dem üblichen Alltagsverständnis werden Kindheit und Jugend als spezifische „Lebensaltersgruppen" begriffen. Kindheit sei „ganz einfach" das Lebensalter zwischen Geburt und Pubertät, Jugend das Alter von der Pubertät bis zum Erwachsensein [→ Erwachsensein und Alter]. Allenfalls könnte man darüber streiten, innerhalb welcher Altersgrenzen Kindheit und Jugend zu fassen seien, insbesondere in welchem Alter der Übergang von der Kindheitsphase in die Jugendphase zu datieren sei und wann letztere ende.

Freilich stellen sich bei genauerem Hinsehen für eine solch altersspezifische Definition einige Probleme. Sie betreffen nicht nur die altersmäßige Eingrenzung. Das Lebensaltersmodell von Kindheit und Jugend gewinnt seine Eindeutigkeit aus einer inhaltsleeren, rein formalen Definition. Es ermöglicht keinen Zugang zu der Frage, was Kindsein bzw. Jungsein bedeutet, welche Inhalte, Chancen, Aufgaben und Probleme sie jeweils ausmachen, welche Bedingungen des Aufwachsens sie durchziehen, welche Anforderungen und Ressourcen Kinder und Jugendliche brauchen und finden.

Die Frage, wie das Jugendalter von der Kindheit einerseits, vom Erwachsenenalter andererseits abzugrenzen sei, wann Jugend beginnt und in welchem Alter sie endet, ist also keineswegs die Hauptfrage. Wichtiger ist es, von der Erkenntnis auszugehen, dass Kindheit und Jugend Strukturmuster sind, gesellschaftlich entwickelte und ausgestaltete Lebensformen, die den Zweck haben, bestimmte gesellschaftliche Erfordernisse und Funktionen zu gewährleisten. Was sie bedeuten – und zwar sowohl für die Gesellschaft als auch für die Kinder und jungen Menschen selbst –, wird weitaus stärker durch diese gesellschaftlichen Muster, durch ihre „Vergesellschaftung" bestimmt als durch das Lebensalter selbst.

Dies schließt an einen alten, wenn auch immer wieder vergessenen Erkenntnisstand an. Zu erinnern wäre etwa an die französische Soziologin Nicole Abboud, die mit Bezug auf Jugend schon zu Beginn der siebziger Jahre gegen jeden Versuch einer „Vergegenständlichung" argumentierte: Jugend sei zu verstehen als „gesellschaftlich entwickelte und ausgestaltete Lebensform zum Zweck der Gewährleistung bestimmter gesellschaftlicher Erfordernisse und Funktionen" (Abboud 1971, 32). Deshalb lasse sich feststellen: „Jugend existiert nicht als Strukturprinzip per se, sondern vielmehr als mehr oder weniger direktes Produkt einer bestimmten gesellschaftlichen Praxis" (ebd., 40). Gleiches gilt für das Strukturmuster Kindheit, wie Hengst u. a. schon 1981 oder jüngst Honig (2009) herausgearbeitet haben.

2 Begriffs- und Gegenstandsgeschichte

Die Klassiker der Kindheitsforschung (Aries 1978; Lloyd de Mause 1980) konnten zeigen, dass die „Entdeckung" der Kindheit, also das Entstehen des Bewusstseins, dass Kinder nicht einfach kleine Erwachsene, sondern Subjekte mit eigenen Erlebnisweisen, Bedürfnissen und Lebensformen sind, in Europa in die beginnende Aufklärungszeit zu datieren sei. Der Literaturhistoriker Richter (1987) hat die Kindheitsbilder dieser Entdeckungszeit rekonstruiert: Kinder erscheinen als unzivilisierte Wesen, als kleine Wilde, die der Disziplinierung und Erziehung bedürfen. Dieser Defizitblick auf die Kinder ist über Jahrhunderte prägend geblieben. Entsprechend erschienen Kinder im Blick der Erwachsenen und Erzieher als unfertige Wesen, für die vor allem ein „Noch-Nicht" galt: noch nicht reif, noch nicht urteilsfähig, noch nicht selbstständig usw. Erst seit den 1970er Jahren ändern sich die Kindheitsbilder zugunsten von partnerschaftlichen, eigenwerten und eigenproduktiven Zügen. Kindheit als „selbstständige" Lebensphase tritt in den Vordergrund; Kindheitsforschung interessiert sich stärker für das Kinderleben und den eigenaktiven Kinderalltag.

Unser Verständnis von Jugend, das sie als biographische Phase zwischen Kindheit und Erwachsensein betrachtet, mit jugendspezifischen Ordnungen und sogenannten „Entwicklungsaufgaben" (Fend 2001, 201 ff.), hat sich erst seit dem Beginn des Industrialisierungsprozesses im 19. Jahrhundert entwickelt und ist eines der Projekte, mit deren Hilfe die europäische Moderne ihren „Fortschritt" voranzutreiben suchte. In jener Zeit beginnend hat sich ein Modell von Jugend, etabliert zwischen Kindheit und dem ökonomisch und sozial selbstständigen Erwachsenenleben, herausgebildet und ist allmählich universalisiert worden. Jugend bedeutet in diesem Modell erstens, sich für später zu qualifizieren, sich auf das spätere Leben, vor allem auf Arbeit und Beruf vorzubereiten (Jugend als Qualifikationsphase). Ziel von Jugend ist aber zweitens die Entwicklung einer stabilen, selbststeuerungsfähigen Persönlichkeit und von sozialen Fertigkeiten und Kompetenzen für das Leben in der Arbeitsgesellschaft.

Die Etablierung und gesellschaftliche Dissemination einer Jugendphase in diesem Sinn nahm lange Zeit in Anspruch. Jugend als eigene biographische Phase, als vom Zwang zur Lohnarbeit freigestellte Vorbereitungszeit war zunächst ein Privileg der bürgerlichen Jugend. Und weil Aufgabe und „Sinn" von Jugend in der Herstellung von Arbeitsvermögen lagen, wurde sie zunächst nur auf den männlichen Teil der Arbeiterjugend aus-

geweitet. Im Unterschied zu den Jungen sollten die Mädchen nicht auf die Lohnarbeitswelt, sondern auf ihre Aufgaben als Hausfrau und Mutter vorbereitet werden. Ihre „Jugend" unterschied sich deshalb beträchtlich von derjenigen ihrer männlichen Altersgenossen. Ähnlich lagen die Verhältnisse für die ländliche Jugend: Aufgrund der durch Familienbetriebe geprägten ökonomischen Struktur des Landes wurden Jugendliche dort sehr viel früher dem Zwang zur „Mitarbeit" ausgesetzt als in der Stadt. Entsprechend wenig bildete sich dort eine eigenständige Jugendkultur aus und blieb ländliche Jugend stark „erwachsenenorientiert" (vgl. Planck 1970).

3 Zentrale Probleme

In den letzten Jahren beobachten wir einen tiefgreifenden Wandel in den Bedingungen des Heranwachsens, der auch den Alltag und die Lebensmuster von Kindern und Jugendlichen betrifft. Er schafft veränderte Ausgangsbedingungen, aber auch ein anderes Verhältnis von Kindern und Erwachsenen. Vor allem aber führt er zu einer Auflösung („Erosion") von Normalitätsstandards. Die zentrale Frage lautet deshalb, ob solche und andere Vorstellungen von Normalität, die bisher der Praxis ausreichende Orientierung und Handlungssicherheit gewährt haben, noch umstandslos vorausgesetzt werden können oder ob die Pädagogik bzw. Kinder- und Jugendhilfe in ihren Problemdefinitionen und Handlungsansätzen zu einer Neuorientierung gezwungen ist (Böhnisch 1994), also zu neuen „sozialen und pädagogischen Verständigungen an den Grenzen der Wohlfahrtsgesellschaft" (Lenz et al. 2004).

4 Zentrale Erkenntnisse – Aktueller Forschungsstand

4.1 Stimmen unsere Bilder vom Kindsein noch?

Einerseits geht es Kindern heute besser als in den Generationen zuvor. Viele Kinder sind die Wunschkinder ihrer Eltern, und die meisten von ihnen leben mit ihren leiblichen, verheirateten Eltern zusammen. Im Durchschnitt kümmern sich Eltern mehr um Kinder, statten sie mit Spielsachen aus, sorgen sich um ihre Gesundheit, pflegen einen verständigungsorientierten Erziehungsstil (Ecarius 2002). Andererseits hat der „Schonraum Kindheit" Löcher bekommen, und damit sind viele Vorstellungen und Bilder von „beschützter" Kindheit Klischees geworden. Kinder machen die größte Gruppe aus, die von Armut bedroht ist. Immer mehr Kinder wachsen in einem Land auf, das nicht ihr Geburtsland ist.

Stadtkindheit

Die Stadt wird immer mehr eine reine Erwachsenenwelt, in der den Kindern nur noch bestimmte „Inseln" wie Schule, Spielplatz etc. bleiben, um Kinderleben zu entfalten. Zu diesen Orten gelangen sie häufig nur noch mithilfe oder unter Begleitung Erwachsener. Wegen der Gefährdung durch den Straßenverkehr (nach Angaben des Statistischen Bundesamts verunglückte 2008 in Deutschland alle 14 Minuten ein Kind im Straßenverkehr) oder der Kompliziertheit des ÖPNV können sich Kinder bis in die Schulzeit hinein außerhalb des Hauses oft nur in Begleitung von Erwachsenen bewegen. Die Straße gehört dem Verkehr, offenes Gelände ist zumindest im städtischen Lebensraum selten geworden und meist für Kinder auch nicht zugänglich. Die selbstständigen und immer weiter weg führenden Erkundungen des lokalen Umfeldes in Gemeinschaft mit anderen Kindern sind fast unmöglich geworden. Stattdessen werden Kinder zu ausgewählten Plätzen gefahren, die speziell für ihresgleichen vorgesehen und vorbereitet sind. Der Raum für Zufälligkeiten, sich treiben lassen und kreativer Gestaltung wird immer kleiner. Ein verspielter Nachmittag voller Überraschungen und Ideen, wo auch das körperliche Austoben nicht zu kurz kommt, wird immer seltener. Eben deshalb spricht man von „verinselter" Kindheit (Zeiher & Zeiher 1994).

Familienkindheit

Immer noch wächst die übergroße Mehrheit der Kinder mit einem Geschwister in Familien auf. Aber die Familien wandeln sich, was die Größe, die Phasen des Familienzyklus, die Formen, den Zusammenhalt, die Vereinbarkeit von Familien- und Erwerbsarbeit angeht. Während um 1900 durchschnittlich jede Frau noch vier Kinder hatte (vgl. Pettinger 1985, 267), gebären heute die 1970 oder 1980 geborenen Frauen im Schnitt noch 1,4 Kinder [→ Demographie, demographischer Wandel]. Dieser Rückgang beruht einerseits auf einem seit Jahrzehnten zu beobachtenden Trend zur Verkleinerung der Familiengröße und andererseits auf der häufigeren freiwilligen Kinderlosigkeit.

Rückläufige Kinderzahlen pro Paar führen logischerweise zum Anwachsen der Zahl von geschwisterlos aufwachsenden jungen Menschen. Einzelkinder sind mehr als andere auf Gleichaltrigenkontakte außerhalb der Familien angewiesen, sei es auf Kontakte in den informellen Cliquen, sei es in institutionellen Angeboten der Kinder- und Jugendarbeit oder auf dem expandierenden Markt kommerzieller Angebote (in Freizeit- und Spielfarmen, Clubs, Sport- und Kulturangeboten usw.).

Die Formen des Zusammenlebens und damit auch die Familienformen haben sich ausdifferenziert zugunsten einer Pluralität von konkret gelebter Familie (Lenz & Böhnisch 1999, 9 ff.). Das bedeutet entsprechend vielfältige Formen von Kindheit und Aufwachsen. Im 10. Kinder- und Jugendbericht (Bundesministerium für Familie und Senioren, Frauen und Jugend 1998) werden folgende

Muster von Kindheit unterschieden, die jeweils auf verschiedene Muster und Schicksale von Familie verweisen: Ein Kind kann leben bei den leiblichen, verheirateten Eltern, aber auch bei den leiblichen, nicht verheirateten Eltern, bei einem geschiedenen Eltern(-teil), bei der wiederverheirateten Mutter oder dem wiederverheirateten Vater, in einer Stieffamilie mit Halbgeschwistern, es kann aufwachsen als Geschwisterkind, aber auch als geschwisterloses Einzelkind, mit einem alleinerziehenden Elternteil, es kann leben in einer Mehrgenerationenfamilie, in einer Adoptionsfamilie, einer Pflegefamilie, bei der Tagesmutter, in der Krippe oder im Heim.

Schulkindheit

Mit dem Schuleintritt werden Kinder zu Schülern. Die Schule konfrontiert die Jungen und Mädchen mit gänzlich neuen Erfahrungen. Der „Beruf" des Schülerseins nimmt einen großen Teil der Tageszeit in Anspruch. Die Kinder müssen sich in dem vergleichsweise starren System Schule mit ihren Regeln und Anforderungen zurechtfinden. Sie müssen sich zum ersten Mal im Leben mit einer entscheidenden, nicht umgehbaren Aufgabe allein auseinandersetzen, ohne sich zurückziehen oder zu einer vertrauten Person flüchten zu können. Sie erfahren Grenzen und müssen mit Leistungsdruck umgehen.

Kinderleben

Im Hinblick auf ein selbst zu gestaltendes Leben wird die Sozialwelt der Kinder entscheidend (Krappmann & Oswald 1995), die Welt der Freundinnen und Freunde, leider nicht nur der Freunde, sondern auch der konkurrierenden Kinder, die Plätze besetzen, die man selber gern hätte, die einem Rollen wegschnappen, die man selber gern einnähme, mit denen man gern spielen würde, aber die andere Freunde haben, zu denen man freundlich ist und die einem trotzdem nichts abgeben. Und dann sind da auch noch die Kinder, die man nicht mag, die immer anders wollen als man

selbst, Kinder, die ausrasten, Kinder, die stören und stänkern, mit denen man vorsichtig umzugehen lernen muss.

In dieser Sozialwelt gibt es herzliche Zuneigung, Spaß und Triumph, aber auch Streit, Enttäuschung und Demütigung; es gibt Erfolge, die keine Mutter, kein Vater, keine Lehrerin für das Kind sichern können, Niederlagen, vor denen sie es nicht bewahren können. Jeder Junge, jedes Mädchen muss lernen, selber für sich und seine Wünsche und Ansprüche einzutreten, im Konfliktfall mit anderen zu handeln, gemeinsam nach fairen, gerechten und hilfreichen Lösungen zu suchen, im Falle von Regelverletzungen seine Wut zu dosieren, auf Freundschaften Rücksicht zu nehmen, auf weiteres Miteinander-Auskommen zu achten und sich als anteilnehmender, zuverlässiger, vernünftiger Spielgefährte, Klassenkamerad, Kooperationspartner oder Freund zu beweisen. Das gesamte Bündel der sozialen, soziokognitiven, moralischen und lebenspraktischen Fähigkeiten, die Entwicklungs- und Sozialisationsforscher als Kern der Handlungsfähigkeit eines Menschen ansehen, wird in dieser Kinderwelt herausgelockt und gefördert.

4.2 Jugendliche müssen Jugend bewältigen

Der soziale Wandel hat auch auf die Konfiguration Jugend Auswirkungen und zwar sowohl auf deren gesellschaftliche Organisation und Struktur wie auf die Altersgruppe derer, die heute „ihre Jugend leben" müssen. Denn es ist jungen Menschen ja keineswegs freigestellt, wie sie ihr Leben gestalten wollen. Sie müssen vielmehr mit den gesellschaftlichen Vorkehrungen und Bedingungen umgehen, durch welche die Lebensphase Jugend gesellschaftlich organisiert und strukturiert wird. In diesem Sinne ist Jugend den Jugendlichen vorgegeben. So gesehen ist Jugend in erster Linie eine „Bewältigungsaufgabe" (Böhnisch 2005; Schröer 2004). Die Subjekte, die Jugendlichen, müssen sich Jugend als gesellschaftlich vorbereitete Struktur und Lebensform aneignen und bewältigen.

Die Chancen und Risiken der Bewältigung jugendspezifischer Aufgaben und Herausforderungen sind abhängig von personalen und sozialen, aber auch materiellen und sozialräumlichen Ressourcen, die in unserer Gesellschaft unterschiedlich verteilt und zugänglich sind. Vor diesem Hintergrund finden sich neue Ausdifferenzierungen der Lebenslage Jugend, die viele – trotz der Egalisierung und Angleichung verschiedener Gruppen von Jugendlichen durch die Bildungsmobilisierung – von unterschiedlichen „Jugenden" sprechen lassen (Olk 1985, 294; Schröder 1995, 20; Münchmeier 1998, 13; Reinders 2002, 30; Tamke 2007). So bilanzieren Ferchhoff und Neubauer: „Die Differenzen innerhalb der heutigen Jugendkohorte scheinen größer und bedeutsamer als die zwischen ,Generationen' zu sein" (Ferchhoff & Neubauer 1997, 139). In jüngster Zeit sind Analysen der Jugenden aus der Perspektive ungleichheitstheoretischer Ansätze vorgelegt worden (Tamke 2007).

4.3 Die gesellschaftlichen Rahmenbedingungen der Jugendphase heute: Die Krise der Arbeitsgesellschaft

Seit der 12. Shell Jugendstudie (1997) haben verschiedene Jugendstudien (zuletzt die 15. Shell Jugendstudie 2006) gezeigt, dass die traditionelle Vorstellung vom „Schonraum Jugend" brüchig und trügerisch geworden ist. Die neuere Jugendforschung zeigt deutlich und an vielen Stellen, dass von allen Problemen am meisten die Probleme der Arbeitswelt die Jugend beschäftigen und nicht die klassischen Lehrbuchprobleme der Identitätsfindung, Partnerwahl und Verselbstständigung. Dies zeigt die neue Schwierigkeit der Jugendphase: Problematisch wird es, sie beenden zu können, wenn der Arbeitsmarkt den Übergang in die Selbstständigkeit des Erwachsenseins ökonomisch nicht mehr verlässlich sichert. So erklärt sich wohl auch, dass bereits Berufs-

tätige mit 64 % am häufigsten (häufiger noch als Beschäftigungslose) Arbeitslosigkeit als Hauptproblem der Jugend bezeichnen (Shell Deutschland Holding 2006, 74 ff.). Wer es „geschafft" hat und bereits berufstätig ist, hat offensichtlich Angst davor, dass das erreichte Ufer nicht so sicher ist, wie es sollte und man wieder zurückfallen könnte. Es scheint so, dass hier ein Konsens in der gesamten jungen Generation liegt, gewissermaßen eine „prägende Generationenerfahrung".

Wie realistisch diese Erfahrung ist, zeigt ein Blick in die Berufsbildungsberichte der letzten Jahre. Sie zeigen, dass von all denjenigen, die die Schule mit Hauptschulabschluss verlassen, nur etwa die Hälfte einen Ausbildungsplatz im dualen oder im schulischen System erhalten, wohingegen bei den AbiturientInnen (sofern sie denn AusbildungsnachfragerInnen sind) nahezu alle erfolgreich sind. Und 84 % derer, die keinen Schulabschluss haben, gehen leer aus und sind auf das sogenannte Übergangssystem mit seinen berufsvorbereitenden Fördermaßnahmen bzw. Auffangangeboten angewiesen (Konsortium Bildungsberichterstattung 2006, 81 und 83).

4.4 Jungsein heißt heute: Schüler sein

Die meisten Jugendlichen sind davon überzeugt, dass sie sich an die neue Situation mit verstärkten Anstrengungen anpassen müssen. Es wundert deshalb nicht, dass nach den Befunden der letzten Jugendstudien die Leistungsbereitschaft junger Menschen deutlich angestiegen ist. Insbesondere bei Mädchen und jungen Frauen finden sich deutliche Anstiege (Deutsche Shell 2000, 134 ff.).

Diese Leistungsbereitschaft schlägt sich nicht unbedingt im Bereich schulischer Leistungen nieder. Jedoch haben Eltern wie Jugendliche ein klares Bewusstsein darüber, dass Schulabschlüsse „der" Schlüssel für berufliche und gesellschaftliche Chancen sind. Die durchschnittliche Bildungsbeteiligung hat sich deshalb in den letzten Jahren kontinuierlich erhöht. Nach dem Mikrozensus waren 1962 bereits fast 40 % der Jugendlichen zwischen 16 und 18 Jahren erwerbstätig (hinzu kamen nochmals fast 40 % Auszubildende) und nur knappe 20 % waren noch SchülerInnen. Heute dagegen sind von allen jungen Menschen zwischen 16 und 20 Jahren nur noch 5 % schon erwerbstätig; ein Viertel sind Auszubildende, aber gut 70 % sind als SchülerInnen bzw. Studierende in Einrichtungen des Bildungswesens. Bis zum Erreichen der Volljährigkeit, ja bis zum Beginn des dritten Lebensjahrzehnts heißt Jungsein heute für die übergroße Mehrheit „Schülersein" (Konsortium Bildungsberichterstattung 2006, 26).

4.5 Mädchen und der Wandel der weiblichen Biographie

Mädchen und junge Frauen weisen seit längerer Zeit eine wesentlich höhere Berufsorientierung auf: Sie planen Berufstätigkeit als Basis einer selbstständigen Lebensführung in ihre Lebensziele ein (so schon Burger & Seidenspinner 1982). In dem Maße, in dem die weiblichen Biographiemuster sich gewandelt haben und die meisten Mädchen Selbstständigkeit durch Verbindung von Erwerbs- und Hausarbeit leben wollen, werden Bildungsabschlüsse als Zugang zur Erwerbsarbeit wichtig. Die Bildungsbeteiligung der Mädchen und jungen Frauen hat sich deshalb in den letzten vier Jahrzehnten kontinuierlich erhöht; Mädchen haben mit den Jungen in dieser Hinsicht gleichgezogen, in manchen Bereichen (wie z. B. in der Oberstufe des Gymnasiums) sie sogar überholt (Autorengruppe Bildungsberichterstattung 2008, 90).

Die neuere Jugendforschung zeigt erhebliche Angleichungen von Lebenszielen und Lebensstilen zwischen Jungen und Mädchen. „Typisch ‚weibliche Lebensmuster' im Unterschied zu typisch ‚männlichen' scheint es so nicht zu geben, zumindest nicht bei den deutschen Jugendlichen. In Bezug auf Werte, Zukunftsvorstellungen, Lebenskonzepte und biographische Planungen können wir vielmehr einen Angleichungsprozess zwischen

Mädchen und Jungen feststellen. Die Verbindung von Familien- und Berufsorientierung ist die gemeinsam geteilte, unumstrittene Wertorientierung. Dies aber gilt bei Jungen und Mädchen nur bis zu dem Alter, in dem sich die Frage nach Kindern konkret stellt. Dann sind Mädchen (nach wie vor) bereiter, ihre Orientierungen zugunsten von Familie zu ändern" (Deutsche Shell 2000, 21).

„Auch die ehedem [...]" geschlechtsspezifisch getrennten Verhaltensbereiche „haben sich [bei Deutschen] zueinander geöffnet. Dennoch sind die klassischen männerdominierten Bereiche auch weiterhin eine Männerdomäne geblieben wie auch umgekehrt" (Deutsche Shell 2000, 21). Technik, Politik, Computerspiele, Internet, Sport und Vereinsleben sind zwar nicht mehr exklusive, aber deutlich jungenspezifische Bereiche. „Einkaufsbummel, Spazierengehen, Umweltschutz, [...]" (ebd.) für andere sorgen und Plaudern sind Domänen der Mädchen. „Auch in dieser Hinsicht ist die Welt also komplizierter geworden. Sowohl das Insistieren auf kategorialen Unterschieden (Mädchenleben sei ‚fundamental' verschieden von Jungenleben) wie auch das voreilige Ausrufen eines Zustands von Gleichheit" (ebd.), sind nicht gedeckt durch die empirische Realität und müssen deshalb als ideologische Vereinfachungen gelten.

4.6 Jugend in der multikulturellen Gesellschaft

Die gesellschaftliche Realität der Bundesrepublik Deutschland ist in der Gegenwart und wird in der Zukunft dadurch gekennzeichnet sein, dass in ihr Menschen aus unterschiedlichen Kulturen leben, Menschen, die teils schon hier geboren wurden, teils aus unterschiedlichen Gründen hierher gezogen sind. Schon die Tatsache freier Wanderungsmöglichkeiten innerhalb der EU zeigt, dass sich Fragen des interethnischen Zusammenlebens in unserem Land vermehrt stellen werden. Verstärkt wird dies noch durch die Umbruchprozesse und bewaffneten Konflikte in Ost- und Südosteuropa und anderen Regionen der Welt sowie durch den Beitritt neuer zentral- und osteuropäischer Länder zur EU. Alle diese Entwicklungen werden weitere Wanderungsbewegungen auslösen.

Das tatsächliche Ausmaß der Migration in Deutschland wurde erst durch eine rezente Änderung der statistischen Erfassung deutlich: „Im Vergleich zum (früheren) Ausländerkonzept ergeben sich durch das (neue) Migrationskonzept in der Statistik beträchtliche Änderungen bezüglich Umfang und Struktur der Migrationsbevölkerung. Nach dem Migrationskonzept beträgt 2005 der Anteil der Personen mit Migrationshintergrund an der Gesamtbevölkerung nicht ganz ein Fünftel (18,6 %); das entspricht 15,3 Mio. Menschen. Er ist damit mehr als doppelt so hoch wie nach dem bisherigen Messverfahren […]" (Konsortium Bildungsberichterstattung 2006, 140). In der Altersgruppe der unter 25-Jährigen sind es ca. 6 Mio. Personen bzw. 27,2 % der Altersgruppe. Knapp die Hälfte davon besitzt die deutsche Staatsangehörigkeit und ist nicht selbst zugewandert (ebd., 142, 149). Die dahinter stehenden verschiedenen Formen der Migration und die damit verbundenen Typen von Integration hat Pries beschrieben (Pries 2006, 20).

Die ausländische Bevölkerung lebt nicht gleichmäßig verteilt in Deutschland, sondern konzentriert sich in den Städten und urbanen Zentren Westdeutschlands; ihr Bevölkerungsanteil in den neuen Ländern ist dagegen sehr gering. Deshalb kann mit guten Argumenten bestritten werden, ob Deutschland wirklich als „Multikulturelle Gesellschaft" beschrieben werden kann (Münz et al. 1999). Multikulturalität scheint im Wesentlichen nur auf bestimmte Bezirke in den Städten und Großstädten in den westlichen Bundesländern zuzutreffen, nicht auf Kleinstädte und ländlich strukturierte Gebiete. Entsprechend ergeben sich v. a. in den Städten Integrationschancen, aber auch Integrationskonflikte (wohingegen sich ablehnende Haltungen gegenüber Ausländern eher auf dem Land, besonders in Ost-

deutschland konzentrieren; also dort, wo es am wenigsten Kontakte gibt).

Der Status von ArbeitsmigrantInnen bzw. Angehörigen ethnischer Minderheiten in der „deutschen Version" einer multikulturellen Gesellschaft kann als ein Zustand partieller Integration bei gleichzeitiger partieller Ausgrenzung charakterisiert werden. Dies betrifft sowohl ihren rechtlichen Status, ihre Positionierung im Bildungswesen sowie auf dem Ausbildungs-, Arbeits- und Wohnungsmarkt als auch die soziale Integration in Primärgruppen und die sozial-kulturelle Teilhabe. Am deutlichsten und am problematischsten manifestiert sich bisher das Phänomen der sozialen Ausgrenzung im Bildungs- und Erwerbsarbeitsbereich. Mit Blick auf Jugendliche mit Migrationshintergrund bzw. aus ethnischen Minderheiten kann man feststellen, dass all diejenigen Probleme, die für die unterschiedlichen Situationen einer modernen Jugendphase existieren, hier verschärft auftreten. Im Prozess der sozialen Integration werden sie mit einer Reihe von Problemen, Barrieren und Hürden konfrontiert, die über die typischen Probleme des Jugendalters hinaus mit ihrem Status als MigrantInnen bzw. Minderheitenangehörige in der multikulturellen Gesellschaft und den damit verbundenen Benachteiligungen zusammenhängen.

Diese Situation schafft ihnen manchmal ernsthafte Probleme bei der Entwicklung eigener integrativer bzw. ordnender sozialer Praktiken und somit auch bei der Entwicklung einer modernen Jugendidentität. So bedeutet z. B. Integration für jugendliche MigrantInnen, sich nicht nur als Individuen in den ihnen zugänglichen Strukturen zu behaupten, sondern darüber hinaus nicht als „Fremde" von anderen betrachtet zu werden bzw. sich selbst nicht als „Andere" bzw. als „Fremde" zu erleben. Was das Zusammenleben von deutschen mit ausländischen Jugendlichen angeht, lassen die Befunde der 13. Shell Jugendstudie (Deutsche Shell 2000, 230 ff.) folgendes Gesamtbild erkennen: Die große Mehrheit der deutschen Jugend (ganz besonders in Ostdeutschland) teilt die Ansicht, dass zu viele Ausländer bei uns leben. Diese Einschätzung hat nicht von vornherein etwas mit Ausländerfeindlichkeit zu tun. Sie erwächst insbesondere bei denen, die sich schlechtere Chancen ausrechnen und sich eher benachteiligt fühlen, aus der Wahrnehmung einer Konkurrenzsituation zwischen Deutschen und Ausländer.

5　Ausblick: Lebenslage Jugend

Versucht man – unter Inkaufnahme vieler Verkürzungen – die Befunde der jüngeren Jugendforschung zusammenzufassen, so zeigt sich: Die für die traditionelle Adoleszenzphase (der ca. 15- bis 19-Jährigen) beschriebenen Verhaltensformen von demonstrativer Ablösung, Selbstsuche, experimenteller und expressiver Selbstinszenierung usw. scheinen sich heute biographisch vor zu verlagern und in das Alter der 10- bis 14-jährigen „Kids" hinein zu schieben. Damit franst die lebensaltersmäßige Abgrenzung von Jugend zur Kindheit hin aus. Andererseits aber hat sich die Jugendphase (im Sinne der Vorbereitungs- und Qualifikationsphase und fehlender bzw. instabiler ökonomischer Selbstständigkeit) durch die Bildungsexpansion wie durch die Arbeitsmarktveränderungen und -probleme verlängert. Ihr Abschluss hat sich verkompliziert. So entsteht durch die Verlängerung der Schulzeit für die überwiegende Mehrheit der Jugendlichen eine „erste Jugendphase", die vor allem durch die Institution und die Lebenswelt Schule bestimmt ist. In dieser Phase bedeutet Jungsein „Schülersein", sind die eigene Rolle und Situation in hohem Maße durch die Institution Schule definiert (Böhnisch & Münchmeier 1999). Danach aber beginnt eine zweite, nachschulische Jugendphase, die von der Mehrheit als noch unbestimmte und risikohafte Lebensphase erlebt wird, weil die früher gesicherten Übergänge von der Schule in den Beruf und die durchschnittliche Erwachsenenexistenz heute nicht mehr so sicher und

kalkulierbar sind. Die früher in diese Lebensalterszeit fallende Familien- und Existenzgründungsphase hat sich zu einem offenen Lebensbereich verwandelt, der sich verlängert und verkompliziert hat. Man gilt zwar als erwachsen und erwachsenes Verhalten wird erwartet, man verfügt aber noch nicht über die ökonomischen, institutionellen und statusbezogenen Mittel, sich auch tatsächlich so verhalten zu können (ebd.).

Literatur

Abboud, Nicole (1971): Jugend: Strukturbegriff oder historische Konstellation. In: Allerbeck, Klaus & Rosenmayr, Leopold (Hrsg.): Aufstand der Jugend? Neue Aspekte der Jugendsoziologie. München, 29–40

Achter Jugendbericht (1990): Bericht über Bestrebungen und Leistungen der Jugendhilfe. Bundesminister für Jugend, Familie, Frauen und Gesundheit (Hrsg.): Bundestagsdrucksache 11/6579. Bonn

Arbeitsgruppe Bildungsbericht am Max-Planck-Institut für Bildungsforschung (1994): Das Bildungswesen in der Bundesrepublik Deutschland. Strukturen und Entwicklungen im Überblick. Reinbek

Ariès, Philippe (1978): Die Geschichte der Kindheit. München

Autorengruppe Bildungsberichterstattung (im Auftrag der Ständigen Konferenz der Kultusminister der Länder in der Bundesrepublik Deutschland und des Bundesministeriums für Bildung und Forschung) (2008): Bildung in Deutschland 2008. Bielefeld

Böhnisch, Lothar (1994): Gespaltene Normalität. Weinheim

Böhnisch, Lothar (2005): Sozialpädagogik der Lebensalter. Eine Einführung. 4., überarb. Aufl., Weinheim

Böhnisch, Lothar & Münchmeier, Richard (1999): Wozu Jugendarbeit? Orientierungen für Ausbildung, Fortbildung und Praxis. 4. Aufl., Weinheim

Böhnisch, Lothar & Schefold, Werner (1985): Lebensbewältigung. Soziale und pädagogische Verständigungen an den Grenzen der Wohlfahrtsgesellschaft. Weinheim

Bundesministerium für Familie, Senioren, Frauen und Jugend (Hrsg.) (1998): 10. Kinder- und Jugendbericht: Bericht über die Lebenssituation von Kindern und die Leistungen der Kinderhilfen in Deutschland. Bonn

Bundesminister für Jugend, Familie, Frauen und Gesundheit (Hrsg.) (1998): Zehnter Kinder- und Jugendbericht: Bericht über die Lebenssituation von Kindern und die Leistungen der Kinderhilfen in Deutschland. Bundestagsdrucksache 13/11368, Berlin

Burger, Angelika & Seidenspinner, Gerlinde (1982): Mädchen '82 („Brigitte-Studie"). Hamburg

Deutsche Shell (Hrsg.) (2000): 13. Shell Jugendstudie. Jugend 2000. Band 1, Opladen

Ecarius, Jutta (2002): Familienerziehung im historischen Wandel. Eine qualitative Studie über Erziehung und Erziehungserfahrungen von drei Generationen. Opladen

Ferchhoff, Wilfried & Neubauer, Georg (1997): Patchwork-Jugend. Eine Einführung in postmoderne Sichtweisen. Opladen

Fend, Helmut (2001): Entwicklungspsychologie des Jugendalters. 2. Aufl., Opladen

Hengst, Heinz et al. (Hrsg.) (1981): Kindheit als Fiktion. Frankfurt

Honig, Michael-Sebastian (2009): Ordnungen der Kindheit. Problemstellungen und Perspektiven der Kindheitsforschung. Weinheim

Jugendwerk der Deutschen Shell (Hrsg.) (1997): „Jugend '97". Zukunftsperspektiven – Gesellschaftliches Engagement – Politische Orientierungen. 12. Shell Jugendstudie. Opladen

Konsortium Bildungsberichterstattung (Hrsg.) (2006): Bildung in Deutschland. Ein indikatorengestützter Bericht mit einer Analyse zu Bildung und Migration. Im Auftrag der Ständigen Konferenz der Kultusminister der Länder in der Bundesrepublik Deutschland und des Bundesministeriums für Bildung und Forschung. Bielefeld

Krappmann, Lothar & Oswald, Hans (1995): Alltag der Schulkinder. Weinheim

Lenz, Karl & Böhnisch, Lothar (1999): Zugänge zu Familien – ein Grundlagentext. In: Böhnisch, Lothar & Lenz, Karl (Hrsg.): Familien. Eine interdisziplinäre Einführung. 2. Aufl., Weinheim, 9–63

Lenz, Karl et al. (2004): Entgrenzte Lebensbewältigung. Jugend, Geschlecht und Jugendhilfe. Weinheim

Mause, Lloyd de (Hrsg.) (1980): Hört ihr die Kinder weinen. Eine psychogenetische Geschichte der Kindheit. Frankfurt a. M.

Münchmeier, Richard (1998): „Entstrukturierung" der Jugendphase. Zum Strukturwandel des Aufwachsens und zu den Konsequenzen für Jugendforschung und Jugendtheorie. In: Aus Politik und Zeitgeschichte, B 31, 3–13

Münz, Rainer et al. (1999): Zuwanderung nach Deutschland. Strukturen, Wirkungen, Perspektiven. 2. Aufl., Frankfurt a. M.

Olk, Thomas (1985): Zur Entstrukturierung der Jugendphase. In: Heid, Helmut & Klafki, Wolfgang (Hrsg.): Arbeit – Bildung – Arbeitslosigkeit. Beiträge zum 9. Kongress der Deutschen Gesellschaft für Erziehungswissenschaft. 19. Beiheft der Zeitschrift für Pädagogik. Weinheim, 290–307

Pettinger, Rudolf (1985): Familie – Autorität und Autonomie. In: DJI (Hrsg.): Immer diese Jugend. München, 265–274

Planck, Ulrich (1970): Landjugend im sozialen Wandel: Ergebnisse einer Trenduntersuchung über die Lebenslage der westdeutschen Landjugend. München

Pries, Ludger (2006): Verschiedene Formen der Migration – verschiedene Wege der Integration. In: Otto, Hans-Uwe & Schrödter, Mark (Hrsg.): neue praxis, Sonderheft 8: Soziale Arbeit in der Migrationsgesellschaft. Multikulturalismus – Neo-Assimilation – Transnationalität. Lahnstein, 19–28

Reinders, Heinz (2002): Entwicklungsaufgaben. Theoretische Positionen zu einem Klassiker. In: Mertens, Hans & Zinnecker, Jürgen (Hrsg.): Jahrbuch Jugendforschung, Band 2. Wiesbaden, 3–37

Richter, Dieter (1897): Das fremde Kind. Zur Entstehung der Kindheitsbilder des bürgerlichen Zeitalters. Frankfurt a. M.

Schröder, Helmut (1995): Jugend und Modernisierung. Strukturwandel der Jugendphase und Statuspassagen auf dem Weg zum Erwachsensein. Weinheim

Schröer, Wolfgang (2004): Befreiung aus dem Moratorium. Zur Entgrenzung von Jugend. In: Lenz, Karl et al. (Hrsg.): Entgrenzte Lebensbewältigung. Weinheim, 19–74

Schröer, Wolfgang (2006): Zum „Verschwinden der Jugend". Die Lebenslage der Jugend im Zeichen der Humankapitalpolitik. In: Sozialextra 30, 1, 31–32

Shell Deutschland Holding (Hrsg.) (2006): 15. Shell Jugendstudie. Jugend 2006. Eine pragmatische Generation unter Druck. Frankfurt a. M.

Tamke, Fanny (2007): Jugenden, soziale Ungleichheit und Werte. Theoretische Zusammenführung und empirische Überprüfung. Dissertation an der Freien Universität, Berlin

Zeiher, Hartmut J. & Zeiher, Helga (1994): Orte und Zeiten der Kinder. Soziales Leben im Alltag von Großstadtkindern. Weinheim

Familie

Angelika Engelbert

1 Definitionen, Begriffs- und Gegenstandsgeschichte

In der Familiensoziologie werden zwei „Grundbetrachtungsweisen der Familie" unterschieden: Eine mikroanalytische Perspektive bezieht sich auf Familien als Kleingruppen mit spezifischen Strukturen und betrachtet z. B. Familienbeziehungen, Familienprozesse oder Familienkommunikation. In einer makroanalytischen Perspektive interessiert „die Familie" als die Gesamtheit aller Familien, d. h. als ein gesellschaftlicher Teilbereich in Abgrenzung zu anderen Teilbereichen wie etwa der Arbeitswelt oder der Politik. Familie wird hier als eine gesellschaftliche Institution [→ VI Institution und Organisation] gesehen, die bestimmte „Funktionen" im gesellschaftlichen Zusammenleben erfüllt und die durch Normen und Rollenmuster sozial strukturiert ist. Wenngleich es hier auch schwerpunktmäßig um die Lebenssituation von Familien mit behinderten Kindern gehen soll und insofern eher eine mikroanalytische Sichtweise dominieren wird, so ergeben sich doch auch aus einer makroanalytischen Sicht auf „die" Familie wichtige Erkenntnisse, die konkrete alltagsrelevante Probleme von Familien im Allgemeinen und von Familien mit behinderten Kindern im Besonderen verständlicher machen können. Aus diesem Grund wird es im Folgenden zunächst um nähere Erläuterungen zu den beiden Grundbetrachtungsweisen gehen, bevor in einem zweiten Abschnitt der „Wandel der Familie" erläutert und aktuelle Definitionen vorgestellt werden.

Familien mit behinderten Kindern sind zunächst Familien wie andere auch und sie begegnen den gleichen grundsätzlichen Problemen und Schwierigkeiten wie Familien mit nichtbehinderten Kindern. Gesteigerte bzw. zusätzliche Herausforderungen ergeben sich allerdings aus den beeinträchtigungsbedingten besonderen Aufgaben und vor allem aus sozial bedingten Belastungen, die im sozialen Umfeld der Familien sowie durch unzureichende Angebote des Hilfesystems entstehen.

1.1 Familiale Funktionen und Leistungen der Familien

Auf der *makroanalytischen* Betrachtungsebene gilt die Familie für die Gesellschaft als unverzichtbar. Die ihr zugeschriebenen Funktionen werden zwar nicht immer einheitlich bezeichnet, folgende Grundstrukturen lassen sich jedoch erkennen (Nave-Herz 2004, 79 ff.): Die Reproduktionsfunktion sichert einerseits die biologische Reproduktion, andererseits die soziale Reproduktion der Gesellschaft, d. h. vor allem die physische und psychische Regeneration ihrer Mitglieder. Die Sozialisationsfunktion stellt auf die zentrale Rolle der Familie im lebenslangen und aktiven Prozess der Auseinandersetzung des Individuums mit seiner (personalen, materiellen und immateriellen) Umwelt ab. Die Familie hat des Weiteren eine Platzierungsfunktion, d. h., sie weist ihren Mitgliedern eine gesellschaftliche Position innerhalb der gesellschaftlichen Strukturen zu (z. B. über Bildungsprozesse und Schullaufbahnentscheidungen). Indem gemeinsame freie Zeit verbracht und gestaltet wird, erfüllt die Familie eine Freizeitfunktion und schließlich ermöglicht es die Funktion des Spannungsausgleichs vor allem an der Schnittstelle von Erwerbsarbeit und Familie, Konflikte und Spannungen in außerfamilialen Bereichen aufzufangen. Gemeinsamer Kern dieser familialen Funktionen ist das, was in der neueren Diskussion als „Bildung und Erhaltung von Humanvermögen" (Fünfter Familienbericht 1994) bezeichnet wird. Familien tragen hierzu bei, indem sie in quantitativer Hinsicht für gesellschaftlichen Nachwuchs sorgen. In qualitativer Hinsicht sind hiermit elementare soziale Daseinskompetenzen und Motive der Familienmitglieder gemeint, die typischerweise das Ergebnis familialer Sozialisations- und Kommunikationsprozesse sind. In allen Gesellschaften hat die Familie vergleichbare Funktionen zu erfüllen. Wie dies jedoch konkret geschieht und das heißt vor allem, wie die Beziehungen der Familienmitglieder gestaltet werden, hängt von materiellen Bedingungen und vor allem von den jeweils gültigen sozialen Normen ab. Die konkrete Ausgestaltung des Familienlebens ist insofern sowohl in historischer als auch in kulturvergleichender Sicht sehr unterschiedlich.

Familienmitglieder erbringen Leistungen für andere, aber nicht deshalb, weil sie sich „der Gesellschaft" verpflichtet fühlen, sondern weil die sozialen Beziehungen unmittelbare Bedeutung für sie haben. Hiermit ist die *Mikroebene* der Familienbetrachtung angesprochen. Das Besondere an Familienbeziehungen ist ihre Ganzheitlichkeit und Unspezifität. Das Familienleben ist durch emotionale Beziehungen geprägt und bezieht sich grundsätzlich auf die ganze Person mit all ihren Facetten, Eigenheiten und Bedürfnissen. Gerade diese ganzheitlichen „dialogischen" Beziehungen machen den Kern und die Besonderheit des Familienlebens aus (Huinink 1997) und ihre Pflege erfordert – dies hat der siebte Familienbericht mit aller Klarheit herausgestellt – auch Zeit und Raum (2006). Familienmitglieder begegnen den gesellschaftlichen Erwartungen also immer vor dem Hintergrund der besonderen Situation und der Einzigartigkeit der anderen Familienmitglieder. Das macht die Stärke der solidarischen Strukturen von Familien aus.

1.2 Der Wandel der Familie

Seit 1965 geht in der Bundesrepublik die Heiratsneigung zurück und gleichzeitig steigen die Scheidungsziffern. Dies führt zu einem – zunächst die familialen Partnerschaftsstrukturen betreffenden – veränderten Familienbild, das durch eine deutliche Zunahme von Familien mit einem alleinerziehenden Elternteil sowie durch eine (allerdings geringere) Zunahme von Stieffamilienverhältnissen geprägt ist. Im Jahr 2004 lebten ca. 14 % aller Minderjährigen mit einem alleinerziehenden Elternteil und ca. 4 % der minderjährigen Kinder, die bei verheirateten Eltern lebten, hatten einen Stiefvater oder eine Stiefmutter. Im gleichen Zeitraum sind die Geburtenraten deutlich zurückgegangen, zunächst aufgrund der Abnahme von dritten und weiteren Kindern, mittlerweile vor allem aufgrund der (auch im internationalen Vergleich) sehr hohen Kinderlosigkeit. Aktuell bleibt ca. ein Drittel der Frauen kinderlos. Insgesamt lässt sich eine Stabilisierung des Musters der Zwei-Kind-Familie feststellen. Im Jahr 2002 hatten 76 % aller Minderjährigen mindestens ein Geschwister. Deutliche Veränderungen haben auch hinsichtlich der Erwerbsbeteiligung von Müttern stattgefunden. Diese lag 2004 bei 63 %, allerdings mit einer hohen Teilzeitquote und markanten Unterschieden nach Ost und West und insbesondere nach Alter und Anzahl der Kinder. Die Familienlandschaft ist insofern vielfältiger geworden (Pluralisierung), und man kann davon ausgehen, dass die traditionelle bürgerliche „Ernährer-Familie" mit ihrer eindeutigen geschlechtsspezifischen Rollenaufteilung ihre Monopolstellung verloren hat. Einem wachsenden Nicht-Familiensektor (derzeit ca. ein Drittel) steht ein schrumpfender Familiensektor (zwei Drittel) gegenüber (Peukert 2007), so dass seit einiger Zeit auch von fortschreitender „Polarisierung" der Lebensformen die Rede ist (Strohmeier 1988).

Unter diesen Umständen ist eine Definition von „Familie" nicht einfach, zeichnet sie sich doch gerade durch Vielfalt und Veränderbarkeit aus. Dementsprechend existieren unterschiedliche und im Laufe der Jahre zunehmend offenere Konzepte. Während die so genannte „moderne Kleinfamilie" noch als eine auf Ehe gründende Gemeinschaft der Eltern mit ihren leiblichen Kindern verstanden wurde und die „bürgerliche" Kleinfamilie darüber hinaus durch eine klare Rollentrennung zwischen den Geschlechtern gekennzeichnet war, werden nunmehr neben dem „Generationenverhältnis" die besondere Form von Solidarbeziehungen sowie die „biologisch-soziale Doppelnatur", d. h. die gleichzeitige Übernahme von Reproduktions- und Sozialisationsaufgaben zur Charakterisierung von Familie genannt (Nave-Herz 2002). Nach Peukert (2007, 36) bezeichnet Familie „[...] allgemein eine Lebensform, die mindestens ein Kind und ein Elternteil umfasst und einen dauerhaften und im Inneren durch Solidarität und persönliche Verbundenheit charakterisierten Zusammenhang aufweist". In der empirischen Praxis (z. B. des Statistischen Bundesamts) hat sich dementsprechend mittlerweile zur Abgrenzung von Familie „im engeren Sinne" das Kriterium der Zuständigkeit für und des Zusammenlebens mit Kindern bis zu einem festgelegten Alter – unabhängig von Zahl und Familienstatus der Eltern – durchgesetzt.

Auf gesamtgesellschaftlicher Ebene haben die skizzierten Veränderungen nicht nur einen absehbaren Bevölkerungsrückgang, sondern vor allem eine Verschiebung des Generationenverhältnisses zur Folge: Der Anteil der Kinder und Jugendlichen nimmt deutlich ab, derjenige der älteren Bevölkerung nimmt dagegen rapide zu [→ Demographie, demographischer Wandel]. Das Alltagsleben der Familien ist jedoch vor allem durch Entwicklungen geprägt, die die sozialen Beziehungen innerhalb der Familie, nämlich zwischen den Partnern und zwischen Eltern und Kindern sowie jene zu ihren sozialen Netzwerken verändert haben.

So haben sich *Partnerschaftsbeziehungen* und hier vor allem die Grundlagen von Liebesbeziehungen deutlich verändert. Als Hauptzweck einer Beziehung gilt nunmehr die emotionale Befriedigung der Partner. Eine Beziehung wird um ihrer selbst Willen gegründet und aufrechterhalten und ist durch hohe Ansprüche an ihre Qualität geprägt (Peukert 2007). Diese Ansprüche sind allerdings spätestens seit der „nachgeholten Individualisierung des weiblichen Lebenszusammenhangs" (Beck-Gernsheim 1994) immer schwerer zu erfüllen, da nunmehr die individuellen Lebensentwürfe und die hierauf aufbauenden Bedürfnisse von beiden Partnern miteinander vereinbart werden müssen. Da gleichzeitig die normative Verbindlichkeit der Ehe deutlich gesunken ist, muss Beziehungs- und damit auch Familienzusammenhalt durch eigenes Bemühen immer wieder hergestellt und verhandelt werden (Strohmeier & Schultz 2006) und kann als permanenter Balanceakt zwischen unterschiedlichen Erwartungen und Lebensentwürfen charakterisiert werden.

Auch die Veränderungen in der *Eltern-Kind-Beziehung* sind zunächst durch eine zunehmende Emotionalisierung zu charakterisieren. Kinder werden hierdurch auch zu „Sinnstiftern und Validierern für die Elternpersönlichkeit" (Schütze 2002). Durch die Verbreitung von Verhütungsmöglichkeiten und durch die Entkoppelung von Sexualität und Fortpflanzung wird die Entscheidung für Kinder immer mehr zu einer bewusst getroffenen und freiwilligen Entscheidung. Hiermit ist in aller Regel auch die langfristige Sorge für das Kind und für optimale Entwicklungsvoraussetzungen verbunden. Kaufmann (1995) bezeichnet dies als „Normkomplex verantwortete Elternschaft", der für Eltern allerdings auch als gesteigerter Druck, die Entwicklung ihres Kindes optimal zu fördern, erfahren wird. Die Wahrnehmung der Elternrolle ist auch insofern anspruchsvoller und schwieriger geworden, als autoritäre Erziehungsstile an Gültigkeit verloren haben, und Selbstständigkeit und die Anerkennung individueller Bedürfnisse von Kindern als Erziehungsziele immer wichtiger geworden sind.

Veränderte Familien- und vor allem veränderte Haushaltsstrukturen begründen auch eine zunehmende Bedeutung des Netzwerkcharakters von Familie. Damit ist einerseits gemeint, dass Familien nicht an gemeinsames Wirtschaften und Wohnen gebunden sind und auch über den Haushalt hinaus weisen können. Des Weiteren sind aber auch Veränderungen in den sozialen Netzen der Kernfamilie angesprochen. Aufgrund der demographischen Entwicklung sind Verwandtschaftsnetze bereits jetzt deutlich kleiner geworden, vor allem Seitenverwandte werden weniger. Die Erhöhung der Lebenserwartung führt auf der anderen Seite jedoch zu einer längeren gemeinsamen Lebenszeit von Eltern und (erwachsenen) Kindern. Damit verlängert sich die Dauer von Solidarverpflichtungen, gleichzeitig haben sich kulturelle Hilfenormen relativiert: Verwandtschaftliche Hilfe wird eher an Freiwilligkeit als an Verpflichtung gebunden. Auch die räumlichen Strukturen verwandtschaftlicher Netze haben sich verändert. Sie sind heutzutage weniger durch das Zusammenwohnen und eher durch „Nähe durch Distanz" geprägt. Schließlich hat die Bedeutung von (frei wählbaren) Freundschaftsbeziehungen zugenommen. Ihre Leistungen sind immens wichtig, können jedoch nachgewiesenermaßen nicht diejenigen von Verwandtschaftsnetzen ersetzen (Strohmeier & Schultz 2006).

Die Lebenssituation von Familien ist in hohem Maße durch die Tatsache geprägt, dass auf die Belange der Familie in anderen Zusammenhängen keine Rücksicht genommen wird. Diese „strukturelle Rücksichtslosigkeit moderner Gesellschaften" (Kaufmann 1995) gegenüber der Familie findet sich sowohl in der Arbeitswelt als auch im Bildungs- oder Rechtssystem oder in der Sozialpolitik. Sie führt im Alltag zur Unvereinbarkeit von Aufgaben und zu Schwierigkeiten, die geforderten Leistungen für die Familienmitglieder zu erbringen. Dies ist vor allem dann der Fall, wenn gelebte familiale Wirklichkeit in Konflikt mit institutionalisierten Normalitätsvorstellungen gerät. Solche Normalitätsvorstellungen können sich auf Familienformen oder Familienressourcen beziehen, sie betreffen aber auch Familienaufgaben, die sich zum Beispiel für Familien mit behinderten Kindern nachhaltig verändern. Zu fragen ist insofern zum einen nach aktuellen grundsätzlichen Strukturproblemen des Familienlebens und zum zweiten

nach deren besonderer Ausprägung in Familien mit behinderten Kindern.

2 Zentrale Probleme und Erkenntnisse

Aus den zuvor genannten familialen Wandlungserscheinungen und den ihnen zugrunde liegenden gesellschaftlichen Entwicklungen ergibt sich eine ganze Reihe aktueller Problembereiche des Familienlebens, die hier nicht vollständig behandelt werden kann. Fünf besonders gravierende Strukturprobleme werden im Folgenden näher betrachtet und im Hinblick auf ihre besondere Relevanz für Familien mit behinderten Kindern diskutiert.

2.1 Familienbeziehungen und Familienrollen

Funktionierende Partnerschaftsbeziehungen [→ Freundschaft, Partnerschaft] werden für die Individuen wichtiger und gleichzeitig voraussetzungsvoller, da unterschiedliche Lebensentwürfe und unterschiedliche Erwartungen und Bedürfnisse miteinander vereinbart werden müssen. Die hierbei entstehenden Schwierigkeiten bedingen nicht nur eine gesteigerte Labilität von Partnerschaften, sondern auch eine höhere Konfliktanfälligkeit und Konfliktbetroffenheit von Familien. Besonders schwierig wird die Situation deshalb, weil die hohen Erwartungen an die Partnerschaft mit den gleichzeitig hohen Erwartungen an die Ausfüllung der Elternrolle kollidieren (Herlth et al. 1994). Vor dem Hintergrund eines deutlich gestiegenen Wissens um die Entwicklungsvoraussetzungen und Fördermöglichkeiten haben sich hier die Vorstellung einer grundsätzlichen Steuerbarkeit der Entwicklung und das sogenannte „Ideal des perfekten Kindes" herausgebildet. In Kombination mit der hohen Verantwortlichkeit der Elternrolle führt dies zu „Machbarkeitsillusionen" und setzt Eltern unter hohen Erwartungsdruck bezüglich ihrer Anstrengungen zur Förderung der Entwicklung der Kinder (Beck-Gernsheim 1994). Damit ist eine Pädagogisierung von Kindheit verbunden, die grundsätzlich ein hohes Maß an elterlicher Verunsicherung bedingt und das Einfinden in die Elternrolle erschwert.

Für die Eltern behinderter Kinder erhöhen sich die Anforderungen an die Elternrolle und verschärft sich das Problem der Verunsicherung deutlich [→ Elternschaft]. Unsicherheiten entstehen für sie zum einen aufgrund der zusätzlichen und erhöhten Aufwendungen für die Versorgung und Pflege eines behinderten Kindes. Unsicherheiten verstärken sich zum zweiten aufgrund der ausbleibenden Bestätigung durch die Umwelt. Diese sind in hohem Maße daran gebunden, dass Kinder (standardisierte) Entwicklungsfortschritte machen. Solche Fortschritte stellen sich allerdings bei Kindern mit Behinderung in aller Regel verzögert oder überhaupt nicht ein. Unsicherheiten entstehen vor allem aber durch die fehlenden gesellschaftlichen Vorgaben im Umgang mit behinderten Menschen, die sich insbesondere in den (ebenfalls auf Unsicherheit beruhenden) Reaktionen aus dem sozialen Umfeld zeigen (Cloerkes 2001). In dieser Situation „traditionsloser Elternschaft" müssen „emotional-expressive Anteile" der Elternrolle, die insbesondere auf emotionale Stabilisierung und die Mobilisierung von Unterstützung im informellen System zielen, neu gesucht werden. Hinzu kommt die Notwendigkeit, professionelle und institutionalisierte Hilfen zu suchen und zu nutzen [→ VI Dienstleistungen für Kinder und Jugendliche und ihre Familien]. Dies macht den „instrumentell-technischen Anteil" einer neu zu findenden Elternrolle aus (Thimm 1974). Besonders schwierig ist dies, da auch für Eltern behinderter Kinder das Primat der Förderung und der hohen Verantwortlichkeit gilt.

Auch wenn sich aufgrund dieser Situation die potentiellen Konflikte zwischen Partner- und Elternrolle verschärfen und insofern Schwierigkeiten bzw. Belastungen der Paarbeziehungen erwartbar wären, kann die These einer Beeinträchtigung der Qualität oder gar einer schweren Störung der Partnerbeziehung in Familien mit behinderten Kindern empirisch nicht bestätigt werden (Engelbert 1989; Thurmair 1990; Beck 2002). Dies gilt auch für die Situation der Geschwister behinderter Kinder, die in den letzten Jahren zunehmend beachtet wurde. Sie sind zwar in vielerlei Hinsicht besonders gefordert und zum Teil auch in hohem Maße belastet, in ihrer Entwicklung jedoch keineswegs grundsätzlich beeinträchtigt. Vielmehr spricht einiges dafür, dass die Geschwister behinderter Kinder auch besondere Entwicklungschancen haben (Engelbert 1989; Cloerkes 2001; Beck 2002).

2.2 Vereinbarkeit der Anforderungen

Familien sind typischerweise mit einer Vielzahl von Aufgaben befasst, die sich aus den jeweiligen Familienstrukturen, den Bedürfnissen aller Mitglieder und deren Verpflichtungen außerhalb der Familie ergeben. Hier stellt sich grundsätzlich das Problem der Koordinierung und der Vereinbarkeit. Besonders schwierig ist die Vereinbarung von Familienarbeit und Erwerbstätigkeit für Alleinerziehende und wenn beide Elternteile erwerbstätig sind. Gewandelte Geschlechterrollen und der Wunsch der Frauen nach Erwerbsarbeit, aber auch die Notwendigkeit, das Familieneinkommen zu sichern, sind Hintergründe der Vereinbarungserfordernisse. Zum Problem werden sie aufgrund unzureichender außerfamilialer Betreuungsmöglichkeiten für Kinder und wegen der weiterhin existierenden geschlechtsspezifischen Arbeitsteilung im Haushalt und bei der Kindererziehung. Folgen solcher Vereinbarkeitsprobleme zeigen sich zum einen auf der Ebene der partnerschaftlichen Abstimmung über Arbeitsteilung als Irritationen, Spannungen und Auseinandersetzungen in der Partnerschaft (Peukert 2007), zum anderen führt ihre (unvollständige und unbefriedigende) Lösung häufig zu Zeitstress oder mündet im (traditionellen) Ernährermodell mit den bekannten Nachteilen vor allem für die Frauen sowie in Einschnitten im Familienbudget [→ Erwerbstätigkeit, Leben ohne Arbeit und berufliche Bildung].

Auch das Vereinbarkeitsproblem stellt sich mit besonderer Schärfe in Familien mit behinderten Kindern. Anforderungen und Belastungen aufgrund der Behinderung des Kindes und das hohe Maß an Unsicherheit bei den Eltern führen hier häufiger als in anderen Familien zu traditionellen Lösungen, bei denen die Mütter auf eine Erwerbstätigkeit verzichten. Zwar hat auch die Erwerbstätigkeitsquote der Mütter behinderter Kinder in den letzten Jahren zugenommen, sie sind aber immer noch in deutlich geringerem Maße erwerbstätig als andere Mütter (Hirchert 2004). Grundsätzlich gibt es hier – wie in allen Familien – jedoch deutliche Unterschiede nach dem Bildungsgrad und dem Berufsstatus der Eltern. Eine Aufgabe der Erwerbstätigkeit finden wir eher in den unteren Sozialschichten (ebd.; Beck 2002).

2.3 Armut und soziale Ungleichheit

Die Familienpolitik in Deutschland ist vergleichsweise stark auf materielle Leistungen ausgerichtet. Dennoch gilt nach wie vor, dass Kinder „Privatsache" der Eltern sind und dass diese den größten Teil der anfallenden Kinderkosten übernehmen. Gleichzeitig sinken aufgrund des Vereinbarkeitsproblems die Chancen, diese Kosten durch ein höheres oder auch nur durch ein gleich bleibendes Einkommen zu tragen. Die hierdurch entstehende Schere zwischen anfallenden Kosten und verfügbaren Mitteln hat zur Folge, dass Kinder hierzulande mittlerweile als das größte „Armutsrisiko" gelten. Dies drückt sich nicht nur in einem deutlichen Zusammenhang zwischen der Höhe des (gewichteten) Pro-Kopf-Einkommens und der Kinderzahl aus, sondern auch in den mit Abstand höchsten Sozialhilfequoten in der Kinderpopulation. Diese „generationale Ungleichheit", die zugleich auf die Benachteiligung von Eltern verweist, stellt eine der markantesten Ungleichheitsstrukturen dar und begründet angesichts der bedrohten Ressourcenlage Be-

fürchtungen vor einer Gefährdung der Leistungserbringung von Familien im Allgemeinen und einer Gefährdung des Kindeswohls im Besonderen. Verschärft wird diese strukturelle Benachteiligung von Familien und Kindern noch dadurch, dass sich aufgrund von Segregationsprozessen auch eine sozialräumliche Dimension von Armut und Unterversorgung herausgebildet hat. Familien und insbesondere arme Familien konzentrieren sich in Wohngebieten mit schlechter Infrastruktur und geringerer Lebensqualität [→ Soziale Exklusions- und Desintegrationsrisiken].

Das Problem materieller Deprivation trifft Familien mit behinderten Kindern mit besonderer Schärfe. Zum einen sind arme Familien stärker von Behinderungen betroffen; vor allem (aber keineswegs ausschließlich) Lernbehinderungen treten eher auf, u. a. weil Präventions- und Hilfeangebote schichtspezifisch genutzt werden (Beck 2002, 232). Zum anderen sind die Möglichkeiten, Erwerbseinkommen zu erzielen, aufgrund der skizzierten Vereinbarkeitsprobleme in Familien mit behinderten Kindern stärker eingeschränkt. Gleichzeitig ergeben sich häufig zusätzliche Kosten aufgrund der besonderen Versorgungs- und Förderaufwendungen. Das hat zur Folge, dass das Durchschnittseinkommen von Familien mit behinderten Kindern deutlich geringer als in vergleichbaren Familien mit nichtbehinderten Kindern ausfällt. Der bekannte starke Zusammenhang zwischen Einkommen und Wohnsituation führt dazu, dass der in der Regel höhere Bedarf an Bewegungs-, Anregungs- und Versorgungsspielräumen durch entsprechende Wohnverhältnisse häufig nicht gedeckt werden kann (Cloerkes 2001, 250).

2.4 Problembewältigung und Stressvermeidung

Der Alltag von Familien besteht zum größten Teil aus eingespielten Abläufen und Routinen, mit denen die anstehenden Aufgaben bewältigt werden. Probleme können dann entstehen, wenn sich Veränderungen ergeben und

Routinen angepasst werden. Alle Familien stehen mehr oder weniger häufig vor solchen Alltagsproblemen, hin und wieder müssen aber auch schwere Herausforderungen und Schicksalsschläge bewältigt werden. Entscheidend ist dabei die Frage, welche Faktoren eine erfolgreiche Problembewältigung erleichtern und Familien damit vor schwerwiegenden Krisen oder gar vor dem Zusammenbruch schützen können. Übereinstimmend hat die Forschung in diesem Zusammenhang herausgearbeitet, dass nicht nur Persönlichkeitsstärken der Eltern oder eine positive Definition der Situation hilfreich sind, sondern dass insbesondere soziale Ressourcen für Familien eine herausragende Bedeutung haben. Familien, die einerseits auf ein höheres Maß an partnerschaftlichem und familialem Zusammenhalt, andererseits auf Unterstützung im Freundes- und Verwandtenkreis zurückgreifen können, gelingt es eher, sich etwa mit der Entwicklung neuer Routinen, neuer Orientierungen und Rollenzuweisungen an die schwierige Situation anzupassen und hierdurch drohende Krisen zu vermeiden. Gerade soziale Unterstützungsnetze werden insofern für Familien immer wichtiger, so dass die Verfügungschancen über informelle Hilfeleistungen für das Funktionieren von Familien konstitutiv zu sein scheinen [→ VI Personenorientierte Hilfen, Soziale Netzwerkförderung, Umfeldkonzepte].

Diese Zusammenhänge gelten grundsätzlich auch für Familien mit behinderten Kindern und für die Bewältigung ihrer besonderen Herausforderungen. Problematisch scheint dabei am ehesten eine ausreichende Versorgung mit Netzwerkressourcen zu sein. Ihre grundsätzliche Stärke liegt auch für Familien mit behinderten Kindern in einer emotionalen Unterstützung. Zwar finden auch konkrete instrumentelle Hilfeleistungen statt, deren Bedeutung wird jedoch in der Regel überschätzt (Häussler & Bormann 1997). Grundsätzlich muss man davon ausgehen, dass die sozialen Netze von Familien mit behinderten Kindern kleiner sind als die von anderen Familien (Engelbert 1989) und dass dies ganz besonders für Familien gilt, in denen die

Eltern ein eher geringes Einkommen und eine eher geringere Berufsposition haben (Heckmann 2004). Gründe hierfür liegen sicherlich in der bereits genannten stärkeren Unsicherheit im Umgang mit behinderten Menschen. Die Netzwerkbildung und -pflege der Familien wird zusätzlich jedoch dadurch erschwert, dass die sozialen Netze der Familien in hohem Maße durch den Kontakt mit (problemzentrierten) Professionellen und spezialisierten Hilfeinstitutionen geprägt sind, die in aller Regel nicht lebensweltnah [→ Lebenswelt, Lebenslage] ausgerichtet sind. Der Aufbau und die Pflege von informellen Netzwerken ist unter diesen Umständen aufgrund der Dominanz institutioneller Umwelten deutlich schwieriger (Schumann et al. 1989).

2.5 Überforderung und Hilfenutzung

Verantwortlichkeits- und Solidaritätsnormen führen in der Regel dazu, dass Familien im Bedarfsfall alle Energien mobilisieren und verfügbare Ressourcen einsetzen. Erwartungen an die Leistungen der Familien existieren jedoch ohne Berücksichtigung der faktischen Möglichkeiten zur Unterstützung und zur Problembearbeitung, so dass gerade in gravierenden Problemsituationen und wenn notwendige Ressourcen nicht zur Verfügung stehen, Überforderung eintreten kann [→ Subsidiarität, Solidarität, Selbstverantwortung]. Dieser Überforderung soll in der Regel mit sozialpolitischen Hilfe- und Unterstützungsleistungen begegnet werden. Hinsichtlich ihrer problemadäquaten Nutzung und ihrer faktischen Wirkungen stellt sich jedoch ein grundsätzliches Problem: Ein funktionierendes Familienleben setzt gelingende Balancen voraus. Besonders wichtig ist die Balance zwischen einem notwendigen Maß an angemessenem familialem Zusammenhalt und einer gewissen Abgrenzung von der Familienumwelt einerseits und einer notwendigen Öffnung gegenüber dieser Umwelt andererseits. Familien haben und brauchen eigene Handlungslogiken und einen gewissen „Eigensinn". Im Kontakt mit der Umwelt und insofern auch im Kontakt mit den Hilfesystemen besteht für sie immer die Gefahr einer situationsunangemessenen Einflussnahme und Fremdsteuerung [→ Hilfe, Helfen, Selbsthilfe]. Dies ist ein Grund für die Zurückhaltung vor einer Inanspruchnahme von sozialen Dienstleistungen, die bekanntlich in den unteren Sozialschichten sehr viel eher eintritt. Es ist aber auch ein Grund für Schwierigkeiten und Belastungen im Kontakt mit dem Hilfesystem. Über diejenigen Familienmitglieder, deren Hilfebedarfe den Kontakt mit den Hilfeinstitutionen begründen, erhalten Professionelle „Einblick" in das Familiengeschehen, wodurch deren „Schlüssellochfunktion" begründet und das Familienleben öffentlich wird. Familienlogik und institutionelle bzw. professionelle Logik können hierüber aufeinander treffen, und davon sind andere Familienmitglieder und ist das gesamte Familiensystem betroffen. Vor allem Letzteres ist für die Lebenssituation von Familien mit behinderten Kindern typisch. Sie sind fast schon zwangsläufig auf ein sehr komplexes und spezialisiertes Hilfesystem verwiesen, das vor allem auf die Hilfebedarfe des behinderten Kindes ausgerichtet ist (Engelbert 1999). Kennzeichnend ist insofern die Dominanz des Merkmals Behinderung. Aufgrund des intensiven und fortgesetzten Kontaktes stellt sich das oben skizzierte Problem mit besonderer Schärfe: Unterschiedliche Handlungslogiken von Eltern und Professionellen prägen den Kontakt und auch die Problemsituation der Familien [→ VI Profession und Professionalisierung]. Eltern werden zudem im Prozess der Neufindung ihrer Elternrolle immer wieder auf das Problem Behinderung und auf ihre Sonderrolle verwiesen. Ein weiteres, gerade für Familien mit behinderten Kindern besonders wichtiges Problem resultiert aus dem Primat der Verantwortlichkeit. Es führt dazu, dass auch aus der Sicht der Eltern die Bedürfnisse des Kindes im Vordergrund stehen, und verhindert, dass Belastungen und Probleme von Familienangehörigen thematisiert werden. Hilfeangebote, die auf die besondere Situation der Familien abstellen, gewinnen zwar allmäh-

lich an Bedeutung [→ VI Dienstleistungen für Kinder und Jugendliche und ihre Familien] und Empowerment und „Erziehungspartnerschaft" werden zunehmend wichtig. Dennoch fehlt es dem Hilfesystem für Kinder mit Behinderung vor allem an einer grundsätzlichen „Familienorientierung", die die Situation der ganzen Familie im Blick hat. Dies ist das übereinstimmende Ergebnis der neueren Forschung, die sich gerade mit diesem Thema in den letzten Jahren intensiv befasst hat (Engelbert 1999; Eckert 2001; Thimm & Wachtel 2002; Heckmann 2004). Hierbei wäre es auch wichtig zu berücksichtigen, dass der Kontakt mit dem Hilfesystem schwierig sein kann und dass zu seiner erfolgreichen und nicht belastenden Nutzung wiederum soziale Ressourcen (nämlich familialer Zusammenhalt und Netzwerkunterstützung) erforderlich sind, die ihrerseits ungleich verteilt sind (Engelbert 1999).

3 Ausblick

Die unverkennbar stärkere Ausprägung von typischen Problemen des Familienlebens in Familien mit behinderten Kindern hat in der Familiensoziologie immer wieder zu der Frage geführt, ob Familien mit der Bewältigung von schwerer Krankheit oder Behinderung grundsätzlich „überfordert" sind. Mittlerweile haben die Ergebnisse der empirischen Forschung aber eindrücklich ein anderes Bild zeichnen und damit die defizitdominierte Sicht ersetzen können: Familien mit behinderten Kindern haben keine grundsätzlich anderen Probleme, es sind vielmehr die für das heutige Familienleben typischen Probleme, die für Familien mit behinderten Kindern allerdings eine stärkere Ausprägung erhalten. Die Behinderung eines Kindes stellt die Familien unzweifelhaft vor hohe Anforderungen, die vor dem Hintergrund benachteiligender Bedingungen in eine erschwerte Lebenssituation münden. Sie sind aber keineswegs grundsätzlich mit dieser Aufgabe überfordert – wenn ihnen hierbei ausreichend Ressourcen zur Verfügung stehen. Wichtiger als die Frage nach einer Gefährdung ist deshalb die Frage, ob den Familien diejenigen Ressourcen zur Verfügung stehen, die sie bei der Erbringung ihrer wichtigen Leistungen stärken. In diesem Zusammenhang ist grundsätzlich die Forderung nach einer lebensweltnahen familienfördernden Politik in all ihren Facetten und Möglichkeiten wichtig. Für Familien mit behinderten Kindern ist eine weitere Forderung jedoch unabdingbar. Sie betrifft die Begründung und Verbreitung einer stärkeren „Familienorientierung" im Hilfesystem für behinderte Kinder.

Literatur

Beck, Iris (2002): Die Lebenslagen von Kindern und Jugendlichen mit Behinderung und ihrer Familien in Deutschland: soziale und strukturelle Dimensionen. In: Sachverständigenkommission 11. Kinder- und Jugendbericht (Hrsg.): Gesundheit und Behinderung im Leben von Kindern und Jugendlichen. München, 17–316

Beck-Gernsheim, Elisabeth (1994): Gesundheit und Verantwortung im Zeitalter der Gentechnologie. In: Beck, Ulrich & Beck-Gernsheim, Elisabeth: Riskante Freiheiten. Frankfurt a. M., 316–335

Cloerkes, Günther (2001): Soziologie der Behinderten. Eine Einführung. 2. neu bearb. u. erw. Aufl. Heidelberg

Eckert, Andreas Georg (2001): Eltern behinderter Kinder und Fachleute: Erfahrungen, Bedürfnisse und Chancen. Bad Heilbrunn

Engelbert, Angelika (1989): Behindertes Kind – „gefährdete" Familie? Eine kritische Analyse des Forschungsstandes. In: Heilpädagogische Forschung, XV, 2, 104–111

Engelbert, Angelika (1999): Familien im Hilfenetz. Bedingungen und Folgen der Nutzung von Hilfen für behinderte Kinder. Weinheim

Fünfter Familienbericht (1994): Familie und Familienpolitik im geeinten Deutschland – Zukunft des Humanvermögens. Bundesministerium für Familie und Senioren (Hrsg.): Bundestagsdrucksache Nr. 12/7560, Bonn

Häußler, Monika & Bormann, Berthold (1997): Studie zur Lebenssituation von Familien mit behinderten Kindern in den neuen Bundesländern. Baden-Baden

Heckmann, Christoph (2004): Die Belastungssituation von Familien mit behinderten Kindern. Sozia-

les Netzwerk und professionelle Dienste als Bedingung für die Bewältigung. Heidelberg

Herlth, Alois et al. (Hrsg.) (1994): Abschied von der Normalfamilie? Partnerschaft kontra Elternschaft. Berlin

Hirchert, Annette (2004): Frauen zwischen Kind und Beruf: Mütterliche Erwerbstätigkeit in Familien mit einem behinderten Kind – Realität und Selbstverständnis. Würzburg

Huinink, Johannes (1997): Elternschaft in der modernen Gesellschaft. In: Gabriel, Karl et al. (Hrsg.): Modernität und Solidarität. Konsequenzen gesellschaftlicher Modernisierung. Freiburg, 79–90

Kaufmann, Franz-Xaver (1995): Zukunft der Familie im vereinten Deutschland. Gesellschaftliche und politische Bedingungen. München

Nave-Herz, Rosemarie (2004): Ehe und Familiensoziologie. Weinheim

Peukert, Rüdiger (2007): Zur aktuellen Lage der Familie. In: Ecarius, Jutta (Hrsg.): Handbuch Familie. Wiesbaden, 36–56

Schütze, Yvonne (2002): Zur Veränderung im Eltern-Kind-Verhältnis seit der Nachkriegszeit. In: Nave-Herz, Rosemarie (Hrsg.): Kontinuität und Wandel der Familie in Deutschland. Stuttgart, 71–98

Schumann, Werner et al. (1989): Soziale Netzwerke – Eine neue Sichtweise der Lebenssituation von Kindern mit Behinderungen. In: Zeitschrift für Heilpädagogik, 40, 2, 95–105

Siebter Familienbericht (2006): Familie zwischen Flexibilität und Verlässlichkeit – Perspektiven für eine lebenslaufbezogene Familienpolitik. Bundesministerium für Familie, Senioren, Frauen und Jugend (Hrsg.): Bundestagsdrucksache Nr. 16/1360

Strohmeier, Klaus Peter (1988): Geburtenrückgang als Ausdruck von Gesellschaftswandel. In: Bevölkerungsentwicklung und Bevölkerungspolitik in der Bundesrepublik. Reihe Bürger im Staat. Stuttgart, 55–83

Strohmeier, Klaus Peter & Schultz, Annett (2005): Familienforschung für die Familienpolitik. Wandel der Familie und sozialer Wandel als politische Herausforderungen. Im Auftrag des Ministeriums für Gesundheit, Soziales, Frauen und Familie des Landes Nordrhein-Westfalen, Bochum

Thimm, Walter (1974): Zur sozialen Situation der Familien mit behinderten Kindern. In: Vierteljahresschrift für Heilpädagogik, 43, 11–18

Thimm, Walter & Wachtel, Grit (2002): Familien mit behinderten Kindern. Wege der Unterstützung und Impulse zur Weiterentwicklung regionaler Hilfesysteme. Weinheim

Thurmair, Martin (1990): Die Familie mit einem behinderten Kleinkind. In: Frühförderung interdisziplinär, 9, 49–62

Erwachsensein und Alter

Heinz Wieland

Folgende kurze Vorbemerkungen sind erforderlich: Zum einen beschreiben beide Begriffe – „Erwachsensein" und „Alter" – eher einen Zustand, eine vielleicht sogar gleich bleibende Lebensphase. Dies kann aber nicht gemeint sein, denn sowohl intra- als auch interindividuell sind die genannten Lebensabschnitte notwendig immer auch prozesshaft zu verstehen. Zum anderen könnte sich durch die Anreihung der Stichwörter durch „und" der Eindruck einstellen, es ginge hier um konsekutive, abgetrennte Lebensphasen, als sei Altsein etwas gänzlich anderes als Erwachsensein. Mit der Gegenüberstellung von Erwachsensein und Alter ist also weder ein statisches Verständnis noch ein schlichter Antagonismus gemeint.

1 Erwachsensein

Mit der Industrialisierung und den Demokratisierungsbestrebungen bahnte sich seit etwa 1800 eine „Volksbildung" (Kade & Seitter 2005, 9) an, die sich ganz allmählich in breiterem Umfang als Erwachsenenbildung durchsetzte. Mit ihr begann man bereits zu jener Zeit den neuen Anforderungen der Arbeitswelt nach erhöhter Mobilität und den beginnenden Kämpfen um Erweiterung der politischen Rechte sowie um soziale Gleichstellung vor allem der Arbeiter und Bauern Rechnung zu tragen. Es kam hier zunächst darauf an, die fehlende oder unzureichende Schulbildung im Erwachsenenalter zu ersetzen oder zu ergänzen (Strzelewicz 1969, 235).

Heute ist angesichts einer hochbeschleunigten Veränderlichkeit unserer Gesellschaft die Forderung nach einer *éducation permanente* im umfassenden Sinne gar nicht mehr zu bestreiten, wenn von Erwachsensein in der modernen Gesellschaft die Rede ist.

1.1 Begriff und Begriffsgeschichte

Was aber bedeutet „Erwachsensein" heute? Eine grundlegende, wenn auch eher triviale Bestimmung des Erwachsenen ergibt sich nach Kade (2005), dessen Ausführungen ich nachstehend folge, aus der „altersstufenbezogenen Differenz". Der Erwachsene ist danach nicht mehr Kind bzw. Jugendlicher. „Erst im Erwachsenen vollendet sich der Mensch. Der Erwachsenenbegriff hat somit [...] vor allem auch eine normative Seite". Kade schlussfolgert auf einen „Erwachsenenzentrismus des menschlichen Lebenslaufs". Merkwürdig müsse anmuten, dass der „Erwachsene [...] – als Begriff – gegenwärtig in den Sozialwissenschaften und insbesondere in den Erziehungswissenschaften kein relevantes, Aufmerksamkeit fokussierendes und Diskurse verdichtendes Thema" (ebd., 403) darstelle.

Noch in den 1970er Jahren sind zwei Thesen diskutiert worden, nach der sich zum einen die Strukturierung des Lebenslaufs in die Phasen Kindheit, Jugend [→ Kindheit und Jugend], Erwachsensein und Alter erst in der Neuzeit habe entwickeln können, während im Mittelalter Kinder und Erwachsene sich hinsichtlich ihres Denkens, Fühlens und Handelns nicht wesentlich unterschieden hätten. Zum anderen sei die These von der „Entgrenzung der Lebensalter des Kindes und des Erwachsenen" (ebd., 404) diskutiert worden, wonach dem Prozess der Herausbildung des neuzeitlichen Erwachsenen ein anderer Prozess entgegenwirke, der seine Auflösung bewirke. Der für den erwachsenen Menschen kennzeichnende Aspekt, ein sozial voll verantwortlich und autonom handelndes, erwerbstätiges Mitglied einer Gesellschaft zu sein, löse sich auf und diffundiere in die Lebensphasen von Kindheit, Jugend und Alter.

Nicht wenig erstaunlich aus heutiger Sicht ist, dass man zwar, wie oben gezeigt, offenbar seit fast 200 Jahren darum bemüht und davon überzeugt ist, dass Erwachsene lernen können bzw. müssen, dass man aber die implizite Alltagsvorstellung, dass jene sich eigentlich in einem Zustand des „Fertig-Seins" des Erwachsenen befinden, anscheinend nicht aufgegeben hat, ja dass diese Vorstellung sich bis in die wissenschaftlichen Menschenbilder hinein erhalten konnte.

In der Entwicklungspsychologie zeichnete sich das Erwachsenenalter bis in die 1970er Jahre durch eine abgeschlossene und weitgehend stabile Persönlichkeitsentwicklung aus; im Erwachsenenalter vollendet der Mensch seine Identität, es ist gewissermaßen Ziel aller Entwicklung, wohingegen die Kindheit resp. Jugend als Vorbereitungsstufe galten. Alter dagegen war gleichbedeutend mit Niedergang und wurde, wie die Jugend auch, als Problemfall angesehen. Empirische Untersuchungen konnten in jener Zeit aber zeigen, dass Menschen im Erwachsenenalter lernfähig sind, mittels neuer Erfahrungen in der Lage sind, ihre Persönlichkeit zu verändern und zu entwickeln. Eine Differenzierung des Erwachsenenlebens in frühes, mittleres und spätes Erwachsenenalter setzte sich durch, soziologische Sozialisationstheorien arbeiteten den lebenslangen Charakter des Sozialisationsprozesses [→ Sozialisation, Biographie und Lebenslauf] heraus.

In modernen westlichen Gesellschaften, die durch Individualisierung und Pluralisierung gekennzeichnet sind, haben typisierende und normative Konzepte zum Thema Erwachsener keinen allzu großen Erklärungswert. Die Biographieforschung kann als Antwort auf die Anforderung verstanden werden, das Individuelle und Besondere des Erwachsenseins erfassen zu können. Dass die Möglichkeit der Gestaltung des eigenen Lebens keineswegs

nur eine gesellschaftlich bereitgehaltene Option für die Individuen ist, sondern gleichzeitig auch eine normative Komponente enthält, indem sie nämlich eine Erwartung darstellt, ist mittlerweile anerkannt. Wenn heute die Individuen ihr Leben nach der Maßgabe von Selbstbestimmung und Selbstverwirklichung gestalten können und müssen, dann kann „eine zeitgemäße Definition des ‚Erwachsenen' […] unter anthropologischem Blickwinkel [keine] starre[n] eigenschafts- und merkmalsbezogene[n] Identitätsmodelle und Menschenbilder" (407) mehr zugrunde legen. „Der Erwachsene wird nun nicht mehr mit Hilfe einer altersbezogenen Differenzierung thematisiert, sondern mit einer lebenslaufbezogenen, aber auf ihn als Ganzes bezogenen Kategorie, der Biographie" (ebd.). Damit „steht die Biographieforschung für die Parteinahme für das Individuum, für den Menschen als sich selbst erlebendes und selbst schaffendes individuelles Subjekt" (ebd.).

Den Individuen bietet sich nicht nur die Chance zur Steigerung der Freiheit, sondern zugleich die Konfrontation mit der grundsätzlichen Kontingenz menschlichen Handelns. Die Vervielfältigung von Handlungsmöglichkeiten im Rahmen von Modernisierungsprozessen und damit die Zunahme von Entscheidungen empfinden viele Menschen nicht nur als Möglichkeit, sondern auch als Zwang, frei zu sein, der sie überfordert (vgl. Joas 2004, 32).

Mehr denn je wird der Erwachsenenbildung nicht nur aus erziehungswissenschaftlicher Sicht eine Schlüsselrolle bei der Bewältigung der Freiheiten und Zumutungen hinsichtlich der Gestaltung des eigenen Lebens und der Bewältigung der Anforderungen zugewiesen. Allerdings wird der Begriff der Erwachsenenbildung offenbar abgelöst von dem der Weiterbildung – zumindest außerhalb der Behindertenpädagogik, denn hier trifft dieser teilweise auf Ablehnung –, weil er „einen strukturellen Wandel" zu einer „neuen Institutionalisierungsform" signalisiert, für die „das Paradigma des lebenslangen Lernens steht" (Kade & Seitter 2005, 9). Hier wird deutlich, dass „Lernen [...] zur allgemeinen gesellschaftlichen Erwartung, vielleicht auch zur Zumutung an die Erwachsenen [wird]. Erwartet wird, dass gelernt wird zu lernen" (10).

1.2 Erwachsensein und Behinderung

Das oben erwähnte Desinteresse am Begriff „Erwachsensein" kann man, mit wenigen Ausnahmen, auch für die Behindertenpädagogik konstatieren. Behinderte Menschen stehen grundsätzlich vor den gleichen gesellschaftlichen Herausforderungen wie nicht-behinderte, nur dass sie, je nach Art und Schwere ihrer Beeinträchtigung, aber auch je nach Alter bei Eintritt der Schädigung oft ungünstigere Voraussetzungen zu ihrer Bewältigung mitbringen. Ein erwachsener Mensch mit einer Behinderung muss seine Biographie mit zusätzlichem Aufwand gestalten. Eine vor allem bei geistiger Behinderung kaum zu überschätzende Hürde ist wohl die immer noch anzutreffende Verweigerung des Erwachsenenstatus. Jedenfalls ist es erklärlich, dass in der Behindertenpädagogik das Thema Erwachsensein durch z.T. als paradigmatisch verstandene Forschungsansätze zur Normalisierung, Lebensqualität, Integration, Inklusion, Selbstbestimmung, zum Empowerment etc. abgedeckt wird, die zwar nicht explizit und exklusiv erwachsenenspezifisch gedacht sind, letztlich jedoch darauf zielen, die größten Hindernisse zum Erwachsensein zu beseitigen oder zu verringern.

Dem Erwachsensein von Menschen mit weniger schweren bzw. nicht so stark sozial abgewerteten Behinderungen wird in der Behindertenpädagogik bzw. in den relevanten Fachrichtungen, mit einigen bedeutsamen Ausnahmen (z.B. Beck 2003) noch recht wenig Aufmerksamkeit geschenkt.

Natürlich ist die Behindertenpädagogik in ihren Fachrichtungen aufgefordert, verstärkt auf die Anforderungen der heutigen Erwachsenenexistenz unter Berücksichtigung aller Erschwernisse, Probleme und sozialen Benachteiligungen, aber auch aller Chancen zu reagieren, denen behinderte Menschen im Lebenslauf begegnen und die zur – sogenannten – Behinderung in einem Zusammenhang stehen; sie kommt nicht umhin, diese zu ihrem Forschungsgegenstand zu machen.

1.3 Erwachsenenbildung und Behinderung

Ausdrücklich erscheint die Erwachsenenthematik im Kontext der behindertenspezifischen Erwachsenenbildung. Auch hier lässt sich ein fast vollständiges Fehlen einer Abklärung des Begriffs in den einschlägigen Arbeiten zur Erwachsenenbildung aufzeigen. Eine der Ausnahmen bildet die Definition von Hahn (1996, 33), der die heute verbreitete Auffassung wiedergibt, wenn er schreibt: „Erwachsensein ist jener Teil des menschlichen Lebens, der sich durch ein Höchstmaß an individuell erreichbarer Autonomie auszeichnet".

Die behindertenpädagogischen Veröffentlichungen zur Erwachsenenbildung haben sich dem „Paradigma des lebenslangen Lernens" im Sinne einer fast unausweichlichen gesellschaftlichen Erwartung noch nicht angeschlossen. In ihnen geht es heute eher um ein Recht auf Lernen, auf Bildung, um Integration, Normalisierung, Inklusion und besonders darum, Selbstbestimmung zu bewirken oder zu fördern, wobei letztere mal als Mittel, mal als Ziel verstanden wird.

Im Wesentlichen wird die Erwachsenenbildung in Bezug auf Menschen mit einer geistigen Behinderung behandelt. 1982 erschien, sicherlich eine Pionierleistung, die erste wesentliche deutschsprachige Veröffentlichung zur „Erwachsenenbildung bei geistiger Behinderung" von Speck (1982). Darin fordert dieser ein Verständnis von geistiger Behinderung, das „nicht nur ein ‚Kind-bleiben' kennt, sondern das dem Erwachsensein eine eigene Qualität zuspricht" (ebd., 11). So ist es dann möglich, die Erwachsenenbildung als eine „pädagogische Antwort auf gesellschaftlich und ökonomisch veränderte Lebensbedingungen und Lebensentwürfe", die eine „durchgreifende Dynamik" (ebd., 15) erhalten haben, zu verstehen. „Wer an diesem permanenten Lernprozess nicht teilnimmt, riskiert seine personale und soziale Integration" (ebd., 15). Letztere zu erreichen, beinhaltet zu jener Zeit allerdings noch nicht die Forderung nach einer integrativen Erwachsenenbildung. Speck schlägt vor, „das Erwachsenenalter bei geistiger Behinderung institutionell zu definieren, etwa mit dem Eintreten in eine Werkstatt für Behinderte" (ebd., 17). Das Erwachsensein bei geistiger Behinderung wird damals noch mit einer relativ geringen Autonomie und einer relativ hohen Abhängigkeit verknüpft. Wichtiger als Autonomie ist für ihn, die Gemeinsamkeiten aller Menschen in den typischen menschlichen Bedürfnissen zu betonen.

An dieser Stelle kann man auf einen wichtigen Unterschied zu der gegenwärtigen Ausrichtung in der Diskussion der Erwachsenenbildung bei Menschen mit einer geistigen Behinderung hinweisen: Autonomie bzw. Selbstbestimmung stehen seit einiger Zeit im Vordergrund, Bedürfnisse scheinen dagegen eher als von jenen abhängige Variablen zu gelten. Erwachsenenbildung soll auch Menschen mit einer sehr schweren geistigen Behinderung bzw. hohen sozialen Abhängigkeit zur Autonomie verhelfen, und zwar über das Assistenzprinzip oder durch Begleitung. So sollen sie in die Lage versetzt werden, selbstbestimmt zu leben und auf diese Weise ihr Wohlbefinden zu steigern.

Die in der aktuellen Diskussion also dominanten Begriffe der Selbstbestimmung und der Autonomie [→ II Selbstbestimmung/Autonomie] sind zweifellos zeitgemäß, werden aber nicht immer präzise definiert und kritisch verwendet. Dabei ist die notwendige Assistenz oder – offener und umfassender – Begleitung als eine Art Hilfskonstruktion letztlich ein Hinweis darauf, dass sich die menschliche Existenz ohne ein gewisses Maß an Abhängigkeit von anderen Menschen kaum denken lässt. Dennoch ist das Selbstbe-

stimmungsleitbild positiv zu bewerten, denn „es wurzelt in einer entschiedenen Abwendung von der unterschwellig seit jeher mitlaufenden Diskussion, wer Menschen mit geistiger Behinderung sind, was sie ‚können' und womit sie ‚überfordert' sind"; es bietet – darin liegt sein besonderer Vorzug – „eine Fülle von Handlungsorientierungen" (Hohmeier 2005, 148).

Erwägenswert scheint mir hier der Gedanke von Kruse zu sein, der die in der gerontologischen Literatur häufig anzutreffende Beschränkung auf „Selbstständigkeit […] im Sinne der selbstständigen Ausführung von Aktivitäten des täglichen Lebens" kritisiert. Diese ist theoretisch betrachtet zwar nicht vollständig deckungsgleich mit Selbstbestimmung, in der Praxis weisen diese beiden Begriffe jedoch eine große Gemeinsamkeit auf. Kruse plädiert nun dafür, „Selbstständigkeit" um die Aspekte „Selbstverantwortung" – im Sinne der „Fähigkeit und Bereitschaft […], das Leben in einer den eigenen Leitbildern eines guten Lebens (‚Wer bin ich? Was will ich?') folgenden Weise zu gestalten" und „Sinn erfüllte[s] Leben" (2006, 119) zu ergänzen.

Es ist nicht zu übersehen, dass Erwachsenenbildung bei geistiger Behinderung hinsichtlich der mit ihr zu erreichenden, wohl hierarchisch zu verstehenden Ziele von manchen Sonderpädagogen überfrachtet wird. Sie soll „zur Gewinnung von mehr Menschlichkeit, insbesondere […] zur Demokratisierung" (Theunissen 2006, 411) beitragen, zu Selbstbestimmung und Autonomie führen, diese auch zu bewahren helfen, zur (politischen) Emanzipation beitragen, Integration bewirken und ebenfalls Selbstverwirklichung ermöglichen, die „Suche nach Sinn, Identität, Lebenskontrolle und -bewältigung" (2003, 32) ebenso befördern wie eine „(Selbst-)Befähigung zu größtmöglicher Kontrolle und Verfügung über die eigenen Lebensumstände" (2006, 411).

2 Alter

In der deutschen Behindertenpädagogik wurde das Alter vor mehr als einem Vierteljahrhundert als relevantes Thema von einigen wenigen Wissenschaftlern und Praktikern aufgrund von Erkenntnissen aus dem westlichen Ausland regelrecht entdeckt, und zwar bemerkenswerterweise hinsichtlich der Menschen mit einer geistigen Behinderung. Es wurde Gegenstand reger interdisziplinärer und internationaler Diskussionen und alsbald auch praxisbezogener Überlegungen. Zu einer breiteren Rezeption kam es in der Behindertenpädagogik und -hilfe ungeachtet vorliegender grundlegender wissenschaftlicher Publikationen jedoch erst in der zweiten Hälfte der 1990er Jahre, mit dem Ergebnis, dass sich das Bild im Detail abzurunden beginnt. Von Seiten der Gerontologie wurde diese Thematik gemieden. Erst vor wenigen Jahren wurde im Mainstream der deutschsprachigen Gerontologie die Thematik alternder Menschen mit geistiger Behinderung aufgenommen, ohne jedoch zur Kenntnis zu nehmen, was dazu bereits vor Mitte der 1990er Jahre diskutiert und publiziert worden ist, ja teilweise mit fast schon grotesken Ansichten über den Diskussionsstand der Behindertenpädagogik (vgl. Wieland 2004).

An der Fokussierung auf Personen mit einer geistigen Behinderung hat sich seitdem in der Behindertenpädagogik kaum etwas geändert, wenn man von einigen verstreuten Arbeiten z. B. zum Alter von Gehörlosen und Körperbehinderten absieht. Daneben entwickelte sich ein Zweig der eher sozialpolitisch, rehabilitations- bzw. sozialmedizinisch und geriatrisch ausgerichteten Forschung, die sich den Auswirkungen und Erfordernissen von meist spät erworbenen Behinderungen zuwandte. Erst in den frühen 1990er Jahren kam es zur Aufgabe dieser Trennung, die hier nicht näher begründet werden kann. Gleichwohl ist festzuhalten, dass es aus analytischen wie aus handlungsbezogenen Gründen sinnvoll ist, zwischen einer früh eingetreten und einer später, gar im Erwachsenenleben, erworbenen Behinderung zu unterscheiden, denn es ist ein Unterschied, ob die Behinderung die gesamte Sozialisation beeinflusst hat oder ob die Behinderung in der „Blüte der Jahre" oder später eingetreten ist und einen Menschen in seinen sozialen Rollen und Beziehungen, also in einer Situation sozusagen „normaler" Integration tangiert hat.

2.1 Begriff und Begriffsgeschichte

Vor vielen Jahren hat die Gerontologie eine Abkehr von einer statischen Betrachtung des Alters und eine Hinwendung zum Lebenslauf vollzogen. Um diesen Prozesscharakter deutlich zu machen, spricht man zumeist vom Altern. Die Gerontologie hat auf die stetig steigende Lebenserwartung und die damit einhergehende bessere körperliche und geistige Leistungsfähigkeit über eine längere Lebenszeit reagiert, indem sie das Alter in mehrere Phasen unterteilt, um kenntlich zu machen, dass oft erst in der letzten Phase, der Hochaltrigkeit, die Potentiale drastisch schwinden und es zu einer Kompression der Morbidität kommt. Da im zugrunde liegenden Begriff der Behinderung ebenfalls die Prozesse zwischen Menschen und ihrer materiellen und sozialen Umwelt im Vordergrund stehen, wird deutlich, wie differenziert der Zusammenhang von Alter und Behinderung zu betrachten ist. Die Verschiedenheit des individuellen Alterns trifft auf diejenige einer nach Art und Schwere unterschiedlichen Behinderung.

Was bedeutet nun Alter? Natürlich wird niemand an dieser Stelle eine umfassende Antwort erwarten, denn das würde eine Abklärung biologischer, psychischer, kultureller, sozialer u. a. Ansätze erfordern. Wie weiter oben bereits erwähnt, haftet dem Alter zumeist und in verschiedenen Kulturen der Ruch des Problematischen an, selbst wenn das nicht immer und überall zu Diskriminierung und Schlimmerem geführt hat bzw. führt. Für unsere Zwecke genügt es festzuhalten, dass man spätestens dann von Alter sprechen kann, wenn die Berufstätigkeit resp. wenn zentrale Rollen aufgegeben werden; die Lebenssituation im Alter kann also durchaus durch soziale Verluste, insbesondere durch Rollen- und Funktionsverluste gekennzeichnet werden. Allerdings ist diese Feststellung keine Wiederbelebung des Defizitmodells, das, wie in anderen Humanwissenschaften auch, in der Gerontologie seit langem durch eine differentielle Betrachtung und Forschung als einseitig widerlegt ist, weil eben Potentiale und Kompetenzen alter Menschen dagegen gestellt werden können.

Dennoch kann heute trotz aller gerontologischer Differenzierung und Aufklärung sowie ungeachtet aller demographisch grundierten politischen Bemühungen immer noch als treffende Zeitdiagnose verstanden werden, was Schelsky bereits 1959 als die „Paradoxien des Alters" (1965, 198) beschrieben hat: „Alter im sozialen Sinne heißt heute [...] auf eines der wichtigsten Medien der Umwelt- und Personstabilität zu verzichten" (211), nämlich auf die Berufs- resp. Erwerbstätigkeit. Dies hat zur Folge, dass bei den allermeisten Alten die freie Zeit „den Totalsinn der Lebensvollzüge des Alltags tragen muss" (216). „Alter [...] verlangt in der modernen Gesellschaft gerade den Aufbau einer neuen Lebensepoche und eine erhöhte Anpassungsfähigkeit [...]. Alter wird als das Private des Lebens erstrebt, aber die private Freizeit muß durch Organisation eines ‚sozial geplanten Lebens' erfüllt werden" (218). Diese und andere Paradoxien des Alters treten heute angesichts der Alterung der Bevölkerung eher noch schärfer hervor, und es ist davon auszugehen, dass sie, wenn auch nur bei einer Minderheit von Menschen, die wegen ihrer „verwertbaren" Fähigkeiten, ihres gesellschaftlichen Status', ihrer Biographie wenig „Spielraum" haben, zu Anomie (Wieland 1972; 1983) führen können.

Was für den modernen Erwachsenen weiter oben beschrieben wurde, nämlich die Strukturbildungsleistung, wird dem alten Menschen, wie Schelsky also bereits vor beinahe 50 Jahren diagnostiziert hat, schon lange zugemutet. Allerdings wird man heute kaum

eine Gerontologin oder einen Gerontologen, einen Sozialpolitiker noch sonst jemanden, ja kaum einen alten Menschen finden, der „das Ausruhen und Abklingen der Lebensanstrengung in Lebenskontinuität" (1965, 218) als Ideal des Alters darstellte. Angesichts der Alterung der Gesellschaft wird heute das Gegenteil propagiert, die nützliche Aktivität, die Ausschöpfung der Potentiale, die Pflege und Nutzbarmachung der Kompetenzen alternder Menschen. Natürlich kommt dieses Denken nicht nur der Gesellschaft, sondern mindestens ebenso den betroffenen Individuen zugute, wenn sie auch in der Mehrheit erst allmählich Verhaltensmuster und Handlungsfelder vorfinden und erobern, die es an Orientierungskraft mit der Erwerbsrolle aufnehmen können; und sie stehen unter einem immensen, nicht zuletzt demographisch induzierten Druck, denn sie müssen sich, daran geht kein Weg vorbei, nützlich machen.

Wenn man aber davon ausgeht, dass Alter(n) als „primär soziales Schicksal" (Thomae 1969, 23) zu verstehen ist, dann ist zugleich zu betonen, dass damit weder ein gesellschaftsbedingter Automatismus gemeint ist noch genetisch gesetzte Vorgaben oder interindividuelle, auch schicksalhafte Einflüsse geleugnet werden sollen.

2.2 Alter(n) und Behinderung

Da die Auseinandersetzung mit dem Alter(n) im Rahmen der Behindertenpädagogik wie auch der Behindertenarbeit weitgehend im Hinblick auf Menschen mit einer geistigen Behinderung stattfindet, werde ich mich im Weiteren auf diese beschränken. Ausgangspunkt war die Erkenntnis, dass die geringe Lebenserwartung, die insbesondere Personen mit Down-Syndrom/Trisomie 21 beharrlich zugemessen wurde, erheblich überschritten werden konnte. Aus den angelsächsischen Ländern und aus Skandinavien war zu erfahren, dass dort geistig behinderte Personen ein höheres Lebensalter erreichten und sich ihre Lebenserwartung derjenigen von nicht behinderten Menschen anzugleichen begann (Thimm & Wieland 1987). Das hatte zur Folge, dass die bisherigen institutionellen Planungen für diesen Personenkreis in Deutschland nicht zukunftsfähig waren und folglich über das frühe bis mittlere Erwachsenenleben und damit über die Werkstatt für Behinderte und angegliederte Wohnheime hinausgehen mussten. Anfangs bestand durchaus die Gefahr, dass die Fortschritte im Menschenbild über Bord geworfen und hinsichtlich alternder Menschen mit geistigen Behinderungen defizitäre Vorstellungen wiederbelebt werden. Nicht nur vielen Praktikern fiel es zunächst schwer, die steigende Lebenserwartung ungeachtet aller Paradigmenwechsel anders als ein Problem wahrzunehmen, welchem mit Sondermaßnahmen, -einrichtungen und -konzepten abzuhelfen sei.

Die demographische Entwicklung in Deutschland, wiewohl schon vor 1960 unter dem Stichwort „Überalterung" (Kaufmann 1960) thematisiert und wegen ihrer langen Zyklen von der Bevölkerungswissenschaft längst prognostiziert, wird erst seit wenigen Jahren in ihren vielfältigen Auswirkungen breit diskutiert und teilweise dramatisiert. Allgemein wird davon ausgegangen, dass die starke Zunahme der Lebenserwartung und vor allem der Hochaltrigkeit sowie der damit verbundene Anstieg der Demenzerkrankungen ebenfalls ihren Niederschlag unter den Menschen mit einer Behinderung finden.

2.3 Datenlage

Wenn man die Mängel der amtlichen Statistik in diesem Feld in Rechnung stellt, u. a. eine unterrepräsentierte Erfassung von behinderten Frauen, von Personen, die keinen Schwerbehindertenausweis (GdB ≥ 50) besitzen und jenen, die sich – im Mikrozensus – nicht als behindert bezeichnen, dann gab es in Deutschland nach Angaben des Statistischen Bundesamtes am Jahresende 2005 ca. 6,76 Millionen schwer behinderte Menschen. Der Mikrozensus 2005 ergab, unter Einschluss von leichter

behinderten (GdB ≤ 50), 8,64 Millionen behinderte Menschen, eine Behindertenquote von 10,5 %. Fast drei Viertel der statistisch Erfassten sind 55 Jahre und älter, immerhin 47,4 % 65 Jahre und älter (Statistisches Bundesamt 2006, 1268). Ist die Datenlage insgesamt betrachtet hinsichtlich Art und Ätiologie der Behinderung nach wie vor von einer geringen Differenziertheit gekennzeichnet, so liegen über Menschen mit einer lebenslangen oder früh erworbenen Behinderung noch weniger aufschlussreiche Daten vor.

Schon in den 1980er Jahren kamen Thimm & Wieland (1987) aufgrund der Analyse der verfügbaren, insbesondere schwedischen Daten zu dem Schluss, dass „für lange Zeit mit einem deutlichen Anstieg des Anteils älterer und alter geistig Behinderter zu rechnen [ist], ja man kann davon ausgehen, dass sich diese Entwicklung verstärken wird, wenn man an die ‚starken Jahrgänge' denkt" (62). Andere Variable, wie die höhere Lebenserwartung von Frauen mit einer geistigen Behinderung, zeigten sich bereits damals in einer ähnlichen Relation wie in der nicht behinderten Bevölkerung. Wie die Entwicklung der Lebenserwartung sich fortsetzen wird, wenn die Babyboomer ein höheres Lebensalter erreicht haben bzw. verstorben sein werden, kann kaum verlässlich prognostiziert werden, u. a. wegen des veränderten Fortpflanzungsverhaltens, der Entwicklung der pränatalen Untersuchungsmethoden und der Spätabtreibungen.

Normalisiert sich, unter der Voraussetzung eines stetigen Fortschritts in Behandlung und Förderung dieses Personenkreises, mindestens in der überschaubaren Zukunft die Altersstruktur dieser Population? Schulz-Nieswandt (2006) kommt nach einer kritischen Datenanalyse zu folgender Aussage: „Mitte der 1990er Jahre [hatten] alle geistig behinderten Menschen eine Lebenserwartung von knapp 67 Jahren [...]; DS-Patienten hatten wohl eine mittlere Lebenserwartung von knapp 56 Jahren" (172). Zu Recht hebt er die Heterogenität der Lebenserwartung hervor. Weiter schreibt er, dass „in der Gruppe der geistig Behinderten [...] mit einem Anteil von > 10 % im Alter von 65 Jahre u. m. gerechnet werden" (173) muss.

Von schwedischen Statistiken konnte man schon 1982 bei Menschen mit einer geistigen Behinderung einen Anstieg der Altersgruppenprävalenz von 7,9 % im Jahre 1975 auf 10 % in 1982 ablesen, allerdings für die Gruppe der 60-Jährigen und Älteren (Thimm & Wieland 1987, 61). Wahrscheinlich kann man also doch, mit aller Vorsicht, eine anhaltende Tendenz zur Erhöhung der durchschnittlichen Lebenserwartung annehmen, ähnlich wie in der Allgemeinbevölkerung; von einer „Normalisierung" im strengen Sinne kann aber bisher nicht gesprochen werden. Dennoch bleibt festzuhalten, dass die im Vergleich zu Prognosen aus den 1970er Jahren fast verdoppelte Lebenserwartung von Menschen mit Trisomie 21 als Erfolg zu werten ist und als ein beeindruckender Hinweis auf den Zusammenhang von Lebensqualität – im weitesten Sinne – und Lebensspanne.

2.4 Altern und geistige Behinderung

Es scheint angebracht, die Problemperspektive zu verlassen und die durchschnittliche Verlängerung des Lebens als einen Erfolg zu werten, der natürlich zu einem erheblichen Teil dem medizinischen Fortschritt zu verdanken ist, aber nicht zuletzt auch als Bestätigung für eine reformorientierte Behindertenpädagogik und Behindertenarbeit zu verstehen ist, die sich seit den 1970er Jahren in der Konkurrenz verschiedener Paradigmen der Behinderung herausbildete. Bereits auf dem ersten Internationalen Workshop über das „Altwerden von Menschen mit geistiger Behinderung" 1981 wurde die prinzipielle Lern- und Bildungsfähigkeit auf diesen Personenkreis übertragen und postuliert, sie „lebensbegleitend – wie es für nicht behinderte Menschen auch gefordert wird – auf das Altern vorzubereiten" (Wieland 1983, 31). Der renommierte Gerontologe Thomae wehrte 1985 „Thesen bezüglich eines Stillstandes oder sogar einer Regression

der geistigen bzw. personalen Entwicklung im Erwachsenenalter und insbesondere im höheren Alter [ab, die] auf unzulässigen Verallgemeinerungen an vernachlässigten bzw. unzureichend geförderten geistig Behinderten beruhen" (7). Zur Lern- und Bildungsfähigkeit dieses Personenkreises, auch im Alter, haben sich seit 1980 schon verschiedene Autoren geäußert, zu einer Zeit, als es in der Gerontologie noch angebracht schien, das Defizitmodell der Lernfähigkeit und den Mythos des intellektuellen Altersabbaus zu geißeln (vgl. Wieland 2004) [→ III Erziehung und Bildung im Alter: Andragogik und Geragogik]. Unter Einbeziehung gerontologischer Erkenntnisse wurde also schon früh festgehalten, dass es keine Evidenz für eine prinzipielle Andersartigkeit des Alternsprozesses von Menschen mit einer geistigen Behinderung gibt. Was an ihrem Verhalten und Erscheinungsbild, an ihrem physischen und psychischen Phänomen dem eigentlichen Alternsprozess (primäres Altern), was dem umweltvermittelten bzw. -bedingten (sekundäres Altern) zuzuschreiben ist (vgl. Wieland 1987), ist nach wie vor unterbestimmt. Auch bei ihnen ist Alter(n) „primär soziales Schicksal".

Es gilt also, den Erfolg der höheren Lebenserwartung zu sichern, aber das kann nicht das alleinige Ziel sein. Mit Erreichen der Altersphase soll das Leben ja nicht zum Stillstand kommen, sondern den Jahren, um eine Aussage von Ursula Lehr zu paraphrasieren, Leben hinzugefügt werden. Die erworbene „Kompetenz", wie es in der Gerontopsychologie vorzugsweise heißt, muss bewahrt und weiter gefördert werden, d. h. „die Fähigkeiten und Fertigkeiten des Menschen zur Erhaltung oder Wiederherstellung eines selbstständigen, selbstverantwortlichen und sinnerfüllten Lebens in einer anregenden, unterstützenden, zur selbstverantwortlichen Auseinandersetzung mit Anforderungen [einer] motivierenden, sozialen, räumlichen und infrastrukturellen Umwelt" (Kruse 2006, 119). Dieses nicht-normative Konzept nimmt zunächst einmal die individuelle Situation einer behinderten oder alten Person so, wie sie ist, und fragt nach dem Verhältnis zwischen den je verschiedenen Anforderungen und den Ressourcen, auf die das Individuum zurückgreifen kann. Die gesellschaftlichen und institutionellen Rahmenbedingungen werden allerdings eher untergewichtet.

Behindertenpädagogik und Behindertenhilfe haben seit langer Zeit beide Aspekte im Blick, nämlich die Förderung der individuellen Fähigkeiten und Fertigkeiten, d.h. der Kompetenz, aber auch die Veränderung und Anpassung von Strukturen, Einstellungen, Gesetzen usw. Nur so sind sie dann auch in der Lage, die gesellschaftliche Aufgabe der „Strukturbildungsleistung" auch bei alternden und alten Menschen mit einer (geistigen) Behinderung zu akzeptieren und zu ermöglichen. Das Alter kann als zusätzliche Variable in der Behindertenarbeit gelten, die diese also nicht grundsätzlich verändern, die sie aber doch berücksichtigen muss. Förderung und Ausbau der Kompetenz, man könnte auch sagen, Bildung im Alter ist neben der physischen und psychischen Gesunderhaltung unbestritten die zentrale Bedarfslage von alten Menschen. Speziell der Übergang in das Alter, in den Ruhestand, stellt eine, zwar nicht selten herbeigesehnte, dann aber doch (vgl. oben) oft belastende Statuspassage, einen wichtigen Entwicklungsschritt dar. Es sollte dafür Sorge getragen werden, dass altersintegrierte Strukturen etabliert werden, welche die starre Dreiteilung von Lernen, Arbeit und Ruhestand aufbrechen und ein flexibles Rollenspiel in den Bereichen von Arbeit, Bildung und Freizeit, unabhängig vom Lebensalter ermöglichen. Der bei Aufgabe des Berufs oder der Tätigkeit in einer beschützenden Werkstatt oft zu verzeichnende Verlust an Beziehungen und Freundschaften sollte möglichst aufgefangen werden. Das Altern von Menschen mit Behinderungen muss, um ein Zitat von Christian von Ferber zu variieren, „eine konstitutive Bedingung für das soziale Netzwerk" sein, Anlass sein, neue Beziehungen zu knüpfen (zit. n. Wieland 1993, 26). Der „entleerte" Tag erfordert eine neue Struktur, deren Errichtung im Allgemeinen durch tages-

strukturierende Angebote erleichtert werden könnte.

Die „Lebenskontinuität" als heute fragliches Ideal des Alters sollte auf Wunsch nach Möglichkeit beim Wohnen gewahrt bleiben, denn bei Aufgabe der Arbeit und/oder einer zunehmend eingeschränkten Mobilität, bei einer verringerten Zahl von Bezugspersonen bekommen die unmittelbare Wohnumgebung und das kleinräumige soziale Netz eine überragende Bedeutung. Der Tod bzw. das Sterben gehört zum Leben, aber mehr noch zum Alter dazu. Fragen nach dem Sinn des Lebens, nach seiner Transzendenz, nach einem Sterben in Würde und Wertschätzung stehen auf der Tagesordnung und bedürfen einer sorgsamen Beachtung. Nicht zuletzt sollte festgehalten werden, dass das Alter allein kein Anlass sein kann, erworbene relativ selbstständige, selbstbestimmte und selbstverantwortete Lebensformen aufzugeben.

3 Ausblick

In einer lebenslaufbezogenen Betrachtung wird deutlich, dass das (mittlere) Erwachsenenalter und das Alter in einer modernen Gesellschaft vor vergleichbaren Anforderungen stehen, für deren Bewältigung den Menschen, wenn sie behindert oder pflegebedürftig sind oder als solche gelten, jedoch nicht die gleichen Mittel zur Verfügung stehen, auf die ein nicht behinderter normalerweise zurückgreifen kann. Der Bedarf an Unterstützung bei der Bewältigung der anstehenden Entwicklungsaufgaben dürfte je nach Alter und Behinderung verschieden sein. Die grundsätzliche Vergleichbarkeit des „Erwachsenseins", d.h. des mittleren und des höheren Erwachsenenalters von behinderten und nicht behinderten Menschen heißt ja nicht, dass die interindividuellen Unterschiede nicht gewaltig sein können. Angesichts der Verschiedenheit der Menschen, ob behindert oder nicht, ob „erwachsen" oder „alt", angesichts der Kontingenz des menschlichen Lebens sollten verabsolutierende, idealtypische Ansichten und Hypothesen über eine kaum begrenzte Leistungs- und eine uneingeschränkte Selbstbestimmungsfähigkeit ihre Grenze bei den Bedürfnissen und der Würde der Betroffenen finden. Sonst läuft man Gefahr, dem Leben keinen absoluten, sondern nur einen relativen Wert beizumessen, wenn nämlich Leben nur unter der Bedingung des Glücks, des Erfolgs, der Gesundheit, der Leistungsfähigkeit, der Autonomie resp. Selbstbestimmung Sinn und Wert hat.

Literatur

Beck, Iris (2003): Lebenslagen im Erwachsenenalter angesichts behindernder Bedingungen. In: Leonhardt, Annette & Wember, Franz B. (Hrsg.): Grundfragen der Sonderpädagogik: Bildung – Erziehung – Behinderung. Ein Handbuch. Weinheim, 848–874

Hahn, Martin Th. (1996): Assistenzprinzip und Erwachsenenbildung. In: Heß, Gerhard (Hrsg.): Umbruch, Aufbruch, Horizonte. Neue Wege in der Erwachsenenbildung. (Erwachsenenbildung konkret, Bd. 5). Berlin, 30–33

Hohmeier, Jürgen (2005): Ältere Menschen mit Behinderungen – Anfragen an die Leitbilder der Behindertenhilfe. In: Sonderpädagogik 35, 145–149

Joas, Hans (2004): Braucht der Mensch Religion? Über Erfahrungen der Selbsttranszendenz. Freiburg

Kade, Jochen (2005): Erwachsene. In: Otto, Hans-Uwe & Thiersch, Hans (Hrsg.): Handbuch Sozialarbeit, Sozialpädagogik. 3. Aufl. München, 403–410

Kade, Jochen & Seitter, Wolfgang (2005): Die Institutionalisierung des Lernens im Erwachsenenalter. Einleitung. In: Kade, Jochen & Seitter, Wolfgang (Hrsg.): Pädagogische Kommunikation im Strukturwandel. Beiträge zum Lernen Erwachsener. Bielefeld, 9–12

Kaufmann, Franz Xaver (1960): Die Überalterung. Ursachen, wirtschaftliche und soziale Auswirkungen des demographischen Alterungsprozesses. Zürich

Kruse, Andreas (2006): Kompetenzformen bei älteren Menschen mit geistiger Behinderung. In: Krueger, Fritz & Degen, Johannes (Hrsg.): Das Alter behinderter Menschen. Freiburg, 118–146

Schelsky, Helmut (1965): Die Paradoxien des Alters in der modernen Gesellschaft. In: Schelsky, Helmut: Auf der Suche nach Wirklichkeit. Düsseldorf, 198–221

Schulz-Nieswandt, Frank (2006): Alternsformen, Lebenserwartung und Altersstruktur behinderter Menschen – unter besonderer Berücksichtigung angeborener Formen geistiger Behinderung. In: Krueger, Fritz & Degen, Johannes (Hrsg.): Das Alter behinderter Menschen. Freiburg, 147–191

Speck, Otto (1982): Erwachsenenbildung bei geistiger Behinderung. Grundlagen, Entwürfe, Berichte. München

Statistisches Bundesamt (Hrsg.) (2006): Wirtschaft und Statistik, H. 12, 1268

Strzelewicz, Willy (1969): Erwachsenenbildung. In: Bernstorf, Willhelm (Hrsg.): Wörterbuch der Soziologie. 2., neu bearb. u. erw. Ausgabe. Stuttgart, 234–235

Theunissen, Georg (2003): Erwachsenenbildung und Behinderung. Bad Heilbrunn

Theunissen, Georg (2006): Erwachsenenbildung. In: Handlexikon der Behindertenpädagogik. Schlüsselbegriffe aus Theorie und Praxis. 2., überarb. u. erw. Aufl., 411–413

Thimm, Walter & Wieland, Heinz (1987): Epidemiologische Gesichtspunkte zum Altern von geistig behinderten Menschen. In: Wieland, Heinz (Hrsg.): Geistig behinderte Menschen im Alter. Heidelberg, 43–65

Thomae, Hans (1985): Die psychologische Situation des alternden und alten geistig Behinderten. In: Hilfen für alte und alternde geistig behinderte Menschen. Symposium der Bundesvereinigung Lebenshilfe für geistig Behinderte e.V. Hrsg.: Bundesvereinigung Lebenshilfe für geistig Behinderte e.V. Marburg, 3–11

Wieland, Heinz (1972): Anomie und Alter – Versuch einer soziologischen Analyse der gegenwärtigen Situation alter Menschen. In: Thimm, Walter (Hrsg.): Soziologie der Behinderten. Neuburgweier, 261–287

Wieland, Heinz (1983): Der ältere geistig behinderte Mensch aus soziologischer Sicht. In: Bundesvereinigung Lebenshilfe für geistig Behinderte e.V. (Hrsg.): Altwerden von Menschen mit geistiger Behinderung (Bericht des Internationalen Workshops 1981). Marburg, 27–31

Wieland, Heinz (1993): Behinderte Menschen im Seniorenalter und ihre Bedarfslagen – Grundprobleme zwischen Integration und Selbstständigkeit. In: Bundesministerium für Familie und Senioren (Hrsg.): Altenpolitik für Behinderte im Seniorenalter. Konsequenzen und Empfehlungen für Praxis und Politik. (Bericht über die Fachkonferenz des BMFUS, 29. u. 30. März 1993). Bonn, 23–30

Wieland, Heinz (2004): Ist gerontologische Entwicklungshilfe für die Behindertenarbeit mit älteren geistig behinderten Menschen nötig? In: Sonderpädagogik 34, 237–244

Alltags- und Belastungsbewältigung und soziale Netzwerke

Christoph Heckmann

1 Definitionen

1.1 Belastung (Stress)

In den Anfängen der Belastungsforschung wurden „Belastungen" als Situationen oder Reize definiert, welche als unabhängige Variablen eine Anpassungsreaktion des Organismus erforderlich machen. Situationen und Reize waren z. B. Lärm, Umweltemissionen oder Zeitdruck. Je nach Forschungsrichtung wurden biologisch-physiologische Anpassungsleistungen oder verhaltensmäßige Adaptionen an diese Umweltstimuli erforscht. In der Forschung standen somit zunächst reiz- und reaktionsbezogene Definitionen von „Belastung" im Vordergrund. Neue Stressdefinitionen hingegen versuchen, diese begrenzte Sichtweise zu erweitern. In ihre Definitionen beziehen die Forscher Aspekte ein, die die Subjektivität der beteiligten Personen und die Transaktion zwischen einer Person und einem Umweltreiz bzw. einer Umweltsituation betonen. Die bekannteste transaktionale Belastungsdefinition, welche in der Stress- und Copingforschung heute als Leitkonzeption anerkannt ist, ist die der Forschergruppe um R. S. Lazarus. Für sie ist psychologischer Stress „[…] eine besondere Beziehung zwischen Person und Umwelt, die von einer Person so eingeschätzt wird, dass ihre Ressourcen beansprucht oder überstiegen werden und ihr Wohlbefinden gefährdet ist" (Lazarus & Folkman 1984, 19, zitiert nach Faltermaier 1988, 49 f.). Neben der subjektiven Bewertung der Umweltreize bringt diese Definition das Ungleichgewicht zwischen den Ressourcen einer Person und den Anforderungen, die durch die Umweltsituation an sie gestellt werden, zum Ausdruck. Demzufolge ist nicht jede Situation, die eine Anpassung erforderlich macht, eine Belastung, sondern lediglich diejenige, die mit den vorhandenen persönlichen und sozialen Ressourcen nicht mehr bewältigt werden kann bzw. als nicht bewältigbar eingeschätzt wird.

Die Stressforschung unterscheidet heute drei Bereiche, die unterschiedliche belastungsauslösende Ereignisse oder Bedingungen untersuchen:

- Die Erforschung kritischer Lebensereignisse (life-events) ist das ursprüngliche Forschungsgebiet der Stressforschung. Damit sind Ereignisse, wie z. B. der Verlust des Partners oder des Arbeitsplatzes gemeint, die eine Anpassung erforderlich machen (vgl. Faltermaier 1988, 51 ff.). Ein solches Ereignis kann auch als Übergang in einen anderen Status verstanden werden, welcher Anforderungen an die Rollenfindung der betroffenen Person stellt. Dies können beispielsweise der Übergang von der Schule ins Arbeitsleben, der Übergang in die Elternschaft, der Eintritt einer Behinderung oder aber die Geburt eines behinderten Kindes sein (vgl. Schiller 1987, 86 f.).
- Im Unterschied zu den kritischen Lebensereignissen sind *chronische Belastungen* (chronic stress) nicht durch einzelne vorübergehende Ereignisse gekennzeichnet: Ihr besonderes Merkmal liegt vielmehr in der dauerhaften Präsenz der Belastungsquelle. Diese Dauerbelastungen umfassen Stressoren, wie z. B. die Pflege und Erziehung eines behinderten Kindes, unausgewogene Machtverhältnisse in der Familie oder beengte Wohnverhältnisse (vgl. Faltermeier 1988, 52 f.).
- Ein dritter Typ von Stressoren sind die *Alltagsbelastungen* (daily hassles). Sie be-

stehen in den irritierend-störenden, frustrierenden und Sorge bereitenden Begebenheiten der tagtäglichen Transaktionen mit der Umwelt. Dieser Forschungsbereich geht nicht mehr von besonderen kritischen Ereignissen oder Situationen aus, sondern stellt die Alltagsbewältigung der Menschen bezogen auf Familie, Beruf und Geld in den Mittelpunkt (vgl. Weber & Knapp-Glatzel 1988, 141).

1.2 Bewältigung (Coping)

Lazarus und seine Kollegen knüpfen bei ihrer Definition des Begriffs „Bewältigung" an den der „Belastung" an. Sie definieren Bewältigung als „[…] sich ständig ändernde, kognitive und verhaltensmäßige Bemühungen, mit spezifischen internen und externen Anforderungen, die die Ressourcen einer Person beanspruchen oder übersteigen, fertigzuwerden" (Lazarus & Folkman 1984, 141, zitiert nach Laux 1996, 58). Diese Definition ist durch ihre inhaltliche Offenheit gekennzeichnet, da sie jegliche Bemühungen, mit dem Konflikt zwischen Anforderungen und Handlungsmöglichkeiten fertig zu werden, als Bewältigung ansieht. So verstanden ist Bewältigung nicht allein das erfolgreiche Meistern einer Belastungssituation, sondern vor allem die Auseinandersetzung mit ihr. In diesem Sinn umfasst Bewältigung alle Bemühungen, auch die erfolglosen Anstrengungen, die darauf abzielen, eine Anpassung zu bewirken.

Das Bewältigungsverhalten hat die Funktion, das gestörte Person-Umwelt-Verhältnis wieder herzustellen. Dieses kann auf zwei Wegen erfolgen: zum einen durch die aktive Umgestaltung der Stress auslösenden Umweltbedingungen und zum anderen durch personeninterne psychologische Anpassungsleistungen. Letztere bestehen in der emotionalen und kognitiven Adaption an die veränderten Umweltbedingungen, wie z. B. Einstellungsveränderungen oder Neudefinition der Elternrolle bei Eltern von Kindern mit Behinderungen. Allerdings kann auch die

Leugnung der Realität, wie sie häufig in Untersuchungen zur Krisenbewältigung festgestellt wird, eine solche kognitive Anpassungsleistung bedeuten (vgl. Trautmann-Sponsel 1988, 20 f.).

1.3 Soziales Netzwerk

Das Konzept des sozialen Netzwerks entstand aus dem übergeordneten und generellen Interesse der Humanwissenschaften, komplexe soziale Strukturen abbilden zu können und ist heute in verschiedenen Forschungsbereichen zu finden.

Der Begriff „Soziales Netzwerk" wurde zuerst durch die britische Sozialanthropologie geprägt. Barnes (1954) stieß in einer Feldstudie über die norwegische Kirchengemeinde Bremnes auf ein Netzwerk aus persönlichen Beziehungen zwischen Freunden, Verwandten und Bekannten, das eine gewisse Unabhängigkeit von formalen und hierarchischen Strukturen des politischen und industriellen Systems aufwies. Gerade die Aufdeckung dieser Spannungen zwischen formellen und informellen Strukturen, aber auch die Funktionen der sozialen Unterstützung und der Informationsvermittlung nährten in der Folgezeit das wissenschaftliche Interesse an sozialen Netzwerken.

Als soziales Netzwerk bezeichnet man die Beziehungsstrukturen von Personen oder Gruppen. Dabei werden die tatsächlichen Beziehungen abstrahiert. Ein soziales Netzwerk basiert demnach auf einem Set von Punkten, von denen einige durch Linien verknüpft sind. Die Punkte stellen Personen oder auch Gruppen dar, und die Linien zeigen an, welche Personen miteinander interagieren. Es entsteht so das Bild eines unregelmäßig geknüpften Netzes (vgl. Schenk 1983, 89).

Von dieser metaphorischen Vorstellung ausgehend wurde mithilfe der mathematischen Graphentheorie der Netzwerkansatz zu einem sozialwissenschaftlichen Analyseinstrument ausgebaut. Ein totales soziales Netzwerk umfasst alle denkbaren Beziehungen der Menschen untereinander. Für eine Analyse sind definitorische Eingrenzungen notwendig, da prinzipiell der gesamte Globus von einem Netz direkter und indirekter Beziehungen überzogen ist. Je nach Erkenntnisinteresse lassen sich partielle Netzwerke nach kategorialen (z. B. Geschlecht, Lebensalter, Behinderung) oder strukturellen Kriterien (z. B. Beziehungen in Organisationen oder in Nachbarschaften) aus dem totalen Netzwerk extrahieren. Auch Grenzziehungen hinsichtlich der Inhalte (z. B. informelle oder formelle Beziehungen) und der Funktionen (z. B. soziale Unterstützung) der Interaktionen sind denkbar. Für das hier zu erörternde Thema des Zusammenhangs zwischen sozialen Netzwerken und der Belastungsbewältigung von Menschen mit Behinderungen ist die Fokussierung auf das persönliche oder egozentrierte Netzwerk sinnvoll. Untersuchungsgegenstand einer egozentrierten Netzwerkanalyse sind jene Beziehungen, die eine zentrale Person (Ego) zu anderen Personen unterhält. Ein Stern erster Ordnung besteht dabei aus den Verbindungen, die zwischen der jeweilige Person (Ego) und Verwandten, Freunden und Bekannten bestehen. Die darüber hinausgehenden Beziehungen der Netzwerkmitglieder zu anderen Personen werden als Zone zweiter Ordnung bezeichnet, so dass eine sternförmige Ausbreitung des sozialen Netzwerkes mit zunehmender Ordnungszahl vorstellbar wird (vgl. Schenk 1984, 46 f.).

1.4 Soziale Unterstützung (Social Support)

Bei der empirischen Analyse des sozialen Wandels und bei der Beschreibung der Lebensqualität und der sozialen Integration sind Netzwerkanalysen heute weit verbreitet. Ihre weitergehende besondere Relevanz für die Behindertenpädagogik erhalten soziale Netzwerke jedoch aufgrund ihrer Unterstützungsfunktion. Soziale Unterstützung (social support) bezeichnet nach Schiller (1987) „[...] den Grad der sozialen Bedürfnisbefriedigung

eines Individuums durch signifikant andere Mitglieder seines Sozialen Netzwerkes" (103). Der Netzwerkansatz lässt sich somit von dem der sozialen Unterstützung hinsichtlich der funktionalen Aspekte unterscheiden: „Außerhalb der Inanspruchnahme emotionaler und instrumenteller Hilfen ist das Soziale Netzwerk eine latente Struktur sozialen Handelns, während bei einer Aktualisierung oder Mobilisierung von Hilfen die Träger dieser Leistungen als Social Support-System verstanden werden können" (Schiller 1987, 104). Das Social Support-System ist folglich als eine Untergruppe der gesamten Interaktionen im sozialen Netzwerk eines Individuums zu verstehen. Aus diesem Grunde sollte bei einer Analyse von sozialen Ressourcen neben dem sozialen Netzwerk auch das Unterstützungsnetzwerk (Social Support-System) ermittelt werden. Netzwerkstrukturen bilden lediglich Potentiale, die als Voraussetzung für die Konstitution sozialer Unterstützung fungieren. Erst durch die konkrete Interaktion, die Leistungserbringung durch den Unterstützer auf der einen und die Inanspruchnahme durch den Hilfeempfänger auf der anderen Seite, realisiert sich soziale Unterstützung.

2 Begriffs- und Gegenstandsgeschichte

Zunächst waren die Stressbewältigungsforschung, die ein gesundheitswissenschaftliches Erkenntnisinteresse hatte, und die Netzwerk- und Unterstützungsforschung, welche eine sozialwissenschaftliche Perspektive einnahm, zwei voneinander unabhängige Forschungstraditionen. Die Bewältigungsforschung zielte ursprünglich auf die Aufdeckung individueller Faktoren bei der Bewältigung kritischer Lebensereignisse. Im Gegensatz dazu fokussierte die soziale Unterstützungsforschung zunächst die Bedeutung sozialer Einflüsse auf das Wohlbefinden der Menschen, ohne dabei ausdrücklich besondere Belastungen oder Krisen vorauszusetzen. Beide Richtungen bewegten sich aber durch eigene forschungskonzeptuelle Erweiterungen aufeinander zu. In den Forschungsergebnissen der sozialen Unterstützungsforschung fanden sich sehr bald zwei unterschiedliche Effekte. Zum einen besagten die Untersuchungsbefunde, dass soziale Netzwerke und soziale Integration direkte förderliche Wirkungen auf das Wohlbefinden und die Gesundheit von Personen haben (Direkteffekt- oder Haupteffektthese). Die Bedürfnisse der Menschen nach Zugehörigkeit, Statusvermittlung, Geselligkeit und Kommunikation werden durch eine passende soziale Einbindung mehr oder weniger unintendiert befriedigt, was zu Wohlbefinden und Lebenszufriedenheit führt. Demgegenüber fanden andere Untersuchungen „Puffereffekte" sozialer Unterstützung. Sie belegten, dass Personen mit einem unterstützenden sozialen Netzwerk vor Krisen besser geschützt sind und bereits eingetretene Belastungen besser bewältigen. Sie betonen die in und für Krisen abpuffernden, kurativen und rehabilitativen Wirkungen sozialer Unterstützung (vgl. Nestmann 1988, 83 f.). Um diese „Puffereffekte" sozialer Unterstützung erforschen zu können, waren umfassendere Untersuchungsdesigns erforderlich, die neben den sozialen Ressourcen auch Krisen und Belastungen sowie die individuellen Bewältigungsleistungen konzeptionell einbezogen. Sie verbanden damit das Konzept der sozialen Unterstützung mit dem der Stress- und Bewältigungsforschung (vgl. Nestmann 1989, 112).

Auch die Stress- und Bewältigungsforschung entwickelte sich entsprechend weiter. Es setzte sich die Erkenntnis durch, dass den sozialen Ressourcen einer Person mehr Bedeutung für die Belastungsbewältigung beizumessen sei. Besonders die Sozialepidemiologie, die sich ursprünglich mit den Entstehungsbedingungen von Krankheit und der Bewältigung von belastenden Krankheitsfolgen beschäftigte, bezog zunehmend den Ressourcencharakter sozialer Netzwerke ein. Die Befunde der Sozialepidemiologie zeigten, dass bei etwa gleichen Lebensbedingungen ein Teil der Personen mit chronischen Belastungen nicht fertig wurde, während ein weiterer Teil Möglichkeiten fand, die schwierige Situation zu meistern. Eben diese Frage nach den Gründen für die unterschiedlichen Bewältigungsergebnisse bei vergleichbaren objektiven Bedingungen veranlasste die Forscher dazu, ein neues Modell für die Erklärung von Gesundheit und Wohlbefinden zu entwickeln. Neben den persönlichen Merkmalen und den gängigen sozialstrukturellen Variablen, wie Bildung, Einkommen und berufliche Position, wurde deswegen die Ressourcenausstattung der Individuen als erklärende Variable in die Forschungsdesigns einbezogen (vgl. Keupp 1982, 25). Das sozialepidemiologische Modell besagt, dass sich die jeweiligen Belastungen oder kritischen Ereignisse, die als Stressoren (Variable X) bezeichnet werden, und die Ressourcen (Variable Y) in verschiedenen Kombinationen auf die Befindlichkeit, die Lebensqualität und den Gesundheitszustand (Variable Z) einer Person auswirken (vgl. Schiller 1987, 83).

Durch diese erweiterten Forschungsansätze forcierte zunächst die anglo-amerikanische Sozialpsychiatrie, Gemeindepsychologie und Sozialepidemiologie die Erforschung des Zusammenhangs zwischen sozialer Unterstützung und Belastungsbewältigung. Auch in Deutschland gab es insbesondere seit den 1980er Jahren eine Fülle von Beiträgen zu diesem Thema. „Sie alle sehen und anerkennen soziale Beziehungen und deren Unterstützungspotentiale als einen wesentlichen Faktor zur Erklärung des Zusammenhangs zwischen sozialen Stressoren (Belastungen) einerseits und psychischem Wohlbefinden und Gesundheit andererseits" (Kaufmann et al. 1989, 20). Die gänzlich neue Idee des Social Support-Ansatzes ist dabei die Umkehrung der defizitorientierten Fragestellung: Nicht nach destruktiven Komponenten sozialer Netzwerke, wie in weiten Bereichen der therapieorientierten psychosozialen Forschung und Praxis üblich, sondern nach den fördernden und salutogenetischen Faktoren wird gesucht.

Diese neue Sichtweise auf die informellen sozialen Ressourcen insbesondere im Hinblick auf ihre Bedeutung für die Bewältigung von Stress führte zur Entwicklung professioneller Interventionsstrategien zur Förderung sozialer Netzwerke (vgl. Nestmann 1989; Röhrle et al. 1998) [→ VI Personenorientierte Hilfen, Soziale Netzwerkförderung, Umfeldkonzepte]. Die wichtigsten dieser Strategien sind:

- Hilfebedarfsbezogene Qualifizierung vorhandener sozialer Netzwerke;
- Schaffung von neuen selbsthilfebezogenen Zusammenschlüssen Gleichbetroffener (peer-support-groups);
- Sozialpolitische Förderung von Nachbarschaft und Gemeinde;
- Professionelle Stützung und Begleitung informeller Unterstützer;
- Stärkung der Netzwerkorientierung professioneller Versorgungssysteme.

3 Zentrale Probleme

Die Bewältigung von Belastungen und die soziale Unterstützung sind soziale Prozesse im Lebensalltag der Menschen, bei denen die verschiedenen Akteure, ihre Orientierungen und Bewertungen, ihre Netzwerkstrukturen, die Inhalte der Interaktionen sowie die situationsspezifischen Bedarfslagen der Beteiligten zusammenwirken und sich wechselseitig bedingen. Aufgrund dieser Komplexität und Mehrdimensionalität ist die empirische Erfassung nach wie vor ein nicht abschließend gelöstes Problem der Sozialforschung. Zum einen ist es erforderlich, das Prozesshafte, also ein länger andauerndes Verlaufsgeschehen, zu dokumentieren. Zum anderen variieren die Verläufe stark interindividuell und stehen somit dem Interesse bezüglich einer statistisch kontrollierten Reduktion der Informationen entgegen (vgl. Heckmann 2004, 194 f.).

Ein weiteres Problem, das aus der Komplexität und Mehrdimensionalität der Stressbewältigungs- und Unterstützungsforschung resultiert, ist die inhaltliche Abgrenzung der Begriffe: soziale Netzwerke, soziale Ressourcen und soziale Unterstützung. Soziale Netzwerke sind nicht zwangsläufig soziale Ressourcen und sie entfalten auch nicht voraussetzungslos unterstützende Wirkungen. Eine wesentliche Voraussetzung für den Ressourcencharakter sozialer Netzwerke ist die Übereinstimmung zwischen dem Unterstützungsbedarf des Hilfeempfängers und seinen Netzwerkstrukturen. So wird z. B. eine Frau, die ihren Lebenspartner verloren hat, von einem kleinen, dichten Netzwerk die adäquate emotionale Unterstützung erhalten können. Demgegenüber wird sie beim Aufbau eines neuen Lebensplans wahrscheinlich eher in einem großen, locker gewebten Netzwerk neue Informationen und Anregungen finden können. Aber nicht allein die formalen Netzwerkstrukturen, sondern auch die inhaltlichen Möglichkeiten und Unterstützungspotentiale des Netzwerks müssen zu dem Unterstützungsbedarf des Hilfeempfängers passen. So ist es z. B. für Eltern behinderter Kinder entscheidend, ob Personen ihres sozialen Netzwerks über besondere pädagogische oder pflegerische Fähigkeiten verfügen, um sie für die eigene Entlastung einzusetzen.

Ebenso führt das Vorhandensein sozialer Ressourcen nicht automatisch zu sozialer Unterstützung. Soziale Ressourcen werden erst dann unterstützend wirksam, wenn sie vom Hilfeempfänger auch in Anspruch genommen werden. Soziale Unterstützung ist somit eine Interaktion zwischen Hilfeempfänger und Unterstützer, welche vom Hilfeempfänger immer eine eigene Nutzungs- oder Inanspruchnahmehandlung erfordert. Eine solche Copingaktivität wiederum ist von den individuellen Faktoren wie Einstellungen, Orientierungen sowie Vorerfahrungen abhängig.

Darüber hinaus ist die Bewertung der sozialen Unterstützung durch den Adressaten der Hilfe eine wichtige Voraussetzung (vgl. Pfaff 1989). Erst wenn die gegebene Unterstützung, wie z. B. das entlastende Gespräch oder die Hilfe bei der Pflege, vom Empfänger als hilfreich empfunden wird, lässt sich von sozialer Unterstützung sprechen.

Soziale Unterstützung ist somit ein mehrdimensionales Konzept, das in Wissenschaft und Praxis als solches berücksichtigt werden muss. In einem empirischen Design und in anwendungsorientierten Zusammenhängen muss daher erstens festgestellt werden, wie viele und welche Unterstützungsressourcen das soziale Netzwerk bereithält (Ressourcenaspekt). In einem zweiten Schritt sollte dann eruiert werden, ob und wie diese Ressourcen von den Hilfeempfängern in Anspruch genommen werden (interaktiver Aspekt). Und schließlich bildet die Beantwortung der Frage, ob die Unterstützung vom Hilfeempfänger als wirklich hilfreich erlebt wurde, ein drittes Erfordernis bei der Erhebung sozialer Unterstützung (evaluativer Aspekt).

4 Zentrale Erkenntnisse

Im deutschsprachigen Raum übertrug Burkard Schiller (1987) mit seiner Arbeit „Soziale Netzwerke behinderter Menschen" das Konzept der sozialen Netzwerk- und Unterstützungsperspektive in den heilpädagogischen Kontext. Im Anschluss daran fand das Thema in der Heilpädagogik zunehmend Beachtung, wenngleich empirische Untersuchungen nur sehr vereinzelt durchgeführt wurden. Die wesentlichen Erkenntnisse derartiger Untersuchungen sind:

- Menschen mit Behinderungen verfügen über kleinere und dichtere soziale Netzwerke als Menschen ohne Behinderung (vgl. Hamel & Windisch 1993, 431 f.; Schiller 1987, 214 f.; Niehaus 1993, 85).
- Sie leben öfter in Haushaltsgemeinschaft mit anderen, dafür jedoch seltener in ehelichen bzw. nicht ehelichen Partnerschaften als nicht behinderte Menschen (vgl. Windisch & Kniel 1993, 134).
- Personen mit Behinderungen haben weniger Freunde und Vertrauenspersonen als Personen, die keine Behinderung haben.

Die Vertrauenspersonen der behinderten Menschen kommen dabei überproportional häufig aus dem eigenen Haushalt (vgl. Hamel & Windisch 1993, 431 ff.; Windisch & Kniel 1993, 134).

- Menschen mit Behinderungen haben überproportional häufig Personen in ihrem sozialen Netzwerk, die ebenfalls behindert sind (vgl. Windisch & Kniel 1993, 136; Dworschak 2004, 126). Die Anzahl der ebenfalls behinderten Personen im sozialen Netzwerk steigt mit hohem Behinderungsgrad und niedrigem Bildungsniveau (vgl. Windisch & Kniel 1993, 136).
- Die hohe Anzahl haushaltsinterner und verwandtschaftlicher Kontakte von Menschen mit Behinderungen weist im Gegensatz zur sonst üblichen Mischung aus haushaltsinterner und haushaltsübergreifender Vernetzung auf eine mangelnde soziale Integration bei Menschen mit Behinderungen hin (vgl. Windisch & Kniel 1993, 136; Heckmann 2004, 28 f.).
- Menschen mit Behinderungen verfügen, sieht man von der Unterstützung durch professionelle Helfer ab, insgesamt, aber auch bedarfsspezifisch (für Gefälligkeiten, bei psychischen Problemen, für die Hilfe im Haushalt und bei der persönlichen Versorgung) über weniger unterstützende Personen als nicht behinderte Menschen (vgl. Niehaus 1993, 100; Windisch & Kniel 1993, 96).
- Die wenigen Unterstützer stammen häufig, insbesondere in Bezug auf den behinderungsspezifischen Hilfebedarf, aus dem Kreis der Lebenspartner, der eigenen Herkunftsfamilie und der Haushaltsangehörigen. Insofern können die Unterstützungsressourcen aus diesen Netzwerkbereichen als hoch belastet und in vielen Fällen als potentiell überlastet angesehen werden (vgl. Niehaus 1993, 86; Windisch & Kniel 1993, 96).
- Der Frage, wie diese hoch belasteten, meist verwandtschaftlichen Unterstützungsnetze ihre Situation bewältigen, gehen Forschungen zur Situation von Familien mit

behinderten Kindern nach. Die Einbindung in ein sozial unterstützendes Netzwerk vermindert die Stressbelastung von Eltern behinderter Kinder, verbessert die Verarbeitung von emotionalen Belastungen sowie die allgemeine Lebenszufriedenheit und fördert positive und gewinnbringende Copingleistungen der Eltern (Engelbert 1999, 242; Heckmann 2004, 156; Hintermair et al. 2000, 92 f.).

- Soziale Netzwerke fungieren nicht als Ersatz professioneller Dienste. Vielmehr ist eine sich gegenseitig ergänzende Struktur erkennbar. Während informelle soziale Netzwerke einen wesentlichen Beitrag zur Bewältigung der emotionalen Belastungen von Eltern leisten, erbringen professionelle Dienste schwerpunktmäßig fachlich spezialisierte Hilfen informierender oder instrumenteller Art (vgl. Engelbert 1999, 271; Heckmann 2004, 155 f.; Hintermair et al. 2000, 149 ff.).

- Krause und Petermann (1997) entwickelten ein Diagnoseinstrument zur Erfassung des Belastungsniveaus und des Bewältigungsverhaltens von Eltern behinderter Kinder: Soziale Orientierungen von Eltern behinderter Kinder (SOEBEK).

- Straus (1994) entwickelte mit der „egozentrierten Netzwerkkarte" (EGONET) ein Instrument zur qualitativen Ermittlung von Netzwerk- und Unterstützungsstrukturen. Diese Netzwerkkarte versteht er sowohl als wissenschaftliches Analyseinstrument als auch als wichtiges Diagnoseverfahren, welches in der sozialpädagogischen Netzwerkförderung in verschiedenen Arbeitsfeldern angewandt werden kann (vgl. Straus & Höfer 1998, 78). Hintermair et al. (2000) – in einer Studie über Eltern gehörloser Kinder – und Dworschak (2004) – in einer Untersuchung über die Netzwerkstrukturen von Menschen mit geistiger Behinderung – übertrugen dieses Verfahren auf die Heilpädagogik.

5 Aktueller Forschungsstand

Die Themen Belastung, Bewältigung, soziale Netzwerke und soziale Unterstützung berühren weite Bereiche der Heil- und Sonderpädagogik. Angesichts dieser hohen Bedeutung müssen die empirischen Erkenntnisse der wenigen Studien zu dem Thema noch als lückenhaft angesehen werden.

Die meisten dieser vereinzelten Studien untersuchen die Netzwerkeinbindung und die soziale Unterstützung von Menschen mit Behinderungen, um damit den Grad der sozialen Integration sowie die Lebensqualität der Probanden abbilden zu können (vgl. z. B. Windisch & Kniel 1993; Dworschak 2004). Wenngleich diese Studien für die Heilpädagogik einen hohen Wert hinsichtlich ihres Erkenntnisgewinns sowie ihres exemplarischen Charakters haben, ist zu vermerken, dass sie lediglich einen kleinen Ausschnitt aus dem gesamten Forschungsfeld einnehmen. Sie setzen ihren Schwerpunkt auf solche Wirkungen, die in der Gesundheitsforschung auch als direkte Effekte bezeichnet werden. Dies sind jene allgemeinen unterstützenden Wirkungen, die sich direkt auf das Wohlbefinden und die Lebenszufriedenheit der Menschen auswirken.

Lediglich ein ganz kleiner Teil der ohnehin wenigen Untersuchungen nimmt auch Puffereffekte in den Blick. Als Puffereffekte bezeichnet man jene Wirkungen sozialer Unterstützung, die sich mildernd auf bereits eingetretene Belastungen wie kritische Lebensereignisse, chronische Belastungen oder Alltagsbelastungen beziehen. Beispielhaft für die konzeptionelle Verbindung von Stress, Bewältigung und sozialer Unterstützung sind hier die Studien von Engelbert (1999) und Heckmann (2004). In diesen Studien konnten Puffereffekte deswegen ermittelt werden, weil auf inhaltlich klar abgegrenzte Belastungssituationen fokussiert wurde. Engelbert (1999) grenzte ihre Untersuchung auf die Belastungen von Eltern von Kindern mit Behinderungen ein, die im Zusammenhang mit der Inanspruchnahme professioneller Dienste stehen. Im Unterschied dazu fokussierte Heckmann (2004) auf die Belastungssituation von Eltern sehgeschädigter Jugendlicher und nahm dabei die kritische Lebensphase des Übergangs von der Schule ins Arbeitsleben in den Blick. Eine solche Eingrenzung auf Puffereffekte sozialer Unterstützung hat den Vorteil, dass weniger die Merkmale der Behinderung, sondern verstärkt die tatsächlichen Belastungssituationen und deren Bewältigung im Lebensalltag der Menschen berücksichtigt werden.

In vielen Studien wird die starke Beteiligung von Lebenspartnern, Eltern und Familienangehörigen an der Belastungsbewältigung von Menschen mit Behinderungen deutlich. Dies weist auf eine hohe Bedeutung des Netzwerkbereichs „Familie" hin. Zugleich zeigen die empirischen Ergebnisse aber auch, dass die Unterstützungsleistungen nur von sehr wenigen Personen erbracht werden und daher von einer generellen Überlastung dieses Unterstützerkreises auszugehen ist. Die Frage nach der sozialen Unterstützung stellt sich somit bei vielen Bewältigungsprozessen in doppelter Weise. Neben der Untersuchung der sozialen Unterstützung eines Hilfeempfängers durch nahe Angehörige und Eltern stellt sich die zweite Frage nach der Unterstützung der Unterstützer, die in vielen Fällen ebenfalls großem Stress ausgesetzt sind. Diese erweiterte Forschungsfrage berücksichtigen ebenfalls lediglich die Studien von Engelbert (1999) und Heckmann (2004). Heckmann (2004, 156) stellt fest, dass Eltern sehgeschädigter Jugendlicher ihr soziales Netzwerk in mehrfacher Hinsicht, sowohl zur Bewältigung eigener emotionaler Belastungen als auch bei der Stellensuche für ihre Jugendlichen nutzen. Besonders wirkungsvoll ist in diesem Zusammenhang der emotional entlastende Austausch mit Freunden, Verwandten und Bekannten. Haben die Eltern solche informellen Gesprächspartner, so sinkt ihre Stressbelastung, sie leisten mehr Unterstützungen für ihre Jugendlichen und nehmen auch mehr professionelle Dienste in Anspruch. Einen ähnlichen Befund findet auch Engelbert

(1999, 240 ff.): Eine zufrieden stellende Netzwerkeinbindung der Eltern vermindert die emotionale Stressbelastung, fördert die Verarbeitung von emotionalen Belastungen und geht mit einer positiven Bewertung professioneller Dienstleistungen einher. Diese Befunde beleuchten die Zusammenhänge zwischen Familie und sozialen Netzwerken im Bewältigungsgeschehen und geben Hinweise für die Konzeption sozialpolitischer Unterstützungsangebote.

Besonders richtungweisend für die Forschung sind darüber hinaus die in den beiden zuvor genannten Untersuchungen zum Ausdruck gebrachte, besondere Stellung der Familie und die damit im Zusammenhang stehende analytische Trennung von Familie und dem weiteren sozialen Netzwerk. Dies ist erforderlich, weil Familien in gewisser Weise geschlossene Systeme sind, die einheitlich und autonom gegenüber ihrer Umwelt agieren. Sie entwickeln eine eigene interne Dynamik, die sie veranlasst in selektiver Weise auf ihr soziales Netzwerk und auf professionelle Dienste zuzugreifen (vgl. Heckmann 2004, 106 f.) [→ Familie].

6 Ausblick

Für die Zukunft ist es dringend erforderlich, das Wissen über die Belastungsbewältigung und die soziale Unterstützung von Menschen mit Behinderungen zu erweitern. Die zu erwartenden Ergebnisse sind als Basis für die Weiterentwicklung praxisbezogener Hilfen notwendig. Neben der Untersuchung der direkten Effekte sozialer Unterstützung ist es in Zukunft wichtig, die kurativen und mildernden Auswirkungen sozialer Unterstützung bei bereits eingetretenen Belastungen zu untersuchen. Zusätzlich zur Erforschung solcher „Puffereffekte" ist dem Netzwerkbereich „Familie" besonderes Augenmerk zu schenken. Neben den besonderen Merkmalen „familialer Bewältigung" ist dabei zu berücksichtigen, dass die nahen Angehörigen und Eltern in erheblicher Weise an der Erbringung von Unterstützungsleistungen beteiligt und zugleich selbst hohen Belastungen ausgesetzt sind. Wünschenswert wären darüber hinaus umfassendere Forschungsprojekte, die die Mehrdimensionalität des Untersuchungsfeldes abdecken sowie Prozessverläufe dokumentieren können.

Literatur

Barnes, John A. (1954): Class and communities in a Norwegian island parish. In: Human Relations 7, 39–58

Dworschak, Wolfgang (2004): Lebensqualität von Menschen mit geistiger Behinderung. Theoretische Analyse, empirische Erfassung und grundlegende Aspekte qualitativer Netzwerkanalyse. Bad Heilbrunn

Engelbert, Angelika (1999): Familien im Hilfenetz. Bedingungen und Folgen der Nutzung von Hilfen für behinderte Kinder. Weinheim

Faltermaier, Toni (1988): Notwendigkeit einer sozialwissenschaftlichen Belastungskonzeption. In: Brüderl, Leokadia (Hrsg.): Theorien und Methoden der Bewältigungsforschung. München, 46–62

Hamel, Thomas & Windisch, Matthias (1993): Soziale Integration. Vergleichende Analyse von sozialen Netzwerken nichtbehinderter und behinderter Erwachsener. In: Neue Praxis 5, 425–439

Heckmann, Christoph (2004): Die Belastungssituation von Familien mit behinderten Kindern – Soziales Netzwerk und professionelle Dienste als Bedingungen für die Bewältigung. Heidelberg

Hintermair, Manfred et al. (2000): Wie Eltern stark werden. Soziale Unterstützung von Eltern gehörloser Kinder. Eine empirische Bestandsaufnahme. Hamburg

Kaufmann, Franz-Xaver et al. (1989): Netzwerkbeziehungen von Familien. In: Bundesinstitut für Bevölkerungsforschung (Hrsg.): Materialien zur Bevölkerungswissenschaft. Sonderheft 17. Wiesbaden

Keupp, Heiner (1982): Sozialepidemiologie. In: Keupp, Heiner & Rerrich, Dodo (Hrsg.): Psychosoziale Praxis. Ein Handbuch in Schlüsselbegriffen. München, 23–32

Krause, Matthias P. & Petermann, Franz (1997): Soziale Orientierung von Eltern behinderter Kinder (SOEBEK). Göttingen

Laux, Lothar (1996): Streßbewältigung und Wohlbefinden in der Familie. Studie im Auftrag des Bundesministeriums für Familie, Senioren, Frauen und Jugend (Hrsg.). Berlin

Lazarus, Richard S. & Folkman, Susan (1984): Stress, appraisal and coping. New York

Nestmann, Frank (1988): Die alltäglichen Helfer. Theorien sozialer Unterstützung und eine Untersuchung alltäglicher Helfer aus vier Dienstleistungsberufen. Berlin

Nestmann, Frank (1989): Förderung sozialer Netzwerke. In: Neue Praxis 2, 107–122

Niehaus, Mathilde (1993): Behinderung und sozialer Rückhalt. Zur sozialen Unterstützung behinderter Frauen. New York

Pfaff, Holger (1989): Stressbewältigung und soziale Unterstützung. Weinheim

Röhrle, Bernd et al. (Hrsg.) (1998): Netzwerkintervention. Tübingen

Schenk, Michael (1983): Das Konzept des sozialen Netzwerkes. In: Kölner Zeitschrift für Soziologie und Sozialpsychologie. Sonderheft 25, 88–105

Schenk, Michael (1984): Soziale Netzwerke und Kommunikation. Tübingen

Schiller, Burkhard (1987): Soziale Netzwerke behinderter Menschen. Das Konzept Sozialer Hilfe- und Schutzfaktoren im sonderpädagogischen Kontext. Frankfurt a. M.

Straus, Florian (1994): Netzwerkanalyse. Egozentrierte Netzwerkkarten als Instrument zur Erhebung von sozialen Beziehungen in qualitativen Interviews. Materialien (48) des Teilprojekts A 6. München: Ludwig-Maximilians-Universität. Sonderforschungsbereich 333

Straus, Florian & Höfer, Renate (1998): Die Netzwerkperspektive in der Praxis. In: Röhrle, Bernd et al. (Hrsg.): Netzwerkintervention. Tübingen, 77–95

Trautmann-Sponsel, Rolf D. (1988): Definition und Abgrenzung des Begriffs Bewältigung. In: Brüderl, Leokadia (Hrsg.): Theorien und Methoden der Bewältigungsforschung. München, 14–24

Weber, Hannelore & Knapp-Glatzel, Bettina (1988): Alltagsbelastungen. In: Brüderl, Leokadia (Hrsg.): Belastende Lebenssituationen. München, 140–157

Windisch, Matthias & Kniel, Adrian (1993): Lebensbedingungen behinderter Erwachsener. Eine Studie zu Hilfebedarf, sozialer Unterstützung und Integration. Weinheim

Soziale Exklusions- und Desintegrationsrisiken: Soziale Ungleichheit, soziale Abhängigkeit

Stefan Hradil

1 Definitionen und Begriffsgeschichte

1.1 Soziale Ungleichheit und (Des-)Integration

Soziale Ungleichheit liegt dann vor, wenn Menschen aufgrund ihrer Stellung in relativ stabilen sozialen Beziehungsgefügen von den „wertvollen Gütern" einer Gesellschaft regelmäßig weniger als andere erhalten (Hradil 2001, 30). Unter wertvollen Gütern werden in erster Linie Handlungsressourcen (wie ein sicherer Arbeitsplatz, eine marktgängige Qualifikation, ein auskömmliches Einkommen, Prestige) verstanden, die relativ autonomes Handeln, ein „gutes Leben" und gesellschaftliche Akzeptanz ermöglichen.

Zu unterscheiden sind Verteilungsungleichheit und Chancenungleichheit. Verteilungsungleichheit meint die ungleiche Verteilung knapper und begehrter Güter (z. B. von Geld) innerhalb der Bevölkerung schlechthin. Chancenungleichheit meint dagegen die schlechten Chancen bestimmter Bevölkerungsgruppen (z. B. von Frauen, Migranten oder Menschen mit Behinderung), bestimmte Stellungen innerhalb des Verteilungsgefüges zu erlangen.

Im Unterschied zum alltäglichen Verständnis des Wortes impliziert der sozialwissenschaftliche Begriff „soziale Ungleichheit" nicht notwendigerweise Ungerechtigkeit. Sowohl als gerecht beurteilte Verteilungen (wie z. B. Tarifabstufungen) als auch ungerecht erscheinende Verteilungen (z. B. die Armut von Kindern) gelten in den Sozialwissenschaften als soziale Ungleichheiten.

Der Begriff „Soziale Ungleichheit" unterstellt, dass trotz gesellschaftlicher Pluralisierung und funktionaler Ausdifferenzierung nach wie vor zentrale soziale Bereiche (wie die Erwerbsarbeit) und Kernstrukturen der Gesellschaft (wie die Berufshierarchie) existieren, die gesamtgesellschaftlich relevant und zentral für die gesellschaftliche Zugehörigkeit der Einzelnen sind. Die ungleich verteilten Handlungsressourcen verschaffen mehr oder minder leichten Zugang in diese Bereiche bzw. Strukturen und stellen Kriterien des Erfolgs hierin dar. Gleichzeitig stellen die ungleich verteilten Handlungsressourcen auch bessere bzw. schlechtere Chancen bereit, um in den pluralen Strukturen moderner Gesellschaften (wie etwa im Rahmen sozialer Milieus und in Familien) Autonomie erlangen und Abhängigkeit abwehren zu können.

Soziale Integration wird die Einbeziehung von Menschen in zentrale gesellschaftliche Bereiche genannt: in erster Linie in die Bildungseinrichtungen, in den Arbeitsmarkt und die politische Willensbildung. In etwas weiterer Bedeutung meint der Begriff „Integration" die Einbeziehung von Personen und Personengruppen in alle Regelinstitutionen und Regelabläufe einer Gesellschaft.

1.2 Macht und Abhängigkeit, Inklusion und Exklusion

Seit Max Weber wird in der Soziologie unter Macht jede Chance verstanden, „innerhalb einer sozialen Beziehung den eigenen Willen auch gegen Widerstand durchzusetzen, gleichviel worauf diese Chance beruht" (1964, 38) [→ Macht, Herrschaft, Gewalt]. Macht kann auf vielerlei Weisen entstehen und fortbestehen. Sie kann auf sehr unterschiedlichen Ressourcen und Instrumenten beruhen. Die

Mechanismen, die Reichweiten und die Auswirkungen der Macht sind vielgestaltig. Wer Macht in einem bestimmten Bereich hat, kann machtlos in einem anderen sein. Aus diesem Grunde nannte schon Max Weber das Konzept der Macht „soziologisch amorph".

Zu unterscheiden ist zwischen potentieller und aktueller Macht. Aktuelle Macht wird aktiv genutzt (z. B. durch Drohungen oder Manipulation). Potentielle Macht steht zur Verfügung, wird aber nicht notwendigerweise aktiv eingesetzt. Sie zeigt (wie z. B. die Macht eines Vorgesetzten) dennoch Wirkung (antizipierte Macht), sofern sie bekannt ist. Manifeste Macht (z. B. durch eine Kündigung) wird den Unterlegenen bewusst, latente Macht (z. B. durch Informationsvorenthaltung) bleibt unbemerkt (vgl. Hradil 1980).

Charakteristisch für traditionale Gesellschaften ist die Macht „des Schwertes". Sie beruht auf der Androhung und Anwendung körperlicher Schädigungen. In modernen Industriegesellschaften dominiert die Macht „des Geldes". Sie basiert auf Belohnung und Bestrafung. In modernen postindustriellen Gesellschaften überwiegt die lenkende und manipulierende Informationsmacht.

Abhängig ist in einer Machtbeziehung regelmäßig derjenige, dessen Gegenüber über etwas verfügt (z. B. über einen behindertengerechten Arbeitsplatz oder vorurteilsfreie Zuwendung), was der Abhängige benötigt, ohne dass der Abhängige sich entsprechend revanchieren kann (Haferkamp 1983). Autonom ist dagegen, wer in seinem Handeln von niemandem direkt abhängig ist. Die Begriffe „Macht" und „Abhängigkeit" setzen – anders als die Begriffe „Soziale Ungleichheit" und „Integration" – nicht zwingend voraus, dass Bereiche und Strukturen existieren, die zentral für die Konstitution einer Gesellschaft und für die Zugehörigkeit ihrer Mitglieder sind. Menschen, die im Arbeitsleben mächtig sind, und Menschen, die in dieser Hinsicht abhängig sind, müssen dies in anderen Bereichen keineswegs sein. Machtverhältnisse und soziale Abhängigkeiten sind zumindest in modernen Gesellschaften in der Regel auf bestimmte Sektoren und Bereiche der Gesellschaft begrenzt. Die Begriffe „Soziale Ungleichheit" und „(Des-)Integration" werden sinnlos, wenn Kernstrukturen nicht existieren, ohne freilich hierauf begrenzt zu sein. Die Begriffe „Macht" und „Abhängigkeit" lassen sich auch dann anwenden, wenn ausschließlich plurale Gesellschaftsstrukturen existieren oder interessieren.

Bis vor einigen Jahren waren die Behindertenforschung und -arbeit von der Vorstellung geleitet, dass Menschen mit Behinderung in das „übliche" bzw. „normale" gesellschaftliche Leben integriert werden sollten. Da jenseits von Bildung und Erwerbsarbeit immer weniger zu erkennen ist, woraus das „normale" gesellschaftliche Leben besteht, wird diese Leitidee mit zunehmender gesellschaftlicher Differenzierung, Pluralisierung und Individualisierung allmählich durch den Gedanken der Inklusion überlagert.

Mit dem Begriff „Inklusion" geht die Vorstellung einer, Menschen mit Behinderung zu befähigen, persönlich und institutionell an Autonomie und Macht zu gewinnen (Empowerment), um so Abhängigkeit und Ohnmacht zu überwinden und an immer mehr Sphären des gesellschaftlichen Lebens aktiv teilhaben zu können (vgl. Theunissen 2006, 13). Inklusion in plurale Gesellschaften kann durch eine Vielzahl von Aktionen und Initiativen bewerkstelligt werden, die auf Autonomie von Menschen mit Behinderungen und ihre aktive Teilhabe am gesellschaftlichen Leben hinwirken. Hierzu zählen eine inkludierende Bildung und kommunale Aktivitäten. Allerdings schließt der Begriff der Inklusion die Vorstellung aus, es könne eine Einbeziehung von Menschen in alle Bereiche einer pluralen Gesellschaft geben. Es gibt keine Zentralinstanz mehr, die die Teilsysteme beaufsichtigt (Luhmann 1997, 630).

2 Der gesamtgesellschaftliche Zusammenhang – Zentrale Probleme

Moderne Gesellschaften sind zu pluralen, sehr heterogen zusammengesetzten Gebilden geworden. Ihre Pluralisierung hält weiter an. Das beruht auf wenigstens vier Teilprozessen. Erstens steigert sich die funktionale Ausdifferenzierung: Subsysteme, Institutionen und Organisationen werden immer unterschiedlicher und erfüllen immer spezifischere Aufgaben [→ VI Institution und Organisation]. Zweitens werden Ausbildungen und Arbeitsinhalte in modernen Gesellschaften immer spezialisierter (Gröschke 2004, 84). Drittens bewegen sich die Lebensweisen, das heißt Lebensstile, Lebensformen, Lebenswege und soziale Milieus, in modernen Gesellschaften immer weiter auseinander. Schließlich haben viertens Wohlstandsmehrung, Bildungsexpansion und wachsende Konkurrenz die Menschen weitgehend individualisiert (Beck 1996, 122–124).

Die genannten Pluralisierungstendenzen haben auf der einen Seite viel Gutes mit sich gebracht: Sie erhöhten die Leistungsfähigkeit moderner Gesellschaften und den Lebensstandard ihrer Mitglieder. Die Freiheit der Menschen von Zwängen wuchs.

Andererseits gibt es auch Schattenseiten der Pluralisierung. So wird der Zusammenhalt moderner Gesellschaften prekär. Damit wachsen die Gefahren der Anomie, des Identitätszerfalls und der Desintegration, z. B. in Familien und Schulen. Traditionelle Bindeglieder, wie eine gemeinsame Kultur, eine einheitliche Sprache und Religion, sind immer weniger vorhanden. In Deutschland lebten 2007 ca. drei Millionen Muslime, viele Zuwanderer sprechen türkisch oder russisch, Wissenschaftler sprechen englisch. Neuere Versuche, gesellschaftliche Bindeglieder zu installieren, wie die Verpflichtung der Menschen auf die Basismoral der „westlichen" Menschen- und Grundrechte, stellen zwar im Prinzip zukunftsfähige Lösungen dar. Bei ihrer Durchsetzung werfen sie jedoch viele Konflikte auf, insbesondere im Umgang mit Migranten. Auch der gesellschaftliche Kitt der „sozialen Gerechtigkeit", hergestellt durch wohlfahrtsstaatlichen Ausgleich, wird zusehends brüchiger [→ VI Gesellschaftsentwicklung und soziale Gerechtigkeit]. Denn die Hebel der Sozialpolitik geraten immer kürzer. Ihre Leistungen werden immer geringer. Verteilungskämpfe werden härter. Schließlich stellt auch das beständige Bemühen um Kommunikation zwischen Unterschiedlichen und um Konfliktregulierung, die ultima ratio pluraler Gesellschaften, wenn es um den Zusammenhalt geht, eher eine Sisyphusarbeit dar als ein Integrationskonzept.

Moderne plurale Gesellschaften kämpfen also um ihren Zusammenhalt. Gleichartigkeit stellt ihn nicht mehr her. Was „normal" ist, lässt sich nur noch in Ausschnitten erkennen. Zusammenhalt gilt daher als knappes und daher kostbares Gut. Je heterogener moderne Gesellschaften werden, je prekärer ihr Zusammenhalt gerät, desto wertvoller wird die Zugehörigkeit. Für Prozesse, die Zugehörigkeit zu pluralisierten Gesellschaften herbeiführen, hat sich der Begriff „Inklusion" durchgesetzt. In mancher Hinsicht hat er die Nachfolge des Integrationsbegriffs angetreten. Dieser setzt – anders als der Inklusionsbegriff – eine relative Geschlossenheit und Zentralität der Strukturen voraus, in die hinein Integration erfolgen soll (Theunissen 2006, 21–23).

Der inneren Heterogenität und des prekären Zusammenhalts wegen ist es in pluralen Gesellschaften aber oft unklar und strittig, wer aufgrund welcher Merkmale „dazu" gehört. Selbst der Begriff der „Randgruppe" ist immer weniger sinnvoll. Wo sind die Ränder von pluralisierten Gesellschaften? Trotz aller funktionalen Differenzierung, Spezialisierung, Auffächerung von Lebensweisen und Individualisierung existieren in modernen Gesellschaften Kernstrukturen. Sie sind vor allem um Ausbildung und Erwerbsarbeit gruppiert. Moderne Gesellschaften sind somit immer noch „Arbeitsgesellschaften". Daher ist der Begriff „Integration" auch in modernen Gesellschaften nicht überflüssig geworden. Er wird insbesondere für die Einbeziehung von Menschen in die Kernstrukturen moderner Gesellschaften verwendet.

Desintegration und Exklusion können aus ganz unterschiedlichen Gründen erfolgen. Sie treten häufig in Kombination auf und verstärken so einander:

- Unzureichende Handlungsressourcen (Einkommen, Bildung usw.) können Autonomie, Teilhabe, Erfolg und ein „gutes Leben" unmöglich machen (Hradil 2001, 255 f.).
- Vorurteile von Mitmenschen können Distanz, Abwertung, Festlegung auf bestimmte Rollen hervorrufen (Hradil 2001, 325 f.).
- Staatliche und/oder institutionelle Diskriminierung können Lebenswege blockieren bzw. fixieren (Hradil 2001, 324 f.).
- Machtgefälle und Abhängigkeit können Autonomie verhindern oder Unterwerfung erzwingen (Jacobs 2006).
- Relative Deprivation, das heißt im Vergleich mit anderen selbst wahrgenommene Nachteile schaffen Frustration, Neid und Ressentiments (Runciman 1968).
- Residenzielle Segregation, das heißt die räumliche Absonderung des Wohnens begünstigt soziale Distanz, Vorurteile und mindert Chancen (Friedrichs 1981).
- Biologische, gesundheitliche und ästhetische Ursachen führen zum Ausschluss von gesellschaftlicher Teilhabe (Hradil 2001, 325).

Die Erscheinungsformen und Wirkungsweisen von zwei dieser Bestimmungsgründe der Desintegration und Exklusion, nämlich

- relativ geringe Handlungsressourcen und damit niedrige Stellungen im Gefüge sozialer Ungleichheit sowie
- Abhängigkeit und damit untergeordnete Stellungen in Machtbeziehungen

sollen im Folgenden dargestellt werden. Insbesondere wird dabei auf die Lage von behinderten Menschen im Vergleich zu nicht behinderten eingegangen [→ III Integration und Exklusion].

3 Befunde zu sozialer Ungleichheit und Desintegrationsrisiken von Menschen mit Behinderung – Zentrale Erkenntnisse und aktueller Forschungsstand

Das „Rückgrat" (Frank Parkin) der Struktur sozialer Ungleichheit bildet in modernen Gesellschaften die Erwerbs- und Berufshierarchie. Dementsprechend werden die folgenden wichtigen Dimensionen und Abstufungen sozialer Ungleichheit unterschieden:

- Qualifikationen (Bildungsstatus), das heißt fehlende, niedrige oder höhere Bildungs- oder Ausbildungsabschlüsse,
- Einbeziehung in den Arbeitsmarkt (Erwerbsstatus), das heißt die Position außerhalb, am Rande oder innerhalb des „normalen" Arbeitsmarkts,
- die Stellung in der Berufshierarchie (Berufsstatus), das heißt die berufliche Stellung nach Anweisungsstatus, Einkommenshöhe und Sozialprestige.

Wenn im Folgenden die Lage von Menschen mit Behinderung innerhalb dieser Dimensionen und Abstufungen dargestellt wird, so ist es in der Regel nur sinnvoll, Menschen mit Behinderung und nicht behinderte Menschen innerhalb einzelner Altersgruppen oder aufgrund altersstandardisierter Daten zu vergleichen. Da Behinderungen gehäuft im Alter auftreten, sind Menschen mit Behinderung durchschnittlich wesentlich älter als Menschen ohne Behinderung. Ohne Kontrolle des Alters würden Vergleiche von Menschen mit Behinderung und Menschen ohne Behinderung somit oft eher Alters- als Behinderungseffekte wiedergeben.

3.1 Bildung und Ausbildung

Die Verteilung von Bildung und Ausbildung wird dadurch bestimmt, dass die Modernisierung, insbesondere der technologische Wandel und die Globalisierung, ständig höhere Qualifikationsanforderungen stellen. Dementsprechend hat sich das Bildungs- und Ausbildungsniveau der Menschen in den letzten Jahrzehnten bedeutend erhöht. 79 % der Schüler der siebten Jahrgangsstufe besuchten 1952 die „Volksschule"; 2004 gingen nur noch 23 % in die Hauptschule (Geißler 2006, 275). Höhere Bildungsabschlüsse sind von der Ausnahme zur Regel geworden. Allerdings ist diese Bildungsexpansion in Deutschland anders als in fast allen anderen modernen Ländern seit Mitte der 1990er Jahre weitgehend zum Stillstand gekommen.

Die Entwicklung der Bildungschancen verlief demgegenüber zwiespältig: Frauen schneiden in Bildungseinrichtungen, verglichen mit Männern, immer besser ab und haben die Männer mittlerweile in allgemein bildenden Schulen überholt. In den Schulen sind die Jungen zum „Problemgeschlecht" geworden. Kinder aus Migrantenfamilien haben ihren Bildungsrückstand zu einheimischen Kindern in allgemein bildenden Schulen nur wenig, in Ausbildungseinrichtungen gar nicht aufgeholt. Die Bildungschancen von Kindern aus unteren Bevölkerungsschichten sind, seit Jahrzehnten kaum verändert, deutlich schlechter als die von Kindern aus besser gestellten Elternhäusern. Da Migrantenfamilien überwiegend unteren Gesellschaftsschichten angehören, sind die schichtspezifischen Ungleichheiten der Bildungschancen auch die wichtigste Ursache für die geringen Bildungserfolge von Kindern mit Migrationshintergrund [→ III Migration und Bildung].

Wer sich in einer modernen Dienstleistungsgesellschaft Chancen auf einen regulären Arbeitsplatz und gesellschaftliche Integration ausrechnet, sollte wenigstens den Abschluss einer regulären Schul- und Berufsausbildung vorweisen können. Freilich ist mit dieser Mindestausstattung vielleicht eine gewisse Aussicht, keinesfalls aber die Sicherheit auf einen Arbeitsplatz verbunden. Unter den jüngeren Menschen im Alter von 25 bis 44 Jahren verfügten Menschen mit Be-

hinderung im Jahre 2005 fünf Mal so häufig wie Menschen ohne Behinderung *nicht* über einen allgemein bildenden Schulabschluss. „15 % der behinderten Menschen im Alter von 25 bis 44 Jahren hatten keinen Schulabschluss. Bei den Nichtbehinderten waren deutlich weniger in diesem Alter (3 %) ohne Abschluss" (Statistisches Bundesamt 2006).

Fast 15 % aller nicht behinderten Menschen im Alter von 30 bis 44 Jahren konnten 2005 in Deutschland nicht auf eine abgeschlossenen Berufsausbildung verweisen und hatten damit nur geringe Chancen, einen „normalen" Arbeitsplatz zu (er-)halten. Dieser Anteil von Menschen ohne „Eintrittskarte" in den Arbeitsmarkt ist seit Jahren nicht geringer geworden. Unter den gleichaltrigen Menschen mit Behinderung sind es jedoch fast doppelt so viele, nämlich 28,4 %, die 2005 ohne Berufsausbildung waren (Pfaff et al. 2006, 1275).

Berufspositionen, die Aufstieg, Ansehen und Einkommen versprechen, sind ohne Abitur kaum noch zu erlangen. Während der Besitz einer abgeschlossenen Schul- und Berufsausbildung dem Einzelnen lediglich einen gewissen Mindestrespekt verschafft, so genießen die Inhaber eines Abiturs und Hochschulabschlusses eine vorteilhafte gesellschaftliche Distinktion. Von den 25- bis 45-Jährigen ohne Behinderung konnte im Jahr 2005 immerhin über ein Viertel (26,1 %) ein Abitur vorweisen. Dies war aber nur einem guten Zehntel (11,4 %) der Menschen mit Behinderung in dieser Altersgruppe vergönnt (Pfaff et al. 2006, 1273 f.). Im Bereich der Berufsausbildung fiel der Abstand zwischen Menschen ohne Behinderung und Menschen mit Behinderung noch deutlicher aus: 16,4 % der 25- bis 44-Jährigen ohne Behinderung hatten eine (Fach-)Hochschule erfolgreich abgeschlossen. Aber nur 5,9 % der gleichaltrigen Menschen mit Behinderung war dies gelungen und damit die Chance zur Besetzung einer sicheren und einträglichen Berufsstellung zu erlangen [→ III Bildung, Behinderung und soziale Ungleichheit].

3.2 Beschäftigung und Arbeitslosigkeit

Die mit Abstand wichtigste und ergiebigste Quelle des Lebensunterhalts, des Respekts und Selbstrespekts, von sozialen Kontakten und sozialer Integration ist in modernen Gesellschaften die eigene Erwerbstätigkeit [→ Erwerbstätigkeit, Leben ohne Arbeit und berufliche Bildung]. Andere Möglichkeiten des Lebensunterhalts (z. B. durch private Versorgung, durch Renten oder andere sozialstaatliche Transferzahlungen) verschaffen dem Einzelnen in der Regel weniger Lebensstandard, Autonomie, Ansehen und Selbstachtung. Auch insoweit sind moderne Gesellschaften nach wie vor „Arbeitsgesellschaften". Das Ausmaß der Beschäftigung (Erwerbstätigenquote) innerhalb der Bevölkerung Deutschlands im erwerbsfähigen Alter hat sich in den vergangenen Jahrzehnten langsam erhöht, obwohl in Ostdeutschland nach der Wende viele Arbeitsplätze wegfielen. Es trifft also in Deutschland (und in vielen anderen Ländern erst recht) nicht zu, dass der „Arbeitsgesellschaft die Arbeit ausgeht" (Arendt 1960).

Was sich von 1973 bis 2005 allerdings auch erhöhte, war die Arbeitslosigkeit. Die zunehmenden Erwerbswünsche der geburtenstarken Jahrgänge, Frauen und Migranten übersteigen das nur langsam wachsende Angebot an Arbeitsplätzen. Vor allem immer mehr gering Qualifizierte und Ausländer fanden keine Arbeitsstelle. Erst seit 2006 führten konjunkturelle Faktoren und die aus demographischen Gründen sinkende Nachfrage zum Rückgang der Arbeitslosigkeit.

Fast drei Viertel (73,2 %) der jüngeren nicht behinderten Menschen im Alter von 25 bis unter 45 Jahren erzielten 2005 ihren Lebensunterhalt durch eigene Erwerbstätigkeit. Dies war nur der Hälfte (52,2 %) der Menschen mit Behinderung im gleichen Alter vergönnt. Weitere 17,1 % der altersgleichen Menschen mit Behinderung lebten von Renten und 6,3 % von Sozialhilfe oder ähnlichen Zahlungen. Die beiden zuletzt genannten Quellen des Lebensunterhalts spielen für jüngere Nichtbe-

hinderte kaum eine Rolle (Pfaff et al. 2006, 1275).

Wie sehr Menschen ohne Erwerbstätigkeit desintegriert werden, zeigt sich insbesondere dann, wenn sie nach Erwerbsarbeit suchen. Trotz Schutzgesetzen und arbeitsmarktrelevanten Maßnahmen suchen überproportional viele Menschen mit Behinderung einen Arbeitsplatz. Im Jahre 2005 betrug die Erwerbslosenquote der jüngeren Menschen mit Behinderung von 24 bis 44 Jahren 15 %. Unter den gleichaltrigen Nichtbehinderten suchten 2005 „nur" 10 % eine Stelle (Statistisches Bundesamt 2006).

3.3 Einkommen

In modernen Gesellschaften sind nahezu alle materiellen und viele immaterielle Bedürfnisse mittels Geld auf Märkten zu befriedigen. Einkommen ist daher das wichtigste „Lebensmittel".

Die Wohlstandsentwicklung ist dadurch gekennzeichnet, dass das durchschnittliche Volkseinkommen von der Nachkriegszeit bis zum Ende der 1980er Jahre rapide anstieg. Seither wächst es nur noch langsam. Aber der wachsende Wohlstand ist durchaus ungleich in der Bevölkerung verteilt: Von etwa dem Ersten Weltkrieg an bis in die 1970er Jahre verteilten sich die Einkommen immer gleicher unter der Bevölkerung. Die mittleren Einkommensschichten wuchsen. Darauf war die deutsche Gesellschaft, wie alle anderen modernen Gesellschaften, stolz. Seither wird die Bruttoeinkommensverteilung jedoch deutlich ungleicher. Die Verteilung der Nettoeinkommen wird nur langsam ungleicher, denn der Sozialstaat verteilt die Einkommen deutlich um. Trotzdem wachsen die sehr einkommensschwachen und die sehr einkommensstarken Schichten. Ähnlich verhält es sich mit der Vermögensverteilung seit den 1990er Jahren. Damit ist eine jahrzehntelange Entwicklung der finanziellen Angleichung innerhalb der Gesellschaft zu Ende gegangen.

Zu den Haushaltsnettoeinkommen zählen Lohn und Gehalt sowie Einkommen aus Besitz und Pacht sowie staatliche Transferleistungen abzüglich der gezahlten Steuern und Sozialabgaben. Das Haushaltsnettoeinkommen gibt weitgehend Auskunft über den Lebensstandard der Menschen. Erwartungsgemäß waren 2005 nicht behinderte Menschen häufiger in den höchsten Einkommensklassen vertreten als Menschen mit Behinderung. Überraschend ist dagegen, dass nicht behinderte Menschen auch häufiger als Menschen mit Behinderung sehr niedrige Einkommen aufweisen. Wegen noch geringer Rentenzahlungen ist dies allerdings unter den Menschen im jüngeren und mittleren Lebensalter (15 bis 55 Jahre) noch nicht der Fall: Hier müssen durchweg höhere Anteile der Menschen mit Behinderung als der nicht behinderten Menschen mit niedrigen Einkommen auskommen. So mussten 2005 in Einpersonenhaushalten 19 % der nicht behinderten Menschen, aber 35,3 % der behinderten Menschen im Alter von 25 bis 45 Jahren mit einem monatlichen Nettoeinkommen von unter 700 Euro haushalten. In Zweipersonenhaushalten waren 15,4 % der nicht behinderten Menschen, aber 22,7 % der Menschen mit Behinderung der gleichen Altersgruppe gezwungen, mit weniger als 1 300 Euro zu wirtschaften. In Haushalten von drei und mehr Personen standen 2005 15,2 % der nicht behinderten Menschen, jedoch 17,1 % der behinderten Menschen im Alter von 25 bis 44 Jahren nicht einmal 1 700 Euro zur Verfügung (Pfaff et al. 2007, 193 ff.).

Das persönlich erzielte monatliche Nettoeinkommen kennzeichnet den Lebensstandard nur bedingt. Der kann in einem gemeinsamen Haushalt auch vom Einkommen anderer geprägt sein. Persönliche Nettoeinkommen sagen aber viel über die Autonomie von Menschen und über den Respekt aus, der ihrer Arbeitsleistung entgegengebracht wird. Überraschenderweise bleiben Menschen mit Behinderung nur selten ohne jedes Einkommen und damit finanziell völlig von anderen abhängig. Das ist ganz anders bei Personen ohne Behinderung: Von allen behinderten

Menschen in privaten Haushalten gaben 2005 nur 4 % an, dass sie ohne eigenes Einkommen sind. Dagegen wiesen über ein Fünftel (22 %) aller nicht behinderten Menschen keinerlei Einkommen auf. Denn sie sind meist jünger als Menschen mit Behinderung und wohnen häufiger gemeinsam mit anderen im Haushalt als diese (ebd., 198 f.). Weniger überraschend ist die Höhe der persönlichen Nettoeinkommen der jüngeren Menschen im Alter von 25 bis 44 Jahren: Ansehnliche persönliche Nettoeinkommen von 2 300 Euro und mehr im Monat erzielten im Jahre 2005 immerhin 11,3 % der Menschen ohne Behinderung, aber nur 5,5 % der behinderten Menschen. Mit wenig auskömmlichen persönlichen Einkommen von unter 700 Euro monatlich mussten sich 32,8 % der Menschen mit Behinderung, aber nur 21,4 % der nicht behinderten Menschen bescheiden (ebd., 199).

4 Abhängigkeit und Exklusionsrisiken – Ein Ausblick

Die eigene Bildung, eine eigene Erwerbstätigkeit und ein eigenes Einkommen sind notwendige, aber keinesfalls ausreichende Bedingungen, um behinderten Menschen zu ermöglichen, frei von Abhängigkeit und Exklusion leben zu können. Auch die Wahrnehmungen und die Handlungsroutinen der Menschen, und zwar der Menschen sowohl mit als auch ohne Behinderungen, sind maßgebend für das Risiko von Menschen mit Behinderung, auf relative Autonomie und Inklusion verzichten zu müssen.

Nimmt man so über die zuvor genannten Handlungs*bedingungen* hinaus auch die Einstellungen und die typischen wechselseitigen Handlungs*muster* in den Blick, dann erweist sich, dass Behinderung *selbst* zu wesentlichen Teilen ein Wahrnehmungs-, Beziehungs- und Handlungsphänomen ist. Behinderung ist also weder durch eine äußerliche gesellschaftliche Struktur geprägt noch eine gesellschaftsferne individuelle Angelegenheit: *„Behinderung ist unter dem Aspekt ihrer sozialen Wahrnehmung demnach weder eine soziale Struktur, die den Handelnden quasi von außen auferlegt wird und die sie ohnmächtig ertragen müssten, noch geschieht die soziale Wahrnehmung von Behinderung durch das Verhalten einzelner Personen in ihren sozialen Handlungen, die ihnen unabhängig von soziale Zusammenhängen zugeschrieben werden könnten oder müssten. Behinderung entsteht als Phänomen sozialer Wahrnehmung vielmehr durch einen Prozess, in dem das soziale Handeln von Menschen soziale Strukturen gleichzeitig erzeugt und reproduziert"* (Forster 2004, 32).

Um Menschen mit Behinderung ein relativ autonomes Leben und Teilhabe an vielen Lebensbereichen zu ermöglichen, um sie sowie ihre Mitmenschen dazu zu befähigen, sind viele Einzelmaßnahmen geeignet.

4.1 Überwindung gesellschaftlicher Distanz

Menschen mit Behinderung leben derzeit zum großen Teil allein oder von nicht behinderten Menschen getrennt. Dies fördert Abhängigkeit und Exklusion. Distanz begünstigt Vorurteile und Unsicherheiten auf beiden Seiten. In Kommunikation und Interaktion mit nicht behinderten Menschen können dagegen Empathie und soziale Fertigkeiten entstehen. Zwar ist ein gemeinsamer Kindergartenbesuch von behinderten und nicht behinderten Kindern in vielen Bundesländern schon die Regel. Noch nicht üblich ist dagegen der gemeinsame Schulunterricht. Dies betrifft sowohl blinde, sehbehinderte, körperbehinderte, hörbehinderte als auch Kinder mir einer sogenannten geistigen Behinderung und solche mit Lernhilfebedarf. Ähnlich stellt sich die Situation in Haushalten und Familien dar. Auch hier ist Isolation unter Menschen mit Behinderung weit häufiger als unter nicht behinderten Menschen: „Behinderte Menschen zwischen 25 und 44 Jahren sind häufiger ledig und leben häufiger allein als Nichtbehinderte in dieser Altersklasse. Der Anteil der Ledigen unter den behinderten Menschen beträgt in diesem Alter 49 %; der entsprechende Anteil bei den Nichtbehinderten 36 %. Der Anteil der in privaten Haushalten allein Lebenden bei den 25- bis 44-jährigen behinderten Menschen liegt bei 27 %, bei den Nichtbehinderten bei 19 %" (Statistisches Bundesamt 2006). Die Hälfte der Menschen mit einer sogenannten geistigen Behinderung gibt an, noch nie eine feste Beziehung mit Austausch sexueller Aktivitäten gehabt zu haben, zwei Drittel hatten zum Zeitpunkt der Befragung keine feste Beziehung (Dobersek 1998).

Die verfügbaren Daten zeigen, dass eine gemeinsame Bildung und Ausbildung genauso noch zu erreichen bleibt wie ein Alltagsleben, das behinderte und nicht behinderte Menschen möglichst stark in Kontakt bringt.

4.2 Befähigung zu Autonomie und Inklusion

Auch wenn Menschen mit Behinderung mit Menschen ohne Behinderung in Kontakt stehen oder gemeinsam leben, sind Autonomie und Inklusion keinesfalls gesichert. Abhängigkeit bzw. Ausschluss von Menschen mit Behinderung sind vielmehr eher die Regel als die Ausnahme. So gab ein Viertel (23 %) der behinderten Personen 2003 an, dass sie dauerhaft Hilfe benötigen. 6 % waren sogar rund um die Uhr auf Hilfestellungen angewiesen. Erwartungsgemäß waren es die Älteren, aber entgegen vielen Erwartungen auch die jüngeren Altersgruppen, die einen überdurchschnittlichen Bedarf an dauerhafter Hilfe aufwiesen. So waren von den über 74-jährigen Menschen mit Behinderung im Jahre 2003 43 % auf dauerhafte Hilfe angewiesen. Unter den unter 15-Jährigen waren es sogar 59 % und unter den 15- bis 25-jährigen Menschen mit Behinderung fanden sich 39 %, die dauerhaft Hilfe unter anderem bei Körperpflege, Ernährung und Mobilität benötigten. Auffällig ist, dass wesentlich mehr Frauen als Männer angaben, auf Hilfe angewiesen zu sein (Pfaff et al. 2004, 1190). Immerhin waren es aber auch 18 % der mindestens 75-jährigen Menschen ohne Behinderung, die auf ständige Hilfe angewiesen waren. Dagegen kam dauernde Hilfebedürftigkeit bei Jüngeren kaum vor (ebd., 1190).

Hilfsbedürftigkeit und Abhängigkeit ergeben sich keinesfalls in allen Fällen aus der „Natur" der Behinderung. Exkludierende Verhaltensweisen finden sich häufig auf beiden Seiten. Die Bestimmungsgründe liegen sowohl auf Seiten der behinderten als auf Seiten der nicht behinderten Menschen. Manche Menschen mit Behinderung besitzen häufig zu geringe kommunikative Kompetenzen und zu wenig Durchsetzungsvermögen, um zum Beispiel in Heimbeiräten ihre Interessen einzubringen oder sich im Internet zu informieren. Ausschluss von relevanten Lebensbereichen kommt aber auch durch Menschen ohne Behinderung zustande. Wenn nicht behinderte Menschen die Probleme und die Sichtweisen von Menschen mit Behinderung nicht kennen, drängen sie sie ständig in die Rollen von Fragenden und Bittenden, statt unaufgefordert und selbstverständlich zu handeln. Auch „gut gemeinte" Hilfestellungen und solidarisches Verhalten bewirken so häufig, dass Menschen mit Behinderung in Sonderrollen bleiben. Viele in den letzten Jahren entstandene Initiativen haben daher zum Ziel, dass behinderte zusammen mit nicht behinderten Menschen Inklusion „lernen". Beispiele hierfür finden sich unter anderem in der internationalen Independent Living Bewegung sowie in Deutschland u. a. in der „Aktion Mensch" und im Netzwerk „Mensch zuerst". Ziele sind, nicht behinderte Menschen für Menschen mit Behinderung zu sensibilisieren und zu trainieren sowie Menschen mit Behinderung die Fähigkeit zur Selbstorganisation, Selbstverantwortung, Selbstbestimmung und Selbstbehauptung zu vermitteln. Ziel ist, sie in Kommunikations- und Entscheidungsprozesse einzubeziehen. Ziel dieser Maßnahmen ist außerdem, auf Politik, Recht und Technik einzuwirken, um geeignete Rahmenbedingungen für Inklusionsprozesse zu schaffen.

Literatur

Arendt, Hannah (1960): Vita activa oder vom tätigen Leben. Stuttgart

Beck, Ulrich (1996): Risikogesellschaft. Auf dem Weg in eine andere Moderne, Frankfurt a. M.

Dobersek, Reinhard (1998): Sexualität und Partnerschaft bei Menschen mit geistiger Behinderung. (www.redfish.to/research/psyposter/abstracts/reinhard_dobersek.html; Zugriff am 05.09.2008)

Forster, Rudolf (2004): Strukturmöglichkeiten soziologischer Theoriebildung – Erste theoretische Bestimmungsstücke als Fundament für eine ‚Soziologie im Kontext von Behinderung'. In: Forster, Rudolf (Hrsg.): Soziologie im Kontext von Behinderung. Theoriebildung, Theorieansätze und singuläre Phänomene, Bad Heilbrunn, 7–47

Friedrichs, Jürgen (1981): Stadtanalyse. 2. Aufl., Opladen

Gröschke, Dieter (2004): Individuum, Gemeinschaft oder Gesellschaft? – Heilpädagogik zwischen individualistischer Subjekt- und kollektivistischer Gesellschaftswissenschaft. In: Forster, Rudolf (Hrsg.): Soziologie im Kontext von Behinderung. Theoriebildung, Theorieansätze und singuläre Phänomene, Bad Heilbrunn, 78–102

Haferkamp, Hans (1983): Soziologie der Herrschaft. Opladen

Hradil, Stefan (1980): Die Erforschung der Macht. Stuttgart

Hradil, Stefan (2001): Soziale Ungleichheit in Deutschland. 8. Aufl., Wiesbaden

Hradil, Stefan (2006): Die Sozialstruktur Deutschlands im internationalen Vergleich. 2. Aufl., Wiesbaden

Jacobs, Kurt (2006): Blinde und sehbehinderte Menschen als Manager ihrer eigenen Behinderung. In: Horus & Broschüren – DVBS-online.de (http://www.dvbs-online.de/horus/2006-1-3761.htm; 06.09.2007)

Luhmann, Niklas (1997): Die Gesellschaft der Gesellschaft. Bd. 2, Frankfurt a. M.

Mattner, Dieter (2000): Behinderte Menschen in der Gesellschaft zwischen Ausgrenzung und Integration. Stuttgart

Pfaff, Heiko (2007): Behinderung und Einkommen. Ergebnis des Mikrozensus 2005, In: Wirtschaft und Statistik 2, 193–199

Pfaff, Heiko et al. (2004): Lebenslagen der behinderten Menschen. Ergebnis des Mikrozensus 2003. In: Wirtschaft und Statistik 10, 1181–194

Pfaff, Heiko et al. (2006): Lebenslagen der behinderten Menschen. Ergebnisse des Mikrozensus 2005. In: Wirtschaft und Statistik 12, 1267–1277

Runciman, Walter Garrison (1968): Relative Deprivation and Social Justice. London

Statistisches Bundesamt (2006): Pressemitteilung vom 1. Dezember

Statistisches Bundesamt, Wissenschaftszentrum für Sozialforschung, Zentrum für Umfragen, Methoden und Analysen (Hrsg.) (2006): Datenreport 2006. Bonn

Theunissen, Georg (2006): Inklusion – Schlagwort oder zukunftsweisende Perspektive? In: Theunissen, Georg & Schirbort, Kerstin (Hrsg.): Inklusion von Menschen mit geistiger Behinderung. Zeitgemäße Wohnformen, soziale Netze, Unterstützungsangebote. Stuttgart, 13–40

Weber, Max (1964): Wirtschaft und Gesellschaft. Köln

Zöller, Dietmar (1996): Normalität – Integrationsformel oder Ausgrenzungsbegriff. In: Zwierlein, Eduard (Hrsg.): Handbuch Integration und Ausgrenzung. Behinderte Menschen in der Gesellschaft. Neuwied, 71–78

Sozialepidemiologie: Soziale Faktoren von Gesundheit, Krankheit und Behinderung

Thomas Schott & Benjamin Kuntz

Einleitung

Gesundheit und Krankheit sind in allen Gesellschaften ungleich verteilt. Bis auf wenige Ausnahmen gilt für die meisten Krankheiten, Behinderungen und Todesursachen sowie für die Lebenserwartung, dass Menschen aus niedrigen sozialen Schichten ein höheres Morbiditätsrisiko aufweisen und früher sterben als ihre Mitmenschen aus einer höheren Schicht (Mielck 2000; Wilkinson & Marmot 2003; Richter & Hurrelmann 2006). So beträgt beispielsweise in den USA die Kluft bezüglich der Lebenserwartung zwischen diesen Bevölkerungsgruppen bis zu 20 Jahre (Marmot 2004, 2). Diese Unterschiede sind stabil in allen Ländern, für die Daten vorliegen, auch wenn die Differenz zwischen *oben* und *unten* nicht immer so extrem ausfällt.

Heutzutage, da in den entwickelten Ländern ein noch nie da gewesenes Wohlstandsniveau erreicht ist und die sozialen Sicherungssysteme zumindest die finanziellen Folgen von Arbeitslosigkeit, Pflegebedürftigkeit und Krankheit abmildern, geht es nicht nur um die zumeist am stärksten ausgeprägten Differenzen zwischen den *ganz Armen* auf der einen und den *ganz Reichen* auf der anderen Seite. Die Forschungsergebnisse belegen vielmehr die Existenz eines fein abgestuften Sozialgradienten: Mit jedem zusätzlichen Schritt auf der gesellschaftlichen Leiter verbessert bzw. verschlechtert sich der durchschnittliche Gesundheitszustand (Siegrist & Marmot 2008, 16). Michael Marmot, der zu den weltweit renommiertesten Sozialepidemiologen zu zählen ist, spricht in diesem Zusammenhang treffend von dem Phänomen des *Statussyndroms* (Marmot 2004).

Eine weitere Beobachtung kann weltweit gemacht werden: Obwohl die allgemeine Lebenserwartung in allen Ländern mit stabilen wirtschaftlichen und politischen Systemen deutlich gestiegen ist, haben die sozial bedingten Unterschiede in der Gesundheit eher zugenommen (Mackenbach et al. 2003; Meara et al. 2008). Es scheint demnach so zu sein, dass sozial schlechter gestellte Menschen nicht nur kränker sind und früher sterben, sondern darüber hinaus auch in geringerem Maße vom sozialen und wirtschaftlichen Fortschritt profitieren. Es stellen sich damit Fragen, die sich auch an die Legitimation moderner Sozial- und Gesundheitspolitik richten, nämlich inwieweit es sich hierbei um vermeidbare Ungleichheiten handelt, also von sozialen Ungerechtigkeiten gesprochen werden kann.

Angesichts der hier – im Sinne einer knappen Einführung – skizzierten Gegebenheiten gehört es zu den vornehmlichen Aufgaben der Sozialepidemiologie, sozial bedingte Unterschiede in der Gesundheit aufzudecken und zu beschreiben, kausale Zusammenhänge zu erkennen und praktisch umsetzbare Konzepte zu deren Beseitigung zu entwickeln (Cwikel 2006). Denn genauso berechtigt wie die Legitimationsfrage sind Fragen nach der Wissensbasis über die Zusammenhänge zwischen sozialer und gesundheitlicher Ungleichheit und nach der Evidenzbasierung, z. B. von Präventionskampagnen.

1 Begriffs- und Gegenstands- bestimmung und -geschichte

1.1 Was ist Sozialepidemiologie?

Eine einheitliche und eindeutige Definition von Sozialepidemiologie liegt nicht vor (Mielck & Bloomfield 2001, 9). International am gebräuchlichsten ist jene von Berkman & Kawachi: „We define social epidemiology as the branch of epidemiology that studies the social distribution and social determinants of states of health" (2000, 6).

Da diese Definition etwas knapp erscheint, soll sie im Folgenden erweitert werden: Die Sozialepidemiologie ist jene wissenschaftliche Disziplin, die sich – in Anlehnung an und Ergänzung zur klassischen Epidemiologie – mit der sozialen Verteilung, den sozialen Ursachen und Folgen von Gesundheit und Krankheit in der Gesellschaft beschäftigt. Der Sozialepidemiologie geht es hierbei gerade auch um die Frage „Was hält gesund?". Sie sucht damit nicht nur nach sozialen Determinanten bestimmter Krankheiten oder von Krankheit an sich (pathogener Ansatz), vielmehr liegt ihr Schwerpunkt auch auf der Erforschung salutogenetisch (gesundheitsförderlicher) Einflüsse sozialer Variablen wie z.B. soziale Schichtung, soziale Unterstützung, soziale Integration, soziale Kohärenz, Sozialkapital, Einkommensverteilung, soziale Gerechtigkeit etc. (Antonovsky 1987).

Wie die klassische Epidemiologie (von griechisch epi = auf, über; demos = das Volk; logos = Lehre: die Lehre, was über das Volk kommt) ist die Sozialepidemiologie populationsbezogen. Sie liefert wissenschaftliche Grundlagen von populationsbezogenen Maßnahmen zur Verringerung gesundheitlicher Ungleichheit, zur Gesundheitsförderung und Prävention (Cwikel 2006, 4). Der Nutzen von sozialepidemiologischen Erkenntnissen kann aber auch darüber hinausgehen. Denn erfolgreiche Gesundheitsförderung findet auf allen Ebenen der Gesellschaft statt, von der Ge-

staltung persönlicher Lebenswelten [→ Lebenswelt, Lebenslage], über gesunde Schulen, Universitäten oder Betriebe bis hin zu einem fairen sozialen Klima, unterstützt u.a. durch eine gesundheitsförderliche Gesundheits- und Sozialpolitik.

1.2 Geschichte der Sozialepidemiologie

In der englischsprachigen Literatur taucht der Begriff *social epidemiology* laut Nancy Krieger zum ersten Mal 1950 auf (Krieger 2001). Moderne Traditionen der Beschreibung und Erforschung von Zusammenhängen zwischen sozialer Lage, den Lebens- und Arbeitsbedingungen einerseits und Gesundheit andererseits reichen zurück bis in die Mitte des 19. Jahrhunderts. In den mittlerweile klassischen Studien von Friedrich Engels „Die Lage der arbeitenden Klasse in England" und von Rudolf Virchow in seinen „Mitteilungen über die in Oberschlesien herrschende Typhus-Epidemie" stehen die krassen Folgen der Industrialisierung wie Armut und schlechte Arbeits- und Wohnbedingungen im Zentrum der Betrachtung. Diese Studien hatten damit auch einen politischen Gehalt. Und auch mehr als 50 Jahre später, als die Situation der Arbeiter in Deutschland im Vergleich schon deutlich verbessert war, hatte der 1913 von Max Mosse und Gustav Tugendreich herausgegebene Band „Krankheit und Soziale Lage" den Charakter eines sozialpolitischen Appells. Dass die in dem mittlerweile beinahe 100 Jahre alten Band beschriebenen Sachverhalte in ihrer Grundsätzlichkeit für die Wissenschaft und die Praxis nach wie vor von verblüffender Aktualität sind, zeigt u.a. die folgende Passage aus der Einleitung: „In diesem Buch sollen die Einwirkungen der sozialen Lage auf Verhütung, Entstehung und Verlauf der Krankheiten aufgezeigt werden, sowie die Mittel, durch welche diese Einwirkungen gemildert oder beseitigt werden können. Eine schwierige Aufgabe, deshalb schwierig, weil die Ursache von Entstehung und Verlauf der Krankheiten ebenso wenig etwas Einheitliches ist, wie der Begriff ‚Soziale Lage'. Beides sind vielmehr komplexe Dinge.

Als Einwirkungen der sozialen Lage auf den Gesundheitszustand des Menschen, als soziale Ursachen der Krankheiten müssen alle krankheitserregenden oder -begünstigenden Umstände bezeichnet werden, welche das Gesellschaftsleben, die Kultur erzeugt hat im Gegensatz zu jenen, welche die Natur hervorbringt.

Gewöhnlich allerdings sind beide Gruppen, soziale und natürliche (biologische), gemeinsam am Werke. Gerade dieser Umstand erschwert die klare ätiologische Erkenntnis und war und ist der Hauptgrund, weswegen Sozialhygieniker und Laboratoriumsmitarbeiter so oft aneinander vorbeireden, sich nicht verständigen können oder in Widerspruch geraten" (Mosse & Tugendreich 1977, 3; Erstausgabe 1913).

Wesentlich zur sozialwissenschaftlichen Fundierung der Sozialepidemiologie trug der französische Soziologe Emile Durkheim bei. In seinem vielleicht bekanntesten Werk „Le suicide" (Der Selbstmord bzw. Die Selbsttötung 1897) konnte er anhand von Sterbetafeln einen Zusammenhang zwischen Suizidhäufigkeit und Kultur bzw. sozialer Integration aufzeigen: Die Selbstmordraten in protestantischen Regionen waren deutlich höher als in katholischen.

Die Sozialepidemiologie und wissenschaftliche Auseinandersetzung mit den Wechselwirkungen von sozialer Lage und Gesundheit waren in der jungen Bundesrepublik Deutschland lange vernachlässigte Themen. Die beiden Weltkriege und die Folgen der nationalsozialistischen Diktatur hatten der Forschungsrichtung wie auch den Gesundheitswissenschaften insgesamt in Deutschland massiv und nachhaltig geschadet. Darüber hinaus glaubte man bisweilen wie auch in anderen Ländern, dass in modernen Gesellschaften die sozialen Bedingungen bei der Entstehung von Krankheit und vorzeitigem Tod keine Rolle mehr spielten. Heute wissen wir, dass diese Einschätzung zu optimistisch

war. Dem Sozialmediziner Manfred Pflanz war es vorbehalten, im Jahr 1967 den Begriff „Sozialepidemiologie" hierzulande wieder einzuführen, und mit einem von Abholz 1976 herausgegebenen Bändchen zum Thema „Krankheit und soziale Lage" sollte die Tradition von Mosse und Tugendreich wieder aufgenommen werden. Wesentlich beeinflusst und befördert wurde die Sozialepidemiologie auch von anderen Disziplinen und Traditionen, z. B. von der Stressforschung, von Public Health, der Psychosomatik, Sozial- und Präventivmedizin, Soziologie und Gesundheitspsychologie sowie der medizinischen Epidemiologie (Grande & Badura 2002, 485).

1.3 Indikatoren sozialer Ungleichheit

Jegliches menschliche Zusammenleben war und ist bis heute von der Entstehung und Entwicklung sozialer Hierarchien geprägt, aus denen eine „ungleiche Verteilung von Lebenschancen" resultiert (Burzan 2007, 7). Hinter dem Terminus der sozialen Ungleichheit verbirgt sich ein soziologisches Konstrukt zur Beschreibung gesellschaftlicher Differenzierung [→ Soziale Exklusions- und Desintegrationsrisiken: soziale Ungleichheit, soziale Abhängigkeit]. Der Mainzer Soziologe Stefan Hradil schlägt als Begriffsdefinition vor: „Soziale Ungleichheit liegt dann vor, wenn Menschen aufgrund ihrer Stellung in sozialen Beziehungsgefügen von den ‚wertvollen Gütern' einer Gesellschaft regelmäßig mehr als andere erhalten" (2001, 30). In modernen Gesellschaften ist die soziale Stellung ihrer Mitglieder weniger an die Zugehörigkeit zu einer bestimmten sozialen Klasse (z. B. Adel, Fabrikbesitzer, Arbeiter) als an die individuelle sozioökonomische Position innerhalb der Gesellschaft geknüpft. Die Bestimmung der sozioökonomischen Position wiederum ist als aggregiertes Konzept zu verstehen, das sowohl ressourcenbasierte als auch prestigebasierte Merkmale beinhaltet. Unter ressourcenbasierten Merkmalen werden gewöhnlich materielle und soziale Ressourcen und Güter verstanden wie

Einkommen, Wohlstand, Bildung und soziale Unterstützung. Die Gegenpole hierzu bilden Begriffe wie Armut oder soziale Deprivation. Prestigebasierte Merkmale geben die individuelle Position innerhalb einer gesellschaftlichen Hierarchie-Skala wieder und werden in der Regel gemessen über berufliche Position und berufliches Prestige, Einkommen, Ausbildungsniveau, aber auch über den Zugang und Verbrauch von Gütern, Dienstleistungen und Wissen (Krieger 2001). All diese Maße existieren nicht unabhängig voneinander, sondern korrelieren in der Regel miteinander und sind über den gesamten Lebensverlauf prägend.

Neben diesen Indikatoren vertikaler sozialer Ungleichheit existieren weitere Merkmale, die als Indikatoren horizontaler sozialer Ungleichheit gelten können und über die ungleiche Verteilung von Ressourcen und Belastungen, Verhaltensweisen und Risikoexpositionen einen wichtigen Einfluss auf Gesundheit und Krankheit ganzer Bevölkerungsgruppen haben können. Hierzu zählen neben Alter, Geschlecht, Familienstand und ethnischer Zugehörigkeit auch Wohnbedingungen und Nachbarschaft, Arbeitsbedingungen und Freizeitverhalten, Peergruppen- und Milieuzugehörigkeit. Jedoch zeichnet erst die Kombination vertikaler und horizontaler Elemente ein trennscharfes Bild spezifischer Problemlagen (Mielck 2005, 8).

Und eine dritte Gruppe von Merkmalen auf Gesellschaftsebene gilt es einzuführen: Ein unterschiedliches Ausmaß an Einkommensgleichheiten, sozialer Kohäsion, Vertrauen und Sozialkapital haben sich als valide Indikatoren zur Erklärung gesundheitlicher Ungleichheit zwischen Gesellschaften oder Regionen erwiesen (Wilkinson 1996; Wilkinson & Marmot 2003).

2 Zentrale Erkenntnisse und Probleme

2.1 Erklärungsansätze für den Zusammenhang von Gesundheit und sozialer Lage

Als Meilenstein in der Diskussion um gesundheitliche Ungleichheiten gilt der im Auftrag der britischen Regierung erstellte und im Jahr 1980 publizierte Black Report (DHSS 1980). Dieser wurde von einer vierköpfigen Expertenkommission verfasst und nach deren Leiter, Sir Douglas Black, benannt. Der Bericht erbrachte für die Bevölkerungen von England und Wales eindeutige empirische Belege für den Zusammenhang von sozialer Lage, Morbidität und Mortalität. Darüber hinaus enthielt er ein eigenständiges Kapitel zu möglichen Erklärungsansätzen. Im Einzelnen wurden vorgeschlagen:

- Erklärung durch methodische Artefakte;
- Erklärung durch gesundheitsbedingte soziale Mobilität (Selektionsthese);
- Erklärung durch materielle bzw. strukturelle Faktoren;
- Erklärung durch Verhalten (kulturell-behaviorale These).

Während die Artefakthypothese in nachfolgenden Studien weitestgehend widerlegt werden konnte, werden die übrigen drei im Black Report thematisierten Erklärungsansätze nach wie vor diskutiert. Bezogen auf die Verursachungsrichtung des Zusammenhangs zwischen Gesundheit und sozialer Lage wurden zwar Belege dafür erbracht, dass gesundheitsbedingte Selektionsprozesse tatsächlich stattfinden – gemeint ist hierbei die erhöhte Gefahr eines sozialen Abstiegs infolge einer langwierigen Erkrankung (*Drifthypothese*), vice versa bessere Aufstiegschancen bei guter Gesundheit (Schneider 2008, 258). Sie verfügen jedoch insgesamt über eine vergleichsweise geringe Erklärungskraft (Richter 2005, 109 ff.; Richter & Hurrelmann 2006, 21).

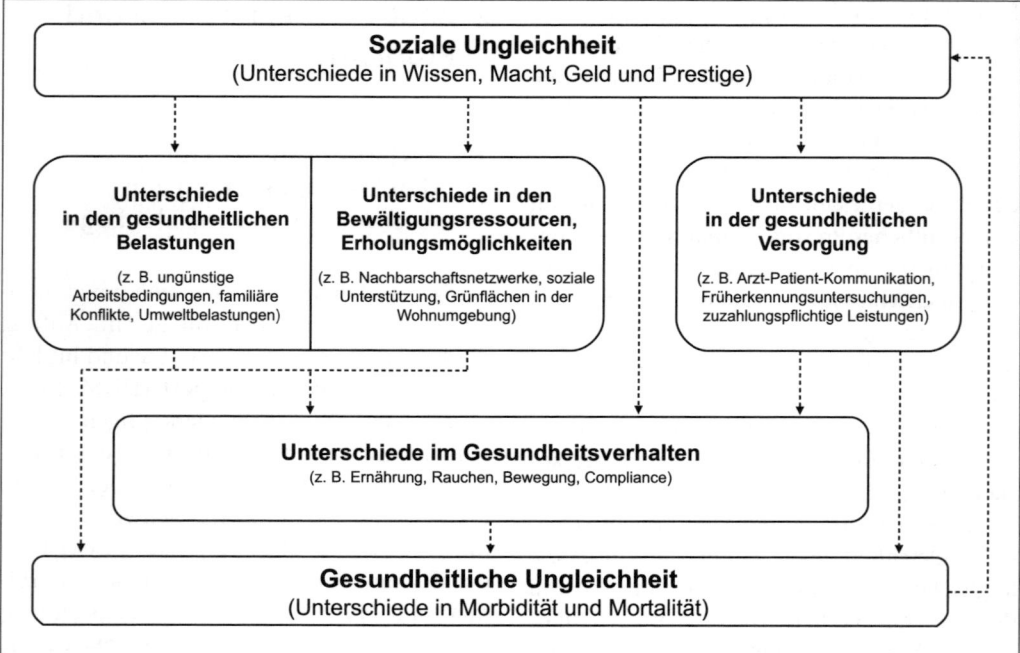

Abb. 1: Erklärungsmodell gesundheitlicher Ungleichheit (basierend auf Mielck 2000, 173; geringfügig ergänzt)

In Deutschland haben insbesondere die Arbeiten von Andreas Mielck (2000; 2005) weiterführende Forschungen zum Thema gesundheitliche Ungleichheiten vorangetrieben. Mielck war es auch, der ein in sich geschlossenes Erklärungsmodell entwickelte, auf welches nach wie vor häufig rekurriert wird. Dieses soll im Folgenden näher erläutert werden (vgl. Abb. 1).

Das Modell beinhaltet im Kern vier zentrale Aussagen:

1. Gesundheitliche Ungleichheiten entstehen, da ein niedriger sozioökonomischer Status mit negativen gesundheitlichen Folgen einhergeht. In erster Linie verursacht die soziale Benachteiligung über verschiedene Pfade eine größere Gesundheitsgefährdung – und nicht umgekehrt. Die These *Armut macht krank* scheint demnach schwerer zu wiegen als die gegensätzliche Annahme *Krankheit macht arm*.
2. Es sind nicht gesundheitliche Belastungen wie z. B. ungünstige Arbeitsbedingungen oder das Ausmaß familiärer Konflikte an sich, welche negative Auswirkungen auf die Gesundheit zur Folge haben. Vielmehr zählt die Bilanz aus Belastungen einerseits und Bewältigungsressourcen sowie Erholungsmöglichkeiten andererseits. Die bildhafte Vorstellung einer Waagschale verdeutlicht, dass durch die Existenz entsprechender Ressourcen (soziale Unterstützung durch Freunde und Nachbarn, das Ausmaß an Kontrolle über das eigene Leben etc.) hohe gesundheitliche Belastungen durchaus ausgeglichen werden können [→ Alltags- und Belastungsbewältigung und soziale Netzwerke]. In diesem Kontext kann auch auf das von Siegrist entwickelte Modell beruflicher Gratifikationskrisen verwiesen werden, welches zur Vorhersage der Entwicklung von Herz-Kreislauferkrankungen entwickelt wurde. In der Regel gilt: Je weiter man die soziale Leiter hinabsteigt, desto ungünstiger fällt das Verhältnis von Belastungen zu Ressourcen aus.

3. Unterschiede in Wissen, Macht, Geld und Prestige sind per se schon Unterschiede in Bewältigungsressourcen, können aber auch Ungleichheiten in der gesundheitlichen Versorgung nach sich ziehen. Zwar gewährt unser Gesundheitssystem vom Grundsatz her jedem Versicherten den Zugang zu medizinisch notwendigen Diagnose- und Therapieoptionen, allerdings haben sich in den letzten Jahren die Anzahl und das Gewicht zuzahlungspflichtiger Leistungen spürbar erhöht. Hiervon sind sozial schwächer gestellte Bevölkerungsgruppen trotz der Implementation von Härtefallregelungen ungleich stärker betroffen. Hinzu kommt die Vermutung, dass es status-höheren Patienten sehr viel leichter fällt, die oftmals labyrinthartig anmutenden Strukturen unseres Gesundheitssystems zu durchschauen. Darüber hinaus profitieren höher Gebildete in der Arzt-Patient-Kommunikation von den eigenen Fähigkeiten, Beschwerden adäquat zum Ausdruck zu bringen.

4. Unterschiede im Gesundheitsverhalten tragen ebenfalls einen Teil zur Entstehung gesundheitlicher Ungleichheiten bei. Wie das Modell von Mielck verdeutlicht, sind sie jedoch nicht als dominierende Ursache, sondern eher als erste Konsequenz spezifischer Lebensverhältnisse und Belastungslagen zu sehen. Ob geraucht wird, sportliche Betätigung stattfindet oder ärztliche Therapieempfehlungen befolgt werden (Compliance), ist zwar vom Grundsatz her eine individuell getroffene Wahl, derartige Entscheidungen werden jedoch stark durch soziostrukturelle Bedingungen geformt und überlagert (Richter 2005, 116).

Aus gesundheitswissenschaftlicher Sicht kommt dem Ressourcenansatz aufgrund des positiven Verständnisses von Gesundheit eine besondere Bedeutung zu. Wenn auch insgesamt noch zu selten, so haben sozialepidemiologische Forschungen in der Vergangenheit ihren Fokus auch auf salutogenetische Einflussfaktoren gerichtet (Mielck 2005, 71 ff.). Auf individueller Ebene wurden Bewältigungskompetenzen, das Ausmaß an Selbstwirksamkeitserwartung und interner Kontrollüberzeugung und das von Antonovsky entwickelte Konzept des Sense of Coherence (SOC) als gesundheitsförderliche Ressourcen identifiziert. Letzteres bezeichnet eine globale Orientierung, sein Leben und die eigene Umwelt als sinnhaft geordnet und als durch sich selbst beeinflussbar anzusehen (Antonovsky 1987, 19).

Im Gegensatz zu den zuvor genannten Determinanten sind soziale Unterstützung, soziale Kohäsion und soziales Kapital Ressourcen, die auf zwischenmenschlicher bzw. gesamtgesellschaftlicher Ebene anzusiedeln sind (Badura 1981; Badura et al. 2008; Hartung & Schott 2008). Anhand dieser lediglich unterschiedlich akzentuierten Begrifflichkeiten lässt sich die Verfügbarkeit, die Dichte sowie die Qualität sozialer Beziehungen und sozialer Netzwerke bestimmen. Sozialkapital agiert auf einer übergeordneten Makroebene als ausgesprochen wertvolle Gesundheitsvariable: „The underlying hypothesis is that the degree of social inequalities is highly influential on the formation or deformation of social capital, which is, in its turn, significant for people's health" (Elstad 1998, 51).

Neben gesundheitsförderlichen Ressourcen geraten in den letzten Jahren zunehmend solche Erklärungsansätze in das Zentrum der Diskussion, welche eine Verbreiterung des sozialepidemiologischen Blickfeldes auf die sogenannte Lebenslaufperspektive implizieren. Der Lebenslaufansatz gründet auf der fundamentalen Kritik, die gängigen Erklärungsansätze und -modelle vernachlässigten die zeitliche und räumliche Dimension gesundheitlicher Ungleichheiten (Richter & Hurrelmann 2006, 21). Angesichts der Tatsache, dass sich gesundheitliche Risiken häufig nicht akut, sondern über einen längeren Zeitraum entwickeln und Risiken mitunter über verschiedene Lebensphasen hinweg kumulieren, erscheint eine Ausweitung der Analysen auf die sprichwörtliche Zeitspanne *von der Wiege bis zur Bahre* durchaus sinnvoll. Forschungen des britischen Epidemiologen David Barker belegen die besondere Relevanz sogenannter kritischer Perioden in der fetalen Entwicklung. Barkers Studien haben gezeigt, dass Kinder, die mit einem relativ niedrigen Geburtsgewicht zur Welt kommen, im Erwachsenenalter höheren Sterberisiken ausgesetzt sind als Personen mit normalem Geburtsgewicht (Dragano & Siegrist 2006, 169). Da Mütter mit höherem Sozialstatus im Durchschnitt schwerere Kinder gebären, kann davon ausgegangen werden, „dass ein Teil der Varianz von Morbidität und Mortalität nach sozialem Status in der erwachsenen Bevölkerung auf Einflüsse zurückgeht, die bereits im Mutterleib gewirkt haben" (ebd., 169).

2.2 Behinderung im Fokus sozialepidemiologischer Forschung

Als behindert im Sinne des Neunten Buches des Sozialgesetzbuchs gilt, wessen „körperliche Funktion, geistige Fähigkeit oder seelische Gesundheit mit hoher Wahrscheinlichkeit länger als sechs Monate von dem für das Lebensalter typischen Zustand abweichen" und wenn aus diesem Zustand eine Beeinträchtigung der „Teilhabe am Leben in der Gesellschaft" resultiert (§ 2 Abs. 1 SGB IX). Im Jahr 2005 lebten nach Angaben des Statistischen Bundesamtes 8,6 Millionen amtlich anerkannte behinderte Menschen in Deutschland. Das entspricht rund 10 % der Gesamtbevölkerung. Der weitaus größere Teil von 6,7 Millionen Menschen zählte zu den Schwerbehinderten, die übrigen 1,9 Millionen Menschen waren leichter behindert (Pfaff et al. 2006, 1268). Wie bereits für Morbidität und Mortalität beschrieben, so besteht auch zwischen sozialer Schichtzugehörigkeit und Behinderung ein deutlicher, empirisch nachweisbarer Zusammenhang (Jantzen 1974, 100 ff.; Cloerkes 2007, 89 ff.; BMFSFJ 2002, 222; Zwicky 2003).

Behinderung erscheint zum einen als sozial ungleich verteiltes Folgerisiko von Krankheiten im Lebenslauf, zum anderen als schichtabhängiges Risiko der Geburt eines behinderten Kindes. Eine derartige Schichtlastigkeit zeigt sich bei nahezu allen Behinderungsarten (Cloerkes 2007, 95 f.; Beck 2002, 190 f.; BMFSFJ 2002, 222). Dass auch im Altersverlauf erworbene Einschränkungen und Behinderungen nicht zufällig verteilt sind, zeigt die nachfolgend exemplarisch angeführte Studie aus den USA. Eine Forschergruppe um James House von der University of Michigan fand heraus, dass Angehörige der Unterschicht bereits im Alter von 40 Jahren durchschnittlich 1,5 chronisch funktionelle Einschränkungen bzw. Behinderungen aufweisen. Hingegen hat ein Angehöriger aus der Oberschicht erst ab dem 75. Lebensjahr mit einem vergleichbaren Grad der Einschränkung in der Lebensqualität zu rechnen (House et al. 1990).

Über die Richtung des Zusammenhangs zwischen sozialer Lage und Behinderung ist keine eindeutige Aussage zu treffen. In Anlehnung an Jantzen stellt Cloerkes fest: „Behindert wird vor allem der, der arm ist, und wer behindert ist, wird arm. Behinderung und Armut sind eng miteinander verflochten" (2007, 99). Eine derartige Aussage hat auch aus globaler Sicht ihre Daseinsberechtigung. In einem Politikpapier der Deutschen Gesellschaft für Technische Zusammenarbeit (GTZ), einem „Beitrag zur Stärkung der Belange von Menschen mit Behinderungen in der deutschen Entwicklungszusammenarbeit", heißt es:

„Die Zusammenhänge zwischen Armut und Behinderung sind komplex: Behinderung ist sowohl ein Grund für als auch eine Konsequenz von Armut. Menschen mit Behinderungen mangelt es häufig an angemessener Schulausbildung und Möglichkeiten der Erwerbstätigkeit, sie sind sozial schlechter abgesichert als andere und von gesellschaftlichen Prozessen ausgeschlossen. Dies erhöht ihr Risiko, in Armut zu verfallen. Auf der anderen Seite sind arme Menschen eher von Behinderungen betroffen, da sie oft nicht in der Lage sind, sich und ihre Angehörigen ausreichend zu ernähren, im Krankheitsfall für Behandlungen aufzukommen und sich gegen soziale Risiken oder Naturkatastrophen abzusichern" (GTZ 2006, 4).

2.3 Methodisches Vorgehen

Die Sozialepidemiologie orientiert sich in ihrem methodischen Vorgehen sowohl an der klassischen Epidemiologie als auch an den in den Sozialwissenschaften gebräuchlichen Methoden der empirischen Sozialforschung (Gordis 2001; Schnell et al. 2005). Einen guten Überblick über spezielle methodische Ansätze in der sozialepidemiologischen Forschung bietet der Reader von Oakes und Kaufman (2006). Aufgrund der Komplexität der Fragestellungen und der Notwendigkeit, biologische, psychische und soziale Variablen und Merkmale innerhalb eines Analysemodells zu erfassen und mögliche Zusammenhänge zu erklären, ist häufig ein interdisziplinärer Zugang und eine breite Anwendung sowohl quantitativer als auch qualitativer Methoden erforderlich.

Die Sozialepidemiologie ist in erster Linie eine beobachtende, beschreibende und analysierende, d. h. nicht experimentelle Wissenschaft. Experimentelle Interventionsdesigns sind in der Sozialepidemiologie wegen der meist sehr langen Latenzzeiten eher selten. Ihr Goldstandard ist die prospektive Kohortenstudie, in der eine Stichprobe (Kohorte) über einen längeren Zeitraum beobachtet wird. Diese Beobachtungen können zu verschiedenen Messzeitpunkten z. B. schriftliche Befragungen mittels standardisierter Fragebögen oder Interviews, klinische Messungen oder die Verwendung von Sekundärdaten beinhalten. Verglichen werden können dann in einem quasi-natürlichen Experiment exponierte vs. nicht exponierte Gruppen bezüglich Morbidität oder Mortalität innerhalb eines bestimmten Zeitraums (Grande & Badura 2002). Eine besondere methodische Herausforderung der Sozialepidemiologie stellen die sogenannten Multi-Level-Analysen dar. Unter Multi-Level-Analysen werden statistische Methoden zusammengefasst, die Krankheit und Gesundheit gleichermaßen in Beziehung setzen zu Determinanten, die auf verschiedenen Ebenen erhoben wurden (z. B. Daten des Individuums, des Arbeitsplatzes, der Wohngegend, der geographischen Region, der Kultur und des Landes). Über solche Analysen eröffnet sich die Möglichkeit, Gesundheit nicht nur als das Ergebnis individueller Charakteristika oder des Haushaltseinkommens, sondern auch in Abhängigkeit von Merkmalen z. B. unterschiedlicher Bevölkerungsgruppen, Infrastruktur oder kulturellen Gegebenheiten zu beschreiben (Krieger 2001).

3 Ausblick

Ein Sprichwort sagt: *„Wenn du arm bist, musst du früher sterben."*, und wie in diesem Beitrag gezeigt werden konnte, scheint es nach wie vor Gültigkeit zu besitzen. Dabei ist es in der Regel zunächst einmal unerheblich, ob die Position im sozialen Schichtgefüge über die Einkommenshöhe, den Berufsstatus, den Grad der Bildung oder eine Kombination dieser Variablen bestimmt wird. Die empirische Datenlage bleibt zumeist eindeutig: Je niedriger der Status, desto höher ist die Wahrscheinlichkeit zu erkranken und vorzeitig zu sterben (Mielck 2000; 2005; Richter & Hurrelmann 2006). Die auf der Grundlage sozialepidemiologischer Untersuchungen gewonnenen Erkenntnisse können dazu beitragen, Problemlagen und verursachende Konturen gesundheitlicher Ungleichheiten deutlicher zu erkennen, und somit helfen, zukünftige Präventionsmaßnahmen und Gesundheitsförderungsprogramme an den tatsächlichen Bedarfslagen auszurichten.

Die Auseinandersetzung mit sozial bedingten Unterschieden im Krankheits- und Sterbegeschehen berührt im Kern immer auch Aspekte ethischer Verantwortung sowie sozialer Gerechtigkeit. Gleiches gilt für den gesellschaftlichen Umgang mit behinderten Menschen. Letztlich geht es um die scheinbar einfache, aber entscheidende Frage, in was für einer Gesellschaft wir gemeinsam leben wollen (Marmot 2004, 2). Das Ziel muss es sein, gesundheitliche Chancengleichheit für alle

Mitglieder einer Gesellschaft sicherzustellen. Hinter diesem Terminus verbirgt sich der Anspruch, dass „alle Menschen [...] unabhängig von Ausbildung, beruflichem Status und/oder Einkommen die gleiche Chance erhalten, gesund zu bleiben bzw. zu werden" (Mielck 2000, 11). Angesichts der Beobachtung einer sich immer weiter öffnenden Schere – sowohl bei den Einkommen als auch in der Lebenserwartung – wird deutlich, wie groß auch zu Beginn des 21. Jahrhunderts die Herausforderungen für Gesundheitssysteme und Gesellschaften moderner Staaten weiterhin sind (Siegrist & Marmot 2008, 15). Die Sozialepidemiologie will und kann hierfür wesentliche wissenschaftliche Grundlagen eines koordinierten politischen Handelns liefern.

Literatur

Abholz, Heinz Harald (Hrsg.) (1976): Krankheit und soziale Lage. Befunde der Sozialepidemiologie. Frankfurt

Antonovsky, Aaron (1987): Unraveling the mystery of health. How people manage stress and stay well. San Francisco

Badura, Bernhard (Hrsg.) (1981): Soziale Unterstützung und chronische Krankheit: Zum Stand sozialepidemiologischer Forschung. Frankfurt a. M.

Badura, Bernhard et al. (Hrsg.) (2008): Sozialkapital. Grundlagen von Gesundheit und Unternehmenserfolg. Berlin

Beck, Iris (2002): Die Lebenslagen von Kindern und Jugendlichen mit Behinderung und ihrer Familien in Deutschland: soziale und strukturelle Dimensionen. In: Sachverständigenkommission 11. Kinder- und Jugendbericht (Hrsg.): Gesundheit und Behinderung im Leben von Kindern und Jugendlichen. München, 175–316

Berkman, Lisa F. & Kawachi, Ichiro (2000): A historical framework for social epidemiology. In: Berkman, Lisa F. & Kawachi, Ichiro (Hrsg.): Social epidemiology. New York, 3–12

BMFSFJ – Bundesministerium für Familie, Senioren, Frauen und Jugend (Hrsg.) (2002): Bericht über die Lebenssituation junger Menschen und die Leistungen der Kinder- und Jugendhilfe in Deutschland: 11. Kinder- und Jugendbericht. Berlin

Burzan, Nicole (2007): Soziale Ungleichheit. Eine Einführung in die zentralen Theorien. 3., überarb. Aufl., Wiesbaden

Cloerkes, Günther (2007): Soziologie der Behinderten: eine Einführung. 3., neu bearb. u. erw. Aufl., Heidelberg

Cwikel, Julie G. (2006): Social epidemiology. Strategies for public health activism. New York

DHSS – Department of Health and Social Security (1980): Inequalities in health: Report of a Working Group [Black Report]. London

Dragano, Nico & Siegrist, Johannes (2006): Die Lebenslaufperspektive gesundheitlicher Ungleichheit: Konzepte und Forschungsergebnisse. In: Richter, Matthias & Hurrelmann, Klaus (Hrsg.): Gesundheitliche Ungleichheit. Grundlagen, Probleme, Perspektiven. Wiesbaden, 171–184

Durkheim, Emile (1973): Der Selbstmord [Erstausgabe 1897]. Neuwied

Elstad, Jon Ivar (1998): The psycho-social perspective on social inequalities in health. In: Bartley, Mel et al. (Hrsg.): The sociology of health inequalities. Oxford, 39–58

Gordis, Leon (2001): Epidemiologie. Marburg

Grande, Gesine & Badura, Bernhard (2002): Sozialepidemiologie. In: Endruweit, Günter & Trommsdorff, Gisela (Hrsg.): Wörterbuch der Soziologie. 2. Aufl., Stuttgart, 484–487

GTZ – Deutsche Gesellschaft für Technische Zusammenarbeit (Hrsg.) (2006): Behinderung und Entwicklung. Ein Beitrag zur Stärkung der Belange von Menschen mit Behinderungen in der deutschen Entwicklungszusammenarbeit. Eschborn

Hartung, Susanne & Schott, Thomas (2008): Verringerung sozialer und gesundheitlicher Ungleichheit durch die Förderung von Sozialkapital. In: Public Health Forum 16, 59, 7–9

House, James S. et al. (1990): Age, socioeconomic status, and health. In: The Milbank Quarterly. 68, 3, 383–411

Hradil, Stefan (2001): Soziale Ungleichheit in Deutschland. 8. Aufl., Opladen

Jantzen, Wolfgang (1974): Sozialisation und Behinderung. Studien zu sozialwissenschaftlichen Grundfragen der Behindertenpädagogik. Gießen

Krieger, Nancy (2001): A glossary for social epidemiology. In: Journal of Epidemiology and Community Health. 55, 693–700

Mackenbach, Johan P. Et al. (2003): Widening socioeconomic inequalities in mortality in six Western European countries. In: International Journal of Epidemiology. 32, 830–837

Marmot, Michael (2004): The status syndrome. How social standing directly affects our health and longevity. New York

Meara, Ellen R. et al. (2008): The gap gets bigger: changes in mortality and life expectancy, by education, 1981–2000. In: Health Affairs. 27, 350–360

Mielck, Andreas (2000): Soziale Ungleichheit und Gesundheit. Empirische Ergebnisse, Erklärungsansätze, Interventionsmöglichkeiten. Bern

Mielck, Andreas (2005): Soziale Ungleichheit und Gesundheit. Einführung in die aktuelle Diskussion. Bern

Mielck, Andreas & Bloomfield, Kim (2001): Einführung. In: Mielck, Andreas & Bloomfield, Kim (Hrsg.): Sozial-Epidemiologie. Eine Einführung in die Grundlagen, Ergebnisse und Umsetzungsmöglichkeiten. Weinheim, 9–16

Mosse, Max & Tugendreich, Gustav (1977): Einleitung. In: Mosse, Max et al. (Hrsg.): Krankheit und soziale Lage [Erstausgabe 1913]. Göttingen, 3–23

Oakes, J. Michael & Kaufman, Jay S. (Hrsg.) (2006): Methods in social epidemiology. San Francisco

Pfaff, Heiko (2006): Lebenslagen der behinderten Menschen. Ergebnisse des Mikrozensus 2005. In: Statistisches Bundesamt (Hrsg.): Wirtschaft und Statistik. 12, 1267–1277

Pflanz, Manfred (1967): Soziale Epidemiologie. In: Verhandlungen der Deutschen Gesellschaft für Innere Medizin. 73, 78–90

Richter, Matthias (2005): Gesundheit und Gesundheitsverhalten im Jugendalter. Der Einfluss sozialer Ungleichheit. Wiesbaden

Richter, Matthias & Hurrelmann, Klaus (2006): Gesundheitliche Ungleichheit: Ausgangsfragen und Herausforderungen. In: Richter, Matthias & Hurrelmann, Klaus (Hrsg.): Gesundheitliche Ungleichheit. Grundlagen, Probleme, Perspektiven. Wiesbaden, 11–31

Schneider, Sven (2008): Soziale Schichtunterschiede in Morbidität und Mortalität: Was sind die Ursachen? In: Deutsche Medizinische Wochenschrift. 133, 256–260

Schnell, Rainer (2005): Methoden der empirischen Sozialforschung. 7. Aufl., München

Siegrist, Johannes & Marmot, Michael (2008): Einleitung. In: Siegrist, Johannes & Marmot, Michael (Hrsg.): Soziale Ungleichheit und Gesundheit: Erklärungsansätze und gesundheitspolitische Folgerungen. Bern, 15–44

Wilkinson, Richard G. (1996): Unhealthy societies. The afflictions of inequality. London

Wilkinson, Richard G. & Marmot, Michael (2003): Social determinants of health: the solid facts. 2. Aufl., Kopenhagen

Zwicky, Heinrich (2003): Zur sozialen Lage von Menschen mit Behinderungen in der Schweiz. In: Schweizerische Zeitschrift für Soziologie. 29, 1, 159–187

Macht, Gewalt, Herrschaft

Wolfgang Jantzen

1 Definitionen

Macht, Gewalt und *Herrschaft* sind „unterscheidbare Formen und Methoden des möglichen Einflusses von Menschen und Menschengruppen (Individuen, Geschlechter, Schichten; Klassen, Rassen, Nationen) aufeinander sowie auf die natürlichen Umweltbedingungen ihres Lebens" (Klenner 1990, 114). Sie bilden ein Begriffsfeld, dessen innere Relationen bis heute nicht geklärt sind. Jedes dieser Elemente erscheint zu unterschiedlichen Teilen synonym mit den je anderen und ist zugleich in sich homonym, mehrdeutig (ebd.).

Macht (griech.: *arché, dynamis, exousiá, kratós*; lat.: *potentia, potestas, dominium*; franz.: *pouvoir, puissance*; engl.: *power*) wird einerseits als allgemeines Vermögen betrachtet, das durch Übertragung bzw. Aneignung entsteht (potentia), andererseits als Rechtsgewalt setzende Kraft (potestas) oder als Herrschaft (dominium). Ihre Realisierung als politische Macht (Herrschaft) ist abhängig von rechtlich durchgesetzter Macht (unter Rückgriff auf Mittel von Zwang und Gewalt) und Autorität (lat. *auctoritas*). Potestas und auctoritas kennzeichnen den Gegensatz von politischer und religiöser Macht (Kobusch et al. 1980, 587). Er kommt umfassend mit der Trennung von Politik und Religion in der Entstehung von Staat und monotheistischer Religion ins Spiel (Eisenstadt 1998) und realisiert sich als (widersprüchliche) Einheit von *politischer Macht* und *Anrufungsmacht* (Heil 2003) bis in die Gegenwart. Diesen (weiteren) Begriff von Autorität differenziert Luhmann: Zu unterscheiden sind „*Autorität*" im engeren Sinne als Chancendifferenzierung durch vorheriges Handeln, „*Reputation*" als Unterstellung, „dass Gründe für die Richtigkeit des beeinflussten Handelns angegeben werden

können" und „*Führung*" als „Verstärkung der Folgebereitschaft", beruhend auf „Imitation" (Luhmann 2003, 75 f.).

Nach Klenner (a. a. O.) beinhaltet der Begriff der Macht folgende Bedeutungsaspekte:

a) das physische und psychische Vermögen eines Menschen,
b) die Befugnis, über andere zu bestimmen,
c) Staats- und Regierungsgewalt,
d) die herrschende Klasse oder Clique,
e) den Staat als Ganzes sowie
f) die Wirkung oder das Wirkungsvermögen von vorhandenen oder vorgestellten Verhältnissen, Eigenschaften oder Wesenheiten.

Für Foucault (1983, 113) ist Macht eine „Vielfältigkeit von Kräfteverhältnissen, die ein Gebiet bevölkern und organisieren".

Herrschaft (griech.: *arché*; lat.: *dominium, potestas, auctoritas*; franz.: *domination, pouvoir, autorité*; engl.: *dominion, rule, command*) ist eine „institutionalisierte, strukturell asymmetrische Machtbeziehung der Über- bzw. Unterordnung zwischen sozialen Einheiten (Individuen, Gruppen, Klassen usw.)". In formaler Hinsicht ist sie gebunden an die „dauerhafte Existenz einer kommunikativen Struktur von ‚Befehl und Gehorsam' und eines entsprechenden ‚Macht- und Erzwingungsapparates'" (Goldschmidt 2004, 83). Sie realisiert sich ebenso materiell wie symbolisch und zielt als „Gouvernementalität" (Regierungsförmigkeit) auf das Herstellen von Einverständnis mit der Herrschaft bei den Beherrschten (Foucault 2004). Ihr Hauptzweck ist die sozial differenzierte Sicherung der „Aneignung aller möglichen Objekte menschlicher Bedürfnisse bzw. Begierden" (ebd., 84).

Gewalt (griech: *arché, kratós*; lat.: *vis, potestas, violentia*; franz.: *force, pouvoir, puis-*

sance, contrainte, violence; engl.: *force, power, might, restraint, violence*) bedeutet ursprünglich, Verfügungsfähigkeit zu besitzen. Zunächst wurde Gewalt mit „potestas" gleichgesetzt, welche im Mittelalter die Bedeutung von Macht erhielt, um dann einen zweiten semantischen Schwerpunkt als violentia (Gewalttätigkeit) zu erhalten. „Diese Ambivalenz des Gewaltbegriffs bestimmt dessen Geschichte bis heute" (Röttgers 1974, 562).

Gewalt kann definiert werden als Einsatz von Machtmitteln und Zwangsmethoden bei der Interessendurchsetzung von Menschen, Klassen und Staaten gegen den Willen anderer (Klenner a. a. O.). Am Pol der Macht umfasst sie die instrumentelle, technische und ökonomische Verfügbarkeit von Gewaltmitteln. Als *Gewaltmonopol* des Staates beinhaltet sie das „jus ad bellum", das Recht, Krieg zu führen ebenso wie das Recht, den Ausnahmezustand auszurufen und damit die Herrschaft über Leben und Tod (Agamben 2004). Der Staat kann diese Gewalt als „*besonderes Gewaltverhältnis*" an unterschiedliche gesellschaftliche Organisationen, z. B. im Raum der repressiven Infrastruktur (z. B. Justiz, Polizei, Militär usw.), aber auch der reproduktiven (z. B. Gesundheit, Soziales) sowie materiellen Infrastruktur (z. B. Gebäudeschutz u. a. m.), rechtlich delegieren, aber auch ohne Sanktionen dulden, z. B. als „*rechtsfreie Inseln*" in Pflegeheimen oder Psychiatrien (Kapetzki 2006).

Bezogen auf den Pol der Ohnmacht ist Gewalt „jeder vermeidbare Angriff auf menschliche Grundbedürfnisse und auf das Leben im Allgemeinen" (Galtung 1997, 913). Solche Grundbedürfnisse sind (1) Überleben, (2) Wohlergehen (3) Identität und (4) Freiheit. Entsprechend bedeutet *direkte Gewalt* (1) Töten, (2) Verstümmelung, Sanktionen, Elend, (3) Desozialisierung und Resozialisierung, Bürger 2. Klasse, (4) Unterdrückung, Haft, Vertreibung. *Indirekte Gewalt* bedeutet in physischer Hinsicht (1) Ausbeutung im Sinne von ungleichem Tausch bis hin zu Tod, Verhungern, Seuchen sowie (2) Ausbeutung im Sinne von Festhalten in ungewolltem

Elendzustand, insbesondere Unterernährung und Krankheit. In psychischer Hinsicht verhindert (3) Penetration (der Begünstigte erhält einen Platz *im* Benachteiligten [→ VI Paternalismus]) kombiniert mit Normierung deren Gegenwehr. Diese sind verbunden mit (4) Marginalisierung, d. h. Ausgrenzung, und Fragmentarisierung, d. h. Vereinzelung der „Under-dogs". Wie Macht und Herrschaft verlagert sich auch Gewalt mit der zunehmenden Differenzierung von Gesellschaften auf eine symbolische Ebene, ohne dass unmittelbare materielle Gewalt außer Kraft gesetzt wäre. Im Gegenteil erlaubt eine solche Transformation Gewaltorgien in völlig neuer Qualität, insbesondere vermittelt über bürokratische Planung und Außerkraftsetzung persönlicher Verantwortung durch räumliche, zeitliche oder symbolvermittelte Distanz (Rassismus, Sexismus, Behindertenfeindlichkeit).

2 Begriffs- und Gegenstandsgeschichte, zentrale Probleme

Begriffs- und Gegenstandsgeschichte sind aufs engste mit zentralen Problemen gesellschaftlicher Teilhabe verbunden: Macht und Ohnmacht, Freiheit und Unterdrückung, Ausbeutung und Aneignung, Armut und Reichtum, Gewalt und Vernichtung, Anerkennung und Entwertung, Krieg und Frieden, Widerstand und Befreiung sowie Entwicklung von Staat, Gesellschaft und Institutionen. Das Verhältnis von Macht, Gewalt und Herrschaft steht im Kern der Sozial- und Kulturgeschichte der Menschheit und der auf sie bezogenen Wissenschaften, der Sozialwissenschaften ebenso wie der politischen Philosophie. Eben dieses Verhältnis ist bisher in seiner relationalen Struktur nicht hinreichend geklärt.

Zentrale Problemfelder in der bisherigen Begriffsgeschichte sind m. E. die folgenden.

2.1 Macht, Gewalt und Herrschaft als Gegenstand von Staats- bzw. Gesellschaftstheorien

Im Kontext des Übergangs von einer feudal verfassten Gesellschaft zur bürgerlichen Gesellschaft wird *Staat* zur entscheidenden Kategorie, vor deren Hintergrund die Relationen von Macht, Herrschaft und Gewalt gedacht werden. Je nach Zeit, Ort, nationalem Hintergrund, gesellschaftlicher Stellung und persönlicher Erfahrung des Verfassers differierend entstehen die großen Staatstheorien der Moderne: Hobbes, Locke, Rousseau, ihre Vermittlung durch Kant (Lenk 1984), aber auch als „Anomalie", als Vorgriff auf eine durch und durch republikanische Verfassung und in der Regel im offiziellen Diskurs unterschlagen: Spinoza (Negri 1982). Je nach Art des gedachten Gesellschaftsvertrags erhalten die Beziehungen zwischen Macht, Herrschaft und Gewalt eine andere Struktur:

- Bei Thomas Hobbes durch die „unterstellte Identität" (Lenk a. a. O., 89 f.) von Macht, Gewalt und Gesetz: „Das im Naturzustand vorhandene Recht eines jeden auf alles" (ebd.) endet im Bürgerkrieg. Es bedarf des Staates als großem Ungeheuer, als Leviathan, als Maschine, besetzt vom Souverän, der über das Gewaltmonopol verfügt und per Unterwerfung die Friedlichkeit der gesellschaftlichen Zusammenhänge reguliert (Unterwerfungsvertrag). „Bei den untergeordneten Vereinigungen muss die Gewalt ihrer Stellvertreter immer der höchsten Gewalt unterworfen sein" (Hobbes 1990, 200).
- Bei Jean-Jaques Rousseau erfolgt die Vermittlung in einem Gesellschaftskörper, in welchem das unpersönliche Recht die Begierden der Reichen ebenso regelt wie die Rechte der tugendhaften Bürger. Die „volonté générale" schlägt sich im handlungsfähigen politischen Körper nieder. „Die Republik kann nur leben, wenn das Gesetz über den Menschen steht" (Lenk a. a. O., 91 f.).

All diese Theorien des Staatsvertrags setzen als a priori Konstruktion das „Ideal" eines „abstrakt-rationalen Beziehungssystems" (Bloch 1985, 218). „An der Spitze steht hier der *Staatsvertrag*, ein Anfang oder Tor, von dem kein Stein stehen bleibt. Lauter Einzelne, lauter Private sollen hier zusammengekommen sein" (ebd., 216). Doch bürgerlicher Staat und bürgerliche Gesellschaft sind historisch. Sie gehen aus der Zusammenballung von Macht, Herrschaft und Gewalt in vorkapitalistischen Staatsformen hervor. Und nur weil Macht jenseits des je konkreten Staatsverbundes sich zu jedem Zeitpunkt konstitutiv durch die auf Anerkennung und Würde zielende Natur der Menschen artikuliert, und indem sie als solche die sozialrechtliche Verankerung von Bedingungen der Möglichkeit menschlichen Glücks erzwingt, entstehen menschwürdige Verhältnisse. „Ohne den Stoß der Gerechtigkeit von unten wurden keine Menschenrechte installiert, ohne Revolutionstribunal, ja ohne Gerichtshof über die Nazis […] gibt es keine freigelegten Humanitäten" (ebd., 213).

Anders als in all diesen Theorien ist bei Spinoza das *Recht auf Widerstand* konstitutiv im Gesellschaftsvertrag angelegt, ähnlich dem Grundrecht der „résistance à l'oppression" (ebd., 79) der großen Französischen Revolution.

Dass dies bereits bei Spinoza der Fall ist und nicht erst durch Hegel (Kampf um Anerkennung) oder Marx (Klassenkampf) ins Spiel kommt, wie Bloch vermutet (ebd., 218), erhellt Negris (1982) Rekonstruktion der spinozanischen Staatsphilosophie. Der Gesellschaftsvertrag ist „Gewalt und Willen aller", dies ist die „polemische Gegenposition zur ‚volonté générale'" (a. a. O., 136). Zu jedem Augenblick ist der Gesellschaftsvertrag das Resultat der Auseinandersetzung der konstitutiven Kraft der Individuen als „multitudo" (Menge, Vielfalt) und der Staatsmacht. „Nur der Widerstand, das heißt die Entwicklung und Organisation des Widerstandrechtes konstituiert Souveränität" (ebd., 133). Der Zweck des Staates als Republik verstanden, ist nicht die Herrschaft, sondern „ist in Wahrheit die Freiheit" (Spinoza 1984, 301).

Diese Dialektik wird in den *gesellschaftstheoretischen* Reflexionen über Macht, Herrschaft und Gewalt aufgenommen (Konstitutionsvertrag), ausgeklammert (Unterwerfungsvertrag) oder neutralisiert (Gesellschaftsvertrag).

Für Karl Marx resultiert Herrschaft aus den *Produktionsverhältnissen*: Die ökonomische Form der Aneignung der unmittelbaren Mehrarbeit (Ausbeutung) bestimmt das Herrschafts- und Knechtschaftsverhältnis, das aus der Produktion selbst hervor wächst und bestimmend auf sie rückwirkt. „Hierauf aber gründet sich die ganze Gestaltung des ökonomischen, aus den Produktionsverhältnissen selbst hervor wachsenden Gemeinwesens und damit zugleich seine spezifische politische Gestalt" (1970, 799).

Herrschaft ist nicht nur Repression, die durch die konstituierenden Kräfte (Arbeiterklasse) im Interesse der Menschheit beseitigt werden müsse. Die marxistische Debatte erweist über die Analyse der Verbindung von Staat und Zivilgesellschaft Herrschaft als das „wechselseitig pulsierende Verhältnis von Zwang und Konsens" (Goldschmidt 2004, 100). Dies verlangt Erkundungen zur Struktur der Macht, insbesondere zur Organisation des Konsens der Beherrschten mit den Herrschenden, die über die marxsche Zentrierung auf ihre Gewaltförmigkeit und deren Zerschlagen durch Gegengewalt hinausgehen (Balibar 2001).

In Max Webers soziologischer Begriffslehre, in der jedoch die Dialektik von Herrschaft und Knechtschaft weitgehend ausgeblendet bleibt, wird wie folgt definiert: *Staat* ist ein politischer Verband wie alle übrigen Herrschaftsverbände. Er ist im Unterschied zu diesen die einzige Institution, die für ein bestimmtes „Gebiet" für sich mit Erfolg beansprucht, als „alleinige Quelle des ,Rechts' auf Gewaltsamkeit" zu gelten (Weber 2001; WuG, 822). *Macht* ist „jede Chance, innerhalb einer sozialen Beziehung den eigenen Willen auch gegen Widerstreben durchzusetzen, gleichviel worauf diese Chance beruht" (ebd., 28). *Herrschaft* ist „die Chance, für einen Befehl bestimmten Inhalts bei angebbaren Personen Gehorsam zu finden" (ebd.). Sie realisiert sich nicht nur durch das physische

Gewaltmonopol und die Rechtsordnung, sondern auch durch die herrschaftsförmige Angleichung des Bewusstseins jener, über die Macht ausgeübt wird (vgl. Gramscis Formel für den integralen Staat: „Hegemonie gepanzert mit Zwang"; Kebir 1991, 66). Der politische Prozess, der zur Konsolidierung der Herrschaftsbeziehungen führt, verläuft über *Legitimation* und *Institutionalisierung* [→ VI Institution und Organisation]. Das Widerstandsrecht taucht nur einmal im Gesamtwerk Webers auf als Recht der hohen staatlichen Beamten des 19. Jahrhunderts in China, einen unter „dämonische Gewalt" geratenen Kaiser zu töten (Weber 2001; RS Bd. 313). Wie aber findet die herrschaftsförmige Angleichung jener statt, die der Herrschaft unterworfen sind? Und wie entsteht gegen jene die materielle Gewalt der Idee, wenn sie die Massen ergreift (Marx)?

2.2 Die Vergeistigung von Macht, Herrschaft und Gewalt im Staat

Für Kofler, anknüpfend an der Marxschen Gesellschaftsanalyse, ist der *Staat* „die Seinsweise der Gesellschaft in ihrer Totalität" (1986, 11), „nichts Feststehendes, sondern ein aus menschlichem Verhalten fließender Prozess" (ebd., 19), „worin die ökonomisch-gesellschaftliche Seite als ein bloßer, wenn auch primärer und bestimmender Teil erscheint" (ebd., 11). Staaten sind demnach, um einen Begriff von Bachtin (1986) zu bemühen, Chronotope, d. h. komplexe, pulsierende Raum-Zeitgebilde mit dynamischer Selbstorganisation, oder, wenn wir hier eine Äußerung von Cassirer (1994, 32) zur Einheit und Differenz von Bewusstseinsganzem und Bewusstseinsteil entsprechend anwenden: Jedes einzelne Sein des Individuums bzw. der Institution jeweils als Chronotop betrachtet, hat eben nur dadurch seine Bestimmtheit, dass in ihm zugleich das Institutionsganze bzw. Staatsganze (ebenfalls als Chronotop betrachtet) in irgendeiner Form mit gesetzt und repräsentiert wird. Diese Setzung geschieht durch die konstituierende Tätigkeit der Individuen in den historisch vorgefundenen Verhältnissen. Denn „letztes Bauelement des staatlichen Lebens ist [...] der lebende, handelnde, denkende Mensch in der Totalität seiner Lebensäußerung selbst" (Kofler a. a. O., 12).

Da es nicht Sorge des Knechtes sein kann, dass der Herr bleibt, wohl aber Sorge des Herrn, „dass der Knecht es bleibe" (ebd., 65), verlangt das staatliche Ganze nach Kräften, die den Prozess von Aneignung, Ausbeutung und Unterdrückung ausgehend vom je eigenen Standpunkt der Machterhaltung bzw. Aufrechterhaltung der Alltagswelt leisten: *Elite, Intelligenz* und *Bürokratie*. Elite ist „eine unorganisierte, aber durch vielfältige persönliche Beziehungen zur Einheit geschweißte fest umrissene Schicht" (ebd., 32 f.), die bei Halten des formellen kulturellen Niveaus Dekadenz realisiert, indem sie den „Boden des Humanismus" verlässt (ebd., 35 ff.). „Elite und Intelligenz bilden zusammen gewissermaßen das ideologische Priestertum des Staates. Sie tragen gleichsam seine Seele" (ebd., 25). Die Bürokratie hingegen ist die „organisierende Hand" der Elite (ebd., 21), deren blinde Mechanik die Neigung ausschließt, „das Gewissen mitsprechen zu lassen" (ebd., 88).

Dies ist der Ort, an dem eine Marx verpflichtete Analyse sich mit jener von Weber trifft, greift man die Fortführung des weberschen Denkens in Berger und Luckmanns (1980) Soziologie der Alltagswelt auf: Institutionen können über die unmittelbare Erfahrung ihrer Zweckmäßigkeit hinaus nur durch *Legitimation* aufrechterhalten werden. Durch die historische Aufsplitterung institutioneller Ordnung entstehen ständig neue *Subsinnwelten*, die in allgemeine Prozesse *symbolischer Sinnbildung* (gedacht nach dem Muster der Religion; ebd., 91) jeweils neu eingeknüpft werden müssen.

Die *Religionsförmigkeit* von der die Herrschaft stabilisierenden Konsensbildung bei gleichzeitiger Bindung an die Herrschenden taucht offen oder latent vielfältig in den Sozialwissenschaften auf. Bei Althusser als „Anrufung" der individuellen „Subjekte" durch das „SUBJEKT" Staat, bei Žižek oder bei Judith Butler als „Subjektion" (Heil 2003), in der Massenpsychologie als Formen von Massenbindung an einen Führer oder an Institutionen oder als emotionale Bindung an einen Fortschrittsglauben [→ II Sinn/ sinnhaftes Handeln und Aufbau der sozialen Welt]. *Mythosbildung*, bezogen auf Institutionen ebenso wie auf Staaten, sowie die *religionsförmige Bindung* an das System der Herrschaft (als göttlich, naturnotwendig oder als Schicksal) sind sichtbar die konservativen Kräfte (Cassirer 1996, 340), welche die konstituierende Kraft der multitudo bzw. der republikanischen Kräfte in den jeweiligen Institutionen durch Konsensbildung außer Kraft setzen.

Den Kern dieser durch Anrufung aktualisierbaren mythologischen bzw. religiösen Bindung bilden erkennbar die soziale Differenzierung von „gut" und „böse" und mit ihr einhergehend die Entwicklung staats- bzw. institutionsspezifischer Moralvorstellungen und normativer Zwänge. So die Definition des politischen Gegners als „objektiven Gegner" (Arendt 1986a, 654 f.), als gesellschaftlich und/oder gemeinschaftlichen Feind durch Strategien des Rassismus, Sexismus, der Behindertenfeindlichkeit usw., in deren Kern die gesellschaftliche Behauptung steht, „dass Menschen radikal und unüberbrückbar ungleich seien" (Welzer 2007). Religiös oder quasireligiös („Fortschritt" oder „Markt" als eschatologisches Subjekt) werden symbolische Sinnwelten „nicht nur legitimiert, sondern durch theoretische Konzeptionen von Abtrünnigen auch modifiziert" (Berger & Luckmann 1980, 115).

Analysen dieser Art sind imstande, tieferen Aufschluss über die Gesellschaftlichkeit sozialpsychologischer Mechanismen der aktiven Realisierung von Gewalt zu geben, wie sie in den Experimenten von Milgram bzw. von Zimbardo aufgedeckt wurden.

2.3 Sozialpsychologie: Milgram, Zimbardo und die Folgen

Unter anderem beeinflusst durch das Scheitern der Bemühungen, die Naziverbrechen psychologisch aufzuklären, entstanden sozialpsychologische Experimente zur Frage des Gehorsams, die erschreckendes Licht auf die Möglichkeiten der Realisierung der gesellschaftlichen Natur der Menschen warfen: „Alles ist möglich" (Welzer a. a. O., 246 ff.).

Milgram (1974) untersuchte *Gehorsam* in folgender experimenteller Anordnung: Sogenannte „Schüler" (S.), die in das Experiment eingeweiht waren und eingeübte Reaktionen vortäuschten, sollten bei Fehlern in der assoziativen Bildung von Wortpaaren durch stufenweise negative Bekräftigung (Stromschläge von 45 *V* bis 450 *V*, jeweils um 15 Volt ansteigend) durch sogenannte „Lehrer" – dies waren die eigentlichen Versuchspersonen (Vp.) – zum Lernerfolg gebracht werden. Hatten die „Lehrer" Zweifel an der Weiterführung des Experiments, wurden sie durch standardisierte Sätze des Versuchsleiters, wie z. B. „Das Experiment erfordert, dass Sie weitermachen.", hierzu angeregt. Rückmeldung über die Stärke der Stromschläge (Vp. und S. waren durch eine Scheibe getrennt) erfolgte durch Gestik und Mimik der „Schüler" sowie durch eingespielte Tonbandsequenzen (120 *V*: Schmerzensschreie; 200 *V*: Schreie, „die das Blut in den Adern gefrieren ließen", über 330 *V*: Stille). Im ursprünglichen Experiment brach von 40 Vp. unterhalb von 300 *V* niemand ab, 14 brachen danach ab, 26 Vp. gingen bis zu 450 *V*. Circa zwei Drittel normaler BürgerInnen sind demnach bereit, unter bestimmten Bedingungen Gewalt gegen Dritte bis hin zu lebensgefährlichen Situationen anzuwenden. Bedingungsvariationen in nachfolgenden Wiederholungen des Experiments zeigten, dass je größer die Distanz, umso größer die Gehorsamsbereitschaft war und dass bei Anwesenheit weiterer „Lehrer", die dem Versuchsleiter Widerstand entgegensetzen oder zustimmten, die Quote massiv sank (10 %) oder stieg (90 %). Allerdings handelten die Teilnehmer nicht freudig zustimmend, sondern z. T. unter deutlicher Belastung (extreme Anspannung; Schwitzen, Zittern, Stottern; Milgram 1963).

Dass Gewalt selbst eine innere Dynamik entwickelt, sie am Schluss eine neue Struktur geschaffen hat, „die *vor der Gewalt* noch nicht da war" (Welzer a. a. O. 14), zeigt das Stanford-Prison-Experiment von Zimbardo (1999): Aus über 70 Bewerbern wurden 24 Studenten ausgewählt, die in vorhergehenden Persönlichkeitstests normale Ergebnisse erzielten. Nach dem Zufallsprinzip wurden sie in zwei Gruppen eingeteilt, die einen Gefangene, die anderen Gefängniswärter. Die Gefangenen mussten durch Unterschrift freiwillig auf einige Grundrechte verzichten, solange sie im „Gefängnis" waren. Sie wurden von der örtlichen Polizei „verhaftet", mit verbundenen Augen zu dem Gefängnis gebracht und einer „demütigenden Prozedur" unterworfen (Entlausen, Rasieren der Köpfe, Gefängniskleidung, Nummern statt Namen, Kette am Fuß). Die Wärter waren angewiesen, dass bei einem Ausbruch das Experiment abgebrochen würde. Ansonsten hatten sie die Freiheit, selbstständig Ruhe und Ordnung im Gefängnis zu regulieren.

In dieser Situation eskalierte die Gewalt Stück für Stück; jeder Versuch der „Gefangenen", ihre Unabhängigkeit zu bewahren, wurde jeweils unterbunden. Sie wurden nachts zu Appellen kommandiert, sie mussten Liegestütze durchführen, der Gang zur Toilette wurde verweigert, ein Aufstand wurde brutal unterbunden: die Türen aufgebrochen, die Gefangenen nackt ausgezogen, die Betten entfernt, die Anführer in Einzelhaft gesperrt. Durch Begünstigungen für die einen und Bestrafungen für die anderen wurde die Solidarität gebrochen, Rassismus zum Aufeinanderhetzen benutzt. Und zunehmend ließen sich die Psychologen so in das Experiment mit einbeziehen, dass sie sich planend an der Brechung des Widerstands der „Gefangenen" beteiligten. „Am Ende der Untersuchung waren die Gefangenen sowohl als Gruppe als auch als Individuen am Boden zerstört" (a. a. O.).

Nach sechs Tagen wurde die Untersuchung, die zwei Wochen dauern sollte, beendet. Die Gefangenen waren bei der vorzeitigen Beendigung extrem erleichtert, die „Strafvollzugsbeamten" deutlich verstört. Und die Psychologen stellten – auch für sich selbst – fest, „wie leicht normale Menschen vom guten Dr. Jekyll zum schlechten Mr. Hyde verwandelt werden können" (a. a. O.).

Die beteiligten Personen haben nach Aussagen der nachuntersuchenden Psychologen keine langfristigen Folgeschäden erlitten. Anders ist dies für die Opfer in den weltweit zunehmenden Situationen des staatlich gesetzten oder durch Zerfall des Staates hervorgebrachten Ausnahmezustands und hier auch manchmal für die Täter.

In bis hin zur Elimination eskalierenden Situationen betrachten die Täter ihre Handlungen in der Regel als ebenso normale Handlungen wie andere Handlungen ihres Alltags, in den sie später problemlos zurückkehren. Sie werden geleitet durch eine spezifische gesellschaftliche Moral, so zeigt das Beispiel der NS-Verbrechen, innerhalb der sie situativ und mit persönlichen Präferenzen handelnd von ganz normalen Menschen zu Massenmördern werden können (Welzer, a. a. O., 48 ff.). Diese Moral ist geleitet durch die Gewissheit, dass es (1) gut für alle ist, die „Judenfrage" zu lösen, wobei (2) die Juden als „bereits Ausgestorbene" voraus entworfen werden (ähnlich behinderten Menschen im Projekt der „Euthanasie"), (3) dass sich die Arbeit ob der möglichen Utopie lohnt und dass es (4) tatsächlich diese gesellschaftliche Frage gibt. Die aktiv Tätigen können sich auf jeder Ebene der Eskalation als Elite begreifen, die ihre „Pflicht" tut, und die trotz der schweren Aufgabe noch „menschlich" bleiben bzw. als solche, die lediglich der Obrigkeit wie schon immer gehorcht haben (z. B. Eichmann, vgl. Arendt 1986), so dass sie in der Regel weder Scham noch Schuld empfinden.

Anders als im tribalen Zerfall von Gesellschaften und staatlicher Einheit (Afrika) liegt hier das Gewaltmonopol nach wie vor bei dem Führer und als legitime, wenn auch oft nicht legale Gewalt (z. T. in Formen eines „besonderen Gewaltverhältnisses") bei den unterschiedlichen gesellschaftlichen Institutionen bis hin zum geordneten Erwerb von Fahrkarten für die Fahrt in die Vernichtungslager. Die quasireligiöse Anrufung durch den Staat ist ebenso wie dessen rechtliche Ordnung intakt geblieben.

Im Prozess der postmodernen Tribalisierung (Bauman 1995) löst sich diese Ordnung und gründet sich neu durch Mythenbildung auf allen Ebenen (z. B. Mythos vom „Amselfeld", eines Stammes, einer militärischen Einheit usw.). Zum Zwecke der Vernichtung der gegnerischen Seite werden beliebige „Kollateralschäden" bei den Tätern selbst in Kauf genommen, z. B. in Afrika in Form der Rekrutierung von Kindersoldaten, in Jugoslawien durch Ermordung und Kastration eigener Soldaten, die die Vergewaltigungs- und Tötungsorgien nicht mitmachten, oder durch mit deren Androhung erzwungene aktive Beteiligung mit unabwendbaren psychischen Schäden (Diken & Laustsen 2005).

Was aber geschieht in all diesen Prozessen mit der konstituierenden Macht, wie wird sie außer Kraft gesetzt, so dass sie weltweit als „multidudo" keineswegs, wie dies Hardt und Negri (2002; 2004) vermuten, neue konstituierende Kraft ist, sondern eben als diese weitgehend paralysiert und geschichtslos wird?

2.4 Vernunft und Vernunftfallen

Hannah Arendt (1970) stellt Webers Konzeption der Macht als „Instrument der Herrschaft" eine andere Begriffstradition entgegen – die römische der *res publica*, der „öffentlichen Sache", welche die Römer *civitas*, eine Bürgervereinigung nannten. Dabei „schwebte ihnen ein anderer Macht- und Gesetzesbegriff vor, dessen Wesen nicht auf dem Verhältnis zwischen Befehlenden und Gehorchenden beruht und der Macht und Herrschaft oder Gesetz und Befehl nicht gleichsetzt" (ebd., 41). Eine „Herrschaft des Gesetzes, die auf der Macht des Volkes beruht", wurde als konstituierend gesetzt. Politische Institutionen „erstarren und verfallen, sobald die lebendige Macht des Volkes nicht mehr hinter ihnen steht und sie stützt" (ebd., 42).

Auf diesem Hintergrund eines funktionell und in dynamischer Entwicklung betrachteten politischen Systems erfolgt Arendts Differenzierung von Macht und Gewalt: Macht als ständig erneuter Prozess der konstitutiven Setzung und Gewalt einerseits und andererseits als Verfügbarkeit über Gewaltmittel. „Der Extremfall der Macht ist gegeben in der Konstellation: Alle gegen einen, der Gewalt in der Konstellation einer gegen alle" (ebd., 43).

Die gegenwärtige postmoderne Gewaltdebatte (vgl. Bauman 1996; Trotha 2005) übersieht wie versteinert vor dem in der Globalisierung sichtbaren Medusenhaupt des gesellschaftlichen Verfalls die zugrunde liegenden Prozesse von dynamischer Entwicklung und Zerfall. Das Ergebnis ist – bei aller wertvollen Zentrierung auf die Phänomenologie der Gewalt (Reemtsma 2006) – die Rückkehr von einer Ontologie der Prozesse, die sich in Dingen ausdrücken (Cassirer 1980; Holz 2005), zu einer Ontologie der Dinge. Dies zeigt sich u. a. in der Reduzierung des Gewaltbegriffs auf im Wesentlichen physische Gewalt (Reemtsma a. a. O.), obgleich der hier herangezogene Begriff von Gewalt als Ausdruck von Aktionsmacht (Popitz 1992) genau dies verbieten sollte. Ebenso wenig wie Gewalt ist Macht keine „Art Stoff", der besessen werden kann, sie ist eine „Relation" (Young 1990, 31). Wird aber Machterwerb ebenso wie Machterhalt als Prozess der fortwährenden Konstituierung gedacht, muss die Behauptung, Arendt interessiere sich nicht für den Machterhalt (Reemtsma 2000, 9), zwangsläufig in sich zusammenfallen.

Denn Politisches ist mehr als seine bloße Reduktion auf den Herrschaftsbereich (Arendt a. a. O., 45). Entsprechend entspricht Macht der menschlichen Fähigkeit, „nicht nur zu handeln, oder etwas zu tun, sondern sich mit anderen zusammenzuschließen und im Einvernehmen zu handeln" (ebd.).

Diese *„podestas in populo"* (ebd.) wird, so muss aus der vorweggehenden Analyse ge-

schlossen werden, regelmäßig durch „Vergeistigung" (Kofler), Mythologisierung und Religion bzw. Religionsförmigkeit durch Eliten und Intelligenz in der Herstellung von Gouvernementalität außer Kraft gesetzt. Gegenüber dieser permanenten „Zerstörung der Vernunft" (Lukács) bzw. der Außerkraftsetzung menschlicher Vernunft durch den „Mythos vom Staate" (Cassirer 1946) ist es Aufgabe (keineswegs nur) der Philosophie, politische Mythen zu zerstören und Vernunft als sozialen Prozess, als „symbolisches Universum" (Cassirer 1996, 335) zu realisieren. „We should see the adversary face to face in order to know how to combat him" (Cassirer 1946, 296).

„Wo Befehlen nicht mehr gehorcht wird, sind Gewaltmittel zwecklos" (Arendt 1970). Wie aber dort konstituierende Macht realisieren, wo dieser Gegner nicht gesehen wird, wo Vernunft zur Falle wird?

Zunächst: Die konstituierende Macht kann niemals gänzlich außer Kraft gesetzt werden. „Zweifellos ist es möglich, Menschen unter Bedingungen zu stellen, die sie dehumanisieren – Konzentrationslager, Folter, Hunger usw.; aber das heißt nicht, dass sie vertieren, und die Reaktion auf solche entmenschlichende Bedingungen ist nicht Empörung, Zorn oder Gewalttätigkeit; das deutlichste Zeichen der Entmenschlichung ist gerade das Ausbleiben aller Reaktionen." (ebd., 64; vgl. auch Agamben 2003 zur Rolle des zum „Muselmann" reduzierten Auschwitz-Häftlings als Zeuge).

Dann: Vernunft kommt erst durch Empörung ins Spiel, über die Bedingung der Möglichkeit der Veränderung von Verhältnissen, insbesondere dann, „wenn unser Gerechtigkeitssinn verletzt wird" (Arendt a. a. O., 64). Da es im Wesen der Empörung liegt, „nicht langsam und mit Bedacht zu reagieren", und es im „Privatleben wie in der Öffentlichkeit Situationen gibt, „denen nur die Schnelligkeit eines Gewaltakts angemessen zu sein scheint," sind Empörung und Gewaltakt „nicht irrational". Weder Gefühlskälte (ein „pathologisches Phänomen") noch Sentimentalität (eine

„Gefühlsperversion") ist ein Kennzeichen von Vernunft, denn „um vernünftig reagieren zu können, muss man zunächst einmal ansprechbar sein, ‚bewegt' werden können." (ebd., 64 f.).

Vernunft kann nur gelten, wo uns die Verlässlichkeit einer erscheinenden Welt garantiert ist. „Sich vernünftig zu benehmen, wo die Vernunft als Falle gebraucht wird, ist nicht ‚rational', so wie es nicht ‚irrational' ist, in Selbstverteidigung zur Gewalt zu greifen" (ebd.).

Gefährlich wird Gewalt erst als kollektive Gewalt, wo durch Eskalation und Dynamisierung der Gewalt (vgl. Wetzel a. a. O.) Züge der Gewalttätigkeit in Erscheinung treten.

Mit Negris Spinoza-Interpretation kann somit gelten, dass sich die konstituierende Macht in jeder Form von Widerstand offenbart, dass dieser „Horizont des Krieges" zugleich als „Horizont der Befreiung" zu gelten hat, gegen ihn muss die gänzliche Vernachlässigung der Affektnatur der Vernunft in Spinozas Philosophie geltend gemacht werden (vgl. Jantzen 1994, 158 ff.; 1995). Die multitudo ist nicht per se konstituierend. Die Gewalt muss gebändigt werden und bleiben, dass sie ebenso zur Vernunft in der Lage ist, wie berechtigte Furcht artikuliert, und durch die Erzwingung von republikanischer Verfassung Schritt für Schritt das friedliche Zusammenleben aller im Geiste von Freiheit und Gerechtigkeit hervorbringt (Spinoza 1984, XX). Quasireligiöse Anrufung wäre außer Kraft zu setzen zugunsten der je konkreten Artikulation von Humanität und Vernunft, von Menschen- und Bürgerrechten innerhalb und durch die „potestas in populo", die innerhalb und gegen ihre je gegebene staatliche, institutionelle und globale herrschaftliche Verfasstheit als spinozanisches Handeln „quasi wie in einem Geiste" (Spinoza 1977, Kap. 2, § 16) realisiert werden: durch ein gemeinsames und durch wechselseitige affektive Resonanz hervorgebrachtes willentliches Streben („conatus"), im Sein zu verbleiben (Liberali 2008).

Arendts politische Philosophie setzt Goffmans (1967) Analysen totaler Institutionen ebenso wie das gesamte Gebiet der Psychopathologie [→ X Isolation und Psychopathologie] in ein neues Licht. Katanonischer Rückzug ebenso wie Aggressivität sind unter der Bedingung des restlosen Stillstands sozialer Kämpfe gegen die Herrschaft (Bourdieu 1997, 44) neu zu lesen: als Zeugnis der Dehumanisierung bzw. als vernünftiges Handeln in Vernunftfallen. Jede Reduktion von Behinderung auf Natur verbietet sich.

Die Diskussion der inneren Zusammenhänge von staatlicher Macht und konstituierender Macht wäre unvollständig, ohne auf die gesellschaftliche Konstitution der Kategorien Geschlecht und Gender zu verweisen. Wie die Kategorien Behinderung und Rasse tragen sie Naturalisierung und Fatalisierung in sich, den Verweis sozialer Konstruktionen auf Natur und Schicksal, die Verwandlung von Subjekten in Objekte [→ XI Körper und Geschlecht].

3 Zentrale Erkenntnisse und aktueller Forschungsstand

Zentrales Problem der gegenwärtigen feministischen Debatte um Macht, Herrschaft und Gewalt ist es, den abstrakten Gegensatz von Macht als Herrschaft („domination"; „power-over") und Macht als Empowerment („power-to") zu überwinden (Allen 2007). Hierzu leisten die soziologischen Großtheorien der Gegenwart wichtige Beiträge, indem sie innere Relationen bestimmen: die relationale Soziologie von Pierre Bourdieu ebenso wie die Systemtheorie von Niklas Luhmann.

3.1 Symbolische Macht, Gewalt und Herrschaft: Bourdieu

Macht, Gewalt und Herrschaft existieren in sozialen Feldern, die als Spiel- ebenso wie als Kampffelder begriffen werden. Zum Zuge kommen in diesen Auseinandersetzungen höchst unterschiedliche Kapitalien, von denen das ökonomische Kapital lediglich eines, wenn auch ein äußerst relevantes ist. Daneben werden vor allem kulturelles (Bildung, Ausbildung, akademische Titel), soziales und, darüber hinaus, *symbolisches Kapital* unterschieden. Bezogen auf die staatliche Macht existiert ein „Staatsadel" (noblesse d'état), in einem *„Feld der Macht"*, einem Raum von Positionen, „die nur besetzt werden können, wenn man eine Kapitalart unter anderem in sehr hohem Maße besitzt". Innerhalb dieses Raumes existieren „Unterräume, die Feldern entsprechen: intellektuelles Feld, Feld der hohen öffentlichen Verwaltung, Feld der ökonomischen Macht, religiöses Feld usf." (Bourdieu 1991, 70).

Die Struktur dieses Feldes der Macht hängt zu jedem Zeitpunkt von Kapitalarten ab, die in den Kämpfen um die Herrschaft eingesetzt werden. Bloß ökonomische Herrschaft reicht niemals aus; der Kampf „um die Durchsetzung des herrschenden Herrschaftsprinzips ist untrennbar ein Kampf um Legitimität" (ebd., 77). Er verlangt Reproduktion von Herrschaft durch Bildung (Bourdieu 1982), die einerseits unbestimmt, andererseits aber kohärent erfolgt, „weil ihr *Kohärenzprinzip der Habitus* ist" (1991, 85).

Der Habitus selbst ist ein Prinzip der aktiven Einschreibung von Gesellschaft in Individualität (Dispositionsbildung), des aktiven Hineinwachsens der Individuen in die Gesellschaft.

„Was aus meiner Sicht zufolge interiorisiert wird, sind die Prinzipien der Weltsicht und Welteinteilung, die [...] eine Art unbewusste Zustimmung zu den Strukturen erzeugen, innerhalb derer sich die Akteure entwickeln. *Die Herrschaft ist durch den Glauben, durch ein doxisches Verhältnis zur Welt vermittelt.* Dieses unbewusste Einverständnis zwischen Habitus und Feld erklärt die in vielen Bereichen gegebene Fügsamkeit der Beherrschten (die nicht aus einer Liebe zur Macht oder zum Aufseher herrührt, wie es eine oberflächliche Psychoanalyse gerne hätte)" (ebd., 90).

Symbolische Macht existiert nicht nur auf der Ebene des Staatsadels, sondern auf allen Ebenen gesellschaftlicher Verfasstheit (je-

weils eingebettet in die feldspezifischen und institutionsspezifischen Formen der Herrschaft und der sozialen Kämpfe).

Der Staat selbst ist „der Träger nicht nur des Monopols der physischen Gewalt sondern auch der legitimen symbolischen Gewalt" (ebd., 99). Dies ist „jene Form der Gewalt, die über einen sozialen Akteur unter Mittäterschaft dieses Akteurs ausgeübt wird" (Bourdieu & Wacquant 1996, 204).

Alle Ebenen und Felder sind Orte der Auseinandersetzung. Alle Kapitalarten (ökonomisch ebenso wie kulturell und sozial) „entfalten, obwohl strengen Äquivalenzprinzipien unterworfen und daher ineinander konvertierbar, ihre spezifische Wirkung nur unter spezifischen Bedingungen" (Bourdieu 1987, 223).

Diese Konvertierbarkeit bewirkt, dass die Kapitalformen sich in allen Feldern nach den Seiten der Akteure jeweils als *„symbolisches Kapital"* vergegenständlichen, das in Form von Autorität oder Charisma „stets als Eigenschaft der Person wahrgenommen wird" (ebd., 234). Eben deshalb muss es ständig erneuert werden, verlangt ständigen persönlichen Einsatz. Was „symbolisches Kapital" auf Seiten der Person und des Habitus ist, ist „Feld der Macht" auf Seiten der jeweiligen Feldeigenschaften. Institutionelle Felder sind prinzipiell Felder der Macht, innerhalb derer herrschende und konstituierende Kräfte aufeinandertreffen. Da Gesellschaft nicht auf Sozialphysik reduzierbar ist, zur Wirklichkeit „Akte der Erkenntnis" (ebd., 223) gehören, setzt sich auf allen Ebenen der Auseinandersetzung in allen Feldern konstituierende Macht durch praktisches und symbolisches Handeln durch.

Denn Herrschaftsweisen umfassen prinzipiell nicht nur ökonomische, sondern „alle Praktiken" (1987, 222). Die Sprache als Instrument ist zugleich auch Träger von Machtverhältnissen. Jeder Sprechakt oder Diskurs „ist das Produkt des Zusammentreffens eines sprachlichen Habitus und eines sprachlichen Marktes" und die „praktische Antizipation des Preises, den mein Diskurs erzielen wird, trägt dazu bei, die Form und den Inhalt meines Diskurses zu determinieren" (Bourdieu & Wacquant 1996, 180).

Entsprechend kommt für eine Transformation der Gesellschaft keineswegs nur ökonomischen und sozialen Praxen von Massenbewegungen, wie z. B. Streik oder Demonstration, Bedeutung zu, sondern auch den je spezifischen symbolischen und intellektuellen Auseinandersetzungen in Institutionen und unterschiedlichen Feldern um symbolische Macht und Gegenmacht, Gewalt und Gegengewalt, Herrschaft und Befreiung.

Entsprechend ließen sich ähnlich zu diesen Auseinandersetzungen *institutionelle Intellektuelle* im Dienst der Herrschenden, *traditionelle Intellektuelle* (ein Begriff von Gramsci, vgl. Kebir 1991, Kap. 7; im Feld der Kunst spricht Bourdieu 1991, 95, von „kleinen unabhängigen Produzenten alter Art"; hierher würden auch Pädagogen und Therapeuten gehören, die unter Bedingungen der zunehmenden Deregulierung des Sozialen einfach nur versuchen, ihre Arbeit gut zu machen) sowie *anti-institutionelle Intellektuelle* unterscheiden (begrifflich angelehnt an Basaglias Begriff der „negierten Institution"; 1993). Bourdieu (1991, 96) selbst entwickelt hier die Perspektive des Eingriffs von Intellektuellen, die sie „*in der vollständigen Autonomie* hinsichtlich der Mächte, den Staat einbegriffen [...] realisieren würden". Aber „autonom zu sein, ist ein permanenter und mühsamer Kampf", der eine „Wachsamkeit erfordert, an die Intellektuelle nicht gewöhnt sind" (ebd.). Ihre Position entspräche jener, die im juristischen Bereich durch Fritz Bauer als „Jurist aus Freiheitssinn", als „Anwalt des Menschenrechts" begründet wurde, des „Rechts der Menschen und ihrer sozialen Existenz gegen private und staatliche Willkür" (Hawel 2008, 55).

3.2 Die Systemtheorie der Macht: Luhmann

Macht ist für Luhmann (2003) ein symbolisch generalisiertes Medium der Kommunikation.

Sie verliert diese Funktion, je mehr sie sich dem Charakter von Zwang nähert. „Zwang bedeutet Verzicht auf die Vorteile symbolischer Generalisierung und Verzicht darauf, die Selektivität des Partners zu steuern" (ebd., 9).

„Die Kausalität der Macht besteht in der Neutralisierung des Willens, nicht unbedingt in der Brechung des Willens des Unterworfenen". Sie lässt sich mit der „komplexen Funktion eines Katalysators" vergleichen (ebd., 11 f.). Als *Kommunikationsmedium* muss die Macht als Möglichkeit wirken, d. h., der Machthaber muss sich zu ihr selektiv verhalten. Als erneute Codierung ihrer Anwendung oder Nichtanwendung wird sie relationiert im Sinne von Recht und Unrecht, erlaubt und nicht erlaubt. Ihre zunehmende Reflexivität und Relationalität verlangt neue Formen der Stabilisierung u. a. durch das *Recht*. Indem dieses das Zusammenwirken verschiedener Machtquellen ordnet, erzeugt es *Legitimität*. „Der Macht-Code muss die Motivation und die ‚Glaubhaftigkeit' der Motivation des Machthabers mitkonstituieren" (49). Damit verwandelt sich das Problem der Legitimation jedoch Berger & Luckmann (a. a. O.) folgend in die immer erneute Konstruktion symbolischer Sinnwelten (Mythos, Religion) als „*Generalisierung von Einfluss*" (Luhmann a. a. O., 74 ff.).

Physische Gewalt ist nicht nur letztes Mittel; sie hat eine weit allgemeinere Bedeutung, sie zielt wie der Geld-Code auf Embodyment. „Der Geld-Code ist angewiesen darauf, dass er sich in Bedürfnisbefriedigungen auszahlt, und die Macht hat eine spezifische Beziehung zur physischen Gewalt". Ähnlich wie in der Wertformanalyse von Karl Marx (1979, Kap. 1) die verausgabte abstrakte Arbeit (Energiedurchsatz) innerhalb der Warenproduktion der konkreten, den Gebrauchswert schaffenden Arbeit ihre Wertgröße gibt, und sie, vermittelt über die Geldform, als Ware tauschbar macht, so reguliert abstrakte Arbeit als an den Staat übertragene Macht die Prozesse der Aneignung konkreter Arbeit, die sie über das Gewaltmonopol der Aneignung konkreter Arbeit körperlich zu beenden vermag.

„Gegen Menschen angewendete physische Gewalt [...] [eliminiert] Handeln durch Handeln" (Luhmann a. a. O., 65).

„Die Steigerungsleistungen des Macht-Codes [...] werden damit in Parallele gesetzt zu Technisierungen anderer Art – etwa im Bereich der Logik oder des Geldwesens" (ebd., 72 f.). Macht, Herrschaft und Gewalt verfügen über eine höchst komplexe Systemstruktur, welche historische Komplexität durch die lebensweltliche Aneignung und Verwendung eines Geflechts höchst unterschiedlicher Techniken (ebd., 70 ff.) erhält. Ihre Vermittlung ist auf symbolische Prozesse angewiesen. „Die höhere Rationalität höherer Macht besteht [...] nicht in der [...] Bindung an gute Ziele, sondern darin, dass mehr Möglichkeiten mehr Beschränkungen unterworfen werden können. Die Rationalität liegt in dieser Relation" (ebd., 80).

Durch die Systemdifferenzierung der Gesellschaft entsteht zugleich eine Nichtelimi-nierbarkeit der Macht in außerpolitischen Interaktionen, für die es die Lösungsmöglichkeiten der Juridifizierung und Demokratisierung gibt (ebd., 93 f.). Da gesellschaftliche Differenzierung jedoch durch Organisationen erfolgt (Systembildungen durch Steigerung und Reduktion von Kontingenzen), konstituieren diese notwenigerweise autonome Macht und bringen Gegenmacht ins Spiel.

3.3 Das dynamische Entwicklungsgefüge von Macht, Herrschaft und Gewalt

Die bisherige Analyse verweist darauf, dass innerhalb dieses Gefüges die Relation von herrschender und konstituierender Macht entscheidend für das dynamische Begreifen des Ganzen in Entwicklung und Totalität ist. Ähnlich hatte Karl Marx (1983) in der Einleitung der „Grundrisse der Kritik der Poli-

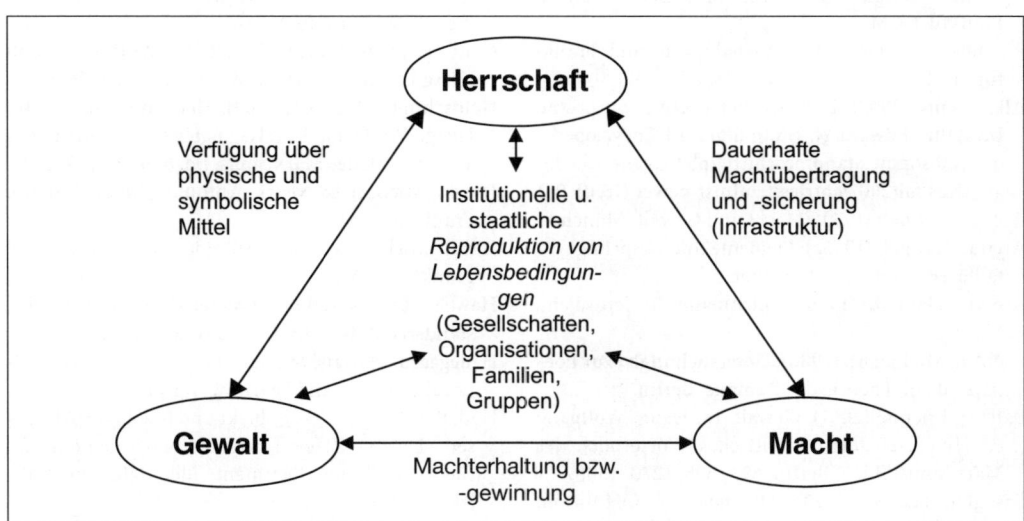

Abb. 1: Der Systemzusammenhang von Macht, Herrschaft und Gewalt

Legende: Überall im Bereich der Reproduktion von Lebensbedingungen finden Kämpfe statt. Gewalt-, Macht- und Herrschaftsformen realisieren sich in institutioneller Form auf allen Ebenen: Staatsförmige institutionelle Auseinandersetzungen in der gesellschaftlichen Produktion und Reproduktion insgesamt, institutionelle Auseinandersetzungen (bis hin zu totalen Institutionen) in, außerhalb und zwischen Organisationen, Geschlechterauseinandersetzungen, familiäre Auseinandersetzungen aber auch die Auseinandersetzungen in den Experimenten von Milgram und Zimbardo, die damit soziologisch und nicht bloß psychologisch lesbar werden, können auf dieses Schema rückbezogen werden. (Die Idee der Darstellung einer derartigen „Keimzelle" verdanke ich Hedegaard & Chaiklin 2005, 71 f.)

tischen Ökonomie" die Produktion als das übergreifende Allgemeine im Verhältnis zu Distribution, Zirkulation und Konsumtion bestimmt. Die lebendige Arbeit schafft das gesellschaftlich Ganze und wird vom gesellschaftlich Ganzen hervorgebracht. Ähnlich schafft die konstituierende Macht Staatsform und Institutionsform und wird von diesen hervorgebracht. Da die konstituierende Macht nie außer Kraft gesetzt ist, enthält der gesellschaftliche Prozess zu allen Zeiten den Horizont der Befreiung im Horizont des Krieges, bedarf aber auf allen Ebenen zu jedem Zeitpunkt höchst differenzierter konstituierender Auseinandersetzungen zur Durchsetzung von Menschen- und Bürgerechten.

Abbildung 1 versucht auf diesem Hintergrund die Skizzierung einer „Keimzelle" dieses inneren Zusammenhangs.

Literatur

Agamben, Giorgio (2003): Was von Auschwitz bleibt. Frankfurt a. M.

Agamben, Giorgio (2004): Ausnahmezustand. Frankfurt a. M.

Allen, Amy (2007): Feminist perspectives on power. In: Zalta, Edward N. (Ed.): Stanford Encyclopedia of Philosophy. Standford http://plato.stanford.edu/archives/fall2007/entries/feminist-power (15.01.08)

Arendt, Hannah (1970): Macht und Gewalt. München

Arendt, Hannah (1986a): Elemente und Ursprünge totalitärer Herrschaft. München

Arendt, Hannah (1986b): Eichmann in Jerusalem. Leipzig

Bachtin, Michail M. (1986): Untersuchungen zur Poetik und zur Theorie des Romans. Berlin

Balibar, Etienne (2001): Gewalt. In: Haug, Wolfgang F. (Hrsg.): Historisch-Kritisches Wörterbuch des Marxismus. Bd. 5. Berlin, 693–695; 1270–1308

Basaglia, Franco (1973): Die negierte Institution. Frankfurt a. M.

Bauman, Zygmunt (1995): Postmoderne Ethik. Hamburg

Bauman, Zygmunt (1996): Gewalt – modern und postmodern. In: Miller, Max & Soeffner, Hans Georg (Hrsg.): Modernität und Barbarei. Frankfurt a. M., 63–67

Berger, Peter L. & Luckmann, Thomas (1980): Die gesellschaftliche Konstruktion der Wirklichkeit. Frankfurt a. M.

Bloch, Ernst (1985): Naturrecht und menschliche Würde. Frankfurt a. M.

Bourdieu, Pierre (1982): Die feinen Unterschiede. Frankfurt a. M.

Bourdieu, Pierre (1987): Sozialer Sinn. Frankfurt a. M.

Bourdieu, Pierre (1991): Die Intellektuellen und die Macht. Hamburg

Bourdieu, Pierre (1997): Der Tote packt den Lebenden. Hamburg

Bourdieu, Pierre & Wacquant, Loic (1996): Reflexive Anthropologie. Frankfurt a. M.

Cassirer, Ernst (1946): The myth of the state. New Haven

Cassirer, Ernst (1980): Substanzbegriff und Funktionsbegriff. Darmstadt

Cassirer, Ernst (1994): Philosophie der symbolischen Formen. Bd. I. Darmstadt

Cassirer, Ernst (1996): Versuch über den Menschen. Hamburg

Diken, Bülent & Laustsen, Carsten B. (2005): Becoming abject: rape as a weapon on war. In: Body & Society. 11, 1, 111–128

Eisenstadt, Shmuel M. (1998): Die Antinomien der Moderne. Frankfurt a. M.

Foucault, Michel (1983): Sexualität und Wahrheit. Bd. 1. Frankfurt a. M.

Foucault, Michel (2004): Geschichte der Gouvernementalität. Frankfurt a. M.

Galtung, Johan (1997): Gewalt. In: Wulf, Christoph (Hrsg.): Vom Menschen. Weinheim, 913–926

Goldschmidt, Werner (2004): Klassenherrschaft. In: Haug, Wolfgang F. (Hrsg.): Historisch-Kritisches Wörterbuch des Marxismus. Bd. 6. Berlin, 82–127

Hardt, Michael & Negri, Antonio (2002): Empire. Frankfurt a. M.

Hardt, Michael & Negri, Antonio (2004): Multitude. Frankfurt a. M.

Hawel, Marcus (2008): Freiheitssinn und Widerstandsrecht. In: Utopie kreativ. 207, 1, 52–58

Hedegaard, Mariane & Chaiklin, Seth (2005): Radical-Local Teaching and Learning. Aarhus

Heil, Reinhard (2003): Subjekt und Ideologie. Althusser – Lacan – Žižek. Darmstadt www.demokratietheorie.de/home/documents/ideologie_und_subjekt.pdf (15.12.07)

Hobbes, Thomas (1990): Leviathan. Stuttgart

Holz, Hans Heinz (2005): Weltentwurf und Reflexion. Stuttgart

Jantzen, Wolfgang (1994): Am Anfang war der Sinn. Marburg

Jantzen, Wolfgang (1995): Gemeinschaft und Gesellschaft im Lichte von Spinozas Philosophie In: Jahrbuch für systematische Philosophie, 152–159

Kebir, Sabine (1991): Gramsci's Zivilgesellschaft. Hamburg

Klenner, Hermann (1990): Macht – Herrschaft – Gewalt. In: Sandkühler, Hans Jörg (Hrsg.): Europäische Enzyklopädie zu Philosophie und Wissenschaften. Bd. 3, Hamburg, 114–121

Kobusch, Theo et al. (1980): Macht. In: Ritter, Joachim & Gründer, Karlfried (Hrsg.): Historisches Wörterbuch der Philosophie. Bd. 5, Darmstadt, 585 ff.

Kofler, Leo (1986): Der Staat als Ensemble des Verhältnisses von Intelligenz, Bürokratie und Elite. Frankfurt a. M.

Kopetzki, Christian (2006): Patientenrechte – Pflegeheime – Unterbringung. In: Österreichische Juristenkommission (Hrsg.): Rechtschutz in „besonderen Rechtsverhältnissen". Jahrestagung 2006. http://www.juristenkommission.at/2006.html (15.01.2007)

Lenk, Kurt (1984): Gewalt, Macht und Gesetz. In: Loacker, Norbert (Hrsg.): Politik, Wirtschaft und Recht. Kindlers Enzyklopädie „Der Mensch". Bd. VIII, Zürich, 86–107

Liberali, Fernanda (2007): Spinoza, Bachtin und Vygotskij, um Transformationen im Kontext benachteiligter brasilianischer Schulen zu verstehen. In: Mitteilungen der Luria Gesellschaft. 14, 2

Luhmann, Niklas (2003): Macht. 3. Aufl., Stuttgart

Marx, Karl (1970): Das Kapital. Bd. 3. MEW Bd. 25. Berlin

Marx, Karl (1979): Das Kapital. Bd. 1. MEW Bd. 23. Berlin

Marx, Karl (1983): Grundrisse der Kritik der politischen Ökonomie. MEW Bd. 42. Berlin

Negri, Antonio (1982): Die wilde Anomalie. Spinozas Theorie einer freien Gesellschaft. Berlin.

Popitz, Heinrich (1992): Phänomene der Macht. 2., erw. Aufl., Tübingen

Reemtsma, Jan Philipp (2000): Die Gewalt spricht nicht. Zum Verhältnis von Macht und Gewalt. In: Mittelweg 36. 9, 2, 4–40

Reemtsma, Jan Philipp (2006): Die Natur der Gewalt als Problem der Soziologie. In: Mittelweg 36. 15, 5, 2–25

Röttgers, Kurt (1974): Gewalt. In: Ritter, Joachim & Gründer, Karlfried (Hrsg.): Historisches Wörterbuch der Philosophie. Bd. 3. Darmstadt, 562–570

Spinoza, Baruch (1977): Abhandlung über den Staat. Hamburg

Spinoza, Baruch (1984): Theologisch-Politischer Traktat. Hamburg

Trotha, Trutz von (2005): Über die Zukunft der Gewalt. In: Monatsschrift für Kriminologie. 85, 5, 349–368

Weber, Max (2001): Gesammelte Werke. CD-ROM-Edition. Darmstadt.

Welzer, Harald (2007): Täter. Wie aus ganz normalen Menschen Massenmörder werden. Frankfurt a. M.

Young, Iris M. (1990): Justice and the politics of difference. Princeton/NJ.

Zimbardo, Philip G. (1999): Stanford-Gefängnis-Experiment. Fotodokumentation. Stanford www.zimbardo.com/zimbardo.html (20.01.08)

Gesellschaftspolitik

Christian von Ferber

1 Begriffsbestimmung: Gesellschaftspolitik und Sozialpolitik

Gesellschaftspolitik hat sich als ein grenzüberschreitender Begriff in dem Wissenschaftsbereich bewährt, der unter „Sozialpolitik" zusammengefasst wird (Achinger 1958; Weisser 1978). Nach der treffenden Unterscheidung von Kaufmann (2003) kann man ihn dem „Sozialpolitischen Denken" zurechnen, also der Reflexion von Wissenschaftlern, Politikern oder administrativ Tätigen über das, was im Namen der Sozialpolitik geschieht. Die Bezeichnung Gesellschaftspolitik hat sich immer dann als fruchtbar erwiesen, wenn über Möglichkeiten und Grenzen sozialpolitischer Interventionen in den Wirtschaftsprozessen nachgedacht oder die Beeinflussung gesellschaftlicher Teilbereiche wie Familie, Bevölkerung, Bildung angestrebt wird, aber auch wenn gesellschaftliche Leitbilder wie z. B. Arbeit, Gesundheit oder das Verhältnis der Geschlechter oder der Generationen zur Diskussion stehen. Hier wird dann nicht mehr allein die Wirtschaftspolitik unter gesellschaftlichen Werten zur Disposition gestellt, sondern es werden weitere eingeführte Politiken einem neuen Wertebezug unterworfen. In diesem Sinne dient Gesellschaftspolitik als ein Leitbegriff, der bewusst und gezielt bestehende Grenzen politischen Handelns überschreitet.

Da Politik sich in der Regel über Institutionen [→ VI Institution und Organisation] verwirklicht, die häufig auch mit dem Beiwort „-system" überhöht werden, kann Gesellschaftspolitik zweierlei Wirkungen haben:

a) Gesellschaftspolitik kann zu Funktionsänderungen oder -erweiterungen führen, wie z. B. Mitbestimmungen in Organisationen einzuführen oder die Ziele von Organisationen zu erweitern, z. B. Fort- und Weiterbildung zur Pflicht zu machen oder

b) sie kann Strukturwandel anstreben, z. B. einen neuen Sozialversicherungszweig wie die gesetzliche Pflegeversicherung einführen.

Da ein Strukturwandel mit tiefgreifenden Veränderungen verbunden ist, lösen gesellschaftspolitische Vorhaben dieser Art jahrzehntelange (z. B. Einführung der Pflegeversicherung), mitunter auch ergebnislose Diskussionen (z. B. die Einigung der politischen Parteien über ein Präventionsgesetz) aus. Da die Sozialpolitik sich über mächtige Institutionen wie die Sozialversicherung und die Sozialhilfe verwirklicht, steht sie seit der Sozialenquete (1966) unter dem permanenten Dilemma:

- Funktionswandel durch „Weiterentwicklung" oder
- Strukturwandel, z. B. Ausgliederung des Gesundheitswesens aus der Sozialversicherung und Vereinigung mit dem Öffentlichen Gesundheitswesen.

Die kritische Funktion des Begriffs gilt gleichermaßen für leichter zur politischen Disposition stehende Institutionalisierungen wie Ministerien für Jugend, Familie, Frauen und Senioren. Denn auch diese Festlegungen bekunden die Absicht, die Lebenslage der programmatisch genannten Bevölkerungsgruppen dauerhaft zu beeinflussen (z. B. über Berichte, die den Parlamenten vorzulegen sind, oder an Zielgruppen gerichtete Wahlversprechen).

Für alle auf Dauer gerichteten Gestaltungsformen gesellschaftspolitischen Handelns gilt der Einsatz staatlicher Ressourcen wie Gesetzgebung und Finanzhoheit als Bedingung. Dieser Einsatz ist zweckmäßig, um gesellschaftspolitischem Handeln eine über die Legislaturperiode hinausreichende Geltung zu sichern. Der Einsatz staatlicher Ressourcen ist unverzichtbar, weil Gesellschaftspolitik Ziele verfolgt,

- die auf den Ausgleich von miteinander konkurrierenden Interessen und Lebenslagen gerichtet sind und
- sich aus einer Abwägung von grundlegenden gesellschaftlichen Werten wie Freiheit, Gleichheit und Solidarität legitimieren.

Zur Abgrenzung von umgangssprachlichen Verwendungen des Begriffs soll hier unter Gesellschaftspolitik ein auf Dauer gerichtetes politisches Handeln verstanden werden, das Grenzen eingeführter Politiken zur Beeinflussung gesellschaftlicher Verhältnisse überschreitet und sich an Grundwerten einer demokratischen Gesellschaftsordnung orientiert.

2 Begriffsgeschichte

In seiner Geschichte spiegelt „Gesellschaftspolitik" den Weg von der Sozialpolitik seit der zweiten Hälfte des 19. Jahrhunderts zum Wohlfahrtsstaat Ende des 20. Jahrhunderts wider. Der aktuelle Stand der Begriffsarbeit hat also eine hundertjährige Geschichte hinter sich (Kaufmann 2003). Begriffsgeschichte ist daher die Geschichte seiner Bedeutungen in einem Gesellschaftsprozess. War Sozialpolitik auf die Überwindung der wirtschaftlichen Klassengegensätze durch soziale Reformen gerichtet (Heimann 1929), versteht sich der Wohlfahrtsstaat auf der Grundlage des erreichten wissenschaftlich-technischen Niveaus und des Standes der Produktion wirtschaftlicher Güter und Dienstleistungen als ein die Gesellschaft umfassender Garant sozialer Gerechtigkeit (Allmendinger & Ludwig-Mayerhofer 2000). Diesen Prozess von der Agrar- und Industriegesellschaft des 19. Jahrhunderts zur Industrie- und Dienstleistungsgesellschaft

der Gegenwart gilt es, als Hintergrund für die Entstehung und die Verwendung des Begriffs „Gesellschaftspolitik" zu beachten.

Sozialpolitik hat sich in der Phase des Hochkapitalismus in Westeuropa (zweite Hälfte des 19. Jahrhunderts bis zum Ersten Weltkrieg) institutionalisiert (d. h. über öffentliche Einrichtungen auf Dauer gestellt) und hat sich seitdem in Zentral- und Westeuropa in „Systemen Sozialer Sicherheit" (Kaufmann 1973) verselbstständigt. Ihre national unterschiedlichen Gestaltungsformen erschweren eine Verständigung über eine gemeinsame Sozialpolitik in der Europäischen Gemeinschaft ungeachtet ihrer gemeinsamen historischen Wurzeln. Ihre politische Akzeptanz und Durchsetzungsfähigkeit verdankt Sozialpolitik dem Reformsozialismus (Bernstein 1969), d. h. einer sozialen Bewegung, die – vornehmlich von den Gewerkschaften und der Sozialdemokratie getragen – die Gesellschaftsordnungen in West- und Zentraleuropa geprägt hat. Für den Reformsozialismus ist die gesellschaftspolitische Konzeption handlungsleitend, die den in der Wirtschaftsstruktur angelegten Interessengegensatz evolutionär statt revolutionär zu überwinden strebt (Heimann 1929). Reformsozialismus, auch als freiheitlicher Sozialismus bezeichnet, und revolutionärer Sozialismus bezeichnen zwei grundlegende, weil unvereinbare politische Optionen für die ordnungspolitische Gestaltung der strukturellen Konflikte in einer Wirtschaftsgesellschaft. Der strukturelle wirtschaftliche Interessengegensatz entwickelt sich zwischen Kapitaleignern (privaten und öffentlichen) einerseits und den als Arbeiter, Angestellter oder Beamter, aber auch als Kleingewerbetreibender unselbstständig Erwerbstätigen anderseits und prägt im Zuge des Gesellschaftsprozesses immer wieder neue Gestaltungsformen aus. Diese bestimmen die Inhalte, die Konzeption der Sozialpolitik (z. B. aktuell die „Soziale Marktwirtschaft").

Ebenso wie Sozialpolitik in der Gesellschaftskonzeption des Reformsozialismus ihre spezifische Bedeutung als eine demokratisch legitimierte Intervention im Wirtschaftsprozess gewinnt, ihre Identität als politisches Handeln und als Begriff erhält, gilt dies auch für den zu ihr komplementären Begriff der Gesellschaftspolitik und den unter diesem Namen eingeführten bzw. erweiterten Politiken. Sie alle setzen ihr Vertrauen in einen evolutionär, wenn auch kontingent (d. h. von unvorhersehbaren Rahmenbedingungen bestimmten) verlaufenden Gesellschaftsprozess, der mit den einer freiheitlichen Demokratie politisch zur Verfügung stehenden Verfahren beeinflussbar ist.

Der Zweite Weltkrieg (eine kontingente Bedingung der Sozialpolitik) und seine wirtschaftlichen Folgen haben die Rolle des Staates als Garant der Lebenslage breiter Bevölkerungsschichten verstärkt. Diese Garantie der jeweils erreichten Lebenslage beschränkt sich nicht auf den Ausgleich in Krisen, sondern richtet sich gleichermaßen auf die Vorbeugung. Die soziale Sicherung erweist sich als eine verlässliche, weil auch rechtlich verbürgte Ressource sowohl gegenüber den kollektiven Belastungen der Bevölkerung durch wirtschaftliche und politische Krisen (Hobsbawm 1995) als auch bei deren individueller Bewältigung in den Lebensgemeinschaften primärer sozialer Netzwerke, den Gemeinden und den Organisationen bürgerschaftlichen Engagements, den sog. *Nicht-Regierungs-Organisationen* [→ VI NPO, NGO].

Soziale Rechte werden als Bürgerrechte anerkannt. So wird bei der Neugestaltung der sozialen Sicherung in der Bundesrepublik Deutschland der Anspruch aus der Altersrente aus der Sozialversicherung in seiner verfassungsrechtlichen Verbürgung dem Eigentum gleichgestellt (Gurlit 2005), auf die Leistungen der Sozialhilfe besteht ein Rechtsanspruch, soziale Rechte werden als eine eigenständige Ausprägung des Rechts in einem eigenen Gesetzbuch (SGB) kodifiziert.

2.1 Wandel der Wertorientierung

Die Entwicklung zum „Wohlfahrtsstaat" bleibt nicht ohne Folgen für die leitenden Ideen sozialstaatlicher Systeme. Diese büßen ihren ursprünglichen Sinn ein; damit wird die Reformbedürftigkeit ihrer Organisationsformen als eine ständige Herausforderung des sozialen Wandels bewusst. Die auf dem Stand der volkswirtschaftlichen Leistungsfähigkeit legitimen Bedürfnisse der Menschen, die eine Marktwirtschaft nicht oder nicht ausreichend für alle befriedigen kann, nehmen zu. Das Bedarfsniveau marktwirtschaftlich oder durch Transferzahlungen (wie z. B. Renten) zu befriedigender Bedürfnisse erweitert sich unter gesellschaftspolitischer Absicht zur „Lebenslage" (Weisser 1956; 1978). In einem über Jahrzehnte sich vollziehenden Gesellschaftsprozess überschreitet Sozialpolitik ihre eigenen Grenzen in Richtung auf gesellschaftspolitische Ziele. Mit dieser Grenzüberschreitung folgt sie nicht zuletzt einer in ihren Organisationsformen angelegten Dynamik. In den damit aufbrechenden theoretischen wie gestalterischen Problemen begegnen Wissenschaft und Politik einem selbst induzierten Prozess (Achinger 1958). Dieser Gesellschaftsprozess und nicht das Ensemble von „Politiken", die sich mit diesem Namen legitimieren, stellt das Kernproblem der „Gesellschaftspolitik" und ihrer begrifflichen Präzisierung dar (Stelzig 1977).

Neben den in Gesetzen und historischen Dokumenten wie Berichten, Statistiken, Werken von Historikern, aber auch der an politischen Ereignissen nachzuvollziehenden Geschichte (z. B. Bundesministerium für Arbeit und Sozialordnung 2001) dieses Gesellschaftsprozesses ist die sich wandelnde politische Akzentuierung der Grundwerte für eine Charakterisierung der Sozial- bzw. der Gesellschaftspolitik aufschlussreich bzw. zum Verständnis unentbehrlich. Die Sozialpolitik des 19. und der ersten Hälfte des 20. Jahrhunderts richtete sich auf den Schutz der Arbeit, die Sicherung des Einkommens sowie auf eine umfassende Verwirklichung der Demokratie. Die Verfügung über wirtschaftliche und politische Macht wurde beschränkt, ihr Erwerb ebenso wie ihr Gebrauch wurden gesetzlichen Regeln unterworfen und zugleich gegen Willkür geschützt. Politische Freiheitsrechte, demokratische Mitbestimmung auch in der Wirtschaft, Schutz und Förderung der Arbeit und Einkommenssicherung bestimmten die Programmatik der Sozialpolitik. Die überkommene Gesellschaftsgliederung und ihr Wandel im Zuge der Industrialisierung wurden jedoch der Dynamik der Wirtschaftsgesellschaft überlassen (Fourastié 1969). Die sozialpolitischen Institutionen, einschließlich der Interessenvertretungen (z. B. der Tarifparteien des Arbeitsmarktes) wurden in dem nach Arbeitern, Angestellten und Beamten sowie nach Arbeitgebern und Arbeitnehmern gegliederten Sozialleistungssystem konserviert. Von den Grundwerten der mit der Französischen Revolution und der amerikanischen Verfassung in West- und Zentraleuropa entstehenden demokratischen Gesellschaftsordnungen wurden die Freiheit und die Solidarität akzentuiert; sie wurden bestimmend für die Formierung von klassen- und sozialschichtbezogenen wirtschaftlichen und politischen Interessengegensätzen.

Mit der Professionalisierung [→ VI Profession, Professionalisierung] der Arbeit und der Zunahme der Beschäftigung im Dienstleistungssektor verbunden mit der ökonomischen Wertsteigerung der Arbeit wurden persönliche Qualitäten wie Qualifikation, Gesundheit und Einsatzbereitschaft zunehmend zu einer gesellschaftlich relevanten Ressource. Diese zukunftsweisende personengebundene Ressource konnte nicht länger überkommenen und naturwüchsigen Prozessen überlassen bleiben, sondern forderte zu einer Gestaltung der Bedingungen heraus, unter denen ihre Bausteine entstehen, von denen sie gefördert und erhalten, aber auch unter denen sie ihren für die Gesellschaft produktiven Beitrag erbringen. Unter dieser Perspektive wurde die gesellschaftliche Relevanz von Lebensbereichen wie Bildung, Studium, Erziehung, Familie und primäre soziale Netzwerke, Genderdifferenz, Gesundheit,

Behinderung, Generationenvertrag zum Gegenstand wissenschaftlicher Forschung zugleich mit dem Anwendungsbezug ihrer politischen Gestaltung („anwendungsbezogene Grundlagenforschung"), z. B. „Bildung ist Bürgerrecht" „gesellschaftliche Teilhabe" ist Grundlage der Selbstbestimmung.

Diese „Entdeckung" macht zweierlei verständlich: Die inzwischen zum alltäglichen politischen Sprachgebrauch gehörenden Begriffe „gesellschaftspolitisch" und „Gesellschaftspolitik" haben ihren Ursprung in der Wissenschaft der Sozialpolitik (Achinger 1958; Weisser 1956). Und diese Begriffschöpfungen setzen sich kritisch von der überkommenen Sozialpolitik ab. Diese „neue" Sozialpolitik im Gewande der „Gesellschaftspolitik" unterscheidet sich jedoch nicht nur in ihren Inhalten und in ihren Institutionalisierungen von der bisherigen Gestalt der Politik, sondern – und das macht die Identität all dessen aus, was unter Gesellschaftspolitik gefordert, geplant und umgesetzt wird – durch die Akzentuierung des Wertes der Gleichheit als Chancengleichheit oder Ausgleich von Benachteiligungen.

Diese Akzentuierung des Wertes der Gleichheit erweitert zugleich auch die Bedeutung der Grundwerte Freiheit und Solidarität z. B. im Sinne von persönlicher Entfaltung und Solidarität mit dem Mitmenschen unabhängig von seiner sozialen Zugehörigkeit. Gesellschaftliche Werte und ihre situationsbedingten Auslegungen haben stets Ausbreitungschancen in der Bevölkerungsbewegung und/oder im Wirtschaftsprozess.

2.2 Die Entstehung der „Gesellschaftspolitik" aus der „sozialpolitischen Dienstleistungsstrategie"

Je größer der Anteil an der Bevölkerung wird, der auf Leistungen der Systeme sozialer Sicherheit angewiesen ist, desto weniger bewirken die durch sozialpolitische Interventionen umverteilten Mittel einen Einkommensausgleich zwischen „arm" und „reich". Vielmehr vollzieht sich der Einkommenstransfer innerhalb der gleichen Einkommensschichten und gewinnt die Einkommensübertragung unter den Generationen (der „Generationenvertrag") auch unabhängig vom demographischen Wandel an Gewicht (Liefmann-Keil 1961).

Für das Management der sozialen Leistungen wird die Unterscheidung zwischen zwei Strategien sozialpolitischen Handelns für das Selbst- und Fremdverständnis „Verwaltung und Umverteilung von Sozialabgaben" vs. „Management professioneller Dienstleistungen" wesentlich.

Die institutionelle Gestaltung der Sozialpolitik orientiert sich zu Beginn überwiegend an der „Einkommensstrategie". Diese bezeichnet die Formen der Übertragung von Teilen des von den Erwerbstätigen erwirtschafteten Einkommens an nicht oder nicht mehr erwerbstätige Personen, von den „Mitgliedern" (= Beitragszahlern) der Sozialversicherung an die „Versicherten", daher auch zweite Einkommensverteilung (Kaufkraftübertragung unter Privathaushalten) oder soziale Einkommensumverteilung genannt. Die soziale Einkommensverteilung orientiert sich an einem marktwirtschaftlich zu befriedigenden Bedarfsniveau. Erst im letzten Drittel des 20. Jahrhunderts – also ein Jahrhundert später – gewinnt die „Dienstleistungsstrategie" (Badura & Gross 1976) an finanziellem Gewicht und dementsprechend an sinngebender Bedeutung.

„Dienstleistungsstrategie" bezeichnet die Gestaltung von Einrichtungen oder Hilfen, die persönliche Dienstleistungen erbringen und diese gänzlich oder überwiegend aus öffentlichen Mitteln finanzieren. Für die soziale Einkommensverteilung entstehen Rentenversicherungsträger und Sozialämter. Deren Verwaltungshandeln ist einer rechtlichen und wirtschaftlichen Rationalisierung weitaus zugänglicher. Das sozialstaatlich finanzierte Angebot an medizinischen (präventiven, kurativen, rehabilitativen) und pflegerischen Dienstleistungen sowie an Leistungen, die

auf Förderung und Bildung bestimmter Personengruppen (z. B. Jugendliche, Behinderte, Migranten, Frauen, Senioren) gerichtet sind, wird dagegen über eigene Versorgungssysteme erbracht oder – im Sinne einer Funktionserweiterung – in bestehende Einrichtungen wie z. B. die des Bildungssystems eingebracht. Diese folgen weiterhin ihrer eigenen Logik und Dynamik.

Träger der persönlichen Dienstleistungen selbst sind Krankenhäuser, Pflege- und Fördereinrichtungen sowie ein sich ausdifferenzierendes Spektrum an Professionen [→ VI Profession und Professionalisierung]. Diese können z. T. unabhängig von ihrer Stellung im Erwerbsprozess fachliche Autonomie für ihr Handeln beanspruchen. Als an Hochschulen ausgebildete Berufe haben sie am wissenschaftlichen Erkenntnisfortschritt teil und haben daher die Chance, mit der geforderten ständigen Fortbildung auch die Verpflichtung, neue Erkenntnisse anzuwenden; sie tragen die Verantwortung für die Anwendung des jeweiligen „Standes der gesicherten medizinischen und pflegerischen Erkenntnis"; diese Bezugsnorm ist je nach Grad der erreichten Professionalisierung unschwer erweiterungsfähig, z. B. „erzieherisches Wissen". Auf diesem Wege entsteht mit der Ausdifferenzierung von Berufen eine bis dahin unbekannte Sensitivität für die Probleme der Chancengleichheit und für die Bedürfnisse von Menschen, denen über gesellschaftspolitisch motivierte und sozialstaatlich verbürgte Dienstleistungen adäquate Hilfen angeboten werden können. Eindrucksvolle Beispiele für diesen Vorgang sind die Hilfen für geistig behinderte Menschen (Lebenshilfe) und die Psychiatriereform (Deutscher Bundestag 7/4200), aber auch unter dem Prinzip der Chancengleichheit der Geschlechter die Förderung der Frauen.

Durch die gesellschaftspolitische Umsetzung der Ergebnisse einer international vernetzten Forschung zur Lage psychisch kranker und gefährdeter Menschen wurden wissenschaftlich überholte Therapiekonzepte und dementsprechend obsolet gewordene

Versorgungssysteme reformiert. In der Anwendung medizinischer und mit der Professionalisierung der Pflege zunehmend auch mit der Verbreitung pflegerischer Erkenntnisse ist der Vorgang einer permanenten Reform gesundheitlicher Hilfen bereits institutionalisiert und sieht sich aktuell mit den Folgeproblemen seiner Kommerzialisierung, z. B. Erfindung von Scheinbedürfnissen, seiner Ökonomisierung (Rationalisierung und Rationierung) und der Qualitätskontrolle persönlicher Dienstleistungen konfrontiert.

Die wissenschaftlich induzierte und professionell angeleitete Sensibilisierung für Hilfebedürfnisse von Menschen, die im Prinzip nur auf dem Wege gesellschaftspolitischer Begründung und sozialstaatlicher Intervention befriedigt werden können, verleiht der Sozialpolitik eine neue Qualität als Gesellschaftspolitik, aber konfrontiert das „sozialpolitische Denken" mit einer unerwarteten Dynamik (Kaufmann 2003). Beides, die wertrationale Begründung der Gesellschaftspolitik (Weisser 1969; Stelzig 1977) ebenso wie die politische Bewältigung ihrer Folgeprobleme, erfordert allerdings einen ordnungspolitischen Rahmen, ohne den jede Sozialreform zum Scheitern verurteilt ist (Ferber 2006).

Eingeleitet wird in der Bundesrepublik der Ausbau der Dienstleistungsstrategie durch die Sozialenquete (1966), hier insbesondere der Beitrag von Hans Achinger (1966) und die erste Gesundheitsreform von 1969–1976 (Gesundheitsbericht 1971). Diese überträgt die finanzielle Verantwortung für große Teile des Gesundheitswesens der Sozialversicherung. Der Gesundheitsreform folgen die Gesetze zur Rehabilitation sowie die Kodifizierung des Sozialgesetzbuches. Diese Reformschritte lösen eine nicht abreißende Folge von Gesetzen zur „Weiterentwicklung" der Sozialversicherung und ihrer Lösungskapazität für die „Dienstleistungsstrategie" aus. Nicht nur das Aushandeln der Preise für die Dienstleistungen, sondern vor allem die Gewährleistung von deren Qualität und Wirtschaftlichkeit stellen hohe, z. T. noch unbewältigte Anforderungen an die öffentlichen Träger aus der Sozialversicherung und den Gebietskörperschaften.

3 Gesellschaftspolitische Probleme der Sozialen Sicherung

Rückblickend – von den derzeit aktuellen Problemen der Gesundheitsreform aus gesehen – leiteten die politischen Entscheidungen Anfang der 1970er Jahre eine ständige Überforderung der Sozialversicherung ein. In Verkennung eines seinem Inhalt nach gesellschaftspolitischen Vorhabens handelten die verantwortlichen Politiker im Glauben, die Gesundheitsreform ließe sich noch im Bezugsrahmen einer Organisation der Sozialpolitik aus der Zeit der Weimarer Republik als eine „Weiterentwicklung der gesetzlichen Krankenversicherung" verwirklichen.

Die Gestaltung der sozialen Sicherungssysteme, ihre Finanzierung und die Risiken ihrer Verselbstständigung gegenüber den von ihnen deklarierten Zielen sowie die Beantwortung der Frage nach der Wirksamkeit und Wirtschaftlichkeit ihrer Maßnahmen und Leistungen werden zu einem neuen, bisher vernachlässigten Problem, einer „Sozialpolitik zweiter Ordnung" (Kaufmann 1998) oder wie Hans Achinger es genannt hat, als er seine Erfahrungen mit der „Neuordnung sozialer Leistungen" nach dem Zusammenbruch der NS Diktatur in der Bundesrepublik auswertete: „Sozialpolitik als Gesellschaftspolitik" (1958). Diese programmatische Schrift steht am Anfang einer Suche nach dem ordnungspolitischen Rahmen (Weisser 1956; 1978; Stelzig 1977) für eine dauerhafte Lösung der durch die Sozialpolitik ausgelösten Dynamik.

Die Suche nach einem ordnungspolitischen Rahmen für die Fundierung der Gesellschaftspolitik oder – bescheidener im Hinblick auf die aktuelle Aufgabe dieser Übersicht formuliert – nach einem theoretischen Bezugsrahmen wird in Deutschland durch historisch bedingte und heute überwiegend nur noch aus der politischen Situation heraus verständliche Entscheidungen erschwert. Es konkurrieren zwei historisch gewachsene Dienstleistungssysteme, deren gesellschaftspolitisch notwendige Integration bisher gescheitert ist.

Hilfesysteme zum Ausgleich und zur Vermeidung gesellschaftlicher Benachteiligungen infolge wirtschaftlicher Armut, Behinderungen und Diskriminierungen, aber auch Erleichterungen im Zugang zu medizinischen und pflegerischen Diensten oder zu Bildungseinrichtungen entstanden primär auf kommunaler Ebene (Mosse & Tugendreich 1913; Evans 1990; Witzler 1995). Im Zuge der durch die Industrialisierung verstärkten Urbanisierung der Lebensweise entwickelte sich Hilfsbedürftigkeit als Risiko abhängiger Erwerbsarbeit und marktwirtschaftlicher Versorgung. Die Standardrisiken abhängiger Erwerbsarbeit wie Arbeitsunfall, krankheits- und altersbedingte Arbeitsunfähigkeit, konjunkturabhängige Arbeitslosigkeit einerseits und Verlust von Ressourcen der Selbsthilfe und Selbstversorgung andererseits wurden als volkswirtschaftliche Risiken über nationale Einrichtungen wie Sozialversicherungen aufgefangen. Mit der stetigen Zunahme abhängiger Arbeit und urbaner Lebensverhältnisse gewannen diese, zunächst für sozial schwache Personenkreise gedachten Einrichtungen eine überragende Bedeutung für die soziale Sicherung der Bevölkerung, sie spiegelt sich bereits in den Finanzhaushalten und in dem Spektrum der von ihnen finanzierten Leistungen wider. Eine Integration mit den gemeindlich organisierten Hilfesystemen gelang aus den verschiedensten Gründen bisher nicht.

Zu den Gründen des Misslingens zählen neben dem föderalen Aufbau der Bundesrepublik und der damit verbundenen Randstellung der Gemeinden die Beharrungskraft großer Institutionen sowie die Existenzinteressen starker Professionen unter den dienstleistenden Berufen und nicht zuletzt auch die ideologische Abgrenzung gegenüber den so-

zialistischen Staaten und den staatlichen Gesundheitsdiensten West- und Nordeuropas (Beveridge Report 1942). Statt Integration der Hilfesysteme mit einer für den Bürger transparenten Verantwortlichkeit erwartet den praktisch oder theoretisch interessierten Bürger eine Vielzahl miteinander konkurrierender Einrichtungen und Berufe. Deren Gliederungssystematik erschließt sich ihm auf praktischer Ebene durch Trial and Error und unter theoretischem Interesse allein über die Soziogenese der Institutionen. Diese Kontingenz im System der sozialen Sicherung gilt es, bei anstehenden Entscheidungen zu bedenken. So werfen Strukturentscheidungen wie die langfristige Finanzierung der gesetzlichen Kranken- und Pflegeversicherung oder die Neuordnung der Prävention durch ein Bundesgesetz, aber auch die Mitbeteiligung der Patienten und Bürger an Entscheidungen im Gesundheitswesen schier unlösbare Probleme auf. „Unlösbare Probleme" aber verführen Entscheidungsträger zum Hasard und zur Suche nach dem kleinstmöglichen politischen Risiko.

Der Rückblick auf die Herleitung des Begriffs „Gesellschaftspolitik" aus der Sozialgeschichte der Wirtschaftsgesellschaft ist zugleich zur Unterscheidung von Begriffsprägungen unverzichtbar, wie sie im früheren sowjetischen Herrschaftsbereich, insbesondere in der DDR, in ideologischer Abgrenzung vom westeuropäischen Sozialstaatsmodell in Umlauf waren. Eine sozialistische Diktatur kann ihre i.e.S. sozialpolitischen Maßnahmen aus dem umfassenden Herrschaftsanspruch einer Einheitspartei als Gesellschaftspolitik legitimieren. Der Gesellschaftsprozess wird für das Handeln der politisch Verantwortlichen nicht als ein kontingenter und daher im Blick auf die Zukunft offener Vorgang interpretiert, sondern er wird als in seinem zielgerichteten Verlauf gesetzlich festgelegt und in diesem Rahmen als politisch verfügbar gedeutet. Demgegenüber ist der Anspruch der sozialpolitischen Ideen und Reformen bescheidener, die sich in den zentral- und westeuropäischen Gesellschaften als „Gesellschaftspolitik" verstehen und den jeweils gesetzten Rahmen sozialpolitischen Handelns überschreiten. Ihr Anspruch zielt auf eine politische Abwägung mit Zielen, die mit den aktuell von der Sozialpolitik verfolgten konkurrieren, gleich ob diese Ziele zu den ausdrücklich genannten zählen oder den unbeabsichtigten oder unvermeidlichen Nebenfolgen zuzurechnen sind. Zur Klärung und Eingrenzung des Begriffs „Gesellschaftspolitik" trägt daher seine ordnungspolitische Einordnung in Verbindung mit der Sozialpolitik wesentlich bei.

4 Ordnungspolitische Einordnung – Ein Versuch

Seit Hans Achinger (1958) und Elisabeth Liefmann-Keil (1961) dient die Verwendung der Bezeichnung „Gesellschaftspolitik" vornehmlich dazu, die Wirkungen der Systeme sozialer Sicherung auf die Finanzwirtschaft, auf das Arbeits- und Konsumverhalten der Bevölkerung und deren Deutungsmuster zu analysieren. Bei der Verfolgung sozialpolitischer Ziele stellen diese Wirkungen unbeabsichtigte, in der Regel unerwünschte Nebenwirkungen dar. Gegenstand der Analyse sind die gesellschaftlichen Veränderungen, die durch sozialpolitisches Handeln ausgelöst oder verstärkt, aber auch gegen politische Interventionen resistent werden. Besonderes Augenmerk richtet sich dabei auf die unbeabsichtigten Folgen der Organisationsformen, mit denen sich sozialpolitisches Handeln auf Dauer stellt. Hier, wie aber auch bereits bei der Gründung sozialer Sicherungssysteme dient die Bezeichnung „Gesellschaftspolitik" der Kritik des bestehenden Zustandes und – unter einer für den von der Sozialpolitik ausgelösten Gesellschaftsprozess funktionalen Betrachtungsweise – als Sammelbegriff für Reformen. Unter dieser Absicht wird Gesellschaftspolitik dann auch als Synonym für „Sozial- oder Wohlfahrtsstaat" verwendet (Kaufmann 2003).

Als ein Sammelbegriff für Empfehlungen oder Forderungen von Veränderungen sozialpolitischen Handelns ist die Verwendung des Begriffs „Gesellschaftspolitik" weder frei von Willkür noch ist er wissenschaftlich unstrittig (Albrecht 1959; Stelzig 1977; Kaufmann 2003). Für seine begriffliche Klärung und Eingrenzung ist daher mehr gefordert als Hinweise auf seine pragmatische Nützlichkeit oder seine vielseitigen Verwendungsmöglichkeiten, um unbeabsichtigte Nebenfolgen sozialpolitischen Handelns bloßzustellen. Auch muss Gesellschaftspolitik als ein in kritischer Absicht grenzüberschreitender Komplementärbegriff zur Sozialpolitik und zu diesen benachbarter Politiken sich wie diese mit der Beziehung legitimieren, in der Politiken zur Gesellschaftsordnung stehen.

Für eine ordnungspolitische Einordnung der Gesellschaftspolitik ist ein Bezug auf Rawls „Gerechtigkeit als Fairness" (2003) aus den folgenden Gründen besonders geeignet (Ferber 2006) und zum Verständnis seiner Anwendung hilfreich.

a) In ständiger Auseinandersetzung mit der Idee wirtschaftlicher, insbesondere unternehmerischer, aber auch wissenschaftlicher Freiheit, wie sie den kapitalistischen und marktwirtschaftlich organisierten Gesellschaftssystemen inhärent ist, war Sozialpolitik von ihren Ursprüngen auf die Verwirklichung sozialer Gerechtigkeit gerichtet. Sozialpolitik entwickelte sich zum Anwalt konkurrierender Werte wie z. B. Schutz der Arbeit und nachhaltige Sicherung des Arbeitseinkommens, Erhaltung und Wiederherstellung der Gesundheit, Gewährleistung der Selbstbestimmung (gerade auch in Grenzsituationen wie Behinderung und Pflegebedürftigkeit). In sozialethischer Perspektive bildet Sozialpolitik einen unentbehrlichen, wenn auch nur einen Teil der Antworten auf die Herausforderungen durch die umfassende gesellschaftliche Transformation, die durch Aufklärung und Säkularisierung, Industrialisierung und Kommerzialisierung, Verwissenschaftlichung und Technisierung beschrieben und als fortschreitende Rationalisierung der Werte und der Zweck-Mittel-Beziehungen von Max Weber (2008) auch begrifflich zu fassen versucht wurde. In Anerkennung dieses historischen Wandels, der eine neue Epoche der Gesellschaftsgeschichte eingeleitet hat, begründet Rawls seine Theorie der Gerechtigkeit nicht universalistisch, sondern auf den „Grundideen westeuropäischer demokratischer Gesellschaften". Zu diesen Grundideen zählen nicht nur die Bürgerrechte, sondern auch die Verantwortung eines jeden für die Existenzgrundlagen der Kooperation im Rahmen der Vergesellschaftung. Für Rawls' Theorie der Sozialen Gerechtigkeit sind die Aufklärung, die Französische Revolution, die Industrialisierung, Kapitalismus und Sozialismus gleichermaßen wichtig, weil sie den Boden für die in den westeuropäischen demokratischen Gesellschaften wirksamen Grundideen Freiheit, Gleichheit und Solidarität (im Sinne einer nachhaltigen Zusammenarbeit) bereiteten. Seine Theorie und die Sozialpolitik beziehen sich beide auf den gleichen historischen Gesellschaftsprozess in Zentral- und Westeuropa – gleich wie wir Sozialpolitik interpretieren: als „Sozialpolitisches Denken" (Kaufmann 2003), als „Gesellschaftspolitik" (Achinger 1958; Weisser 1978) oder pragmatisch als politisches Handeln in den sozialpolitischen Institutionen.

b) Zu den grundlegenden Werten, die in diesem Gesellschaftsprozess – verstanden als dokumentierte und unter Bezugnahme auf eben diese Werte gedeutete Geschichte –, entstehen und wirksam werden, rechnet Rawls
– „die Vorstellung von der Gesellschaft als einem fairen und langfristig von einer Generation zur späteren fortwirkenden System der sozialen Kooperation", diese Kooperation bezieht sich auf die Verwendung der Ressourcen wie auf die Verteilung der Ergebnisse,

– „die Idee der Bürger als freier und gleicher Personen",
– „die Idee einer Gesellschaft, die durch eine öffentliche Gerechtigkeitskonzeption wirksam geregelt ist" (Rawls 2003, 25). Zu dieser Konzeption tragen sozialpolitische Gesetze, in Deutschland in bewusster Abhebung vom Bürgerlichen Gesetzbuch (BGB) als Sozialgesetzbuch (SGB) kodifiziert, wesentlich bei.

c) Der Bezug auf die von Rawls aus der westeuropäischen Geschichte hergeleiteten Grundwerte ist für die Entwicklung der Sozialpolitik zur Gesellschaftspolitik grundlegend. Zur Erläuterung werden an dieser Stelle einige Beispiele genannt, an denen die Wertorientierung sozialpolitischer Interventionen deutlich wird:
– die Gefährdung „der Generationen übergreifenden sozialen Kooperation" infolge Armut, Diskriminierung und Ausgrenzung, (Einschränkung der Bürgerrechte), aber auch durch einen unrationellen Einsatz oder durch Verschwendung von Ressourcen (Verantwortungslosigkeit in Bezug auf die soziale Kooperation); beide fordern die Berücksichtigung konkurrierender Werte heraus,
– der mit einer ökonomisch motivierten „dynamischen Rentenanpassung" entstehende „Generationenkonflikt", dieser fordert die „Verteilungsgerechtigkeit" unter den Generationen ein,
– die Verletzung des Gleichheitsgrundsatzes im Umgang mit behinderten Menschen, politisch aktualisiert in der „Bundesvereinigung Lebenshilfe", in der Psychiatrie-Enquete (Deutscher Bundestag 1975) oder in der Einforderung einer geriatrischen Versorgung (z. B. Hoffmann & Tamayo-Korte 2005); eine wertebezogene Antwort darauf ist die Orientierung am Normalisierungsprinzip (Thimm 1995; Thimm et al. 1985),
– die Verletzung des Freiheitspostulats in der Verwahrung in Anstalten, sie führt zu einer Bewegung der „Ent-Institutionalisierung",

– der Verstoß gegen die Geltung der öffentlichen Gerechtigkeitskonzeption durch Willkür, Machtmissbrauch oder Verfahrensdauer in der Sozialgerichtsbarkeit, aber auch durch die „Herrschaft der Verbände" (Achinger 1958). Eine politische Antwort lautet: „Mehr Demokratie wagen!"

d) Indem Gesellschaftspolitik konkurrierende Ziele zu den von der Sozialpolitik aktuell verfolgten öffentlich vertritt, fordert sie die politisch Handelnden zu einer Abwägung von Werten und zu einer Neubewertung des Einsatzes der gesellschaftlichen Ressourcen für politische Zwecke heraus. Eine solche politische Abwägung verspricht allerdings nur unter entsprechenden Rahmenbedingungen Erfolg. Die Gewährleistung von Rahmenbedingungen für politische Entscheidungen, die eine Abwägung unter konkurrierenden Werten und der in ihrem Namen beanspruchten Ressourcen erfordert, bildet das Kernstück jeder „Strukturreform". Nur auf diese Weise kann Gesellschaftspolitik ihrer Aufgabe gerecht werden, die gesellschaftliche Verantwortung ressortgebundenen politischen Handelns wieder herzustellen (Ferber 2006). Ziel- und wertebezogen verändert gesellschaftspolitische Verantwortung die Zuständigkeiten von Ressorts und Institutionen für den Einsatz von Ressourcen. Daran wird ihre grenzenüberschreitende Funktion sichtbar. Zur Veranschaulichung sei an dieser Stelle auf das Konzept der Normalisierung (Thimm 1985; 1995; Beck et al. 1996) oder auf Leitvorstellungen wie „umfassende Rehabilitation", „Gesundheitspolitik als Querschnittspolitik" oder „gesundheitspolitische Gesamtverantwortung" (Müller & Schuntermann 1992) hingewiesen.

5 Warum ist ein sozialethischer Bezugsrahmen für gesellschaftspolitisch motivierte Dienstleistungen wichtig?

In seinem Gebrauch beschränkt sich „Gesellschaftspolitik" nicht auf seine Funktion im Rahmen wissenschaftsinterner Begriffsbildung. Er dient zugleich der Politik als ein Sammelbegriff für Antworten auf die Herausforderungen, vor die sich die west- und zentraleuropäischen Gesellschaften und die von ihnen beeinflussten Kulturen durch einen umfassenden Transformationsprozess gestellt sehen. Dienstleistungen mit gesellschaftspolitischen Zielsetzungen sind jedoch nicht allein Maßnahmen zur Bewältigung der Folgen des sozialen Wandels, einschließlich des mit diesem einhergehenden Wertewandels, sondern sie sind selber diesem Wandel unterworfen. Auch sie müssen sich der Säkularisierung und Rationalisierung, der Ökonomisierung und Kommerzialisierung, der Verwissenschaftlichung und Technisierung, der Professionalisierung und Bürokratisierung und damit einem Wertewandel und der Konkurrenz mit anderen gesellschaftlichen Werten stellen.

Hilfen für gesundheitlich, wirtschaftlich, sozial oder kulturell ausgegrenzte oder benachteiligte Menschen blicken auf eine mehr als zweitausendjährige Tradition zurück. Der Gesellschaftsform entsprechend waren diese Hilfen gemeindlich organisiert, in ihrem Sinnverständnis religiös bzw. karitativ motiviert und beruhten im Wissen und in der praktischen Kompetenz auf tradierter Erfahrung. Dementsprechend begrenzte sich ihr Anspruch darauf, Hilfe für bescheidene Segmente aus der Bevölkerung zu leisten.

Umfassende, nach dem Gleichheitsprinzip die gesamte Bevölkerung unterschiedslos einbeziehende Hilfesysteme stellen dagegen neue Anforderungen an Grundlagen und Verbreitung des Wissens, an die Organisationsformen, die Kompetenz der helfenden Berufe und deren Motivation und – nicht zuletzt – an die Gestaltung der Beziehungen zwischen Dienstleistenden und ihren Klienten.

Dieser über Jahrzehnte sich vollziehende und keineswegs abgeschlossene Strukturwandel der Hilfesysteme steht unter dem Leitgedanken, dass soziale Gerechtigkeit durch eine gesellschaftspolitische Beeinflussung in der Gewinnung und Verteilung der Ressourcen verwirklicht werden kann, die der Gesellschaft jeweils zur Verfügung gestellt werden können. Gesellschaftspolitisch motivierte Vorhaben stellen dieses Axiom in der Regel nicht in Frage. Selbst Versuche angesichts begrenzter Ressourcen über eine Priorisierung von Vorhaben nachzudenken (z. B. ZEKO 2000), finden ungeachtet der Rationalität ihrer Begründung nicht die ihnen zukommende Beachtung. Unabhängig davon wäre es jedoch sozialwissenschaftlich unredlich, den Gebrauch von „Gesellschaftspolitik" entweder auf seine wissenschaftsinterne Ordnungsfunktion zu reduzieren oder ihn unter Verzicht auf methodische Ansprüche an die Begriffsbildung für die politische Legitimation partikularer Interessen zu reservieren bzw. mit diesem Argument die stereotypen Klagen über „Ökonomisierung", „Rationierung" und Kontrolle der Qualität zu begründen. Vielmehr gilt es, sich auf der Grundlage eines wertrationalen Bezugsrahmens, wie ihn Rawls entwickelt hat, der Konkurrenz der Werte und den geltenden Standards im Umgang mit gesellschaftlichen Ressourcen zu stellen.

6 Überfordert „Gesellschaftspolitik" die Sozialwissenschaften? – Ein Resümee

Das Ergebnis der Analyse ist ernüchternd. Eine Wortschöpfung der politischen Umgangssprache, ein Schlüsselbegriff politischer Programmatik wird von der Begriffsarbeit der Sozialwissenschaften überwiegend als un-

brauchbar, weil strittig und undefinierbar im „Papierkorb" abgelegt. Kein Zweifel, die Vielfalt disparater „gesellschaftspolitischer" Inhalte wirkt abschreckend, der Verdacht einer Beliebigkeit widerspricht wissenschaftlich geforderter Eindeutigkeit. Dennoch weisen sich „gesellschaftspolitisch" und „Gesellschaftspolitik" in der Selbstverständlichkeit ihrer Verwendung als eine „soziale Tatsache" und damit als ein legitimer Gegenstand der Sozialwissenschaften aus. Als „soziale Tatsache" sind „gesellschaftspolitisch" und „Gesellschaftspolitik" das Signum der Politik in einer freiheitlichen Gesellschaft, die sich der „Diktatur der falsch gewordenen Worte" (Plessner 1966, 54) verweigert und den Gesellschaftsprozess als ein kontingentes Geschehen akzeptiert, d. h. sich der politischen Verantwortung für seine Folgen, aktuell der Globalisierung stellt.

Literatur

Achinger, Hans (1958): Sozialpolitik als Gesellschaftspolitik. Hamburg. Wieder aufgelegt und erweitert in: Schriften des Deutschen Vereins für Öffentliche und Private Fürsorge Nr. 249 (1979)

Achinger, Hans (1966): Sicherung bei langfristigen Leiden und Gebrechen durch medizinische und soziale Maßnahmen und Einkommenshilfen. In: Sozialenquete, 261–302

Albrecht, Gerhard (1959): Bemerkungen zu einer neuen Theorie der Sozialpolitik. In: Jahrbuch für Nationalökonomie und Statistik 171, 352–371

Allmendinger, Jutta & Ludwig-Mayerhofer, Wolfgang (Hrsg.) (2000): Soziologie des Sozialstaates, Gesellschaftliche Grundlagen, historische Zusammenhänge und aktuelle Entwicklungstendenzen, München

Badura, Bernhard & Gross, Peter (1976): Sozialpolitische Perspektiven. Eine Einführung in Grundlagen und Probleme sozialer Dienstleistungen. München

Beck, Iris et al. (Hrsg.) (1996): Normalisierung: Behindertenpädagogische und sozialpolitische Perspektiven eines Reformkonzeptes. Heidelberg

Bernstein, Eduard (1969): Die Voraussetzungen des Sozialismus und die Aufgaben der Sozialdemokratie (1894). Herausgegeben von Günther Hillmann. Reinbek

Beveridge Report: siehe Social Insurance and Allied Services

Bundesministerium für Arbeit und Sozialordnung und Bundesarchiv (2001): Geschichte der Sozialpolitik in Deutschland seit 1945. 3 Bände. Baden-Baden

Bundesministerium für Jugend, Familie und Gesundheit (1971): Gesundheitsbericht. Stuttgart

Deutscher Bundestag 7. Wahlperiode (1975): Bericht über die Lage der Psychiatrie in der Bundesrepublik Deutschland – Zur psychiatrischen und psychotherapeutisch/psychosomatischen Versorgung der Bevölkerung – Drucksache 7/4200. Bonn

Evans, Richard J. (1990): Tod in Hamburg. Stadt, Gesellschaft und Politik in den Cholera-Jahren 1830–1910. Reinbek

Ferber, Christian von (2001): Kommunales Gesundheitswesen – eine historische Erinnerung oder ein zukunftsfähiges Konzept? In: Das Gesundheitswesen. 651–657

Ferber, Christian von (2006): Das Gesundheitswesen – ein neuer Hoffnungsträger für Soziale Gerechtigkeit? In: Hey, Monika & Maschewsky-Schneider, Ulrike (Hrsg.): Kursbuch Versorgungsforschung. Berlin

Fourastié, Jean (1969): Die große Hoffnung des Zwanzigsten Jahrhunderts. Köln (Originaltitel: Le grand espoir du 20e siécle 1949)

Gurlit, Elke (2005): Die Reform der Rentenversicherung im Lichte der Eigentumsgarantie des Artikels 14 Grundgesetz. In: VSSR 1, 45–73

Heimann, Eduard (1929): Soziale Theorie des Kapitalismus – Theorie der Sozialpolitik. Tübingen. Unveränderter Nachdruck mit einem Vorwort von Bernhard Badura. Frankfurt a. M. 1980

Hobsbawm, Eric (1995): Das Zeitalter der Extreme. Weltgeschichte des 20. Jahrhunderts. München

Hoffmann, Peter Michael & Tamayo-Korte, Miguel (2005): Rechtliche Betreuung im Alter. Köln

Kaufmann, Franz Xaver (1973): Sicherheit als soziologisches und sozialpolitisches Problem: Untersuchungen zu einer Wertidee hochdifferenzierter Gesellschaften. Stuttgart

Kaufmann, Franz Xaver (1998): Der Sozialstaat als Prozess – für eine Sozialpolitik zweiter Ordnung. In: Ruland, Franz (Hrsg.): Verfassung, Theorie und Praxis des Sozialstaats, Heidelberg, 30–7322

Kaufmann, Franz Xaver (2003): Sozialpolitisches Denken: Die deutsche Tradition. Frankfurt a. M.

Liefmann-Keil, Elisabeth (1961): Ökonomische Theorie der Sozialpolitik. Berlin

Manz, Günter & Winkler, Gunnar (Hrsg.) (2002): Sozialpolitik in der DDR. Ziele und Wirklichkeit. Berlin

Mosse, Max & Tugendreich, Gustav (Hrsg.) (1913): Krankheit und Soziale Lage. München. Neuauflage 1994, Göttingen

Müller, Rainer & Schuntermann, Michael F. (Hrsg.) (1992): Sozialpolitik als Gestaltungsauftrag. Zum Gedenken an Alfred Schmidt. Köln

Plessner, Helmuth (1966): Der Weg der Soziologie in Deutschland. In: Plessner, Helmuth: Diesseits der Utopie. Ausgewählte Beiträge zur Kultursoziologie. Düsseldorf, 36–54

Rawls, John (1975): Eine Theorie der Gerechtigkeit. Frankfurt. Originalausgabe 1971

Rawls John (2003): Gerechtigkeit als Fairness. Frankfurt. Originalausgabe 2001

Social Insurance and Allied Services (1942): Report by Sir William Beveridge. London

Sozialenquete (1966): Soziale Sicherung in der Bundesrepublik Deutschland. Bericht der Sozialenquete-Kommission. Walter Bogs, Hans Achinger, Helmut Meinhold, Ludwig Neundörfer, Wilfrid Schreiber. Stuttgart

Stelzig, Thorhild (1977): Gerhard Weissers Konzept einer normativen Sozialwissenschaft. In: Ferber, Christian von & Kaufmann, Franz Xaver (Hrsg.): Soziologie und Sozialpolitik. Kölner Zeitschrift für Soziologie und Sozialpsychologie. Sonderheft 19, 260–289

Thimm, Walter et al. (1985): Ein Leben so normal wie möglich führen … Zum Normalisierungskonzept in der Bundesrepublik Deutschland und in Dänemark. Große Schriftenreihe der Bundesvereinigung Lebenshilfe Band 11. Marburg

Thimm, Walter (1995) Das Normalisierungsprinzip – eine Einführung. Kleine Schriftenreihe der Bundesvereinigung Lebenshilfe. Bd. 5 Marburg

Weisser, Gerhard (1956): „Soziale Sicherheit". In: Handwörterbuch der Sozialwissenschaften. Bd. 9. Göttingen, 396 ff.

Weisser, Gerhard (1969): Gesellschaftspolitik. Der Beitrag der Wissenschaft zu gesellschaftspolitischen Konzeptionen. In: Der Ministerpräsident des Landes Nordrhein-Westfalen – Landesamt für Forschung – Jahrbuch 1969. Köln und Opladen, S. 747–777.

Weisser, Gerhard (1978): Beiträge zur Sozialpolitik, Göttingen

Weber, Max (2008): Wirtschaft und Gesellschaft (Studienausgabe). Tübingen

Witzler, B. (1995): Großstadt und Hygiene. Jahrbuch des Instituts für Geschichte der Medizin der Robert Bosch Stiftung, Beiheft 5. Stuttgart

ZEKO (Zentrale Ethik Kommission) (2000): Prioritäten in der medizinischen Versorgung im System der Gesetzlichen Krankenversicherung (GKV): Müssen und können wir uns entscheiden? In: Deutsches Ärzteblatt, 97. Jg., Heft 15 A, 1017–1023

Politische und soziale Partizipation

Jan Weisser

Einleitung

Partizipation (syn.: Beteiligung, Teilhabe) bedeutet Teilhabe und Mitgestaltung am gesellschaftlichen Zusammenleben. Politische Partizipation meint die Teilhabe an der öffentlichen Meinungsbildung und den Institutionen des politischen Lebens wie z. B. dem Parlament, Parteien oder den Regierungen auf allen Ebenen der staatlichen Organisation. Soziale Partizipation meint die Beteiligung an den unterschiedlichsten Formen der Vergesellschaftung wie z. B. Vereinen, Freizeit- und Kulturanlässen, Medienkommunikation, Konsum, aber auch spezifischer in Bezug auf Bildung oder Arbeit und Beschäftigung. Zur Systematisierung der Vielfalt an Formen der Partizipation haben sich in der politikwissenschaftlichen Literatur die folgenden Unterscheidungen durchgesetzt. In demokratietheoretischer Hinsicht wird zwischen repräsentativ-demokratischen (z. B. über die Ausübung des Wahlrechts) und direkt-demokratischen (z. B. Referendums- und Initiativrecht) Partizipationsformen differenziert. Mit Bezug auf den Grad der verfassungsmäßigen oder gesetzlichen Verankerung unterscheidet man verfasste, d. h. institutionell klar definierte (z. B. Ausübung von Bürgerrechten) von unverfassten Partizipationsformen, d. h. spontanen oder geplanten Aktionen außerhalb der politischen Institutionen im engen Sinne (z. B. öffentliche Kundgebung). Innerhalb der unverfassten Partizipationsformen wird nochmals unterschieden zwischen legalen (z. B. öffentliche Kundgebung) und illegalen (z. B. verbotene Demonstration, wilder Streik) Partizipationsformen und danach, ob sie mit der Anwendung von Gewalt verbunden sind oder nicht. Nach dem Grad ihrer öffentlichen Anerkennung differenziert man zudem zwischen konventionellen, d. h. gebräuchlichen und unkonventionellen, d. h. überraschenden und eher auf Widerstand stoßenden Partizipationsformen (vgl. Hoecker 2006). Im Bereich der Kinder- und Jugendarbeit respektive der sozialen Hilfe spielt die graduelle Unterscheidung unterschiedlich intensiver Partizipationsformen eine zentrale Rolle, bisweilen auch eine Unterscheidung zwischen „echten" und „unechten", d. h. „Quasi"-Partizipationsformen. Im Arbeitsrecht spricht man von Mitbestimmung und meint damit institutionalisierte Formen der Beteiligung von Arbeitnehmerinnen und Arbeitnehmern an betrieblichen Entscheidungen.

Nachfolgend wird der politische Theorierahmen von Partizipation dargestellt, die gesellschaftlichen Probleme und Kontexte sowie die zentralen Erkenntnisse der Partizipationsforschung mit Bezug auf Behinderung werden referiert und es wird eine erziehungswissenschaftliche Standortbestimmung vorgenommen.

1 Zur Gegenstandsgeschichte: Politische Theorie der Partizipation

Die Idee der Partizipation und ihrer Formen ist eng verknüpft mit den politischen Theoriepositionen, die in demokratisch verfassten, gesellschaftlichen Auseinandersetzungen verfügbar und wirksam sind. Was als ein partizipatives Vorgehen, Verhalten oder Gemeinwesen im Unterschied zu einem nicht partizipativen gilt, gehört mithin zu den umkämpften Streitgegenständen. Wie andere Kategorien, die auf eine Veränderung der Art und Weise des menschlichen Zusammenlebens zielen, kommt auch dem Begriff der Partizipation gleichzeitig ein Reflexions- *und* ein Reformwert zu. Als Reflexionswert signalisiert der Begriff der Partizipation ein Problem. Es geht hier darum, empirische Verhältnisse aktueller Beteiligungsformen zu beschreiben. In diese Form der empirischen Aufarbeitung gehen bereits mögliche Problemlösungen ein, d.h., dem Begriff kommt zugleich ein Reformwert zu, der auf konkrete Änderungen von Praxen zielt. Der Begriff der Partizipation operiert diskursiv in dieser Doppelform, und er erbringt *stets und zugleich* eine analytische und eine normative Leistung – was eine besondere Schwierigkeit für die Wissenschaften von den menschlichen Praxen (so namentlich die Politik-, Erziehungs-, Pflege- und Sozialarbeitswissenschaft) darstellt. Jede Behandlung der Frage der Partizipation wird damit zu einer Interpunktion in der diskursiven Konstitution des Gegenstandes selbst.

In Bezug auf die Theorie der Partizipation sind die am weitesten entwickelten Konzepte im Kontext politischer Theorie seit Mitte der 1960er Jahre entstanden. Ihre Voraussetzung war der normative Vorrang der Demokratie in den internationalen Diskursen, wozu es im Standardwerk von *Klaus von Beyme* heißt: „Der Demokratiebegriff entwickelte mehr und mehr die Tendenz, synonym mit allem Guten, Schönen und Wahren in der Gesellschaft zu werden" (Beyme 2006, 234). Man unterscheidet zwei Grundpositionen, mit denen jeweils unterschiedliche Gewichtungen und Einstellungen verbunden sind: einerseits ein formales oder instrumentelles und andererseits ein materiales oder aktives Partizipationsverständnis.

1.1 Instrumentelles Partizipationsverständnis

1970 legte *Carole Pateman*, eine britische, seit 1990 in den USA lehrende Vertreterin feministischer und politischer Theorie, ihr Standwerk über *Partizipation und demokratische Theo-*rie vor, in welchem sie ältere und zeitgenössische Werke zur Demokratietheorie in Bezug auf die Frage der Partizipation analysiert. Sie kommt zu dem Schluss, dass partizipatorische Elemente in der Gegenwart des abendländischen politischen Denkens nur sehr eingeschränkt vertreten worden sind – eine Kritik, die *Benjamin R. Barber* in den 1980er Jahren wiederholen wird (vgl. unten) – und dass der Mainstream auch in der empirischen Politikwissenschaft einem liberal-individualistischen Modell von Demokratie folgte. Dafür stehen in erster Linie die Arbeiten von *Joseph Alois Schumpeter* (1883–1950), namentlich dessen breit rezipiertes Werk über *Kapitalismus, Sozialismus und Demokratie* (erschienen in den USA 1942, auf deutsch 1946), auf dessen Diskussion Pateman Bezug nimmt. Schumpeter, ein in Österreich-Ungarn geborener, ab 1930 in Harvard lehrender Ökonom, vertritt eine dezidiert instrumentalistische Theorie der Demokratie. Er definiert sie wie folgt: „[D]ie demokratische Methode ist diejenige Ordnung der Institutionen zur Erreichung politischer Entscheidungen, bei welcher einzelne die Entscheidungsbefugnis vermittels eines Konkurrenzkampfs um die Stimmen des Volkes erwerben" (Schumpeter 2005, 428). Demokratie wird hier als politische Methode respektive als Set institutioneller Regelungen auf nationaler (respektive regionaler und/oder kommunaler) Ebene verstanden. Die Schlüsselkategorie ist der Wettbewerb von Eliten um die Wählerstimmen. Mit der Stimmabgabe ist der Ort der Partizipation definiert und zugleich *eingeschränkt* als egalitäre Einflussnahme auf die Wahl der Regierenden – alle Wahlberechtigten (und nur sie) haben je eine Stimme. In der Argumentation *für* diese instrumentell reduzierte Form der Partizipation (Pateman 1970, 13 ff.) spielt die Idee der Stabilität der Demokratie eine zentrale Rolle: Erweiterte Teilhabeformen würden die Ineffizienz und Irrationalität politischer Verhältnisse fördern; zudem zeige die Partizipationsforschung, dass eine Mehrheit kein Interesse an erweiterten Beteiligungsformen habe. Demokratie wird auf repräsentative Demokratie, Partizipation auf die Abgabe der Wählerstimme reduziert. Unter Rückgriff auf die Demokratietheorien bei *Jean-Jacques Rousseau* (1712–1778), *John Stuart Mill* (1806–1873) und *George Douglas Howard Cole* (1889–1959) kritisiert Pateman dieses instrumentelle, auf Sicherung der Herrschaft ausgerichtetes Partizipationsverständnis, indem sie die sozialen, kulturellen und ökonomischen Bedingungen von Demokratisierungsprozessen und partizipativem Verhalten analysiert (ebd., 22 ff.). Vor die Frage der Regierungsform stellt Pateman die Frage der Vergesellschaftungsform (ebd., 42 f.), d. h., sie verschränkt Fragen der politischen mit Fragen der sozialen Partizipation und kontextualisiert das Problem der Delegation von Entscheidungen an Entscheidungsträger: Demokratie, so Pateman, könne nur *durch* Demokratie gelernt werden, also durch aktive Partizipationsformen, welche die Bürgerinnen und Bürger nicht zu Zuschauenden eines Machtkampfes degradiert.

1.2 Aktives Partizipationsverständnis

Benjamin R. Barber, ein amerikanischer Politikwissenschafter schließt mit seiner Studie über *Starke Demokratie* (Strong Democracy, erstmals 1984, deutsch 1994) genau an diesem Punkt an. Die schwache („thin") Demokratie und ihre Vorstellung von Gleichheit karikiert er wie folgt: „The equality of thin democracy is the equality of boxers placed in common weight classes to ensure fair and equal competition" (Barber 2003, 78). Mit diesem Bild sind die zentralen Punkte der Kontroverse zwischen dem instrumentellen und dem aktiven Partizipationsverständnis genannt: Die Frage der Zulassung, die Form der Herrschaft [→ Macht, Herrschaft, Gewalt] und die gesellschaftlichen Bedingungen. Gegenüber einer (historisch) restriktiven Zulassungspolitik in Bezug auf Partizipationsmöglichkeiten – im Kern entlang der Kategorien Geschlecht, Herkunft und Behinderung – beginnt ein aktives Partizipationsverständnis nicht mit einem Katalog individueller Eigenschaften, sondern

mit der sozialen Herstellung des Menschen: „The theory of strong democracy [...] envisions politics not as a way of life but as a way of living – as, namely, the way that human beings with variable but malleable natures and with competing but overlapping interests can contrive to live together communally not only to their mutual advantage but also to the advantage of their mutuality" (ebd., 118). Die Folge davon ist, dass jede Beschränkung von Zugängen stets als gesellschaftliches Verhältnis verstanden werden kann, unabhängig vom gewählten Kriterium der Zugangsbeschränkung. Partizipationsmöglichkeiten hängen folglich davon ab, ob über bestehende Verhältnisse hinausgedacht werden kann oder nicht. In dem Sinne definiert Barber: „[P]articipation is a dynamic act of imagination that requires participants to change how they see the world" (136). In Bezug auf die Herrschaftsform steht nicht der Kampf zwischen führenden Eliten im Vordergrund, dem sich die Bürgerinnen und Bürger auf der einen oder anderen Seite anschließen können, sondern der grundlegende Konflikt zwischen Herrschenden und Beherrschten: „The only question is wether our politics can free us or will further enslave us" (ebd., 91). Erst mit diesem Perspektivenwechsel kann Herrschaft gleichermaßen als Problem „von oben" wie „von unten" begriffen werden, ein Verhältnis, das sich auch innerhalb der Gruppe der Herrschenden und der Beherrschten nachweisen lässt. Die Ausübung von Herrschaft ist im partizipatorischen Verständnis nicht eine Frage des Wettbewerbs, sondern eine der Gestaltung von Entscheidungszusammenhängen. Schließlich spielen im aktiven Partizipationsverständnis die gesellschaftlichen Bedingungen und die Effekte von Partizipation eine herausragende Rolle. Der Ausrichtung der gesellschaftlichen Verhältnisse auf einen Kampf der Eliten mit seinen Schichtungseffekten – wiederum ökonomisch, kulturell, sozial – steht Partizipation als Prozess gegenüber, der Transformation durch kooperative Lernprozesse und die Kritik von Schichtungseffekten anstrebt. Der Metapher vom Boxkampf steht jene der Reise gegenüber:

„Where democracy is end as well as means, its politics take on the sense of a journey in which the going is as important as the getting there and in which the relations among travelers are as vital as the destinations they may think they are seeking" (ebd., 120).

2 Zentrale Probleme, Erkenntnisse und Forschungsstand

2.1 Gesellschaft, Demokratie und Kapitalismus

Hinter den diskutierten Konzeptionen von Partizipation steht die Vorstellung, dass moderne Gesellschaften ohne Formen aktiver Beteiligung nicht funktionsfähig sind. Diese Vorstellung ist zugleich politisch wie ökonomisch begründet, wobei die Begründungsformen in komplexer Weise mit- und gegeneinander interagieren. In den ausgehenden 1960er Jahren war Partizipation ein kritisches Argument gegen bürokratische, hierarchische und selektierende politische und ökonomische Verfahrensweisen. Zunehmend wurde sie zum positiv bewerteten Reformargument, das seinen Bezug zur ursprünglichen Kritik in dem Maße verlor, wie die Idee demokratischer Transformation von Herrschaftsverhältnissen nach 1989 in der Idee der Marktwirtschaft aufzugehen begann – so als ob diese das Problem der Herrschaftsform erledigen würde. In ihrer Rekonstruktion der diskursiv verfassten politischen Ökonomie im letzten Drittel des 20. Jahrhunderts gehen *Luc Boltanski* und *Ève Chiapello* (2003) vom konfliktsoziologischen Konzept der Bewährungsprobe aus, die als Ereignis definiert ist, in dessen Verlauf sich verschiedene Einheiten miteinander messen (72). Eine legitime Bewährungsprobe ist ein Konflikt mit einem hohen Grad an öffentlicher Zustimmung. In ihr ist ein soziales Problem formuliert, das von unterschiedlichen Akteu-

ren bedient und versorgt wird und das umgekehrt die Akteure über die Architektur der Bewährung in spezifischer Weise konstelliert. Zu jedem Zeitpunkt sind Gesellschaften Bewährungsproben ausgesetzt, in denen ihre Grundlagen teilweise oder weitgehend neu verhandelt werden. Die Auseinandersetzungen um Inhalt und Umfang von Partizipation in den ausgehenden 1960er Jahren stellten eine solche Bewährungsprobe dar, in welcher es zugleich um die politischen und ökonomischen Verhältnisse innerhalb moderner (westlicher) Gesellschaften und zwischen diesen und den sozialistischen Ländern respektive den sog. Entwicklungsländern ging. Erst dieser globale Rahmen erklärt Bedeutung, Stellenwert und Verbreitungsgrad partizipatorischer Konzepte, die zeitgleich mit einem krisenhaften Übergang in der kapitalistischen Produktionsweise auftreten, der die *nachindustrielle Gesellschaft* hervorbringt, die Anfang der 1970er Jahre namentlich von *Alain Touraine* (Frankreich) und *Daniel Bell* (USA) beschrieben wurde.

Die nachindustrielle Gesellschaft ist gekennzeichnet durch eine nach wie vor starke Industrie, deren Produktion aber ständigen Innovationsschüben, Rationalisierungsstrategien, Produktivitätssteigerungen und flüchtigen Kapitalmärkten ausgesetzt ist. Dies wird durch eine Verlagerung von Arbeitsplätzen aus dem Industrie- in den Dienstleistungssektor erreicht, was auch eine Veränderung der Qualifikationsanforderungen und Arbeitsbedingungen sowie der betrieblichen Kulturen impliziert: Bürokratisch-stabile Produktionsweisen wandeln sich in flexibilisierte. *Richard Sennett* hat diese neue Struktur mit einem MP3-Player verglichen: „Der MP3-Player lässt sich so programmieren, dass er nur einige wenige Titel aus dem gespeicherten Repertoire abspielt. In ähnlicher Weise kann die flexible Organisation jederzeit unter zahlreichen möglichen Funktionen nur einige wenige auswählen, die sie dann ausführt" (Sennett 2005, 41). Auf diese Weise entsteht eine neue Geographie der Macht in den nachindustriellen Produktionsverhältnissen, die einerseits mehr Zentralisierung und wachsende Kontrolle bringt, andererseits aber flachere Interaktionsstrukturen und neue Formen von Partizipationsmöglichkeiten schafft. Mit den drei Bausteinen flexibler Produktion – (1) Reduktion, Aufstockung und aufgabenorientierte Einsatzplanung der Arbeitnehmerinnen und Arbeitnehmer, (2) die Abflachung von Hierarchien und (3) eine nichtlineare Prozessplanung (ebd., 43) – korrespondieren drei soziale Defizite – (1) geringere Loyalität der Belegschaft, (2) Schwächung des informellen Vertrauens und (3) Verringerung impliziten Wissens (ebd., 52 ff.). Globalisierung meint genau diesen Entbettungsprozess, welcher von einer uneingeschränkten Inwertsetzung (und als Folge davon Entwertung) nicht nur von Dingen, sondern auch von menschlichen Fähigkeiten und Voraussetzungen vorangetrieben wird. Die nachindustrielle Gesellschaft bezeichnet eine neue Ära in diesem historischen Prozess der modernen Ökonomie, den *Karl Marx* (1818–1883) und *Friedrich Engels* (1820–1895) im Kommunistischen Manifest von 1848 wie folgt beschrieben haben: „Die fortwährende Umwälzung der Produktion, die ununterbrochene Erschütterung aller gesellschaftlichen Zustände, die ewige Unsicherheit und Bewegung zeichnet die Bourgeois-Epoche vor allen früheren aus. Alle festen, eingerosteten Verhältnisse mit ihrem Gefolge von altehrwürdigen Vorstellungen und Anschauungen werden aufgelöst, alle neu gebildeten veralten, ehe sie verknöchern können. Alles Ständische und Stehende verdampft, alles Heilige wird entweiht, und die Menschen sind endlich gezwungen, ihre Lebensstellung, ihre gegenseitigen Beziehungen mit nüchternen Augen anzusehen" (Marx & Engels 1999, 23).

Demokratie und Kapitalismus sind folglich parallele Erscheinungen, die Erweiterung von Partizipationsformen ist sowohl Teil der politischen *wie* der ökonomischen Geschichte der Moderne (vgl. Claessens 1992). Insofern liegt auch kein Verfall der Idee der Partizipation vor, wenn neue Produktions- und Verwaltungsformen Partizipation als Faktor von Effizienz und Effektivität entdecken. Das

Problem der Partizipation wird nicht zwischen politischer und ökonomischer Steuerung ausgetragen, sondern überhaupt zwischen Steuerung und Nichtsteuerung, also als Frage nach den aktuellen Herrschaftsverhältnissen und konkret danach, *wer wie woran beteiligt ist und wie lange*. Die Partizipationsforschung hat immer wieder auf den engen Zusammenhang von sozialem Status und dem effektiven Partizipationsverhalten aufmerksam gemacht: Hohe Bereitschaft zur Beteiligung zeigen vor allem Personen mit einem hohen sozio-ökonomischen Status (Einkommen, formales Bildungsniveau, berufliche Stellung). Die Erklärung dafür liegt in den entsprechend vorhandenen Ressourcen (ökonomisches, soziales und kulturelles Kapital), Kontrolloptionen erkennen und wahrnehmen zu können. Nichtbeteiligung ist daher Ausdruck von in Art und Menge strukturell ungleich verteilten Kapitals und einer relationalen Positionierung von Lebensformen im sozialen Raum (Bourdieu 1987). Die Idee, dass passivem Partizipationsverhalten „Desinteresse" oder „geringe Motivation" zugrunde liegen, ist das Resultat eingeschränkter Demokratietheorie, wie insbesondere die feministische Kritik überzeugend darlegen konnte (Fraser 2004; Holland-Cunz 2004).

2.2 Partizipation, Sozialpolitik und Behinderung

Seit den 1990er Jahren ist ein deutlicher Produktionsanstieg an international einflussreichen Referenzdokumenten zum Thema von Partizipation und Behinderung unter Federführung von Organisationen des UN-Systems zu verzeichnen. Namentlich gehören dazu die *Standard Rules on the Equalization of Opportunities for Persons with Disabilities* der UNO von 1993, die *Salamanca Erklärung* der UNESCO von 1994, die *Internationale Klassifikation der Funktionsfähigkeit, Behinderung und Gesundheit ICF* der Weltgesundheitsorganisation WHO von 2001 sowie die *Convention on the Rights of Persons with Disabilities* der UNO von 2006. Sie alle stehen im Zusammenhang mit der *Allgemeinen Erklärung der Menschenrechte*, die von der UNO 1948 verabschiedet wurde und die als politische Antwort auf die Weltkriege der ersten Hälfte des 20. Jahrhunderts zu verstehen ist. So heißt es in der Präambel der Menschenrechtserklärung: „Da die Anerkennung der angeborenen Würde und der gleichen und unveräußerlichen Rechte aller Mitglieder der Gemeinschaft der Menschen die Grundlage von Freiheit, Gerechtigkeit und Frieden in der Welt bildet, da die Nichtanerkennung und Verachtung der Menschenrechte zu Akten der Barbarei geführt haben [...], verkündet die Generalversammlung diese Allgemeine Erklärung der Menschenrechte als das von allen Völkern und Nationen zu erreichende gemeinsame Ideal".

Also nicht erst seit den 1990er Jahren, sondern seit Ende des Zweiten Weltkriegs und der Gründung der UNO und verschiedener UN-Sonderorganisationen gibt es einen globalen, forschungsbasierten Referenzrahmen für all jene gesellschaftlichen Probleme, die unter dem Begriff der *sozialen Frage* seit dem 19. Jahrhundert – als Folge der industriellen Revolution und der Herausbildung von Nationalstaaten – verhandelt werden. Der französische Historiker und Soziologie *Robert Castel* hat die soziale Frage wie folgt definiert: „Die ,soziale Frage' ist eine fundamentale Aporie, an der eine Gesellschaft das Rätsel ihrer Kohäsion erfährt und das Risiko ihrer Fraktur abzuwenden sucht. Sie stellt eine Herausforderung dar, welche die Fähigkeit einer Gesellschaft (dessen, was man in politischen Begriffen eine Nation nennt) auf die Probe bzw. in Frage stellt, als eine durch wechselseitige Abhängigkeitsbeziehungen verbundene Gesamtheit zu existieren" (Castel 2000, 17). Die soziale Frage war, abgesehen von der Arbeiterfrage, bereits im 19. Jahrhundert mehrheitlich über wissenschaftliche und politische Strategien der Individualisierung behandelt worden. Insbesondere die medizinischen Wissenschaften trugen dazu bei, dass soziale Probleme einerseits entkriminalisiert, andererseits aber über eine enge Verbindung

zwischen individualisierender Deutung und kollektiver Behandlung Menschen „asyliert" wurden, den Entzug staatsbürgerlicher und sozialer Rechte eingeschlossen. Die internationale Menschenrechts- und Sozialpolitik zielt, besonders seit den 1960er Jahren und gestützt durch die sozialwissenschaftliche Arbeiten aus dem Umfeld der *Chicago School*, der Historiker im Umfeld der Zeitschrift *Annales*, der französischen Anthropologie und der Sozialgeschichte, auf diesen Zusammenhang und intendiert neue, partizipatorische gesellschaftliche Steuerungsmechanismen, so etwa explizit in der *Declaration on the Rights of Mentally Retarded Persons* der UNO von 1971. Erst im Kontext dieser Reformpolitik, zu der wesentliche Impulse von Frauen, Schwarzen, Homosexuellen, Menschen mit Behinderung und anderen Aktivistinnen und Aktivisten sozialer Bewegungen ausgingen, konnten Strategien und Wissen gegen die rassistischen Konstruktionen der Moderne erarbeitet werden, in denen Menschen oder Menschengruppen auf der Basis kontingenter Eigenschaften diskriminiert werden, so etwa in Bezug auf Geschlecht, Behinderung und Krankheit oder Herkunft. Die grundlegende Entdeckung der empirischen Sozial- und insbesondere auch der empirischen Bildungsforschung war es, dass diese „Eigenschaften" mit dem sozialen Status korrelieren, ja überhaupt erst als *Ausdruck* unterschiedlicher relationaler Positionierung im Sozialraum Bedeutung erlangen, was namentlich auch für die Wahrscheinlichkeit medizinischer Diagnosen gilt (z. B. Siminski 2003). Rassismusanalyse und Rassismustheorie [→ II Rassismus] beschäftigen sich mit diesem Zusammenhang von Auswahl und Behandlung verkörperter Eigenschaften mit (institutionellen) Machtpraxen (Wacquant 2001). Die UNESCO erklärte das Thema des Rassismus in einer ihrer ersten Publikationen – in *The Race Concept* von 1950/52 – zum Aktionszentrum gegen jede Form von Ausgrenzungs- und Vernichtungspolitik, die in der Moderne zu einer dauerhaften Bedrohung geworden ist (Bauman 2005).

3 Ausblick: Partizipation in der sozialen Hilfe und Pädagogik

3.1 Entkoppelung und Partizipation

Eine der sozialpolitischen Folgen der De-Asylierungsstrategien seit den 1970er Jahren ist eine Vielzahl an Formen der subjektorientierten Hilfe respektive der Selbsthilfe, die zeitgleich mit der nachindustriellen Gesellschaft entstehen und Teil eines sich verändernden historischen Kontextes werden, welcher von neoliberalen Regierungsformen geprägt ist, in denen ein instrumentelles, wenn auch partiell erweitertes Partizipationsverständnis vorherrscht, wo das Individuum wieder als *vereinzeltes* konstruiert wird. Diese Konstruktion wird verstärkt durch Formen der transnationalen Mobilität von Personen, die, handeln sie nicht im Auftrag staatlicher, para-staatlicher oder privater Organisationen, sich als „Individuen" mit staatlichen Regelungen und Abkommen sowie mit gesellschaftlichen Einrichtungen konfrontiert sehen, gegenüber denen sie ihre Ressourcen in Umfang und/oder Inhalt nur beschränkt erfolgreich einsetzen können. Die sozialen Effekte der Globalisierung stellen heute verstärkt den Kontext und die Bedingung von Deinstitutionalisierungsprozessen auch im Sozialbereich dar. Dies bedeutet unmittelbar eine Infragestellung der mit den subjektorientierten Reformstrategien verbundenen Aussicht auf einen Zugewinn an Handlungsspielräumen. Der Grund dafür liegt in einem zuverlässig bestätigten Resultat u. a. der Partizipationsforschung, wonach eine hohe sozioökonomische Ressourcenausstattung mit dem Beteiligungsgrad respektive dem Aktivitätsradius korreliert – partizipatives Verhalten hat statusgebundene Voraussetzungen, die in dem Maße ignoriert werden, wie Partizipation zur Gegenleistung im Tausch gegen soziale Hilfeleistungen und Unterstützung umfunktioniert wird. Das Konzept der Subjektorientierung wird von einer Lösungsstrategie zunehmend zum Teil eines Problems, das sich mit dem Begriff der *Entkoppelung* (Castel 2000) umschreiben lässt. Mit dem Begriff der Entkoppelung werden analytisch jene empirischen Vorgänge untersucht, in denen ein Brüchigwerden, ein Auseinanderdriften oder allgemeiner eine Prekarisierung von Netzwerken primärer Integration stattfindet. Der individuelle wie kollektive Umgang mit solchen Prozessen macht umgekehrt *Koppelungsstrategien* sichtbar, also Bewältigungsformen, die auf personale und/oder gruppale Integrität zielen. Eine solch differentielle Betrachtungsweise verbindet gesellschaftsanalytisches mit projektivem Vermögen, und sie versteht sich als aktives Moment kritischer Rationalität, welches die Widersprüche eindimensionaler Reformkonzepte dadurch löst, dass in ihr das für alle menschlichen Beziehungen struktureigentümliche Moment der Macht und der Ausübung von Herrschaft reflexiv zur Verfügung steht. Es hilft namentlich, den Denkfehler zu vermeiden, wonach nicht realisierte Partizipation als intentionales Verhalten oder als Verhaltenseigenschaft einer Person oder Personengruppe zugeschrieben werden könne.

In dieser Betrachtungsweise erscheint Partizipation als Problem der (Ent-)Koppelung in und durch soziale Erfahrungen, die unterschiedliche Menschen in unterschiedlicher Weise zu „Betroffenen" machen können. Es sind kontingente Ereignisse, welche Menschen in solche Erfahrungen verwickeln – etwa unfall- oder krankheitsbedingte Arbeitslosigkeit und in der Folge Armut, der Ausfall der Fähigkeit zu sprechen, ein progredienter Krankheitsverlauf, der Verlust von Angehörigen, Flucht und Migration etc. – und die in nicht kontingenter Weise mit Kontextfaktoren interagieren und zu erwartbaren (Ent-)Koppelungen führen.

3.2 Zugang und Unterstützung

Aus erziehungswissenschaftlicher Sicht, d. h. ausgehend von der Frage, wie Lern- und Entwicklungsprozesse möglich werden können, stehen zwei Interventionsmomente im Vordergrund, der Aspekt des *Zugangs* und der Aspekt der *Unterstützung*. Es geht also um die Herstellung eines (im weitesten und nicht auf Schule beschränkten Sinne) didaktischen Verhältnisses, dessen Bedingungen selbst als Teil dieses Verhältnisses betrachtet werden. In der zweiten Hälfte des 20. Jahrhunderts finden sich zahlreiche Versuche einer in diesem Sinne kritischen und kontextualisierten Didaktik; zu ihnen gehört u. a. Oskar Negts *Soziologische Phantasie und exemplarisches Lernen* (1971), Paulo Freires *Pädagogik der Unterdrückten*, Alexander Sutherland Neills *Summerhill* (1960), Maud Mannonis *Education impossible* (1973) genauso wie die eher klinisch orientierte *Negierte Institution* (1968) von Franco und Franca Basaglia, Saul D. Alinskys *Anleitung zum Mächtigsein* (1946) der *Rapport über die Konstruktion von Situationen* (1957) der Situationistischen Internationale um Guy Debord, die psychiatrischen Studien von Frantz Fanon in *Die Verdammten dieser Erde* (1961) sowie die *Institutionelle Analyse* einer Gruppe französischer Erziehungswissenschafter um René Lourau. Einige der hier vorgestellten Schriften haben in den 1970er Jahren den Weg in humanwissenschaftliche Arbeitszusammenhänge gefunden, so etwa in die Gemeindepsychologie, die kritische Erziehungswissenschaft, die materialistische Behindertenpädagogik und Integrationspädagogik, in die humanistische und systemische Psychotherapie sowie in die (klinische) Sozialarbeit.

Für die Gestaltung partizipatorischer Lernverhältnisse sind die folgenden Fragen maßgebend:

- Wer hat worüber die Kontrolle?
- Wer verfügt über welche Informationen und welche Kritikmöglichkeiten gibt es?
- Welche Ausdrucksmöglichkeiten und Restriktionen bestehen, um die subjektive Qualität der Erfahrung, die Menschen zu „Betroffenen" macht, zu artikulieren?
- Wie kommt man zu welchen verbindlichen Zielen?

Im Sinne der politischen Theorie bei Bruno Latour ist es das Ziel partizipativer Strategien in sozialer Hilfe und Pädagogik, ein Ganzes zu formen, insofern man das Ganze als „*Ensemble der Aufgaben*" (Latour 2001, 82, i. O. kursiv, JW) versteht, die sich in einem bestimmten, selbst veränderbaren Setting stellen. Unter dem Aspekt des *Zugangs* geht es darum, so viele Artikulationen wie möglich zu versammeln und den Horizont des Gegebenen und den aktuellen Zustand von Ausgrenzung und Unterdrückung zu überschreiten (vgl. Selbstbestimmt Leben Bewegung, Disability Studies). Unter dem Aspekt der *Unterstützung* geht es darum, die Artikulationen gemeinsam zu ordnen und zu sichten, um daraus Handlungspläne zu entwickeln (z. B. Assistenz, Peer-Counseling). Partizipation begründet ein Kooperationsverhältnis, das mit seiner eigenen materiellen Festlegung beginnt, denn „what we call things is what they become, and so politics is first of all about what we call things" (Barber 2003, 157).

Literatur

Barber, Benjamin R. (2003): Strong Democracy. Participatory Politics for a New Age. Berkeley

Bauman, Zygmunt (2005): Verworfenes Leben. Die Ausgegrenzten der Moderne. Hamburg

Beyme, Klaus von (2006): Die politischen Theorien der Gegenwart. Eine Einführung. Wiesbaden

Bourdieu, Pierre (1987): Die feinen Unterschiede. Kritik der gesellschaftlichen Urteilskraft. Frankfurt a. M.

Castel, Robert (2000): Die Metamorphosen der sozialen Frage. Eine Chronik der Lohnarbeit. Konstanz

Claessens, Dieter (1992): Kapitalismus und demokratische Kultur. Frankfurt a. M.

Fraser, Nancy (2004): Feministische Politik im Zeitalter der Anerkennung: Ein zweidimensionaler Ansatz für Geschlechtergerechtigkeit. In: Beerhorst, Joachim et al. (Hrsg.): Kritische Theorie im gesellschaftlichen Strukturwandel. Frankfurt a. M., 453–474

Hoecker, Beate (2006): Politische Partizipation: systematische Einführung. In: Hoecker, Beate (Hrsg.): Politische Partizipation zwischen Konvention und

Protest. Eine studienorientierte Einführung. Opladen, 3–20

Holland-Cunz, Barbara (2004): Demokratiekritik: zu Staatsbildern, Politikbegriffen und Demokratieformen. In: Becker, Ruth & Kortendiek, Beate (Hrsg.): Handbuch Frauen- und Geschlechterforschung. Wiesbaden, 467–475

Latour, Bruno (2001): Das Parlament der Dinge. Für eine politische Ökologie. Frankfurt a. M.

Marx, Karl & Engels, Friedrich (1999, Orig. 1848): Manifest der Kommunistischen Partei. Stuttgart

Pateman, Carole (1970): Participation and democratic theory. Cambridge

Schumpeter, Joseph A. (2005, Orig. amer. 1942, dt. 1946): Kapitalismus, Sozialismus und Demokratie. Tübingen

Sennett, Richard (2005): Die Kultur des neuen Kapitalismus. Berlin

Siminski, Peter (2003): Patterns of Disability and Norms of Participation through the Life Course: empirical support for a social model of disability. In: Disability & Society 18, 6, 707–718

Wacquant, Loic J. D. (2001): Für eine Analytik rassischer Herrschaft. In: Weiss, Anja et al. (Hrsg.): Klasse und Klassifikation. Die symbolische Dimension sozialer Ungleichheit. Wiesbaden, 61–77

Normalisierung, Integration, Lebensqualität

Iris Beck & Heinrich Greving

1 Begriffsbestimmungen, Begriffsgeschichte

Normalisierung, Integration und Lebensqualität sind keine einheimischen Begriffe der Pädagogik; sie werden in vielen wissenschaftlichen Disziplinen, aber auch alltagssprachlich verwandt und haben seit den 1970er Jahren große Bedeutung als reformorientierte Zielbegriffe und Leitideen in allen Feldern behindertenpädagogischer Theorie und Praxis entfaltet. Alle drei Begriffe sind mit Normen [→ Normen und Werte] und Normativität verbunden: Als normative Kategorien verweisen sie auf einen Sollzustand und sie heben zudem auf das gesellschaftliche Zusammenleben und zentrale Werte und Regelungen im Sinne von Institutionalisierungen ab: Wie wird gesellschaftlicher Zusammenhalt erreicht, welchen Normen und Werten folgt dieser, wo und wie kommt es zu Ausschlussprozessen Einzelner oder ganzer Gruppen und woran bemessen sich die Lebensbedingungen und Zugangschancen? Alle drei Begriffe sind zudem in ihrer Verwendung als praktische und politische Reformbegriffe unmittelbar verbunden mit der sozialen Frage der Sicherung gerechter Lebenschancen, und hier insbesondere mit einer wohlfahrtsstaatlich ausgerichteten Gesellschaftspolitik [→ Gesellschaftspolitik].

Der Begriff der *Normalisierung* meint im wörtlichen Sinn den Prozess einer einheitlichen („normalen") Gestaltung bzw. die Rückkehr in einen „normalen" Zustand. Die Herstellung *„normaler"* Zustände kann als Anpassung an durchschnittlich vorfindbare (statistische Norm) oder aber als Herstellung erwünschter, moralisch oder rechtlich gebotener Zustände (Idealnorm) verstanden werden. Ist der Bezug zu Werten im Falle der Idealnorm ein expliziter, scheint die statistische Norm eine neutrale Kategorie zu sein. Sie drückt aber in quantitativen Maßen ein qualitatives Spektrum differierender Lebensbedingungen aus, deren Bedeutung sich erst durch den Vergleich mit Vorstellungen über anzustrebende Lebensbedingungen, einem „tertium comparationis" erschließt. Dem Wortstamm „Norm" (griechisch-etruskisch-lateinischer Ursprung; „Winkelmaß, Richtschnur, Regel") (Dudenredaktion 2001, 680) unterliegen mehrere Bedeutungen: Er bezeichnet a) Regeln für das Zusammenleben im Sinne sozialer Normen, b) eine den Erwartungen entsprechende Beschaffenheit oder Leistung, c) eine Vorschrift für die Herstellung von Produkten (vgl. ebd.). Im vorliegenden Zusammenhang sind vor allem soziale Normen relevant; als Regeln für das soziale Handeln dienen sie zur wechselseitigen Orientierung und sind grundlegend für den Aufbau sozialer Beziehungen und sozialer Rollen. Sie wirken handlungssichernd und -entlastend, also auch freiheitsermöglichend, weil sie Komplexität und Willkür reduzieren und eine Vorwegnahme von Handlungsabläufen und der Aufbau stabiler Erwartungen möglich sind. Sie schränken aber zugleich durch ihre Kontrollfunktion auch Freiheit ein. Sie lassen sich unterscheiden nach ihrer *Geltungskraft* (z. B. nur gruppenspezifisch oder gesamtgesellschaftlich relevant; wenig verbindlich oder negativ sanktionsfähig; Gewohnheit oder Rechtsnorm; Vollzugs-, Qualitäts- oder Gestaltungsnorm) und nach ihrer Herkunft bzw. ihrem *Geltungsbereich*: So sind Herrschaftsnormen organisationsbezogen (z. B. die Berufsrolle), kulturelle Normen personenbezogen (z. B. die Elternrolle) und Interaktionsnormen sind situationsbezogen (z. B. Nachbar, Verkehrsteilnehmer). Diese Differenzierung verdeutlicht bereits, dass „das Normale" oder „die Normalität" schon auf

der Ebene des statistisch „üblicherweise vorkommenden" eher „Normalitäten" sind, die je
nach Betrachtungswinkel (Geltungsbereich,
Geltungskraft) sehr unterschiedliche Bilder
dessen ergeben, was an Handlungserwartungen und -regeln vorkommt und welche Verbindlichkeit es (und für wen) besitzt. Insofern
Regeln im Sozialisationsprozess weitergege-
ben und verinnerlicht werden, entsteht zwar
einerseits ein Bild von „Normalitätserwar-
tungen", die in unterschiedlichen Handlungsfeldern (wie Politik oder Wirtschaft, Institutionen und Organisationen oder Familien)
entworfen und hergestellt werden; sie werden
aber nicht nahtlos und zwangsläufig für den
Einzelnen handlungsleitend; Normen werden
subjektiv interpretiert, ausgestaltet, hinterfragt.

Normen und Vorstellungen von Normalität sind im historischen Verlauf dem gesellschaftlichen Wandel unterworfen. Insbesondere am Wandel von Institutionen [→ VI
Institution und Organisation] als längerfris-
tige Regelungen für bedeutsame Bereiche des
menschlichen Zusammenlebens lässt sich
auch der Wandel von „normalen" im Sinne
von sowohl durchschnittlich vorkommenden
als auch erwünschten Handlungsweisen und
sozialen Rollen nachzeichnen und damit Aufschluss über die Frage gewinnen, welche Folgen Abweichungen von diesen Erwartungen
haben. Der Ursprung der Verwendung von
„Normalisierung" als einer sozialpolitischen
und pädagogischen Leitidee markiert hier
die Position einer „Gewährung und pädagogischen Wertschätzung ‚normaler' Lebensbedingungen" (Barow 2009, 8) im Sinne der
Ermöglichung guter Entwicklungsbedingungen und einer Abkehr von defizitorientierten,
segregierten Versorgungsstrukturen, wie sie
weit bis in die 1970er Jahre (und auch darüber
hinaus) vorfindbar waren. Die Anfänge des
Normalisierungsprinzips werden in der Literatur häufig mit der dänischen Sozialgesetzgebung von 1959 und ihrem Ziel der Gewährung eines Lebens so normal wie möglich für
geistig behinderte Menschen bzw. mit Überlegungen eines schwedischen Regierungsaus-

schusses von 1943 (Ericsson 1986, 141) angegeben. Barow (ebd.) weist jedoch nach, dass
die Grundgedanken weitaus früher, nämlich
bereits in den 1920er Jahren in Schweden im
Zusammenhang mit der Suche nach politischen und pädagogischen Antworten auf die
soziale Frage, auf Ausgrenzung, Armut und
soziale Ungleichheit entstanden waren.

Damit aufs Engste verbunden ist das Problem der *Integration* (von lat. integratio:
Wiederherstellung eines Ganzen, Einbeziehung in ein größeres Ganzes) als einem dynamischen Prozess der „Vereinigung einer
Vielfalt von Personen, Gruppen oder Gesellschaften zu einer gemeinschaftlichen oder
umfassenden gesellschaftlichen Ganzheit"
(Bonderer 1980, 57), wie der Begriff soziologisch definiert wird. Es finden sich zahlreiche Verständnis- und Verwendungsweisen
und Differenzierungen des Integrationsbe-
griffes. Gesellschaftspolitisch erlangte er eine
Schlüsselposition in den Auseinandersetzungen um soziale Gerechtigkeit und Demokratisierung ab den 1950er Jahren (angefangen mit
der Lage der afroamerikanischen Bevölkerung in den USA), um die Anerkennung der
Lage von „Minderheiten" und ausgegrenzten
„Randgruppen" als auch und vor allem sozial verursacht und damit auch als gesellschaftlich zu verantworten. Seine breite Rezeption
in der Behinderten- und der Sozialpädagogik
seit den 1960er und 1970er Jahren fußt wesentlich auf seiner unmittelbaren Verbindung
mit dem Problem der sozialen Ungleichheit
[→ Soziale Exklusions- und Desintegrationsrisiken: Soziale Ungleichheit, soziale Ab-
hängigkeit], also der Verknüpfung bestimmter Statuspositionen mit sozialer Abwertung,
die Integrationsprozesse in bestimmten Lebensbereichen ausschließt (Segregation) oder
nur als einseitige Anpassung ermöglicht und
vergleichsweise schlechtere, ungerechte Zugangschancen zu Bürgerrechten und Lebensbedingungen nach sich zieht.

Dabei bildet die für das menschliche Zusammenleben existentielle Tatsache der gegenseitigen Ver- und Angewiesenheit die
Basis für die Entstehung von Gemeinschaf-

ten, für jegliche gesellschaftliche Zusammen-schlüsse. Solidarität [→ Selbstverantwortung, Subsidiarität und Solidarität] als Identifika-tion der Zugehörigkeit und Mitgliedschaft und darauf aufbauende Kooperation [→ VI Kooperation und Koordination] sind dafür eine konstitutive Bedingung im Sinne ei-ner normativen Geltung als sozialethischer Wert. Gleichwohl können diesem Prozess dann faktisch andere Normen unterliegen, die über die Vereinigung bzw. den Einschluss entscheiden. In der Soziologie zählte der In-tegrationsbegriff von Anfang an zu einer der zentralen Kategorien der Beschreibung und Erklärung des Aufbaus der sozialen Welt, und früh wird hier zwischen der sozialen Inte-gration des Einzelnen oder von Gruppen in andere Gruppen bzw. die Gesellschaft und der Systemintegration differenziert. In mo-dernen, komplexen Gesellschaften bestehen funktionale Teilsysteme wie das Wirtschafts-, Politik-, Rechts-, oder Erziehungssystem, die funktional unabhängig, aber dennoch so-weit miteinander verbunden sind, dass Zu-sammenhalt auf der *Gesamtebene* ermöglicht wird (Systemintegration), gesteuert von Recht und Geld, während die soziale, „lebensweltli-che" [→ Lebenswelt, Lebenslage] Integration auf der Herstellung von Zugehörigkeiten ba-siert. Integration wird häufig als Eingliede-rung im Sinne der Anpassung Einzelner oder von Gruppen an bestehende Gemeinschaf-ten oder eine Gesellschaft verstanden (Zwei-Gruppen-Theorie); dies besagt aber nicht au-tomatisch, wie diese Prozesse verlaufen – als einseitige Anpassungs- oder als gleichbe-rechtigte Aushandlungsprozesse – und wel-che Ziele und Werte die Prozesse tatsächlich leiten. Für eine in Richtung Solidarität und Gleichberechtigung zielende normative Be-gründung steht das Verständnis von Speck (2003, 392) exemplarisch: „Mit Integration ist [...] ein Prozess bzw. ein Vorhaben gemeint, durch den bzw. durch das bisher außenste-hende Personen zugehörige Glieder einer so-zialen Gruppe werden sollen. Es handelt sich um die Einfügung in ein (bereits bestehen-des) soziales Ganzes unter Erhalt der eigenen

Identität. Vermerkt sei noch, dass gelingende integrierende Prozesse die Stabilität der sozi-alen Ganzheit und damit die soziale Identität zu verstärken und zu bereichern vermögen." Weiter umfasst Integration „die unbedingte Bejahung des Lebenswertes behinderten Le-bens, die Bejahung des menschlichen Grund-bedürfnisses nach freier Teilhabe am sozialen Leben und deshalb auch die Aufhebung aller künstlichen Trennungen, und andererseits die Erziehung zur sozialen Akzeptanz und Solidarität. Eine Priorisierung solcher Wert-setzungen kann nicht mit zwingend logischer Ableitung bewiesen werden. Sie beansprucht vielmehr qua Person Gültigkeit, um realisiert werden zu können" (394).

Auf einer deskriptiv-empirischen Ebene lassen sich unterschiedliche Aspekte der Inte-gration unterscheiden, z. B. kulturelle, rechtli-che, politische, ökonomische oder die soziale Integration im Rahmen sozialer Beziehungs-kreise (für die Behindertenpädagogik: Bon-derer 1979 und 1980, hieran erweiternd an-schließend Schiller 1987; Speck 2003; 2010; Thimm 1991), welche die Grundlagen sowohl für wissenschaftliche Untersuchungen als auch Konzeptualisierungen integrativer Ein-richtungen und Maßnahmen bilden.

Normalisierung und Integration wurden in Skandinavien früh als Ziel-Mittel-Relation verbunden und für alle Handlungsfelder lei-tend; in Deutschland verbreitete sich die For-mel „Integration durch Normalisierung der Hilfen" vor allem im außerschulischen Be-reich, insbesondere dem des Wohnens, wäh-rend im Schulbereich das Normalisierungs-prinzip nur rudimentäre Bedeutung gewann. Hier war ausgehend vom Ausschuss Sonder-pädagogik des Bildungsrates 1973 und dessen Verständnis von Behinderung als erschwer-ter Teilhabe der Integrationsbegriff leitend (Deutscher Bildungsrat 1973); Modellversu-che, wissenschaftliche Begründungen und Konzeptualisierungen bezogen sich vorran-gig auf den vorschulischen und den Schulbe-reich.

Seit wenigen Jahren löst der Inklusionsbe-griff immer stärker den Integrationsbegriff ab und stellt neben dem Partizipationsbegriff mittlerweile den zentralen „neuen" Leitbegriff dar. Das Aufkommen des Begriffs ist jedoch bereits für die 1960er Jahre zu konstatieren: Die soziologische Unterscheidung zwischen sozialer und Systemintegration wurde von Talcott Parsons (1969) aufgegriffen und in die Differenzierung von Integration und Inklusion überführt: „Startpunkt der expliziten Entwicklung einer Theorie der Inklusion und Exklusion war Talcott Parsons' [...] Aufsatz ‚Full Citizenship for the Negro American?', der eine analytische Perspektive vorbereitete, die die Inklusion größerer Bevölkerungskreise als einen Schlüsselprozess in der Ausdifferenzierung der die Moderne prägenden Funktionssysteme auffasste" (Stichweh 2007, 113). Integration beschreibt demnach nur die Systemintegration; die tatsächliche Teilhabe des Einzelnen wird hierdurch nicht gewährleistet. Diese vollzieht sich erst, wenn Individuen, sofern ihre Lebensführung es notwendig macht, auch tatsächlich Zutritt zu Lebensbereichen, zu Organisationen und Institutionen erhalten. Damit ist auch der Inklusionsbegriff von vornherein mit der Frage der sozialen Ungleichheit hinsichtlich der Verteilung von Zugangschancen verbunden; daher erklärt sich auch seine prominente Verwendung in der Lebenslage- und Ungleichheitsforschung. Hier wird er neben, stellenweise mit oder sogar nahezu inhaltsgleich wie der Partizipationsbegriff verwandt und zwar weil beide Begriffe auf die Zugangs- und Teilhabefrage als Bedingung der Lebenslage [→ Lebenswelt, Lebenslage], der Handlungsspielräume des Individuums zur Entfaltung und Verfolgung seiner Interessen abheben. Partizipation und Inklusion entstammen aber unterschiedlichen Traditionen. So ist der Partizipationsbegriff [→ Politische und soziale Partizipation] in Deutschland einerseits stark in der Wohlfahrtspolitik und in der Sozialgesetzgebung verankert und steht hier in engem Zusammenhang mit einer Auffassung von Sozialpolitik als Verteilung von Lebenslagen; so in der Sozialgesetzgebung ab den 1950er und insbesondere mit Inkrafttreten des BSHG 1961,

in dem Behinderung als eine besondere Lebenslage im Sinne der erschwerten Teilhabe am Leben der Gesellschaft und der Gemeinschaft gefasst wurde. Zum anderen stellt der Partizipationsbegriff in der politischen Tradition einen Zentralbegriff der Demokratie dar und hebt somit immer auch auf die Frage der politischen Teilhabe und Teilnahme ab. In Frankreich ist die „Semantik der Inklusion und Exklusion in der Sozialpolitik genauso präsent wie in der Sozialtheorie" (Stichweh 2007, 1). Bourdieu steht hier prominent für eine Sozialtheorie, die objektive und subjektive Faktoren, Struktur- und Handlungstheorie aufeinander bezieht und die Bedingungen der Machtverteilung und Positionierung des Einzelnen im sozialen Feld analysiert. Ein weiterer „Herkunftskontext einer Soziologie der Inklusion und Exklusion ist die britische Wohlfahrtstheorie seit T. H. Marshall" (ebd.).

Diese Traditionslinien der Wohlfahrtspolitik und Wohlfahrts- und Sozialtheorie sind alle, unabhängig von der Verwendung des einen oder anderen Begriffs, untrennbar mit der Frage nach der Gestaltung von Lebenschancen und sozialer Gerechtigkeit verbunden. Denn „Chancengleichheit", „Integration", „Partizipation", „Inklusion" setzten sich „erst unter den gesellschaftlichen und sozialpolitischen Voraussetzungen der Nachkriegszeit, insbesondere der Etablierung eines Wohlfahrtsstaats" (Barow 2009, 8) durch. Der Begriff der Lebensqualität wurde in diesem Zusammenhang zur *normativen Zielvorstellung* einer lebenslageorientierten Wohlfahrtspolitik in westlichen Industriestaaten; er signalisierte die Abkehr von einer einzig auf ökonomischen Kriterien beruhenden Bewertung der Lage der Bevölkerung und ist aufs Engste verbunden mit der damals beginnenden Entwicklung und Umsetzung einer sozial- und wohlfahrtstaatlichen Politik als Verteilung von Lebenschancen. Inklusion und Partizipation bilden im Sinne des Einbezogenseins bzw. Zutritts Bedingungen der Lebenslage. Lebensqualität stellt die erstrebte Wirkung und das Ergebnis der Lebenslage dar. Als *de-*

skriptiver Begriff hebt er auf Vermittlungsprozesse von objektiven Lebensbedingungen mit subjektiven Bedürfnislagen ab und bezeichnet sowohl die Beschaffenheit als auch die subjektive Wahrnehmung dieser Prozesse und spiegelt in den kulturell-historisch wechselnden Variationen von als zugehörig betrachteten Komponenten und deren Gewichtungen ethisch-moralischen und politischen Wandel wider. Angrenzende Begriffe sind Lebensstandard, Wohlfahrt, (Lebens-)Zufriedenheit, Wohlbefinden (Wellbeing), Glück. Als wissenschaftliches Konstrukt wird Lebensqualität in unterschiedlichen Disziplinen untersucht (u. a. in der Soziologie, Psychologie, Politologie, Ökonomie, Philosophie, Medizin), es liegen je nach Blickwinkel (gesellschaftliche oder individuelle Lebensqualität) und Begründungszusammenhang zahlreiche und unterschiedlichste Begriffsbestimmungen vor. In die Behindertenpädagogik eingeführt wurde der Begriff von Thimm (1978) im Anschluss an die damals bereits breit etablierte Soziale-Indikatoren-Forschung (vgl. Beck 1994; 2006), in der die Lage der Bevölkerung anhand mehrdimensionaler, objektiver und subjektiver Faktoren in umfassenden Forschungsdesigns erfasst wurde und Disparitäten der Lebensbedingungen in Regionen oder von einzelnen Bevölkerungsgruppen aufgedeckt werden konnten. Normalisierung und Integration waren für Thimm keine Zwecke an sich, sondern letztlich sollten sich alle Ziele und Mittel daran bemessen, inwieweit sie zu einer möglichst guten, anerkannten Lebensführung – zu einer Verbesserung der Lebenslage als dem Handlungsspielraum von Menschen zur Entfaltung und Befriedigung zentraler Interessen – beitragen. Im bedürfnistheoretisch fundierten Forschungskonzept „Lebensqualität" sah er eine Möglichkeit, Zieldebatten zu entideologisieren, Interventionen an der Lebenswirklichkeit auszurichten und diese zugleich auf ihre Übereinstimmung mit anerkannten Standards und subjektiven Ansprüchen und Erwartungen zu prüfen. In den skandinavischen und angloamerikanischen Ländern setzte sich ebenfalls ab

Anfang der 1980er Jahre „Quality of Life" als Leitkategorie und Forschungskonzept für die anzustrebenden Wirkungen von Normalisierungs- und Integrationsbestrebungen durch (zusammenfassend: Beck 1994). Eine breitere Rezeption als Leitperspektive der Behindertenpädagogik erfuhr „Lebensqualität" erst ab den 1990er Jahren im Zusammenhang mit der damals beginnenden Debatte um Qualitätsentwicklung als einer systematischen Umsetzung von Leitzielen und der Evaluation ihrer Wirkungen, wie sie in Fortführung des Normalisierungsprinzips in den angloamerikanischen Ländern bereits etabliert war. Zeitgleich entwickelten sich im Zuge der Ökonomisierung [→ VI Globalisierung, Deregulierung, Ökonomisierung] Denkansätze und Begriffsverwendungen, in denen sich Lebensqualität an einseitigen Glücks-, Schönheits-, Gesundheitskategorien oder an Kosten-Nutzen-Rechnungen bemisst. Angesichts von Behinderungen besteht dann die Gefahr, deren soziale Bedingtheit zu vernachlässigen, sie auf individuelle Beeinträchtigungen zu reduzieren und als lebensqualitätsmindernd zu bewerten mit der Folge von Gefährdungen von Individuen durch das Versagen oder die Einschränkung von Hilfen. Lebensqualität steht deshalb immer im Spannungsfeld ethischer Grundfragen und bedarf des interdisziplinären, sozialen und normativen Dimensionen aufdeckenden Diskurses (vgl. Bellebaum & Barheier 1994).

2 Zentrale Erkenntnisse und Probleme

2.1 Bedingungen und Problematiken der Umsetzung

Normalisierung, Integration, Lebensqualität und Inklusion stellen Leitideen dar, die die Zustimmung der Fachleute, Politiker, der Sozial- und Bildungsadministration, der Interessensverbände, der behinderten Menschen und ihrer Angehörigen finden müssen. Sie bedürfen der normativen, theoretischen und empirischen Klärung und Begründung, wenn sie zu handlungsleitenden Konzepten werden sollen. Ohne solche Klärungen kann an die Stelle eines sachlichen Für und Wider die ideologisch geprägte Auseinandersetzung treten bis hin zur schlagwortartigen Verwendung, bei der scheinbar alles gesagt ist und der Leitbegriff in Gefahr steht, zu einer Leerformel zu werden (Thimm 1991). Auf der normativen Ebene werden Einstellungen berührt und die Entscheidung für das Ziel und das Ziel-Mittel-Verhältnis ist immer auch eine Frage der je damit verbundenen Werthaltungen und Überzeugungen, die deshalb offen gelegt und begründet werden müssen. Diese Normativität bringt es auch mit sich, dass die Begriffe letztlich nie vollständig oder einzig empirisch oder theoretisch begründbar sind. Empirisch kann sich z. B. die Frage nach dem Beschulungsort auf eine ganze Reihe begründeter Faktoren für gelingende integrative Beschulung stützen, aber damit ist letztlich die Sollensfrage noch nicht beantwortet, die sich auf zwei Ebenen stellt: auf der kollektiven Ebene mit Blick auf Werte wie Gleichheit und Gerechtigkeit und auf der individuellen Ebene des Anspruchs auf Selbstverwirklichung in sozialer Integration und der Persönlichkeitsentfaltung. Thimm (1991) hat Beispiele zur normativen, theoretischen und empirischen Begründung für beide Ebenen vorgelegt. Eine weitere wichtige Differenzierung ist die zwischen Zielen und Mitteln: Das Normalisierungsprinzip ist ein Mittel, kein Ziel oder Zweck an sich; gleichwohl kann die Verwirklichung anerkannter Lebensbedingungen auch ein Ziel auf dem Weg zu einer individuell befriedigenden Lebensführung darstellen. Die Identität von Zielen und Mitteln (Integration als Weg und als Ziel) stellt ebenso wie eine inkongruente Bestimmung ihres Verhältnisses eine Legitimationsfigur und Wertentscheidung dar; diese braucht einen Bezugspunkt, sollen diese Leitideen – ohne Beachtung je konkreter gesellschaftlicher Bedingungen oder individueller Lebenslagen – nicht selbstreferente Zweckbe-

stimmungen werden und instrumentalisierend wirken, wie es bei der Umsetzung auch geschehen ist (vgl. Gröschke 2002; Nirje 1994; Thimm 2005). Ein solcher Bezugspunkt, unter Einschluss der o. a. normativen Begründung kann nur in einer Vorstellung von anerkannter Lebensführung liegen und diese Frage muss unter Bezug auf wissenschaftliche Erklärungszusammenhänge, aber auch auf je konkrete gesellschaftliche, soziale und personale Bedingungen immer wieder neu beantwortet werden. Begründungs- und Konzeptualisierungsansätze, wie sie von vielen Wissenschaftlern und Fachleuten vorgenommen wurden und werden, sind deshalb zu unterscheiden von der Verwendung als normativer Leitbegriff. Davon wiederum muss die politische und vor allem die rechtliche Fassung, wie sie dann letztlich in die Gesetzgebung Eingang findet, unterschieden werden und schließlich davon wiederum die tatsächliche Umsetzung auf der Meso- und Mikroebene von den beteiligten Behörden, Fachleuten, Einrichtungen und Mitarbeitern. In vielen Auseinandersetzungen um die Umsetzung dieser Leitziele geraten jedoch häufig diese Differenzierungen zwischen einer je rechtlich und strukturell gegebenen Praxis, einem gewollten Zustand und den begründeten oder begründbaren konzeptionellen Bedingungen aus dem Blick. Hieraus erklären sich auch aktuelle Divergenzen in der Rezeption des Inklusionsbegriffes, der, sofern er auf der rein normativen Ebene eines idealen Zustands des Einbezogenseins verbleibt, hinter erreichte fachliche Konzeptualisierungen des Integrations- und des Normalisierungsprinzips zurückfällt. Georg Feuser hat aus einer kritisch-materialistischen Perspektive angesichts der Brüche und Widersprüche der politisch-rechtlichen, aber auch fachlich-praktischen Umsetzung von Integration diesen als Alibibegriff einer pädagogischen und sozialen Tendenz bezeichnet, nur scheinbar integrativ tätig werden zu wollen, in Wirklichkeit aber dennoch eine weitere Separierung von Menschen mit und Menschen ohne Behinderung voranzutreiben (vgl. Feuser 2002, 224–231), z. B. indem eine nur äußere Reform der behindertenpädagogischen Organisationen im Gesamt des bestehenden hierarchisch gegliederten Bildungs-, Lern- und Lebenssystems betrieben wird, die nur einen selektiven Einbezug behinderter Menschen unter Ausschluss bestimmter Gruppen oder Personen, ermöglicht; nach Feuser eine Segregation, welche sich den Anstrich einer sozial agierenden Integration gibt. Feuser selbst hat neben seiner entwicklungslogischen Didaktik als Basis eines integrativen Unterrichts ohne jeglichen Ausschluss auch Forderungen für die notwendigen Rahmenbedingungen aus seinen normativen und theoretischen Begründungen heraus abgeleitet (vgl. Feuser 2002, 235).

Die Umsetzung von Leitzielen vollzieht sich generell nicht ohne Brüche, sie unterliegt einer ganzen Reihe von Bedingungen und variiert länderspezifisch in Abhängigkeit rechtlicher, politischer, soziokultureller und wirtschaftlicher Aspekte. Von Robert Flynn und Kathleen Nitsch (Normalization, Social Integration and Community Services, 1980) stammt ein Betrachtungsmodell zur Untersuchung der Ausbreitung des Normalisierungsprinzips, das sich generell auf Implementationsprozesse von Leitzielen übertragen lässt. „In diesem Modell [...] werden zwei Phasen mit je drei Stufen unterschieden: die theoretische Phase der (1) Konzeptentwicklung, (2) der ersten Akzeptierung und (3) der gesetzlichen Legitimation; die praktische Phase der (4) Erprobung, (5) der flächendeckenden Ausdehnung und (6) der Institutionalisierung. Diese Stufen sind nicht als aufeinander abfolgend zu sehen in dem Sinne, dass zunächst alle Stufen der theoretischen Implementation einen hohen Grad der Akzeptanz erreicht haben müssen, bevor es zu praktischen Einfädelung kommt. Wir haben es vielmehr im Verlaufe des Prozesses mit höchst unterschiedlichen Niveaus der Akzeptanz zu tun, die Weiterentwicklung auf einer der Stufen kann grundsätzlich zu Korrekturen auf einer anderen bzw. aller anderen Stufen führen" (Thimm 1992, 284 f.). Die Phase der Problemformulierung, die der Konzeptbildung vorausgeht, setzt ein Problembewusstsein und

den Willen und die Fähigkeit zum Handeln voraus, nämlich die Lage behinderter Menschen und ihrer Familien nicht als individuelles Schicksal, sondern als soziales Problem und damit durch soziale Hilfen beeinflussbar zu betrachten. Akteure der Problemformulierung und der Interessensdurchsetzung sind Fachleute, Wissenschaftler oder Politiker, aber auch und vor allem die Selbsthilfe- und Interessensverbände der Betroffenen. Für ein Problem können jedoch unterschiedliche Lösungen gefunden werden. Die Problemnormierung und die Entwicklung von Konzepten hängen also bereits von vielen Faktoren ab, insbesondere vom verfügbaren Wissen und von den Interessen und Ideen derjenigen, die zur Konzeptualisierung beitragen. Teilweise kommt es bereits in dieser Phase zu Differenzen, so dass an unterschiedlichen Orten unterschiedliche Lösungen entstehen. Die erste große Hürde ist dann die die Akzeptanz der Idee und der Konzepte in weiteren Kreisen, die Verbreitung und Erprobung. Dafür bedarf es einer gewissen Infrastruktur und finanzieller Mittel, damit es überhaupt zur Anwendung der neuen Methode oder des neuen Angebots kommt. Die größte Hürde aber ist die rechtliche Anerkennung; ohne diese gelingt keine flächendeckende Ausbreitung. Aber selbst wenn diese Phase erreicht wird, stellt sich die Frage nach den zur Verfügung stehenden Ressourcen, nach der rechtlichen Definition (bedarfsgerecht? In Übereinstimmung mit der Problemformulierung?), nach den Trägern der Angebote, den strukturellen Bedingungen und nach der Akzeptanz des neuen Angebots bzw. der neuen Ideen und Ziele auf der Ebene der Behörden, der Fachleute, Träger, Verbände, Mitarbeiter und natürlich der behinderten Menschen und ihrer Familien selbst, denn kein Rechtsanspruch setzt sich nahtlos in praktisches Handeln um. Und schließlich unterliegt das pädagogische Handeln dem Legitimations- und Technologieproblem: weder lassen sich alle Leitideen restlos in empirisch angebbare Handlungsschritte übersetzen, sondern bleiben immer auch normativ bzw. im Gehalt offen und müssen situativ immer wieder neu begründet werden, noch bewirkt das Handeln immer exakt die angestrebten Wirkungen (vgl. ausführlich zur Implementationsproblematik: Beck 1994). Auf der Makroebene sind noch zahlreiche weitere Einflüsse wirksam, die für das Verständnis der Um- und Durchsetzung von Hilfen für behinderte Menschen wichtig sind und die erst zusammen ein Verständnis des Entwicklungsstandes eines Landes oder von Ländern im Vergleich ermöglichen (u. a. die Strukturen des Bildungs-, Gesundheits- und Sozialsystems, die wirtschaftliche Lage, Infrastruktur, geographische Bedingungen, Bevölkerungsdichte und -struktur, zentrale Werte und kulturelle Praktiken).

Generell lässt sich sagen, dass in vielen Industrieländern die Umsetzungsphasen zeitlich zwar variierend, aber strukturell vergleichbar durchlaufen wurden, wobei zunächst überall Sondereinrichtungen geschaffen wurden, aber die Phase der Kritik und Umgestaltung, z. B. in Richtung Integration, sich für die Industrieländer in zeitlicher, struktureller, konzeptioneller und rechtlicher Hinsicht sehr stark unterscheidet. So fingen einige Länder zu einem Zeitpunkt mit Umgestaltungen an, als das Sondersystem noch nicht lange bestanden hatte oder nicht stark ausdifferenziert war; andere Länder, wie Deutschland z. B., verfügen über ein historisch früh entstandenes, stark ausdifferenziertes Sondersystem, das im europäischen Vergleich relativ spät umgestaltet wird, insbesondere im schulischen Bereich. Blickt man auf ein Gesamtsystem von Hilfen bzw. ein ganzes Land, ist aktuell eine der zentralen Fragen, ob erfolgreiche Integration oder Inklusion daran gebunden ist, dass es zuerst ein etabliertes, ausgebautes Sondersystem einschließlich der fach- und hochschulischen Ausbildungen und Qualifikationen gibt oder ob man ein Sondersystem, das z. B. in vielen Entwicklungsländern nur rudimentär vorhanden ist, nicht braucht, um die notwendige Qualität auf inklusivem Wege zu erreichen. Denn international vollziehen sich Inklusionsbestrebungen unter dem Einfluss

der UN-Initiative „Education for all" und der Verabschiedung des Salamanca-Statements von 1994; aktuell werden diese gestärkt durch ihre Verbindung mit den Millennium Development Goals (MDG) der UN (UN 2000), insbesondere dem Ziel 2, wonach allen Kindern ein gleichberechtigter, vollständiger und kostenloser Zugang zur Schulbildung gewährt werden soll und die Ursachen für die Marginalisierung von Kindern, die angesichts der selektiven Wirkung des Schulsystems auch für Deutschland moniert wurde, bekämpft werden müssen. Der Aspekt der Anti-Diskriminierung und der gleichberechtigten Teilhabe wird nun zusätzlich durch die Ratifizierung der UN-BRK auch in Deutschland erheblich gestärkt und führt bereits auf der Ebene der Bundesländer zu Initiativen und ersten rechtlichen Veränderungen mit Blick auf die Wahl der Orte der Bildung, des Wohnens und Arbeitens.

Das in Dänemark der 1950er Jahre entwickelte und unmittelbar danach auch in Schweden implementierte „Normalisierungsprinzip" entstand vor dem Hintergrund des gesellschaftlichen Wandels nach dem Ende des Zweiten Weltkriegs als eine sozialpolitische Leitidee, die zum Ausgangspunkt des weltweit bedeutenden und über Jahrzehnte wohl einflussreichsten Reformkonzepts für die Hilfe und Unterstützung für Menschen mit Behinderung werden sollte. Detaillierte Einblicke in Geschichte und Gegenwart, theoretische und empirische Stränge seiner Entwicklung, die politischen, rechtlichen und pädagogischen Perspektiven liegen von Thimm (2005) vor. Die Implementation erfolgte von vornherein im Zusammenhang mit Gesetzesreformen. Der dänische Jurist Nils-Erik Bank-Mikkelsen, der mit dem Satz „letting the mentally retarded obtain an existence as close to normal as possible" die Forderungen und Ziele des „Dänischen Gesetzes über die Fürsorge für geistig Behinderte und andere Schwachsinnige" von 1959 zusammenfasste, betrachtete Normalisierung als ein Ziel und Integration als Mittel. Er bezog sich in seiner Bestimmung „normaler" Lebensbedingungen auf zentrale Lebensbereiche wie Arbeit, Wohnen, Bildung und Freizeit und hier auf für westliche demokratische Gesellschaften vorfindbare, „übliche" im Sinne allgemein anerkannter Bedingungen. Bezogen auf die „üblichen" Versorgungsstrukturen und Lebenssituationen behinderter Menschen und ihrer Familien – Segregierung und Diskriminierung, zentralisierte Anstaltsunterbringung, eine erhebliche Belastung und Randstellung der Eltern sowie ein biologistisches Menschenbild, das keine pädagogische Perspektive bot – entfalteten diese Grundsätze eine eindrucksvolle systemverändernde Kraft. Das Normalisierungsprinzip wirkte hierauf als Antidogma, als eine unmittelbar einleuchtende und in den grundlegenden Ableitungen – Trennung der Lebensbereiche und damit Ermöglichung der Übernahme sozialer Rollen, gemeindeintegriertes und selbstständiges Wohnen, Kindergarten- und Schulbesuch, Erwachsenenbildung, Berufstätigkeit, Freizeit und Ferien, Partnerschaft und soziale Bindungen – direkt nachvollziehbare Alternative zu den herrschenden Verhältnissen, zum Dogma des Ver- und Bewahrens. Die erste Beschreibung in der Fachliteratur erfolgte durch den Schweden Bengt Nirje (1969); er bestimmte Normalisierung als ein Mittel, das behinderten Menschen ermöglichen sollte, Bedingungen und Errungenschaften des Alltagslebens, so wie sie auch der Bevölkerung insgesamt zur Verfügung stehen, zu nutzen; Integration ist dabei das Ziel. In Dänemark und Schweden traf das Prinzip auf Zustimmung bei Fachleuten ebenso wie der Administration, den behinderten Menschen und in der Bevölkerung; Missverständnisse bezüglich der unterliegenden Werthaltungen gab es nicht. Bank-Mikkelsen und Nirje haben von Anfang an normative Begründungen (Chancengleichheit und Gerechtigkeit auf der kollektiven Ebene, unverletzlicher Wert und Würde, Respektierung der individuellen Bedürfnisse auf der Personebene) und Stoßrichtungen verdeutlicht, die eine Fehlinterpretation des Prinzips als „Anpassungsinstrument" ausschlossen. Die Um-

setzung wurde maßgeblich durch die gesetzliche Absicherung im Rahmen von Reformen der Sozial- und Bildungspolitik gefördert, eine vorrangig öffentliche Trägerschaft der zu verändernden Angebote und eine Verlagerung der Steuerungs- und Verantwortungsstrukturen von der zentralen auf die dezentrale Ebene der Kommunen. War es zu Beginn als Leitidee mit Blick auf Menschen mit einer geistigen Behinderung formuliert worden, so erlangte es durch die fachliche und wissenschaftliche Rezeption, wie sie von Bengt Nirje (1969; 1994; 1999), dem US-Amerikaner Wolf Wolfensberger (Kugel & Wolfensberger 1969; Wolfensberger & Thomas 1983; Wolfensberger 1999), in der BRD von Thimm (Thimm 1978; 1992; 2005; Thimm et al. 1985; vgl. Beck 1994; Beck et al. 1996) geleistet wurde, eine Begründung als handlungsleitende Konzeption und übergreifende Bedeutung für alle Gruppen behinderter und sozial benachteiligter Menschen. Auch in den USA wurde das Prinzip im Zusammenhang mit Reformen der Anstalten eingeführt; „Community Living" wurde damals bereits zum Leitbegriff in amerikanischen Gesetzesvorlagen. Wolf Wolfensberger, der amerikanische Vertreter des Normalisierungsprinzips, wirkte in Kommissionen mit, begründete das Prinzip theoretisch und legte zusammen mit Kugel 1969 die erste zentrale Publikation vor: „Changing patterns in residential services for the mentally retarded", die großen Einfluss auf den damals beginnenden Weg von der Verwahrung zur Eingliederung erlangte.

Kent Ericsson fasste 1986 in einem Rückblick auf die Entwicklungen in den skandinavischen Ländern die zentralen Standpunkte, die die Umsetzung prägten, folgendermaßen zusammen: Es ging erstens um eine Entscheidung des Lebensortes behinderter Menschen: Haben sie Platz in oder außerhalb der Orte der alltäglichen Lebensvollzüge? Nach Ericsson erfordert das Prinzip die klare Entscheidung für ein Leben in der Gemeinschaft. Diese Entscheidung verändert wiederum zweitens die soziale Rolle behinderter Menschen, nämlich vom Objekt der Fürsorge zum Bürger mit

Rechten; nach Ericsson ist dies die wichtigste Frage, denn sie betrifft die grundsätzliche Einstellung zu behinderten Menschen und mit einer anderen sozialen Rolle lässt sich der Prozess der Teilhabe nur schwer umsetzen. Diese von Ericsson im Jahre 1986 im Rückblick auf die skandinavische Entwicklung formulierte Frage der vollen Bürgerrechte steht weltweit u. E. erst heute, mit der UN-Behindertenrechtskonvention und der damit verbundenen Inklusionsdebatte, im Zentrum. Ein solcher Teilhabeprozess wiederum erzwingt drittens die Entwicklung von Hilfen, die es Menschen ermöglichen, auch tatsächlich am Leben der Gesellschaft zu partizipieren, und zwar unter Wahrung ihrer persönlichen Integrität und Würde. Die Doppelung der Perspektive auf anerkannte Lebensbedingungen einerseits und die Berücksichtigung individueller Interessen und Bedarfslagen einschließlich aller im Einzelfall nötiger angemessener Hilfen andererseits war und ist immer Bestandteil aller fachlicher Konzeptualisierungen von Vertretern des Normalisierungsprinzips gewesen. Somit stellt sich die Normalisierung als ein Prozess dar, welcher sich auf mindestens drei Ebenen vollzieht: auf der politischen Ebene, auf der Ebene der Konzeptionen der pädagogischen Einrichtungen und auf der Ebene der Praxis, des Handelns mit und zwischen Menschen. Nirje sah vier Bereiche vor, in denen das Normalisierungsprinzip als Mittel, als Instrument zur Anwendung kommen sollte (vgl. Nirje 1994, 27 f.): in Bezug auf die kulturellen Strukturen, in Bezug auf die Lebenssituation von Menschen mit Behinderungen, in Bezug auf mögliche Modifikationsprozesse für das Gemeinwesen (so z. B. in der Entwicklung und Verbesserung von sozialen Einrichtungen) und in Bezug auf die Relevanz für die gesamte Gesellschaft. Thimm formulierte 1989 die Kernelemente einer gemeindenahen Behindertenpädagogik, die zwingend zusammengedacht werden müssen, soll sich der Wandel von einer institutionellen zu einer personalen, an alltäglichen Lebensvollzügen ausgerichteten Perspektive vollständig vollziehen:

a) Eine auf regionale und kommunale Gegebenheiten bezogene Planung und Umsetzung von Hilfen mit entsprechenden Zuständigkeiten der Behörden und Dienstleistungserbringer: Dezentralisierung, Regionalisierung, Kommunalisierung sind die korrespondierenden Handlungsansätze für ein Leben in der Gemeinde.

b) Die Ausrichtung der Hilfen an den individuellen Lebenslagen, also eine personen- und sozialraumorientierte Teilhabeplanung unter Einschluss der Stützung und Förderung der sozialen Netzwerke und der Selbsthilfemöglichkeiten behinderter Menschen und ihrer Familien.

c) Selbst- und Mitbestimmung, Partizipation, Rechte und Respektierung der Würde und Einmaligkeit des Einzelnen.

2.2 Theoretische Entwicklungs- und Begründungslinien

Sowohl für das Normalisierungsprinzip als auch für den Integrationsbegriff liegen national und international zahlreiche theoretische Begründungen, handlungsleitende Konzeptualisierungen und zusammenfassende Darstellungen bis hin zu Handbüchern und Lexika vor (zum Normalisierungsprinzip: Beck 1994; Beck et al. 1996; BuV Lebenshilfe 1986; Thimm et al. 1985; Thimm 2005; zu Integration u. a.: Bleidick 1988; Eberwein & Mand 2008; Feuser 2002; Borchert & Schuck 1992; Bless 2007; Preuss-Lausitz & Maikowski 1998; Lingenauber 2008; aus internationaler Sicht: Bürli & Strasser 2009). Umsetzungen wurden für das Normalisierungsprinzip spätestens ab Anfang der 1970er Jahre in den skandinavischen und angloamerikanischen Ländern wissenschaftlich begleitet und evaluiert, eine erste Darstellung der Forschungsergebnisse erfolgte bereits 1980 in dem Band von Flynn & Nitsch „Normalization, Integration and Community Services" (1980; 1985 für Deutschland: Thimm et al.). Stand und Ergebnisse der schulischen Integration in Deutschland wurden von Borchert & Schuck 1992 zusammengefasst, zentrale Publikationen zu Lebensqualität lagen Ende der 1980er/Anfang der 1990er Jahre vor (Goode; Schalock, zus.fass.: Beck 1994; Beck & Schuck 2001). Dabei lässt sich zunächst zusammenfassend für die Forschung feststellen, dass Anfang der 1990er Jahre im Wesentlichen die zentralen Bedingungen für das Gelingen oder Scheitern der Zielumsetzung und gemeindeorientierte Unterstützungssysteme bekannt waren. Anfänglich waren linear-kausale Untersuchungsmodelle verfolgt worden, in denen „Integration" oder „Normalisierung" anhand der Wirkung bestimmter Strukturmerkmale (Größe und Lage der Einrichtung z. B. im Fall des Normalisierungsprinzips oder Organisationsform der Beschulung im Fall der Integration) auf einzelne individuelle Aspekte wie Kompetenz, Lernerfolg oder Selbstbild erforscht wurden. Diese Phase wurde jedoch schnell zugunsten mehrdimensionaler Modelle überwunden, in denen Prozessmerkmale wie das Handeln und die Kompetenzen der Fachkräfte, die Qualität der Bildung und Förderung in den Blickpunkt rückten und auch für die Ergebnisprüfung vielschichtigere Designs entwickelt wurden. Nirjes durch entwicklungs- und bedürfnistheoretische Bezüge gestützte systematische Entfaltung des Normalisierungsprinzips in acht Bereiche erlangte große handlungsleitende Bedeutung in der Praxis und diente als operationale Basis zahlreicher Evaluationsstudien. Diese Ausdifferenzierung transportiert die soziale und pädagogische Bedeutung grundlegender Lebensrhythmen und Entwicklungsbedingungen; für behinderte Menschen sollten „normale" im Sinne durchschnittlich vorfindbarer, aber zugleich auch als anerkannt geltender Lebensbedingungen und nicht schlechtere gelten. Gleichzeitig müssen die vorfindbaren Lebensbedingungen auf ihre Zuträglichkeit für die Entwicklung und Lebensführung hin geprüft und gegebenenfalls verändert werden: Also werden Verhältnisse gestaltet und nicht Menschen an sie angepasst. Die Doppelung von empirischer und normativer „Normalität" [→ II Normalität] hält dazu an, real erreichte Standards als Bewertungskriterium he-

ranzuziehen und sie zugleich zu hinterfragen sowie sozialen Wandel mit zu thematisieren. Insofern stellt sich die Aufgabe der „Normalisierung" immer wieder neu und immer in Abhängigkeit der konkreten kulturellen und gesellschaftlichen Bedingungen.

An Nirjes Differenzierung orientiert, erfolgte in Schweden früh eine Auffächerung des Integrationsbegriffs nach unterschiedlichen Betrachtungsaspekten, die wiederum auf unterschiedliche Lebensbereiche und Lebensphasen hin bezogen werden (Hjärpe 1982). Als operationale Basis für empirische Untersuchungen ermöglichte sie differenzierte Einblicke in den Stand und die Probleme der Umsetzung in Schweden. Ähnliche, wenn auch variierende Differenzierungen des Integrationsbegriffs wie der nach einer physischen, funktionellen, sozialen, politischen, organisatorischen und personalen Integration legten u. a. Schiller (1987), Speck (2003) und Metzler (1999) vor. Diese Differenzierung und vor allem der Einbezug unterschiedlicher Lebensbereiche liefen dann auf die Verbindung mit dem Konstrukt der Lebensqualität als einer umfassenden Ergebnisoperationalisierung zu. Die Verbindung von objektiven Standards mit subjektiven Befindlichkeiten sowie die alle Felder der Lebensführung umschließende Betrachtung, die das Konstrukt auszeichnet, lässt es wie kein anderes dafür geeignet erscheinen – allerdings ohne per se theoretisch begründet zu sein. Die Unterscheidung zwischen einem Betrachtungsrahmen, der zwar operationabel ist, aber ohne theoretische und normative Klärungen wenig Aufschlüsse über das Zustandekommen einer bestimmten Lebenssituation oder aber die Frage der Gewichtung bestimmter Dimensionen ermöglicht, und den ihn begründenden Theorien ist sehr bedeutsam, wird aber selten beachtet, ebenso wie seine eher makrotheoretische Theorie, also auf Lebensverhältnisse von Gruppen oder einer Gesellschaft abhebende Anlage, auch wenn er subjektive Aspekte mit aufnimmt. Fornefeld & Seifert (2001) haben in ihrer beispielhaften Untersuchung der Lebensqualität umfänglich behinderter Menschen in Heimen und Pflegeeinrichtungen deshalb den Weg gewählt, Lebensqualität unter Bezug auf Felce & Perry (1997) subjektiv mit der Kategorie des Wohlbefindens zu fundieren, um so die individuelle Perspektive über Zufriedenheitsbekundungen hinaus untersuchen zu können.

Der Ansatz wird in der Regel bedürfnistheoretisch begründet, doch die Frage, unter welchen Bedingungen sich denn überhaupt Interessen entfalten oder welche Faktoren sich für die individuelle Alltags- und Belastungsbewältigung als entscheidend erweisen, kann nur über eine Anbindung an mikrotheoretisch vermittelte Ansätze, z. B. der Belastungs- und Bewältigungsforschung, beantwortet werden (vgl. beispielhaft: Schiller 1987) [→ Alltags- und Belastungsbewältigung und soziales Netzwerk]. Strukturell und statusbezogen erschwerte Zugangschancen wiederum zu Feldern der Bedürfnisbefriedigung werden in der Lebenslagen- und Ungleichheitsforschung thematisiert [→ Soziale Exklusions- und Desintegrationsrisiken: soziale Ungleichheit, soziale Abhängigkeit]. Gleichwohl erlauben Untersuchungen mit dem Ansatz breite deskriptive Einblicke in konkrete Lebensverhältnisse ebenso wie die Identifizierung von Disparitäten. Darüber hinaus ermöglicht der Ansatz von Felce & Perry auf der Handlungsebene als Grundlage für die Qualitätsentwicklung anstelle eines eher defizitorientierten, an den Dimensionen von Schädigungen und Beeinträchtigungen enggeführten Verständnisses des Bedarfs an Erziehung und Bildung eine umfassende Betrachtung der Lebensführung für die Erhebung individueller Bedarfslagen, wobei Spezifizierungen für Lebensbereiche vorzunehmen sind (Wohnqualität, Bildungsqualität). Er hat zu einer deutlich gestiegenen Einbeziehung der Adressaten und ihrer Sichtweisen in der Qualitätsentwicklung geführt.

Die Wirkungen „integrativer" Prozesse werden heute mehrdimensional in Kategorien verbesserter Bildungs- oder Lebensqualität, subjektiver Zufriedenheit und erhöhter Partizipation gefasst. Erkenntnisse zu wesentlichen Bedingungsfaktoren gelingender Teilhabe speisen sich aus der jahrzehntelangen Forschung zu De-Institutionalisierung, Normalisierung, Integration, Lebensqualität im nationalen und internationalen Zusammenhang, leiten sich aber auch aus zahlreichen anderen Forschungszusammenhängen ab, denn jede Operationalisierung der Leitideen muss ja auf Konzeptualisierungen oder aber theoretische Erklärungszusammenhänge zurückgreifen. So leiten sich Wolfensbergers Begründungen von Normalisierung und Integration aus soziologischen Rollen- und Stigma-Theorien ab und stellen eine Ausweitung und Vertiefung der bis dahin eher entwicklungs- und bedürfnistheoretisch orientierten Begründungen dar. Demnach können normative Erwartungen, die nur einseitig an der Schädigung ansetzen, die Abwertung des behinderten Menschen zur Folge haben. Seine biographische Einmaligkeit tritt hinter die auf die Abweichung konzentrierte Perspektive zurück; solche diskreditierenden Prozesse sind gesellschaftlich, in den Handlungsroutinen von sozialen Diensten und im Alltag beobachtbar. Das Konzept der Aufwertung der sozialen Rolle, von Wolfensberger anstelle von Normalisierung gesetzt, bezieht sich auf alle Ebenen und alle Gruppen von Abwertung bedrohter Menschen; er legte ein international breit eingesetztes Verfahren (Program Analysis of Service Systems' Implementation of Normalization Goals, Wolfensberger & Thomas 1983) zur Qualitätsentwicklung und -beurteilung von sozialen Diensten vor. Für Thimm wiederum war die dem Normalisierungsprinzip eigene konsequente Entwicklungsorientierung einerseits und andererseits die vorgelagerte kommunikationstheoretische Prämisse Ausgangspunkt seiner theoretischen Verortung: Im Rahmen des „kommunikativen Paradigmas" in der Tradition der für Thimms wissenschaftliche Arbeiten zentralen Phänomenologie [→ I Phänomenologie] und des symbolischen Interaktionismus wird der binäre Code von Norm und Abweichung selbst infrage gestellt und der Aufbau symmetrischer (gleichberechtigter) Kommunikationsstrukturen als Basis identitäts- und integrationsfördernder Prozesse gefordert. In den Mittelpunkt rücken Kommunikations- und Interaktionsprozesse behindernde oder fördernde Strukturen gegenüber einer primären Orientierung an der schädigungsbedingten Einschränkung. Das Normalisierungsprinzip wird somit zu einer Leitformel für die Stützung lebensweltlicher Funktionen unter dem Primat „verständigungsorientierten Handelns" (Bächtold 1990, 96). Sowohl für Thimm als auch für Wolfensberger lassen sich die Arbeiten von Erving Goffman, für Thimm insbesondere die Stigma-Identitätstheorie, aber auch „Asyle" und die hierin erfolgte Analyse „totaler Institutionen" als von hohem Einfluss benennen. Goffmans Analysen dürften aber auch für die Akzeptanz des Integrations- und Normalisierungsgedankens von erheblicher Bedeutung gewesen sein. Integration und Normalisierung sind somit aber begründet und begründbar als Wandel von Institutionen und sozialen Rollen im Sinne der Hinterfragung nicht gleichberechtigter Interaktionsstrukturen und einseitiger „Normalitätsvorstellungen". Eine Anbindung an modernitätstheoretische Diskurse wurde von Beck (1996) geleistet, wonach sich das Normalisierungsprinzip erst auf dem Boden postkonventioneller, also traditionelle Normalitätsvorstellungen infrage stellender Gesellschaftsprozesse überhaupt durchsetzen konnte und diese zugleich beförderte, ebenso wie es die Kritik bürokratisch-hierarchischer Institutionen impliziert. Insofern gilt es den Anschluss an normalismustheoretische Debatten herzustellen, wie dies u. a. von Gröschke gefordert wird: „Die paradoxale Bestimmung von Normalität (Praxiskonzept vs. Integrationsprinzip) gilt heute, unter den obwaltenden Bedingungen von Pluralisierung der Lebensstile und Individualisierung der Lebensläufe, umso mehr. Unter den heutigen Bedingungen hochindustrieller, post- oder spätmoderner Übergangsgesellschaften haben sich die bisher gewohnten und stabilisierenden Orientierungs- und Organisationsmuster der individuellen Biographie und der

Sozialisation der Individuen weitgehend aufgelöst. ‚Normalarbeitsverhältnisse' als gesellschaftsintegrative Basismechanismen werden immer seltener; ‚Normalbiographien' als normative individuelle Strukturierungsmuster des Lebenslaufes sind unter den Bedingungen heutiger ‚Risiko'- und Transformationsgesellschaften nicht mehr langfristig berechenbar. ‚Normalität' ist unter heutigen Bedingungen nur noch als vieldeutig-polyvalente Kontingenzformel denkbar [...]" (Gröschke 2002, 178). Die „reformerische Semantik" (Gröschke 2002, 179) („normaler Tages-, Wochen- und Jahresablauf, normaler Lebenslauf") ist aber nur dort noch dieser Zeit verhaftet, wo die kritischen postkonventionellen Verortungen und die von Thimm immer wieder hervorgehobene kontingente Struktur des Prinzips, seine Relationalität zu gesellschaftlichen Verhältnissen, nicht wahrgenommen werden. Dem entgegen verweist die Begründung, wie sie Thimm vorgenommen hat, gerade auf Struktur- und Handlungsmaximen für die Bewältigung kontingenter Lebensverläufe, wie sie sich auf der Basis lebensweltorientierter, kritisch-reflexiver Denk- und Handlungsansätze in weiten Feldern pädagogischer Arbeit etabliert haben und die zugleich starke Überschneidungen mit dem Lebenslagenkonzept aufweisen, gleichsam die Doppelung der Perspektive auf je individuell-biographische Dimensionen und zugleich auf deren soziale Bedingtheit wiederholend (vgl. hierzu beispielhaft das das Normalisierungsprinzip aufnehmende Modell einer lebensweltorientierten Sozialpädagogik nach Thiersch 2008).

Die Forschungslage ist hinsichtlich der sozialen, personalen und kompetenzbezogenen Integration in allgemeine Bezüge eindeutig: Sie gelingt dort gut, wo gute qualitative Bedingungen bestehen. Sondereinrichtungen bewirken keine besseren Bedingungen für eine spätere gesellschaftliche Teilhabe, sondern können sie, in Abhängigkeit ihrer strukturellen und konzeptionellen Bedingungen, eher verringern. Die physische Integration allein bewirkt nicht automatisch eine soziale, personale oder funktionale Integration.

Strukturelle, äußere Bedingungen wie Dezentralisierung, Verkleinerung von Gruppengrößen usw. sind dafür notwendige, aber keine hinreichenden Bedingungen: die Qualität der pädagogischen Arbeit und der professionellen Kooperation, die Atmosphäre in den Institutionen und die Kohärenz von Programmzielen und realer Programmumsetzung über Organisation und Personal sind dafür entscheidendere Variablen. Die Organisationsform allein sichert also keinesfalls die Qualität, ist aber eine wichtige Bedingung. Probleme knüpfen sich entsprechend sowohl an strukturelle als auch personell-fachliche Defizite. Die langjährige Forschung und die Praxis haben anerkannte Prinzipien generiert, nach denen „bis heute grundsätzlich versucht wird, Integration konzeptionell zu bestimmen und praktisch zu realisieren. Die Erfahrungen der letzten zwanzig Jahre haben aber gezeigt, dass selbst in hochkarätigen Modellversuchen immer wieder gegen zentrale und eigentlich mit Integration unvereinbare Prinzipien verstoßen wird" (Markowetz 1997, 202 f.), teilweise aufgrund fehlender oder ungeeigneter Rahmenbedingungen, teilweise aufgrund fachlicher, rechtlicher und konzeptioneller Defizite. Nach Markowetz (ebd., 199 ff.) sind diese Prinzipien für alle Handlungsfelder richtungsweisend; u. a. gehören hierzu: die normativ-ethische Begründung und Verpflichtung; das Prinzip der Normalisierung; die Unteilbarkeit (keine Grenzen nach Art oder Schwere der Behinderung); die Ganzheitlichkeit (Berücksichtigung der Lebenswirklichkeit insgesamt, umfassende Unterstützungsplanung); Regionalisierung und Dezentralisierung; die Integration von Bildung, Förderung, Therapie und Pflege; Teamarbeit und Kompetenztransfer; Individualisierung, innere Differenzierung und Vielförmigkeit der Angebotsstrukturen. Dabei sind einige Prinzipien normativer, einige fachlich-konzeptioneller, einige struktureller Natur.

3 Ausblick

Integrationsprozesse spielen sich immer in einem für soziale Beziehungen grundlegenden Spannungsfeld ab, dem Spannungsfeld von „Gleichheit" und „Verschiedenheit", von So-Sein wie alle anderen und zugleich einmalig zu sein als Aufgabe der Identitätsbalance, wie sie sich jedem Menschen stellt, aber angesichts von Behinderung und Benachteiligung den Vergleich mit einseitigen, häufig unreflektierten Normalitäts- als Glücks-, Gesundheits-, Leistungsfähigkeitsvorstellungen zu bewältigen hat. Behinderte Menschen erfahren sich „selbst als ‚behindert' nur im sozialen Vergleich mit nicht behinderten Mitmenschen. In diesem sozialen Vergleichsprozess kommen die Normen der Normalität der Nichtbehinderten ins Spiel: Je stärker, mächtiger, besser die anderen sind, desto geringer die Chancen, selbst etwas gut oder besser als andere zu können oder mit ihnen mithalten zu können … ‚Warum bin ich behindert?' Diese existentielle Schlüsselfrage differenziert sich häufig aus einer Reihe lebenspraktischer Fragen: ‚Warum muss ich ins Heim, warum muss ich zur WfB, warum kann ich nicht heiraten, warum darf ich keine Kinder bekommen?'" (Gröschke 2002, 201). In diesen autobiographischen Frage- und Argumentationszusammenhängen bedeutet Normalität, so zu sein, wie es alle anderen auch sind (oder zumindest zu sein scheinen) und doch zugleich eine einmalige Persönlichkeit auszuprägen. Das Erleben des nicht So-Sein und Leben-Könnens führt zur Erfahrung, möglicherweise aus dem Kreis des Normalen und der Normalen heraus zu fallen bzw. hiervon ausgeschlossen zu werden und zur Bedrohung der Identität. Lingenauber hat die bisherige Problematik der Eingliederungsbemühungen, auf der Vorderbühne für die Abschaffung dessen zu plädieren, was auf der Hinterbühne ständig neu reproduziert wird, für den Integrationsdiskurs auf den Punkt gebracht: „[Es] sei an die … Tendenz im integrationspädagogischen Diskurs erinnert, Behinderung als Normalität zu definieren […].

Diese Normalitätsvorstellung wird – genau wie die im integrationspädagogischen Diskurs häufig anzutreffende These: ‚Es ist *normal* verschieden zu sein' – nicht als allgemein-kulturelle Normalitätsvorstellung im Diskurs generiert. Der sonderpädagogische sowie der allgemeinpädagogische Diskurs generieren vielmehr die Normalitätsvorstellung, dass es *nicht normal* ist behindert zu sein. Im integrationspädagogischen Diskurs wird folglich der Versuch unternommen, eine neue Normalität herzustellen" (Lingenauber 2003, 28). Auf diesem Hintergrund wird die Heil- und Behindertenpädagogik, vielleicht sogar sehr grundlegend, in den nächsten Jahren ihr Verständnis von Normalität und Normalisierung zu reflektieren und zu modifizieren haben.

Gleichheit und Verschiedenheit berühren aber auch das Spannungsfeld zwischen individuellen Entfaltungsrechten und -bedürfnissen und den Rechten und Bedürfnissen anderer sowie von solidarischen Verpflichtungen und damit geht es immer auch zentral um Gerechtigkeit und um Verteilungskonflikte [→ VI Gesellschaftsentwicklung und soziale Gerechtigkeit]. Die aktuelle Prominenz des Inklusionsbegriffes – und zwar in der Doppelfunktion als politischer Reform- wie als wissenschaftlicher Reflexionsbegriff – verdankt sich im internationalen Zusammenhang der Tatsache, dass mit der „Zugangsfrage" ein weltweites Kernproblem verknüpft ist, nämlich das von sozialer Ungleichheit und von Gerechtigkeit. Mit dem Begriff der Inklusion werden beide Spannungsfelder in erweiterter Weise aufgegriffen, denn Inklusion bezieht sich grundsätzlich auf die Frage der Zugangschancen und ihrer Verteilung und kann weder zielgruppenspezifisch noch als einseitige „Eingliederung" stattfinden. „Education for all" als Milleniumsziel der UN betrifft im Kern das weltweite Problem von Verteilungskonflikten infolge sozialer Ungleichheit, von versperrten Zugangschancen zu Bildung als Problem von ethnischer ebenso wie sozialer Herkunft, von Geschlecht wie von Behinderung. Die „soziale Frage" nach der Sicherung einer menschenwürdigen Lebensführung stellt sich heute im nationalen und internationalen Zusammenhang drängend; Globalisierung, Ökonomisierung [→ VI Globalisierung, Deregulierung, Ökonomisierung], ökonomische und ökologische Krisen und das Ende des Wohlfahrtsstaates traditioneller Prägung haben neue Problemlagen gleichsam quer zu den „alten" Statusrisiken entstehen lassen und diese Problemlagen lassen sich nicht mehr vollständig voneinander getrennt lösen. Zudem kommt es viel stärker als bisher darauf an, die konkreten Wechselspiele zwischen den je gegebenen sozial- und infrastrukturellen, politischen, finanziellen, rechtlichen und sozialräumlichen Rahmenbedingungen auf der einen Seite und den Bedarfslagen, den Interessen, Ressourcen und Belastungen der Adressaten auf der anderen Seite in den Blick zu nehmen, um die Handlungsspielräume und die -strategien für Teilhabe und die Verbesserung der prekären Lebenssituation bestimmen zu können. Die Ansätze einer inklusiven Schule und eines inklusiven Gemeinwesens, wie sie international in der Tradition der Community Based Rehabilitation der WHO und des Salamanca-Statements verfolgt werden, stellen bereits diese Verknüpfungen sowohl zwischen Problemlagen als auch zwischen den insgesamt für eine gelingende Lebensführung notwendigerweise zusammen zu denkenden Teilhabeformen her. Diese politische Perspektive der Umsetzung einer tatsächlich gleichberechtigten Teilhabe erzwingt nun einerseits eine deutliche Blickerweiterung der Behindertenpädagogik (gleichsam aus der eigenen Zwei-Gruppentheorie herausgehend), zum anderen die Umstellung insbesondere der Institutionen und Organisationen im Sinne einer Umstellung der Mitgliedschaftsbedingungen und damit eine Reduktion von Freiheitsgraden, wie dies Fuchs aus systemtheoretischer Perspektive (vgl. Fuchs 1995, 11 ff.) analysiert hat: „Immer dann, wenn soziale Systeme tolerieren sollen, daß in ihrer Umwelt Behinderungen auftauchen, immer dann reduzieren sich die Freiheitsgrade dessen, was in sozialen Systemen routiniert möglich ist" (ebd., 13). Die

Diskussion um den Begriff der „Inklusion", welche die Themen der Normalisierung, der Integration und der Lebensqualität in den letzten Jahren begleitet und z. T. konterkariert hat, hat auch in Deutschland intensive Ausprägungen angenommen (vgl. Greving 2006, 73 ff.; Schwohl & Sturm). Die Spannbreite reicht hierbei über die Beschreibung einer erweiterten Integration bis hin zu einer Auflösung dieses Begriffes. Aus der Vielzahl der unterschiedlichen Ansätze ragt die Fassung der Inklusion im Kontext der Systemtheorie, so wie Niklas Luhmann [→ I Systemtheorie, sozialwissenschaftlich: Luhmann] sie begründet hat, heraus. Diese Definition erscheint als die zurzeit stringenteste, auch wenn sie in hohem Maße mit Problemen verbunden zu sein scheint: So z. B. mit dem Problem der Anschlussfähigkeit im Hinblick auf andere Ansätze zur Integration bzw. Inklusion bzw. im Hinblick auf mögliche didaktisch-methodische Umsetzungsformen. Doch verdeutlicht diese Fassung zumindest, dass es bei Inklusion eben gerade nicht um ein ideales Einbezogensein geht, sondern in der Tat um komplexe und durchaus konflikthafte Prozesse in komplexen, funktional ausdifferenzierten Gesellschaften. Jede Inklusion beschreibt dabei zugleich eine Exklusion, die aber nicht per se negativ sein muss. Denn niemand nimmt ständig überall teil und auch innerhalb eines Funktionssystems kann es zu vielfältigen Exklusionen oder Gefährdungen der Inklusion kommen bzw. müssen Formen und Stufen differenziert werden. Insofern gibt es keine „vollständige" Inklusion, und Exklusion ist dann riskant, wenn die Lebensführung die Inanspruchnahme erforderlich macht, wenn sie gegen wichtige Interessen des Einzelnen erfolgt oder es zu Exklusionsverkettungen kommt. Für Organisationen ist per se erst einmal Exklusion kennzeichnend, denn man muss ja explizit von einer Organisation als Mitglied, Kunde oder Kundin, Schüler oder Schülerin usw. aufgenommen werden (vgl. Nassehi 2002, 468). Nach Stichweh (2007) dominieren in den Funktionssystemen ohnehin „vollinklusive" Selbstbeschreibungen

nach dem Motto: Wer schulpflichtig ist, wird natürlich vom Bildungssystem „eingeschlossen". Genau deshalb hat es Sinn, sich die Frage zu stellen, wie sich die tatsächliche Inklusionswahrscheinlichkeit – und diese vollzieht sich auf der konkreten meso- und mikrostrukturellen Ebene zwischen Personen und Organisationen und Institutionen – gestaltet und welche Formen und Stufen sie annimmt. Stichweh, der Inklusion als die Art und Weise bestimmt, wie sich Sozialsysteme auf ihre personale Umwelt beziehen, sieht soziale Rollen als Verdichtungen von Inklusionen an, als Zusammenfassungen von Erwartungen, die Prozesse der Adressierung steuern. Werden überhaupt keine Erwartungen mehr an die Person gerichtet, herrscht Exklusion – eine Leer-Rolle, wie man sie aus den handlungstheoretischen Analysen von Goffman (Asyle erstmals 1961) kennt.

Die Differenzierungen zwischen System und Umwelt lassen sich zudem als Frage eines Verhältnisses von Identität – nämlich der Identität des Systems – und der Differenz zur Umwelt beschreiben. Hierbei wird die Frage der Identitätsbestimmung über den Operationsmodus des jeweiligen Systems konkretisiert: „… und diese Operation wird mittels eines binären Codes vollzogen, der allein trennscharf zwischen System und Umwelt zu differenzieren gestattet, und zwar ausschließlich nach Maßgabe des jeweiligen Systems selbst" (Merten 2001, 175 f.). Die jeweiligen Teilsysteme produzieren und reflektieren materielle bzw. symbolisch kommunizierte Ressourcen. Wer somit an diesen Ressourcen teilhaben möchte, muss sich den Inklusionsbedingungen und Bedingtheiten der jeweiligen Systeme anpassen. Geschieht dieses nicht, so riskiert der Jeweilige einen Ausschluss, also eine Exklusion aus diesem System (vgl. Kleve 1997, 414). Eine so verstandene Inklusion hat auch nichts mehr gemein mit der Integration: Während Integration auf die Zugehörigkeit zu unterschiedlichen sozialen Gruppen wie z. B. Familien oder Stände verweist, und hierbei mit diesen über normative Verbundenheiten vermittelt ist (s. o.), beschreibt Inklusion ausschließlich „eine funktionale System-Umwelt-Beziehung von Menschen zur Gesellschaft, die (nur noch) über die Teilnahme an Funktionssystemen kommunikativ erreichbar ist ..." (Kleve 1997, 415). Wollen Menschen ihre Inklusionsfähigkeit nicht gefährden, dürfen sie nie so fest integriert sein, „dass ihnen die Freiheit für wechselnde Inklusion verloren geht. Die primäre Differenzierungsform der modernen Gesellschaft liegt also quer zu den (traditionalen) Integrationen der Menschen" (Kleve 1997, 415). Damit wäre wiederum der Anschluss zur Normalitätsdebatte hergestellt. Dieses Modell der Inklusion nach Niklas Luhmann stellt somit ein Kommunikationsmodell dar, in welchem sowohl Einschluss- als auch Ausschlussprozesse wahrnehmbar, diagnostizierbar und veränderbar sind. Es ist hierbei somit weder eine vollständige Exklusion noch eine völlige Inklusion möglich oder notwendig, da die unterschiedlichen Personen immer wieder zwischen unterschiedlichen Sozialsystemen wechseln und an den jeweiligen Kommunikationskreisläufen eben dieser Systeme teilnehmen bzw. auch nicht teilnehmen.

Die ab den 1970er Jahren beginnenden Normalisierungsbemühungen setzten zentral an der Trennung von Lebensbereichen an, um Rollenvielfalt und Identitätssicherung zu ermöglichen; an der Veränderung des Behinderungsbildes und der Normalisierung der Hilfen im Sinne der Gewährung anerkannter Lebensbedingungen. Sie bewirkten auf der Handlungsebene weitreichende Veränderungen, doch die Seite des Umfelds von Organisationen geriet ähnlich wie im Schulbereich, wo die pädagogischen Begründungen von Integration stark auf veränderte Unterrichtsformen abzielten, aus dem Blick. Strukturelle Reflexivität würde sich, anschließend an die systemtheoretischen Überlegungen zu Inklusion, nun wesentlich auf die offenkundigen Begrenzungen beziehen, die hiermit für den Wandlungsprozess impliziert sind, und damit auf die Notwendigkeit einer Öffnung der Sondereinrichtungen zum Umfeld und den Transfer spezieller Kenntnisse und Qua-

litäten in allgemeine Zusammenhänge. Dabei müssen aber die Widersprüche thematisiert werden, die durch die gesellschaftlichen Verteilungskonflikte und Ökonomisierungstendenzen ebenso wie durch konstitutiv wirksame Exklusionsprozesse entstehen, da sie als Rahmenbedingungen auf Chancen und Grenzen der Teilhabe einwirken.

Literatur

Barow, Thomas (2009): Die Ursprünge der Normalisierung in Schweden. – Zeitschrift für Heilpädagogik 1, 2–10

Bächtold, Andreas (1990): Gemeindenahe Hilfe für Behinderte. Ein Spannungsfeld zwischen System und Lebenswelt. In: Speck, Otto & Martin, Klaus-Rainer (Hrsg.): Handbuch der Sonderpädagogik. Berlin, 87–106

Beck, Iris (1994): Neuorientierung in der Organisation pädagogisch-sozialer Dienstleistungen für behinderte Menschen: Zielperspektiven und Bewertungsfragen. Frankfurt a. M.

Beck, Iris (2006): Lebensqualität. In: Antor, Georg & Bleidick, Ulrich (Hrsg.): Handlexikon der Behindertenpädagogik. Schlüsselbegriffe aus Theorie und Praxis. 2. Aufl., Stuttgart, 376–379

Beck, Iris et al. (Hrsg.) (1996): Normalisierung: Behindertenpädagogische und sozialpolitische Perspektiven eines Reformkonzeptes. Heidelberg

Beck, Iris & Degenhardt, Sven (2010): Inklusion – Hinweise zur Verortung des Begriffs im Rahmen der internationalen politischen und sozialwissenschaftlichen Debatte um Menschenrechte, Bildungschancen und soziale Ungleichheit. In: Schwohl, Joachim & Sturm, Tanja (Hrsg.): Inklusion als Herausforderung schulischer Entwicklung. Hamburg, 55–82

Beck, Iris & Schuck, Karl Dieter (2001): Der Forschungsstand über Möglichkeiten und Grenzen der Integration aus Sicht der Heil- und Sonderpädagogik. In: Igl, Gerhard & Welti, Felix (Hrsg.): Die Verantwortung des sozialen Rechtsstaats für Personen mit Behinderung und für die Rehabilitation. Wiesbaden, 91–116

Bellebaum, Alfred & Barheier, Klaus (Hrsg.) (1994): Lebensqualität. Ein Konzept für Praxis und Forschung. Opladen

Bleidick, Ulrich (1988): Betrifft Integration: behinderte Schüler in allgemeinen Schulen. Konzepte der Integration: Darstellung und Ideologiekritik. Berlin

Bless, Gérard (2007): Zur Wirksamkeit der Integration. Forschungsüberblick, praktische Umsetzung einer integrativen Schulform, Untersuchungen zum Lernfortschritt. Beiträge zur Heil- und Sonderpädagogik 18. 3., unveränd. Aufl.

Borchert, Johann & Schuck, Karl Dieter (1992): Integration: Ja! Aber wie? – Ergebnisse aus Modellversuchen zur Förderung behinderter Kinder und Jugendlicher. Band 2 der Reihe: Lebenswelten und Behinderung. Hamburg

Bonderer, Eduard (1979): Integration – Allgemeine Tendenzen und Hintergründe der Integrationsdiskussion. In: VHN 48,4, 367–380

Bonderer, Eduard (1980): Integrationsbegriffe in der Behindertenpädagogik. In: VHN 49, 1, 57–66 (Teil 1) und VHN 49, 2, 179–190 (Teil 2)

Bürli, Alois et al. (Hrsg.) (2009): Integration/Inklusion aus internationaler Sicht. Bad Heilbrunn

Bundesvereinigung Lebenshilfe für Geistig Behinderte e.V. (Hrsg.) (1986): Normalisierung – eine Chance für Menschen mit geistiger Behinderung. – Große Schriftenreihe der Bundesvereinigung Lebenshilfe für geistig behinderte Menschen e.V., Bd. 14, Marburg

DEUTSCHER BILDUNGSRAT (1973): Empfehlungen der Bildungskommission: Zur pädagogischen Förderung behinderter und von Behinderung bedrohter Kinder und Jugendlicher. Bonn

Dudenredaktion (Hrsg.) (2001): Fremdwörterbuch. 7. Aufl., Mannheim

Eberwein, Hans & Mand, Johannes (Hrsg.) (2008): Integration konkret. Begründung, didaktische Konzepte, inklusive Praxis. Bad Heilbrunn

Ericsson, Kent (1986): Der Normalisierungsgedanke: Entstehung und Erfahrungen in skandinavischen Ländern. In: BUNDESVEREINIGUNG LEBENSHILFE FÜR GEISTIG BEHINDERTE e.V. (Hrsg.): 33–44

Ferber, Christian von (1989): Zukunftsorientierte Politik für behinderte Menschen. In: Beck, Iris & Thimm, Walter (Hrsg.): Integration heute und morgen. Düsseldorf

Felce, David & Perry, Jonathan (1997): Quality of life: the scope of the term and its breadth of measurement. In: Brown, Roy I. (Hrsg.): Quality of life for people with disabilities. Models, research und practice. Cheltenham, 56–71

Feuser, Georg (2002): Integration – eine conditio sine qua non im Sinnen kultureller Notwendigkeit und ethischer Verpflichtung. In: Greving, Heinrich & Gröschke, Dieter: Das Sisyphos-Prinzip. Gesellschaftsanalytische und gesellschaftskritische Dimensionen der Heilpädagogik. Bad Heilbrunn, 221–236

Flynn, Robert J. & Lemay, Raimund A. (Hrsg.) (1999): A quarter-century of Normalization and Social Role Valorization: Evolution and Impact. Ottawa

Flynn, Robert J. & Nitsch, Kathleen (1980): Normalization, Social Integration and Community Services. Baltimore

Fuchs, Peter (1995): Behinderung von Kommunikation durch Behinderung. In: Strubel, Werner & Weichselgartner, Horst (Hrsg.): Behindert und verhaltensauffällig. Zur Wirkung von Systemen und Strukturen. Freiburg, 9–18

Greving, Heinrich (2006): Kann man Inklusion lernen? – Fragen an eine didaktisch-methodische (Un-)Möglichkeit. In: Dederich, Markus et al. (Hrsg.): Inklusion statt Integration? Heilpädagogik als Kulturtechnik. Gießen, 73–85

Gröschke, Dieter (2002): Normalität, Normalisierung, Normalismus – Ideologiekritische Aspekte des Projekt der Normalisierung und sozialen Integration. In: Greving, Heinrich & Gröschke, Dieter: Das Sisyphos-Prinzip. Gesellschaftsanalytische und gesellschaftskritische Dimensionen der Heilpädagogik. Bad Heilbrunn, 175–202

Hjärpe, Jan (1982): Normalization in Sweden – quality and limitations: Operationalization and an empirical study. In: Kebbon, L. et al. (Hrsg.): Mental retardation project. – Papers of the 6th International Congress of the IASSMD. Toronto, Unpublished paper, 21–40

Kleve, Heiko (1997): Soziale Arbeit zwischen Inklusion und Exklusion. In: Neue Praxis 5, 412–432

Kugel, Robert B. & Wolfensberger, Wolf (Hrsg.) (1969): Changing patterns in residential services for the mentally retarded. Washington (dtsch. Übersetzung 1974 als: Geistig Behinderte – Eingliederung oder Bewahrung? Stuttgart)

Lingenauber, Sabine (2003): Integration, Normalität und Behinderung. Eine normalismustheoretische Analyse der Werke (1970–2000) von Hans Eberwein und Georg Feuser. Opladen

Lingenauber, Sabine (2008): Handlexikon der Integrationspädagogik. Bd. 1: Kindertageseinrichtungen. Freiburg

Markowetz, Reinhard (1997): Soziale Integration von Menschen mit Behinderungen. In: Cloerkes, Günther: Soziologie der Behinderten. Heidelberg, 187–238

Merten, Robert (2001): Inklusion/Exklusion und Soziale Arbeit. Überlegungen zur aktuellen Theoriedebatte zwischen Bestimmung und Destruktion. In: Zeitschrift für Erziehungswissenschaft 2, 173–190

Metzler, Heidrun (1999): Integration und Besonderung von Menschen mit (geistigen) Behinderungen – Optionen individueller Lebensführung in und außerhalb von Einrichtungen. In: Diozesan-Caritasverband für das Erzbistum Köln e.V. (Hrsg.): Menschen mit Behinderungen als Mitbürger. Köln, 14–35

Nassehi, Armin (2002): Die Organisationen der Gesellschaft. Skizze einer Organisationssoziologie in gesellschaftstheoretischer Absicht. In: Allmendinger, Jutta & Hinz, Thomas (Hrsg.): Organisationssoziologie. Kölner Zeitschrift für Soziologie und Sozialpsychologie, Sonderheft 4, 443–478

Nirje, Bengt (1969): The Normalization Principle and its Human Management Implications. In: Kugel, Robert B. & Wolfensberger, Wolf (Hrsg.): Changing patterns in residential services for the mentally retarded. Washington, 179–195 (dt. Übersetzung 1974 als: Geistig Behinderte – Eingliederung oder Bewahrung? Stuttgart)

Nirje, Bengt (1994): Das Normalisierungsprinzip – 25 Jahre danach. – In: Vierteljahresschrift für Heilpädagogik und ihre Nachbargebiete 1, 12–32

Preuss-Lausitz, Ulf & Maikowski, Rainer (1998) (Hrsg.): Integrationspädagogik in der Sekundarstufe: Gemeinsame Erziehung behinderter und nichtbehinderter Jugendlicher. Weinheim

Schiller, Burkhard (1987): Soziale Netzwerke behinderter Menschen. Frankfurt a. M.

Schwohl, Joachim & Sturm, Tanja (Hrsg.) (2010): Inklusion als Herausforderung schulischer Entwicklung. Hamburg

Seifert, Monika et al. (2001): Zielperspektive Lebensqualität – Eine Studie zur Lebenssituation von Menschen mit schwerer Behinderung im Heim. Bielfeld

Speck, Otto (2003): System Heilpädagogik. Eine ökologisch-reflexive Grundlegung. München

Speck, Otto (2010): Schulische Inklusion aus heilpädagogischer Sicht. Rhetorik und Realität. München

Stichweh, Rudolf (2007): Inklusion und Exklusion in der Weltgesellschaft – Am Beispiel der Schule und des Erziehungssystems. In: Aderhold, Jens & Kranz, Olaf (Hrsg.): Intention und Funktion: Probleme der Vermittlung sozialer und psychischer Systeme. Wiesbaden, 113–120

Thiersch, Hans (2008): Lebensweltorientierte Soziale Arbeit: Aufgaben der Praxis im sozialen Wandel. Weinheim

Thimm, Walter (1978): Behinderungsbegriff und Lebensqualität. Ansätze zu einer Vermittlung zwischen sonderpädagogischer Theorie und Praxis. In: Verband Bildung und Erziehung (Hrsg.): Brennpunkt Sonderschule – Sonderschultag '77. Bonn, 24–30

Thimm, Walter (1989): Entwicklungsperspektiven kommunaler Behindertenpolitik. In: Sozialreferat der Stadt München (Hrsg.): Zur Situation Behinderter in München. Bericht des Hearings vom 14. April 1989. München

Thimm, Walter (1991): Integration, oder: ein Versuch, etwas Diffuses auf den Begriff zu bringen – Gedanken zur Integrationsproblematik bei Personen mit Sehbehinderungen. In: Sonderpädagogik 21, 1, 4–11

Thimm, Walter (1992): Normalisierung in der Bundesrepublik. Versuch einer Bestandsaufnahme. In: Geistige Behinderung, 283–291

Thimm, Walter (1994): Leben in Nachbarschaften. Hilfen für Menschen mit Behinderungen. Freiburg

Thimm, Walter (2005): Das Normalisierungsprinzip. Ein Lesebuch zu Geschichte und Gegenwart eines Reformkonzeptes. Marburg

Thimm, Walter et al. (1985): Ein Leben so normal wie möglich führen. Zum Normalisierungskonzept in der Bundesrepublik Deutschland und in Dänemark. – Große Schriftenreihe der Bundesvereinigung Lebenshilfe für geistig Behinderte e. V. Bd. 11, Marburg

Wolfensberger, Wolf & Thomas, Susan (1983): PASSING. Program analysis of services' systems implementation of normalization goals. Ontario

Teil III
Einzelprobleme

Teil III
Praxisbeispiele

Lebenssinn

Dieter Gröschke

1 Definition, Begriffs- und Gegenstandsgeschichte

Sich kurz und knapp zum Lebenssinn/Sinn des Lebens äußern zu wollen, ist leicht vermessen und gleicht der „Quadratur des Kreises". In seinem „Wörterbuch der Philosophie: Neue Beiträge zu einer Kritik der Sprache" (Bd. 3, 1924) merkte der Philosoph und Sprachkritiker Fritz Mauthner dazu ironisch an: „Niemals kann ich ohne stillere oder lautere Heiterkeit Bücheranzeigen lesen, die mit Titeln anlocken wie: Der Sinn des Lebens, der Wert des Lebens, der Unfug des Sterbens usw. [...] Freisinnige Nachmittagsprediger schwatzen über nichts lieber als über den Sinn des Lebens; da sind die Mathematiker doch viel anständiger, die untereinander ausgemacht haben, über die Quadratur des Zirkels keine Abhandlungen mehr zu schreiben" (zit. in: Fehige et al. 2004, 29).

Es kann also hier nicht um Antworten auf „die alten Kinderfragen" (Mauthner) gehen: „Hat das Leben einen Sinn/einen Wert?"; „Warum/wozu leben wir?", „Ist das Leben lebenswert?", „Was haben wir vom Leben?" Sinnvoll – im sprachanalytischen Sinne – kann in diesem Zusammenhang die Frage sein: Was meinen wir, wenn wir nach dem Sinn des Lebens fragen (Fehige et al. 2004)?

Eine ideen- und begriffsgeschichtliche Rekonstruktion des Terminus Lebenssinn/Sinn des Lebens (Gerhardt 1995) zeigt auf, dass es sich um einen modernen Begriff handelt, der erst im Laufe des 19. Jahrhunderts regelmäßiger auftauchte. Wenn man „Sinn" als ein Element des erweiterten semantischen Feldes von *Wert*, *Zweck* und *Ziel* auffasst, dann allerdings „gehört die Frage nach dem Sinn des Daseins zu den ältesten philosophischen Fragen überhaupt" (ebd., 821). Etymologisch leitet sich das Wort Sinn von dem althochdeutschen „sin" ab, was eigentlich „Weg", „Reise", „Richtung" bedeutet, abgeleitet von ahd. „sinnan" = „reisen", „streben". In den verschiedenen Richtungen der *Hermeneutik* wird der Begriff Sinn weitgehend inhaltlich deckungsgleich mit dem Zentralbegriff der *Bedeutung* verwendet. Diese beiden Bedeutungsrichtungen von Sinn münden dann auch in den Begriff bzw. das Konzept „Lebenssinn/Sinn des Lebens": „Denn mit dem Sinn des Lebens verbindet sich die Auffassung von einer inneren Absicht des menschlichen Daseins, das dadurch als eine erfüllte Zeit gesehen wird und darin seinen eigentümlichen Wert hat" (ebd., 815).

Von einem religiös und theologisch inspirierten Begriff im Sinne einer „Bestimmung des Menschen" wird der Begriff des Lebenssinns/Sinn des Lebens vor allem seit der Kritischen Philosophie von Immanuel Kant zu einem geläufigen Begriff der praktischen Philosophie, der sich auf „die ganze Kunst des Lebens" (so bei Schleiermacher 1792) bezieht. Zur letztlich entscheidenden Richtschnur für den „Wert/Sinn des Lebens" wird nun allein die menschliche *Vernunft*. In der materialistischen Philosophie von Ludwig Feuerbach wird die Sinnerfahrung an die Sphäre der *Sinnlichkeit* gebunden. Von einer atheistischen Position kommt Feuerbach zu dem Schluss, dass ohne Religion das menschliche Leben „zwecklos" erscheine; und wer den *Zweck* nicht finde, müsse ihn sich setzen: „In der Tat setzen auch alle tüchtigen Menschen sich einen höchsten Zweck", denn „größtes Unglück ist Zwecklosigkeit". In der *pessimistischen* Weltanschauung und Philosophie von Arthur Schopenhauer wird die Bejahung oder Verneinung des „Willens zum Leben" an Werturteile gebunden, die von subjektiven Erfahrungen, Einstellungen und Stimmungen abhängig gemacht werden. Die Beurteilung von *Sinn, Zweck* und *Wert* eines menschlichen Lebens als Ganzes kann im Sinne der aufklärerischen und modernen *Subjektphilosophie* nur von jedem einzelnen menschlichen Individuum vorgenommen werden, „nach seinem eigenen subjektiven Maßstabe" (Eduard von Hartmann, 1885). Diese radikal *subjektive* und *individualistische* Variante im Verständnis von Lebenssinn drückt sich auch bei Friedrich Nietzsche aus: „Stecke Dir selber Ziele, *hohe* und *edle* Ziele und gehe an ihnen zugrunde!" (Nachgelassene Fragmente 1873, 29). In der Grundlegung der hermeneutischen *Geisteswissenschaften* bei Wilhelm Dilthey (1883) wird das *Verstehen* zur zentralen erkenntnistheoretischen Kategorie. Dieses Verstehen des in allen seinen Formen individuell verfassten Lebens basiert auf dem Verstehen des eigenen Lebens, des individuellen *Erlebens*. „Da aber das Erleben stets auf Sinn bezogen ist, ist alles Verstehen immer nur ein Sinnverstehen. So wird der Sinn zur tragenden Kategorie des Selbst- und Weltverständnisses, und der Sinnbegriff gehört seit Dilthey zum festen terminologischen Bestand der philosophischen Literatur" (Gerhardt 1995, 818) [→ II Sinn/sinnhaftes Handeln und Aufbau der sozialen Welt].

In der von Schopenhauer und Nietzsche inspirierten pessimistischen Geschichtstheorie bei Theodor Lessing (1920) wird Geschichtsschreibung (Historiographie) zu einem Projekt der „Sinngebung des Sinnlosen".

Selbstbezogenheit, Selbstbesinnung und *Selbstauslegung* („self-interpretation", Charles Taylor) werden in unserer „postmetaphysischen Moderne" zentrale Bestimmungsstücke aller Konzeptionen vom Sinn des Lebens/Lebenssinn, wobei dieser entweder als „Sinnfindung" oder „Sinnstiftung" gedeutet wird, jeweils aber auf das Ganze des menschlichen Daseins bezogen. Im Existenzialismus von Albert Camus (1942), wie bereits früher in der Mitte des 19. Jahrhunderts im christlichen Existenzialismus von Sören Kierkegaard („Entweder/Oder", 1843), wird die Sinnfrage existentiell und radikal zugespitzt. Camus

fordert die ständige „Revolte" des Einzelnen gegen die einschränkenden Lebensbedingungen und gegen die „Absurdität" des Daseins; nur darin hat das Individuum eine Chance, zu sich und seiner Bestimmung zu finden. Prototypisch für diese Lebenseinstellung ist die Figur des *Sisyphos*, der aus einer Strafe der Götter eine positive Lebensaufgabe gemacht hat (vgl. Greving & Gröschke 2002).

2 Zentrale Erkenntnisse und Forschungsstand

Die begriffs- und ideengeschichtlichen Forschungen zum Konzept Lebenssinn/Sinn des Lebens, die ich im vorangegangenen Abschnitt skizziert habe, lassen sich darin zusammenfassen, dass sich seine zunehmende Relevanz vom 19. Jahrhundert bis in die Gegenwart als Indikator für tiefgreifende Wandlungen im *Selbst-* und *Weltverständnis* der Menschen von der *Aufklärung* zur *Moderne* und *Postmoderne* begreifen lässt. Das Konzept vom Sinn des Lebens ist in der Neuzeit in einem universellen anthropologisch-existenzialen Begriff von *Sinn-Verstehen* verankert. In seinem epochalen Werk „Sein und Zeit" (1927) stellt Martin Heidegger die Grundsatzfrage nach dem „Sinn von Sein", der sich nur durch *Sinnverstehen* des menschlichen „Daseins als In-der-Welt-Sein" erschließen lasse: „Sinn ist das durch Vorhabe, Vorsicht und Vorgriff strukturierte Woraufhin des Entwurfs, aus dem etwas als etwas verständlich wird" (Sein und Zeit, § 32, 151).

Mit der Sinnfrage bleiben einige *erkenntnistheoretische* und *methodologische* Grundfragen unauflöslich verbunden. Sie bewegt sich zwischen *Subjektivismus* (Was der Einzelne in seinem Leben will und sucht) und *Objektivismus* (Was Alle wollen/sollen). Die Korrelation des Sinnbegriffs mit den Begriffen der *Güter* und *Werte* sowie mit dem eudaimonistischen Grundbegriff des *Lebensglücks* oder des *gelingenden Lebens* eröffnet ein weites Feld von Grundsatzfragen anthropologischer, ethischer, religiöser und auch politischer Art: Gibt es objektive und universelle Güter und Werte oder nur subjektive und relative *Interessen* und *Präferenzen*? Was ist „Glück", nach dem seit Aristoteles' Ansicht alle Menschen streben; gibt es allgemein bestimmbare Bedingungen eines guten, gelingenden menschlichen Lebens oder nur eine unübersehbare und historisch kontingente Pluralität unterschiedlichster *Lebensformen* und *Lebensstile*? Muss, darf, kann jeder einzelne unter den heute obwaltenden gesellschaftlichen Bedingungen von *Pluralisierung, Individualisierung* und *Multioptionalität* den Sinn seines Lebens selber finden/erfinden, oder existieren doch noch überindividuelle, nicht-relative normative Orientierungssysteme und woraus bestehen sie essentiell und substantiell, wenn es nicht mehr die traditionellen metaphysischen und religiösen Werthierarchien und Güterordnungen sind?

In Psychologie und Psychotherapie, aber auch in aktuellen philosophischen Lebenskunstlehren als „säkulare Ersatzreligionen" finden viele Menschen inzwischen Halt und Orientierung für ihre persönliche Lebensführung. In der Psychotherapie hat sich mit der von Viktor Frankl (1905–1997) begründeten *Logotherapie* und *Existenzanalyse* eine eigene und international einflussreiche Richtung entwickelt, in der die individuelle „Suche nach dem Sinn" im Zentrum ihrer Theorie und Praxis steht. Sie gilt als „Dritte Wiener Schule" der Psychotherapie, nach der Psychoanalyse von Sigmund Freud und deren „Willen zur Lust" und der Individualpsychologie von Alfred Adler und deren „Willen zur Macht". Der Mensch strebt nach Frankl bedingungslos und unter allen Umständen nach Sinn, nach dem *logos*; er hat ein elementares *Bedürfnis* nach Sinn, wie er eines nach Essen und Trinken hat. Dieses allgemeine Streben äußert sich in jedem Menschen in *individuierter* Weise, ohne dass es an allgemeine normative Vorgaben (z. B. weltanschaulicher oder religiöser Art) gebunden wäre. Die Frustration dieses „Willens zum Sinn" führt zum „existenziellen Vakuum" und unter Umstän-

den in eine „noogene Neurose". Jedes Individuum kann nur selbst seinem eigenen Leben einen Sinn geben oder seinen Sinn finden; eine Antwort auf die Frage nach dem „Sinn des Ganzen" entzieht sich den menschlichen Erkenntnismöglichkeiten grundsätzlich (zu Frankl s. Raskob 2005).

3 Ausblick

Im Zusammenhang der Heil-, Sonder- und Behindertenpädagogik kommt dem Thema Lebenssinn eine besondere Bedeutung zu. Menschen mit Behinderungen/behinderte Menschen (und ihre Angehörigen) haben die Aufgabe, ihr Leben unter den „besonderen" (meist erschwerenden) Umständen ihrer Behinderung zu gestalten. „Behinderung" bezeichnet eine besondere *Lebenslage*, die besondere Aufgaben der *Lebensbewältigung* stellt.

Ihr individuelles Leben mit einer Behinderung sinnvoll und subjektiv befriedigend zu gestalten, eine individuelle Form und Gestalt „gelingenden Lebens" zu finden, gelingt Menschen mit Behinderungen so gut und so schlecht wie nicht behinderten Menschen unter vergleichbaren Umständen. Diesen Befund aus der *Innenperspektive*, der Perspektive des subjektiven Erlebens, Handelns und Erleidens der betroffenen Menschen selber, muss man gegen gesellschaftliche Tendenzen von Außen bestärken, die auf eine *Objektivierung* von Lebenssinn/Sinn des Lebens hinauslaufen. Solche objektivierenden, an Kriterien von Zweck und Wert orientierten Sichtweisen begünstigen latent immer wieder eine tendenzielle Entwertung behinderten Lebens – bis hin zu den entmenschlichenden Zuschreibungen von „lebensunwertem Leben" (so paradigmatisch in der immer wieder zitierten Schrift des Juristen Binding und des Psychiaters Hoche „Die Freigabe der Vernichtung lebensunwerten Lebens. Ihr Maß und ihre Form", 1920, z. Zt. der Weimarer Republik).

Mit dem sozialwissenschaftlichen und bioethischen Konzept der *Lebensqualität* [→ Normalisierung, Integration, Lebensqualität] verbinden sich gelegentlich solche gefährlichen Objektivierungs- und Normierungstendenzen in Bezug auf den Sinn und Wert menschlichen Lebens. Obwohl das Konzept auf Vermittlungsprozesse zwischen *objektiven* Lebensbedingungen und *subjektiven* Bedürfnislagen abzielt, gehen mit den Ansätzen seiner empirischen Operationalisierung solche normativen Tendenzen in Richtung einer Einteilung in „lebenswerte" und „lebensunwerte" Lebensformen einher. Es muss demgegenüber festgehalten werden: „Ein Urteil über die Lebensqualität eines Menschen ist wesentlich ein individuelles Urteil, denn es enthält aktuelle Äußerungen über das eigene Befinden, das nur vom Betroffenen selbst erlebt werden kann und über das nur er selbst in der Lage ist zu berichten" (Lanzerath 1998, 565).

Das Leben jedes einzelnen Menschen muss ein indisponibler, *intrinsischer* Wert bleiben, dem – unbedingt – Wertschätzung und Würde zukommt und das nicht nach utilitaristischen Nutzenerwägungen und -kalkülen von Außen relativiert werden darf. In diesem Zusammenhang wird der Begriff Lebenssinn/ Sinn des Lebens zu einer zentralen Kategorie

einer *Schutzethik*, die für die Handlungsfelder von Heilpädagogik, Pflege und Medizin ein dringliches Desiderat bleibt.

Weiterhin bleibt zu bedenken, dass der auf das Ganze eines Lebens und auf seine zukünftige Erfüllungsgestalt bezogene Begriff von Lebenssinn wegen dieser „heimlichen Teleologie" (Volker Gerhardt) Gefahr läuft, die „Erfülltheit des Augenblicks" (Schleiermacher) im Lebensalltag einer Person und das „Recht des Kindes auf den heutigen Tag" (Korczak) einer oft ungewissen Zukunft aufzuopfern. Das alte Klugheitsgebot des „carpe diem" erinnert an diese ständige Gefahr.

Literatur

Fehige, Christoph et al. (Hrsg.) (2004): Der Sinn des Lebens. Stuttgart

Gerhardt, Volker (1995): Art. Sinn des Lebens. In: Historisches Wörterbuch der Philosophie. Bd. 10. Stuttgart, 815–824

Greving, Heinrich & Gröschke, Dieter (Hrsg.) (2002): Das Sisyphos-Prinzip. Gesellschaftsanalytische und gesellschaftskritische Dimensionen der Heilpädagogik. Bad Heilbrunn

Lanzerath, Dirk (1995): Art. Lebensqualität. In: Lexikon der Bioethik. Bd. 2. Gütersloh, 563–569

Raskob, Hedwig (2005): Die Logotherapie und Existenzanalyse Viktor Frankls. Systematisch und kritisch. Wien

Normen und Werte

Detlef Horster

1 Die materiale Wertethik

Das Verhältnis von Normen und Werten ist in der Moralphilosophie erst im Zuge der Entstehung der Wertethik Max Schelers und Nicolai Hartmanns zum zentralen Thema avanciert.

Laut Scheler besteht der Zusammenhang darin, dass sich die Normen aus den Werten und ihren Kriterien, die Scheler vorgeschlagen hat, ergeben (vgl. Scheler 1966, 30 f.). Werte sind für ihn materiale Qualitäten, die unabhängig davon sind, ob jemand sie als wertvoll erachtet oder nicht: Scheler sagt, dass uns der Wert gegeben ist, „*ohne* dass uns die *Träger* dieses Wertes gegeben sind" (ebd., 40). Ein Wert ist nach seiner Ansicht umso höher einzustufen, je unabhängiger er vom Träger des Wertes ist (vgl. ebd., 118). Auch für Nicolai Hartmann bestehen Werte völlig unabhängig davon, ob sie von Menschen als wertvoll angesehen werden oder nicht. Für ihn gibt „es ein an sich bestehendes Reich der Werte" (1962, 156). Wie mathematische Entitäten haben Werturteile den Charakter der Allgemeinheit, der Notwendigkeit und der Objektivität (ebd., 155). Doch was ist mit dem, der ein abweichendes Werturteil fällt? Es sei, schreibt Hartmann, „hiermit ebenso wie mit der mathematischen Einsicht. Nicht jeder ist ihrer fähig; nicht jeder hat den Blick, die ethische Reife, das geistige Niveau, den Sachverhalt zu sehen, wie er ist" (ebd.).

Alles Wertvolle soll realisiert werden und alles Wertlose unterlassen bleiben. Die Realisierung wird durch Normen gewährleistet: Man soll das Wertvolle tun (vgl. Scheler 1966, 211). So stellt sich der Zusammenhang von Werten und Normen in der materialen Wertethik dar. Der Sache nach sieht Nicolai Hartman es ebenso; nur dass er von idealem (Wert) und realem (Norm) Sein-Sollen spricht (vgl. Hartmann 1962, 156).

2 Was ist gut?

Die Sicht auf das Verhältnis von Normen und Werten in der Moralphilosophie ist uneinheitlich. Dies wird man sehen, wenn ich die Auffassungen von Jürgen Habermas und Hans Joas darstelle. Was den Begriff der Norm betrifft, ist es allerdings überwiegend so, dass in der Norm Handlungsanweisungen, Handlungsregeln, Gebote oder Verbote erblickt werden. Auch besteht Einigkeit darin, dass Werte gut sind und dass Gutes getan werden soll. Der Begriff des Guten spielt in der Moralphilosophie sowieso eine zentrale Rolle. Doch, was ist gut? Die Diskussion hat sich seit der

Publikation von George Edward Moores *Principia Ethica* im Jahre 1903 einigermaßen beruhigt. Moore beginnt mit der fast schon redundanten Aussage, dass „wie ‚gut' zu definieren ist, die fundamentalste Frage der ganzen Ethik ist. […] Was also ist gut? Wie muss gut definiert werden?" (1996, 34). Und darauf gibt Moore eine nach diesem Auftakt überraschende Antwort: „Wenn ich gefragt werde ‚Was ist gut?', so lautet meine Antwort, dass gut gut ist, und damit ist die Sache erledigt. Oder wenn man mich fragt ‚Wie ist gut zu definieren?', so ist meine Antwort, dass es nicht definiert werden kann, und mehr ist darüber nicht zu sagen. Aber so enttäuschend diese Antworten klingen mögen, sie sind von äußerster Wichtigkeit" (36). Warum ist das so?

Gut ist ein einfacher Begriff wie gelb und einfache Begriffe lassen sich nicht definieren. Es gibt zwei Arten von Definition, die synthetische und die analytische. In beiden Fällen werden zusammengesetzte Begriffe definiert. Wenn man beispielsweise eine Gerade definiert, dann meint man damit das, was in der Geometrie dafür festgelegt wurde: Die Gerade ist die kürzeste Verbindung zwischen zwei Punkten. Hier werden zwei Begriffe synthetisiert, nämlich die kürzeste Verbindung und die Distanz zwischen zwei Punkten. Darum spricht man in diesem Fall von synthetischer Definition. Oder man definiert einen Körper, der ein bestimmtes Gewicht und eine bestimmte Ausdehnung hat. Dann sagt man, was in dem Begriff des Körpers schon enthalten ist, weil ein Körper ohne Ausdehnung und Gewicht kein Körper wäre. Im Fall des Körpers spricht man deshalb von einer analytischen Definition. Beide Arten von Definition kann man mit dem Attribut „gut" nicht vornehmen. Auf die Folgen, die es hätte, wenn man es dennoch versuchen würden, hat Robert Spaemann hingewiesen: Man müsste das Attribut „gut" durch ein anderes ersetzen, beispielsweise durch „gesund". In dem Fall „könnte man gar nicht mehr sagen, dass Gesundheit meistens etwas Gutes ist, weil man damit ja nur sagen würde, dass Gesundheit gesund ist" (Spaemann 2004, 21). Dazu sagt nun Moore: „Viel zu viele Philosophen haben gemeint, dass sie, wenn sie diese anderen Eigenschaften nennen, tatsächlich ‚gut‘ definieren; dass diese Eigenschaften in Wirklichkeit nicht ‚andere‘ seien, sondern absolut und vollständig gleichbedeutend mit Gutheit. Diese Ansicht möchte ich den ‚naturalistischen Fehlschluss‘ nennen" (Moore 1996, 40 f.). An dieser Stelle muss notwendigerweise eine Begriffsirritation stattfinden, denn David Hume bezeichnete den unzulässigen Schluss vom Sein auf das Sollen in der Moralphilosophie bereits als naturalistischen Fehlschluss. Der ist bei Moore nicht gemeint. Moore meint den naturalistischen Fehlschluss in seiner semantischen, Hume hingegen in seiner logischen Form (vgl. Schmid Noerr 2006, 139). – Nun sagt Moore weiter: „Ich behaupte nicht, dass *das* Gute, das, was gut ist, undefinierbar sei" (1996, 38). Als Essenz der Moore'schen Überlegungen ist festzuhalten: Soll das Attribut „gut" definiert werden, müsste man es durch ein anderes Attribut ersetzen. Dies ist in seiner Terminologie ein naturalistischer Fehlschluss. Das Gute allerdings lässt sich definieren. Dazu später. Zu konstatieren ist weiterhin, dass Werte stets mit dem Attribut „gut" belegt werden können.

3 Jürgen Habermas

Nun zu der Bestimmung des Verhältnisses von Werten und Normen und deren Begriffsbestimmung bei Habermas. Werte sind für ihn kulturelle Werte, wie z. B. eine bestimmte lokale Heiratszeremonie. Normen hingegen gelten universell, wie etwa die Pflicht, Grausamkeit gegenüber anderen Menschen zu unterlassen (vgl. Habermas 2002, 296). Die objektive Geltung einer universalistischen Moral sei durch die umfassender werdende Weltgemeinschaft gegeben, meint Habermas. Sie würde im Diskurs durch die Zustimmung aller faktisch und potentiell betroffenen Personen gefunden. Habermas verengt die Objektivität von Normen

auf deren Generierung im Diskurs. Nicht moralische Werturteile, wie Keuschheit, verdienten – so Habermas – keine allgemeine Zustimmung, sondern nur Anerkennung derjenigen, die einer bestimmten Wertgemeinschaft wie der Kirche angehörten.

Die Nichtunterscheidung von Werten und Normen gefährde die universalistische Auffassung von Moral (vgl. ebd., 299). Diese Unterscheidung mache es erst möglich, universelle Normen zu ermitteln, die nicht von einer bestimmten Kultur abhängig sind, wohingegen gemeinschaftliche Wertvorstellungen, wie Keuschheit oder voreheliche Enthaltsamkeit oder Traditionen wie die Heiratszeremonie, nicht als universelle Normen tauglich sind.

4 Hans Joas

Dieser Auffassung widerspricht Hans Joas. Er hält zwar – sich am klassischen Pragmatismus von John Dewey, William James und George Herbert Mead orientierend – an der Trennung und Unterscheidung von Werten und Normen fest, doch konnotiert er die Begriffe gänzlich anders als Habermas. Synonym für die Begriffe „Normen" und „Werte" setzt er die Begriffe „das Rechte" und „das Gute" und sagt, es sei „nicht so, als sei die Bestimmung der beiden Begriffe selbst einhellig und nur ihr Verhältnis umstritten; vielmehr hängt schon die Auffassung vom Guten und vom Rechten von weiteren Annahmen anthropologischer oder metaphysischer Art ab" (Joas 1997, 258). Diese Einlassung eröffnet ein interessantes Ergebnis, das ich zum Schluss der Darstellung von Joas' Überlegungen abbilden will. Zuvor soll die Konnotation der Begriffe „Normen" und „Werte" bei Hans Joas wiedergegeben werden. Für ihn sind Werte das „Attraktiv-Motivierende" und Normen das „Restriktiv-Obligatorische" (ebd., 288). So wurden sie von den klassischen Pragmatisten bestimmt (vgl. 2002, 271). Bei den Werten kommt für Joas eine stark affektive Dimension ins Spiel. Werte sind für ihn nicht so wie für die materialen Wertethiker unabhängig von den Subjekten. Für Joas ist die Aussage Schelers, dass Werte unabhängig davon bestehen, was die Menschen als wertvoll ansehen oder nicht, schlicht falsch. Wir fühlten uns nach Joas' Ansicht „in unserem Leben an bestimmte Werte gebunden. […] Das heißt, dass wir unsere Wertbindungen nicht plausibel machen und nicht verteidigen können, ohne Geschichten zu erzählen – Geschichten über die Erfahrungen, aus denen unsere Bindungen erwuchsen, Geschichten über Erfahrungen anderer Menschen oder über die Folgen, die eine Verletzung unserer Werte in der Vergangenheit hatte" (2002, 277). Man sieht, dass Joas im Gegensatz zu den Vertretern der materialen Wertethik eine starke Personenbindung der Werte vertritt.

Kann es denn dann überhaupt universale Werte geben? Diese Frage beantwortet Joas ebenfalls. Dabei setzt er sich strikt von Habermas ab. Joas schreibt, dass es im Habermas'schen Diskurs nicht nur um das Zuhören geht, sondern um das Überzeugen des Zuhörers. Vom Zuhörer wird für den Fall, dass im Diskurs die Argumente des Gegenübers plausibler und damit stärker sind, erwartet, dass er die Auffassung des Gegenübers akzeptiert. Wenn ersterer allerdings bessere Gründe vorbringt, wird erwartet, dass umgekehrt sein Gegenüber diese Auffassung übernimmt. Joas hingegen beharrt auf der Resistenz unterschiedlicher kultureller Werte, über die man sich allerdings verständigen könne. Er schreibt: „Zwar kann ein bestimmter Wert, etwa der Glaube an die jedem Menschen angeborene und unveräußerliche Menschenwürde, als Produkt einer bestimmten Kulturtradition angesehen werden, in diesem Fall etwa der jüdisch-christlichen Tradition, aber das heißt nicht, dass andere Traditionen nicht im Licht dieses Werts reinterpretiert werden könnten oder vielmehr sich selbst reinterpretieren könnten, so dass ihr eigenes Potential zur Artikulation desselben Werts zum Vorschein kommen kann. Eben dies aber setzt voraus, dass eine solche Reinterpreta-

tion nicht von der affektiven Gestütztheit einer Tradition abgekoppelt wird" (2002, 278). Das ist das interessante Ergebnis, das ich ankündigte: Hans Joas kommt trotz der Annahme einer starken kulturellen Kontingenz zur Auffassung der Universalität von Werten.

5 Moralischer Realismus

Theoretiker des moralischen Realismus, wie Hilary Putnam, mit dem sich sowohl Habermas als auch Joas auseinandersetzen, vertreten in dreierlei Hinsicht eine gänzlich andere Auffassung. Zum einen zeigen sie, dass wir eben nicht darüber diskutieren und abstimmen, oder wie Habermas meint, diskursiv ermitteln, ob man einer moralischen Regel folgen soll oder nicht. Zum anderen wird gegen Hans Joas zu zeigen sein, dass Werte unabhängig von der Personenbindung bestehen. Des Weiteren wird dargelegt, dass es eine enge Verbindung zwischen Werten und Normen gibt. Alle drei Punkte deuteten sich in der Theorie der materialen Wertethik bereits an.

Zum ersten: Dass man Versprechen halten, fair sein und die Wahrheit sagen soll, sind funktional betrachtet im menschlichen Zusammenleben notwendige Tatsachen. In substantieller Hinsicht sagen moralische Realisten, dass die Forderung, mit anderen Menschen nicht grausam umzugehen, darin begründet ist, dass es schlecht für sie ist. Das kann nicht erst das Ergebnis eines Diskurses sein. Deshalb sagt der Common Sense, es ist eine moralische Tatsache, dass man mit anderen Menschen nicht grausam umgehen soll. Daraus ergibt sich, was durch die moralische Pflichterfüllung konkret geschützt werden soll: Es ist der Sinn moralischer Normen, Menschen, die vom Handeln anderer betroffen sind, zu schützen.

Dasselbe gilt für Werte. Sie sind ebenfalls objektiv und nicht erst diskursiv zu ermitteln. Der Soziologe Niklas Luhmann ist davon überzeugt, dass Werte mit der beschriebenen unbezweifelbaren Evidenz bereits in unserer Kommunikation enthalten sind: „Werte ‚gelten' in der Kommunikationsweise der Unterstellung" (1993, 18). Werturteile laufen in der Kommunikation mit und werden nicht eigens thematisiert, „ihr Akzeptiertsein wird unterstellt. Wenn man explizit fragt: bist Du für Frieden?, erweckt das den Verdacht auf Hintergedanken. Wer sich rühmt, Werte zu bejahen oder Unwerte abzulehnen, redet trivial" (2000, 359).

Zweitens: In welchem Sinne sind Werte, die uns zu moralischen Handlungen verpflichten, objektiv und nicht personenabhängig? Dass man im Alltag davon ausgeht, dass es so ist, ist noch kein Beweis, bestenfalls – wie Habermas richtig sagt – der „Schein eines moralischen Realismus" (1999, 317). Werte bestehen „unabhängig davon, ob sie von Menschen als wertvoll angesehen werden oder nicht", denn sie *sind* wertvoll (Schaber 2000, 341). Welche Werte können das sein? Es sind solche, die zum Wohlergehen der Menschen beitragen, wie Gerechtigkeit, Frieden, Freiheit, Schutz des Lebens, Schutz der physischen und psychischen Integrität. Wenn etwas zum Wohle der Menschen beiträgt, dann *ist* es wertvoll.

Dass in verschiedenen Kulturen jeweils andere Wege zur Realisierung dieser Werte beschritten werden oder sie die Menschen in jeweils anderer Weise verpflichten, würde ein moralischer Realist nicht bestreiten. Genauso wie zwei Menschen Unterschiedliches schätzen, gibt es Unterschiede zwischen Gesellschaften in der Bewertung dessen, was wertvoller ist. Was *ist* nun wertvoll? Für den einen Menschen ist es das Bergsteigen, für den anderen ein Glas Rotwein am Abend. Was man vorzieht, hängt von den subjektiven Präferenzen ab. Doch der Wert ist nicht jede dieser Tätigkeiten selbst, sondern die Werteigenschaft ist das „Zum-Wohl-Beitragen" der jeweiligen Aktivität (vgl. Schaber 2000, 350). Es ist für einen jeden Menschen wertvoll, wenn etwas zu seinem Wohl beiträgt. Das „Zum-Wohl-Beitragen" des Bergsteigens oder des Rotwein-Genusses ist objektiv wertvoll und nicht die jeweilige Tätigkeit.

Wenn es nicht um zwei Menschen geht, die Verschiedenes wertschätzen, wie Rotwein und Bergsteigen, sondern um zwei Regierungen, müssen sie sich folglich nicht darüber unterhalten, dass Frieden ein hoher Wert ist, denn er trägt zum Wohl der Menschen bei, sondern nur darüber, wie man ihn am besten realisiert. Zwei Staatsmächte streiten darüber, ob Abschreckung oder Abrüstung besser ist. Darüber hinaus können in Bezug auf das, was dieser Wert beinhaltet, andere Sachinformationen bestehen oder die Folgen entsprechend der jeweils anderen Sachinformationen anders eingeschätzt werden (vgl. Schaber 2000, 353). Jedenfalls ist die Werteigenschaft des Friedens das „Zum-Wohl-Beitragen", und dieser Wert ist objektiv und universell. Daran ändert auch die Tatsache nichts, dass man unterschiedliche Wege geht, den Frieden zu erhalten, dass man unterschiedliche Sachinformation über die Umstände hat, den Frieden zu erhalten und demnach das, was man unter Frieden versteht, anders konnotiert sein kann. Unterschiedliche Wege der Realisierung, andere Sachinformationen und verschiedene Konnotationen könnten Gründe dafür sein, dass man der Auffassung ist, man erlebte einen kulturell bedingten Werterelativismus. Von dieser Auffassung muss man schnell Abschied nehmen, wenn man weiß, dass die zugrunde liegende Werteigenschaft das „Zum-Wohl-Beitragen" ist. Und diese Werteigenschaft ist es, die objektiv und universell ist.

Die dargestellte Diskussion zeigt, dass es im Gegensatz zu Habermas' und Joas' Auffassung objektive Werte gibt, die für das menschliche Zusammenleben notwendig sind und nicht erst im Diskurs generiert werden müssen. Sie sind objektiv und in der Lage, bei ihrer Anwendung zum Wohl der Menschen beizutragen. Darum muss Ratzinger richtigerweise sagen, dass Werte nicht von uns *er*funden, sondern *ge*funden werden müssen (vgl. Ratzinger 2005, 125).

Zum dritten zeigt sich die enge Verbindung von Werten und Normen. Die genannten Werte verpflichten zu Handlungen, weil es gut ist, Wertvolles zu realisieren, denn der

Sinn moralischen Handelns ist es, Gutes zu tun und Schlechtes zu unterlassen. Daraus ergibt sich wiederum, dass es der Sinn von verpflichtendem moralischen Handeln ist, das durch Normen angeleitet wird, zum Wohl der Menschen beizutragen. Weitergehend schützen moralische Normen die Menschen, die vom Handeln anderer betroffen sind, in ihrer physischen und psychischen Integrität. Als Beispiel: Ein hoher Wert ist die Gesundheit. Zu diesem Wert gibt es moralische Normen: „Du sollst andere nicht schädigen.", als Verbotsregel oder: „Du sollst die physische und psychische Integrität anderer wahren und befördern." als Gebotsregel.

Nun sieht man die enge Verbindung von Werten und Normen. Bei Werten muss man auf die zugrunde liegende Werteigenschaft zurückgehen. Wertvoll wurde bestimmt als das „Zum-Wohl-Beitragen" und das ist gut für die Menschen. Das allen Werten zugrunde liegende ist das Gute. Das Gute lässt sich nach Moore definieren. Es handelt sich – wie gesehen – um eine synthetische Definition: Man kann das Gute als das „Zum Wohl der Menschen Beitragende" definieren. Und bei Normen? William D. Ross nannte verschiedene Bereiche in seiner Terminologie die prima-facie-Pflichten, in die man alle moralischen Pflichten sollte einordnen können (2002, 21). All diesen moralischen Pflichten liegt die Pflicht zugrunde, das Wohl aller Menschen zu befördern („… there is a positive duty to seek the good of all men") (30). Wenn das geschieht, dann wird das Gute realisiert.

6 Rechtliche Normen

Dieselben Konsequenzen wie für moralische sehe ich für rechtliche Normen. Auch hier ziehe ich wieder eine Äußerung von Ratzinger heran, der sagt, dass „das Nürnberger Kriegsverbrechertribunal nach dem Krieg vollkommen zu Recht gesagt [hat]: Es gibt Rechte, die

von keiner Regierung angetastet werden dürfen. Und wenn auch das ganze Volk es wollte, bliebe es dennoch Unrecht. Deshalb hat man rechtmäßig Menschen verurteilen können, die die Gesetze eines Staates ausgeführt hatten, die formal rechtmäßig zustande gekommen waren. […] Deshalb bin ich mit der ‚historisierenden' Argumentation nicht einverstanden, nach der es für alle Werte im Laufe der Geschichte eine Gegenposition gegeben habe und nichts, was einer bestimmten Kulturepoche als Verbrechen galt, nicht in einer anderen als positiver Wert verehrt wurde. Diese rein statistische Tatsache beweist nur das Problem der menschlichen Geschichte und die Fehlbarkeit des Menschen" (2006, 52).

Die Basis für die Verurteilung der Nürnberger Kriegsverbrecher war das Kontrollratsgesetz Nr. 10 vom 20. Dezember 1945. In dessen Artikel 2 heißt es: „Jeder der folgenden Tatbestände stellt ein Verbrechen dar: […] c) *Verbrechen gegen die Menschlichkeit.* Gewalttaten und Vergehen, einschließlich der folgenden den obigen Tatbestand jedoch nicht erschöpfenden Beispiele: Mord, Ausrottung, Versklavung; Zwangsverschleppung, Freiheitsberaubung, Folterung, Vergewaltigung oder andere an der Zivilbevölkerung begangene unmenschliche Handlungen; Verfolgung aus politischen, rassischen oder religiösen Gründen, ohne Rücksicht darauf, ob sie das nationale Recht des Landes, in welchem die Handlung begangen worden ist, verletzen".

Im Urteil wird auf diese Rechtsgrundlage Bezug genommen. Dort heißt es: Der „Gerichtshof hat das Recht, Personen abzuurteilen und zu bestrafen, die durch ihre im Interesse der europäischen Achsenländer ausgeführten Handlungen, sei es als Einzelperson, sei es als Mitglieder von Organisationen, eines der folgenden Verbrechen begangen haben". Dann folgt die Aufzählung aus dem Kontrollratsgesetz Nr. 10. (Das Urteil von Nürnberg 1946, 13 f.).

Hannah Arendt hat sich zu Recht über die Formulierung aufgeregt, dass es sich hier um Verbrechen gegen die Menschlichkeit handeln solle. Sie sieht darin eine Verniedlichung.

„Als hätten es die Nazis lediglich an ‚Menschlichkeit' fehlen lassen, als sie Millionen in die Gaskammern schickten, wahrhaftig *das* Understatement des Jahrhunderts" (1987, 324). Diese Morde sind in der Tat ein Verbrechen an der gesamten Menschheit, auch an denen, die nicht unmittelbar betroffen waren oder sind. Es ist ein Angriff auf die Menschheit insgesamt, weil „die völkerrechtliche Ordnung der Welt und die Menschheit im ganzen dadurch aufs schwerste verletzt und gefährdet sind" (325). Darum bin ich der Auffassung, dass es objektive und universelle Werte gibt, die auf die genannte Weise, doch nicht nur auf diese Weise verletzt werden können. Folglich geht die Geltendmachung des Rückwirkungsverbots der Verteidiger im Nürnberger Prozess ins Leere. Die Angeklagten sind nicht aufgrund eines Gesetzes, das erst nach Begehung der Taten erlassen wurde, bestraft worden, sondern aufgrund von immer schon bestehenden Normen, die Verbrechen gegen die Menschheit verbieten.

Die Objektivität und Universalität müssen nicht naturrechtlich begründet werden, denn wo sie herkommen, aus der Natur, die von Gott geschaffen ist, muss den Philosophen ebenso wenig interessieren wie den Naturwissenschaftler der Ursprung der Gravitation. Er hat sie zu untersuchen, wobei er davon ausgeht und ganz einfach davon ausgehen kann, dass es sie gibt. Für den Philosophen verhält es sich mit den Werten ebenso.

Literatur

Arendt, Hannah (1987): Eichmann in Jerusalem. Ein Bericht von der Banalität des Bösen. Mit einem einleitenden Essay von Hans Mommsen. 6. Aufl. München

Das Urteil von Nürnberg (1946). Vollständiger Text, München

Habermas, Jürgen (1999): Wahrheit und Rechtfertigung. Philosophische Aufsätze, Frankfurt a. M.

Habermas, Jürgen (2002): Werte und Normen. Ein Kommentar zu Hilary Putnams Kantischem Pragmatismus. In: Raters, Marie-Luise & Willaschek, Marcus (Hrsg.): Hilary Putnam und die Tradition des Pragmatismus. Frankfurt a. M., 280–305

Hartmann, Nicolai (1962): Ethik. 4., unver. Aufl., Berlin

Joas, Hans (1997): Die Entstehung der Werte. Frankfurt a. M.

Joas, Hans (2002): Werte versus Normen. Das Problem der moralischen Objektivität bei Putnam, Habermas und den klassischen Pragmatisten. In: Raters, Marie-Luise & Willaschek, Marcus (Hrsg.): Hilary Putnam und die Tradition des Pragmatismus, Frankfurt a. M., 263–279

Kontrollratsgesetz Nr. 10 vom 20. Dezember 1945, unter: http://www.verfassungen.de/de/de45-49/krgesetz10.htm, Zugriff: 12. 11. 06

Luhmann, Niklas (1993): Gibt es in unserer Gesellschaft unverzichtbare Normen? Heidelberg

Luhmann, Niklas (2000): Die Politik der Gesellschaft. Herausgegeben von André Kieserling. Frankfurt a. M.

Moore, George Edward (1996): Principia Ethica. Erweiterte Ausgabe. Aus dem Englischen übersetzt und herausgegeben von Burghard Wisser. Übersetzung des Anhangs von Martin Sandhop. Stuttgart

Ratzinger, Joseph Kardinal (2005): Werte in Zeiten des Umbruchs. Die Herausforderungen der Zukunft. Freiburg im Breisgau

Ratzinger, Joseph & Flores d'Arcais, Paolo (2006): Gibt es Gott? Deutsche Erstausgabe, Berlin

Ross, William David (2002): The Right and the Good [1930]. New edition, ed. by Philip Straton-Lake, New York

Schaber, Peter (2000): Universale und objektive Werte. In: Endreß, Martin & Roughley, Neil (Hrsg.): Anthropologie und Moral. Philosophische und soziologische Perspektiven. Würzburg, 341–357.

Scheler, Max (1966): Der Formalismus in der Ethik und die materiale Wertethik. Neuer Versuch der Grundlegung eines ethischen Personalismus. 5., durchges. Aufl., Bern

Schmid Noerr, Gunzelin (2006): Geschichte der Ethik. Leipzig

Spaemann, Robert (2004): Moralische Grundbegriffe. 7. Aufl., München

Selbstverantwortung, Solidarität und Subsidiarität

Christian von Ferber

1 Sozialethische Werte – Was ist gemeint?

Selbstverantwortung, Solidarität und Subsidiarität sind sozialethische Werte [→ Normen und Werte]. Sie beziehen sich auf die Organisation gesellschaftlicher Beziehungen und setzen Maßstäbe für deren Ordnungen. „Gesellschaftliche Beziehungen" werden daher im Zusammenhang mit sozialethischen Werten in einem engeren Sinne verstanden. Sie beanspruchen Geltung für die Formen der Gemeinschaften und Gesellschaften, in denen Menschen dauerhaft ihr Überleben sichern und auf deren Grundlage sie wirtschaftlichen Wohlstand und kulturelle Leistungen entwickeln, aber auch soziale Sicherheit erwarten. Vereinfachend werden wir im Folgenden die für viele Konkretisierungen offene Bezeichnung „gesellschaftliche Zusammenschlüsse" verwenden. Wegen ihrer ubiquitären Verwendbarkeit auch in einem anthropologischen Sinne wird sozialethischen Werten eine universelle Bedeutung zugeschrieben (Höffner 1978).

Sozialethische Werte wie Selbstverantwortung, Solidarität und Subsidiarität beanspruchen Geltung für die Ordnung von gesellschaftlichen Zusammenschlüssen unabhängig davon, ob diese selbst Ziele verfolgen, die in einem uneingeschränkten Sinne ethisch gerechtfertigt werden können (z. B. Untergrundbewegungen). Der Bezug auf die Ordnung von gesellschaftlichen Zusammenschlüssen, die auf Dauer gerichtet sind, ist daher bei ihrer Inhaltsbeschreibung zu beachten.

Selbstverantwortung meint, dass die Mitglieder eines gesellschaftlichen Zusammenschlusses in die Erfüllung seiner Aufgaben als Personen einbezogen sind.

Solidarität meint, dass sich die Mitglieder eines gesellschaftlichen Zusammenschlusses gegenseitig als zugehörig identifizieren und aus diesem Grunde miteinander kooperieren (Kaufmann 1984).

Subsidiarität bezeichnet ein Prinzip der Gewaltenteilung zum Schutz machtmäßig (d. h. in der Verfügung über gesellschaftliche Ressourcen) unterlegener gesellschaftlicher Zusammenschlüsse.

Unter wirklichkeitswissenschaftlicher Sicht werden ethische Werte einerseits auf ihren normativen Anspruch (d. h. auf ihre Qualität als soziale Norm; ist sie z. B. rechtlich verbürgt?), anderseits auf ihre faktische Geltung hin (werden ihre Verwirklichung und ihre Verletzung sanktioniert?) befragt und analysiert (Weber 1976, 16 f.).

Ethische Werte haben in der Regel eine Geschichte. Ihre Genese enthält einen Schlüssel zum Verständnis von Inhalt und Geltung. Kurzdefinitionen bezeichnen nützliche Ausgangspositionen für die Beschreibung der Inhalte und für eine Charakterisierung der kulturhistorischen Dimension der Werte.

2 Begriffsinhalte (Kurzdefinitionen)

Selbstverantwortung (Eigenverantwortung), als ein sozialethischer Wert verstanden, setzt einen normativen Bezugsrahmen, eine Ordnung, voraus, nach der sich die Verantwortung einer Person in einem gesellschaftlichen Zusammenschluss bemisst. Die Setzung der Selbstverantwortung kann vor- bzw. außerrechtlicher Natur sein, z. B. durch die Normen sozialer Rollen in einem Verband. In einem demokratischen Rechts- und Sozialstaat ist nach Rawls (2003) dieser Bezugsrahmen durch zwei normative Zuschreibungen für die Bürger als Mitglieder einer gesellschaftlichen Ordnung gegeben: „Erstens sind Bürger insofern frei, als sie sich selbst und einander das moralische Vermögen zuschreiben, eine Konzeption des Guten zu vertreten" (48). Die Zurechnung der Selbstverantwortung setzt bei den Adressaten bürgerliche Freiheit voraus.

„Eine zweite Hinsicht, in der sich die Bürger als freie Personen sehen, besteht darin, dass sie sich als sich selbst beglaubigende Quelle gültiger Ansprüche begreifen. Das heißt, nach eigener Anschauung sind sie dazu berechtigt, gegenüber ihren Institutionen Ansprüche geltend zu machen, um auf diese Weise ihre Konzeption des Guten durchzusetzen (sofern diese Konzeptionen in den von der öffentlichen Gerechtigkeitskonzeption zugelassenen Bereich fallen)" (50); also keine Selbstverantwortung ohne Chancen der Partizipation [→ Politische und soziale Partizipation] an der gesellschaftlichen Ordnung, die Selbstverantwortung einfordert.

Der sozialethische Wert der Selbstverantwortung, den die Ordnungen in einem demokratischen Rechts- und Sozialstaat einfordern, ist also voraussetzungsvoll. Er setzt für Zurechnung und Übernahme von Verantwortung die Rechtsfähigkeit unter der Garantie bürgerlicher Freiheit und die Partizipation an der Ordnung des gesellschaftlichen Zusammenschlusses voraus, in dem Selbstverantwortung gelten soll. Aus der Sicht der Person führt nach Rawls die Übernahme der Selbstverantwortung zur Identifikation mit sich selbst als Mitglied eines gesellschaftlichen Zusammenschlusses, der sich rechtlich verbindlich an ethischen Werten orientiert. Selbstverantwortung verwirklicht sich in der Partizipation. Die sozialethische Bestimmung nach Rawls setzt Maßstäbe für die Konkretisierung des Wertes Selbstverantwortung.

Das SGB V konkretisiert in § 1 Satz 2 die „Eigenverantwortung" der Versicherten im Bezugsrahmen einer „solidarischen" gesundheitlichen Versorgung: „Die Versicherten sind für ihre Gesundheit mit verantwortlich;

sie sollen durch eine gesundheitsbewusste Lebensführung, durch frühzeitige Beteiligung an gesundheitlichen Vorsorgemaßnahmen sowie durch aktive Mitwirkung an Krankenbehandlung und Rehabilitation dazu beitragen, den Eintritt von Krankheit und Behinderung zu vermeiden oder ihre Folgen zu überwinden". Gemessen an der Begriffsbestimmung von Rawls mangelt es dieser Vorschrift an der Freiheit in der Übernahme der Verantwortung, für die Mehrheit besteht Versicherungspflicht, und es fehlt die Konkretisierung der Partizipationschancen. Letztere werden als „kollektive Patientenrechte" angemahnt (Francke & Hart 2001).

Solidarität als ein sozialethischer Wert wird aus der naturgegebenen Bindung jedes Menschen an gesellschaftliche Zusammenschlüsse als das „Prinzip der Solidarität" hergeleitet. Es „setzt bei Personalität und Sozialität des Menschen *zugleich* an und besagt wechselseitiges Verbundensein und Verpflichtetsein" (Höffner 1978, 43). Höffner begründet Solidarität mit der anthropologisch unbestreitbaren Tatsache des existentiellen Angewiesenseins eines jeden Menschen als Individuum ebenso wie als Gattungswesen auf soziokulturelle Formen der Vergesellschaftung. Er setzt „Solidarität" als einen fundamentalen sozialethischen Wert und rückt ihn in eine unlösbare Verbindung zum Wert der Personalität. Diese Verknüpfung ist folgerichtig. Anthropologisch steht und fällt jede Form der Vergesellschaftung mit den Individuen, die sich selbst als deren Mitglieder verstehen und ihre Zugehörigkeit als persönliche Ressource ganz elementar bereits in der Sprache und in der Technik in Verfolgung ihrer eigenen Ziele einsetzen können. Die zeitliche Endlichkeit ihrer Mitglieder, ihre Geburt und ihr Tod, ist Risiko und Chance jeder Vergesellschaftung und ihrer Ordnung, weil sie die Notwendigkeit der Sozialisation jedes neuen Individuums als Mitglied bedingt. Die Sozialisation in eine gesellschaftliche Ordnung wird damit zu einer wesentlichen Realbedingung für die Verwirklichung ihrer Werte. Solidarität ist Grundbedingung der Sozialisation.

Risiko und Chance rechnen per definitionem zur Verwirklichung ethischer Werte. Wie der Philosoph Nicolai Hartmann es formuliert hat: Der Wert erscheint als Qualität „auf dem Rücken" der Handlungen, die ihn verwirklichen (1926). In der Anerkennung seiner Geltung durch Verwirklichen, Verwerfen oder Neuinterpretieren unter gewandelten Umweltbedingungen liegen die Chancen wertbezogenen Handelns. In einer Wirklichkeitswissenschaft wie der Soziologie, die in ihrem Erkenntnisinteresse auf die Feststellung der faktischen Geltung von gesellschaftlichen Normen und Werten gerichtet ist (Weber 1976, 26 f.) gibt es daher Versuche, die ethische Qualität einer Form der Vergesellschaftung an der tatsächlich geübten „Solidarität" ihrer Mitglieder einzuschätzen (Durkheim 1977) oder unter der historischen Erfahrung einer Instrumentalisierung von Solidarität für politische Zwecke (Gabriel et al. 1997) diese neben Geld und Macht als ein gesellschaftliches Steuerungsmedium zu begreifen (Kaufmann 1984).

Fundamentale Begründung in Verbindung mit dem Anspruch universaler Geltung des Werts Solidarität einerseits und seine Instrumentalisierung für nahezu beliebige gesellschaftspolitische Ziele haben zu einer wissenschaftlichen Ratlosigkeit hinsichtlich pragmatischer Definitionen geführt (Gabriel 1997). Dabei wird allerdings die wissenschaftstheoretisch von Max Weber (1976) für eine Wirklichkeitswissenschaft wie die Soziologie eingeforderte Unterscheidung zwischen normativer und faktischer Geltung von Werten nicht immer ausreichend beachtet.

Hondrich & Koch-Arzberg (1992, 13) bestimmen die faktische Geltung von Solidarität „als wechselseitige Verbundenheit von Menschen aufgrund einer gemeinsam empfundenen Interessenlage". Mit dieser die gesellschaftlichen Ordnungsfunktionen des Wertes Solidarität vernachlässigenden Definition reduzieren sie seinen Anspruch auf die zwei Merkmale „gemeinsam empfundene Verbundenheit" „in der Verfolgung von Interessen" bereits unabhängig davon, ob diese Interessen primär eigene oder „solidarisch"

zugeeignete Interessen sind. Auch wird mit dieser Reduktion des Gehalts von Solidarität die Verknüpfung mit dem Wert der Selbstverantwortung in einer gesellschaftlichen Ordnung preisgegeben. Normative und faktische Geltung des sozialethischen Wertes kommen dann nicht mehr zur Deckung. Dieses Problem gilt es auch für die Begriffsbestimmung der Solidarität für den spezifischen Kontext des Handbuchs zu beachten.

„Subsidiarität [bezeichnet] das ergänzende, hilfsweise Eingreifen der größeren Sozialgebilde zugunsten der Einzelmenschen und der kleinen Lebenskreise, wobei es sich in den meisten Fällen bei den ‚größeren Sozialgebilden' um den Staat oder um zweckhaft organisierte Institutionen handeln wird" (Höffner 1978, 52 unter Bezug auf die Enzyklika „Quadragesimo anno", 1931, 79–80). „Eingefordert wird [im Subsidiaritätsprinzip] die Hilfe von oben nach unten als Hilfe zur Selbsthilfe" (Fachlexikon der sozialen Arbeit 2002).

„Subsidiarität" formuliert für den Prozess gesellschaftlicher Differenzierung ein ethisches Prinzip, um den Konflikt konkurrierender Ordnungen unter Bedingungen ungleicher Machtverhältnisse zu regulieren. Subsidiarität verfolgt das Ziel, die Geltungsansprüche der überlegenen Ordnung im Interesse der Eigenständigkeit der unterlegenen zu begrenzen. Im historischen Rückblick sprechen wir von „Überlagerung" bestehender funktionsfähiger Ordnungen durch Ordnungen, deren Geltungsanspruch aufgrund wirtschaftlicher und militärischer Überlegenheit mit einer stärkeren Durchsetzungsfähigkeit ausgestattet ist. Beispiele für die wechselseitige Inanspruchnahme des Subsidiaritätsprinzips sind Stadtordnungen im Verhältnis zu Verbänden der freien Wohlfahrt, Ordnungen der Flächenstaaten gegenüber korporativen und Gemeindeordnungen, das Gewaltmonopol des modernen Rechtsstaats gegenüber der freiwilligen Gerichtsbarkeit, das Sozialstaatsgebot gegenüber den auf der Grundlage wirtschaftlicher Freiheitsrechte sich bildenden Organisationen sowie aktuell die Beziehungen zwischen dem Bund und den Bundesländern bzw. der Europäischen Gemeinschaft und den europäischen Staaten. In der Konkretisierung „Hilfe zur Selbsthilfe" wird durch das Subsidiaritätsprinzip auch die „Verhältnismäßigkeit" eines helfenden Eingriffs in die Selbstverantwortung des einzelnen und seiner persönlichen Ressourcen ethisch abgedeckt. Auch hier zeigt eine Analyse der Anwendung eine Vielfalt, die für eine begriffliche Formulierung des Prinzips zur Reduktion auf wenige abstrakte Merkmale zwingt. Gleichwohl zeigt sich auch auf dieser Abstraktionsebene noch eine enge Verknüpfung im Sinne einer gegenseitigen Verweisung der sozialethischen Werte aufeinander.

3　Zentrale Erkenntnisse und Probleme

3.1　Selbstverantwortung, Solidarität und Subsidiarität verweisen aufeinander

Die Werte Selbstverantwortung, Solidarität und Subsidiarität sind Grundwerte, die die biologische, ökonomische und kulturelle Menschwerdung begleiten und unterstützen. Biologisch verdankt der Mensch seine Sonderstellung seiner vergleichsweise langen Entwicklungsphase nach der Geburt. Während dieser sensiblen Lernphase ist er auf den Schutz, die Fürsorge und die soziokulturelle Förderung nicht nur seiner leiblichen Mutter, sondern einer menschlichen Gemeinschaft angewiesen. Diese Gemeinschaft sichert nicht nur das physische Überleben, sie übernimmt wesentliche Aufgaben der Sozialisation und Enkulturation jeder Person als Mitglied. Sie bildet die kulturelle Grundlage dafür, dass die Menschen die Umwelt ihren Bedürfnissen anpassen können und diese entsprechend der von ihnen gestalteten und beherrschten Umwelt entwickeln. Zur dauerhaften Sicherung ihrer wirtschaftlichen Existenz gehen die Menschen „Produktionsverhältnisse" ein, auf deren Ord-

nung sich die sozialethischen Werte beziehen. Menschwerden und Menschsein bedürfen einer Ordnung der gegenseitigen Abhängigkeit in der gemeinsamen Anstrengung bei der Herstellung und Bewahrung der elementaren Lebensgrundlagen des Menschseins. Die Konkurrenz rivalisierender Ordnungen bedarf einer friedensstiftenden Konfliktregelung des ausgleichenden Prinzips der Subsidiarität.

Die Ordnung der gegenseitigen existentiellen Abhängigkeit wird durch die Orientierung an den Grundwerten der Solidarität und der Selbstverantwortung gestiftet, sich gegenseitig als Mitglied einer Form der Vergemeinschaftung bzw. der Vergesellschaftung anzunehmen, anzuerkennen und miteinander auf Dauer zu kooperieren, um die Lebensgrundlagen des Menschseins zu bewahren und zu entwickeln. In dem Prozess einer soziokulturellen Sozialisation wird Selbstverantwortung zum Ziel auf dem Wege einer schrittweisen Überwindung der existentiellen physischen und kulturellen Abhängigkeit hin zur Mitgliedschaft in den jeweils aktuellen Formen der Vergesellschaftung. Selbstverantwortung tritt als sozialethischer Wert in den soziokulturellen Akzentuierungen des Übergangs bzw. der bewussten Übernahme von sozialen Rollen hervor.

Solidarität wird von den Menschen als ethischer Wert in jeweils historisch gegebenen gesellschaftlichen Ordnungen verwirklicht. Solidarität bezeichnet die ethische Qualität von Kooperationen auf den verschiedenen soziokulturellen Dimensionen der Lebensgemeinschaft, der Generationen, der Arbeit, der Sprache, der Wissenschaft und der Kultur. Solidarität kann als Wert verfehlt werden. Solidarität kann auch in Konkurrenz zum Wert der Selbstverantwortung treten; jeder kann sich der ihm angesonnenen Solidarität verweigern. Anderseits kann Solidarität eingefordert werden, ohne die Partizipation aus der Selbstverantwortung der Mitglieder anzuerkennen.

Der Akteur in solidarischen Handlungen steht stets in Konkurrenz zu anderen Werten. Entsprechend des normativen Gehalts des

Wertes kann er nicht zum verfügbaren Element kollektiver Aktionen gemacht werden, ohne dass Solidarität ihren ethisch gemeinten Sinn einbüßt. Der solidarisch Handelnde behält die Verantwortung für sich selbst und die Mitverantwortung für die Verwirklichung des Werts der Solidarität, nicht zuletzt auch in Bezug auf konkurrierende solidarische Bindungen. Zur Verwirklichung des Werts der Solidarität trägt daher der der Selbstverantwortung wesentlich bei. Keine Solidarität ohne Selbstverantwortung der Akteure und Achtung der Selbstbestimmung anderer.

Mit fortschreitender Differenzierung der Formen der Vergesellschaftung entstehen rivalisierende Ordnungen, die zu Konflikten führen. Kulturgeschichtlich kommt es zur „Überlagerung" kleinräumiger Vergesellschaftungen durch städtische und staatliche Machthaber und durch die von diesen gesetzten Ordnungen. Prozesse gesellschaftlicher Differenzierung beobachten wir bereits in vorgeschichtlicher Zeit. Diese nehmen bis in unsere Gegenwart hinein nicht selten für die „Unterlegenen" einen ruinösen Verlauf (Vertreibung, ethnische und kulturelle Auslöschung oder „Säuberung" und Genozid). Rivalität gesellschaftlicher Ordnungen bedarf daher eines ethisch anerkannten Prinzips der Konfliktregelung. Ein solches Prinzip muss mehreren Kriterien genügen. Es darf nicht allein die nackte Überlegenheit des Stärkeren legitimieren, sondern es zwingt dazu, den sozioökonomischen und soziokulturellen Vorteil der gesellschaftlichen Differenzierung offen zu legen und mit den Beständen geltender Ordnungen abzugleichen. Auf der Ebene normativer Analyse betrachtet, anerkennt und schützt unter den genannten Kriterien das sozialethische Prinzip der Subsidiarität die kulturellen Leistungen der Werte der Selbstverantwortung und der Solidarität in den vorher bestehenden Ordnungen, indem es sich auf diese Werte bezieht und ihren Fortbestand einfordert. Subsidiarität ist ein sozialethisches Prinzip der Selbstbeschränkung der in der Verfügung über gesellschaftliche Ressourcen überlegenen Ordnungen.

3.2 Normative und faktische Geltung der Werte

Eigenverantwortung, Solidarität und Subsidiarität werden mit überzeugenden Argumenten als Grundwerte gesellschaftlicher Ordnungen eingeschätzt. Wir können es dahingestellt sein lassen, ob wir dieser Einschätzung eine universelle Bedeutung beimessen oder sie – dabei Rawls (2003) folgend – auf den Kulturkreis westlicher Demokratien beschränken. Wesentlicher als eine Beantwortung dieser philosophischen Frage ist es, eine Diskussion über die Bedingungen zu führen, unter denen sich ihr normativer Anspruch als Grundwert in den Entscheidungen und Handlungen der Menschen verwirklicht. Welche Bedingungen können auf die Dauer und in jedem Fall gewährleisten, dass Menschen mit Behinderungen Eigenverantwortung eingeräumt (im Sinne von zugestanden und übernommen) wird, dass ihre Beziehungen zu anderen Menschen von Solidarität getragen sind und die öffentlichen Ordnungen, auf die sie zur Gestaltung ihrer Lebenslage [→ Lebenswelt, Lebenslage] angewiesen sind, dem Subsidiaritätsprinzip folgen?

Folgen wir der historischen Überlieferung, dann stellt sich diese Frage bereits in der hellenistischen Zeit unter den Bedingungen des Handelsverkehrs, als Kaufleute, aber auch Migranten in den entstehenden Wirtschaftszentren außerhalb ihrer Heimat hilfebedürftig wurden. Für diese Menschen wurden Xenodochien eingerichtet, Pflegeheime, wie sie während des Mittelalters unter ähnlichen wirtschaftlichen Bedingungen als Heilig Geist Spitäler bis in die Neuzeit bestanden haben. Für Menschen, die ihre Sicherung durch die heimatliche Solidarität verloren hatten und über keine Ressourcen der Selbsthilfe verfügten, wurden Hilfeeinrichtungen geschaffen. Die Motivation zu ihrer Pflege und zur Finanzierung der Versorgungseinrichtungen erfolgte über religiöse Bindungen und über die politische Verantwortung für die Ordnung der Polis bzw. der Handelsstädte. Solidarität wird als Wert menschlicher Vergesellschaftung jenseits von Familie, Verwandtschaft, heimatlicher oder ethnischer Bindungen entdeckt und praktiziert, vor allem aber in der christlichen Religiosität unter den Bedingungen der politischen Ordnung eines Weltreichs, das Völker und das Erbe verschiedener Kulturen überspannt (Bultmann 1962) zu einem zentralen Wert der Sozialethik entwickelt (Höffner 1978). In der säkularen Welt gesellschaftspolitischer Verantwortung des Staats und professionalisierter Hilfesysteme sind neue Antworten und dem Stand wissenschaftlicher Erkenntnis entsprechende Begründungen gefragt (Gabriel et al. 1997).

Die materiale Wertethik, wie sie von Friedrich Nietzsche (1936) ausgehend Max Scheler (1966) und Nicolai Hartmann (1962) ausgearbeitet haben, hat eine neue Erkenntnisperspektive eröffnet, um die Beziehung zwischen dem normativen Anspruch der Werte und ihrer faktischen Geltung im Handeln der Menschen zu verstehen. Damit hat sie der praktischen Arbeit an der Verwirklichung der Werte neue Wege gewiesen. Werte sind keine abstrakten Normen und werden aus dem Pflichtgefühl jedes einzelnen gegenüber irdischen oder überirdischen Gesetzgebern erfüllt. Vielmehr nehmen ethische Werte auf menschliches Handeln über spezifische Bedingungen Einfluss. Zu diesen gehören die Anerkennung im Wissen der Menschen um ihre Bedeutung (Präsenz im Wertbewusstsein), das Gewahrwerden für die Angemessenheit in der Beurteilung konkreter Handlungen (Präsenz im Wertfühlen) und die Intensität ihrer Internalisierung in Prozessen der Vergesellschaftung (Präsenz in Sozialisationsprozessen). Diese Bedingungen können erforscht und gestaltet werden. Die Hinwendung der philosophischen Ethik zu den Realbedingungen menschlichen Lebens ebenso wie zu ihren Erkenntnisgrundlagen in der Psychologie, Pädagogik, Soziologie und Politikwissenschaft macht die Verwirklichung der Werte zu einer permanenten Aufgabe erzieherischer, pädagogischer und politischer Gestaltung.

Kulturhistorisch war dieser Paradigmenwechsel in der philosophischen Ethik eine überaus folgenreiche, eine optimistische und ebenso eine ernüchternde Entdeckung. Wie uns das vergangene Jahrhundert gelehrt hat, eröffnete die Offenlegung der emotionalen und sozialen Plastizität des Wertbewusstseins der Menschen auch die Chance für eine skrupellose Instrumentalisierung sozialethischer Werte, sogar im Dienste menschenverachtender politischer Ziele. Losgelöst von den komplementären Werten der Eigenverantwortung und der Subsidiarität bildete die Solidarität ein emotional unschwer aufzuladendes Potential für die Ausgrenzung und Vernichtung anderer Menschen: solidarisieren gegen welchen politischen Gegner?

Walter Thimm (1985) hat sehr früh die pädagogische und politische Herausforderung erkannt, die aus den Erkenntnissen der materialen Wertethik für ein Engagement im Dienste von Menschen mit Behinderung folgt. Keine Forschung, keine Lehre, keine öffentlichen Vorträge ohne die gleichzeitige Überlegung, wie gesicherte Erkenntnisse vermittelt und für die Gestaltung der Lebenslage behinderter Menschen zur Anwendung gebracht werden können. Die Idee der Normalisierung [→ Normalisierung, Integration, Lebensqualität] – nicht zufällig eine pragmatische Begriffsschöpfung aus der Sozialverwaltung – wurde von Thimm in einer seltenen Konvergenz mit einer wechselseitig international verbundenen Bewegung zu einem Leitbegriff entwickelt. Normalisierung fordert Solidarität und Selbstverantwortung und erkennt die Subsidiarität in der Gestaltung der Hilfesysteme an. Die Beiträge, in dem von Beck et al. (1996) herausgegebenen Band geben einen vielseitigen und anschaulichen Ergebnisbericht zum Stand der Verwirklichung dieser sozialethischen Werte; sie zeigen aber auch die Probleme auf, die auf dem mit dem Normalisierungsprinzip eingeschlagenen Wege noch zu lösen sind.

Literatur

Beck, Iris et al. (Hrsg.) (1996): Normalisierung: Behindertenpädagogische und sozialpolitische Perspektiven eines Reformkonzepts. Heidelberg

Bultmann, Rudolf (1962): Das Urchristentum im Rahmen der antiken Religionen. Bd. 157/158

Durkheim, Emile (1977): Über die Teilung der Arbeit. Frankfurt a. M.

Deutschen Verein für öffentliche und private Fürsorge (Hrsg.) (2002): Fachlexikon der sozialen Arbeit. 5. Aufl., Stuttgart

Francke, Robert & Hart, Dieter (2001): Bürgerbeteiligung im Gesundheitswesen. Baden-Baden

Gabriel, Karl et al. (1997): Solidarität unter den Bedingungen entfalteter Modernität. In: Gabriel, Karl et al. (Hrsg.): Modernität und Solidarität. Freiburg, 13–27

Hartmann, Nicolai (1962): Ethik. 1. Aufl. 1925, Berlin

Höffner, Joseph (1978): Christliche Gesellschaftslehre. Berchers Theologische Grundrisse. 17. Aufl., Kevelaer

Hondrich, Karl Otto & Koch-Arzberger, Claudia (1992): Solidarität in der modernen Gesellschaft. Frankfurt a. M.

Kaufmann, Franz Xaver & Krüsselberg, Hans Günter (Hrsg.) (1984): Solidarität als Steuerungsform – Erklärungsansätze bei Adam Smith. Frankfurt a. M.

Nietzsche, Friedrich (1906): Der Wille zur Macht. Stuttgart

Rawls, John (2003): Gerechtigkeit als Fairness. Ein Neuentwurf. Frankfurt a. M.

Scheler, Max (1966): Der Formalismus in der Ethik und die materiale Wertethik Neuer Versuch eines ethischen Personalismus. (1913/1916). In: Scheler, Maria & Frings, Manfred (Hrsg.): Gesammelte Werke. Bd. 2, Bern

Thimm, Walter (1985): Das Normalisierungsprinzip – pädagogische und sozialpolitische Konsequenzen. In: Ferber, Christian von et al.: Ein Leben so normal wie möglich führen. Marburg (Bundesvereinigung Lebenshilfe für geistig Behinderte e. V.), 5–39

Weber, Max (1976): Wirtschaft und Gesellschaft. In: Winckelmann, Johannes (Hrsg.): 1. Halbband. 5. Aufl., Tübingen

Demographie und demographischer Wandel

Christiane Rohleder

1 Definition, Begriffs- und Gegenstandsgeschichte

Die Demographie (von griech. demos = Volk und graphein = schreiben) ist die Lehre von Aufbau und Veränderung von Bevölkerungen. Ihr Gegenstand ist „die Erforschung derjenigen Regelmäßigkeiten und Gesetzmäßigkeiten, die sich statistisch in den Massenerscheinungen des Geborenwerdens, Heiratens, Sterbens und der Wanderung erfassen und messen lassen" (Esenwein-Rothe 1982, 1). Veränderungen von Bevölkerungsumfang und -struktur, sogenannte Bevölkerungsprozesse, werden demographisch primär als Effekte von Fertilität, Mortalität und Migration gesehen (Schimany 2003, 15). Die Demographie im engeren Sinne beschäftigt sich dabei mit Methoden, Modellen und statistischen Maßzahlen zur Erfassung, Beschreibung und Analyse von Bevölkerungsstrukturen und -prozessen (zur Einführung in methodische Fragen der Demographieforschung s. z. B. Mueller et al. 2000; Mueller 1993; Esenwein-Rothe 1982). Als zentraler Zweck und Theoriekern gilt seit den 1930er Jahren die Bevölkerungsprognose (Mackensen 2000, 415). Grundlage der Demographie sind massenstatistische Daten, die in Form von regelmäßigen Bevölkerungsvoll- oder Teilerhebungen (Volkszählungen, Mikrozensus) und Registrierungen (Standesämter) erhoben und mittels statistischer Verfahren aufbereitet und analysiert werden. Diese „systematische Gesellschaftsbeobachtung" gilt in allen modernen Staaten mittlerweile als unverzichtbare Voraussetzung für die Beurteilung gesellschaftlicher Entwicklungen und politischer Planungs- und Steuerungsprozesse (Schimany 2003, 27).

Die erstmalige Einführung des Begriffs der Demographie wird auf Achille Guillard im Jahr 1855 zurückgeführt. Bestrebungen der „Bevölkerungsforschung" in Form von „Volkszählungen" finden sich jedoch bereits zu Beginn der Hochkulturen und des Altertums. Erste systematische Aufbereitungen von Bevölkerungsdaten und damit die Anfänge der Fachdisziplin Demographie werden auf die Entstehung frühmoderner Staaten in Europa des 17. und 18. Jahrhunderts datiert (instruktive Übersichten über die historische Entwicklung der Bevölkerungswissenschaft/Demographie finden sich z. B. bei Brocke 1998; Höhn 2007; Schimany 2003). Im Mittelpunkt des Interesses standen dabei Fragen nach gesetzmäßigen Zusammenhängen von Bevölkerungsprozessen und ökonomischer, gesellschaftlicher und sozialer Entwicklung. Die Institutionalisierung der Demographie als Fachwissenschaft erfolgte in Deutschland im Verlauf des 19. Jahrhunderts aufgrund der zunehmenden Planungserfordernisse des sich herausbildenden modernen Interventions- und Sozialstaates. In diesem Zuge kam es zur Einrichtung Statistischer Ämter auf Reichs-, Länder- und kommunaler Ebene sowie staatswissenschaftlich-statistischer Universitätsseminare (Brocke 1998, 41).

Für die Geschichte der Demographie in Deutschland ist ihre Verstrickung und Instrumentalisierung in die Rassenpolitik und Eugenik des Dritten Reichs von besonderer Bedeutung. Zwar standen bis Anfang des 20. Jahrhunderts vor allem quantitative Fragen der Bevölkerungsstruktur und -entwicklung im Zentrum des Interesses, aber bereits Ende des 19. Jahrhunderts finden international auch „qualitative" Fragestellungen der Biologie, Rassentheorie und Eugenik Eingang in das bevölkerungswissenschaftliche Denken (Schimany 2003, 44). Diskutiert wurden nicht mehr nur die anzustrebende Größe einer Bevölkerung, sondern im Zuge der Adaption der naturwissenschaftlichen Theorien von Darwin und Mendel auch die gesellschaftlichen Möglichkeiten ihrer qualitativ „optimalen" Zusammensetzung durch eine „planmä-

ßige Menschenzüchtung" (Brocke 1998, 57) [→ II Eugenik]. In der Weimarer Republik war der bevölkerungswissenschaftliche Diskurs schon erheblich von rassenhygienischen und erbbiologischen Themen durchsetzt, deren tödliche Realisierung unter der nationalsozialistischen Herrschaft erfolgte. Damit war nach 1933 ein nicht unwesentlicher Teil der institutionalisierten Bevölkerungsforschung ideologisch in die Ermordung von über 120.000 Menschen mit Behinderung verstrickt (Driller & Pfaff 2006, 47) [→ II Euthanasie]. Die Vernichtung einer ganzen Generation von Menschen mit psychischer oder geistiger Behinderung ist ursächlich dafür, dass im Vergleich zu europäischen Nachbarländern in Deutschland das Alter(n) und die damit verbundenen konzeptionellen Herausforderungen für Einrichtungen der Behindertenhilfe mit deutlicher zeitlicher Verzögerung erst Ende des 20. Jahrhunderts zum Thema geworden sind (ebd., 96).

Die Beteiligung der Bevölkerungswissenschaft an der nationalsozialistischen Rassen- und Vernichtungspolitik führte nach dem Zweiten Weltkrieg in der Bundesrepublik zu einer Geringschätzung und Vernachlässigung der Disziplin (Schimany 2003, 45).

2 Derzeitiger Forschungsgegenstand und zentrale Ergebnisse: Der demographische Wandel

Eine Reinstitutionalisierung demographischer Forschung erfolgte in Westdeutschland erst im Verlauf der 1970er Jahre vor dem Hintergrund zweier gegensätzlicher und als „demographic divide" bezeichneter Entwicklungen der Weltbevölkerung: des raschen globalen Bevölkerungswachstums einerseits und des Bevölkerungsrückgangs sowie der -alterung in den westlichen Industrienationen andererseits. Seit den 1990er Jahren stehen dabei die Vorhersage und Analyse des sogenannten „demographischen Wandels" im Mittelpunkt des öffentlichen und politischen Interesses. (Vor allem die Arbeiten der 1992 durch den Deutschen Bundestag eingesetzten Enquete-Kommission Demographischer Wandel (Abschlussbericht: Deutscher Bundestag 2002) führten zu einer breiten Diskussion der Folgen und Herausforderungen der Alterung der Bevölkerung.) Grundsätzlich bezieht sich der Begriff „demographischer Wandel" unspezifisch auf Veränderungen der Alterszusammensetzung einer Bevölkerung. In den letzten Jahren wird er jedoch vorrangig als „unklarer Sammelbegriff" (Höhn 2007, 74) für verschiedene demographische Determinanten genutzt, die in Zusammenhang mit der Bevölkerungsalterung und -abnahme in modernen Gesellschaften stehen. Zentrale Einflussfaktoren des demographischen Wandels sind die gestiegene Lebenserwartung einerseits („Alterung von oben") und der Rückgang der Fertilität andererseits („Alterung von unten"). Im Zeitraum von 1850 bis 2006 nahm die durchschnittliche Lebenserwartung in Deutschland von 37 auf 78 Jahre zu (Schimany 2003, 119) und betrug für im Jahr 2004/2006 neugeborene Jungen 76,6 Jahre, für Mädchen 82,1 Jahre. Die 11. Koordinierte Bevölkerungsvorausberechnung des Statistischen Bundesamtes (2006, 17) prognostiziert bis zum Jahr 2050 einen weiteren Anstieg der Lebenserwartung auf 83,5 Jahre für Männer und 88 Jahre für Frauen. Die gestiegene Lebenserwartung ist ursächlich auf ein komplexes Zusammenspiel hygienischen, medizinischen, technischen und sozialen Fortschritts zurückzuführen (Schimany 2003, 129 ff.).

Die zweite Determinante des demographischen Wandels ist die Fertilität, das heißt das realisierte Geburtenniveau. Als Maß für die Beurteilung der Fertilität fungiert die zusammengefasste Geburtenziffer. Sie sank (mit einem kleinen Zwischenhoch in den 1960er Jahren) von 1950 bis 1975 von 2,09 Kindern auf 1,45 Kinder pro Frau in Westdeutschland und 1,54 Kinder in der ehemaligen DDR (Schimany 2003, 200; Statistisches Bundesamt 2006,

3). Seit 1990 hat sich die Geburtenziffer bei zwischenzeitlich deutlichen Ost-West-Unterschieden um 1,4 Kinder pro Frau stabilisiert. Zur langfristigen Bestandserhaltung der Bevölkerungszahl gilt allerdings eine zusammengefasste Geburtenziffer von 2,1 Kindern pro Frau als notwendig. Die Zunahme der Lebenserwartung sowie der Rückgang der Fertilität gelten dabei als integrale Bestandteile gesellschaftlicher Modernisierungsprozesse.

Dass das Geburtendefizit noch nicht zu einem wahrnehmbaren Bevölkerungsschwund beigetragen, sondern bis Anfang des zweiten Jahrtausends ein Bevölkerungswachstum stattgefunden hat, hängt ursächlich mit der dritten Determinante des Bevölkerungsprozesses, der Migration, zusammen (Statistisches Bundesamt 2006, 31). Das „Wanderungssaldo", d. h. die Differenz zwischen Zu- und Fortzügen nach und aus Deutschland lag seit den 1950er Jahren zumeist im Plus. Allerdings war die jährliche Höhe der Zuwanderung extremen Schwankungen unterworfen (ebd., 20). Ursächlich hierfür ist, dass das Migrationsgeschehen wesentlich stärker als Mortalität und Fertilität (migrations-)politischen und wirtschaftlichen Entwicklungen in den Herkunftsländern und der Bundesrepublik unterworfen ist. Dementsprechend lassen sich Trendaussagen zum Umfang der zukünftigen Migration nicht aus zurückliegenden Wanderungsbewegungen ableiten (ebd., 19).

Die demographische Entwicklung der zurückliegenden Jahrzehnte hat zu Verschiebungen in der Altersstruktur der Bevölkerung geführt. Der Anteil der unter 20-Jährigen sank von 44,2 % im Jahr 1900 auf 20 % im Jahr 2005, der Anteil der über 60-Jährigen lag 1900 bei 7,8 %, der Anteil der über 65-Jährigen liegt 2005 bei 19 % (Schimany 2003, 254; Statistisches Bundesamt 2006, 37).

Die 11. Koordinierte Bevölkerungsprognose des Statistischen Bundesamtes (2006) prognostiziert ein Fortschreiten der Bevölkerungsalterung. Unter der Annahme einer weiterhin stagnierenden Geburtenziffer und einer steigenden Lebenserwartung sinke je nach Zuwanderungssaldo die Bevölkerungszahl in

Deutschland von 82,4 Mill. Ende 2005 auf 74–68,7 Mill. Menschen bis zum Jahr 2050 (ebd., 33 f.). Dabei falle je nach Prognosegrundlage der Anteil der unter 20-Jährigen auf 17–14 %, während die Zahl der über 65-Jährigen von 15,9 Mill. Ende 2005 auf 22,9–24,7 Mill. zunehme und ihr relativer Bevölkerungsanteil auf 30–36 % steige (ebd., 36 f.). Als gravierend wird die Zunahme der Hochaltrigkeit bewertet. Die Zahl der über 80-Jährigen steige bis 2050 von derzeit 3,6 Mill. Menschen auf ca. 10 Mill. bzw. 12 % der Gesamtbevölkerung (ebd., 43).

Der demographische Wandel erfolgt regional sehr unterschiedlich. Insbesondere die neuen Bundesländer sehen sich bereits heute aufgrund der ökonomisch bedingten Abwanderung von 1,5 Millionen Menschen im erwerbsfähigen Alter in die alten Bundesländer mit den Auswirkungen rückläufiger Bevölkerungszahlen und einer dadurch bedingten deutlichen Alterung der Bevölkerungsstruktur konfrontiert (Kröhnert et al. 2006, 44).

2.1 Demographischer Wandel und Behindertenhilfe

Die beschriebenen demographischen Prozesse haben auch Auswirkungen auf Umfang und Altersstruktur der Gruppe der Menschen mit einer Behinderung. Aufgrund der Heterogenität dieser Gruppe wird grundsätzlich die schlechte, weil zu undifferenzierte Datenlage der amtlichen Statistik bemängelt (Driller & Pfaff 2006), die u. a. einer fehlenden Registrierung geschuldet ist. Hinzu kommt, dass die derzeitige statistische Kategorienbildung, z. B. im Rahmen der Schwerbehindertenstatistik, nach Grad, Art und Ursache der Behinderung als nicht mehr zeitgemäß und für Planungszwecke ungeeignet gilt und Längsschnittbetrachtungen dadurch unmöglich werden, dass die Rohdatensätze der Schwerbehindertenstatistik nach fünf Jahren gelöscht werden (Köhncke 2009, 17).

Internationale Studien belegen, dass auch die Lebenserwartung von Menschen mit ei-

ner *lebenslangen Behinderung* gestiegen ist. Sie nähert sich kontinuierlich der allgemeinen Lebenserwartung an, mit Ausnahme von Personen mit Down-Syndrom oder schweren körperlichen Behinderungen, deren Lebenserwartung allerdings absolut gesehen ebenfalls enorm zugenommen hat (Havemann & Stöppler 2004, 21). Ein weiterer Anstieg wird angenommen, er lässt sich aber derzeit im Unterschied zur Entwicklung der Lebenserwartung der Gesamtbevölkerung nicht beziffern und hängt eng damit zusammen, inwiefern z. B. bei Menschen mit geistiger Behinderung vermeidbare Krankheitsrisiken weiter minimiert werden können (Köhncke 2009, 43).

Insgesamt steigt die Zahl älterer Menschen mit einer *lebenslangen Behinderung*. Die Schwerbehindertenstatistik weist zum Ende des Jahres 2007 einen Anteil von 14,5 % Menschen über 60 Jahren an allen amtlich registrierten Personen mit einer angeborenen Behinderung aus (Statistisches Bundesamt 2009, 16). Auch die Einrichtungen der Behindertenhilfe registrieren Verschiebungen in der Altersstruktur als Ergebnis der gestiegenen Lebenserwartung, der Tatsache, dass in Deutschland erstmals Menschen mit lebenslanger Behinderung die Chance haben, das 60. Lebensjahr zu erreichen (Driller & Pfaff 2006, 60 ff.) sowie des Zuzugs von Bewohner/-innen im mittleren Lebensalter, deren Hauptpflegepersonen verstorben sind (Pfaff et al. 2008). Der erste Heimbericht des Bundesministeriums für Familie, Senioren, Frauen und Jugend weist für stationäre Einrichtungen der Behindertenhilfe je nach Bundesland einen Anteil von 7–16 % der unter 21-Jährigen und 2–11 % der über 65-Jährigem aus. Dabei ist das Durchschnittsalter in den Einrichtungen allein zwischen 2000 und 2004 von 38,9 auf 41,1 Jahre gestiegen und eine weitere stetige Zunahme älterer Bewohner/-innen wird erwartet (BMFSFJ 2006, 232).

Darüber hinaus wird von einer ebenfalls steigenden Zahl von Menschen mit einer *erworbenen Behinderung* ausgegangen, da die Entwicklung einer Behinderung/Pflegebedürftigkeit [→ Pflege, Pflegebedürftigkeit] stark mit dem Lebensalter korreliert (Statistisches Bundesamt 2008, 14; Statistisches Bundesamt 2009, 7). Ende 2007 lag die Schwerbehindertenquote bei Kindern unter 4 Jahren bei 0,5 %; bei den über 65-Jährigen hatten bereits 22,7 % einen Schwerbehindertenausweis (Statistisches Bundesamt 2007b, 11). Der prognostizierte Anstieg der über 65-Jährigen wird somit in einer steigenden Schwerbehindertenquote resultieren.

Kontrovers wird die Frage diskutiert, wie sich die Zahl der Menschen mit einer angeborenen Behinderung zukünftig entwickeln wird. Einerseits wird aus der geringen Fertilität und der verbesserten Pränataldiagnostik darauf geschlossen, dass die absolute Zahl der Kinder und Jugendlichen mit einer lebenslangen Behinderung in den kommenden Jahrzehnten rückläufig sein wird (Driller & Pfaff 2006, 45). Andererseits sind die Überlebenschancen von Frühgeborenen in den letzten Jahren deutlich gestiegen, wobei Frühgeburten mit erhöhten gesundheitlichen Risiken und der Gefahr lebenslanger Behinderung einhergehen (Köhncke 2009, 37 f.). Im Hinblick auf die Entwicklung der Zahl der Schüler/-innen mit Förderbedarf ist seit 2005 zwar ein leichter Rückgang zu verzeichnen. Bei den Schüler/-innen mit sonderpädagogischem Förderbedarf „geistige Entwicklung" ist jedoch ein kontinuierlicher Anstieg zwischen 1998 und 2006 von 62 000 auf 75 000 Schüler/-innen festzustellen (Kultusministerkonferenz 2008, 3). Dementsprechend ist mittelfristig von einem zunehmenden Bedarf sozialer Dienstleistungen für Personen mit Behinderung im jungen Erwachsenen- und mittleren Lebensalter auszugehen.

Grundsätzlich wird vor dem Hintergrund des demographischen Wandels für die Behindertenhilfe von einer steigenden Zahl älterer Menschen mit Behinderung ausgegangen. Das Berlin-Institut für Bevölkerung und Entwicklung hat Prognoseszenarien hinsichtlich des zukünftigen Umfangs und der Altersstruktur der Grup-

pe von Menschen mit einer angeborenen Behinderung vorgelegt (Köhncke 2009). Ausgehend von einer Gesamtzahl von bundesweit 323 000 Personen mit einer lebenslangen Behinderung und einem Medianalter von 38 Jahren im Jahr 2006 wird für das Jahr 2030 bei einem gleich bleibenden Anteil von Menschen mit einer angeborenen Behinderung in jeder Altersstufe ein Rückgang auf ca. 293 000 Personen und ein Anstieg des Medianalters auf 41 Jahre prognostiziert. Steigt die Lebenserwartung auf das Niveau der allgemeinen Lebenserwartung, so wird von einer Zunahme auf 328 000 Personen und einem Anstieg des Medianalters auf 48 Jahre ausgegangen (ebd., 44).

Für die stationäre Behindertenhilfe wird ein Anstieg der Bewohnerzahl von 154 000 im Jahr 2006 auf 152 000–226 000 Personen im Jahr 2026 sowie eine Erhöhung des Medianalters von derzeit 44 auf 53 bis 55 Jahre prognostiziert. Die enorme Schwankungsbreite der Prognose hat ihre Ursache darin, dass insbesondere im Bereich des Wohnens [→ Wohnen] die Entwicklung der Nutzerzahlen sowohl von dem schwer vorherzusagenden Zuzug aus privaten Wohnformen als auch vom Ausbau ambulant betreuter, gemeindenaher Wohnformen abhängt, so dass bestehende Versorgungsstrukturen nicht quantitativ in die Zukunft fortgeschrieben werden können (ebd., 46). Dementsprechend wird für das ambulant betreute Wohnen eine Zunahme der Nutzerzahlen von 59 600 im Jahr 2006 auf 75 600 bzw. 114 600 bis 2026 prognostiziert (ebd., 48). Für die Werkstätten für behinderte Menschen wird angesichts der gestiegenen Zahl von Schüler/-innen mit sonderpädagogischem Förderbedarf, der Zunahme psychisch erkrankter Erwachsener sowie des Verdrängungswettbewerbs auf dem ersten Arbeitsmarkt ein Anstieg der Beschäftigtenzahl von 214 000 im Jahr 2006 auf 230 000–291 000 im Jahr 2026 erwartet (ebd., 50).

3 Ausblick: Bewertung des demographischen Wandels

Generell fällt die Bewertung der Folgen der zukünftigen Bevölkerungsprozesse in der wissenschaftlichen, politischen und öffentlichen Diskussion kontrovers aus. Auf der einen Seite werden u. a. Überlastung und Kollaps der sozialen Sicherungssysteme, Fachkräftemangel und wirtschaftlicher Niedergang Deutschlands sowie zukünftige Auseinandersetzungen zwischen den Generationen mit gravierenden sozialen und kulturellen Verwerfungen prognostiziert (z. B. Birg 2005; Kaufmann 2005; Schirrmacher 2004). Auf der anderen Seite wird zwar die Tatsache der sukzessiven gesellschaftlichen Alterung nicht grundsätzlich infrage gestellt, aber z. B. die Aussagekraft von Langfristprognosen über 40, 50 Jahre deutlich relativiert (Bosbach 2006) und das Fehlen einer demographischen Theorie zur „optimalen Bevölkerungsgröße und -struktur" bemängelt (Mackensen 2000, 415). Auch habe im historischen Rückblick nicht das Verhältnis von erwerbsfähigen zu nicht mehr erwerbstätigen Personen, sondern die Entwicklung der Produktivität und des Arbeitsmarktes dazu beigetragen, dass die im 20. Jahrhundert bereits erfolgten enormen Verschiebungen in der Altersstruktur bei steigendem gesellschaftlichen Wohlstand bewältigt werden konnten (Kistler 2007, 215). Die gesunkene Geburtenziffer wird als Anpassung des Systems Familie an den rückläufigen Arbeitskräftebedarf in der Wirtschaft interpretiert (Hondrich 2007, 30). Und angesichts von Kinderarmut und Jugendarbeitslosigkeit wird infrage gestellt, ob die Steigerung der Geburtenrate das probate Mittel zur Bewältigung der Aufgaben der Zukunft ist oder nicht vielmehr im Sinne des „Weniger sind mehr" (ebd.) eine qualitativ bessere Förderung und Ausbildung der vorhandenen Kinder primäre gesellschaftliche Zielsetzung sein müsse.

Grundsätzlich ist zu beachten, dass „demographische Befunde […] nicht durch demographische Argumente zu erklären" (Mackensen 2000, 416) sind, sondern Veränderungen der Bevölkerungsstrukturen immer in Zusammenhang mit dem Stand der wissenschaftlich-technologischen Innovation sowie den Entwicklungen der Ökonomie analysiert werden müssen, um ihre tatsächlichen Folgewirkungen einschätzen zu können. Dies gilt auch für die Einrichtungen der Behindertenhilfe. Dass sich Versorgungsstrukturen und -konzepte auf das steigende Durchschnittsalter ihrer Nutzer/-innen einstellen müssen, ist unbestritten. Wie sich die Angebote jedoch zukünftig verändern werden, ist nicht allein vom steigenden Lebensalter der Klient/-innen abhängig.

Literatur

Birg, Herwig (2005): Die demographische Zeitenwende. Der Bevölkerungsrückgang in Deutschland und Europa. 4. Aufl., München

BMFSFJ (2006): Erster Bericht des Bundesministeriums für Familie, Senioren, Frauen und Jugend über die Situation der Heime und die Betreuung der Bewohnerinnen und Bewohner. Berlin

Bosbach, Gerd (2006): Demographische Entwicklung – Realität und mediale Aufbereitung. In: Berliner Debatte Initial 17, 3, 59–66

Brocke, Bernhard vom (1998): Bevölkerungswissenschaft Quo vadis? Möglichkeiten und Probleme einer Geschichte der Bevölkerungswissenschaft in Deutschland. Opladen

Deutscher Bundestag, Referat Öffentlichkeitsarbeit (Hrsg.) (2002): Enquete-Kommission Demographischer Wandel. Herausforderungen unserer älter werdenden Gesellschaft an den Einzelnen und die Politik. Berlin

Driller, Elke & Pfaff, Holger (2006): Soziodemographische Struktur von Menschen mit Behinderung in Deutschland. In: Krueger, Fritz & Degen, Johannes (Hrsg.): Das Alter behinderter Menschen. Freiburg i. Br., 26–117

Esenwein-Rothe, Ingeborg (1982): Einführung in die Demographie. Bevölkerungsstruktur und Bevölkerungsprozess aus der Sicht der Statistik. Wiesbaden

Havemann, Meindert & Stöppler, Reinhilde (2004): Altern mit geistiger Behinderung. Grundlagen und Perspektiven für Begleitung, Bildung und Rehabilitation. Stuttgart

Höhn, Charlotte (2007): Bevölkerungsforschung und demographischer Wandel – Zur politischen Würdigung der Demographie seit den 1970er Jahren. In: Zeitschrift für Bevölkerungswissenschaft 32, 73–98

Hondrich, Karl Otto (2007): Weniger sind mehr. Warum der Geburtenrückgang ein Glücksfall für unsere Gesellschaft ist. Frankfurt a. M.

Kaufmann, Franz-Xaver (2005): Schrumpfende Gesellschaft. Vom Bevölkerungsrückgang und seinen Folgen. Frankfurt a. M.

Kistler, Ernst (2006): Die Methusalem -Lüge. Wie mit demographischen Mythen Politik gemacht wird. München

Köhncke, Ylva (2009): Alt und behindert. Wie sich der demografische Wandel auf das Leben von Menschen mit Behinderung auswirkt. Berlin

Kröhnert, Steffen et al. (2006): Die demographische Lage der Nation. Wie zukunftsfähig sind Deutschlands Regionen? In: Berlin-Institut für Bevölkerung und Entwicklung (Hrsg.). München

Sekretariat der ständigen Konferenz der Kultusminister der Länder in der Bundesrepublik Deutschland (Hrsg.) (2008): Sonderpädagogische Förderung in Schulen 1997 bis 2006. Bonn

Sekretariat der ständigen Konferenz der Kultusminister der Länder in der Bundesrepublik Deutschland (Hrsg.) (2005): Sonderpädagogische Förderung in Schulen 1994 bis 2003. Bonn

Mackensen, Rainer (2000): Vergangenheit und Zukunft der Demographie als Wissenschaft. In: Zeitschrift für Bevölkerungswissenschaft 25, 3-4, 399–429

Mueller, Ulrich (1993): Bevölkerungsstatistik und Bevölkerungsdynamik. Methoden und Modelle der Demographie für Wirtschafts-, Sozial-, Biowissenschaftler und Mediziner. Berlin

Mueller, Ulrich et al. (2000) (Hrsg.): Handbuch der Demographie Bd. 1. Modelle und Methoden. Berlin

Pfaff, Holger et al. (2008): Inanspruchnahme, soziales Netzwerk und Alter am Beispiel von Angeboten der Behindertenhilfe (INA-Studie). Abschlussbericht. Freiburg

Schimany, Peter (2003): Die Alterung der Gesellschaft. Ursachen und Folgen des demographischen Umbruchs. Frankfurt a. M.

Schirrmacher, Frank (2004): Das Methusalem-Komplott. 9. Aufl., München

Statistisches Bundesamt (2009): Statistik der schwerbehinderten Menschen. Kurzbericht. Wiesbaden

Statistisches Bundesamt (2008): Pflegestatistik 2007. Pflege im Rahmen der Pflegeversicherung. Deutschlandergebnisse. Wiesbaden

Statistisches Bundesamt (2006): 11. koordinierte Bevölkerungsvorausberechnung. Annahmen und Ergebnisse. Wiesbaden

Freundschaft, Partnerschaft

Martin Herz

1 Definition, Begriffs- und Gegenstandsgeschichte

Freundschaft ist ein unscharfer und nicht (im klassischen Sinne) durch genus proximum und differentia specifica definierbarer Begriff – ein „fuzzy concept", das unter die (scharfe) Logik unscharfer Mengen fällt. Lotfi Zadeh gilt als Erfinder der „fuzzy logic"; George Lakoff setzte sich mit den unscharfen Begriffen der Alltagssprache auseinander; Beverley Fehr

thematisierte „fuzzy concepts" im Zusammenhang mit Freundschaftsprozessen (vgl. Alisch & Wagner 2006, 12 f., mit Verweis auf Fehr 1996). Die erklärungs- und begründungstheoretische Relevanz solcher Unschärfe ist für die Freundschaftsforschung offensichtlich: Sie steht prinzipiell vor dem Problem der „Positivierung des Unbestimmten" (vgl. Gamm 1994) bzw. der Stellung der theoretischen Vernunft zur „Logik der Praxis" (Bourdieu): „Freunde" sind in ihrer Wahrheit dadurch konstituiert, dass sie die Freundschaft *praktisch* vollziehen.

Die Gefahr für den Forscher, „Wahrnehmungs- und Denkschemata als Erkenntnismittel zu verwenden, die er als Erkenntnisgegenstände zu behandeln hätte" (Bourdieu 2005, 197), ist bei allen „sensiblen" Themen enorm. Für Hegel gehörte „Gewohnheit [...] zu den schwersten Bestimmungen" (1969, 342). Dies gilt umso mehr für Freundschaft, Partnerschaft und Liebe, als „Gewohnheit" und „Gewöhnung" in ihnen „aufgehoben" sind. Selbstreflexivität ist in der Freundschaftsforschung unabdingbar.

Eltern sorgen sich, wenn ihre Kinder keine oder die „falschen" Freunde haben; um solche Deutungshoheit kreisen viele häusliche Auseinandersetzungen. Für die (kindlichen) Subjekte einer Freundschaft ist die Rede von „falschen Freunden" absurd: eine contradictio in adjecto wie „käufliche Liebe". Auch Tautologien wie „wahre Freunde" sind vermeidbar; „enge Freunde" beschreibt die Intensitätsgrade genauer. Ein starker Indikator ist die wechselseitige Benennung.

Von Partnerschaft, Lebens(-abschnitts-) gemeinschaft und Ehe unterscheidet sich Freundschaft durch geringere ökonomisch-rechtliche Formalisierung und Institutionalisierung sowie durch größere Freiheitsgrade im Hinblick auf Dauer, Nähe und Präsenz. Brieffreundschaften sind bezüglich der persönlichen Anwesenheit ärmer, können in ihrer kommunikativen Qualität aber intensiver, klarer und reicher sein. Freundschaft ist durch Aufrichtigkeit, Freiwilligkeit, ganzheitliche Wahrnehmung des/der Anderen, (unbestimmte) Dauer, Loyalität, (zwanglose) Verbindlichkeit, wechselseitige Unterstützung und Verantwortung gekennzeichnet. Freundschaft hat einen achtsamen, aber „fehlerfreundlichen" Prozesscharakter. Offene Sexualität gilt als mit Freundschaft unvereinbar.

Freundschaft hat entwicklungsdienliche, bio-psycho-sozial stabilisierende, Orientierung gebende sowie (in Krisensituationen) entlastende Funktionen. Freundschaft ist eine ethische Praxis, die nur auf der ontologischen Grundlage der Freiheit möglich ist. Als ein inter- und intrapersonales Experimentierfeld schließt Freundschaft Abhängig-

keitsbeziehungen und verdinglichende Herrschaftsverhältnisse aus. Freundschaft hört auf kein Kommando und gehorcht – trotz tausenderlei Regeln – nur der einen: dass sie keine Regel ohne Ausnahme kennt. Was an Möglichkeiten der Selbstkonstituierung und Welterschließung in ihr liegt, bringt erst die praktizierte Freundschaft an den Tag, und nur als Praxis kann Freundschaft die geistigen, psychischen und sozialen Freiheiten auch steigern.

Zunächst ist von Freundschaft im kategorischen Sinne zu reden – und nicht von „freundschaftlichen" Austauschbeziehungen, interessegeleiteten Bindungen, nutzenorientierten Netzwerken oder (un-)bewussten, affektiven Investitionen in „Sozialkapital" (Pierre Bourdieu). Diese kategoriale Härte stützt die Redewendung, dass „wahre Freunde selten" sind: Aristoteles wird der Satz „O meine Freunde, es gibt keine Freunde" zugeschrieben; Michel de Montaigne setzte seine Freundschaft mit Etienne de la Boëtie so hoch an, „dass es viel ist, wenn das Schicksal es einmal in drei Jahrhunderten zustande bringt" (2007, 9). Inmitten des deutschen Freundschaftskultes hat Friedrich Schiller (in „Die Freundschaft") den Freund „aus Millionen" gefunden, und seine „Bürgschaft", das wohl bekannteste deutschsprachige Freundschaftsgedicht, ist ein stürmisch-drängendes Plädoyer für real kaum je zu erbringende Freundschaftsbeweise.

Als Idealtypus (i. S. v. Max Webers „pointierender Abstraktion") bildet Freundschaft eine herrschaftsfreie Kommunikations- und Interaktionsform, die die Möglichkeitsräume aller Beteiligten erweitern kann. Solche Freundschaft lässt sich weder auf vergesellschaftete „Eigenschaften" noch auf vergeschlechtlichte „Identitäten" festlegen. Freundschaft lässt den anderen ohne Angst verschieden sein. Denkt man Martin Bubers berühmtes Wort („Der Mensch wird am Du zum Ich") als lebenslangen Prozess, so schafft Freundschaft die Grundvoraussetzungen seines (wenigstens temporären) Gelingens. Aristoteles zufolge ist der Freund ein „zweites Selbst" (1969, 1166a 31; 1169b 6), „sein anderes Ich" (1170b

6). „Mithin wird man, um glücklich zu sein, tugendhafte Freunde haben müssen" (1170b 15). Weiterhin ist Freundschaft („im höchsten Sinn") eine Tugend, und zwar als ein „Habitus des Wählens" (1107a): „Denn ein Lieben gibt es auch gegenüber dem Unbeseelten, Gegenliebe aber erfordert Willenswahl, und Willenswahl geht von einem Habitus aus" (1157b, 30). Herodot zufolge beendete Amasis seine Freundschaft mit Polykrates, weil dieser zu sehr vom Glück begünstigt war. Freundschaft ist kein natürliches Phänomen, sondern ein „Kultofakt": Familie hat man; Freunde sucht man sich.

„Der Freundesbund gipfelt im Sichfinden und Miteinanderwachsen der Persönlichkeiten. Darum ist Gegenwart ihm kein unbedingtes Erfordernis", schrieb einer, der lebenslange Brieffreundschaften pflegte. Ein Großteil seines Essays ist Abgrenzungsproblemen (Bekanntschaft, Kameradschaft, Fachgenossenschaft) gewidmet: „Die Liebesbeziehung dagegen findet ihre höchste Erfüllung im unmittelbaren Zusammenleben der Menschen" (Kracauer 1990, 61).

Freundschaft ist eine Lebensform. Frauen können mit Frauen, Männer mit Männern befreundet sein; ob aber zwischen Frauen und Männern Freundschaft möglich sei, ist eine ernste Frage: Denn jene molekularbiologische Ereigniskette, die vor dem „Libido", „Trieb" oder „Eros" hieß, steuert nicht nur die Organe des sexuellen Begehrens und seiner Befriedigung, sondern beeinflusst auch die „Objektwahl". Im platonischen Sinne kann Freundschaft nur dort sein, wo Reproduktion ausgeschlossen ist. Die griechische Ethik war eine von Männern für Männer. Pindar stellte die Knabenliebe über die Frauenliebe; Pausanias rechtfertigte sie in Platons „Symposion" (das ja ein „Gastmahl" von gelehrten Freunden mit Vorträgen über den Eros war). Michel Foucault hat in der Verschränkung von (männlicher) Herrschaft und sexueller Beziehung das „Prinzip des Isomorphismus" gesehen: „[...] immer vom Modell des Penetrationsaktes und von der Polarität zwischen Aktivität und Passivität aus gedacht [werden die] Lustpraktiken mit denselben Kategorien reflektiert wie das Feld der sozialen Rivalitäten und Hierarchien" (1989, 273).

„Es gibt wohl hier und da auf Erden eine Art Fortsetzung der Liebe, bei der jenes habsüchtige Verhalten zweier Personen nacheinander einer neuen Begierde und Habsucht, einem *gemeinsamen* höheren Durste nach einem über ihnen stehendem Ideale, gewichen ist: aber wer kennt diese Liebe? Wer hat sie erlebt? Ihr rechter Name ist *Freundschaft*" (Nietzsche 1982, 52 f.). Das „postnietzscheanische" Deutschland gestand Frauen das Wahlrecht (1918), Berufstätigkeit ohne Zustimmung ihres Mannes (1958) und die Beibehaltung ihres Namens als Familienname zu (1976). Die sichere (hormonale) Empfängnisverhütung hat das Geschlechterverhältnis revolutioniert – und damit die historischen Konditionen von Liebe und Freundschaft: Erstmals in der Gattungsgeschichte des „animal amans" (Anders 1989, 97, 100) wurde Erotik ohne Angst vor dem Sexus, Sexualität ohne das Risiko der Folgen, Lust ohne Begründung möglich. Diese bio-politischen Umwälzungen veränder(te)n die emotionale Qualität des Bezeichneten (Freundschaft, Liebe, Partnerschaft, Treue usw.) ebenso wie das weibliche Selbstbewusstsein: Gleichberechtigung gilt als selbstverständlich. Demgegenüber erscheint die „Idee der Männlichkeit" zunehmend als letztes Refugium männlicher Identität.

Freundschaft bezeichnet ein dynamisches Verhältnis gegenseitiger Anerkennung: Sie entsteht, besteht, vergeht, und auch „lebenslange Freunde" sterben. „Freund Hein" macht einsam, und „Freundschaft über den Tod hinaus" ist einseitig. Sie zeigt sich im Wahren des Angedenkens und in der Trauer über den Verlust des „anderen Ich". Betrauern können wir aber weder den eigenen Tod noch den von Fremden, sondern nur den geliebter Menschen.

2 Zentrale Erkenntnisse, Forschungsstand

„Überblicke" zum aktuellen Stand der Freundschaftsforschung aus pädagogisch-psychologischer Sicht liegen mit Alisch & Wagner (2006) und dem (online verfügbaren) Schwerpunktheft des Journals für Psychologie (1/2007) vor. Untersuchungen zum Thema „Zwischenmenschliche Beziehungen" laufen seit Jahren am Institut für Psychologie der Fernuniversität Hagen; am Institut für Rehabilitationswissenschaften der Martin-Luther-Universität Halle-Wittenberg wird seit längerem über „Positive Peer Culture" geforscht.

Es lassen sich *inhaltsorientierte* und *strukturelle* Ansätze unterscheiden. Bei ersteren geht es um inhaltliche Bestimmungsmerkmale für Freundschaft: nach welchen Erwartungen, Motiven und Regeln Freundschaft gebildet und gestaltet wird. Strukturelle Ansätze verstehen Freundschaft als kognitive Struktur, deren Qualität von entwicklungsbedingten Veränderungen abhängt. Das empirische Material liefert die Antworten auf mündliche oder schriftliche Befragungen, dyadische Daten (aus beobachteten Interaktionen), (vorstrukturierte) Tagebucheintragungen und Doppel-Tagebücher, Gruppendiskussionen usw. Die Probleme (prädeterminierte Variablen, Reaktanz auf „künstliche" Bedingungen, retrospektiv-subjektive Interpretation, Falsifizierbarkeit, Stichprobenqualität, Übertragbarkeit, Verallgemeinerungsfähigkeit etc.) sind offenkundig.

Freundschaften entstehen aus zufälligen, nahräumlichen Begegnungen und den dabei gewonnenen ersten Eindrücken, die zu Verabredungen mit Erwartungs- und Verpflichtungscharakter führen und die Beziehungsqualität durch regelmäßige Kontakte verstetigen. Robert L. Selman legte 1984 ein fünfstufiges Freundschaftskonzept vor, das auf Piagets, Meads und Kohlbergs Methoden und Theorien fußt und sich an Forschungen zur sozialen Perspektivenübernahme orientiert. Enge Freundschaft galt dabei als Indikator der sozial-kognitiven Entwicklung: Im Alter von drei bis sieben Jahren findet eine angemessene Differenzierung subjektiver Perspektiven noch nicht statt: Im Konfliktfall geht es nicht um Gefühle, sondern z.B. um Spielsachen. Dazu kommt es erst (aus individuellen Interessen heraus) zwischen vier bis neun Jahren. Im Alter von sechs bis zwölf Jahren wird die Sichtweise des Freundes mitberücksichtigt, doch im Konfliktfall wird diese Wechselseitigkeit leicht unterbrochen. Neun- bis 15-Jährige beenden eine Freundschaft nicht mehr bei jedem Konflikt, und sie können problemlos zwischen verschiedenen Perspektiven wechseln. Von zwölf Jahren an bis ins Erwachsenenalter wird enge Freundschaft als Autonomie und Interdependenz begriffen und die Bedürfnisse der Freunde nach anderen Sozialbeziehungen werden respektiert.

Solche Entstehungsprozesse sind immer auch Ausschluss- und Selektionsprozesse. Redewendungen wie „Gegensätze ziehen sich an" und „Gleich und Gleich gesellt sich gern" unterschlagen, dass es auf allen Entwicklungsstufen um *Beziehungsarbeit* geht. Und wie der autonome Aufbau einer Freundschaft die erste soziale Lebensleistung eines Menschen ist, so gehört zur Persönlichkeitsentwicklung auch die Fähigkeit, eine Freundschaft aufzulösen – und dies zu ertragen.

Freundschaft zeichnet sich durch besondere (informelle) Regeln aus, die innerhalb eines (meist elterlichen) Beziehungs- und Interaktionssystems gelernt wurden. Ihre Besonderheit ist folglich nur kontextuell, d.h. durch Vergleich mit anderen Beziehungstypen analysierbar. So überschneiden sich bspw. die Freundschaftsregeln unter eng befreundeten Schulkindern stark mit den (Kooperations-) Regeln in Eltern-Kind-Beziehungen. Bei den Gründen für das Zerbrechen von (gleichgeschlechtlichen) Freundschaften waren sich – trotz geschlechtsspezifisch unterschiedlicher Bewertungen und Bedeutungen von Freundschaften – Männer und Frauen darin einig, dass die Beziehung zu Dritten (Eifersucht, Kritik an Dritten, Vertrauensbruch) wesentlich zum Scheitern einer Freundschaft beitrug.

Geschlechterunterschiede (bei befreundeten Erwachsenen) beziehen sich insbesondere auf unterschiedliche Intimitätsauffassungen und -regulationen. Bei Kindern nennen Jungen häufiger gemeinsame Aktivitäten (Spiele, Sport), während Mädchen öfter intern-psychologische Gründe für ihre Freundschaft angeben und mehr sowohl über alltägliche Begebenheiten als auch über ihre Gefühle und Probleme sprechen. Eberhard & Krosta (2007) untersuchten auf der methodischen Grundlage von Gruppendiskussionen erwachsene Angehörige des „Selbstverwirklichungs- und Unterhaltungsmilieus" (nach Schulze 1992). Alle Versuchspersonen waren sich einig, dass wechselseitiges Vertrauen inhaltlich zentral für Freundschaft sei, gelebte Sexualität und Freundschaft sich jedoch ausschlössen. Dieser Studie zufolge unterscheiden sich Freundschaften nicht vorwiegend zwischen den Geschlechtern, sondern zwischen den Milieus.

Es bleibt anzumerken, dass Milieukonzepte und die Zuordnung von Personen zu Milieus mehr Fragen aufwerfen, als sie Erklärungen von Sozialverhalten zu liefern imstande sind.

Frauen haben mehr (enge) Freundinnen als Männer (enge) Freunde. Sie haben differenziertere Konzepte von Freundschaft, messen der Freundschaft mehr Bedeutung bei und sind mit ihren Freundschaften auch zufriedener. Frauenfreundschaften lassen sich als „face to face", Männerfreundschaften als „side by side" charakterisieren (vgl. Heidbrink 2007, mit Verweis auf Wright 1982).

Interkulturelle Vergleiche bei Erwachsenen verdeutlichen den Umfang der Kulturunterschiede bezüglich der Freundschaftsregeln: „Nur bei 2 von 27 Regeln zeigte sich kein kultureller Einfluss (tolerant sein gegenüber den Freunden des anderen, nicht eifersüchtig auf die Beziehung des anderen sein)" (vgl. Alisch & Wagner 2006, 17, mit Verweis auf Argyle & Henderson 1984).

Im Ost-West-Vergleich (Berlin) wurden gleich nach der Wende deutliche Unterschiede auf der Ebene von Freundschaftsbegriffen (Vertrauen, Höflichkeit, Ehrlichkeit/Offenheit, Treue, Streit) sowie bezüglich der Funktion, der Qualität und im Grad der Personalisierung von Freundschaften festgestellt. In ihren Partnerbeziehungen waren die Ostdeutschen zufriedener und stabiler und beschrieben sich selbst als romantischer und altruistischer (vgl. Valtin in: Alisch & Wagner 2006, 155). Das Bekenntnis zu engen Freunden stieg nach der Wende von 75 % auf 85 % (vgl. Grefe 2004).

Die Aktivitätsgrade beim Aufbau von Freundschaften und die Stärke des Wunsches nach Intimität hat Kordula Kugele bei Jugendlichen und jungen Erwachsenen untersucht, die (aufgrund der beruflichen Mobilität ihrer Eltern) in unterschiedlichen Kulturen immer wieder neue Freundschaften aufbauen müssen. Die Befragten konnte sie vier Typen zuordnen: die Vermeidenden, die Aktiven, die sich langsam Anpassenden und die Ambivalenten. Für einen fünften Typus (die Schauspielenden) fand sie zwar kein empirisches Beispiel unter ihren Interviewten, doch man kann ihn sich vorstellen: „kontaktfreudig, aber Angst in Bezug auf zu viel Nähe" (vgl. Heidbrink 2007, mit Verweis auf Kugele 2006).

Übertragungsversuche – selbst aus dem angloamerikanischen Raum (eine Nah-Kultur in vielerlei Hinsicht) – sind überaus problematisch. Auch (länderübergreifende) Angaben dazu, wie viele „beste" (1–2), „enge" (etwa 5) oder überhaupt „Freunde" (bis 15) jemand habe, sind nicht unproblematisch, weil zu den soziokulturellen Unterschieden spezifische sprachliche Idiosynkrasien hinzutreten. Vermutlich gibt es auch in jeder Kultur Personen, die auf die Frage nach der Zahl ihrer Freunde mit „keine" antworten. In Deutschland sind es 15 % (vgl. Grefe 2004).

Die Wissenschaftssprache ist ärmer als die Alltagssprache; bei internationalen Vergleichen zum Thema Freundschaft ist sie (leider) nicht einmal klarer.

3 Ausblick

Von der Antike bis ins 20. Jahrhundert war die Fähigkeit zur Freundschaft männlich konnotiert und schloss sexuelle Beziehungen zwischen den Geschlechtern fast vollkommen aus. Mit dem Wandel der Autoritätsverhältnisse erscheint dies zunehmend als antiquiert. Man kann in Montaigne einen Visionär sehen: Wäre es mit Frauen „möglich, eine solche freie und zwanglose Gemeinschaft zu schließen, in der nicht nur die Seelen diesen völligen Genuss fänden, sondern auch die Körper ihren Teil an der Vereinigung hätten, und welcher der ganze Mensch sich hingeben würde: es ist gewiss, dass diese Freundschaft vollkommener und erfüllter wäre" (2007, 13). Und der Autor der „Sorge um sich" und des „Gebrauchs der Lüste" meinte: „Das Problem der Homosexualität entwickelt sich mehr und mehr zu einem Problem der Freundschaft" (Foucault, o. J., 86). Aber auch damit hätte die Freundschaftsforschung zu rechnen: „Ewig kann sich ohne Ritter keine Ritterlichkeit, ohne Hof keine Höflichkeit, ohne Salon kein Charme, ohne materiellen Rückhalt keine Rücksicht halten, auch als bloße Spiel-Form nicht. Leider nicht. – Und ebenso schrumpft in einer Welt, die uns um Muße und die anderen Bedingungen des Privaten betrügt, die Subtilität unseres seelischen Privatlebens" (Anders 1989, 13).

Psychologen fokussieren Freundschaft als persönliche Beziehungsform, Soziologen vernachlässigen über der Analyse des sozialen Wandels die Beziehungsebene. Die Freundschaftsforschung ist in vielerlei Hinsicht „anschlussfähig"; umgekehrt hat sie von der modernen Bindungstheorie, der Social Support-Forschung und (für die Behindertenpädagogik) von den Disability Studies wohl am meisten zu erwarten. Da die Freundschaftsforschung aber nur über ein „Material" verfügen kann, das durch die gesellschaftliche Totalität vermittelt ist, lautet das Hauptproblem: Wie kommt man an nicht strukturierte bzw. unqualifizierte Daten? Wissenschaft gewahrt die Grenzen der Logik und begibt sich ins nicht ratioide Gebiet – wo sie die Dichter trifft. Bleibt zu hoffen, dass die Logik ihr gestattet, sich mit ihnen anzufreunden.

Literatur

Aristoteles (1969): Nikomachische Ethik. Hamburg

Anders, Günther (1989): Lieben gestern: Notizen zur Geschichte des Fühlens. Frankfurt a. M.

Brand, Eva (1999): Perspektivenvielfalt in der Freundschaftsforschung. Theorien, Methoden und Ziele. (Baccalaureusarbeit), http://psychologie.fernuni-hagen.de/pdf/Brand.pdf

Bourdieu, Pierre (2005): Die männliche Herrschaft. Frankfurt a. M.

Foucault, Michel (o. J.): Von der Freundschaft. Berlin

Foucault, Michel (1989): Der Gebrauch der Lüste. Frankfurt a. M.

Gamm, Gerhard (1994): Flucht aus der Kategorie: Die Positivierung des Unbestimmten als Ausgang der Moderne. Frankfurt a. M.

Grefe, Christiane (2004): Wie man in Deutschland befreundet ist. In: Die Zeit, Nr. 10

Hegel, Georg Wilhelm Friedrich (1830/1969): Enzyklopädie der philosophischen Wissenschaften. Hamburg

Kracauer, Siegfried (1917–23/1990): Über die Freundschaft. Frankfurt a. M.

Nietzsche, Friedrich (1982): Die Fröhliche Wissenschaft. Frankfurt a. M.

Alle weiteren Literaturverweise finden sich in den Bibliographien der folgenden Texte:

Alisch, Lutz-Michael & Wagner, Jürgen W. L. (Hrsg.) (2006): Freundschaften unter Kindern und Jugendlichen. Weinheim

Jaeggi, Eva (2007): Journal für Psychologie. (als Online-Zeitschrift mit Open Access: http://www.journal-fuer-psychologie.de/jfp-1-2007.html), Jg. 15 (1)

Eberhard, Hans-Joachim & Krosta, Arnold (2007): Neuere Ergebnisse der deutschen Freundschaftsforschung. In: Journal für Psychologie. Jg. 15 (1)

Heidbrink, Horst (2007): Freundschaftsbeziehungen. In: Journal für Psychologie. Jg. 15 (1)

Elternschaft

Ursula Pixa-Kettner

1 Rückblick: Zur Gegenstandsgeschichte

Eltern mit Behinderung wurden lange Zeit von der Öffentlichkeit ebenso wenig wie von der Wissenschaft wahrgenommen. Während die gesellschaftliche Erwartung gegenüber nicht behinderten Frauen nach wie vor die ist, Kinder zu haben, trotz oder gerade angesichts sinkender Geburtenzahlen, gilt für Frauen mit Behinderung das Gegenteil. Schwangerschaft und Mutterschaft von Frauen mit Behinderung werden noch immer als Bruch gesellschaftlicher Normvorstellungen betrachtet. Die Vorstellung, dass Personen, die als behindert gelten und in verschiedenen Lebensbereichen evtl. selbst Hilfe benötigen, für ein Kind sorgen und es erziehen, erscheint vielen schwer vorstellbar. Tatsächlich gibt es aber keine wissenschaftlich gesicherten Belege dafür, dass die Fähigkeit, eine gute Mutter oder ein guter Vater zu sein, mit intellektuellen oder körperlichen Fähigkeiten in einem direkten Zusammenhang steht. Nach McConnell et al. (2000, ii) gilt: *„Disability per se, whether psychiatric, intellectual, physical or sensory disability, is a poor predictor of parenting capacity [...] Yet, international studies report high rates of child removal"*. Dies lässt darauf schließen, dass behinderten Menschen die Teilhabe gemäß der ICF der Weltgesundheitsorganisation (WHO) an dem für Erwachsene gesellschaftlich üblichen Bereich der Elternschaft noch immer vorenthalten oder zumindest erschwert wird [→ Politische und soziale Partizipation; → VI ICF].

Dass Elternschaft von Menschen mit Behinderung nach wie vor stark tabuisiert ist, hat auch geschichtliche Gründe. Nachdem bereits in den ersten Jahrzehnten des 20. Jahrhunderts nicht nur in Deutschland bevölke-

rungspolitische Fragestellungen mit dem Ziel einer *eugenischen Beeinflussung der Nachkommenschaft* über die verschiedenen politischen Lager hinweg diskutiert worden sind, wurde unmittelbar nach der Machtergreifung der Nationalsozialisten mit dem *Gesetz zur Verhütung erbkranken Nachwuchses* vom Juli 1933 die Grundlage für die Zwangssterilisation vermeintlich erbkranker Menschen geschaffen, wonach bis zum Ende der nationalsozialistischen Herrschaft mindestens 350 000 Menschen zwangssterilisiert worden sind [→ II Euthanasie und Eugenik]. Nach dem 2. Weltkrieg wurde das Gesetz von den Alliierten außer Kraft gesetzt, ohne es allerdings als nationalsozialistisches Unrechtsgesetz einzustufen. Hintergrund dafür dürfte sein, dass auch in anderen, nicht vom Nationalsozialismus dominierten Ländern, im Zuge des damaligen Zeitgeistes ganz ähnliche Regelungen getroffen worden waren (vgl. McGaw 2004), wenn sie auch nie mit der gleichen Härte angewandt wurden wie im NS-Deutschland.

Menschen mit geistiger Behinderung wurden bis Anfang der 1990er Jahre ohne gesetzliche Grundlage oft noch als Minderjährige sterilisiert. 1992 fand im Rahmen des Betreuungsgesetzes eine neue gesetzliche Regelung der Sterilisation statt. Seither ist die Sterilisation Minderjähriger grundsätzlich verboten, die Sterilisation Volljähriger ist auch ohne deren Einwilligung unter bestimmten Bedingungen erlaubt.

Im Zuge der sexuellen Liberalisierung in den 1970er Jahren und mit der Ausbreitung der Normalisierungsbewegung [→ Normalisierung, Integration, Lebensqualität] wurden die sexuellen Persönlichkeitsrechte auch von Menschen mit Behinderungen „entdeckt". 1977 erschien der Herausgeberband von Kluge & Sparty mit dem aus heutiger Sicht befremdlichen Titel *„Sollen, können, dürfen Behinderte heiraten?"*. Fast einhellig vertraten Fachleute aus Medizin, Theologie, Psychologie und Pädagogik dort die Auffassung, dass Menschen mit Behinderungen zwar das Recht auf Sexualität nicht (länger) vorenthalten werden könne, dass aber Nachwuchs in der Regel zu verhindern sei. Das Recht auf Selbstbestimmung spielte in der Argumentation noch keine Rolle.

2 Zentrale Erkenntnisse und Probleme

2.1 Forschungsstand in Deutschland

Erst seit zehn bis 15 Jahren wird in Deutschland die Fachdiskussion über die Elternschaft von Menschen mit Behinderung geführt. In den ersten Publikationen (Pixa-Kettner et al. 1996; Hermes 1998) wurde deutlich, dass Eltern mit Behinderung noch immer mit massiven Vorurteilen konfrontiert waren. Für die Gruppe der Menschen mit intellektuellen Beeinträchtigungen haben Llewellyn et al. (1995, 15) schon vor über zehn Jahren von fünf Mythen gesprochen:

- *„People with intellectual disability will give birth to disabled children."*
- *„People with intellectual disability have more children."*
- *„Parents with intellectual disability abuse their children."*
- *„People with intellectual disability neglect their children."*
- *„Parents with intellectual disability cannot learn adequate parenting skills."*

Abgesehen von dem Problem der Vernachlässigung, das nach Llewellyn et al. zwar vorkommen kann, bei dem allerdings Mangel an Wissen und nicht Absicht im Vordergrund steht, konnten die Mythen aufgrund wissenschaftlicher Ergebnisse schon damals als widerlegt gelten. Dennoch bestimmen sie auch heute

noch die Vorstellung vieler Menschen. Vorurteile und Befürchtungen treffen auch Eltern mit körperlichen Behinderungen und Sinnesschädigungen. Nach Hermes (2004, 33 f.) lassen sich diese Auffassungen in vier Kategorien zusammenfassen.

- *„Behinderte Mütter können keine Verantwortung übernehmen."*
- *„Kinder leiden unter der Behinderung der Eltern."*
- *„Behinderte Mütter verursachen zusätzliche Kosten."*
- *„Eine behinderte Frau wird ein ebenfalls behindertes Kind zur Welt bringen."*

Interessant ist, dass bei beiden Gruppen die eugenische Argumentation immer noch eine Rolle spielt. Daneben zeigt sich jeweils eine grundsätzliche Geringschätzung der elterlichen Kompetenzen von Menschen mit Behinderung, ergänzt um Vorbehalte hinsichtlich des Kindeswohls.

Anfang der 1990er Jahre war eine erste bundesweite Fragebogenerhebung über die Lebenssituation von geistig behinderten Eltern und ihren Kindern durchgeführt worden, in der knapp 1.000 Elternschaften in Deutschland zahlenmäßig dokumentiert und durch ca. 30 Interviews mit Betroffenen in ihrer biographischen Dimension zugänglich gemacht wurden (Pixa-Kettner et al. 1996). 2005 folgte eine zweite Erhebung, die eine Zunahme an Elternschaften von Menschen mit geistiger Behinderung in Höhe von 45 % seit 1993 zeigte. Trotz der Zunahme ergaben Vergleiche mit der Geburtenquote in der Gesamtbevölkerung und entsprechende Hochrechnungen, dass nur ein relativ kleiner Teil der Frauen mit geistiger Behinderung in gebärfähigem Alter (deutlich weniger als 10 %) Mutter geworden ist (gegenüber 44,5 % der Frauen in der Gesamtbevölkerung). Im Vergleich zur Studie von 1993 lebten im Jahr 2005 mehr Kinder mit ihren leiblichen Eltern zusammen, nämlich 57 %, während es 1993 erst 40 % waren (Pixa-Kettner 2007).

Über Frauen mit körperlichen Behinderungen und Sinnesschädigungen liegt keine vergleichbare Studie vor. Allerdings gibt es begründete Vermutungen, dass hier der Anteil der Mütter deutlich höher liegt und ebenfalls steigt. Dies wird u. a. darauf zurückgeführt, dass zu dieser Gruppe viele spät behinderte Frauen gehören, von denen 70 % eigene Kinder haben, und die ggf. schon Kinder hatten, bevor bei ihnen eine Behinderung auftrat (vgl. Hermes 2004, 40). Vermutlich dürften aber auch restriktive Maßnahmen gegenüber Frauen mit körperlichen und Sinnesbeeinträchtigungen weniger verbreitet und durchsetzbar sein als gegenüber Frauen mit intellektuellen Beeinträchtigungen. Untersuchungen zu behinderten Vätern liegen, abgesehen von Einzeldarstellungen, bislang kaum vor.

Insgesamt ist von einer beträchtlichen und wachsenden Anzahl behinderter Eltern in unserer Gesellschaft auszugehen, die trotz einer gewissen Aufmerksamkeit der Medien in den letzten Jahren in der Öffentlichkeit kaum wahrgenommen werden. Während in der Fachliteratur über Eltern mit Behinderung erste Ergebnisse vorliegen, ist die Forschungslage hinsichtlich ihrer Kinder noch sehr dürftig (vgl. Prangenberg 2002; Sanders 2006). Auch Forschungsarbeiten zu Unterstützungskonzepten sowie zu rechtlichen und finanziellen Fragen sind rar.

2.2 Internationale Forschung

Im englischsprachigen Raum begann die Fachdiskussion um Elternschaft von Menschen mit Beeinträchtigungen etliche Jahre früher. Ausgangspunkt der Forschung im Bereich intellektueller Beeinträchtigungen war die Entwicklung von Unterstützungsmöglichkeiten bzw. Trainingsprogrammen für diese Eltern, um dem o. a. Mythos entgegenzuwirken, sie seien nicht in der Lage, angemessenes Elternverhalten zu erlernen. In diesem Zusammenhang entstanden Modelle elterlicher Kompetenzen (vgl. McGaw & Sturmey 1994) und Instrumente zu deren Erfassung (McGaw et al. 1998) ferner wurden Studien zu ihrer

rechtlichen Situation und ihren sozialen Netzwerken durchgeführt (vgl. z. B. Llewellyn et al. 2002; Booth et al. 2005). Untersuchungen über ihre Kinder sind aufgrund spezifischer Zugangsprobleme auch im internationalen Raum relativ selten und vermitteln ein uneinheitliches Bild. In etlichen Untersuchungen werden Entwicklungsverzögerungen und Verhaltensprobleme festgestellt, allerdings handelt es sich oft um Studien mit methodischen Schwächen, in denen z. B. ausschließlich klinische Stichproben untersucht wurden (also nur Kinder aus auffällig gewordenen Familien) oder Faktoren wie Armut und ungünstige Umgebungsbedingungen mit dem Merkmal der Behinderung vermischt wurden. Andere Studien zeichnen ein optimistisches Bild und belegen positive Auswirkungen von Unterstützung für die Eltern auf die Entwicklung ihrer Kinder (vgl. zusammenfassend McGaw 2004).

Organisationen von körper- und sinnesbeeinträchtigten Eltern, die sich aus der Selbstbestimmt-Leben-Bewegung [→ II Selbstbestimmung/Autonomie] entwickelt haben, sind in den USA und Großbritannien schon in den 1980er Jahren entstanden. Der Schwerpunkt ihrer Arbeit besteht in Unterstützungsangeboten, wobei mittlerweile auch Eltern mit intellektuellen Beeinträchtigungen einbezogen werden sollen. Die US-amerikanische Organisation TLG (*Through the Looking Glass*), die 1998 zum ersten *National Center on Parents with Disabilities* in den USA wurde, geht für das Jahr 2007 von neun Millionen US-amerikanischen Eltern mit Behinderungen aus (entspricht 15 % aller Eltern). TLG verfolgt als Ziel das Empowerment behinderter Eltern, indem Informationen verbreitet, Beratung angeboten, behindertengerechte Ausstattung für Säuglings- und Kindesversorgung entwickelt sowie Forschungsprojekte durchgeführt werden. Nach eigenen Angaben hat TLG zwischen 1998 und 2003 mehr als 24 000 Eltern, Beistände (*advocates*) und Fachkräfte fortgebildet (vgl. www.lookingglass.org).

Ähnliche Ziele verfolgt in Großbritannien die Organisation *ParentAbility*. Außerdem wird dort die Fachzeitschrift *Disability, Preg-*

nancy & Parenthood herausgegeben, an der behinderte Eltern maßgeblich beteiligt sind. 2006 erschien in Großbritannien der Bericht *Supporting disabled parents with additional support needs* von Jenny Morris und Michele Wates. Dort wird von 12 % behinderten Eltern in Großbritannien ausgegangen. In dieser breit angelegten Studie werden die Unterstützungsangebote einer kritischen Würdigung unterzogen. Zahlreiche Mängel und Defizite werden aufgezeigt und Verbesserungen gefordert. Interessanterweise wird ausdrücklich sowohl ein Zugang zu den regulären Angeboten für Eltern als auch – bei Bedarf – ein zusätzliches, spezialisiertes Angebot für behinderte Eltern gefordert. Eine vergleichbare Studie für den deutschsprachigen Raum liegt nicht vor.

2.3 Problemfelder „Elterliche Kompetenzen" und „Soziale Netzwerke"

Während bislang gesellschaftlicher Konsens darüber herrscht, dass Menschen, die ein Kind haben, auch über die erforderlichen elterlichen Kompetenzen verfügen, werden diese bei Eltern mit Behinderung häufig ohne jeden Anlass angezweifelt. Auf allgemeiner Ebene geht es bei elterlichen Kompetenzen

1. um Versorgung und Pflege, Sicherheit und Schutz des Kindes (körperliche Seite),
2. um emotionale Zuwendung und intellektuelle Anregung (psychologische Seite) sowie
3. um Hilfe beim Hineinwachsen in die Gesellschaft (soziale Seite) (vgl. Pachter & Dumont-Mathieu 2004, 89).

Diese Ziele und ihre Universalität sind relativ unstrittig. Kontroversen gibt es in der Frage, was dies konkret bedeutet. Je nach soziokultureller Umgebung werden gleiche elterliche Verhaltensweisen unterschiedlich bewertet. Da es sich bei elterlichen Kompetenzen demnach um relative Größen handelt, die sich erst im jeweiligen kulturellen, gesellschaftlichen und psychosozialen Kontext erschließen, um-

fassen sie grundsätzlich ein breites Spektrum möglicher Verhaltensweisen, die gleichermaßen als kompetent gelten. Außerdem sind elterliche Kompetenzen nicht als individuelle Eigenschaft einer Person zu betrachten. Vielmehr handelt es sich dabei um ein komplexes Gefüge individueller, sozialer und kultureller Faktoren, wobei nach Auffassung von Booth & Booth (1998) dem sozialen Netzwerk der Eltern besondere Bedeutung zukommt. Elterliche Kompetenz, so der Grundgedanke, muss als ein auf das ganze soziale Netzwerk verteiltes Merkmal gesehen werden.

Beide Aspekte elterlicher Kompetenzen, sowohl das breite Spektrum möglicher elterlicher Verhaltensweisen als auch die Verteilung elterlicher Aufgaben auf ein soziales Netzwerk, werden bei Eltern mit Behinderung anders beurteilt als bei nicht behinderten Eltern. Insbesondere Eltern mit intellektuellen Beeinträchtigungen fühlen sich bisweilen gezwungen, ihren persönlichen Lebens- und Erziehungsstil zugunsten relativ normierter Vorstellungen eines professionellen Hilfesystems aufzugeben. Daraus resultierende Belastungen sowie die permanente Bedrohung durch einen Sorgerechtsentzug können negative Auswirkungen auch auf die betroffenen Kinder haben. Auf diese Weise kann das professionelle Hilfesystem zum Risikofaktor im Leben von Kindern behinderter Eltern werden (vgl. Sanders 2006).

Was die Verteilung elterlicher Aufgaben auf ein soziales Netzwerk angeht, so werden diese in vielen sog. normalen Familien regelmäßig an andere Personen delegiert (Haushaltshilfe, Kinderfrau, miterziehende Großeltern, Internate usw.). In diesen Familien hat das soziale Netzwerk wesentlichen Anteil am Gelingen der Elternschaft, ohne dass die Kompetenz der Eltern deshalb in Frage gestellt würde. Anders bei Eltern mit Behinderung, deren elterliche Kompetenz oft grundsätzlich angezweifelt wird, wenn sie Hilfe bei der Erfüllung einzelner elterlicher Aufgaben brauchen. Dabei geht es meist um öffentliche Hilfe, da die Eltern in der Mehrzahl weder über finanzielle Mittel noch über belastbare private soziale Netzwerke verfügen (dies trifft insbesondere für Eltern mit intellektuellen Beeinträchtigungen zu; vgl. *Llewellyn & McConnell* 2002). Obwohl behinderte Eltern einerseits weniger Unterstützung aus ihrem persönlichen Umfeld erhalten als nicht behinderte Eltern, werden sie andererseits mit besonders hohen Erwartungen konfrontiert und oftmals engmaschig kontrolliert. Hinzu kommt als psychologischer Faktor vor allem bei Frauen mit körperlichen und Sinnesbehinderungen *„ein besonders starker Druck zu beweisen, dass die existierenden Vorurteile gegenüber ihren Mutter(un)fähigkeiten nicht stimmen. Die Befürchtung, Vorurteile zu bestätigen, kann behinderte Mütter dazu veranlassen, Hilfsangebote abzulehnen und sich selbst zu überfordern"* (Hermes 2004, 42).

3 Ausblick

Vermutlich werden Kinderwunsch und Elternschaft im Zuge von Inklusion, Normalisierung und Selbstbestimmung die Lebensentwürfe behinderter Menschen in Zukunft noch stärker prägen, als dies bislang der Fall war. Dies bedeutet, dass ein wachsendes Netz von professionellen Unterstützungsangeboten erforderlich sein wird. Die Unterstützungskonzepte sollten sich an *good practice guidelines* orientieren, wie sie etwa von Booth & Booth schon 1994 gefordert wurden, und die Stärkung der Eltern in ihrer Elternrolle, die Betonung ihrer Bürgerrechte, den barrierefreien Zugang zu allgemeinen Hilfsangeboten sowie die Bereitstellung ggf. erforderlicher spezifischer Hilfen bei gleichzeitigen Unterstützungsangeboten für die Kinder in den Mittelpunkt stellen. Die Zusammenarbeit mit Selbsthilfeorganisationen behinderter Eltern (z.B. dem *Bundesverband behinderter Eltern – bbe e.V.* und *Mensch zuerst Netzwerk People First Deutschland e.V.*) sollte dabei selbstverständlich sein. Vorarbeit wurde im Rahmen der 2006 abgeschlossenen bundesweiten Aufklärungskampagne *Recht auf Elternas-*

sistenz des *Netzwerk behinderter Frauen Berlin e.V.* geleistet (vgl. www.elternassistenz.de).

Literatur

Booth, Tim & Booth, Wendy (1994): Parenting under Pressure. Mothers and fathers with learning difficulties. Buckingham

Booth, Tim & Booth, Wendy (1998): Growing up with Parents who have Learning Difficulties. London

Booth, Tim et al. (2005): Care Proceedings and Parents with Learning Difficulties: Comparative Prevalence and Outcomes in an English and Australian Court Sample. In: Child & Family Social Work, 10, 353–360

Hermes, Gisela (Hrsg.) (1998): Krücken, Babys und Barrieren. Zur Situation behinderter Eltern in der Bundesrepublik, Kassel

Hermes, Gisela (2004): Behinderung und Elternschaft leben – Kein Widerspruch! Neu-Ulm

Kluge, Karl J. & Sparty, Leo (Hrsg.) (1977): „Sollen, können, dürfen Behinderte heiraten?" Bonn-Bad Godesberg

Llewellyn, Gwynnyth & McConnell, David (2002): Mothers with learning difficulties and their support networks. In: Journal of Intellectual Disability Research, 46, 17–34

Llewellyn, Gwynnyth et al. (1995): Parents with Intellectual Disability. Support and Services Required by Parents with Intellectual Disability. University of Sydney, Australia

McConnell, David et al. (2000): Parents with a disability and The NSW Children's Court. University of Sydney, Australien

McGaw, Susan & Sturmey, Peter (1994): Assessing Parents with Learning Disabilities: The Parental Skills Model. In: Child Abuse Review 3, 36–51

McGaw, Susan (2004): Parenting Exceptional Children. In: Hoghugi, Masud & Long, Nicholas (Hrsg.): Handbook of Parenting. Theory and research for practice. London, 213–236

Morris, Jenny & Wates, Michele (2006): Supporting disabled parents and parents with additional support needs. London

Pachter, Lee M. & Dumont-Mathieu, Thyde (2004): Parenting in Culturally Divergent Settings. In: Hoghugi, Masud & Long, Nicholas (Hrsg.): Handbook of Parenting. Theory and research for practice. London, 88–97

Pixa-Kettner, Ursula (Hrsg.) (2006): Tabu oder Normalität? Eltern mit geistiger Behinderung und ihre Kinder. Heidelberg

Pixa-Kettner, Ursula (2007): Elternschaften von Menschen mit geistiger Behinderung in Deutschland: Ergebnisse einer zweiten bundesweiten Fragebogenerhebung. In: Geistige Behinderung 46, 4

Pixa-Kettner, Ursula et al. (1996): „Dann waren sie sauer auf mich, dass ich das Kind haben wollte …". Eine Untersuchung zur Lebenssituation geistig behinderter Menschen mit Kindern in der BRD. Baden-Baden.

Prangenberg, Magnus (2002): Zur Lebenssituation von Kindern, deren Eltern als geistig behindert gelten. – Eine Exploration der Lebens- und Entwicklungsrealität anhand biographischer Interviews und Erörterung der internationalen Fachliteratur. Dissertation Universität Bremen

Sanders, Dietke (2006): Risiko- und Schutzfaktoren im Leben der Kinder von Eltern mit geistiger Behinderung. In: Pixa-Kettner, Ursula (Hrsg.): Tabu oder Normalität? Eltern mit geistiger Behinderung und ihre Kinder. Heidelberg, 161–193

Wohnen

Friedrich Dieckmann

1 Definition, Begriffs- und Gegenstandsgeschichte

Wohnen umfasst physische, soziale und psychologische Transaktionen, über die Menschen ihre Wohnumwelt gestalten, ihr alltägliches Leben organisieren, mit anderen interagieren, über die sie ihrem Leben Bedeutung verleihen und Identität gewinnen. Durch diese Transaktionen eignen sich Menschen Umweltgegebenheiten an, die zu der für sie persönlich bedeutsamen, eigenen Wohnumwelt werden. Die Handlungen werden von zunehmenden Gefühlen der Zugehörigkeit und – je nach Erfolg – des Wohlbefindens begleitet. In ihrem Vollzug wird der Mensch selbst ein anderer. Die Wohnumwelt wird zu einem Teil der eigenen Person, des eigenen Selbstkonzepts. Es entsteht Ortsidentität (Flade 2006).

Das Handeln eines Individuums ist dabei häufig in sozial-kulturell geformte Geschehenssysteme, sogenannte „Behavior Settings" eingebettet, in denen Akteure in geregelter Weise und in je spezifischen Rollen (mit mehr oder weniger großen Handlungsspielräumen) kommunizieren und kooperieren, um ihre Ziele zu erreichen. Beispiele für solche „Behavior Settings" wären ein Umzug, ein häusliches Abendessen im Kreis der Mitbewohner oder das von einem Assistenten unterstützte Putzen der Zähne.

Unter *Wohnumwelt* wird hier der Lebensraum eines Individuums verstanden, ein von außen beobachtbarer, physisch abgrenzbarer und in sich gegliederter Handlungsraum des Alltagslebens, in dem soziale Beziehungen geknüpft und gestaltet werden und an Geschehenssystemen partizipiert wird. Diese Wohnumwelt ist beim Individuum als subjektiver Handlungsraum kognitiv und emotional repräsentiert. Im Zentrum der Wohnumwelt eines Individuums befindet sich die *Wohnung*, die das Zentrum der Haushaltgemeinschaft und den Ausgangs- und Rückkehrpunkt im täglichen Leben bildet. Das *Wohnumfeld* ist das Gebiet, in dem Nachbarn, andere außerhäusliche Bezugspersonen sowie öffentliche und private Einrichtungen für die Versorgung und Entsorgung, für Bildung und Arbeit, für kulturelles und religiöses Leben, für Erholung und Mobilität fußläufig zu erreichen sind. Zur Wohnumwelt gehören darüber hinaus *weiter entfernt liegende Geschehensorte*, die eine Person im Alltagsleben aufsucht, inklusive der Wege, die sie dort hin- und von dort wegführen. Die Wohnumwelt einer Person lässt sich als „home range" topographisch abbilden. Projiziert auf eine Landkarte reicht die Wohnumwelt um die Wohnung und das Wohnumfeld („home base") herum mit fingerartigen Ausstülpungen in die umliegenden Gebiete hinein. Die Wohnumwelt ist territorial gegliedert. *Territorialität* bezeichnet das Phänomen, dass Einzelpersonen oder Gruppen gegenüber anderen die Verfügbarkeit über Areale oder Objekte für sich reklamieren. Die überdauernde Territorialität (mein, dein Zimmer) wird bei der konkreten Nutzung von einer Aktualterritorialität überlagert (mein Handlungsfreiraum in deinem Zimmer). Die Wohnung stellt in unserer Kultur ein primäres Territorium dar, das den Wohnenden (einer Person, einem Paar oder einer Gruppe) dauerhaft zuerkannt wird. Die Unverletzlichkeit der Wohnung wird durch das Grundgesetz (Art. 13) geschützt. Das ausschließliche Nutzungsrecht ermöglicht es, die Wohnung in hohem Maße mit persönlichen Gegenständen oder Zeichen auszustatten und zu markieren (Personalisierung). Über sekundäre Territorien im Wohnumfeld oder an weiter entfernt liegenden Geschehensorten (z. B. der Kinderspielplatz einer Hausgemeinschaft, das Stammlokal um die Ecke, die Geschäfte im Stadtzentrum, „mein" Büro im Betrieb) haben mehrere Nutzer zeitlich befristet Verfügungsgewalt, sofern sie bestimmte Zulassungskriterien erfüllen. Öffentliche Territorien (Räume und Wege) sind prinzipiell für jeden zugänglich. Deren Nutzung unterliegt jedoch bestimmten Gesetzen, Regeln oder Gebräuchen (vgl. Dieckmann et al. 1998).

Ein anderer Ansatz definiert die Wohnumwelt enger und in Abgrenzung von der Arbeits-, Lern-, Kauf- oder Freizeitumwelt als den Teilbereich der Umwelt des Menschen, in dem ganz bestimmte wohnungsbezogene Aktivitäten stattfinden.

In der Existenzphilosophie Martin Heideggers dagegen wird die Wohnumwelt als allumfassende menschliche Lebenswelt (→ Lebenslage, Lebenswelt) begriffen. Wohnen ist für Heidegger die Existenzweise des sterblichen Menschen auf der Erde schlechthin. Der Mensch ist nicht zufällig in die Welt geworfen, sondern auf der Erde örtlich verankert. Indem er wohnt, verwandelt der Mensch die Erde in ein Zuhause (vgl. Flade 2006).

2 Zentrale Erkenntnisse, Forschungsstand

Soziologische Ansätze thematisieren den sozial-kulturellen Wandel des Wohnens und der Wohnumwelt in Abhängigkeit von gesellschaftlichen Bedingungen.

Die Wohnweise in der zweiten Hälfte des 20. Jahrhunderts kennzeichnen Häußermann & Siebel (2000) durch den Idealtypus des modernen Wohnens, den vier Merkmale auszeichnen:

1. Die Wohnung ist der Ort der Nicht-Arbeit, das Gegenüber zur betrieblich organisierten Erwerbsarbeit.
2. Die Wohnung ist der Ort der Kleinfamilie. Der Haushalt besteht aus der durch rechtliche Bindung (Ehe) und Blutverwandtschaft gefestigten Gruppe von Mann, Frau und ihren Kindern.
3. Die Wohnung ist der Ort der Privatheit und Intimität. In einer vor dem Blick der Öffentlichkeit schützenden Abgeschlossenheit separater Räume können sich Emotionalität, Körperlichkeit und Aktivitäten, die mit Scham und Peinlichkeitsempfindungen verknüpft sind, entfalten.
4. Die Wohnung wird vom einzelnen Haushalt durch Kauf oder Miete auf dem Wohnungsmarkt erworben oder in besonderen Fällen nach politisch definierten Kriterien vom Staat zugeteilt.

Der Wandel von der Lebensweise im „ganzen Haus", dem Idealtypus der vorbürgerlichen Epoche mit einer vergleichsweise starken Autarkie des einzelnen Haushalts, hin zum modernen Wohnen lässt sich als Geschichte der Aus- und Eingrenzung von Funktionen und Personen begreifen. Dieser Übergang ist nur im Zusammenhang mit der Entwicklung der Organisation der Stadt zu verstehen. Im 19. und 20. Jahrhundert setzten sich die Normen des bürgerlichen Wohnens, die Trennung des Lebensbereichs der (Klein-)Familie von der Erwerbsarbeit und der Öffentlichkeit immer mehr durch. Der Verlust der Autarkie jedes Einzelhaushalts im Zuge der Urbanisierung ging mit der Entwicklung einer öffentlichen Daseinsvorsorge für die Versorgung der Haushalte und für soziale Problemlagen einher. Geburt und Tod, Krankheit und Behinderung, Erziehung und Bildung waren fortan nicht mehr ausschließlich familiär-private Angelegenheiten, sondern wurden aus den Wohnungen in fürsorgende Institutionen verlagert. Aus der schon seit Jahrhunderten praktizierten Armenhilfe entwickelten sich Sozialverwaltungen und verschiedenartige neue Institutionen, in denen auffällig gewordene Randgruppen und Menschen, die nicht für sich selbst sorgen konnten, lebten bzw. leben mussten. Ziele dieser Institutionen waren vor allem die Integration in das Arbeitsleben, die moralische Rettung und Besserung der Schutzbefohlenen in einer Gemeinschaft, ihre Pflege, Sicherung und Verwahrung außerhalb der Gemeinden. Als totale Institutionen (Goffman 1961) schufen Anstalten mit Hilfe eines durchgeregelten Alltags eine eigene, von außen abgeschottete Welt mit dem Ziel der Disziplinierung. In Deutschland wurden Menschen mit Behinderung häufig in Einrichtungen aufgenommen, die als neues Betätigungsfeld karitativ oder diakonisch orientierter Gemeinschaften (z. B. Orden, Brüderhäuser) entstanden waren und deren Konzeptionen sich stärker an dem vorbürgerlichen Wohnen einer möglichst autarken Hausgemeinschaft orientierten. Andere verbrachten ihr Leben auf Dauer in psychiatrischen Heil- oder Pflegeanstalten. Menschen mit Behinderung waren aufgrund amtlicher Verfügungen, auf Druck ihres sozialen Umfelds oder wegen ihrer Wohnungs-, Arbeits-, Beziehungs- oder Mittellosigkeit gezwungen, in Institutionen zu wohnen.

In den 1960/70er Jahren wurden diese Lebensorte auf der Basis des Nomalisierungspostulats [→ Normalisierung, Integration,

Lebensqualität] radikal infrage gestellt und im Zuge der „De-Institutionalisierung" in unterschiedlichem Umfang in den westlichen Ländern aufgelöst oder reformiert. Zu Beginn des 21. Jahrhunderts bleibt die Angleichung der Wohnverhältnisse hinter der gesellschaftlichen Entwicklung weiter zurück (vgl. Wacker et al. 1998). Die zunehmende Pluralisierung von Lebensstilen und Haushaltsformen stellt die Orientierung an der Kleinfamilie wie die räumliche Trennung von Erwerbsarbeit und Wohnen infrage. In der Soziologie werden als Erweiterung der Schichtmodelle soziale Milieus empirisch beschrieben, indem Menschen aufgrund der Ähnlichkeit ihrer Lebensweise und Einstellungen, z. B. in Bezug auf Arbeit, Familie, Freizeit, Konsum, zusammen gruppiert werden (Andritzky 1999). Diese sogenannten Lebensstilgruppen unterscheiden sich in der Ausgestaltung ihrer Wohnumwelt und in der Präferenz für verschiedene Formen des Zusammenlebens und Wohnlagen. Mit der Forderung nach einer Individualisierung und Sozialraumorientierung der Hilfen ist die Vorstellung verbunden, dass auch bislang in Heimen lebende Menschen aufgrund ihrer Herkunft, biographischer Erfahrungen, sozialer Netzwerke und Ressourcen unterschiedliche Lebensstile ausbilden können, die zu einem wichtigen Teil ihrer Identität werden und im Wohnen ihren Niederschlag finden.

Aus psychologischer Sicht bietet die Wohnumwelt eine Gelegenheitsstruktur für individuelles Handeln. Merkmale der Wohnumwelt können Person-Umwelt-Transaktionen erleichtern (Ressourcen), behindern (Barrieren), aber auch Anforderungen darstellen, die eine verhaltensmotivierende Wirkung haben. Aus- und Einzüge markieren Übergänge im Leben und gelten als kritische Lebensereignisse, weil mit der Veränderung der Wohnumwelt das Alltagsleben und bedeutsame soziale Beziehungen einer Person neu strukturiert werden. Folgen der Person-Wohnumwelt-Transaktionen zeigen sich im adaptiven Verhalten und Verhaltensrepertoire der Person, in der Selbstständigkeit ihrer Lebensführung und persönlichen Weiterentwicklung, im subjektiven Wohlbefinden (z. B. Empfinden von Behaglichkeit), in den Einstellungen gegenüber der Wohnumwelt (Entstehung von Ortswissen und emotionaler Bindung an die Wohnung, die Nachbarschaft, den Wohnort) sowie in der Entwicklung der häuslichen und außerhäuslichen sozialen Beziehungen (z. B. zu Mitbewohnern und Nachbarn). Negative Folgen wären etwa Reaktionen der Entfremdung und Distanz, eine niedrige Nutzungshäufigkeit und -intensität der Wohnumgebung, Unsicherheit und Unfälle (z. B. Stürze), Anonymität, Angst oder Isolation in der Wohnumwelt.

Phänomenologische Studien sind der Frage nachgegangen, was eine Wohnung zu einem Zuhause werden lässt, was das Sich-zu-hause-Fühlen eigentlich ausmacht. Seamon (1979) führt fünf Merkmale auf:

1. Das Zuhause bindet den Menschen im Raum. Es bildet den Ausgangs- und Rückkehrpunkt für die Erkundung der Welt. Diese Verwurzelung ist die Voraussetzung für die Entwicklung automatisierter alltäglicher Verhaltensmuster, die „in Fleisch und Blut übergehen" und das Individuum entlasten.
2. Menschen eignen sich ihre Wohnung an, nehmen sie dauerhaft in Besitz und kontrollieren den Raum. Als primäres Territorium erleichtert das Zuhause die Herstellung von Privatheit. Einen privaten Zustand können ein Individuum, ein Paar oder eine Gruppe herstellen, indem sie die Anwesenheit anderer Personen und das Vorhandensein sonstiger sensorischer Stimulation kontrollieren. Im Zustand der Privatheit können sie frei von äußeren sozialen Anforderungen und sensorischen Beeinträchtigungen handeln.
3. Das Zuhause ist der Ort für die Regeneration, die Erholung und Auffrischung physischer und psychischer Kräfte (z. B. durch Schlaf, zu sich selbst finden, Ausgleich finden, ein befriedigendes Sexualleben, den sozialen Austausch, gemeinschaftliche Aktivitäten und Feste). Einen sicheren und

privaten Ort zu haben, ist die Voraussetzung für die Regeneration.
4. Leichtigkeit bezieht sich darauf, dass Menschen zuhause ihr Alltagshandeln unter Bequemlichkeitsgesichtspunkten einrichten (Mühelosigkeit) und unbefangen das tun, was sie wünschen.
5. In vielen Fällen strahlt ein Zuhause Wärme aus, eine Atmosphäre der Freundlichkeit, der Fürsorge und Stützung, die durch die Nutzung und sorgsame Pflege entsteht.

Intrapersonal regulieren Menschen durch die Bindung an Orte basale Emotionen (Sicherheit, Erregung, Autonomie und Libido) und nutzen die Wohnumwelt als externen Wissensspeicher (wo was wie und mit wem am besten zu tun ist). Auf der interpersonalen Ebene dient Wohnen als Kommunikation mit anderen der Regulation sozialer Beziehungen und sozialen Geschehens (u. a. Nähe – Distanz, Selbstdarstellung, Macht und Status), als Kommunikation mit sich selbst der Vergewisserung der eigenen personalen und sozialen Identität und Lebensgeschichte (Fuhrer & Kaiser 1994). Die analytische Psychologie C. G. Jungs nutzt die Art und Weise, wie eine Person wohnt, und die damit verbundenen Erfahrungen als Material, als Quelle zum Verständnis und zur Deutung der Entwicklung der eigenen Persönlichkeit. In den unreflektierten, im Alltag oft gar nicht bewussten Handlungen und Emotionen, die mit dem Wohnen in verschiedenen Lebensphasen verbunden sind, drückt sich das Selbst aus, das sich mit Hilfe der Jungianischen Persönlichkeitstheorie beschreiben lässt (Marcus 1995). Dieser hermeneutische Zugang zum Wohnen eignet sich besonders für die pädagogische Biographiearbeit.

2.1 Wohnforschung und Lebensqualität

In der internationalen Forschung wird die Wohnsituation von einzelnen Personen und Personenkreisen mit Behinderung mit Hilfe des Konzepts der Lebensqualität evaluiert

[→ Normalisierung, Integration und Lebensqualität]. Die Lebensqualität wird anhand subjektiver und objektiver Indikatoren gemessen. Subjektive Indikatoren bilden die Erfüllung individueller Wünsche und Bedürfnisse, die jeweils sachverhaltsbezogene Zufriedenheit und das Wohlbefinden einer Person ab, objektive erfassen die Bedingungen in der Wohnumwelt (Wohnökologie).

Wohnbedürfnisse sind keine unveränderlichen, genetisch determinierten Instinkte, sondern Verhaltensziele, die während des Aufwachsens und Lebens in einem kulturellen Umfeld sozial überformt und ausdifferenziert werden. Die Wohnforschung zielt darauf ab, Bedürfnisse und Wünsche von Nutzergruppen zu erheben (Nutzerbedürfnisanalysen) und für die Planung und Evaluation von Gestaltungsmaßnahmen Qualitäten der Wohnumwelt zu formulieren (in Form von Anforderungen an die Gestaltung), die für die Realisierung von Bedürfnissen notwendig sind. Für diese Zwecke wurden spezielle empirische Methoden entwickelt, die bei Menschen mit Behinderung bisher selten zum Einsatz kamen: Verfahren der Nutzerbeteiligung, „walk through"-Interviews, Wohnbiographiearbeit, Verhaltenskartierungen (vgl. Dieckmann et al. 1998). Ergebnisse allgemein gehaltener Wohnzufriedenheitsbefragungen sind wenig aussagekräftig, weil die Befragten in der Regel weder über Vergleichs- noch Entscheidungsalternativen verfügen und sich in ihrem Verhalten und Einschätzungen widrigen Umständen angepasst haben.

Aufschluss über die „objektiven" Wohnbedingungen geben neben Studien zu soziodemographischen Merkmalen und sozialen Netzwerken der Bewohner Analysen der unmittelbar wirksamen ökologischen Handlungskontexte (mit Hilfe des Behavior Setting-Konzepts von Barker oder des Mikrosystem-Konzepts von Bronfenbrenner – s. Kruse et al. 1990) und der auf sie mittelbar Einfluss nehmenden Umweltsysteme (Meso-, Exo- und Makrosysteme bei Bronfenbrenner). Diese Ansätze eignen sich besonders für

1. die Evaluation von Teilhabemöglichkeiten und Barrieren in Wohnumwelten (z. B. Seifert 1997),
2. die Planung von „enabling niches" für Menschen mit spezifischem Unterstützungsbedarf – etwa bei herausforderndem Verhalten – sowie
3. Wohnformen oder Kulturen vergleichende Untersuchungen, um zu beschreiben, was Wohnen jeweils ausmacht.

2.2 Wohnsituation von Menschen mit Behinderung

Statistisch gesehen hängt die Wohnsituation von Menschen mit Behinderung in Deutschland vom Alter ab, in dem eine Behinderung eintritt, und von der Art der Behinderung.

Das Gros der amtlich anerkannten Schwerbehinderten machen Menschen aus, die ihre Behinderung gegen Ende des Erwerbslebens oder im Rentenalter durch Krankheit oder (seltener) Unfall erworben haben (75 % der 6,6 Mio. Schwerbehinderten im Jahr 2003 sind 55 Jahre und älter). Diese Gruppe ähnelt in ihrem Einkommen, ihrem Familienstand, im Vorhandensein von Kindern den altersgleichen Nichtbehinderten. Menschen mit einer im Alter erworbenen Behinderung leben am häufigsten mit dem Partner oder der Partnerin oder allein in ihrer eigenen, oft vor langer Zeit bezogenen Wohnung, ein kleiner Teil wohnt bei einem ihrer Kinder. Auch im Falle einer Pflegebedürftigkeit werden über zwei Drittel dieses Personenkreises zuhause versorgt. Nur ein Teil von ihnen verbringt einen vergleichsweise kurzen Zeitraum am Ende des Lebens in einem Pflegeheim (Verweildauer in 50 % der Fälle unter einem Jahr). Die Wertschätzung und Präferenz der häuslichen Umgebung spiegelt sich in Umfragen wider. Unabhängig vom Lebensalter äußern 80 % der über 40-jährigen Deutschen den Wunsch, im Falle einer stärkeren Hilfebedürftigkeit in ihrer eigenen Wohnung bleiben zu können (Deutsches Zentrum für Altersfragen 2002).

4,7 % der amtlich anerkannten Schwerbehinderten gelten als von Geburt an behindert, eine etwa gleich große Gruppe hat ihre Behinderung früh, in der Kindheit oder Jugend, erworben. Die Lebens- und Wohnsituation der Erwachsenen mit einer angeborenen oder früh erworbenen Behinderung unterscheidet sich deutlich von der der gleichaltrigen Nichtbehinderten. Nur ein geringer Prozentsatz ist auf dem allgemeinen Arbeitsmarkt beschäftigt. Ihr Einkommen bewegt sich überwiegend unterhalb der Armutsgrenze. Die meisten lebenslang von Behinderung Betroffenen sind ledig und kinderlos, wobei Frauen und Männer mit körperlichen oder Sinnesbehinderungen häufiger Kinder haben als Menschen mit geistigen Behinderungen. Auch angesichts der im Vergleich zu Nichtbehinderten kleineren außerfamilialen sozialen Netzwerke sind die Beziehungen zur Herkunftsfamilie bei der Bewältigung der Behinderung ein Leben lang von großer Bedeutung. Angehörige haben großen Einfluss auf die Wahl der Wohnform.

Kinder und Jugendliche mit Behinderung wachsen zumeist wie andere auch in ihrer Herkunftsfamilie auf. Häufig bleiben sie jedoch auch als Erwachsene bei den Eltern wohnen, was mitunter zu einem Hindernis für die Entwicklung einer selbstbestimmten und selbstständigen Lebensführung werden kann. Nicht behinderte Erwachsene verlassen üblicherweise das Elternhaus und gründen allein, zu zweit (mit Partner oder Partnerin, Freund oder Freundin) oder zu mehreren (eigene Familie, Wohngemeinschaft) einen eigenen Haushalt. Diesem Lebensentwurf entsprechend wird Menschen mit Behinderung immer häufiger eine ggf. benötigte Assistenz für ein Leben in der eigenen Wohnung zur Verfügung gestellt (Wohnen mit Assistenz, Unterstützes Wohnen). Durch das Zusammenleben mit Gleichgesinnten in der Wohnung (Wohngemeinschaft), im Haus (Hausgemeinschaft) oder in der Nachbarschaft kann der Gefahr der sozialen Isolierung und Vereinsamung begegnet werden (vgl. Steffen & Fritz 2006). Zu organisierten Formen des Zusammen-

wohnens von nicht verwandten Erwachsenen mit und ohne Behinderung zählen integrative Wohngemeinschaften, Wohnformen mit Familienanschluss (z. B. Familienpflege, Wohnfamilien) und weltanschaulich ausgerichtete Lebensgemeinschaften. In diesen Settings, in denen vorwiegend Erwachsene mit geistigen oder psychischen Behinderungen wohnen, erleben sich die Mitbewohner im geteilten Wohnalltag in sehr unterschiedlichen, nicht allein durch die Behinderung definierten Kontexten und Rollen (Seifert 2006).

In Deutschland sind viele Menschen mit Behinderung gezwungen, in ein Heim zu ziehen [→ Leben im Heim], weil die Gewährung der notwendigen Unterstützung außerhalb des Heims bislang vom Umfang und von der Art des Hilfebedarfs abhängig gemacht wird. Im Jahr 2000 lebten bundesweit etwa 90 % der geistig bzw. geistig mehrfach behinderten Menschen, die professionelle Hilfe im Wohnalltag benötigen, in Heimen. Während z. B. in Norwegen und Schweden Heime mit mehr als sechs Plätzen aufgrund der nationalen Gesetzgebung fast vollständig abgeschafft wurden, standen 2003 in der deutschen Behindertenhilfe den 179 000 Heimplätzen schätzungsweise 30 000 bis 40 000 Personen gegenüber, die mit ambulanter Unterstützung wohnten. Erst allmählich entstehen als Alternative zu oft abseits gelegenen Komplexeinrichtungen und größeren Wohnheimen innerhalb von Gemeinden kleinere Wohneinrichtungen mit individuelleren Wohnmöglichkeiten (z. B. Apartmenthäuser, Gruppenwohnungen in Ein- oder Mehrfamilienhäusern).

Im krassen Gegensatz zu der Angebotsstruktur in der Behindertenhilfe stehen die empirisch ermittelten Wohnpräferenzen von Menschen mit Behinderung. In einer Fragebogenstudie von Metzler & Rauscher (2004) wünschten von 764 jungen Erwachsenen mit geistigen Behinderungen 42 % mit dem Partner oder der Partnerin, 20 % mit Familienmitgliedern und 18 % mit Freunden in einer Wohn- oder Hausgemeinschaft zusammenzuleben. 16 % wollten lieber allein wohnen. Die Befragten gaben der ambulanten Unter-

stützung beim Wohnen eindeutig den Vorzug vor dem Leben in einer Wohngruppe im
Heim.

3 Ausblick

Letztendlich ist es das Ziel, Individuen durch
die Teilhabe an der Gemeinschaft („being
part of the community") die Aufrechterhaltung bzw. Ausbildung einer nicht primär von
der Behindertenrolle geprägten Identität, einer „included identity", zu ermöglichen. Die
Wohnung, das Wohnumfeld und die weitere
Wohnumwelt sollen die Übernahme alters-
angemessener und kulturell üblicher sozialer
Rollen erleichtern – falls nötig mit der entsprechenden Unterstützung. Im Rahmen einer
Wahlfreiheit, wie sie anderen Gesellschafts-
mitgliedern auch zugebilligt wird, sollen Menschen mit Behinderung selbst bestimmen, wo
sie mit wem, wie, wie lange und mit welcher
Unterstützung wohnen wollen.

Die wohnbezogene Arbeit orientiert sich
an den Sozial- und Handlungsräumen von
Menschen mit Behinderungen. Ziele sind der
Erhalt bzw. die Erweiterung der individuellen
Sozial- und Handlungsräume im Einzelfall
wie die Veränderung der strukturellen Bedingungen in Nachbarschaften, Quartieren
und ganzen Gemeinden für die Teilhabe von
Bürgern mit Behinderung (Gemeinwesenar-
beit im Sinne der Inklusion). Von der Reduktion physischer, informationaler, organisato-
risch-regulativer und sozialer Barrieren in der
Wohnumwelt profitieren weite Bevölkerungskreise [→ Barrieren]. Im Wohnumfeld ist die
Schaffung stützender oder zumindest wohlwollender Beziehungen zu Nachbarn von Bedeutung. Selbsthilfe-Netzwerke lassen sich
z. B. durch die Bereitstellung von Wohnungen
an Personen in ähnlichen Lebenslagen in der
Nachbarschaft fördern (zur Nachbarschafts-
forschung vgl. Flade 2006; Seifert 2002).

Die individuelle Aneignung von Handlungsräumen kann im Rahmen der Wohn-

beratung, der schulischen Behandlung von
Wohnthemen, der Erwachsenenbildung (vom
Einzelcoaching über Formen des Training-
wohnens bis zu curricularen Kursangebo-
ten) sowie der individuellen Hilfeplanung im
Alltag gefördert werden. Dabei geht es um
die Klärung eigener Wohnwünsche, die Entwicklung realisierbarer Zielvorhaben und deren Unterstützung durch nahestehende Personen (vor allem Angehörige), den Erwerb
wohnbezogener Kompetenzen, die Organisation notwendiger Hilfen und Umweltge-
staltungsmaßnahmen (z. B. Anpassung von
Wohnraum).

Die international noch uneinheitliche
Wohnforschung hat den Anspruch, auf der
Basis empirisch gesicherten Wissens, die
Vor- und Nachteile von Wohnalternativen
sowie Wege für die Verbesserung der Wohnqualität der betroffenen Personenkreise auf-
zuzeigen.

Literatur

Andritzky, Michael (1999): Balance zwischen Heim
    und Welt. Wohnweisen und Lebensstile von 1945
    bis heute. In: Flagge, Ingeborg (Hrsg.): Geschichte
    des Wohnens. Bd. 5: Von 1945 bis heute. Stuttgart,
    615–686
Deutsches Zentrum für Altersfragen (2002). Zur Le-
    benssituation älterer Menschen in Deutschland.
    Berlin
Dieckmann, Friedrich et al. (Hrsg.): Psychologie und
    gebaute Umwelt – Konzepte, Methoden, Anwen-
    dungsbeispiele. Darmstadt
Flade, Antje (2006): Wohnen psychologisch betrach-
    tet. 2. Aufl., Bern
Fuhrer, Urs & Kaiser, Florian (1994): Multilokales
    Wohnen. Bern
Goffman, Erving (1961): Asylums. Essays on the So-
    cial Situation of Mental Patients and Other Inma-
    tes. New York
Häußermann, Hartmut & Siebel, Walter (2000): So-
    ziologie des Wohnens. Eine Einführung in Wan-
    del und Ausdifferenzierung des Wohnens. 2. Aufl.,
    Weinheim
Kruse, Lenelis et al. (1990) (Hrsg.): Ökologische Psy-
    chologie. Ein Handbuch in Schlüsselbegriffen.
    München
Marcus, Clare (1995): House as a mirror of self.
    Berwick

Metzler, Heidrun & Rauscher, Christine (2004): Wohnen inklusiv. Wohn- und Unterstützungsangebote für Menschen mit Behinderungen in Zukunft. Stuttgart

Seamon, David (1979): A geography of the lifeworld. New York

Seifert, Monika (1997): Wohnalltag von Erwachsenen mit schwerer geistiger Behinderung. Eine Studie zur Lebensqualität. Reutlingen

Seifert, Monika (2002): Auffälliges Verhalten – eine Zumutung für die Nachbarschaft? Probleme der sozialen Akzeptanz beim gemeindeintegrierten Wohnen. In: Theunissen, Georg (Hrsg.): Verhaltensauffälligkeiten – Ausdruck von Selbstbestimmung? Bad Heilbrunn, 193–222

Seifert, Monika (2006): Pädagogik im Bereich des Wohnens. In: Wüllenweber, Ernst et al. (Hrsg.): Pädagogik bei geistigen Behinderungen. Ein Handbuch für Studium und Praxis. Stuttgart, 376–393

Steffen, Gabriele & Fritz, Antje (2006): Wohnen mit Assistenz. Wohnformen für alte Menschen mit Unterstützungsbedarf und Menschen mit Behinderung als Antwort auf den demografischen und gesellschaftlichen Wandel. Stuttgart

Wacker, Elisabeth (1998): Leben im Heim. Baden-Baden

Erwerbstätigkeit, Leben ohne Arbeit und berufliche Bildung

Klaus Struve

1 Zur Denk- und Verfahrensweise: Begriffsbestimmungen

Die Lebensbewältigung von behinderten und nicht behinderten Personen wird vor dem Hintergrund von Erwerbstätigkeit, dem Leben ohne Arbeit und berufliche Bildung untersucht. Ziel ist es, Orientierungsgrundlagen für die Arbeit in der Berufs- und Rehabilitationspädagogik sowie in der Behindertenhilfe zu schaffen. Deshalb wird auch der notwendige bzw. freiwillige Verzicht auf ein Leben ohne (Lohn-)Arbeit ins Bewusstsein gehoben (vgl. Zwierlein 1997).

Einerseits ist es erforderlich, den inneren Zusammenhang zwischen den Lebensphasen Jugend und Erwachsenenalter und den Lebensbereichen Arbeit, Bildung und Öffentlichkeit zu beachten. Auf diese Weise wird es möglich sein, die Zeiträume und Inhalte allgemeiner und beruflicher Bildung, der Erwerbstätigkeit und der dafür nötigen Qualifizierung in den Mittelpunkt der Aus-

einandersetzung zu rücken. Im gleichen Zusammenhang darf Bildung und Persönlichkeitsentwicklung zum Zwecke der Gestaltung der von Erwerbsarbeit *freien* Zeit, der kulturellen, gewerkschaftlichen und politischen Betätigung und nicht zuletzt zum Zwecke vorbeugender Bewältigung von Arbeits- und Perspektivlosigkeit nicht außer Acht bleiben (vgl. Hiller 2006).

Andererseits ist es angemessen, den Gegenstand der Erkenntnisgewinnung, die mit ihm verbundenen Problemstellungen und Lösungsmöglichkeiten im besten Sinne des Wortes *für sich* wahrzunehmen und zu untersuchen. Es kommen Daten und Fakten zur Darstellung, und es werden Ziele, Inhalte und Methoden berufs- und rehabilitationspädagogischer Betätigung ausgelotet. Beide skizzierten Denk- und Verfahrensweisen, nämlich die Analyse/Synthese des inneren Zusammenhangs zwischen Lebensphasen und Lebensbereichen bzw. das Hervorheben von Problemen und Lösungsmöglichkeiten mit Blick auf das Spannungsverhältnis zwischen Erwerbstätigkeit und Berufsbildung, dem *System* prekärer

Beschäftigung und dem Leben ohne Arbeit kommen zum Zuge.

1.1 Tätigkeit und Handlung

Der zentrale Begriff im Vermittlungszusammenhang von Arbeits- und Lebenswelt ist das *gesellschaftliche* Individuum, der tätige, der lernende, der produzierende, der sich bildende Mensch. Der *tätige* Mensch, selbst der, der im Prozess gemeinsam geteilter Arbeit hilft, der einem Produkt ein Teilergebnis hinzufügt oder der bewegt wahrnimmt, Erkenntnisse sammelt, schafft für sich im Prozess der Produktion, Erhaltung und Nutzung von Gebrauchswerten Bewusstsein. Er ordnet dem Produkt, der Tätigkeit und nicht zuletzt dem Prozess Sinn und Bedeutung zu, was von Schürmann (2008) hervorgehoben wird. Das ist bedeutsam, weil auf diese Weise Willenskräfte entstehen (vgl. Jantzen 2007), aufrechterhalten und über lange Zeiträume hinweg nicht nur im Arbeits- und Produktionsprozess verausgabt werden können (z. B. im Prozess repetitiver Teilarbeit). Kräfte erlahmen nicht vorzeitig, Aufmerksamkeit sinkt nicht unnötig, eine Fehlerquote steigt nicht über ein vertretbares Maß hinaus. Der *lernende* Mensch, auch der erwachsene, zeichnet sich dadurch aus, dass er früher oder später an Grenzen seines Könnens stößt, mit Widersprüchen konfrontiert wird, die ihn nötigen, innezuhalten, seine Gedanken zu fassen, um dadurch andere oder gar neue Arbeitsmittel in Anschlag zu bringen, mit denen ein ins Stocken geratener Prozess wieder befreit werden kann. Der *produzierende* Mensch, der Produzent im gewerblich-technischen Sektor der Volkswirtschaft, sei er Handwerker oder Maschinist, Diener oder Konstrukteur z. B. eines automatisierten Produktionssystems, ist darauf angewiesen, dass er Natur- und Rohstoffe gebraucht und verbraucht, dass er über die am Arbeitsplatz verlangten Qualifikationen hinaus über ein Mindestmaß von Willenskraft, „über habituelle Dispositionen verfügt" (Kutscha 2006, 115). Der sich beschleunigende, sich mehr

und mehr ausdifferenzierende Übergang von der Industrie- zur Dienstleistungsgesellschaft in Zentraleuropa bzw. im globalen Maßstab fordert beides *vermehrt*, Schätze der Natur und Willenskräfte selbst im Prozess der Verausgabung verbleibender bzw. ständig neu geschaffener *einfacher* Arbeitskraft. Einfache Arbeit ist solche, die im Durchschnitt jede Person ohne spezielle Ausbildung (z. B. im dualen System beruflicher Bildung) leisten kann. Auch die abhängig Beschäftigten im Dienstleistungssektor, die im Dezember 2007 72,4 % aller Arbeitsplätze besetzten (Bundesministerium für Arbeit 2007), können der Auseinandersetzung mit der Natur nicht entkommen. Ihre bedrohliche Vernutzung geht nun mehr zu Lasten anderer Kontinente und der dort lebenden Menschen. Durch die Zusammenarbeit mit seinesgleichen, in historischer Sicht *erst* Schulter an Schulter, Hand in Hand, *nun* nicht selten auf Distanz zu ihnen und virtuell, kommunikativ mit ihnen verbunden, haben die produzierenden Menschen lernen müssen, nicht nur alle Mittel zum Leben hervorzubringen, sondern sie haben auch sich selbst, ihr gesellschaftliches Wesen hervorgebracht und schaffen es ständig neu (vgl. Marx 1969, 192).

Auf *dieser* Grundlage begrifflicher Fassung von *Tätigkeit* der Menschen im gemeinsam geteilten Arbeitsprozess kann *ein* oder gar das *zentrale* Problem der Theoriebildung für betriebs- und berufspädagogische, für rehabilitationspädagogische Arbeit formuliert werden. „Die Haupt-‚Komponenten' der einzelnen menschlichen Tätigkeiten sind die sie realisierenden *Handlungen*. Als Handlung bezeichnen wir einen einem bewussten Ziel untergeordneten Prozess", so formuliert es Leontjew im Rahmen der Klärung von Beziehungen zwischen den Begriffen „Ziel" und „Handlung". Zwischen ihnen, so fährt er fort, „gibt es eine ähnliche Wechselbeziehung wie zwischen dem Begriffspaar Motiv und Tätigkeit" (1979, 102). Wenn aber die Wechselbeziehung zwischen Motiv und Tätigkeit, d. h. die zwischen dem Gegenstand der Tätigkeit (in stofflicher und ideeller Hinsicht), dem Prozess intellektueller Auseinandersetzung des subjektiv Sinn und Bedeutung schaffenden Menschen weitgehend außer Acht bleibt, dann ist jedenfalls die Gefahr groß, dass Jugendliche und Erwachsene der wesentlich appellativen Orientierung oder gar den *Direktiven* ihrer Ausbilder und Lehrer folgen (müssen). Perspektivisch sollte es möglich werden, dass nicht ständig zwischen allgemeiner und beruflicher Bildung bzw. zwischen Bildung und Berufsbildung unterschieden werden muss. Die aktuelle Notwendigkeit einer solchen Unterscheidung ist Ausdruck gewachsener, historisch bedingter Trennungen zwischen dem allgemeinen und beruflichen Schulsystem bzw. (bildungsökonomisch gesehen) Ausdruck des Doppelcharakters der Arbeit.

1.2 Arbeit und Bildung

Beim Darstellen von Verbindungen zwischen den inhaltlichen Abstraktionen Arbeit und Bildung helfen die von Marx hervorgehobenen einfachen Momente des Arbeitsprozesses, „die zweckmäßige Tätigkeit oder die Arbeit selbst, ihr Gegenstand und ihr Mittel" (1969, 193). Sie sind bereits zur Anwendung gekommen, müssen aber mit Blick auf Untersuchungen des Arbeits- *und* Bildungsprozesses konkretisiert werden. Der zweckmäßigen Tätigkeit oder der Arbeit selbst kommt das Vermögen, Gebrauchswert zu schaffen und – durch das Verhältnis von Kapital und Lohnarbeit bedingt – zugleich die Eigenschaft zu, von Wert zu sein. Wer mit „Geschick und Fertigkeit in einem bestimmten Arbeitszweig" tätig ist, wer „entwickelte und spezifische Arbeitskraft wird", wer z. B. hocheffizient, jahrzehntelang funktionsfähige, wärmegedämmte Gebäude errichten oder Arbeits- und Wohnräume ausstatten kann, der bedarf „einer bestimmten Bildung oder Erziehung, welche ihrerseits eine größere oder geringere Summe von Warenäquivalenten kostet" (Marx 1969, 186, zur Bestimmung des Werts der Ware Arbeitskraft). Mit dieser Bestimmung kommen wir beiläufig der Erkenntnis auf die Spur, wa-

rum Kapitaleigner, warum das Leitungspersonal in bestimmten Unternehmen oder Branchen nicht bereit oder gar nicht in der Lage ist, einfach qualifizierte Arbeitskräfte oder solche von „minderer Güte" (vgl. Jantzen 1987, 18 f.) (z. B. die der Absolventen von Förderschulen, der Hauptschulabbrecher, der Jugendlichen und Erwachsenen ohne Berufsausbildung) im Arbeits- oder Produktionsprozess zu nutzen, damit sie als sogenannte *konkrete Arbeit* wertübertragende oder werterhaltende Funktionen erfüllen.

So verständlich diese Handlungsweise in Betrieben für Berufs-, Sozial- und Rehabilitationspädagogen ist bzw. sein mag: Sie kann, sie muss mit Blick auf *deren* Arbeitszusammenhänge, die immer auch (bildungs- und behinderten-)politische sind, kritisiert und konkretisiert werden,

- weil in die Bestimmung nicht die prinzipiell *mögliche* Entwicklungsfähigkeit eines jeden gesellschaftlichen Individuums, seine Erziehung, seine Bildung auf höheren Niveaus von Arbeit und Kultur eingegangen ist (vgl. Stegemann 1983; Schartmann 2001),

- weil die abstrakte Bestimmung des Werts der Ware Arbeitskraft, ihre Wertgröße abhängig ist vom jeweils aktuellen Ausgang politischer, sozialer und gewerkschaftlich geführter Auseinandersetzungen zwischen Kapital und Arbeit um *tatsächlich* zu zahlende Löhne und Gehälter, um das Festlegen von Arbeitszeiten, um das Aushandeln von Arbeits- und Lebensbedingungen und

- weil die Auseinandersetzungen um Löhne, qualifizierte Ausbildungs- und Arbeitsplätze, aktuell um Mindestlöhne in einzelnen bzw. allen Branchen (vgl. Bosch 2007; Bosch & Weinkopf 2007) und die existenzsichernde Alimentierung von Familienhaushalten und arbeitslosen Personen in erheblichem Maße von der *Qualität* der Grund- und Bürgerrechte, von der *Realisierung* des Rechts auf Gesundheit, Bildung und soziale Sicherheit, dem Arbeits- und Tarifrecht, vom mutigen Gebrauch der

Rechte und ihrer Einklagbarkeit abhängig ist (vgl. Baethge-Kinsky et al. 2008). Nicht zuletzt die Pflicht bestimmter Unternehmen, behinderte Personen zu beschäftigen, bedarf nicht länger der „Erörterung", sondern der Durchsetzung (vgl. Spiess 2004).

Gegenstand professioneller berufspädagogischer Arbeit ist nicht *das gesellschaftliche Individuum*, sondern die Planung und Realisierung des *Vermittlungsprozesses* zwischen dem Leben von Jugendlichen, Erwachsenen und der Welt der Arbeit. Die Sicherung, die *Erweiterung und Vertiefung ihrer Arbeits- und Lebenswelt* macht die aktuelle, die wachsende Bedeutung beruflicher Bildung und Qualifizierung aus (vgl. Höfelmann & Struve 1996). Mit Hilfe solcher Begriffsbestimmungen kann der Auftrag von Berufspädagogen vor allem im staatlich verantworteten Berufsbildungssystem als widersprüchliche *Einheit* von allgemeiner und beruflicher Bildung in Angriff genommen werden. Auf diese Weise können Erkenntnis fördernde Aktivitäten von Jugendlichen, von jungen Erwachsenen zum Zuge kommen. Nähe *und* Distanz des pädagogischen Personals sind erforderlich, Achtung vor jeder Person. Die jungen Erwachsenen sind so oder so darum bemüht, auf Augenhöhe mit Ausbildern und Pädagogen zu agieren. Sie tun dies selbst dann, wenn es ihnen vor dem Hintergrund von Perspektivlosigkeit, Ausbildungsplatzmangel und Berufsnot nicht (immer) gelingt, den Konventionen, dem angemessenen kommunikativen Umgang im Berufsbildungsprozess, in Berufsschule und Betrieb, gerecht zu werden. Trotzdem gelingt es nicht wenigen Pädagogen und Ausbildern, durch ihre Arbeit zum Ausdruck zu bringen, was den qualitativen Standard der Gestaltung des Vermittlungs- und Integrationsprozesses ausmachen sollte. Er wird von Marx in den ökonomisch-philosophischen Manuskripten erläutert (und zwar im Zuge der begrifflichen Bestimmung des Geldes und seiner Wirkung auf das gesellschaftliche Individuum): „wenn du Einfluss auf andere Menschen ausüben willst, mußt du ein wirklich anregend

und fördernd auf andere Menschen wirkender Mensch sein. Jedes deiner Verhältnisse zum Menschen – und zu der Natur – muß eine *bestimmte*, dem Gegenstand deines Willens entsprechende *Äußerung* deines *wirklichen individuellen* Lebens sein" (1973, 567).

Wenn dieser Standard Pädagogen als Orientierung dient, dann kann prinzipiell *alles* zum *Gegenstand* von Vermittlungs- und Aneignungsprozessen der Beteiligten werden (vgl. Freire 1981, 98): eine Wahrnehmung, alles Stoffliche, alle ideelle Widerspiegelung von Stofflichkeit, d. h. die Inhalte von Bildung *und* die sie aufschließenden Frage-, Problem- und Aufgabenstellungen. Jugendliche und Erwachsene – auch die im prekären Sektor – entscheiden selbst darüber, *wann* aktuelle Inhalte von Aneignungsprozessen unter ihren Augen und Händen, unter Einsatz ihrer Denk- und Muskelkraft ihr Wesen verändern und von *Gegenständen* zu *Mitteln* beruflicher Bildung und Arbeit werden. Mit Blick auf jegliche Produktion (*materialisierte* Lernhandlungen eingeschlossen) geschieht dies vor allem dann, wenn zweckmäßige Gegenstände (Gebrauchswert) geschaffen, und wenn dabei Erkenntnisse über ihre Eigenschaften, über Qualitäten der Arbeitsmittel und der lebendigen Arbeit gewonnen werden. In diesem Prozess der Selbstbewegung, der Ausbildung von Fähigkeiten, Fertigkeiten usw. haben Pädagogen darauf zu achten, dass die die Jugendlichen umgebende Natur, „die immer rege Tätigkeit derselben selbst als Bildungsmittel derselben" (Pestalozzi 1966, 10) genutzt wird. Mit Pestalozzis Gedanken, Begriffe *und* Taten (!) wurde erstmalig eine synthetische Auffassung von polytechnischer, beruflicher und sozialökonomischer Bildung zur Anwendung gebracht, die Marx später aufnimmt und präzisiert (vgl. Marx 1981, 193–195).

Mit der Betonung des inneren Zusammenhangs von *polytechnischer* Bildung im Kindes- und Jugendalter, mit der Wesentliches zur Vorbereitung der Berufswahl, von *beruflicher* Bildung und dem Beschreiten vieler Wege vom *Ich zum Wir* erreicht werden muss, rücken wenigstens drei Begriffe in den Vordergrund, die unentbehrlich sind, um erfolgreich berufs- und rehabilitationspädagogische Arbeit leisten zu können.

Wenn Jugendzeit verstreicht, wenn Pädagogen *und* Berufspädagogen die Übergänge der von ihnen zu begleitenden Jugendlichen von der dominierenden Tätigkeit Lernen zur *dominierenden Tätigkeit Arbeit* (1) nicht individuell, nicht angemessen erfassen und gestalten, dann ist die Gefahr des Zurückbleibens der Personen im Berufsbildungs- und Arbeitsprozess groß. „*Ontogenetisch gesehen entwickelt sich die Lerntätigkeit aus dem Spiel und der unmittelbaren praktisch-geistigen Wechselbeziehung des Kindes mit seiner Umwelt*" (Lompscher 1985, 29). „*Historisch gesehen entwickelt sich die Lerntätigkeit aus der Arbeit.* […] Ist die Lerntätigkeit Voraussetzung für die Bewältigung der Anforderungen der Arbeit (und des gesamten vielgestaltigen Lebens in der Gesellschaft), so ist *andererseits* die Arbeit Voraussetzung für die Lerntätigkeit: *Was* gelernt werden *muß*, sind Ergebnisse der praktischen und theoretischen Arbeit vorangegangener Generationen, und *daß* gelernt werden *kann*, setzt unter anderem die Erarbeitung der materiellen Mittel voraus, die notwendig sind, damit sich ein Teil der Gesellschaft überhaupt auf die Aneignung bzw. Vermittlung von Wissen und Können konzentrieren kann. Dabei unterliegt die Lerntätigkeit ebenso den Gesetzmäßigkeiten gesellschaftlicher Entwicklung wie andere Tätigkeiten auch. Nicht nur Inhalte, Organisationsformen, gesellschaftliche Bewertung, Zeitdauer usw. ändern sich, sondern die Lerntätigkeit selbst: *Wie* gelernt wird, ist Ausdruck des geistigen und materiellen Entwicklungsstandes der Gesellschaft, der vor allem durch die Arbeit, die Produktion bestimmt wird" (ebd.).

Mit Konzentration auf den prekären Sektor beruflicher Bildung und Persönlichkeitsentwicklung, d. h. auf die Jugendlichen ohne qualifizierende Ausbildungsplätze, ohne Einbindung in den Arbeitsprozess, in die betriebliche Sozialisation, ist die Feststellung wichtig, dass sie alle älter sind als je zuvor in der

Geschichte beruflicher Bildung und Erwerbstätigkeit in Deutschland. *Sie sind* zwischen 17 und 27 Jahre alt und nicht nur im rechtlichen Sinne *erwachsen* (2): Sie müssen als solche angesehen, angesprochen und gefordert werden. Dies hat relativ unabhängig davon zu geschehen, wie sie ihrerseits auf Mitmenschen, auf Berufspädagogen und Ausbilder wirken oder zugehen. Pädagogisch-professionell wahrgenommen kann nichts Anderes Geltung beanspruchen als die Feststellung: *Sie sind, wie sie sind!* Sie bedürfen der Erziehung und Bildung, der Integration in den Arbeits- und Produktionsprozess, in angemessene Berufsbildungs- und Qualifizierungsprozesse.

Verbunden mit der Kritik an der voneinander isolierten Arbeit im berufsvorbereitenden Bildungsprozess, in der Sekundarstufe, im Sonderschulwesen, im Berufs- und Rehabilitationsprozess, ist die widersprüchliche Erkenntnis, dass die *Überwindung defizitärer Sichtweisen* (3) von Pädagogen, Ausbildern und Verantwortlichen in Betrieben auf die Persönlichkeitsentwicklung von Auszubildenden und Mitarbeitern und sogar auf Möglichkeiten der Entfaltung ihrer Fähigkeiten, Fertigkeiten sowohl Voraussetzung als auch Ergebnis gemeinsam geteilter Arbeit in den Institutionen sein kann. Vor allem mit *integrationspädagogisch* motivierter Zusammenarbeit zwischen Erziehern, Grundschul- und Behindertenpädagogen wird seit dem Ende der 1970er Jahre unter Beweis gestellt (vgl. Feuser 1989), dass es für die Beteiligten im Kooperationsprozess ratsam ist, Ziele, Inhalte und Methoden der Zusammenarbeit gedanklich vorweg zu nehmen und sie zu fixieren, damit sie nicht aus dem Blick geraten. Die Zusammenarbeit sollte konkurrenzarm gestaltet sein, damit der Transfer der individuellen bzw. besonderen Fähigkeiten und Fertigkeiten zwischen den Beteiligten im Berufsbildungs- und Rehabilitationsprozess, in den Betrieben, im Prozess beruflicher Fort- und Weiterbildung gelingen kann. „Berufsbildung und Beschäftigungssystem stehen als Sozialisationsinstanzen in wechselseitiger Beziehung: Die Sozialisationsleistungen der Berufsbildung beeinflussen Arbeitseinstellungen und -verhalten der Beschäftigten, wie umgekehrt die Bedingungen des Beschäftigungssystems als ‚heimlicher Lehrplan' in den Sozialisationsprozess der beruflichen Aus- und Weiterbildung einwirken" (Kutscha 2006, 115).

1.3 Beschäftigungssystem: Daten, Fakten, Probleme im Zusammenhang mit Erwerbstätigkeit und dem Leben ohne Arbeit

An anderer Stelle wurde bereits darauf verwiesen, dass im Dienstleistungssektor 72,4 % der Beschäftigten arbeiten. Im produzierenden Gewerbe (einschließlich Bauindustrie und Baugewerbe) arbeiten 25,4 %, und auf die Land-, Forst- und Fischereiwirtschaft entfallen die übrigen 2,1 %. Die dem *Anschein* nach große bzw. wachsende Zahl von Beschäftigten im Dienstleistungssektor bedarf im Prozess der Analyse/ Synthese von Erwerbstätigkeit, Arbeitslosigkeit, Qualifikation und beruflicher Bildung der Erläuterung vor allem mit Hilfe des *Doppelcharakters der Arbeit*, der Begriffspaare *produktive* und *nichtproduktive* bzw. *konkrete* und *abstrakte Arbeit*. Vom Standpunkt der Produktion von Gebrauchswerten wird zwischen produktiver und nichtproduktiver Arbeit unterschieden. „*Produktive* Arbeit ist Arbeit in der Sphäre der materiellen Produktion [...], die unmittelbar mit der Herstellung, der Lagerung und dem Transport eines Produkts im Zusammenhang steht, unabhängig davon, ob sie in Form körperlicher oder geistiger Arbeit auftritt. *Nichtproduktive* Arbeit ist Arbeit, die außerhalb der Sphäre der materiellen Produktion (z. B. Volksbildung, persönliche Dienstleistungen, Gesundheitswesen, Verwaltung usw.) geleistet wird und ebenfalls gesellschaftlich notwendig ist" (Böhme et al. 1973, 48).

Weil die Arbeits- und Berufsnot von Millionen Menschen, ihren Angehörigen, ihren heranwachsenden Kindern einer korrekten Darstellung bedarf, gehören wesentliche Daten in den vorliegenden Zusammenhang: Den

ca. 39,8 Mill. Erwerbstätigen müssen 8,3 Mill. Erwerbslose gegenübergestellt werden. Die Zahl der sozialversicherungspflichtig beschäftigten Personen (27,4 Mill.) korrespondiert mit der Zahl der Arbeitslosen (3,7 Mill.) (vgl. Statistisches Bundesamt 2008), zu der nach Joachim Müller, Direktor des Instituts für Arbeitsmarkt- und Berufsforschung (IAB), „etwa eine Million Menschen in arbeitsmarktpolitischen Maßnahmen" und die „so genannte stille Reserve" (625 000) hinzu gerechnet werden sollten. „Wenn man das alles zusammenzählt, kommt man in Deutschland auf gut fünf Millionen Menschen, die gerne arbeiten würden" (Müller 2008).

Als Ergebnis des Mikrozensus 2005, als insgesamt ca. 38,7 Mill. Erwerbstätige und 4,5 Mill. Arbeitslose gezählt wurden, waren 1,948 Mill. Behinderte unter den Erwerbstätigen und 331 000 Behinderte unter den Erwerbslosen, also den Personen, die Arbeit suchten. Die Zahl von knapp 2,3 Mill. behinderten Erwerbspersonen muss in Beziehung zu den insgesamt 8,6. Mio. Behinderten und der Mehrheit von 6,4 Mio. gesetzt werden, die zur Gruppe der *Nicht*erwerbspersonen zählen. Mit Pfaff verweisen wir hier mit Hilfe der Erwerbsquote (Anteil der Erwerbspersonen an der jeweiligen Bevölkerungsgruppe in Prozent) auf die im gegebenen Zusammenhang aussagekräftigsten Daten im Vergleich zwischen behinderten und nicht behinderten Personen im Beschäftigungssystem hin: Er gibt die Erwerbsquote behinderter Männer mit 30 % und die der behinderten Frauen mit 23 % an. „Für die Nichtbehinderten ergaben sich hierfür wesentlich höhere Werte (Männer 71 %, Frauen 53 %)" (Pfaff 2006, 1270). Mit dem Ziel vor Augen, behinderten Personen die Teilhabe am Arbeits- und Berufsleben zu ermöglichen, müssen beispielsweise die altersspezifischen Daten beachtet werden: „Die höchste Erwerbsbeteiligung war bei den Behinderten im Alter von 25 bis unter 45 Jahren (Männer: 74 % und Frauen 65 %) festzustellen" (ebd., 1271). Die Vergleichszahlen der nicht behinderten Männer (94,8 %) und Frauen (79,0 %) in dieser Altersgruppe erreichen eindrucksvollere Größen. Mit Blick auf die Erwerbstätigkeit von behinderten Personen kann schließlich auf eine Untersuchung der *Wirkungen der Beschäftigungspflicht* von Arbeitgebern nach der Einführung des im Jahre 2000 erlassenen „Gesetzes zur Bekämpfung der Arbeitslosigkeit Schwerbehinderter" verwiesen werden: Seine Erkenntnisse fasst Braakmann dahingehend zusammen, „dass die Änderung der Pflichtquote die Beschäftigungschancen von Schwerbehinderten weder verbessert noch verschlechtert hat" (2008, 22).

Die aktuell 270 000 Mitarbeiterinnen und Mitarbeitern in 700 Werkstätten für behinderte Menschen (WfbM) mit 2 300 verschiedenen Standorten in Deutschland (www.bagwfbm.de) werden im Rahmen der vorliegenden Argumentation sowohl zu den Erwerbstätigen als auch zum Niedriglohnsektor gezählt. Der prekäre Sektor bietet Erwerbstätigen kein sicheres Einkommen, keine Plattform, von der aus die Mehrzahl der Personen Anstrengungen mit Blick auf Qualifizierung, sinnerfüllte Beschäftigung oder gar (Berufs-) Bildung *wirklich* leisten können bzw. wollen. Zumal die als schwer behindert anerkannten bzw. gleichgestellten Personen den Arbeitsbedingungen im prekären Sektor nicht ausgesetzt werden dürfen. In dieser Hinsicht haben Verfechter der Aufrechterhaltung oder gar des weitergehenden, quantitativ motivierten Ausbaus der Werkstätten (WfbM) gute Argumente: Sie bedenken aber zu wenig,

- dass der Arbeitnehmerstatus der Beschäftigten in WfbM faktisch Realität und unter Beachtung des Schwerbehindertenrechts auch als solcher akzeptabel ist,
- dass alle Aspekte der sozial- und rehabilitationspädagogisch qualifizierten Begleitung von behinderten Personen, die sich in Werkstätten als notwendig und angemessen erwiesen haben, auch im Arbeits- und Berufsleben, im Beschäftigungssystem zum Tragen kommen können (vgl. Spiess 2004),
- dass nach Geist und Buchstaben des Rechts auf *Rehabilitation und Teilhabe behinder-*

ter Menschen auch schwer behinderte Personen von der *Beschäftigungspflicht der Arbeitgeber* erfasst werden (vgl. SGB IX, § 72) und

- dass die Arbeits- und Lebensbedingungen, von Menschen gemacht, auch von ihnen umgestaltet werden können (vgl. IG Metall Projekt Gute Arbeit 2007; Jürgens 2008; Larsen 1980; Sauer 2008).

2 Zentrale Erkenntnisse, Problemstellungen und Lösungsmöglichkeiten

Im berufs- und rehabilitationspädagogischen Arbeitsprozess sind vor allem dann dauerhafte Erfolge möglich, wenn es innerhalb der Arbeitsgruppen nicht zu einer Polarisierung zwischen berufs- und sozialpädagogischem, zwischen berufs- und rehabilitationspädagogischem Denken und Handeln kommt. Scheinbare Auswege, besser Irrwege genannt, sollten nicht beschritten werden:

- die Ausbildung Jugendlicher für bestimmte Nischen im Arbeits- und Produktionsprozess, die früher oder später ebenfalls beseitigt werden;
- die Qualifizierung für ein Dasein in der Arbeitslosigkeit, als Empfänger von Sozialleistungen;
- das (mehr oder weniger bewusste) Orientieren auf funktionale *oder* extrafunktionale Lernziele (vgl. Larsen 1980).

Sinn und Bedeutung kann berufs- und *vor allem* rehabilitationspädagogischer Arbeit dann zukommen, wenn das Platzieren im Betrieb dem Bildungs- und Qualifizierungsprozess vorangeht, wenn Arbeiten vollständig geplant und ausgeführt werden. Durch Vertiefung in den Arbeitsprozess, gedanklich *und* durch sinnerfüllte Tätigkeit in (Lehr-)Werkstätten und Betrieben, werden Fähigkeiten, Fertigkeiten usw. ausgebildet.

Angesichts der Tatsache, dass je nach der Wirtschaftskraft, den gesellschaftlichen und politischen Bedingungen in den Staaten der Europäische Union, in den Bundesländern und Regionen Deutschlands zwischen 16% und mehr als 30% aller Jugendlichen keine qualifizierenden Ausbildungsplätze, keine Arbeitsplätze erhalten, nimmt die Bedeutung des allgemeingültigen, kostenlosen Zugangs zum Berufsbildungssystem zu. In ihm muss die Qualität der Arbeit gesteigert werden und die wohlverstandene Autorität des Personals muss wachsen, da die pädagogische Tätigkeit in Berufsschulklassen und Lerngruppen mit Jugendlichen ohne Ausbildungsplätze, ohne Orientierungsgrundlage in der betrieblichen Produktion kompliziert ist. Sie ist ungleich komplizierter als mit Jugendlichen, die z. B. in der elektrotechnischen Industrie, im Bankgeschäft oder in der Medientechnik ausgebildet werden. Diese Unterschiede verweisen uns auf konkrete *Inhalte*, Gegenstände und Prozesse beruflicher Bildung, auf die Bedeutung der Berufsfeld*didaktiken*, welchen im Prozess der Lehrerbildung *und* im Berufs- und Rehabilitationsprozess selbst nicht die nötige Aufmerksamkeit zukommt.

Es darf aber nicht außer Acht bleiben, welche Berufsbildungs- und Entwicklungsmöglichkeiten Jugendlichen in Betrieben eröffnet werden (können). Die Erkenntnis, dass betrieblich organisierte Berufsbildung den gesetzmäßigen Beziehungen zwischen Kapital und Arbeit unterworfen ist (d. h. im Großen und Ganzen Berufs*aus*bildung, *Qualifikation* für Betrieb oder Branche ist), und dass Demokratie und Mitbestimmung im Konfliktfalle selbst dann vor den Toren von Unternehmen enden, wenn in ihnen Rechte der Belegschaften, der Betriebs- und Personalräte, nicht ständig mit Füßen getreten werden, darf Berufs- und Rehabilitationspädagogen nicht den Blick verstellen für Handlungsspielräume (vgl. Freire 1981, 99). Sie sind immer und unter allen Umständen vorhanden. Sie können auf der Grundlage von Kommunikation und wachsendem Einvernehmen zwischen Berufspädagogen und Ausbildern erweitert werden.

Für eine differenzierte Wahrnehmung und Beurteilung der Möglichkeiten für Berufs-

bildung und Berufstätigkeit Jugendlicher in Betrieben (in WfbM, vgl. Jacobs 1998; Spiess 2004) stehen ausgewählte, gleichwohl bedeutsame Daten und Fakten: Bekannt ist, dass (nur) zwischen 20 und 30% aller Betriebe, Unternehmen, Behörden und Gebietskörperschaften quantitativ und qualitativ höchst unterschiedliche Anstrengungen unternehmen, um Jugendliche für ganz bestimmte Segmente der Produktion oder Wirtschaft auszubilden und nach der Ausbildung in die Belegschaften zu integrieren. Weniger bekannt sind die Problemlagen, die dadurch entstehen, dass innerhalb des Berufsbildungs- und Rehabilitationssystems in Deutschland das zuständige Personal von nicht weniger als *neun* Institutionen und Einrichtungen miteinander kommunizieren und kooperieren muss, wenn Erfolge unter komplizierten Bedingungen kontinuierlich hervorgebracht werden sollen. Es sind die Ausbilder, Berufs- und Rehabilitationspädagogen, die in Betrieben und überbetrieblichen Einrichtungen für Berufsausbildung in den Wirtschaftszweigen, in staatlichen Berufsschulen, in Berufsbildungs- und in Berufsförderungswerken, in WfbM, in den Integrationsfachdiensten der Gebietskörperschaften arbeiten. Schließlich gehört das höchst unterschiedlich qualifizierte Personal dazu, welches in aller Regel selbst zum prekären Sektor des Beschäftigungssystems zählt und bei freien Trägern von Berufsbildung, beruflicher Fort- und Weiterbildung arbeitet. Freie Träger, das ist für das Sichern von Erfolgen Jugendlicher *mit* Ausbildungsverträgen wichtig, werden in der Regel auf der Ebene von Landkreisen und kreisfreien Städten nach öffentlicher Ausschreibung mit der pädagogischen Arbeit innerhalb der sogenannten *ausbildungsbegleitenden Hilfen* (abH) beauftragt. Mit Blick auf diese Arbeit, die sinnvoll und erfolgreich auf der Grundlage von entwickelter Kommunikation und Zusammenarbeit zwischen Ausbildern in Betrieben, Berufspädagogen und den abH-Mitarbeitern bewältigt werden kann, ist es möglich, Bewusstsein über Problemlagen zu schaffen und Kenntnisse über das isolierte Nebeneinander pädagogischer Arbeit in den genannten Institutionen zu sammeln. Die Ergebnisse der empirisch-statistisch untermauerten Forschung über die Zusammenarbeit zwischen dem Personal an den wichtigsten Lernorten beruflicher Bildung ist niederschmetternd (vgl. Pätzold 1990). Sie können im Detail hier nicht dargestellt werden. Soviel muss aber gesagt werden: Wer zum Telefon greift, mit Kolleginnen und Kollegen Absprachen trifft, der gilt bereits als Vorbild. Das entsprechende Ziel wurde bereits 1966 vom Deutschen Ausschuss unmissverständlich formuliert: „Der Erfolg des dualen Ausbildungssystems [diese Aussage ist auch für die berufliche Rehabilitation gültig, K. S.] hängt davon ab, dass seine Träger, die Ausbildungsbetriebe und die beruflichen Schulen, zusammenwirken. Ein Gegeneinander gefährdet die gemeinsame Sache. Auch ein Nebeneinander, in dem jeder sich damit begnügt, dem anderen seinen Zeitanteil an der Ausbildung zuzuerkennen, reicht nicht aus. Die Partner müssen – gestützt auf neue, auch gesetzliche Regelungen – auf allen Ebenen zusammenarbeiten" (Deutscher Ausschuss für das Erziehungs- und Bildungswesen 1966, 503).

Als berufsbildungspolitisch, als berufs- und rehabilitationspädagogisch angemessene Strategie kann sich angesichts der dargestellten Umstände der Vorschlag von Hiller erweisen (2006, 206 f.): Er fordert z. B. mit Blick auf das Ziel, auch für benachteiligte Jugendliche Chancen im Berufsbildungsprozess und im Beschäftigungssystem zu realisieren, die Einrichtung von Jugendbildungsagenturen in Städten und Landkreisen. Sie sollen alle Unversorgten in Berufsbildungsprozesse einbinden und zwar mit regulären Berufsausbildungsverträgen und einer entsprechenden Ausbildungsvergütung. Diese unkonventionelle Lösungsmöglichkeit ist in jugendpolitischer und sozialpsychologischer Hinsicht überzeugend, weil sie im Falle ihrer Verwirklichung eine sichere, drei Jahre lang tragfähige Plattform bietet (für behinderte Jugendliche länger). Sie ermöglicht den Nutznießern eine ökonomische, eine finanzielle Basis für

die erforderliche Emanzipation vom Elternhaus. Das ist eine wichtige Voraussetzung für die Ausbildung von Selbstbewusstsein auf Seiten der Jugendlichen. Sie entlastet die Herkunftsfamilien nicht nur in finanzieller Hinsicht. Die jungen Erwachsenen brauchen eine gesicherte Plattform, damit sie sich auf die Anforderungen im Berufsbildungsprozess, auf *Forderungen* konzentrieren können, welche aus den Arbeits- und Lernaufgaben erwachsen, die die Ausbilder, die Berufs- und Rehabilitationspädagogen, die Mitarbeiter im Integrationsfachdienst stellen (müssen), um Erfolge zeitigen zu können.

Mit diesen Argumenten für die Schaffung von *Berufsbildungsagenturen* als gemeinschaftliche Einrichtungen der Bundesländer, der Bundesagentur für Arbeit und der Kommunen kommen *einerseits* die berufspädagogischen, die berufsfelddidaktischen Ziele, weitere finanzielle Vorteile und *andererseits* die gravierenden Mängel der Arbeit in der Berufsvorbereitungsschule, im Berufsvorbereitungsjahr, im „Dschungel der Maßnahmen" in den Blick [→ VI Dienstleistungen für Ausbildung und Beschäftigung]. Dort sind gleich viele Jugendliche mit gängigen Lernaufgaben unter- bzw. überfordert. Sinnvolle Zusammenhänge zwischen Arbeits- und Lernaufgaben sind entweder nicht vorhanden oder können von Jugendlichen nur schwerlich ausgelotet werden. Das sind wesentliche Gründe für die zwischen 20 und 30 % pendelnde Fehlquote (Absentismus) in diesen kostspieligen, gleichwohl notwendigen vollzeitschulischen Berufsbildungsmaßnahmen.

Da berufs- und rehabilitationspädagogisch motivierte Anstrengungen vor dem Hintergrund der *Macht des Faktischen* im Beschäftigungssystem von *relativer* Bedeutung sind, ist es erforderlich, vor allem mit Hilfe sozialer Bewegungen, gewerkschaftlicher und politischer Kräfte eine sinnvolle Beschäftigungspolitik nicht nur zu fordern, sondern dieser auch zum Durchbruch zu verhelfen. Die von der IG Metall, vom DGB beschrittenen Wege, welche mit Sachverstand und Argumentationskraft aus dem Wissenschaftsprozess und sogar aus der heterogenen Parteienlandschaft heraus unterstützt werden, sind selbst für viele Unternehmen begehbar, wenn drei Argumente in den Mittelpunkt gerückt werden:

„Ein zentrales Argument aus der Innovationstheorie spricht für wohlstandsfördernde Wirkungen von Mindestlöhnen. Wenn Löhne aus dem Wettbewerb genommen werden, müssen sich Unternehmen auf Produkt- und Prozessinnovationen konzentrieren, um im Markt überleben zu können. Diese Innovationsorientierung kann man durch positive Anreize, wie die Förderung von Forschung und Entwicklung und von Qualifizierungsmaßnahmen, noch unterstützen. Damit werden in Hochlohnländern nachhaltigere Produktionsstrukturen aufgebaut als mit Niedriglohnstrategien, die allenfalls vorübergehend Arbeitsplätze sichern können.

Ein zweites Argument kann sich auf die Förderung des europäischen Integrationsprozesses beziehen. Aus der Außenhandelstheorie ist mittlerweile bekannt [...], dass bei raschem Globalisierungstempo die Zahl der Verlierer beachtlich sein kann. Insbesondere durch die jüngste Öffnung der Grenzen zu Osteuropa sind solche Verwerfungen zu befürchten, da die Lohnunterschiede bis zu Relationen von eins zu zehn reichen. Dies kann in Europa nicht nur zu sozialen Verwerfungen, sondern auch zu rasch abnehmender Unterstützung des europäischen Einigungsprojektes führen, insbesondere wenn im eigenen Land ausländische Werkvertragsnehmer unter Lohnbedingungen des Herkunftslandes eingesetzt werden können. [...]

Ein drittes Argument zielt auf die Stärkung des sozialen Zusammenhalts [er kann im Berufsbildungsprozess der Jugend, speziell in Berufsschulklassen von ausschlaggebender Bedeutung sein, K.S.]. Transferempfänger in einem subventionierten Niedriglohnsektor fühlen sich in der Mehrzahl als Bürger zweiter Klasse, da sie ihren Lebensunterhalt nicht selbst verdienen können, was ihnen durch die Kontrolle ihrer Einkommens- und Vermögensverhältnisse zudem ständig vor Augen geführt wird. [An dieser Stelle des Arguments

erinnern wir an die Erwerbsquote behinderter Männer in Höhe von 30 % und die der Frauen von 23 %, K.S.]. Aus der Sozialforschung ist hinreichend bekannt, dass dies mit einem Rückzug aus unterschiedlichen Formen der gesellschaftlichen Teilhabe, wie Teilnahme an Wahlen oder Ausübung von Ehrenämtern, verbunden ist. Die skandinavischen Länder, die so bei allen Indikatoren des sozialen Zusammenhalts (wie breite Bildungsbeteiligung, hohes Vertrauen etc.) gut abschneiden, haben den Bürgerstatus ihrer Geringverdiener gestärkt. Der tarifliche Mindestlohn liegt in Dänemark bei rund 12 Euro [...], so dass auch die Geringverdiener Steuern zahlen und sich als gleichwertige Bürger fühlen können" (Bosch 2007, 227 f.). Alle drei Argumente können zweifellos einen stetigen Rückenwind für berufs- und rehabilitationspädagogische Arbeit mit Jugendlichen und Erwachsenen bilden.

Literatur

Baethge-Kinsky, Volker et al. (2008): Arbeitsmarktpolitik: Nachsteuern oder neu orientieren? Anstöße zu einer überfälligen Debatte. Frankfurt Main

Beck, Iris et al. (Hrsg.) (1996): Normalisierung: Behindertenpädagogische und sozialpolitische Perspektiven eines Reformkonzeptes. Heidelberg

Böhme, Waltraud et al. (Hrsg.) (1973): Kleines politisches Wörterbuch. Berlin

Bosch, Gerhard (2007): Mindestlohn in Deutschland notwendig – Kein Gegensatz zwischen sozialer Gerechtigkeit und Beschäftigung. In: Zeitschrift für Arbeitsmarktforschung 40, 4, 421–430

Bosch, Gerhard & Weinkopf, Claudia (Hrsg.) (2007): Arbeiten für wenig Geld. Niedriglohnbeschäftigung in Deutschland. Frankfurt a. M.

Braakmann, Nils (2008): Wirkungen der Beschäftigungspflicht schwerbehinderter Arbeitnehmer – Erkenntnisse aus der Einführung des „Gesetzes zur Bekämpfung der Arbeitslosigkeit Schwerbehinderter". In: Zeitschrift für Arbeitsmarktforschung 41, 1, 9–2

Bundesagentur für Arbeit (2008): Arbeitsmarkt in Deutschland. Berechnung von Arbeitslosenquoten und Bezugsgrößen. Quelle: www.pub.arbeitsamt.de (Nürnberg 17. Juli 2008)

Bundesministerium für Arbeit (2007): Grafik zur Verteilung der Beschäftigten auf Branchen. Stand Dezember 2007. Berlin

Deutscher Ausschuss für das Erziehungs- und Bildungswesen (1966): Empfehlungen und Gutachten ... 1953–1965. Gesamtausgabe. Stuttgart

Feuser, Georg (1989): Allgemeine integrative Pädagogik und entwicklungslogische Didaktik. In: Behindertenpädagogik 28, 1, 4–48

Freire, Paulo (1981): Der Lehrer als Politiker und Künstler. Neue Texte zu befreiender Bildungsarbeit. Reinbek

Hiller, Gotthilf Gerhard (2006): Ein Beruf gehört(e) zum Leben – oder: Versuch einer Anleitung zum Ankommen in der Realität. In: Zeitschrift für Heilpädagogik 57, 6, 202–207

Höfelmann, Heiko & Struve, Klaus (1996): Der Berufsschulbesuch von Menschen mit geistiger Behinderung. Mittel zur Normalisierung ihrer Lebensumstände. In: Beck, Iris et al.: Normalisierung: Behindertenpädagogische und sozialpolitische Perspektiven eines Reformkonzeptes. Heidelberg, 147–162

IG Metall Projekt Gute Arbeit (2007) (Hrsg.): Handbuch „Gute Arbeit". Handlungshilfen und Materialien für die betriebliche Praxis. Hamburg

Jacobs, Kurt (Hrsg.) (1998): Projekt Berufliche Integration (PBI) für Menschen mit Behinderungen. Abschlussbericht II. Kooperation im Spannungsfeld beruflicher Rehabilitation und Integration – ausgewählte Ergebnisse. Frankfurt a. M.

Jantzen, Wolfgang (1980): Arbeit und Arbeitslosigkeit als pädagogisches und therapeutisches Problem. Köln (Studien zur Kritischen Psychologie, Bd. 24)

Jantzen, Wolfgang (1987): Allgemeine Behindertenpädagogik (Bd. 1). Weinheim

Jantzen, Wolfgang (2007): Die Konzeption des Willens im Spätwerk von Vygotskij und ihre Weiterführung von Leont'ev. In: Behindertenpädagogik 46, 3/4, 227–236

Jürgens, Kerstin (2008): Reproduktion als Praxis. Zum Vermittlungszusammenhang von Arbeits- und Lebenswelt. In: Berliner Journal für Soziologie 18, 2, 193–220

Kaiser, Franz-Josef & Pätzold, Günter (2006) (Hrsg.): Wörterbuch der Berufs- und Wirtschaftspädagogik. Bad Heilbrunn

Kutscha, Günter (2006): Berufsbildung und Beschäftigungssystem. In: Kaiser, Franz-Josef & Pätzold, Günter (Hrsg.): Wörterbuch der Berufs- und Wirtschaftspädagogik. Bad Heilbrunn, 113–118

Larsen, Karin (1980): Berufliche Orientierung und Persönlichkeitsentwicklung. In: Jantzen, Wolfgang: Arbeit und Arbeitslosigkeit als pädagogisches und therapeutisches Problem. Köln, 214–225

Leontjew, Alexej (1979): Tätigkeit, Bewusstsein, Persönlichkeit. Berlin

Lompscher, Joachim (1985): Die Lerntätigkeit des jüngeren Schulkindes. In: Joachim Lompscher et al.

(Hrsg.) (1985): Persönlichkeitsentwicklung in der Lerntätigkeit. Berlin, 23–52

Marx, Karl (1969): Das Kapital. Kritik der politischen Ökonomie. Berlin, (Marx-Engels-Werke, Band 23)

Marx, Karl (1973): Ökonomisch-philosophische Manuskripte. Berlin, (Marx-Engels-Werke, Ergänzungsband, Schriften bis 1844, Erster Teil)

Marx, Karl (1981): Instruktionen für die Delegierten des Zentralrats über „Arbeit von Jugendlichen und Kindern (beiderlei Geschlechts)". Berlin, (Marx-Engels-Werke, Band 16, 193–195)

Müller, Joachim (2008): Da wird an der Schraube gedreht. In: Süddeutsche Zeitung, 27. Mai 2008, Nr. 121, 6 f.

Niehaus, Mathilde & Montada, Leo (Hrsg.) (1997): Behinderte auf dem Arbeitsmarkt. Wege aus dem Abseits. Frankfurt a. M.

Pätzold, Günter (Hrsg.) (1990): Lernortkooperation. Impulse für die Zusammenarbeit in der beruflichen Bildung. Heidelberg

Pestalozzi, Johann Heinrich (1966): Über den Aufenthalt in Stans. In: Buchenau, Artur et al. (Hrsg.): Pestalozzi. Sämtliche Werke. Band 3. Berlin, 3–32

Pfaff, Heiko et al. (2006): Lebenslagen der behinderten Menschen. Ergebnis des Mikrozensus 2005. In: Statistisches Bundesamt (Hrsg.): Auszug aus Wirtschaft und Statistik. Heft 12, Wiesbaden, 1267–1177

Sauer, Dieter (2008): Von „humanisierter" zu „guter" Arbeit. Paradigmenwechsel in der Arbeitspolitik. In: Sozialismus. 35, 2, 13–18

Schartmann, Dieter (2001): Berufliche Integration als Zone der nächsten Entwicklung. In: Behindertenpädagogik. 40, 1, 35–66

Schürmann, Volker (2008): Prozess und Tätigkeit. Zur Spezifik der Tätigkeitstheorie. In: Behindertenpädagogik. 47, 1, 21–30

Stascheit, Ulrich (Hrsg.) (2008): Gesetze für Sozialberufe. 16. Aufl., Frankfurt a. M.

Statistisches Bundesamt (2007): Fachserie 1 – Bevölkerung und Erwerbstätigkeit. Reihe. 4.1.1 Stand und Entwicklung der Erwerbstätigkeit. Wiesbaden www.destatis.de/shop

Statistisches Bundesamt (2008): Aktuell: Erwerbstätigkeit im 1. Quartal 2008. Quelle: www.destatis.de (Wiesbaden, 17. Juli 2008)

Stegemann, Wolfgang (1983): Tätigkeitstheorie und Bildungsbegriff. Köln

Spiess, Ilka (2004): Berufliche Lebensverläufe und Entwicklungsperspektiven von behinderten Personen. Paderborn

Zwierlein, Eduard (1997): Leben ohne Arbeit – Eine Alternative?! In: Niehaus, Mathilde & Montada, Leo (Hrsg.): Behinderte auf dem Arbeitsmarkt. Wege aus dem Abseits. Frankfurt a. M., 18–27

Spiel

Ulrich Heimlich

Vorbemerkung

Das Spiel ist eine derart zentrale Lebensäu-ßerung von Kindern und Jugendlichen, dass sie auch durch „Behinderungen" nicht „ver-hindert" werden kann. Kinder und Jugend-liche mit Behinderungen spielen – quer zu allen Behinderungsarten bzw. Förderbedürf-nissen. Wenn auch immer wieder Zweifel ge-äußert werden, ob Kinder mit dem Förder-schwerpunkt der geistigen Entwicklung über das nachahmende Spiel hinausgelangen, so können Spielbeobachtungsstudien in integra-tiven Kindertageseinrichtungen (vgl. Heimlich 1995) doch zeigen, dass aus der gegenseitigen Entwicklungsanregung der Kinder mit unter-schiedlichsten Lern- und Entwicklungsvoraus-setzungen Spieltätigkeiten bei allen Kindern entstehen, die die Merkmale des Spiels und die verschiedenen Spielformen repräsentieren. Unterschiede ergeben sich möglicherweise in der Angewiesenheit auf externe Unterstützung bei der Gestaltung einer Spielsituation. Aber auch Kinder mit Behinderung treten durchaus als Initiatoren von Spieltätigkeiten in Erschei-nung. Insofern steht die Heil- und Sonderpä-dagogik sowohl in diagnostischer Hinsicht als auch in Hinblick auf die sonderpädagogische Förderung vor der Aufgabe, die ganze Band-breite kindlicher Spieltätigkeiten in ihren viel-fältigen Formen und unterschiedlichen Inten-sitäten in den Blick zu nehmen. Dabei gilt es, zunächst auf den bisherigen Entwicklungs-stand der psychologischen und pädagogischen Erforschung des Spiels zurückzugreifen, um die Merkmale der Spieltätigkeit (siehe Punkt 1) sowie die Entwicklung der wesentlichen Spiel-formen (siehe Punkt 2) zu kennzeichnen. Für die Entwicklung heil- und sonderpädagogi-scher Förderangebote [→ III Spielpädagogik] sollte darauf aufbauend die Qualität der kindli-chen Spieltätigkeit konstitutiv sein, die letztlich ein besonderes Verhältnis zwischen Spiel und Wirklichkeit hervorbringt (siehe Punkt 3).

1 Spiel als Tätigkeit – Begriffliche Annäherung

Aufgrund seiner Vielschichtigkeit zählt eine allgemein anerkannte Definition des Spiels zu den ungelösten Aufgaben der Spielforschung. Ein gewisser Konsens ergibt sich allenfalls in Bezug auf die Notwendigkeit, die konkret be-obachtbare Spieltätigkeit von Kindern und Jugendlichen in den Mittelpunkt einer Erfor-schung des Spiels zu stellen, auch wenn damit nicht mehr als eine heuristische Annahme be-zeichnet ist. Bestätigt wird dies durch den nie-derländischen Spielforscher und Historiker *Johann Huizinga* (vgl. 1991, 37), der als Fazit seiner Untersuchung zum Spiel in verschiede-nen Kulturen und Epochen festhält, dass im Spiel stets der Handlungsaspekt betont wird.

Um diese Tätigkeit von Kindern und Ju-gendlichen nun von anderen Aktivitäten zu unterscheiden, ist in der Spielforschung der Vorschlag einer näheren Kennzeichnung über Merkmalskataloge gemacht worden. Einer der elaboriertesten und nach wie vor gülti-gen Versuche auf dieser Ebene der Begriffsbe-stimmung stammt von *Joseph Levy* (1978). Er betrachtet Spiel als spezifische Form der Aus-einandersetzung mit der Umwelt. Diese In-teraktion des Kindes mit seiner Umwelt wird zwischen Phantasie und Realität, zwischen externer und interner Kontrolle und zwi-schen extrinsischer und intrinsischer Motiva-tion konkret ausgeprägt. Von einer Spieltätig-keit sollte nur dann gesprochen werden, wenn Phantasie, Selbstkontrolle und intrinsische Motivation überwiegen. In der „Spielintensitätsskala" des niederländischen Spielforschers *Rimmert Van der Kooij* (vgl. Heimlich 1995) sind diese Merkmale für die Beobachtung im Rahmen der empirischen Spielforschung aufbereitet worden. Dabei hat sich gezeigt, dass diese Skala nicht nur geeignet ist, die jeweils erreichte Qualität kindlicher Spieltätigkeiten deutlich zu machen, sondern auch Fördereffekte abbildet:

- *Intrinsische Motivation (intrinsic motivation):* Kinder nehmen Spieltätigkeiten aus eigenem Antrieb auf und entscheiden sich selbst für das Spiel. Die Motivation für das Spiel kommt also aus der Attraktivität dieser Tätigkeit selbst. Intrinsisch motivierte Tätigkeiten haben eine hohe Bedeutung für die Herausbildung des Selbst. Die Erfahrung der eigenen Kompetenz führt zu einem positiven Selbstkonzept.
- *Phantasie (suspension of reality):* Die Alltagswelt wird im kindlichen Spiel außer Kraft gesetzt, aber sie bleibt weiter wirksam. Spielende berichten immer wieder, dass sie Zeit und Raum um sich herum im Spiel vollkommen vergessen hätten. Kinder können sehr genau zwischen Alltag und Spiel unterscheiden. Sie benutzen beispielsweise Regieanweisungen, um auf die Ebene des Spiels zu gelangen und sich mit anderen zu verständigen. Phantasievolle Spieltätigkeiten übernehmen eine wichtige Funktion bei der Entwicklung des Denkens.
- *Selbstkontrolle (internal locus of control):* Spieltätigkeiten sind für Kinder deshalb so interessant, weil sie eine Kontrolle über die Wirklichkeit erlauben, die ihnen in alltäglichen Zusammenhängen meist noch nicht gelingt. Die Erfahrung, etwas bewirken zu können und seine Tätigkeiten und Einwirkungen auf die Umwelt kontrollieren zu können, gehört zu den wesentlichen Voraussetzungen für die Steuerung des eigenen Verhaltens. Spiel bietet so die Möglichkeit, die Selbstregulation zu entwickeln.

Einsiedler fügt diesem Merkmalskatalog noch die „positiven Emotionen" (vgl. Einsiedler 1999) hinzu. Es ist allerdings bis heute in der Spielforschung umstritten, ob Spieltätigkeiten stets mit positiven Emotionen einhergehen. Kinderspiele können auch ärgerlich machen (beim Verlieren), sie können Ängste auslösen und gerade dies auch beabsichtigen. Das Gewinnenwollen kann sogar zu Stress führen und doch immer wieder zu einem neuen Einstieg in das Spiel beitragen. Vermutlich spielen Kinder auch mit ihren Emotionen auf eine selbst gewählte, phantasievolle und selbst kontrollierte Weise.

2 Spiel und Entwicklung – Ökologische Aspekte

Schätzungen zufolge spielen Kinder in den ersten sechs Lebensjahren etwa 15 000 Stunden. Die Spielentwicklung verläuft dabei ausgehend vom eigenen Körper sowie dessen Exploration und Erprobung als zunehmende Erschließung der sozialen bzw. materiellen Umwelt. Kinder weiten in den Jahren vor dem Schuleintritt ihren Aktionsradius im buchstäblichen Sinne durch das Spiel immer weiter aus. Dabei lassen sich mehrere Spielformen unterscheiden, die sich nach und nach herausbilden. Diese Spielformen lösen einander jedoch nicht wie jeweils neue Phasen ab. Vielmehr müssen wir uns die Spielentwicklung als zunehmende Erweiterung der Spielfähigkeit vorstellen. Dabei wechseln sich allerdings die dominanten Entwicklungsschwerpunkte (die „Themen" der kindlichen Entwicklung) ab. Diese werden in der heutigen Spielforschung mit den Prinzipien Exploration, Phantasie, Konstruktion, Rollenübernahme und Umgang mit Regeln in Verbindung gebracht (vgl. ausführlich dazu: Heimlich 2001, 32 ff.). In welcher Intensität Kinder allerdings die verschiedenen Spielmöglichkeiten erleben, das hängt auch von den vorhandenen Anregungen in ihrer unmittelbaren Umgebung ab. Die Spielentwicklung von Kindern mit sonderpädagogischem Förderbedarf ist prinzipiell keine eigenständige, es ist hier allenfalls von Entwicklungsverzögerungen auszugehen.

2.1 Explorationsspiel (bzw. Funktions- oder Übungsspiel)

Etwa im Alter von zwei bis drei Monaten erlauben die Wachzeiten von Kindern allmählich eine Aufmerksamkeit für den eigenen Körper, die über die Befriedigung von Grundbedürfnissen hinausgeht. Eltern können nun beobachten, wie ihre Kinder Bewegungen erproben und Freude an der Wiederholung von kleinen Bewegungsabläufen zeigen. Auch die Nachahmung v. a. im motorischen Bereich wird jetzt allmählich möglich und erlaubt so auch den spielerischen Umgang mit dem eigenen Körper. Daher sind in diesem Entwicklungsabschnitt in den Eltern-Kind-Spielen die Bewegungsspiele dominant, die sich auf einzelne körperliche Funktionen oder Körperteile beziehen (z. B. „Hoppe, hoppe, Reiter"). Aber auch Gegenstände werden nach dem Explorationsprinzip untersucht und es wird mit ihnen ausgiebig hantiert, um das gesamte Spektrum ihrer Eigenschaften kennen zu lernen.

2.2 Phantasiespiel (bzw. Symbolspiel)

Etwa ab dem zweiten Lebensjahr lösen sich Kinder von konkreten Gegenständen und steigen häufig sehr abrupt in die Phantasiewelt ein. Spielmittel wie Puppen und Teddys werden nun in das Spiel einbezogen, auch wenn zunächst die Nachahmung von beobachteten Tätigkeiten vorherrscht. Irgendwann tritt auch der fiktive Spiel- bzw. Gesprächspartner auf, mit dem sich Kinder ausgiebig unterhalten, wenn sie ungestört sind. Gegenstände werden kurzerhand dem Spielverlauf angepasst und entsprechend umfunktioniert. Diese bis zum Schulalter dominante Spielform ermöglicht den Kindern eine erhebliche Ausweitung ihrer Ausdrucksmöglichkeiten. Dabei spielt die Sprachentwicklung eine entscheidende Rolle. Spätere Spielformen (wie Rollen-, Konstruk-

tions- und Regelspiele) entwickeln sich aus diesem veränderten Umgang mit der Wirklichkeit.

2.3 Rollenspiel

Mit Verkleidungen und der Nachahmung von Helden aus Büchern und Filmen (wie Hexen, Zauberern, Feen, Piraten, Rittern, Weltraumpiloten usw.) entdecken Kinder im Vorschulalter bereits die Möglichkeit, in eine andere Rolle zu schlüpfen. Voraussetzung für diesen Schritt in der kindlichen Spielentwicklung sind intensive Beobachtungsprozesse, die zu Nachahmungen beispielsweise von Personen führen. Ein Telefon lädt zum Beispiel zum Rollenspiel ein. Etwa ab vier Jahren können Kinder durchaus in einer Rolle auch völlig aufgehen. Das entfaltete Rollenspiel mit Gleichaltrigen, das von Kindern selbst organisiert wird, mündet dann im Schulalter in das Theaterspiel.

2.4 Konstruktionsspiel

Früh beginnen Kinder Gegenstände zu zerlegen, um ihre Funktion kennen zu lernen. Kommt es zu Kombinationen von Spielgegenständen beispielsweise beim Bauen mit Bauklötzen, so ist damit bereits die Grundlage für die späteren Konstruktionsspiele mit komplexen Baukästen aus unterschiedlichen Materialien gelegt – bis hin zu den technischen Bausets, bei denen geschraubt, gehämmert und genagelt wird oder den textilen Materialien, die durch verschiedene Techniken miteinander verbunden werden. Das Konstruktionsspiel prägt sich allerdings erst ab etwa acht Jahren umfassend aus.

2.5 Regelspiel

Umstritten ist, ob Kinder im Vorschulalter bereits in der Lage sind, Regelspiele zu beherrschen. Die genaue Absprache von Spielzügen, die Einhaltung einer bestimmten Reihenfolge und der Verbot des „Schummelns" fällt Kindergartenkindern noch schwer. Ab dem vierten Lebensjahr entwickeln sie zwar in ihren sozialen Spieltätigkeiten zunehmend ein Bedürfnis nach genauen Absprachen und Regeln. Deren Einhaltung geht aber noch häufig im Fluss des Phantasiespiels unter, was in diesem Alter als nicht besonders gravierend betrachtet wird. In dem Maße, wie der Wettkampf zu fairen Bedingungen für die Kinder von Bedeutung wird, entwickeln sie auch einen veränderten Zugang zu Regeln im Spiel und deren Einhaltung. Kooperative Spiele ohne Sieger oder Verlierer sind dann eine naheliegende Fortsetzung.

3 Spiel und Wirklichkeit – Multidimensionale Perspektiven

Von Beginn der Entstehung einer eigenständigen Kinderpsychologie an haben sich Entwicklungspsychologen immer wieder dem Verständnis des kindlichen Spiels gewidmet. Aber auch jahrzehntelanges Nachdenken über Spiel hat bis heute keine einheitliche Spieltheorie hervorgebracht. Es konnten sich nur einige wichtige Betrachtungsweisen herausbilden, die zur Erklärung der Entwicklungsbedeutung kindlicher Spieltätigkeiten von zentraler Bedeutung sind. Diese Betrachtungsweisen stehen als sich gegenseitig ergänzend nebeneinander und betonen jeweils die sensomotorischen, die emotionalen, die kognitiven und die sozialen Aspekte des Spiels (vgl. Van der Kooij 1991). Wollen wir kindliche Spieltätigkeiten in einem umfassenden Sinne verstehen, so müssen wir eine Vielzahl von zugrunde liegenden Entwicklungstheorien des Spiels kennen.

3.1 Spiel und sensomotorische Entwicklung

Spiele tragen dazu bei, dass sensorische und motorische Funktionen geformt werden. Kinder haben Freude an der Betätigung ihrer körperlichen Funktionen und erproben diese spielerisch in häufigen Wiederholungen. Die Bewegungsmöglichkeiten und die sinnlichen Erfahrungsmöglichkeiten machen durch alle Altersstufen hindurch einen großen Teil der Attraktivität des Spiels für Kinder aus. Auch die taktil-kinästhetischen Erfahrungen haben ihren Ursprung im spielerischen Umgang mit Materialien aller Art. In der Spieltheorie von *Charlotte Bühler* steht die sensomotorische Kompetenz im Vordergrund.

3.2 Spiel und emotionale Entwicklung

Kinder bringen immer wieder auch die belastenden Erlebnisse aus ihrer Alltagserfahrung in das Spiel ein und spielen sie noch einmal aktiv durch. Die Selbstinszenierung einer bedrohlichen Alltagssituation innerhalb einer Spielsituation unterscheidet sich vor allem durch die Möglichkeiten der eigenen Gestaltung. Der Schrecken und die Ängste können so von den Kindern selbst dosiert werden. Es ist auch möglich, die Spielsituation mit einer Regieanweisung wieder zu verlassen, wenn sie zu bedrohlich wird. Das Repertoire der Gefühle im Spiel umfasst darüber hinaus auch den anderen Pol der Freude und der Lust. *Sigmund Freud* hat mit seiner psychoanalytischen Spieltheorie auf die Entwicklung emotionaler Kompetenz im Spiel aufmerksam gemacht.

3.3 Spiel und kognitive Entwicklung

Gerade das Phantasieelement von Spieltätigkeiten fördert nachweislich die Denkentwicklung. Wenn die Kinder beginnen, sich von konkreten Gegenständen abzulösen und diesen eine veränderte Bedeutung zuschreiben oder wenn sie in die Rolle eines anderen schlüpfen, so entwickeln sie dabei auch die Fähigkeit, Handlungen nicht mehr konkret auszuführen, sondern sie gedanklich „durchzuspielen". Dieser Übergang zu einer vorgestellten Tätigkeit markiert auch den Beginn der kognitiven Operationen.

Jean Piaget hat mit seiner Theorie der kognitiven Entwicklung den Schlüssel für die Erkenntnis des Zusammenhangs von Spiel und kognitiver Kompetenz geliefert.

3.4 Spiel und soziale Entwicklung

Spiel wirkt sich auf das soziale Handeln aus und ermöglicht dieses. Die Fähigkeit zur Rollenübernahme eröffnet Kindern die Welt der anderen, liefert ihnen die Möglichkeit, sich in andere hineinzuversetzen und konfrontiert sie mit der Notwendigkeit, sich mit widersprüchlichen und verwirrenden Ansprüchen an die eigene Rolle auseinanderzusetzen. Im Spiel lernen die Kinder, sich selbst in der Gruppe der Gleichaltrigen zu präsentieren und dabei zugleich, ein Selbst auszubilden. Die spieltheoretischen Überlegungen von *Georg Herbert Mead* haben den Anstoß für die Einsicht geliefert, dass im Spiel in umfassender Weise soziale Kompetenzen [→ III Entwicklung sozialer Kompetenzen] erworben werden.

Eine konkrete Spieltätigkeit kann also durchaus unterschiedliche Entwicklungsaspekte berühren. Daher sind für die Durchdringung des Sinns einer kindlichen Spieltätigkeit stets eine Vielzahl von Erklärungshypothesen nötig. Die Multidimensionalität könnte auf diesem Weg möglicherweise als ein weiteres zentrales Kennzeichen von Spieltätigkeiten angesehen werden.

4 Ausblick

Die Bedeutung des Spiels in der Heil- und Sonderpädagogik wird sich zukünftig in noch viel stärkerem Maße als bislang aus den gemeinsamen Spieltätigkeiten von Kindern mit und ohne sonderpädagogische Förderbedürfnisse ergeben. Die isolierte Analyse der Spieltätigkeit von Kindern mit sonderpädagogischem Förderbedarf hat in der Vergangenheit bereits zu verkürzten Betrachtungsweisen in der Spielforschung beigetragen. Sowohl für Kinder als auch für Jugendliche und immer häufiger ebenso für Erwachsene mit Unterstützungsbedarf avanciert das Spiel in modernen Gesellschaften jedoch zu einem bedeutenden Medium der Inklusion – das gilt für Bildungs- und Erziehungseinrichtungen, aber sicher auch für den Freizeitbereich [→ Freizeit]. Im Spiel begegnen wir uns auf der Basis unserer Fähigkeiten, jeder bringt seine spezifischen Ressourcen in das gemeinsame Spiel ein und ist mit seinen persönlichen Ideen gefragt. Das Spiel wäre somit in verschiedenen gesellschaftlichen Bereichen eine gute Vorübung für den „Ernstfall" der gesellschaftlichen Inklusion.

Literatur

Einsiedler, Wolfgang (1999): Das Spiel der Kinder. Zur Pädagogik und Psychologie des Kinderspiels. 3. Aufl. Bad Heilbrunn

Heimlich, Ulrich (1995): Behinderte und nichtbehinderte Kinder spielen gemeinsam. Konzept und Praxis integrativer Spielförderung. Bad Heilbrunn

Heimlich, Ulrich (2001): Einführung in die Spielpädagogik. 2. Aufl. Bad Heilbrunn

Huizinga, Johan (1991): Homo Ludens. Vom Ursprung der Kultur im Spiel. Reinbek (niederländ. Originalausgabe: 1938)

Levy, Joseph (1978): Play behavior. New York (Reprint: 1983)

Van der Kooij, Rimmert (1991): Pädagogik und Spiel. In: Roth, Leo (Hrsg.): Handbuch Pädagogik. Donauwörth, 241–253

Freizeit

Reinhard Markowetz

1 Definition, Begriffs- und Gegenstandsgeschichte

Das Substantiv „Freizeit" ist aus dem Eigenschaftswort „frei" und dem Hauptwort „Zeit" zusammengesetzt. Es geht auf die spätmittelalterlichen Rechtsbegriffe „freye-zeyt" und „frey zeit" zurück und bedeutete damals Marktfriedenszeit. Dieser Frieden auf Zeit sollte den Menschen mehr Freiraum und mehr Marktfreiheit mit gesteigertem Rechtsschutz ermöglichen. In der Brockhaus-Enzyklopädie (1988, 640 f.) ist zu lesen:

„Freizeit, bezeichnet als Komplementärbegriff zu ‚Arbeitszeit' jenen Teil der menschlichen Lebenszeit, der weder direkt den Anforderungen gesellschaftlich strukturierter Arbeit unterliegt noch der unmittelbar notwendigen Reproduktion der menschlichen Arbeitsfähigkeit (Schlaf/Essen) dient, sondern als Teil der arbeitsfreien Zeit stärker einer selbstbestimmten, selbstgestalteten individuellen Praxis zur Verfügung steht, gleichwohl aber seine Grenze und gegebenenfalls auch seine Inhalte und Struktur aus dem Bezugsverhältnis zur gesellschaftlichen Form der Arbeit gewinnt. Insofern ist Freizeit mehr als lediglich ‚freie' Zeit, worunter die Zeit zu verstehen ist, die nicht im Rahmen der gesellschaftlich organisierten Tätigkeiten zur Befriedigung materieller und ideeller Bedürfnisse verbraucht wird, und sie ist weniger als ‚Muse' zu verstehen, die eine dem Individuum zur Selbsterhaltung zur Verfügung stehende Zeit darstellt."

Wer sich pragmatisch an einer Definition von Freizeit versucht, denkt an angenehme Dinge des täglichen Lebens, denen man sich erst nach der Schule, der Arbeit und nach privaten wie beruflichen Verpflichtungen unbeschwert und affektiv gelockert hingibt. Naiv

gedacht wäre Freizeit als individuell verhaltensbeliebige Lebenszeit und subjektiv bedeutsame Sphäre zu definieren, die frei von Auflagen, Zwängen und Verpflichtungen ist (Freiraum-Theorem). Das Klischee „Freizeit ist Freiheit" ist nur die halbe Wahrheit. Freizeit hat viele Gesichter und zeigt sich auf einem Kontinuum zwischen zwei Polen, von denen der eine mit positiven (entformalisierte Freizeittätigkeiten) und der andere mit negativen Assoziationen zur Freizeit (formalisierte Freizeittätigkeiten) gekennzeichnet sind. Anlässe, Gelegenheiten, Orte genauso wie familiäre Kontakte und soziale Abhängigkeiten und letztlich das Geld beeinflussen die Freiheits- und Unabhängigkeitsgrade der Freizeit wesentlich. Freizeit löst auch psychische Konflikte aus, sorgt für soziale Spannungen und verändert die Gesellschaft. Zum Charakter der Freizeit gehört immer beides „Privates und Öffentliches, Zweckfreies und Nützliches, Lebenswertes und Lebensproblematisches" (Opaschowski 1994, 933).

In der „didacta magna" forderte Comenius Erholungspausen während der täglichen Schularbeit, eine sinnvolle Abwechslung von Arbeit und Ruhe, Betätigung und Freizeit ein. Fröbel spricht schon 1823 von Freizeit, indem er die Pausen zwischen den Lernzeiten als Zeiten definiert, in denen Kinder „frei gelassen" sind. Bis heute hält die Bedeutung der Freizeit in der Pädagogik an. In Begriffen wie Freistunde, Freispiel und Freiarbeit als Formen eines offen, individualisierten Unterrichts, aber auch in der Idee der Freien Schulen spiegelt sich der Zeitgeist der pädagogischen Klassiker wider. Das Verständnis von Freizeit ist ein Resultat der Aufklärung. Die Ideale Freiheit, Gleichheit, Brüderlichkeit und damit auch der Genuss von Bildung sollten in der obrigkeitsstaatsfreien Privatsphäre, also in der Freizeit entfaltet werden. Freizeit meint im Kern „eine Zeit größtmöglicher, individueller Freiheit. Sie ist der Handlungsraum [...], über den nach persönlichen Wünschen in individueller Disposition entschieden werden kann. Diese Zeit wird in der Regel rational rechenhaft von der Arbeitszeit abgegrenzt" (Nahrstedt et al. 1979, 25). Freizeit ist eine von gesellschaftlichen Fremdbestimmungen befreite Zeit, die auch an kollektiven Verwirklichungsmöglichkeiten zu messen ist. Marx (1970) nennt die freie Zeit ‚disponible Zeit', die einen großen Wert für die Emanzipation des Menschen hat und beurteilt die Herausbildung der menschlichen Freiheit als wahrhaften, materiellen Prozess der menschlichen Geschichte. Eine Gesellschaft, die es schafft, disponible Zeiten hervorzubringen, schafft auch Reichtum und offenbart die dialektischen Zusammenhänge von Arbeit und Freizeit. Freie Zeit ist von Arbeit befreite Zeit, in der sich jedes Individuum besonders gut entfalten kann, was sich unweigerlich positiv auf die Produktivkraft auswirkt. Freizeit und Arbeit erweisen sich als Bestimmungsstücke ein und desselben Ziels: Emanzipation!

Opaschowski (1990, 13) beschreibt vier Phasen der Freizeitentwicklung in unserem Jahrhundert: Nach dem Krieg und bis in die 1950er Jahre hinein galt die Freizeit fast ausschließlich der Erholung von getaner und noch zu erledigender Arbeit. Die 1960er und 1970er Jahre waren die Zeit des großen Konsumgenusses, der in der Freizeit in ganz besonderem Maße ausgelebt werden konnte und vordringlich im Geldausgeben und sozialer Selbstdarstellung seine Befriedigung fand. In den 1980er Jahren galt das Interesse der Bevölkerung nicht mehr so sehr der Bewältigung des Wohlstandskonsums, sondern verlagerte sich auf die Bedürfnisse des gemeinsamen Erlebens und der Entwicklung eines eigenen Lebensstils. In dieser dritten Phase stand die Erlebnissteigerung im Mittelpunkt. Diese hektische, erlebnis- und aktionsorientierte Freizeitphase wurde von den eher mußeorientierten 1990er Jahren abgelöst. Sie sind von dem Bedürfnis nach Ruhe und innerer Muße und damit einhergehend von der Gefahr eines Selbstbestimmungsbooms geprägt. Einen Überblick über die historischen Entwicklungen der Freizeit und der Freizeitproblematik gibt Prahl (2002, 85 ff.). Die gegenwärtige und in die unmittelbare Zukunft weisende Phase charakterisiert Freizeit immer stärker als Gegenmodell für ein Leben ohne Arbeit.

Drei Positionen, die das Verständnis von Freizeit bestimmen, lassen sich anführen: Erstens, dass es keine autonome von der Berufswelt emanzipierte Freizeit mit eigenständigem Sinngehalt gibt und dass nur in Bezug auf sinnvolle Arbeit auch Freizeit sinnvoll sein kann. Zweitens, dass die Freizeit gegenüber der Arbeit in dem Maße autonom ist, wie die Arbeit selbst funktionalisiert ist und nur noch partielle menschliche Entfaltungsmöglichkeiten bietet und dass die menschliche Bildung fast ausschließlich auf die Freizeit verwiesen wird. Drittens, dass Freizeit und Arbeit sich zwar wechselseitig bedingen, aber dass Freizeit auch als Gegenkraft im Kampf gegen den modernen Arbeitsmythos, der Muße, Kultur und Kontemplation verschüttet, zu verstehen ist und dass Freizeit sich partiell emanzipatorisch von der Arbeit befreien kann.

Opaschowski (1990, 85 f.) schlägt einen positiven Freizeitbegriff vor, der Freizeit nicht mehr in Abhängigkeit zur Arbeit versteht, sondern als „freie Zeit, die durch freie Wahlmöglichkeiten, bewusste Eigenentscheidung und soziales Handeln charakterisiert ist". Dabei reicht „der Hinweis auf den Gegensatz von Arbeit und Freizeit und die Einschätzung der Freizeit als arbeitsabhängige Rest-Zeit für die Kennzeichnung dieses Phänomens ebenso wenig aus wie die verkürzte Darstellung der Freizeit als eines bloßen Reproduktions-, Erholungs- und Konsumproblems". Der Freizeitbegriff zielt darauf ab, „die Spaltung der menschlichen Existenz in Arbeit und Freizeit tendenziell aufzuheben und zu einem ganzheitlichen Lebenskonzept zurückzufinden" (Opaschowski 1994, 943). Statt von Arbeit und von Freizeit spricht Opaschowski von „Lebenszeit, die durch mehr oder minder große Dispositionsfreiheit und Entscheidungskompetenz charakterisiert ist. Je nach vorhandenem Grad an freier Verfügbarkeit über Zeit und entsprechender Wahl-, Entscheidungs- und Handlungsfreiheit lässt sich die gesamte Lebenszeit als Einheit von drei Zeitabschnitten kennzeichnen:

1. Der frei verfügbaren, einteilbaren und selbstbestimmbaren Dispositionszeit (= ‚Freie Zeit' – Hauptkennzeichen: Selbstbestimmung);
2. der verpflichtenden, bindenden und verbindlichen Obligationszeit (= ‚Gebundene Zeit' – Hauptkennzeichen: Zweckbestimmung);
3. der festgelegten, fremdbestimmten und abhängigen Determinationszeit (= ‚Abhängige Zeit' – Hauptkennzeichen: Fremdbestimmung)" (1990, 86).

Opaschowski (1990, 86) geht davon aus, dass sein „positiver Freizeitbegriff […] grundsätzlich auf alle Bevölkerungsgruppen übertragbar" ist. Insofern hat er vorbehaltlos auch Gültigkeit für die Gruppe der Menschen mit Behinderungen. An anderer Stelle (2001, 187) betont er, dass der Anspruch auf Freizeiterleben und Freizeitbildung als Bildung durch Freizeit grundsätzlich keinen Unterschied zwischen behinderten und nicht behinderten Menschen macht. Für die Sonderpädagogik greift Theunissen (2000) sein Modell auf und erweitert es mit Blick auf Menschen mit geistiger Behinderung zu einem Modell der Lebenszeit, das von den „6 Zeiten" (Arbeitszeit, Verpflichtungszeit, Bildungszeit, freie Dispositionszeit, Ruhe- und Schlafenszeit, Versorgungszeit) ausgeht. Opaschowski (1990, 92 ff.) benennt insgesamt acht Freizeitbedürfnisse, von denen die ersten vier Bedürfnisse (Rekreation, Kompensation, Edukation, Kontemplation) individuelle Zielfunktionen und die letzten vier Bedürfnisse (Kommunikation, Integration, Partizipation, Enkulturation) gesellschaftliche Zielfunktionen erfüllen.

2 Zentrale Erkenntnisse und Probleme: Freizeit im Leben von Menschen mit Behinderungen

Die Bedeutung des Lebensbereichs Freizeit hat in unserer postmodernen Gesellschaft zweifellos stark zugenommen. Freizeit als Eigenzeit, Sozialzeit, Bildungszeit und Arbeitszeit ist für Menschen mit Behinderungen [→ II Behinderung als sozial- und kulturwissenschaftliche Kategorie] ein genauso wichtiges Anliegen wie für nicht behinderte Menschen. Freizeit ist ein unverzichtbarer Bestandteil menschlichen Lebens, leistet einen wertvollen Beitrag zur Persönlichkeitsentwicklung und stellt ein großes Potential zur Entfaltung der persönlichen Lebensqualität dar. Wie kaum ein anderer gesellschaftlicher Bereich kumuliert und verzahnt der Freizeitbereich im Spiegel des Lebenszyklus (Kindheit, Jugend, Erwachsene, alte Menschen) höchst unterschiedliche und auf den ersten Blick miteinander nicht kompatible Bereiche. Zu nennen wären (ausführlich Markowetz 2007b, c):

1. familiäres und außerfamiläres Freizeitverhalten (in- und aushäusiger Konsum, Unterhaltung, Kommunikation, Medien; barrierefreies, wohnortnahes und stadtteilintegriertes Freizeit(-er-)leben),
2. Freizeit in Vereinen (z. B. Behinderten- und Integrationssport, Körper und Gesundheit, Hobbys, kulturelle und soziale Aktivitäten, staatsbürgerliches Engagement),
3. Freizeit und Freizeiterziehung im (Schul-) Kindergarten und in der (Sonder-)Schule,
4. Freizeitsituation in Wohneinrichtungen und heilpädagogischen Heimen für Behinderte,
5. Erwachsenenbildungsangebote für Menschen mit Behinderungen (Freizeitbildung) und
6. Reisen, Urlaub und Tourismus für behinderte Menschen.

Unter bildungs-, sozial- und gesellschaftspolitischen wie integrationspädagogischen Gesichtspunkten betrachtet, rangiert das Anliegen der sozialen Rehabilitation behinderter Menschen im Lebensbereich Freizeit weit hinter dem der schulischen und der beruflichen Rehabilitation sowie der medizinischen Rehabilitation. In der Vergangenheit zeichnete sich die Behindertenpädagogik durch eine erstaunliche Zurückhaltung gegenüber dem Forschungsfeld Freizeit und Behinderung aus. Ein Sammelband (Markowetz & Cloerkes 2000) befasst sich mit dem Thema Freizeit als einem weitgehend vernachlässigten und zunehmend wichtigen Forschungsbereich in Theorie und Praxis des Zusammenlebens von Menschen mit und ohne Behinderungen.

Zur Freizeitsituation und dem Freizeitverhalten von Menschen mit Behinderungen selbst liegen kaum empirische Befunde vor (Markowetz 2007b, c). In erster Linie hat man über Interviews und Befragungen im Rahmen von Zeitbudget-Untersuchungen herauszufinden versucht, was behinderte Menschen wann und wie zeitlich ausgedehnt in ihrer Freizeit machen. Befriedigende Antworten auf die Fragen, warum sich behinderte Menschen so verhalten, welche äußeren und materiellen Bedingungen ihr Freizeitverhalten beeinflussen, einschränken oder erweitern und insgesamt prägen, werden kaum gegeben. Es gibt allerdings eine Reihe an plausiblen Zusammenhängen zwischen einer Behinderung und dem Freizeitverhalten eines Menschen mit einer Behinderung. Neben Art und Schweregrad der Behinderung spielen u. a. der Zeitpunkt des Erwerbs der Behinderung, die Sichtbarkeit der Behinderung, die Prognose des Verlaufs der Behinderung, die rehabilitativen Möglichkeiten, die Schulbildung, Berufsausbildung und -tätigkeit, die sozio-ökonomischen Verhältnisse der Ursprungsfamilie bzw. das eigene Vermögen und Einkommen, das soziale Netzwerk und die ökosystemischen Verhältnisse sowie das Ausmaß an subjektiv erlebten sozialen Vorurteilen und Stigmatisierungen der bisherigen Interaktionspartner eine Rolle. Defizite im Freizeitverhalten ergeben sich einmal durch eine Vielzahl an Erschwernissen, die unmittelbar mit der Behinderung zusammenhängen und zum anderen aus den sozialen Reaktionen auf die Behinderung. Das Ausleben der Freizeitbedürfnisse korrespondiert nachhaltig mit den Möglichkeiten, die unsere Gesellschaft für behinderte Menschen bereitstellt bzw. ihnen vorenthält. Grundsätzlich ist zu bedenken, dass ein unerfülltes Freizeit(-er-) leben nicht zwangsläufig die Folge einer Behinderung ist. Insbesondere kognitiv nicht beeinträchtigte Menschen sind trotz ihrer Behinderung genauso kompetente Akteure ihrer Freizeitgestaltung wie die Mehrheit der nicht behinderten Menschen. Menschen mit geistiger und mehrfacher Behinderung hingegen scheinen um ein Vielfaches mehr benachteiligt (Markowetz 2007c). Allgemein ist davon auszugehen, dass die Freizeitsituation von Menschen mit Behinderung weder einheitlich positiv noch generell negativ eingeschätzt werden kann. Eine Behinderung ist zwar keine zu vernachlässigende Größe, sie muss aber nicht automatisch zu einer unbefriedigenden, fremdbestimmten und von der Hilfe anderer abhängigen Freizeitsituation führen. Nicht behindert zu sein, ist nicht per se ein Garant für eine sinnerfüllte, selbstbestimmte und qualitativ in unserer Gesellschaft hoch bewertete Freizeit.

3 Ausblick

Seit der Einführung des Sozialgesetzbuches IX und der Einführung des Persönlichen Budgets [→ VI Persönliches Budget] als Regelleistung wird diskutiert, wie Menschen mit Behinderungen am allgemeinen gesellschaftlichen Leben besser partizipieren und Aussonderungen in spezielle Lebenswelten vermieden werden können. Das Recht auf volle und uneingeschränkte gesellschaftliche Teilhabe von Menschen mit Behinderung (Inklusion) umfasst alle Lebensphasen und Lebensbereiche (Markowetz 2007a) und ist demnach auch in der Freizeit alltagsnah umzusetzen. Damit behinderte Menschen ein Leben mitten in der Gemeinde, in einer „Stadt und Region für Alle" führen können, muss sich die Gesellschaft mit ihren Einrichtungen und Angeboten genauso öffnen wie das komplexe System ambulanter und stationärer Hilfen. Unterstützung in Form persönlicher Assistenzen und materieller Erleichterungen sind dort zu gewähren, wo der einzelne Mensch mit einer Behinderung sie braucht, um „mittendrin" sein zu können. Mit Blick auf ein modernes, differenziertes Verständnis von Assistenz (Markowetz 2006) wäre es sinnvoll, wenn Menschen in allen Fragen, die ihre Emanzipation und Partizipation betreffen, von unabhängig und regional arbeitenden „Inklusionsagenturen für persönliche Lebensplanung und Gestaltung von Lebenszeit" Unterstützung in Anspruch nehmen könnten. Diese sollten die Möglichkeiten der Beratung und Hilfe von Betroffenen für Betroffene (peer support, peer counseling, peer education) konstruktiv mit einbeziehen. Der darüber erhobene, nicht am medizinischen Paradigma orientierte Bedarf an Assistenzen und behinderungsbedingt notwendigen Ausgleichsmaßnahmen bedarf eines ausdifferenziertes Systems moderner Behindertenhilfe und Sozialer Arbeit sowie der Professionalisierung von Berufen für die inklusionspädagogische Gestaltung des Lebensbereichs Freizeit (Markowetz 2006; 2007c).

Die gegenwärtige Krise der Arbeitsgesellschaft könnte behinderten Menschen ein Leben ohne Erwerbsarbeit bescheren und die Forderung nach einem erfüllten Freizeit(-er-)leben als Gegenmodell für ein Leben ohne Arbeit laut werden lassen. Fest steht, dass die heute heranwachsenden Kinder und Jugendliche mit und ohne Behinderung so viel Freizeit wie noch nie zuvor haben werden. Eine Spaß- und Freizeitgesellschaft wird es trotzdem nicht geben. Zu groß bleibt das Bedürfnis nach sinnstiftenden Tätigkeiten, Produktivität und Nützlichkeit, Teilhabe an der Gesellschaft und die Suche nach sozialer Anerkennung und Identität. Arbeit wird ihren Wert beibehalten, auch wenn die bezahlte Erwerbsarbeit deutlich zurückgeht und dafür die Bür-

gerarbeit, das unbezahlte Ehrenamt und die obligatorischen Alltagsaufgaben mit ihren täglichen Verpflichtungen und Verbindlichkeiten aufwendiger, anspruchsvoller und zeitintensiver werden. Dieses Zeitalter wird alte und neue Probleme mit noch nicht abschätzbaren bio-psycho-sozialen Folgen für Mensch und Gesellschaft bringen. Aufgabe von Erziehung und Bildung ist es in Anerkennung von Differenz und Vielfalt, Chancengleichheit zu garantieren, Lebensführungskompetenzen zu vermitteln und ein zukunftsorientiertes Lernen für das Leben zu organisieren, damit Lebenszufriedenheit und Lebensqualität in unserer Gesellschaft das Zusammenleben und Zusammenhandeln der Menschen auf dem Weg zu einer inklusiven Gesellschaft tragen und bestimmen. In unseren Schulen sollte also mehr Freizeiterziehung (Markowetz 2007d) stattfinden, die es versteht in enger Kooperation mit Eltern, Familien, Kirchen, Vereinen, Trägern der öffentlichen und freien Kinder- und Jugendhilfe, anderen Institutionen des Sozial- und Bildungswesens und letztlich den Städten und Kommunen des Gemeinwesens Berufsbildung und Freizeitbildung zu verzahnen.

Literatur

Brockhaus Enzyklopädie (1988): Bd. 7. Mannheim

Markowetz, Reinhard (2006): Freizeit und Behinderung – Inklusion, Teilhabe durch Freizeitassistenz. Spektrum Freizeit 28, 2, 54–72

Markowetz, Reinhard (2007a): Inklusion und soziale Integration von Menschen mit Behinderungen. In: Cloerkes, Günther: Soziologie der Behinderten. Eine Einführung. Heidelberg, 207–278

Markowetz, Reinhard (2007b): Freizeit behinderter Menschen. In: Cloerkes, Günther: Soziologie der Behinderten. Eine Einführung. Heidelberg, 307–340

Markowetz, Reinhard (2007c): Soziale Integration, Identität und Entstigmatisierung. Behindertensoziologische Aspekte und Beiträge zur Theorieentwicklung in der Integrationspädagogik. Heidelberg

Markowetz, Reinhard (2007d): Freizeiterziehung für Kinder und Jugendliche mit Behinderungen/Benachteiligungen. In: Stein, Roland & Orthmann, Dagmar (Hrsg.): Förderung privater Lebensgestaltung bei Behinderung und Benachteiligung im Kindes- und Jugendalter. Baltmannsweiler

Markowetz, Reinhard & Cloerkes, Günther (Hrsg.) (2000): Freizeit im Leben behinderter Menschen. Theoretische Grundlagen und sozialintegrative Praxis. Heidelberg

Marx, Karl (1970): Das Kapital. MEW Bd. 23. Berlin

Nahrstedt, Wolfgang et al. (1979): Freizeitschule. Opladen

Opaschowski, Horst W. (1990): Pädagogik und Didaktik der Freizeit. Opladen

Opaschowski, Horst W. (1994): Freizeit und Pädagogik. In: Roth, Leo (Hrsg.): Pädagogik. Handbuch für Studium und Praxis. Studienausgabe. München, 933–945

Opaschowski, Horst W. (2001): Freizeiterziehung und Freizeitbildung. In: Antor, Georg & Bleidick, Ulrich (Hrsg.): Handlexikon der Behindertenpädagogik. Schlüsselbegriffe aus Theorie und Praxis. Stuttgart, 186–188.

Prahl, Hans-Werner (2002): Soziologie der Freizeit. Paderborn

Theunissen, Georg (2000): Lebensbereich Freizeit – ein vergessenes Thema für Menschen, die als geistig schwer- und mehrfachbehindert gelten. In: Markowetz, Reinhard & Cloerkes, Günther (Hrsg.): Freizeit im Leben behinderter Menschen. Theoretische Grundlagen und sozialintegrative Praxis. Heidelberg, 137–149

Kunst und Kultur

Christian Mürner

1 Definition, Begriffs- und Gegenstandsgeschichte

Kunst, schrieb Schiller 1793 in einem Brief, gebe sich Regeln in eigener Regie. Die Autonomie der Kunst ist eine Idee der Neuzeit. Früher entstanden künstlerische Aktivitäten im Auftrag der Religion wie viele andere kulturelle Angelegenheiten. Altarbilder dienten der Andacht, das Geläut der Kirchenglocken gliederte auch die Arbeitszeit. Kunst als „Hervorbringung durch Freiheit" (Kant 1790/1975, 401) hingegen unterscheidet sich nicht nur von der Natur, z. B. von einer kunstvollen Bienenwabe, sondern auch vom Handwerk, z. B. von der Uhrmacherkunst, die allerdings eine kulturelle Errungenschaft darstellt. Kunst und Kultur werden als das „Gedächtnis sozialer Systeme" (Luhmann 1995, 47) verstanden.

Die Möglichkeiten der künstlerischen Ausdrucksformen und die Orientierung an einer kulturgeschichtlichen Forschungsrichtung in der Behindertenpädagogik spielen eine, wenn auch oft marginale Rolle. „Kunst" oder „ästhetische Erziehung" sind als Stichworte in den gängigen fachspezifischen Standardwerken von Anfang an zu finden. Kulturwissenschaftliche Positionierung heißt, die Kunst von Menschen mit Behinderung unter Einbeziehung der Produzenten und ihres Werks sowie der Reflexion der jeweiligen Standpunkte der Betrachtung darzustellen.

Die Frage „Was ist Kunst?" (vgl. Hauskeller 1998) und die pointierte Ergänzung „Ist das noch Kunst?", die manchmal im Zusammenhang zeitgenössischer Kunstwerke und der künstlerischen Ausdrucksweisen von Menschen mit Behinderung gestellt wird, sind von ihrer Neigung ins Grundsätzliche zu entlasten. Es kommt auf das Hinschauen und Erleben an: Was bewegt das Werk, was zeigt es Unbekanntes, Rätselhaftes oder Neues? (vgl. Schneede 2001, 1) Betont man den anschaulichen Charakter, dann wandelt sich die Frage „Was ist Kunst?" in diejenigen, wie sie entsteht und welche kulturelle Bedeutung sie erlangt. „Genau genommen gibt es ‚die Kunst' gar nicht", schrieb der Kunsthistoriker Ernst H. Gombrich (1949/1982, 9) und fuhr fort: „Es gibt nur Künstler."

Der Philosoph Ernst Cassirer (1944/1996, 345) notierte: „Im Ganzen genommen könnte man die Kultur als den Prozess der fortschreitenden Selbstbefreiung des Menschen beschreiben". Die kulturelle Leistung besteht in einem „symbolischen Universum" (50). Cassirer erwähnt Helen Keller, die, blind und gehörlos geboren, durch das Fingeralphabet lernte, den praktischen Dingen einen symbolischen Namen zuzuordnen und sie damit als ein „Denkinstrument" zur Lebensbewältigung zu gebrauchen. Nach Cassirer ist die symbolische Dimension der „Zauberschlüssel" zum Zugang der Kultur.

Das Gefüge der *symbolischen Formen* und der Kunst lässt sich durch folgende Begriffe umfassen (vgl. Tatarkiewicz 1976/2003, 52 ff.):

- Schönheit,
- Nachahmung,
- Gestaltung,
- Ausdruck.

Schönheit gilt als die klassische Bestätigung der Kunst. Sie wird mit den harmonischen Proportionen eines Werks identifiziert. Im 18. Jahrhundert setzte man die sinnliche Erkenntnis mit der Erkenntnis des Schönen gleich und erklärte die Ästhetik zu einer eigenständigen Disziplin der Philosophie (vgl. ebd., 449 f.). Während in der Antike Kunst über das Können und die Kunstfertigkeit bestimmt wurde und somit die Töpferei, die Schneiderei u. a. auch dazu gehörten, zählten nun zu den sogenannten „schönen Künsten" Malerei, Bildhauerei, Dichtung, Musik und Tanz (vgl. ebd., 42). Zu Beginn des 20. Jahrhunderts zog man die Definition der Kunst durch Schönheit in Zweifel (vgl. ebd., 44).

Nachahmung der Natur oder der Realität wird lange Zeit als zentrale Aufgabe der Kunst als Können begriffen. Nachahmung, umschrieben als Mimesis und Imitation, verstand man nicht als etwas Passives (vgl. ebd., 396).

Gestaltung betont, dass die Kunst die Dinge formt, ihnen eine Struktur gibt oder sie sogar konstruiert, so dass die Form „für sich selbst spricht". Zur Gestaltung gehören Phantasie und Kreativität; das Schöpferische der Kunst produziert Neues (vgl. ebd., 373) sowie die Veränderung von Ansichten.

Ausdruck entfaltet sich in der Haltung derjenigen, die Kunst und Kultur schaffen. Es ist vor allem der emotionale Eindruck, der die Wirkung der Kunst hervorruft, ein ästhetisches Erlebnis, eine Erschütterung oder eine Katharsis veranlasst.

Zusammenfassend lässt sich mit Georg Büchners 1836 veröffentlichter Erzählung „Lenz" und dessen Hauptfigur sagen, dass als wegweisendes Kriterium für ein Kunstwerk gelte, dass es Leben habe, dies stehe über der Frage, ob es schön oder hässlich sei.

Kultur kann analog zur Kunst verkürzt durch folgende Begriffe umschrieben werden (vgl. Kobi 2004, 194 in Bezug auf Jacob Burckhardt 1868):

- Spontaneität,
- Modifikation,
- Kritik,
- Reflexion.

Die *Spontaneität* kultureller Konstellationen bedeutet, dass keine von ihnen universale Geltung beanspruchen kann. Es gibt zahlreiche Kulturen – Alltagskultur, Spielkultur oder Kulturpolitik, Kulturkreise usw. Auch die mögliche *Modifikation* betont die flexible Auseinandersetzung mit den kulturellen Gegebenheiten. Die *Kritik* besteht in der Distanz zu festgelegten Normen und Institutionen. „Von der Kunst erwartet man zweifellos nicht, dass sie *normal* ist", sagte der französische Künstler Jean Dubuffet (1967/1991, 113). Er sammelte Werke von Personen, „die durch die Kunstkultur keinen Schaden genommen" hätten und sprach von „Art brut" als einer „Kunst in der Rohform" (1947/1991, 82). Im angloamerikanischen Raum setzte sich an Stelle von „Art brut" die Bezeichnung „Outsider Art" durch. Für die künstlerische Ausdrucksweise von sozialen Außenseitern ist Dubuffets Ansatz bahnbrechend, doch seine anti- oder subkulturelle Implikation gilt es zu modifizieren. Kultur schadet der Kunst nicht (vgl. Tatarkiewicz 1976/2003, 73). Die *Reflexion* bezieht sich also auf die eigenen Voraussetzungen und das persönliche Engagement im gesellschaftlichen Rahmen.

2 Zentrale Erkenntnisse, Forschungsstand

Die genannten Kriterien für Kunst und Kultur angewandt im Bereich Behindertenpädagogik, Sozialarbeit, Psychiatrie oder der sogenannten Kunsttherapie tragen zu einer Öffnung dieser Tätigkeitsfelder durch künstlerische Perspektiven bei. Es gibt keine Anzeichen dafür, in diesen Bereichen besondere Kriterien im Sinne von Konkurrenz- oder Ausschlussmechanismen zu entwickeln. Die „Mechanismen des künstlerischen Schaffens" sind bei den „Kollegen mit der Schellenkappe […] genau die gleichen wie bei jedem so genannten Normalen", wie es Dubuffet (1949/1991, 93) unverblümt formulierte.

Eine zentrale Erkenntnis für die Herangehensweise an Kunst und Kultur beruht auf folgenden drei ästhetischen, d.h. die Wahrnehmung betreffenden, sinnenhaften Gesichtspunkten (vgl. Roche 2002, 40):

- der *Produktion*, die nach den gesellschaftlichen Bedingungen der Herstellung und Herkunft eines Kunstwerks fragt oder danach, welche Bedeutung biographische Umstände, z.B. hinsichtlich einer Behinderung, dabei spielen,
- des *Werks*, das nach seiner Form oder Stilrichtung thematisiert und im Vergleich mit anderen Kunstwerken und Inhalten betrachtet werden kann sowie
- der *Rezeption*, die sich mit der Geschichte und Gegenwart der öffentlichen Erwartungen und Interpretationen der Kunstwerke in bestimmten individuellen oder sozialen Kontexten beschäftigt.

Infolge dieser Struktur erschließen sich die traditionellen Bereiche der Kunst:

- Bildende Kunst, Malerei, Bildhauerei, Fotografie;
- Literatur, Belletristik, Poesie;
- Musik;
- Darstellende Kunst, Theater, Tanz (DanceAbility), Performance, Film.

Die Erforschung dieser spezifischen Felder von Kunst und Kultur im Bereich der Behindertenpädagogik als Humanwissenschaft ist erst in Ansätzen vorhanden, wenn auch in den letzten Jahren zunehmend die Relevanz (an-)erkannt wird. Dementsprechend werden nachfolgend ein paar exemplarische Aspekte hervorgehoben:

Bildende Kunst von Menschen mit geistiger Behinderung wurde Ende des 19., Anfang des 20. Jahrhunderts entdeckt, im Zusammenhang der Entwicklung einer „lebensweltorientierten Heilpädagogik" (Theunissen 2004, 50) und im ernsthaften Versuch, aus der in psychiatrischen Einrichtungen entstandenen Malerei und Bildhauerei die Grundlagen der Kreativität zu explizieren (Prinzhorn 1922). Die

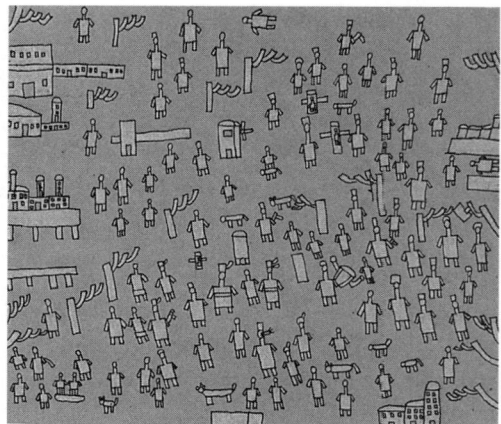

Abb. 1: Martin Gertler, geboren 1971 in Bremen, seit Jahren Mitglied der Ateliergemeinschaft Die Schlumper (Hamburg). Das Bild trägt den Titel „Demo" (2006, 40 x 50 cm, Dispersion auf Papier, © Freunde der Schlumper e.V. Hamburg). Gertlers meist schwarz konturierten Figuren wirken beziehungsreich und zugleich wie frei schwebend in einem unendlichen Raum.

Reichweite der Sammlung Prinzhorn (Heidelberg) kann als beispielhaft genannt werden: Zunächst aus psychiatrischem Interesse hervorgegangen, wurde die Sammlung zur Anregung einiger moderner Künstler, dann folgte die historische Auseinandersetzung im Zusammenhang der „Euthanasie" sowie die Dokumentation der Künstler-Biographien ebenso wie der Gender-Aspekte (vgl. Publikationen: www.prinzhorn.uni-hd.de). Als eine weitere etablierte Einrichtung zur bildenden Kunst ließe sich das „Haus der Künstler" bzw. das Art/Brut Centrum, Gugging/Wien nennen (vgl. Navratil 1997). Die Collection de l'Art brut (Lausanne) verdankt sich Dubuffet. Inzwischen gibt es mehrere „Kunstwerkstätten", die von Künstlern initiiert wurden. Ein europäischer Förderpreis ist ausdrücklich für Künstler mit geistiger Behinderung gedacht. (www.euward.de)

Literatur, Romane, Erzählungen, Märchen, Gedichte, Tagebücher werden von vielen Autorinnen und Autoren verfasst, von denen oft die Behinderung unbekannt bleibt. Ihre Texte stehen im Vordergrund, weil ein Buch völlig unabhängig von einer Behinderung der Autorin oder des Autors gelesen werden kann oder deren Berühmtheit die Behinderung verbirgt (vgl. Mürner 2000). Wenn die Behinderung als besonderes Kennzeichen z.B. im Klappentext erwähnt wird, stellt sich die Frage, ob dies für das literarische Verständnis wesentlich ist oder ob sich das Leseverhalten dadurch verändert. „Wichtiger als die Kunst ist bei mir aber der Appetit und der Applaus", schreibt der Südtiroler Georg Paulmichl (www.georgpaulmichl.com). In einer Zeitschrift wie „Ohrenkuss – Das Magazin, gemacht von Menschen mit Down Syndrom", Bonn (www.ohrenkuss.de) oder der Publikation des Autoren-Wettbewerbs „Verschieden ist normal" anlässlich des Europäischen Jahres der Menschen mit Behinderungen 2003 finden sich vielfältige Textproben.

Musik und Improvisationen der bekannten Hamburger Band „Station 17" widmen sich der Pop-Unterhaltung, nicht der Behindertenbetreuung oder Therapie. Beim Erscheinen der dritten „Scheibe" – zugleich der CD-Titel – bemerkte der Initiator der Gruppe, dass der „Behindertenbonus" endlich wegfalle. Die erste Plattenfirma des französischen Jazz-Pianisten Michel Petrucciani vermied es, ihn auf dem Cover abzubilden. Kommentare zu den öffentlichen Konzerten in deutschen Städten enthielten neben der musikalischen Beurteilung stets auch eine Beschreibung von Petruccianis Aussehen und der aufgrund seines Kleinwuchses speziell entwickelten Klavierpedale, als ob dies für die Musik entscheidend sei (vgl. Mürner 2003, 28 f.). Ähnlich widersprüchliches Interesse erfahren z.B. der Sänger Thomas Quasthoff oder der Saxophonist Klaus Kreuzeder.

Darstellende Kunst als Theater, Tanz (DanceAbility), Performance oder Film gleicht dem Bereich Musik und unterscheidet sich von Literatur und Bildender Kunst insofern, als hier die Behinderung offensichtlich im Rampenlicht steht. Sie wird auf der Bühne aktiv in Szene gesetzt, behinderte Menschen emanzipieren sich von den bedrängenden Blicken, indem sie die Aufmerksamkeit der Zuschauenden zu lenken versuchen (vgl. Verletzbare Orte. Zur Ästhetik anderer Körper auf der Bühne, www.ith-z.ch/files/projekttext.pdf). In den Theaterprojekten, der Theaterwerkstatt Eisingen oder Bethel, dem Theater Thikwa oder Sonnenuhr Berlin u.a. geht es um Spiel und Bewegung im Rahmen der charakteristischen Möglichkeiten der Darstellerinnen und Darsteller. Ein Schlagwort wie „integratives Theater" kann heißen, dass man Biographisches oder Organisatorisches erfährt, aber davon unabhängig ist die konkrete Aufführung. Die von dem Amerikaner Alito Alessi entwickelte Form des zeitgenössischen Tanzes, DanceAbility, berücksichtigt Menschen mit und ohne Behinderungen. Man kommuniziert durch Bewegung und gestaltet Schauplätze mit dem eigenen Körper. In Film und Fernsehen werden inzwischen abweichende Rollen von Menschen mit Behinderungen übernommen und nicht mehr wie selbstverständlich von nicht behinderten Schauspielern simuliert.

Zusammenfassend lässt sich festhalten, dass es seit 1989 ein europaweit tätiges Netzwerk für Künstlerinnen und Künstler mit Behinderung gibt: EUCREA Deutschland e.V. (www.eucrea. de). Diese Vereinigung bietet Fortbildung für Kunst-Assistenten an und organisiert Seminare und Festivals, fördert und vermittelt Kunstschaffende mit Behinderung.

Der Ort der *Produktion* ist weniger entscheidend als die soziale Stimmung und die Professionalität. Es gibt keine spezifischen Kennzeichen eines *Werks*, die auf eine Behinderung schließen ließen, obwohl das z.B. in der Bildenden Kunst immer wieder und mit fatalen Folgen versucht wurde. Die *Rezeption* neigt unter Umständen dazu, künstlerische Ausdrucksweisen auf die Behinderung zu reduzieren. Die Problematik besteht darin, dass die Behinderung oft auch ein identitätsstiftendes Merkmal u.a. sein kann (vgl. Mürner 2005). „Integrative Kulturarbeit" nimmt dies gleichermaßen als Anlass zur Gestaltung wie Reflexion.

3 Ausblick

Angesichts des „Cultural Turn" (vgl. Bachmann-Medick 2006) in den Sozial- und Humanwissenschaften beinhaltet Kunst und Kultur mehr, als es scheint. Ihre Anregung läuft auf eine historische Kulturanthropologie hinaus, die Behinderung prinzipiell als Lebensform begreift. Die Studien zu Behinderung (disability studies) und ihr kulturwissenschaftliches Modell (vgl. Waldschmidt 2003, 15) bilden den Ansatz für ein Umdenken. Auch dann, wenn Kunst von Menschen mit Behinderung inzwischen schon zum Kulturkonsum gehört. Volker van der Locht bemerkt in der Zeitschrift Randschau „Ab-ART-ig – Krüppel-Kunst-Kultur" (3/1995), dass dies „den widerständigen Aspekt" nicht ausschließe, denn „die aus der Krüppel-Kultur entwickelte Musik, Malerei, Literatur" bringe deren „Lebensgefühl zum Ausdruck".

Dass im Bereich Malerei, Literatur, Musik oder Theater tätige Kulturschaffende im sozialen oder pädagogischen Kontext als behindert gelten, spielt in der Kunst keine Rolle. Doch die Kunst hat, gewissermaßen nebenbei, das Potential, integrierend zu wirken. Assistenz verknüpft das gesellschaftliche Umfeld (die Atmosphäre des Ateliers oder der Bühne, die Bereitstellung von Materialien usw.) mit dem künstlerischen Ausdruck, der authentisch wirkt. Kunst ist eine „Erweiterung der Erfahrung" (Hofmann 1987, 240). Sie gilt deshalb in den neuen kulturwissenschaftlichen Disziplinen als Paradebeispiel. In der zeitgenössischen Kunst ist der Gegensatz von Norm und Abweichung, von Etablierten und Außenseitern, kein Thema mehr. Ausschlaggebend ist der Respekt vor unterschiedlichen Sichtweisen. Kunstwerke fordern die Anerkennung als Kulturgüter. Künstlerische Ausdrucksweisen behinderter Menschen haben einen Mehrwert für die Lebensführung, sie mögen anfangs noch so verträumt, verspielt, müßig, nutzlos o.a. wirken. Analog dem „offenen Kunstwerk" (Eco 1977) kann eine offene Behindertenpädagogik einen kooperativen Beitrag zur kulturellen Auseinandersetzung und Partizipation leisten.

Literatur

Bachmann-Medick, Doris (2006): Cultural Turn. Reinbek
Cassirer, Ernst (1944/1996): Versuch über den Menschen. Hamburg
Dubuffet, Jean (1991): Malerei in der Falle. Bern
Eco, Umberto (1962/1977): Das offene Kunstwerk. Frankfurt a.M.
Gombrich, Ernst H. (1949/1982): Die Geschichte der Kunst. Stuttgart
Hauskeller, Michael (1998): Was ist Kunst? München
Hofmann, Werner (1987): Die Grundlagen der modernen Kunst. Stuttgart
Kant, Immanuel (1790/1975): Kritik der Urteilskraft. Werke Bd. 8. Darmstadt
Kobi, Emil E. (2004): Kulturhindernde Existenzen und Leiden als kultureller Stimulus. In: Greving, Heinrich et al. (Hrsg.): Zeichen und Gesten – Heilpädagogik als Kulturthema. Gießen, 192–208

Luhmann, Niklas (1995): Kultur als historischer Begriff. In: Luhmann, Niklas: Gesellschaftsstruktur und Semantik. Frankfurt a. M., 31–54

Mürner, Christian (2000): Verborgene Behinderungen. 25 Porträts bekannter behinderter Persönlichkeiten. Berlin

Mürner, Christian (2003): Medien- und Kulturgeschichte behinderter Menschen. Sensationslust und Selbstbestimmung. Weinheim

Mürner, Christian (2005): Malerische Kompetenz. Bildende Künstler mit Behinderung. Herzogenrath

Navratil, Leo (1997): Art brut und Psychiatrie. Die Künstler und ihre Werke. Wien

Prinzhorn, Hans (1922/1994): Bildnerei der Geisteskranken. Ein Beitrag zur Psychologie und Psychopathologie der Gestaltung. Wien

Roche, Marc William (2002): Die Moral der Kunst. Über Literatur und Ethik. München

Schneede, Uwe M. (2001): Zum Geleit. In: Gerken, Günther & Eissing-Christophersen, Christoph (Hrsg.): Die Schlumper – Kunst ohne Grenzen. Wien

Theunissen, Georg (2004): Kunst und geistige Behinderung. Bildnerische Entwicklung, ästhetische Erziehung, Kunstunterricht, Kulturarbeit. Bad Heilbrunn

Tatarkiewicz, Wladyslaw (1976/2003): Geschichte der sechs Begriffe. Kunst, Schönheit, Form, Kreativität, Mimesis, ästhetisches Erlebnis. Frankfurt a. M.

Waldschmidt, Anne (Hrsg.) (2003): Kulturwissenschaftliche Perspektiven der Disability Studies. Kassel

Mobilität

Jan Weisser

1 Begriffsbestimmung

Der Begriff der Mobilität bezeichnet Bewegungsvorgänge von Lebewesen und Dingen. Er wird dazu verwendet, um zeitliche und räumliche Positionsänderungen zu registrieren. In empirischer Hinsicht wird mit dem Begriff untersucht, *ob* sich etwas oder jemand bewegt und *wie* (qualitativ und quantitativ) sich die beobachtete Einheit relativ zu anderen bewegt. In den Sozialwissenschaften steht die *soziale Mobilität* im Vordergrund, unter welcher man Positionsänderungen von Menschen im Koordinatensystem einer gesellschaftlichen Ordnung versteht. Es wird zwischen horizontaler und vertikaler sozialer Mobilität unterschieden: Horizontale Mobilität bezeichnet Positionswechsel auf etwa gleicher Ebene (z. B. von einer Betriebsabteilung in eine andere), vertikale Mobilität solche mit Gewinn oder Verlust (Auf- und Abstiegsprozesse) bezogen auf bestimmte Wertgrößen

(beispielsweise Einkommen, Bildung, Prestige). In der empirischen Sozialforschung stehen Fragen der Arbeits- und Berufsmobilität im Vordergrund. Neben der sozialen Mobilität unterschied der russisch-amerikanische Soziologe Pitirim A. Sorokin (1889–1968) die kulturelle Mobilität und meinte damit die Bewegung von Kulturelementen wie Ideen, Wörtern, Technologien und Gegenständen. Kulturelle Mobilität bezeichnet im Unterschied zur sozialen Mobilität Positionsänderungen im erdräumlichen Koordinatensystem (global, kontinental, regional, lokal), weswegen sie hier in Anlehnung an die sozialgeographische und raumsoziologische Theoriebildung unter *räumlicher Mobilität* zusammengefasst wird. In diesen Themenbereich fallen beispielsweise Transport, Verkehr, Systeme der Informationsverarbeitung und -vermittlung, kurz alle Positionsänderungen in der erdräumlichen Ordnung von Menschen und Dingen. Räumliche Mobilität kann, muss aber nicht mit sozialer Mobilität einhergehen. Im Folgenden werden die zentralen Erkenntnisse und der aktuelle Forschungsstand einer sozialwissenschaftlichen und humangeographischen Mobilitätsperspektive referiert: Zunächst werden gesellschaftstheoretische Aspekte sozialer und räumlicher Mobilität vorgestellt. Danach werden diese in den Kontext von Behinderung gestellt und um die Akteursperspektive erweitert. Im Ausblick wird Mobilität als erziehungswissenschaftliches Problem umrissen.

2 Zentrale Erkenntnisse und Probleme

2.1 Raum, Gesellschaft und Körper

In seiner „Soziologie des Raumes" von 1903, einer der frühen sozial- und kulturwissenschaftlichen Schriften zum Thema, kritisierte Georg Simmel (1858–1918) jenen damals wie heute weit verbreiteten Irrtum, nach dem ein Konstitutionsmerkmal einer Begebenheit für deren Ursache gehalten wird. Der Begriff des Raums gehört zu jenen Begriffen, die geradezu dazu verleiten, eine externe Erklärung für eine soziale Situation zu liefern. Simmel hält dem entgegen: „Nicht die Form räumlicher Nähe oder Distanz schafft die besonderen Erscheinungen der Nachbarschaft oder Fremdheit, so unabweislich dies scheinen mag. Vielmehr sind auch dies rein durch seelische *Inhalte* erzeugte Tatsachen [...]" (1983, 222, i. O. kursiv, JW). Raum ist nach Simmel keine natürliche Bedingung des Sozialen, sondern selbst sozial, wobei seelisch hier nicht auf das Psychologische reduziert verstanden werden will. Vielmehr geht es um einen dialektischen Erklärungsversuch, in welchem Materialität historisch gefasst wird: „immer fassen wir den Raum, den eine gesellschaftliche Gruppe in irgendeinem Sinne erfüllt, als eine Einheit auf, die die Einheit jener Gruppe ebenso ausdrückt und trägt, wie sie von ihr getragen wird" (ebd., 226). Dieser Grundgedanke ist für die Erklärungsweisen der aufkommenden Sozialwissenschaften im

Kontext einer zwischen „Natur" und „Geist" gespaltenen Institutionalisierung der Wissenschaften sperrig geblieben, und er stellt für die Konzeption und die empirischen Programme der an dieser Spaltung operierenden Fächer noch heute eine Herausforderung dar (für die Sozialgeographie vgl. Werlen 2000).

Einen der umfassendsten Versuche, den Raum als grundlegende Kategorie der Sozialwissenschaften zu begreifen, machte der britische Soziologe Anthony Giddens (*1938). Unter Rückgriff auf die Macht- und Konfliktsoziologie, namentlich auch das stadt- und raumtheoretische Werk des marxistischen Philosophen Henri Lefèbvre (1901–1991) definierte er die Aufgaben der Sozialwissenschaften wie folgt: „Das zentrale Forschungsfeld der Sozialwissenschaften besteht [...] weder in der Erfahrung des individuellen Akteurs noch in der Existenz irgendeiner gesellschaftlichen Totalität, sondern in den über Zeit und Raum geregelten gesellschaftlichen Praktiken" (Giddens 1997, 52). Über den Begriff der Praktiken rückt ins Blickfeld, was Menschen tun respektive was sich ereignet, wobei Tun nicht an Intentionen zurückgebunden wird, sondern auf das Vermögen, *überhaupt* etwas tun zu können. Es gibt folglich nach Giddens „kein elementareres Konzept als das der Macht" (ebd., 337). Alle vermeintlichen Voraussetzungen des Handelns – wie Raum, Zeit oder Körper – werden in Giddens' Theorie der Strukturierung zu *vorausgesetzten Voraussetzungen*. Sie sind mit anderen Worten selbst das Produkt von Handlungen, und sie sind in ihrer situativen „Wirklichkeit" historisch geschichtet, was in erster Linie heißt, sie sind in dem Maße, wie sie als wirklich betrachtet werden, mit Macht besetzt.

Die Frage der Mobilität steht mitten in diesem Aufgabenfeld gesellschaftlicher Theorie: Soziale wie räumliche Mobilität stellen Gesichtspunkte der Selbstbeobachtung der Gesellschaft dar, in denen sie sich mit wesentlichen Postulaten über ihr eigenes Funktionieren konfrontiert sehen, namentlich der Freiheit und Gleichheit an Recht und Würde aller Menschen. Mobilität wird folglich zu einem Begriff, dem zugleich ein Reflexions- wie ein Reformwert zukommt: Er erlaubt das Beobachten von sozialen und räumlichen Positionsänderungen und stellt diese Beobachtungen zugleich in einen politischen Diskursrahmen, indem er auf strukturelle Ungleichheiten verweist. Das betrifft beispielsweise Fragen von Beruf, Karriere und Bildung in Bezug auf soziale Mobilität und Fragen von Wohnen, Migration, Konsum in Bezug auf räumliche Mobilität. Nicht selten sind die beiden Fragen miteinander verschränkt, etwa in der empirischen Beschreibung der Lage von Migrantinnen und Migranten, jener von Menschen mit einer Behinderung oder in der Beschreibung von Zyklen der Produktion und Konsumtion spezifischer Güter. Damit wird jede als „natürlich" angenommene oder begründete Beschränkung von Mobilität als Herrschaftsdiskurs dekodierbar. Was bleibt, ist hingegen die Analyse (und Kritik) empirischer Mobilitätsverhältnisse.

2.2 Mobilität und Behinderung

Nicht überall ist gleichzeitig alles möglich, nur deshalb gibt es so etwas wie identifizierbare Orte, an denen Bestimmtes in mehr oder weniger bestimmender Weise getan wird: Man geht in ein Warenhaus, ein Restaurant oder man reist von A nach B. An solchen Orten respektive Plätzen, so Erving Goffman (1922–1982), „hat ein feines Netz von Verpflichtungen Geltung, das einen geordneten Verkehr und ein friedliches Zusammenkommen der Verkehrsteilnehmer gewährleistet" (1980, 209). Die Art und Weise, wie konkrete Orte als bestimmbare Orte geformt werden, wird gerade dadurch spürbar, dass sie verletzt werden. Jede mögliche kausale Erklärung einer solchen Verletzung ist daher zunächst eine Kommentierung, nicht selten eine versteckte Legitimation des verletzten Rahmens. Nochmals Goffman: „Denn wenn eine Handlung, die später als psychisches Symptom aufgefasst wird, von dem Individuum, das später als Geisteskran-

ker angesehen wird, zum ersten Mal ausgeführt wird, wird sie nicht als Krankheitssymptom betrachtet, sondern als eine Abweichung von sozialen Normen, das heißt als Verstoß gegen soziale Regeln und soziale Erwartungen" (ebd., 196). Wenn nun implizite oder explizite Erwartungen dadurch verletzt werden, dass etwas nicht geht, spricht man von einer Behinderung im Unterschied zu Nichtbehinderung (Weisser 2005). Auftauchende Behinderungen implizieren folglich Irritationen gesellschaftlicher Institutionen, sie sind konkret, spürbar und häufig (aber nicht notwendig) negativ konnotiert, dann wenn sie jemanden stören und verunsichern. Je mehr dadurch zentrale Werte und Güter betroffen sind, desto wahrscheinlicher sind mit Behinderungen Ausgrenzungspraxen gegenüber jenen Menschen verbunden, die als „Behinderte" beschrieben und klassifiziert werden. Genau dies bringt erhebliche Risiken für die soziale und räumliche Mobilität von unterschiedlich betroffenen Menschen mit sich (Imrie 2001).

In Bezug auf soziale Mobilität, insbesondere die vertikale soziale Mobilität, zählen heute ein geringes formales Bildungsniveau, soziale Verpflichtungen etwa durch Kinder oder die Pflege Angehöriger, Armut sowie gesundheitliche und funktionale Einschränkungen zu wesentlichen Risikofaktoren. In Bezug auf räumliche Mobilität ist die Liste um Wohnort, Verkehrsmöglichkeiten und Umweltzerstörung zu ergänzen. In den 1960er und 1970er Jahren setzte die Kritik an „totalen Institutionen" als Prototypen einer fürsorgerisch massiv eingeschränkten Mobilität ein, die in der internationalen Sozialpolitik zu einer Bevorzugung subjektorientierter Lösungen auf der Basis von ambulanten Modellen geführt hat. Heute sind es die ausgrenzenden Effekte von flexibilisierten, globalen Wirtschaftsverhältnissen, die ein Mobilitätsdilemma zurücklassen, in welchem all jene zu den Verlierern gehören, die durch die genannten heterogenen Faktoren gebunden, immobilisiert und *auf diese Weise* ausgegrenzt sind. Dabei hat nach wie vor die Kausalitätskritik Simmels ihre Bedeutung: Mobilitätsrisiken sind nicht die Effekte von Körpern oder Räumen, sondern unterschiedliche Mobilitäten entstehen mitten in gesellschaftlichen Praktiken.

2.3 Bewegung und Orientierung

Ausgehend von der Einsicht in die politische Verfasstheit von Mobilitätsproblemen hat sich die internationale Behindertenbewegung seit den 1970er Jahren in einigen Aufsehen erregenden Demonstrationen artikuliert. Positionsveränderungen sind danach Effekte von erkämpften und erstrittenen Eingriffen in soziale Verhältnisse: „Sociomaterial space is the medium in which people act, intersect, move and locate themselves" (Freund 2001, 694). Genauso wenig wie Mobilitätseinschränkungen durch räumliche oder körperliche Merkmale zu erklären sind, sind auch Mobilitätsgewinne das Ergebnis von relationalen Verschränkungen von Personen, Materialien und Beziehungen. Diese haben erstens einen sozialpolitischen Kontext, über welchen historische Möglichkeiten und Grenzen festgelegt werden. Zweitens und im Zusammenhang damit sind sie an technologische Entwicklungen gebunden: So wurde etwa das Orientierungs- und Mobilitätstraining für Menschen mit visuellen Einschränkungen im Zweiten Weltkrieg von Richard Edwin Hoover (1915–1986) angesichts eines zunehmend dichten und motorisierten Verkehrs zusammen mit kriegserblindeten Soldaten entwickelt (Langstocktechnik) und später auch für andere Bedürfnisse, etwa für Menschen mit Lernschwierigkeiten übersetzt und angepasst.

Räume und in der Folge Mobilitätsverhältnisse entstehen aus gesellschaftlichen Praktiken und werden durch gesellschaftliche Praktiken bestätigt oder transformiert. Akteure stellen solche räumlichen Beziehungen her, das Kind etwa durch sein Schreien, andere Menschen durch Blickkontakte oder gerade durch das Vermeiden oder das Ausfallen von Blickkontakten. Auf diese Weise werden nicht nur Beziehungen zwischen Menschen, son-dern auch Beziehungen zwischen Gruppen und zwischen Menschen und Dingen hergestellt und dies so, dass sich räumliche Verhältnisse über Platzierungen materialisieren: Etwa als Kinderzimmer, Klassenraum oder in Form von Städten und Agglomerationen. Im angelsächsischen Kontext spricht man in diesem Zusammenhang in Anlehnung an das „doing gender" von „doing geography" (dt.: „Geographie-Machen") und meint damit den Prozess des aktiven Herstellens von sozial-räumlichen Verhältnissen (vgl. Löw 2001).

Mobilitäten sind also Effekte von Praktiken, die bereits vorhanden sind, aber in die Akteure durch ihr Handeln stets von neuem eingreifen. Als Hauptbezugspunkt fungiert dabei ihr Körper (oder bei Organisationen Stellvertreter wie das Gebäude, leitende Mitarbeiter oder das Design), über den sich Beziehungen und Wahrnehmungen realisieren und der seinerseits *als* Körper nur in Handlungszusammenhängen begriffen werden kann. Bewegung und Orientierung sind deshalb nicht isolierte Leistungen „des Individuums" in der Gesellschaft, sondern Akteure stellen Positionierungen und relative Verteilungen her und sie bringen gerade dadurch Gesellschaft als ihren eigenen Kontext hervor. In den Blickpunkt empirischer Analysen gesellschaftlicher Verhältnis treten deshalb die mehr oder weniger stabil ungleich verteilten sozialen Güter, die Logik der Verteilung als aktiver Prozess, seine ausschließenden Effekte sowie die Art und Weise, wie Akteure ihre Lage sinnhaft konstruieren (vgl. Giddens 1997, 91 ff.).

3 Ausblick: Mobilität als erziehungswissenschaftliches Problem: Accessibility

Die Erziehungswissenschaft beschäftigt sich mit der Frage, wie lernen möglich wird. Es geht dabei um die Transformation von Daten und Diskursen in konzeptionelle Begriffe und Pädagogiken, denen auf Zeit das Vermögen zukommt, Praktiken selbstreflexiv zu erschließen und Vorzugspositionen zu markieren. Beispielhaft dafür sind die Begriffe der Normalisierung oder der Integration [→ Normalisierung, Integration, Lebensqualität]. In neueren Dokumenten findet man den Schlüsselbegriff der *Accessibility* (dt: Zugänglichkeit, Barrierenfreiheit) [→ Barrieren], mit dem einerseits einschränkende und eingeschränkte Produktions- und Konsumtionsnormen kritisiert werden, beispielsweise in Bezug auf Türrahmen und Toiletten, Wohnarchitekturen, Internetpublikationen oder das Boardingdesign im öffentlichen Verkehr. Andererseits werden darunter Mobilitätsprobleme im umfassenden Sinne diskutiert und komplexe Ungleichheiten namentlich in Bildungsprozessen erforscht und in den politischen Diskurs eingespeist. Die Botschaft ist unmissverständlich und lautet, dass sich gesellschaftliche Einrichtungen an fiktiven Durchschnitten orientieren und dass diese Durchschnitte eng definiert sind und Partizipation erschweren. Die Ergebnisse sozialwissenschaftlicher Analysen zeigen deutlich die Vielschichtigkeit aktueller Mobilitätsverhältnisse; gleichzeitig kritisieren sie, dass bloß punktuelle Problemdefinitionen (etwa in Bezug auf spezielle Bedürfnisse von Zielgruppen oder punktuelle Interessen wie das Stadtbild) immer weniger genügen, um Verbesserungen zu erzielen. In den 1970er Jahren entstanden in pädagogischen und sozialarbeiterischen Kontexten erste Versuche, von sozialstaatlich vorgegebenen, stark eingreifenden und spannungserhöhenden Hilfeplanungen weg zu kommen und stärker lebensweltorientierte Konzepte zu entwickeln. Gleichzeitig entstanden auf den verschiedensten Gebieten sozialer Probleme und kulturellen Ausdrucks Gruppen und Bewegungen, die ihre Anliegen selbst vertraten. In den 1980er

Jahren entwickelten sich solche Ansätze zum Programm der Sozialraumorientierung und des partizipativen respektive kooperativen Lernens weiter. Diese Programme haben zum Ziel, Lernprozesse im Rahmen sozial- und bildungspolitischer Koordinaten mit den betroffenen Personen und unter Einbezug der lokalen Kontexte zu initiieren. Für eine erziehungswissenschaftliche Aufarbeitung von sozialen und räumlichen Mobilitätshindernissen unter dem Stichwort „Accessibility" gibt es mittlerweile neben den skizzierten theoretischen Entwicklungen und einem begrifflichen Inventar auch empirische Daten und konkrete Erfahrungen, die für das Lernen von Menschen und Organisationen in Bezug auf die Konstruktion und Dekonstruktion von Barrieren zur Verfügung stehen.

Literatur

Freund, Peter (2001): Bodies, Disability and Spaces: the social model and disabling spatial organisations. In: Disability & Society 16, 5, 689–706

Giddens, Anthony (1997): Die Konstitution der Gesellschaft. Grundzüge einer Theorie der Strukturierung. Frankfurt a. M.

Goffman, Erving (1980): Die Verrücktheit des Platzes. In: Basaglia, Franco & Basaglia-Ongaro, Franca (Hrsg.): Befriedungsverbrechen. Über die Dienstbarkeit der Intellektuellen. Frankfurt a. M., 189–236.

Imrie, Rob (2001): Barriered and Bounded Places and the Spatialities of Disability. In: Urban Studies 38, 2, 231–237

Löw, Martina (2001): Raumsoziologie. Frankfurt a. M.

Simmel, Georg (1983): Soziologie des Raumes. In: Simmel, Georg (Hrsg.): Schriften zur Soziologie. Eine Auswahl. Frankfurt a. M., 221–242

Weisser, Jan (2005): Behinderung, Ungleichheit und Bildung. Eine Theorie der Behinderung. Bielefeld

Werlen, Benno (2000): Sozialgeographie. Bern

Gesundheit und Krankheit

Ulrike Greb

1 Definition, Begriffs- und Gegenstandsgeschichte

Die Begriffe „Gesundheit" und „Krankheit" [→ III Gesundheitsförderung: Gesundheitserziehung] benennen einerseits Pole menschlicher Vitalität, andererseits Wechselspiele individuellen Befindens, das durch selbstbewusste Lebensführung beeinflusst werden kann. Allgemein gültige Definitionen und strenge Abgrenzungsversuche sind daher wenig aussichtsreich. Sie weichen zunehmend einer dialektischen Vorstellung des Begriffspaars bzw. eines Kontinuums, in dem psychosomatische, soziale und ökologische Aspekte zusammen wirken. „Frieden, Unterkunft, Bildung, soziale Sicherheit, soziale Beziehungen, Nahrung, Einkommen, […], ein stabiles Ökosystem, nachhaltige Nutzung von Ressourcen, soziale Gerechtigkeit, die Achtung der Menschenrechte und die Chancengleichheit" gelten deshalb als ausschlaggebende Bedingungen für Gesundheit (WHO, Jakarta-Erklärung 1997). Als voneinander abhängige Konstrukte sind Gesundheit (ethym. „mächtig/stark") und Krankheit (ethym. „krank/schwach"; mhd. kranc, kraftlos werden; ahd. chrancolon) zugleich deskriptive wie normative Begriffe. Sie transportieren historische und aktuelle Menschenbilder, Werturteile und (Da-)Seinsverständnisse, die selbst wiederum kulturell vermittelt sind. Die Sonder- oder Zwischenstellung von Begriffen wie Behinderung und psychische Störung repräsentieren das grundlegende logische Paradox, dass kranke Menschen gesund sein können und Gesunde krank. Gerade sie führen das Begriffpaar auf seine grundlegendere Dimension: Was ist menschliches Leben? „Ohne eine solche Vorstellung gäbe es keinen Begriff von Krankheit und Behinderung: Krankheit und Behinderung bemessen sich an einer Vorstellung davon, wie Leben sich eigentlich vollziehen sollte" (Böhme 2003, 234).

Der Medizinsoziologe Siegrist (2005) charakterisiert die Begriffe zunächst innerhalb der drei Bezugssysteme, in denen sie produziert und reproduziert werden: Betroffene, Medizin, Gesellschaft. Während sich betroffene Personen gesund oder krank fühlen (illness oder ill health), gelten Gesundheit und Krankheit im medizinischen Bezugssystem „als Erfüllung bzw. Abweichung von objektivierbaren Normen physiologischer Regulation bzw. organischer Funktion als Syndrome oder Befunde (disease)" (ebd., 26). Im gesellschaftlichen, speziell im Sozialversicherungssystem, werden Gesundheit und Krankheit strikt unter dem Aspekt der Leistungsfähigkeit oder Leistungsminderung sowie notwendig werdender Hilfen belangvoll: Danach ist Krankheit (sickness) „ein regelwidriger körperlicher, geistiger oder seelischer Zustand, der Arbeitsunfähigkeit oder Behandlung oder beides nötig macht" (Bundessozialgericht 16.05.1972).

In der Gegenstandsgeschichte zeigt sich, wie die Vorstellungen von Gesundheit und Krankheit zunächst kosmologisch aufgespannt, über die Entdeckung der Stellung des Menschen anthropologisch eingegrenzt und in der Diätetik als Lebenskunst vergeistigt wurden; wie sie mit zunehmender Vergesellschaftung eine soziale und ökonomische Dimension erhalten, durch den rasanten Fortschritt der Naturwissenschaften (19. Jh.) und deren Dominanz im wissenschaftlichen Diskurs empirisch-rationale und mechanistische Einengungen im biomedizinischen Fokus erleiden und wie die parallel entwickelten Gegenentwürfe in der Romantik (18. Jh.), in der Lebensreformbewegung (19./20 Jh.), in homöopathischen und ökologischen Bewegungen und schließlich im Konzept der Salutogenese zum aktuellen Wiedererstarken der Diätetik beitragen. Zwei Entwicklungslinien sind hervorzuheben:

1. Diätetisch-ganzheitliche Entwicklungslinie: Im hellenistischen Schema der klassischen Diätetik lebt die frühgeschichtliche Annahme von der immanenten Vermittlung des menschlichen Mikrokosmos mit dem Makrokosmos bis ins 16. Jahrhundert fort. Die Lehre von den vier Elementen, Qualitäten und Säften (Corpus Hippocratikum des Hippokrates 460–370, Humoralpathologie des Galen 130–199) vermittelt die Extreme sanitas (Gesundheit) und argritudo (Krankheit) durch neutralitas, das „normale Leben". Maßgeblich ist die harmonische Interdependenz zwischen den res naturales (Körperteile und Stoffwechsel, vier Elemente und vier Körpersäfte) und den beeinflussbaren res non naturales (Licht, Luft, Essen und Trinken, Bewegung und Ruhe, Schlafen und Wachen, Ausscheidungen und Affekte). Christliche Grundsätze der Prüfung und Sühne (Erbsünde, individuelle Schuld, Prüfung durch Gott, Besessenheit) ergänzen das Schema im Mittelalter. Den Übergang zur Säkularisierung markiert Paracelsus (1493–1541) durch seine essentialistische Begründung der fünf allgemeinen Seinsebenen (entien): kosmische Bedingungen, stoffliche Voraussetzungen, individuelle Anlage, geistige Realität und göttliche Substanz. Dergestalt schließt die Erfahrung (experientia) der „Geistigkeit in der Natur und der Natürlichkeit des Geistes" Diätetik und Bildung zusammen (Engelhardt 1999, 53 ff.). Bis heute steht die Diätetik für eine ganzheitliche, kosmologisch-anthropologische Betrachtungsweise (vgl. Pflaumer 1995). Dauerhaft prägt sie die relative Eigenständigkeit des Gesundheitsverständnisses der Laienkultur gegenüber dem biomedizinischen Diskurs wie auch die modernen gesundheits- und pflegewissenschaftlichen Theorien.

2. Naturwissenschaftlich-biomedizinische Entwicklungslinie: Descartes' (1596–1650) These der Trennung von Leib (res extensa) und Seele (res cogitans) bereitete unwiderruflich den Weg in die biomedizinische Entzauberung des menschlichen Körpers. Sie machte Krankheit als Defekt und ihre Therapie als Reparatur vorstellbar. Seither setzt sich in den europäischen Industriestaaten ein Maschinenbild des Lebens durch, das die theoretische und klinische Medizin ebenso wie das Gesundheitswesen beherrscht. Gegenwärtig verlängert die Gentechnologie diese technischen Analogien bis auf die Ebene von Zellfunktionen. Vier Annahmen charakterisieren das biomedizinische Krankheitsverständnis:

1. eine spezifische Ursache (Mikroorganismen, genetische Veränderung, mechanische, chemische oder Strahleneinwirkung),
2. eine bestimmte Grundschädigung (der Zelle, des Gewebes, mechanischer oder biochemischer Abläufe),
3. typische diagnostizierbare Symptome sowie
4. vorhersagbare und beschreibbare Verläufe, die sich ohne medizinische Intervention verschlimmern (vgl. Waller 2002, 15).

Seit 1948 werden alle Krankheiten in international normierte Klassifikationssysteme eingeordnet (International Classification of Diseases ICD, Diagnostic and Statistical Manual DSM), die entsprechend dem Forschungsstand einer ständigen Revision unterliegen.

Die positivistische Bestimmung von Krankheit als Fehlerhaftigkeit und „suboptimales Leben" verändert die Leitidee von Gesundheit in Richtung eines „vollkommenen körperlichen, geistigen und sozialen Wohlbefindens" (WHO 1946). Wissenschaftlich erfasst, definiert, bewertet und optimiert avanciert sie zum politischen Begriff. Als wichtigste Ressource staatlicher Sozialpolitik wird Gesundheit ein öffentliches Gut und schützenswertes Privateigentum. Doch anders als in nationalsozialistischer Pervertierung („Volksgesundheit", „Volkskörper", menschenökonomische Ansätze der Eugenik, „Reinheit der Rasse") verstetigt sich die moderne Gesundheitsideologie im Zuge neokorporatistischer Steuerung (Staat, Sozialparteien, Kassen, Leistungserbringer) und wird systemisch. In der zweiten Hälfte des 20. Jahrhundert gerät die einseitig naturwissenschaftlich orientierte Bestimmung von Gesundheit und Krankheit in die sozialwissenschaftliche Kritik. Als klassische medizinsoziologische Entgegensetzung gilt Parsons (1958) Beschreibung von Krankheit im Kontext der Rollentheorie, und Foucault (1981) rekonstruiert diese Entwicklung mit ihren Folgen für die Selbstbeschreibung des Menschen in seiner Archäologie des ärztlichen Blicks.

2 Zentrale Erkenntnisse, Forschungsstand

Der Angriff auf die Definitionsmacht des biomedizinischen Modells führte zur Reaktivierung bestehender und zur Entwicklung neuer Gesundheits- und Krankheitsmodelle. Gegenwärtig liegen mehrere einander ergänzende Theorien mit unterschiedlicher Erklärungsreichweite vor, die jeweils bestimmte Aspekte von Gesundheit und Krankheit betonen (vgl. Waller 2002). Die Behinderung liegt dabei wie die psychische Störung, die chronische Krankheit oder die Zivilisationskrankheit – welche wiederum Behinderung zur Folge haben können – an der begrifflichen Bruchstelle von Gesundheit und Krankheit; in der Art ihrer Interpretation spiegelt sich das konkrete Verständnis von Gesundheit und Krankheit einer theoretischen Position.

Das psychosomatische Modell führt mit dem Psychischen eine weitere Ursachenvariable ein. Seine entscheidende Prämisse ist die Beeinflussbarkeit somatischer Prozesse durch psycho-soziale Einflüsse und umgekehrt, weshalb die individuelle Biographie im Zentrum der Behandlung steht. Je nach theoretischer Basis (psychoanalytisch, psychosozial, bio-semiotisch) werden Vermittlungsprozesse von Leib und Seele unterschiedlich interpretiert, Alltagssprache und Laien-Vorstellungen integriert. Auf der Basis der Psychosomatik hat sich in den 1980er Jahren die Gesundheitspsychologie etabliert.

Das sozioökonomische Krankheitsmodell ergänzt das biomedizinische und das psychosomatische Verständnis um eine gesellschaftskritische Dimension aus marxistischer Perspektive: „krank machende" Produktionsbedingungen, Klassenunterschiede und Machtstrukturen werden zur Erklärung herangezogen. Ausgangspunkt ist die ideologiekritische Prämisse, dass die Medizin das kapitalistische System und die herrschende Klasse legitimiere. Sie macht die Menschen glauben, dass Krankheiten individuell verursacht und heilbar seien, die eigentlich ökonomisch und gesamtgesellschaftlich bedingt sind. Mit Bezug auf die zentrale Auseinandersetzung um soziale Ungleichheit im Zugang zu Genesungschancen aufgrund von materieller wie sprachlicher Benachteiligung [→ Lebenswelt, Lebenslage; → Soziale Exklusions- und Desintegrationsrisiken: soziale Ungleichheit, soziale Abhängigkeit] lässt sich von makrosoziologischen Ansätzen sprechen.

Das Verhaltensmodell mit seiner Selbstverschuldungsthese steht nahezu konträr zu den Prämissen des biomedizinischen und sozioökonomischen Modells. Hier wird Krankheit sozial definiert und an Lebensweisen festgemacht, die für die heutigen Zivilisationskrankheiten verantwortlich sind. Insbesondere das Risikofaktorenmodell arbeitet mit statistisch ermittelten Wahrscheinlichkeiten, deren Aussagenkraft sich auf Bevölkerungsgruppen („Risikogruppen") bezieht. Hervorzuheben sind die beiden soziologischen Theorien abweichenden Verhaltens: der Strukturfunktionalismus, der die staatliche Kontrollfunktion der Medizin in den Vordergrund rückt, und der Labeling-Ansatz, der insbesondere im Verständnis psychischer Störungen und Behinderungen erhellend ist. In diesem Kontext entsteht ein Vokabular („Risikoverhalten", „Risikopersönlichkeit", „Verhaltensprävention", „Devianz"), in dem Stigmatisierung [→ II Stigma/Vorurteil] und Ausgrenzung angelegt sind.

An der Nahtstelle zwischen soziologischer und psychosomatischer Denktradition steht das Stress-Coping-Krankheitsmodell, bei dem die sozialstrukturellen und psychischen Bewältigungsfaktoren der Betroffenen in ein gleichrangiges Verhältnis zur Pathogenität der Stressoren gebracht werden. Damit knüpft es auch an die soziologischen und sozialepidemiologischen Untersuchungen zur Bedeutung sozialer Beziehungen bei der Bewältigung von Belastungen und Krankheit an, steht also in der soziologischen Tradition der Bewältigungs- und sozialen Netzwerkforschung [→ Alltags- und Belastungsbewältigung und soziales Netzwerk].

Aus dieser Denktradition heraus, doch zugleich in Opposition zu allen bisher genannten Krankheitstheorien, positioniert sich ergänzend das salutogenetische Modell der Gesundheit von Aaron Antoniovsky mit der Fragestellung: Was erhält Menschen – trotz vieler potentiell gesundheitsgefährdender Einflüsse – gesund? Es stellt Gesundheit als Dynamik einer mehr oder weniger gelingenden Auseinandersetzung mit krankmachenden Einflüssen (Stressoren) dar, in der sie sich ständig neu konstituiert. Dies gelingt mit Hilfe generalisierter Widerstandsressourcen (körperliche Konstitution, Intelligenz, soziale Unterstützungssysteme, sozialer Status, finanzielle Möglichkeiten, kulturelle Identität) und eines ausgebildeten Kohärenzgefühls („globale Orientierung", Selbstvertrauen, angemessene Einschätzung von Anforderungen, Engagement und Fähigkeiten), das sich ab dem 30. Lebensjahr als weitgehend konstant erweist. Das Kohärenzgefühl ist die wichtigste Einflussgröße im Gesundheits-Krankheits-Kontinuum.

Zunehmend finden subjektive Gesundheitsvorstellungen Beachtung. Ihre kognitive Struktur zeigt die Teilaspekte: Ursachen und Bedingungen, Gesundheitsverständnis und -erleben, Einflussmöglichkeiten und

Vorstellungen zur Entwicklung der Gesundheit. Laien konzipieren Gesundheit weniger als Zustand denn als Prozess oder Phänomen. Faltermaier & Kühnlein ermitteln vier Typen solcher Verlaufsbeschreibungen, die sie mit Metaphern der elektrischen Energie illustrieren: „On-Off" (Schaltermodell: gesund oder krank), „Batterie" (Gesundheit als Leistungsfähigkeit, die sich sukzessive verbraucht), „Akkumulator" (Gesundheit als Potential, das sich nach Verbrauch auch wieder auffüllt), „Generator" (dynamische Vorstellung eines Energiereservoirs, Wohlbefinden als Handlungsfähigkeit). Mit den subjektiven Gesundheitsvorstellungen können schließlich auch andere kognitive Repräsentationen interagieren, wie z.B. körperbezogene Selbstrepräsentationen, insbesondere bei Behinderungen oder chronischen Krankheiten sowie leistungsbezogene und soziale Selbstrepräsentationen (vgl. Faltermaier & Bengel 2000). Detailforschungen sind insbesondere auf Kontrollüberzeugungen, Kausalattributionen und die Wahrnehmung gesundheitlicher Risiken ausgerichtet, neuere Ansätze nehmen eine entwicklungspsychologisch-biographische Perspektive auf. Weitgehend ungeklärt ist bislang, welchen Stellenwert verschiedene Gesundheitsvorstellungen für das gesundheitsbezogene Handeln im Alltag haben und welche Bedeutung Gesundheitsvorstellungen für kranke Menschen haben. Zum größten Gesundheitsproblem entwickelt sich mit steigender Tendenz die soziale Ungleichheit (vgl. Datenreport 2006).

3 Ausblick

Das Medizinsystem, so Rosenbrock, ist zu einem „hochvermachteten Komplex" ausgewachsen: „Expertise, ökonomische Interessen und politischer Einfluss haben sich dabei in einer Weise amalgamiert, die durch eine aktive Handhabung des Definitionsmonopols über Gesundheits- und Versorgungsprobleme auch weitgehend das Marktvolumen und die Absatzbedingungen der selbstproduzierten Leistungen bestimmen" (in: Hurrelmann & Laaser 2003, 748). Sie bereiten damit den Nährboden für ein aktuelles Phänomen falsch verstandener Krankheitsprävention: das sogenannte „Disease Mongering". Hierbei wird immer häufiger nicht pathologischen Phänomenen Krankheitswert zugeschrieben – ihr Fundus ist inzwischen auf 40 000 Varianten angeschwollen (Blech 2003, 73) –, deren sachgerechte Behandlung vorgeblich allein die Synthese aus Medizin und Pharmaindustrie zu leisten vermag. Dieser „Handel mit Krankheiten" forciert wiederum den zivilisatorisch ohnehin fortschreitenden Prozess der Leibentfremdung und etabliert ein hypertrophes Sinnvakuum, das von einem ins Unüberschaubare gesteigerten Gesundheitsmarkt besetzt wird: entweder mit Angeboten, die sich eines pseudospirituell-esoterischen Marketings bedienen, oder hochregulativen „Fitnesscentern". Gesundheit wird als persönliches körperliches Entwicklungsideal angesehen, das eine permanente Medienpräsenz überdies dem öffentlichen Bewusstsein eingraviert. Den entsprechenden Prozess auf Seiten der Individuen bringt der neue Trend-Begriff „Healthismus" passgenau zum Ausdruck. Er meint eine fortwährende Befasstheit mit den eigenen Gesundheitsrisiken, wobei die Angst der Betroffenen ihre Lebensqualität senkt, ja ihrerseits zum Gesundheitsrisiko werden kann. Insgesamt verschiebt sich die Aufmerksamkeit und das Handlungsinteresse zunehmend weg vom klassischen Krankheitsfall hin zur Beeinflussung individueller Körpererscheinungen und deren sozialer Repräsentanz („Ästhetische Medizin"; „Medizin auf Wunsch"). Diese Beeinflussung bleibt in ihren Parametern jedoch weitgehend unbegriffen: Teils handelt es sich um säkulare Phantasien von Erlösung oder gar Unsterblichkeit, teils um bloße Anpassungsleistungen und Maßnahmen zur Leistungssteigerung. Der Begriff „Gesundheit" erscheint damit auf der symbolischen Ebene überfrachtet, das komplexe bio-psycho-soziale Verhältnis von Gesundheit und Krankheit hingegen unterbewertet und wenig reflektiert.

Literatur

Antonovsky, Aaron (1987): Unraveling the Mystery of Health. How People manage Stress and Stay Well. San Francisco

Blech, Jörg (2003): Die Krankheitserfinder. Frankfurt a. M.

Böhme, Gernot (2003): Leibsein als Aufgabe. Leibphilosophie in pragmatischer Hinsicht. Zug

Engelhardt, Dietrich von (1999): Krankheit, Schmerz und Lebenskunst. München

Faltermaier, Toni (2005): Gesundheitspsychologie. Stuttgart

Faltermaier, Toni & Bengel, Jürgen (2000): Zeitschrift für Gesundheitspsychologie. Themenheft Subjektive Konzepte und Vorstellungen von Gesundheit. 8. Jg., 4

Hurrelmann, Klaus & Laaser, Ulrich (Hrsg.) (2003): Handbuch Gesundheitswissenschaften. 3. Aufl., Weinheim

Pflaumer, Elke (1995) Bildung und Gesundheit: Eine Betrachtung aus erziehungswissenschaftlicher Sicht. Frankfurt a. M.

Siegrist, Johannes (2005): Medizinische Soziologie. 6. Aufl., München

Statistisches Bundesamt/WZB/ZUMA (2007): Datenreport 2006. http://www.destatis.de/datenreport

Uexküll, Thure von (Hrsg.) (1981): Lehrbuch der Psychosomatischen Medizin. München

Waller, Heiko (2002): Sozialmedizin. Grundlagen und Praxis. 5. Aufl., Stuttgart

WHO (1946): Verfassung. der Weltgesundheitsorganisation. Unterzeichnet in New York am 22. Juli 1946 (No. 0.810.1.) www.admin.ch/ch/d/sr/i8/0.810.1.de.pdf

Leben im Heim

Eckhard Rohrmann

1 Definition, Begriffs- und Gegenstandsgeschichte

Heime sind nach dem Heimgesetz (§ 1) „Einrichtungen, die dem Zweck dienen, ältere Menschen oder pflegebedürftige oder behinderte Volljährige aufzunehmen, ihnen Wohnraum zu überlassen sowie Betreuung und Verpflegung zur Verfügung zu stellen oder vorzuhalten [...] und entgeltlich betrieben werden". Der Begriff ist insofern irreführend, als im allgemeinen Sprachgebrauch „Heim" zu Hause meint. Menschen im Heim leben jedoch nicht zu Hause, jedenfalls nicht in einer eigenen Wohnung. Zutreffender ist daher die Bezeichnung *stationäre Einrichtung*. Die Aufnahme im Heim erfolgt aufgrund eines Heim-, nicht eines Mietvertrages. Heimbewohner genießen mithin nicht die gegenüber dem Heimrecht weit umfassenderen Mieterschutznormen des Mietrechts. Ambulante Dienste, die behinderten Menschen Hilfen und Assistenz in der eigenen Wohnung anbieten, fallen nicht unter den Heimbegriff.

Heime für Behinderte, damals war der Begriff Anstalten gebräuchlich, entstanden in Deutschland vereinzelt schon zu Beginn des 19. Jahrhunderts, in größerem Umfang in der 2. Hälfte, vor allem im 4. Quartal des 19. Jahrhunderts, überwiegend in kirchlicher Trägerschaft. Dabei wuchs mit der Zahl der Anstalten auch deren Größe. 1874 lebten etwa 2 000 Insassen in knapp 30 Anstalten, um 1900 existierten ca. 100 Anstalten mit ungefähr 20 000 Insassen. Einigen von ihnen wurde sogar elementare Erziehung zuteil, allerdings meist auf das Auswendiglernen von Gebeten beschränkt mit dem Ziel, sie auf Konfirmation oder Kommunion vorzubereiten. Im Gegensatz z. B. zu E. Séguin, der, geprägt von der Gleichheitsidee der französischen Revolution, seit 1837 in Paris und ab 1854 in New York

das Recht auf Bildung auch für Menschen, die man damals Idioten nannte, umsetzen wollte und „a constant ascension on the steps leading from isolation to sociability" (Séguin 1966, 147) anstrebte, ging es den meisten überwiegend kirchlich geprägten Anstalten in Deutschland nicht um diesseitige Teilhabe, sondern um das jenseitige Seelenheil der Betroffenen. Diesseitiges Ziel war vor allem der Schutz der Insassen vor den seinerzeit fürwahr widrigen Einflüssen der Gesellschaft und Verwahrung bis zum Lebensende. Entsprechend wurden sie meist in abgelegenen Gegenden abseits des gesellschaftlichen Lebens errichtet. 1940 wurden sechs Heil- und Pflegeanstalten, alle in staatlicher Trägerschaft, Tötungsanstalten zur industriemäßigen Durchführung der Behindertenmorde während der NS-Herrschaft.

Ende der 1950er Jahre gerieten die Anstalten in die Kritik insbesondere von Eltern geistig behinderter Kinder, die sich 1958 zur Bundesvereinigung Lebenshilfe für das geistig behinderte Kind zusammengeschlossen hatten. „,Wollt ihr, daß Eure Kinder in Anstalten verkümmern?' – Antwort: ,Nein!!'", schrieben sie in ihrer ersten Werbebroschüre. Seit den 1970er Jahren entstanden kleinere Behindertenheime, meist innerhalb oder in der Nähe von Wohngebieten, die allerdings nicht, wie intendiert, an die Stelle, sondern an die Seite der Großanstalten traten, welche nach wie vor fortbestehen.

Auf jeglichen stationären Einrichtungen richtet sich seit Anfang der 1970er Jahre die Kritik der in immer mehr Städten entstandenen Krüppel- und Behinderteninitiativen [→ II Behindertenbewegung], die gegen Sondereinrichtungen für behinderte Menschen vor allem im Bildungs-, Wohn- und Arbeitsbereich und für soziale Teilhabe in allen Lebensbereichen kämpfen.

Neben und zunehmend an die Stelle regelverletzender Aktionen traten dabei konstruktive Politikformen. Ende der 1970er, Anfang der 1980er Jahre entstanden zumeist aus diesen Initiativen heraus gemeindenahe ambulante Dienste für behinderte Menschen, die bei der Bewältigung ihres Alltags auf Unterstützung angewiesen sind, als erklärte Alternativen zu stationären Sondereinrichtungen. Ursprünglich erbrachten sie vor allem Assistenzdienste für körper- und sinnesbehinderte, in einigen Städten entstanden außerdem Angebote für geistig behinderte Menschen, die vor allem pädagogische Unterstützung bei der Gestaltung ihres Alltags benötigten, das sog. Ambulant betreute Wohnen (ABW).

1984 fügte der Gesetzgeber mit der Begründung „ambulante Hilfen sind oft sachgerechter, menschenwürdiger und zudem kostengünstiger" (BTD 10/335, 103) den Grundsatz „ambulant vor stationär" als Rechtsnorm in das Sozialhilferecht ein, stellte ihn allerdings 1996 unter Kostenvorbehalt, nachdem sich gezeigt hatte, dass ambulante Hilfen, wenn als professionelle Dienstleistung und nicht ehrenamtlich oder als private Reproduktionsleistung erbracht, nicht immer kostengünstiger sind.

Diese Entwicklungen setzten die Träger stationärer Einrichtungen unter Druck. Sie reagierten mit Ausdifferenzierung und *Dezentralisierung* ihrer allerdings weiterhin stationär geprägten Angebote. Neben, doch in der Regel nicht an der Stelle von *Anstalten* und *Wohnheimen* entstanden *Außenwohngruppen*, *Wohngemeinschaften*, auch *dezentrales stationäres Einzelwohnen* als *stationäre* Angebote im Sinne des Heimgesetzes, denen *ambulante* Unterstützung in einer – unter Bedingungen z. B. des herrschenden Wohnungsmarktes – selbst gewählten Wohnform gegenübersteht, bei der die Ermächtigung der Assistenzpersonen zur Hilfe nicht durch Institutionen, sondern durch die Betroffenen erfolgt.

2 Zentrale Erkenntnisse, Forschungsstand

Jedes neue Hilfsangebot, entstanden aus der Kritik am jeweils überkommenen Hilfesystem, hat zwar stets zu neuen Typen von Hilfeformen geführt, entgegen der eigenen Zielsetzung die alten jedoch nicht überwunden, sondern ledig-

lich ergänzt, dies zudem in relativ bescheidenem Umfang. Die Auswertung der Gesamtstatistik der Bundesarbeitsgemeinschaft der Freien Wohlfahrtspflege für 2004 zeigt, dass der Anteil unter den ca. 170 000 stationären Plätzen der dort zusammengeschlossenen Träger in Außenwohngruppen (AWG) und im betreuten Wohnen (BW) nicht einmal 20 % beträgt.

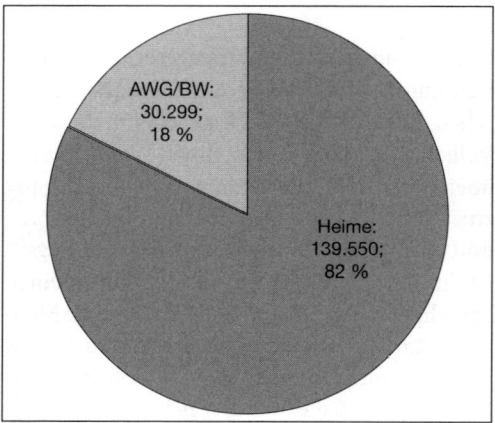

Abb. 1: Plätze in der stationären Behindertenhilfe der FW

82 % der Bewohner leben in klassischen Heimen, die nach wie vor den stationären Sektor deutlich dominieren. Noch deutlicher zeigt sich dies, wenn man auch die ambulanten Dienste mit einbezieht. Da hier allerdings die Zahl der Nutzer dieser Dienste nicht erhoben wurde, muss die Relation an anderen Parametern festgemacht werden, z. B. an der Zahl der Beschäftigten. Hier ergibt sich das folgende Bild (s. Abb. 2):

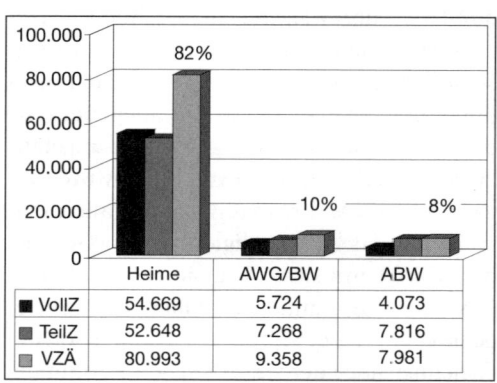

	Heime	AWG/BW	ABW
■ VollZ	54.669	5.724	4.073
■ TeilZ	52.648	7.268	7.816
■ VZÄ	80.993	9.358	7.981

Abb. 2: Beschäftigte in der Behindertenhilfe der FW

Nur 8 % der auf Vollzeitäquivalenzstellen umgerechneten Beschäftigten arbeiten in ambulanten Diensten, 10 % in Außenwohngruppen oder im betreuten stationären Einzelwohnen, 82 % in herkömmlichen Heimen. Vor dem Hintergrund dieser Relationen zumindest im Bereich der freien Wohlfahrtspflege ist zwischen 1993 und 2003 die Anzahl der Heimplätze für Behinderte in Deutschland kontinuierlich um 55 % von 115 648 auf 178 924 angestiegen. Die Institutionalisierungsquote, d. h. die Anzahl der Plätze in der vollstationären Behindertenhilfe je 100 000 Einwohner erhöhte sich im gleichen Zeitraum von 142 auf 217, wobei sich seit 1997/98 der Anstieg beschleunigt. Dazu kommt eine unbekannte Zahl jüngerer Behinderter, die in stationären Alteneinrichtungen fehlplaziert sind. Eigenen Erhebungen zufolge betraf dies in Hessen Ende 2000 insgesamt 1 427 Personen.

Zusammenfassend lässt sich also festhalten, dass die Entwicklung des deutschen Behindertenhilfesystems einerseits durch zumindest ansatzweise Prozesse der *Dezentralisierung* geprägt ist, dies allerdings unter den Bedingungen gleichzeitig fortschreitender *Institutionalisierung*. Insbesondere „Menschen mit sog. geistiger Behinderung sind nach wie vor auf Hilfen aus dem familiären Umfeld oder dem stationären Bereich angewiesen; ambulante Dienstleistungen oder andere Formen der Unterstützung in individuellen Wohnformen [...] stehen ihnen kaum zur Verfügung" (Wacker et al. 1998, 298). Dazu kommt: Immer mehr Menschen werden zwangsweise untergebracht. Seit Inkrafttreten des Betreuungsgesetzes 1992 hat nicht nur die Anzahl der gesetzlichen Betreuungen rapide zugenommen, sondern auch die Zahl der von den Vormundschaftsgerichten genehmigten freiheitsentziehenden Maßnahmen nach § 1906, Abs. 2 und 4 BGB. Sie hat sich ausweislich der Betreuungsstatistik des Bundesjustizministeriums zwischen 1992 und 2004 von 29 573 auf 125 772 mehr als vervierfacht.

Menschen in stationären Einrichtungen sind weit weniger Subjekte ihres Alltages, als

Menschen, die in einer eigenen Wohnung leben. Sie sind je nach Offenheitsgrad der jeweiligen Institution in unterschiedlichem Maße Objekte einer meist explizierten Heimordnung, die den Tagesablauf mehr oder weniger umfassend fremdbestimmt. Elementare Grundrechte, z. B. das Recht auf Unverletzlichkeit der Wohnung gelten für Heimbewohner nicht. Ohnehin verfügen ausweislich des 1998er Behindertenberichts der Bundesregierung nur 41 % der Insassen von Behinderteneinrichtungen in den alten und etwa 22 % in den neuen Bundesländern über ein Ein-Bett-Zimmer (BTD 13/9514, 88). Der 2004er Bericht macht dazu keine Angaben. Alle anderen Heiminsassen müssen sich das Zimmer mit Mitbewohnern teilen, auf deren Auswahl sie kaum Einfluss haben. Keinerlei Mitwirkungsmöglichkeiten bestehen auch bei Entscheidungen über die Einstellung des meist im Schichtdienst arbeitenden Personals, welches auch nicht den Betroffenen, sondern der Institution gegenüber zu Loyalität verpflichtet ist.

Die Mehrzahl der Einrichtungen ist heute in Wohngruppen aufgeteilt, deren Größe in den meisten Fällen deutlich über derjenigen privater Haushalte liegt (38,5 %: 8–11 Bewohner, 26,3 % mehr als 12 Bewohner, vgl. Wacker et al. 1998, 78). Auch bei der „Gruppenzusammensetzung [bleiben] die individuellen Präferenzen der Betroffenen vielfach unberücksichtigt" (302).

Zur Befriedigung individueller Bedürfnisse haben Heimbewohner meist nur ein Taschengeld. Neben den strukturellen Bedingungen stationärer Einrichtungen, ihrer oft abgelegenen Lage erschwert auch dies den Betroffenen in erheblichem Maße selbstbestimmte soziale Teilhabe.

Die strukturellen Merkmale vieler stationärer Behinderteneinrichtungen entsprechen ihrer Tendenz nach immer noch denen, die Goffman als typisch für sog. „totale Institutionen" (1973, 15 ff.) herausstellt, welche von spezifischen, durchweg negativen Auswirkungen für die Persönlichkeitsentfaltung ihrer „Insassen" geprägt sind. Sie unterbinden bzw. entwerten z. B. Handlungen, „die in der bürgerlichen Gesellschaft die Funktion haben, dem Handelnden und seiner Umgebung zu bestätigen, daß er seine Welt einigermaßen unter Kontrolle hat – daß er ein Mensch mit der Selbstbestimmung, Autonomie und der Handlungsfreiheit eines ‚Erwachsenen‘ ist" (49).

Vielfach verliert das Leben dieser Menschen seine Prozesshaftigkeit, wird geschichtslos – geprägt nur noch durch die ahistorische, immer wiederkehrende Stereotypie des Heimalltages. Bei einer Reihe von Interviewpartnern, die wir im Rahmen unserer Untersuchungen über Fehlplatzierungen jüngerer Behinderter in Altenheimen befragt haben (vgl. Drolshagen & Rohrmann 2003; Drolshagen 2006), haben wir die Erfahrung gemacht, dass für manche allein schon die Tatsache, dass überhaupt noch Menschen an ihnen, ihrem Alltag und ihrer Lebensgeschichte Interesse haben, mehr als erstaunlich war. Sie selbst hatten es längst verloren.

In Einrichtungen mancher Träger wird den Bewohnern ein Lebenswandel aufgezwungen, der sich nicht primär nach ihren Wünschen und Bedürfnissen, sondern der weltanschaulichen Orientierung der Träger richtet. Vor allem in kirchlichen Einrichtungen kommt es z. B. häufig zu Einschränkungen des Rechts auf sexuelle Selbstbestimmung.

Ein Teil der Bewohner von Behindertenheimen muss wochentags in einer Werkstatt für Behinderte arbeiten, meistens in derselben Trägerschaft wie das Heim. Viele Behindertenheime sind konzeptionell darauf ausgelegt, dass die Bewohner die Wochentage in der Werkstatt verbringen.

Neben muraler Ausgrenzung sind besonders Menschen, die auf Pflege und Unterstützung angewiesen sind, das betrifft nicht nur behinderte, sondern ebenso und vor allem auch alte Menschen, zusätzlich und in wachsendem Maße derart von Vernachlässigung und Misshandlung bedroht und betroffen, dass sich zwischenzeitlich sogar das Komitee für wirtschaftliche, soziale und kulturelle Rechte der Vereinten Nationen mit der Lage

in deutschen Pflegeheimen beschäftigt hat. „The Committee expresses its grave concern about inhumane conditions in nursing homes owing to structural deficiencies in nursing, as confirmed by the Medical Service of the national associations of health insurances (MDS)" (United Nations 2001, Nr. C 24). So der Prüfbericht des Komitees zu dem alle fünf Jahre fälligen Staatenbericht der Bundesrepublik über die Einhaltung des Internationalen Pakts über wirtschaftliche, soziale und kulturelle Rechte.

Dass eine andere Praxis möglich ist, mithin niemand aus fachlich zu rechtfertigenden Gründen im Heim leben muss, zeigen nicht nur die mittlerweile mehr als 25-jährigen Erfahrungen der allerdings nur in wenigen Städten existierenden ambulanten Dienste in Deutschland, sondern auch die Praxis anderer Länder, z. B. Norwegen oder Schweden, wo seit 1968 kontinuierlich und flächendeckend gemeindenahe ambulante Infrastrukturen entwickelt worden sind, die behinderten Menschen vor Ort in ihrer Wohnung die Hilfe, Unterstützung und Assistenz bereitstellen, die sie für die Bewältigung ihres Alltages benötigen. So entstanden die Voraussetzungen für eine fortschreitende Deinstutionalisierung der Behindertenhilfe, durch die Heime immer entbehrlicher wurden. In Norwegen wurde schon 1991 ein Gesetz erlassen, das die Auflösung stationärer Behinderteneinrichtung verfügt, in Schweden ist die stationäre Unterbringung behinderter Menschen seit Ende 2000 gesetzlich verboten (vgl. Grunewald 2002).

3 Ausblick

Für die weitere Entwicklung der Lebensbedingungen von behinderten Menschen innerhalb und außerhalb stationärer Einrichtungen wird entscheidend sein, ob und inwieweit die auf soziale Teilhabe und Selbstbestimmung ausgerichteten Ansätze in der Behindertenpolitik der letzten Jahre Eingang finden werden in die noch zu weiten Teilen paternalistisch geprägten Strukturen der Behindertenhilfe und die zusätzlich von wachsenden Restriktionen geprägte Sozialpolitik.

2001 hat der Gesetzgeber das trägerübergreifende Persönlichen Budget (PB) [→ VI Persönliches Budget] im Sozialgesetzbuch verankert, zunächst als freiwillige Wahlleistung, ab 2008 als Rechtsanspruch. Behinderte Menschen sollen damit in die Lage versetzt werden, selbst am Wohlfahrtsmarkt diejenigen Dienstleistungen einzukaufen, die sie benötigen und wünschen. Ausdrücklich versteht der Regierungsentwurf das „Persönliche Budget [...] auch [als] ein mögliches Steuerungsinstrument zum Beispiel für den Ausbau alternativer Wohnformen an Stelle stationärer Versorgung. Die entsprechende Infrastruktur wird sich noch entwickeln müssen" (BTD 15/1514, S. 52). Tatsächlich ist davon auszugehen, dass das PB die Stellung einzelner Betroffener gegenüber den Einrichtungsträgern stärken wird. Fraglich ist allerdings, ob allein der Markt eine entsprechende Infrastruktur hervorbringen wird. Märkte orientieren sich nicht an Bedarfen, sondern an Gewinnoptionen, mithin nur an solchen Bedarfen, die nachfragefähig sind und Gewinnoptionen versprechen. Solange „die Höhe des Persönlichen Budgets die Kosten aller bisher individuell festgestellten, ohne das Persönliche Budget zu erbringenden Leistungen nicht überschreitet" (§ 17 Abs. 3 SGB IX) soll, ist deswegen zu erwarten, dass seine Einführung ebenso wie der schon 1984 eingeführte und 1996 unter Kostenvorbehalt gestellte Vorrang ambulanter vor stationären Hilfen nur von begrenzter Wirkung bleiben wird.

Literatur

Drolshagen, Markus (2006): „Was mir fehlt, ist ein Zuhause". Fehlplatzierung jüngerer Behinderter in hessischen Altenhilfe-Einrichtungen. Berlin

Drolshagen, Markus & Rohrmann, Eckhard (2003): Fehlplatzierungen jüngerer Behinderter in der stationären Altenhilfe aus der Sicht der Betroffenen. In: ZfH, 54, 11, 461–468

Goffman, Irving (1973): Asyle. Frankfurt

Grunewald, Karl (2002): Der Abbau der Anstalten für Behinderte in Schweden. In: Geistige Behinderung, 41, 3, 243–254

Séguin, Edward (1866): Idiocy and its Treatment by the Physiological Method. New York

United Nations (2001): Concluding Observations of the Committee on Economic, Social and Cultural Rights: Germany. E/C.12/1/Add.68. Genf, 24.11.2001

Wacker, Elisabeth et al. (1998): Leben im Heim. Baden-Baden

Pflege, Pflegebedürftigkeit

Christel Bienstein

1 Definitionen, Begriffs- und Gegenstandsgeschichte

Der Begriff „Pflege" zählt zu den bedeutendsten Begriffen in der deutschen Sprache. Er findet vielfältige Verwendung. Vertraut ist er uns im Zusammenhang mit der Pflege von Autos, Schuhen, Beziehungen, Gärten, Denkmäler, Kultur, Daten und Homepages etc.

Das Wort „pflegen" entstammt dem Westgermanischen. Es bezeichnete zuerst „für etwas einstehen, sich für etwas einsetzen". In der weiteren Sprachentwicklung bedeutete es zunehmend „sorgen für, betreuen, hegen und andererseits [...] sich mit etwas abgeben" (Duden 603, 2001). Insgesamt steht es für den sorgsamen und unterstützenden Umgang mit Gegenständen oder Personen.

Pflege gehört ebenso wie die Erziehung, das Sorgen, Bauen und Rechtsprechen zu den Urfähigkeiten der Menschheit. Menschen, die auf die Welt kommen, werden von ihren Eltern gepflegt, ein kranker Angehöriger wird ebenso gepflegt wie wir uns tagtäglich selber pflegen. Dieses selbstverständliche Tun macht es der Berufsgruppe der Pflegenden schwer, zu erläutern, worin denn das Besondere ihres beruflichen Gegenstandes liegt.

Allgemeine Pflege endet dort, wo Spezialwissen und Handlings zum Tragen kommen müssen und das alltägliche Wissen nicht mehr ausreicht. Dieses hat ebenso wie bei der Architektur, der Rechtswissen- oder Erziehungswissenschaft dazu geführt, dass das berufliche, professionelle Wissen entwickelt werden musste und Menschen sich dieses Wissen aneignen müssen.

1.1 Berufliche Pflege

Seit Beginn unserer Zeitrechnung kümmerten sich spezifisch verantwortliche Menschen um die Pflege Kranker. So zur Zeit der Kreuzzüge, wie im Mittelalter in Siechenhäusern oder die Beginen in den Stadtvierteln. Erste berufliche Entwicklungen zeigten sich im 19. Jahrhundert. Der Beruf der Pflegenden war der erste qualifizierte Frauenberuf. Sie waren nicht nur in der direkten Pflege tätig, sondern bauten und managten Krankenhäuser. Mutterhäuser und Berufsorganisationen ermöglichten zur damaligen Zeit die berufliche Tätigkeit, sie setzten auch eine erste berufliche Qualifizierung durch. Durch die Weiterentwicklung der Medizin gerieten beruflich Pflegende immer mehr in Abhängigkeit zur Medizin, sie verstanden sich zunehmend als Assistentinnen. Erst die letzten dreißig Jahre führten zu einer Auseinandersetzung mit den spezifischen Aufgaben beruflich Pflegender.

Heute arbeiten mehr als 1,2 Mill. Menschen in der beruflichen Pflege. Davon haben ca. 800 000 Personen eine dreijährige Ausbildung durchlaufen. Eine exakte Datenlage existiert bis heute nicht. Mehr als 17,2 Mill. Bundesbürger wurden 2005 in Krankenhäusern gepflegt, davon waren 2,1 Millionen intensivpflichtig; ca. 4 Mill. Menschen sind in Deutschland langfristig pflegebedürftig. Die meisten werden zu Hause gepflegt. Nur 670 000 Menschen befinden sich aufgrund ihrer Pflegebedürftigkeit in stationären Einrichtungen.

Zunehmend werden wir mit einer demographischen Veränderung [→ Demographie] konfrontiert, die mehr Menschen älter werden lässt und gegen Lebensende häufig zu einem Pflegebedarf führt. Es wird davon ausgegangen, dass Männer im Lebensdurchschnitt ca. 17 Monate und Frauen ca. 24 Monate Pflegebedarf haben. Immer weniger Menschen sterben plötzlich. Die ständige Weiterentwicklung der Medizin ermöglicht, dass Herzinfarkte überlebt werden und chronische Krankheiten zu keiner verkürzten Lebenszeit führen.

Das Krankheitsspektrum hat sich in der westlichen Welt völlig verändert; während im vorletzten Jahrhundert akute Krankheiten dominierten (TBC, Cholera, Diphtherie etc.), leiden immer mehr Menschen an chronischen Krankheiten. Dieses führt auch zu einer neuen Aufgabenstellung der beruflichen Pflege.

Neben der beruflichen Pflege sind immer mehr Menschen gefordert, die Pflege ihrer Angehörigen sicherzustellen. Zumeist wird die Pflege der Angehörigen in der eigenen Häuslichkeit von weiblichen Familienangehörigen wahrgenommen. Die Verteilung der Pflegeübernehmenden gestaltet sich analog der beruflichen Pflege, ca. 15 % sind Männer und ca. 85 % sind Frauen. Die Veränderung unserer Lebensgewohnheiten führt jedoch dazu, dass weniger familiale Zusammenhänge bestehen (Einkindfamilien, Scheidungen, Singlehaushalte) und die beruflichen Aufgaben, die nicht in der Nähe der Familie ausgeübt werden können, führen zu einem deutlichen Anstieg des pflegerischen Bedarfs. Migranten und sogenannte „Billig-Pflege" können den Bedarf auf Dauer nicht decken.

Der Begriff der Pflege wird in der Bevölkerung bis heute mit der Pflege alter Menschen in Verbindung gebracht. Aussagen wie: „Das könnte ich nicht" werden häufig geäußert. Politiker planen immer wieder Umschulungsmaßnahmen von Arbeitslosen oder kommen auf die Idee, Eineurojobs in der Pflege zu schaffen.

Neben der häuslichen Pflege, die von z. Z. ca. 12 000 ambulanten Pflegediensten unterstützt wird, wird Pflege in ca. 2 000 Krankenhäusern und 9 300 Pflegeeinrichtungen gegeben. Daneben wächst die Zahl der Hospize (ambulant und stationär), Kurzzeit- oder Tagespflegeeinrichtungen.

Beruflich Pflegende werden in der Altenpflege oder in der Gesundheits- und Kranken-/Kinderkrankenpflege ausgebildet und können nach ihrer Ausbildung spezifische Zusatzqualifikationen erwerben (Operationsdienst, Intensivpflege, Psychiatrie, Palliativpflege etc.).

Im Vergleich zum Ausland steckt Deutschland bei der Generierung wissenschaftlich gesicherten Wissens der Pflege noch in den Kinderschuhen. Erst seit 1990 kann Pflege studiert werden und damit alltägliches Handeln untermauert werden. Daher muss davon ausgegangen werden, dass pflegerische Handlungen zumeist auf Erfahrungswissen gestützt sind.

Während sich der Hauptgegenstand der Medizin mit der Ursachensuche von Krankheiten und der Therapie der Krankheit auseinandersetzt, beschäftigt sich die berufliche Pflege mit den Folgen, die aus Krankheit oder Gebrechlichkeit entstehen.

Virgina Henderson (1997, 42) definiert Pflege folgendermaßen: „Die einzigartige Funktion der Pflege besteht darin, dem kranken oder auch gesunden Individuum bei der Verrichtung von Aktivitäten zu helfen, die seiner Gesundheit oder ihrer Wiederherstellung (oder auch dem friedlichen Sterben) förderlich sind und die es ohne Beistand selbst ausüben würde, wenn es über die dazu erforderliche Stärke, Willenskraft oder Kenntnis verfügte. Sie leistet Hilfe auf eine Weise, dass es seine Selbstständigkeit so rasch wie möglich wiedergewinnt".

Nicht nur Henderson, sondern auch andere Pflegetheoretikerinnen (u. a. Orem 1997) gehen davon aus, dass Pflege die Aufgabe hat, Menschen in ihrer Selbstpflegefähigkeit zu unterstützen, damit diese wiedererlangt wird oder soweit wie möglich erhalten bleibt.

Dabei umfassen alle Definitionen, so auch die Definition der WHO, nicht nur die körperliche Unterstützung, sondern auch die psychische, emotionale und soziale. Es wird von dem Grundsatz ausgegangen, dass Menschen aus unterschiedlichen Gründen in die Situation gelangen, dass ihre Kompetenzen zur Bewältigung ihres Alltags gefährdet oder beeinträchtigt sind und dass zwischen den verschiedenen Dimensionen des menschlichen Seins immer Beziehungen bestehen, die mitbeachtet werden müssen.

Dabei unterscheidet berufliche Pflege nicht zwischen erworbenem oder angeborenem Pflegebedarf. Diese Trennung wird nur durch das Sozialgesetzbuch getroffen.

Der seit der Einführung der Pflegeversicherung ständig genannte Slogan „Reha vor Pflege" hat unter anderem dazu geführt, Pflege als „Restpflege" zu verstehen. Pflege, die dann einsetzt, wenn nichts mehr geht, der Betroffene sogenannt „austherapiert" ist. Diese öffentliche Diskussion ist jedoch völlig fehlerhaft. Berufliche Pflege hat die Aufgabe, je nach Bedarf des Betroffenen präventiv, rehabilitativ, kurativ, fördernd, palliativ oder begleitend zu sein. Besonders der Information, Beratung und Schulung muss zunehmend Raum gegeben werden, da sich die Verweilzeiten der Patienten in deutschen Krankenhäusern drastisch verkürzt haben, aber die entlassenen Patienten damit noch lange nicht gesund sind, sondern ihre eigenen Genesung aktiv mit unterstützen müssen.

So können bereits erste pflegerische rehabilitative Maßnahmen während der Zeit auf der

Intensivstation erforderlich sein oder auch in der häuslichen Umgebung bei der Förderung eines Patienten mit einem Schlaganfall. Besonders im Bereich der Pflege psychisch erkrankter Menschen wird die Nähe der pflegerischen Arbeit zur Sozialarbeit deutlich, wenn hier die kurative Pflege in der Gestaltung des Tagesablaufs oder der Unterstützung bei der Wiedererlangung der Pflege des eigenen Körpers besteht. Eine besondere Nähe ergibt sich auch in den Arbeitsfeldern der Behindertenpflege. So unterstützen Pflegende Menschen mit Behinderungen bei der Nahrungsaufnahme und greifen präventiv ein, um epileptische Anfälle zu verhindern. In den letzten zwanzig Jahren hat sich in Deutschland ein immer differenzierteres Wissen in der Pflege entwickelt, welches die Pflegenden in der direkten „Face to Face-Pflege" unterstützt, aber auch möglich gemacht hat, dass inzwischen erste Familien- und Gesundheitsschwestern ausgebildet wurden, die Menschen mit Pflegebedarf aufsuchen. Bisher beraten wenige Pflegeexperten Kommunen in der Sicherstellung der Pflege ihrer Bürger oder Leistungsträger (wie Pflegekassen, Krankenkassen, Wohlfahrtsverbände).

Dieses wird sich jedoch in den nächsten Jahren deutlich ändern.

Allen Definitionen der Pflege zugrunde liegt der Ausgangspunkt vom Individuum, welches über eine individuelle Pflegebedürftigkeit verfügt.

1.2 Pflegebedürftigkeit

Pflegebedürftigkeit unterscheidet sich vom Pflegebedarf. Während die Pflegebedürftigkeit die Bedürfnisse des Betroffenen umfasst, leitet sich der Pflegebedarf als Folge aus den Bedürfnissen ab.

Dabei müssen nicht alle Bedürfnisse zu einem Pflegebedarf führen. Pflegebedarf wird demnach nur aufgrund fehlender Ressourcen des Einzelnen notwendig, gesundheitlich bedingte Probleme oder Situationen selbstständig zu bewältigen.

Insgesamt spricht die Pflegebedürftigkeit nur einen Ausschnitt aus der Gesamtheit der Hilfsbedürftigkeit an.

Der Begriff der Pflegebedürftigkeit wurde in Deutschland besonders durch dessen Definition im Rahmen der Pflegeversicherung geprägt. Während das Gesetz noch auf die ganzheitliche Betrachtung des Einzelnen abhebt, weist die Einschätzung der Pflegebedürftigkeit in den Richtlinien zur Feststellung der Pflegestufen einen ganz eng gesetzten Rahmen auf. Hier finden nur körperliche Einschränkungen eine Anrechnung, die der Unterstützung durch eine weitere Person bedarf. Alle Maßnahmen sind mit Zeitwerten hinterlegt, die sich an den Zeitwerten orientieren, die eine nicht beruflich tätige Person benötigt.

Zeit ist jedoch ein ungeeigneter Faktor, da Menschen unterschiedlich viel Zeit auf gleiche Handlungen verwenden. So kann es für eine Person wichtig sein, hygienischen Anforderungen umfänglich Rechnung zu tragen und eine andere Person benötigt wesentlich mehr Zeit bei der Nahrungsaufnahme.

Die Eingrenzung des Pflegebedürftigkeitsbegriffs durch das Einschätzungsverfahren hat dazu geführt, dass die Tendenz besteht, Pflegebedürftigkeit auf körperbezogene Verrichtungen zu reduzieren.

Die *Enquete-Kommission des Landes NRW: Situation und Zukunft der Pflege in NRW* (2005, 40) kritisierte den einschränkenden Begriff der Pflegebedürftigkeit im SGB XI. Sie verwies darauf, dass

- „Unselbstständigkeit im Bereich der Kommunikation und sozialen Teilhabe als Kriterium für Pflegebedürftigkeit nicht berücksichtigt wird.
- Ein erheblicher Teil der notwendigen Unterstützung für psychisch Kranke und beeinträchtigte Menschen, die nicht nur bei einzelnen Verrichtungen, sondern in ihrer gesamten Lebensführung auf Hilfe angewiesen sind, ausgeblendet wird.
- Andere Auswirkungen gesundheitlicher Probleme, wie zum Beispiel Schmerzerle-

ben, Angst im Zusammenhang mit dem Krankheitsgeschehen, verändertes Selbstschutzverhalten oder ganz generell mangelhafte Krankheitsbewältigung keinen Leistungsanspruch nach dem SGB XI begründen".

Dieses führt bis heute dazu, dass besonders Menschen mit psychischen und kognitiven Beeinträchtigungen wie auch Menschen mit Behinderungen und Migrationshintergrund oftmals keine Leistungen aus der Pflegeversicherung beziehen.

Inzwischen ist auch dem Gesetzgeber klar, dass das Einschätzungsinstrument zur Erfassung der Pflegebedürftigkeit nur Ausschnitte des alltäglichen Lebens widerspiegelt. Neben den Zeitvorgaben ist die Vorgabe bestimmter Handlungen das zentrale Problem, da damit nicht die individuelle Situation des Betroffenen abgebildet werden kann. Diese ist und muss jedoch Ausgangssituation einer Erfassung der Pflegebedürftigkeit sein. Aus dieser ergibt sich dann der Pflegebedarf, das heißt die Unterstützungsleistungen, die diese Person benötigt, um ein möglichst selbstständiges Leben zu führen.

Bartholomeyczik et al. (2001) verweisen darauf, dass

- Umgebungsbedingungen,
- Fähigkeiten und Qualifikation der Pflegeperson,
- individuelle Bedürfnisse und Gewohnheiten des Pflegebedürftigen,
- Verfügbarkeit und Nutzung von Hilfsmitteln,
- fachliche Standards bzw. Methoden und nicht zuletzt
- das der individuelle Versorgung zugrunde liegende Pflegeziel

darüber entscheidet, welche Art der pflegerischen Unterstützung erfolgen muss (rehabilitativ, präventiv etc.).

Durch die Zuordnung der hilfe- und pflegebedürftigen Menschen zu den verschiedenen Sozialgesetzbüchern kommt es auch zu unterschiedlichen Rechten, die in der jetzi-

gen Form nicht mehr vertretbar sind. So steht Menschen mit Behinderungen, die nach den Rechten des Sozialgesetzbuchs IX unterstützt werden, das Recht auf Integration zu, dieses Recht findet sich im Sozialgesetzbuch XI nicht wieder und führt zu deutlichen Einschränkungen des sozialen Radius der Betroffenen.

Während Deutschland im Vergleich mit anderen Ländern drei verschiedene Unterstützungsvarianten aufzeigt (Geldleistungen, Sachleistungen oder Geld- und Sachleistungen), haben sich andere Länder zur ausschließlichen finanziellen Unterstützung (z. B. Österreich) oder zur Sachleistung (z. B. Japan) entschieden. Dieses führt auf der einen Seite zu mehr Autonomie in der Gestaltung der Unterstützung und auf der anderen Seite werden Angehörige nicht in dem gleichen Umfang wie in Deutschland mit der Pflege ihrer Angehörigen allein gelassen.

Bis heute existiert kein angemessenes und valides Verfahren, um die Pflegebedürftigkeit der Einzelnen zu erfassen. Instrumente, die in Deutschland zum Einsatz kommen, werden stark kritisiert, da sie ganze Bereiche des alltäglichen Lebens ausblenden.

Zurzeit arbeitet ein Beirat im Auftrag des Bundesgesundheitsministeriums daran, eine Empfehlung zur Revision des Pflegebedürftigkeitsbegriffs zu erarbeiten. Damit wird es möglich, dass international vorhandene Instrumente auf ihre Anwendbarkeit überprüft werden können. Erste Einschätzungen (Wingenfeld et al. 2007) weisen jedoch darauf hin, dass eine direkte Übertragbarkeit aus Gründen der kulturellen Verschiedenheit nicht ohne Weiteres gelingen kann und auch diese Instrumente immer wieder verschiedene Lebensbereiche ausblenden. Aus diesem Grunde muss geprüft werden, ob nicht ein neues Instrument geschaffen werden muss.

2 Zentrale Erkenntnisse/ Forschungsgegenstand

Von grundlegender Bedeutung ist die in den letzten Jahrzehnten immer mehr gestützte Grundhaltung der beruflichen Pflege, dass nicht nur der Einzelne der pflegerischen Unterstützung bedarf, sondern sein soziales Umfeld ebenso von der Beeinträchtigung des Einzelnen betroffen ist. Damit erweitert sich der pflegerische Auftrag. Zunehmend handelt es sich bei pflegebedürftigen Menschen um Menschen mit chronischen Krankheiten. Diese bedingen, dass viele Lebensvollzüge anders organisiert werden müssen, davon ist dann nicht nur der Erkrankte, sondern auch sein direktes Umfeld betroffen.

Während die Medizin primär eine Anpassung des Erkrankten an seine Krankheit fordert, besteht die Aufgabe der Pflege darin, die Lebensqualität des Erkrankten mit seiner Krankheit zu erhalten und zu sichern. Das bedeutet, mit dem Betroffenen und seiner Familie Möglichkeiten zu finden, die dazu beitragen, das individuell gelebte Leben soweit wie möglich zu erhalten.

Weiterhin wurde über viele Jahrzehnte die Bedeutung des Wissens über die eigene Krankheit und deren Integration in das eigene Leben des Betroffenen unterschätzt. Inzwischen wird dieser Aufgabe zunehmend Raum eingeräumt. Der Begriff „Patientenedukation" ist in die Aus- und Fortbildung integriert und spezifische, auf den Einzelnen zugeschnittene Programme werden entwickelt.

Forschungsfragen beschäftigen sich ebenso mit einzelnen Handlungen wie mit komplexen Pflegeverläufen. Es werden auf der Basis der Ergebnisse neue Instrumente zur Erfassung unterschiedlicher Aspekte von Pflegebedürftigkeit und Unterstützungsstrategien für pflegende Angehörige entwickelt sowie sprachliche Kategorien zur Abbildung und Beschreibung unterschiedlicher Pflegebedürftigkeiten gebildet. Besonders den Anforderungen an die Qualität der pflegerischen Leistung wird mittels wissenschaftlicher Erkenntnisse Rechnung getragen.

3 Ausblick

In den kommenden Jahrzehnten werden wir aufgrund des demographischen Wandels und der damit verbundenen abnehmenden Zahl junger Menschen eine stärkere Einbindung der Bevölkerung in die Begleitung von Menschen mit Hilfe- und Pflegebedarf benötigen. Pflegende Angehörige brauchen zugehende und begleitende Unterstützung, Betroffene müssen effektivere Maßnahmen kennen lernen, um ihre Selbstpflegefähigkeit zu erhöhen.

Wir werden wesentlich früher Menschen mit präventiven Möglichkeiten in Kontakt bringen müssen. So werden Familiengesundheitsschwestern in Kindergärten und Schulen mitwirken müssen oder in Wohnungsbaugesellschaften Mieter begleiten und beraten. Zugehende Hilfen werden dazu führen, dass Pflegebedürftigkeit später auftritt oder von den Betroffenen gezielter bewältigt werden kann.

Die Ambulantisierung wird fortschreiten. Menschen möchten in ihren eigenen vier Wänden alt werden und ihr Leben autonom gestalten. Hierzu hat die Pflege einen deutlichen Beitrag zu leisten. Sie wird ihr Wissen ständig erweitern und dafür Sorge tragen müssen, dass dieses auch die Betroffenen erreicht.

Eine besondere Aufgabe wird jedoch das deutlich ausgeprägtere Zusammenwirken der verschiedenen Akteure sein. Heilpädagogik und Pflege werden sich deutlich annähern, da sie analoge Fragestellungen bearbeiten. Hierzu wird es erste gemeinsame Masterprogramme geben. Insgesamt wird es eine Bereicherung des Wissens durch die Vernetzung der verschiedenen Disziplinen geben, die dem Einzelnen und seiner Familie (Lebensumwelt) zu Gute kommen wird.

Literatur

Arbeitsgruppe Kinderkrankenpflege (1999): Die Pflegebedarfsfestestellung bei Kindern. Projektbericht und Modellentwicklung. Endfassung vom 25.02.1999

Bartholomeyczik, Sabine & Halek, Margareta (Hrsg.) (2004): Assessmentinstrumente in der Pflege. Möglichkeiten und Grenzen. Wittener Schriften. Hannover

Bericht der Arbeitsgruppe II des Bundespflegeausschusses an den Bundespflegeausschuss vom 10.06.2002 (unveröffentlicht)

Corbin, Juliet & Strauss, Anselm (2003): Weiterleben lernen. 2. Aufl. Bern

Duden (2001): Das Herkunftswörterbuch. Etymologie der deutschen Sprache. 3. Aufl. Mannheim

Fawett, Jaqueline (1998): Konzeptuelle Modelle der Pflege im Überblick. 2. Aufl. Bern

Internationale Klassifikation der Funktionsfähigkeit, Behinderung und Gesundheit (ICF) der Weltgesundheitsorganisation (WHO). Entwurf der deutschsprachigen Fassung April 2002 (Konsensusentwurf), CD-ROM zu Bihr et al. (2006); SGB IX

Landtag Nordrhein-Westfalen, Präsident ·des Landtags Nordrhein-Westfalen (Hrsg.) (2005): Situation und Zukunft der Pflege in NRW. Bericht der Enquete-Kommission des Landtags von Nordrhein-Westfalen. Düsseldorf

Medizinischer Dienst der Spitzenverbände der Krankenkassen e.V. (MDS) (2006): Richtlinien zur Begutachtung der Pflegekassen zur Begutachtung von Pflegebedürftigkeit nach dem XI. Buch des Sozialgesetzbuches. Essen

Wingenfeld, Klaus et al. (2007): Recherche und Analyse von Pflegebedürftigkeitsbegriffen und Einschätzungsinstrumenten. Studie in Rahmen des Modellprogramms nach §8 Abs. 3 SGB XI. Im Auftrag der Spitzenverbände der Pflegekassen. Überarbeitete und korrigierte Fassung, Bielefeld 23. März 2007

Not, Notlage

Emil Erich Kobi

Bei den Göttern liegt das Schlusswort: „oft erheben sie aus Not einen Mann zu neuer Höhe, der auf schwarzem Boden liegt, oftmals werfen sie auch nieder den, der festen Fuß gefasst auf den Rücken; und bei diesem häuft sich dann viel Schlimmes an: nicht nur brotlos irrt ein solcher, sondern planlos auch herum" (Archilochos, 7. Jh. v. Chr.).

1 Definition, Begriffs- und Gegenstandsgeschichte

Not: svw. Armut, Elend, Mangel, Bedrängnis, Zwang (ahd. 8. Jh.), mhd. mnd. *not,* engl. *need/needs* (Bedürfnisse), altslaw. *unyti* (verzagen, nachlässig werden), russ. *nyt* („anhaltend dumpf schmerzen") *nužda* (Not, Armut, Elend) zur indoeurop. Wurzel *nāu-, nū-* (Tod, Leiche; verbal: „bis zur Erschöpfung abquälen, ermattet zusammensinken"). Daraus adverbial *nötig* (dringend erforderlich, unabdingbar). Ferner: *nötigen* (bedrängen, zwingen), *Notzucht, notzüchtigen* (urspr. „mit Zwang eine Frau fortziehen, rauben", neuzeitl.: vergewaltigen), *Notdurft,* urspr. „das zum Leben Benötigte", neuzeitl.: nur noch in der Wendung seine *„Notdurft verrichten"* (Blase und Darm entleeren); *notdürftig* („behelfsmäßig"); *notwendig* („die Not wendend"). Der Begriff „Not" findet sich somit in folgenden, einander überschneidenden Bedeutungen:

- bedrohlicher Mangel (z.B. Geldnot),
- bedrängendes Übermaß äußerer, materialer (z.B. Wassernot) oder innerer, physischer/psychischer (z.B. kummerbedingte Seelennot) Art,

- quälendes Bedürfnis (Hungersnot),
- funktionelle Bedrängnis (z. B. Atemnot),
- Provisorium (Notunterkunft),
- Linderung (vorsorgliche und die Not wendende Maßnahmen).

Dabei wird die Sachlogik sprachlich oft nicht eingehalten: „Geldnot" bezieht sich auf einen Mangel, „Wassernot" hingegen auf ein bedrohliches Übermaß; eine „Hungersnot" bedeutet nicht „Appetitlosigkeit", sondern Nahrungsmangel („Nahrungsnot"), wobei das Pendant „Durstnot" fehlt u. a. m. Bemerkenswert ist auch der abschwächende Plural: „in Nöten sein" ist weniger bedrohlich als „in Not sein".

Not bezeichnet formal und generell eine gestörte physische, funktionale, soziale, personale Homöostase, die als existenzbedrohlich erfahren wird. Die Hauptakzente sind in Abbildung 1 aufgeführt.

Während man sich auch selbst einer Gefahr aussetzen, ins Elend stürzen, in Bedrängnis manövrieren, zur Armut entschließen kann, bezeichnet Not durchweg eine Situation, in die man (passiv) geriet, die man erleidet. Not wird als schicksalhaft Hereinbrechendes, von

überirdischen Mächten Gesandtes, durch unglückliche Umstände Bewirktes erlebt. Daher kann jedermann jederzeit in Not geraten. Dieser stets mögliche Notfall liegt in der wesensmäßigen Verletzlichkeit und Unsicherheit menschlicher Existenz, des Lebens überhaupt begründet. Im Notfall trifft den Einzelnen daher keine unmittelbare Schuld. Auch das Sprichwort: „Spare in der Zeit, so hast Du in der Not!", macht zwar für die Vorsorge, nicht aber für einen allfälligen Notzustand verantwortlich.

Aus diesem Grund gilt eine Notlage kulturübergreifend als zwingender Auslöser unmittelbarer Hilfe in artgemäßer Solidarität. So verlangt auch die moderne Rechtsprechung sowohl von Einzelpersonen wie auch von der Sozietät (Gemeinwesen/Staat) die sofortige Hilfeleistung gegenüber Menschen in existentieller Bedrängnis. Unterlassene Hilfeleistung gilt als Delikt und wird in sog. „Jedermanns-Paragraphen" strafrechtlich belangt. Vom Gesetzgeber wird sogar zugestanden, dass eine akute Notsituation anderweitig ungesetzliches Handeln entschuldigen kann (auch als sog. Notwehr), wie dies das Sprichwort „Not kennt kein Gebot!" zum Ausdruck bringt.

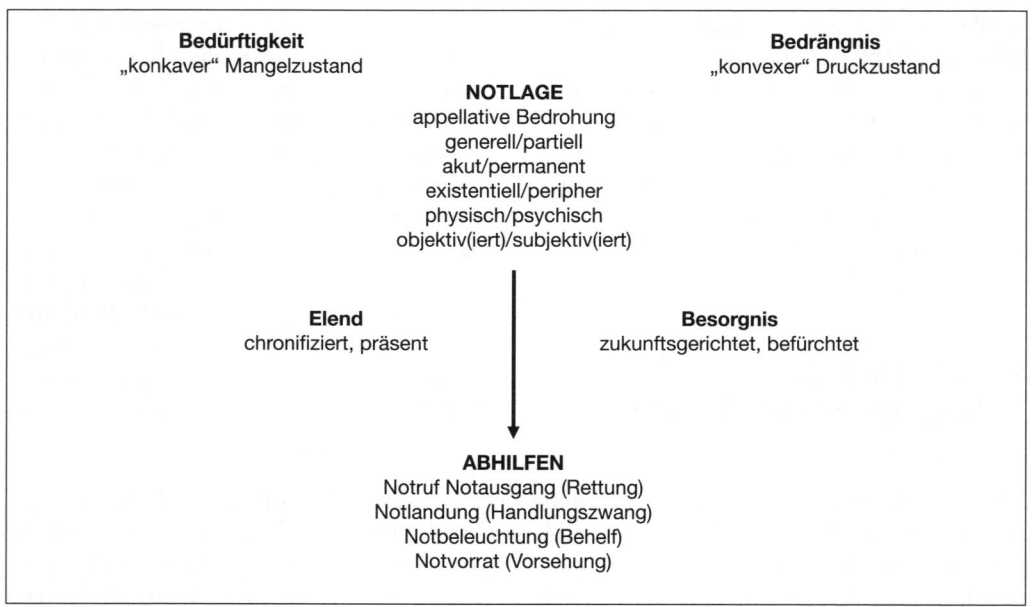

Abb. 1: Hauptakzente

Eine Notlage ist nicht einer *Krise* gleichzusetzen [→ Übergänge und Krisen]. Krise bezeichnet eine Klimax, einen Entscheidungs- und Wendepunkt, an welchem sich die Dinge (noch!) zum Guten entwickeln können. In einer Notlage ist diese Chance vernutzt, die Wende zur Kalamität (calamitas, lat. svw. Schaden, Unheil, Verderben) bereits eingetreten.

Eine Notlage ist auch nicht allein schon durch *Armut* gegeben, wie dies moderne Wohlfahrtspolitik oft suggeriert. Zahllose Sagen, Märchen und Volksweisheiten setzen, zumal in christlicher Perspektive, Armut sogar zumeist mit Glück, Zufriedenheit und Heiterkeit in Beziehung. Desgleichen nimmt Armut in den Tugendkatalogen von Mönchsorden verschiedener Religionen eine prioritäre Stellung ein. In Geboten der Hochreligionen wird zwar durchweg der Notleidenden gedacht, die zu unterstützen sind, dies jedoch kaum je mit dem Ansinnen, Armut, Leid und Kümmernis prinzipiell abschaffen zu wollen. Paradiesische Verhältnisse auf Erden herzustellen, liegt nicht in des Menschen Hand. In dieser christlich-sozialen pädagogischen Ausrichtung unterschied bereits bzw. noch Pestalozzi (1746–1827) mit seinem zentralen Anliegen der Armenerziehung zwischen einer erhebenden Armut (im Sinne der Bescheidenheit, der Demut und Bedürfnislosigkeit) und einer Armut, die in die Verzweiflung (ins Elend und ins Verderben) führt. Seine Armenerziehung war nicht *gegen* die Armut, sondern – in Ausrichtung auf das christliche Gebot materieller Bescheidung in der Nachfolge Christi – auf ein sittliches Leben *darin* und *damit* gerichtet. Derartige Auffassungen finden im egalitären Sozialstaat („Wohlstand für alle!") allerdings keine Akzeptanz mehr. „Im Westen drückt sich Armut ... [auch] dadurch aus, dass man seine Identität nicht angemessen mit Besitztümern zum Ausdruck bringen kann", wie der Ethnologe Nigel Barley (2002, 50) feststellt. Armut als Status- und Prestigeverlust wird so dann doch in die Nähe einer „performativen Notlage" gerückt.

Diesem Sachverhalt kommt der Begriff des *Prekariats* (prekär, lat./frz. s. v. w. schwierig,

heikel, ungewiss) näher, der den des Proletariats weitgehend abgelöst hat. Er bezeichnet insgesamt eine zerbröselnde Lebenssituation. Neben privaten Faktoren spielen häufig auch anonyme gesellschaftliche Faktoren (z. B. Strukturänderungen im Arbeitsfeld) eine erhebliche Rolle.

Diese Aspektvielfalt von Notlagen hat schließlich auch zur Folge, dass kein umfassender (positiver) Gegenbegriff zu „Not" existiert. Je nachdem kontrastieren dazu Saturiertheit, Wohlbehagen und – im Hinblick auf den lebensangstbedingten säkularen Sekuritarismus – wahrscheinlich am nächsten (das Gefühl von) Sicherheit.

2 Zentrale Erkenntnisse

Eine Notlage kann grundsätzlich

- *ausgelöscht werden* (durch fatalistisches oder „katatones" Nichtstun, im Extrem bis zum Verenden lassen und damit in ethisch bedenklicher Weise);
- *perpetuiert werden* (durch Passivierung Notleidender und damit in sozialpädagogisch und -politisch problematischer Weise);
- *verschoben werden*, indem durch die Behebung einer Notlage andernorts eine neue bewirkt wird („Lösungen" können sich als Probleme zweiten Grades entpuppen);
- *überwunden werden* (durch regenerative Aufhilfe, Hilfe zur Selbsthilfe und damit generell erwünschterweise).

Notlagen werden, ihrer unterschiedlichen Natur gemäß, auf sehr verschiedenen Ebenen angegangen. So beispielsweise

- *medizinisch*, wenn es um den akuten Erhalt von Vitalfunktionen geht;
- *ökonomisch*, wenn eine materielle Versorgungslage zu sichern ist;
- *caritativ*, wenn religiöse Gebote und ethische Grundsätze, wie die Aufrechterhaltung der Menschenwürde, einzuhalten sind;

- *pädagogisch*, wenn Führung und Geleit, Information und Know-how gefragt sind oder es einen Bildungsnotstand zu beheben gilt.

In den genannten Bereichen sind denn auch unterschiedliche Tempi und Wirkungszusammenhänge zu beachten.

Not hat jedenfalls viele Gesichter und erforderte daher seit je den Einsatz von Spezialisten. Bereits im Spätmittelalter sah sich die katholische Kirche veranlasst, Schutzpatrone mit Spezialaufgaben zu betrauen und sie im Team der sog. „Heiligen vierzehn Nothelfer" wirken zu lassen (Blasius für Halsleiden, Erasmus für Leibschmerzen, Georg für Landwirtschaftsprobleme etc.).

Notfallhilfe sollte rasch, kurz, umfassend und nicht zögerlich (jargongemäß „unbürokratisch"), trotzdem jedoch sach- und situationsbezogen, professionell und definitiv-definierend sein. Notfallhilfe ist aktuelle Reliefwork („Entlastungsarbeit"). Sie schafft Mangel bzw. Bedrängnis zur Seite und ermöglicht so dem notleidenden Subjekt raschestmöglich die aktive Teilnahme an den Wiedergutmachungsvorkehrungen. Eine akute Notlage enthält im Unterschied zur chronifizierten Not im Sinne lähmenden Elends zumeist noch eine erhebliche Dynamik: Not lehrt beten! Wo die Not am größten, ist Gott am nächsten!, so die Volksweisheit. Not macht dieser gemäß sogar erfinderisch und sie kann sich bis zu „Paroxysmen des Stolzes" (F. Dostojewskij) steigern, die jedes Hilfsangebot zurückweisen. Bei dieser Dynamik ist denn auch pädagogisch anzusetzen, bevor ein völliger Kontrollverlust eintritt.

3 Ausblick

Einige der sozialpolitischen und -pädagogischen Probleme, die sich im Zusammenhang mit Notlagen stellen, können im Folgenden nur stichwortartig genannt werden:

- Wer sind die im Eingangszitat genannten „Götter", die in der heutigen pluralistischen Gesellschaft über die Definitionsmacht verfügen? – Im politischen Parteienspektrum klaffen die Meinungen darüber bekanntlich weit auseinander, was unter Bezugnahme auf den gesellschaftlichen Kontext grundsätzlich und im konkreten Einzelfall als Notlage einzustufen ist. Hiervon hängt sodann die jeweilige quantitative und qualitative Zumessung und Angemessenheit der Notfallhilfe ab.
- Zahlreich sind ferner Probleme logistischer Art: Verteilung, Zuteilung, Einteilung, Timing, Transport … innerhalb der horizontal und vertikal die Not wendenden Vorkehrungen. Ähnliches gilt bezüglich der Art der Mittel: Geld, Nahrung, Dienstleistungen, Know-how, …
- Notlagen sind äußerst sensibel und vulnerabel. Falsches Timing und unsachgemäße Interventionen können via Kollateralschäden zu Verschlimmbesserungen führen. Das gut Gemeinte erweist sich durch das schlecht Gemachte als der Feind des Guten.
- Notlagen und -hilfen sind desgleichen in verschiedener Hinsicht missbrauchsanfällig. Die akute Wehrlosigkeit Notleidender kann ausgenutzt werden (Plünderungen in Notstandsgebieten). Andererseits kann eine Not via Viktimisation aggravierend instrumentalisiert werden (provokativer Einsatz einer Elendsemblematik; z.B. Assistenz von Bettelkindern zur moralistischen Nötigung Schadloser).
- Beklagt wird ferner die durch Anonymisierung im Spendenwesen der Wohlfahrtsindustrie bewirkte individuale Gleichgültigkeit. Je gigantischer der weltweite Dienstleistungsbetrieb und je raffinierter das kaum mehr von Reklame und Propaganda zu unterscheidende Promoting, umso mehr glaubt sich der Einzelne zurückziehen und Notlagen dem zuständigen Expertentum überlassen zu können.
- Wenig hilfreich sind im Weiteren medial und politisch aufgeputschter Alarmismus

und reflexhaft agierendes Gutmenschentum mit entsprechender Emotionalisierung und Skandalisierung einer Notstandsszenerie.

- Not ist aktuell zwar unabwendbar, doch kann man sich gegen deren Auswirkungen wappnen, indem man einen Notnagel ins Auge fasst, einen Notausgang frei hält, einen Notgroschen beiseite schafft, Notvorräte anlegt. Daher evozieren Notsituationen mit großer Regelmäßigkeit indirekt dann doch die Schuldfrage und führen vor allem in der neuzeitlichen Medienlandschaft zur Errichtung von ad hoc-Tribunalen.

Für Sozialarbeit und Fürsorge entsteht hieraus in concreto immer wieder eine Ambivalenz, gelegentlich sogar eine Double-bind-Situation:

(Not-)Hilfe sollte insofern nicht nachhaltig sein, als sich keine paradoxen Wirkungen in Richtung Passivierung des Beholfenen einstellen dürften. Wo eine Notlage sich in ein Elend fortsetzt, besteht die Gefahr der Lähmung eigener Regenerationsimpulse und der Motivation zur Selbstbefreiung. Perpetuierte Nothilfe erzeugt Abhängigkeit und damit eine Not zweiten Grades. Dies im Sinne einer zur Gewohnheit gewordenen Erwartungshaltung gegenüber automatisch erfolgender fremder Unterstützung; dies ist da und dann der Fall, wo eine installierte Donation (z. B. caritativer Art) und Captation (z. B. cargokultischer Art) einander systemisch und systematisch bestätigen, indem die Selbsterhebung der Donatoren ihr Komplement in der Selbstbestätigung der Captatoren findet. Nothilfe findet somit stets

---

Auszüge aus einem Merkblatt des Sozialamtes der Gemeinde Gossau (Schweiz) vom 6. 1. 2006 [ca. 17 000 Einwohner, davon 18 % Ausländer. Steueraufkommen CHF 82.632.000,–; pro Kopf-Verschuldung CHF 456. (2005)]

Anspruch/Regionale Begrenzung/Anlass
Sie haben Anspruch auf Beratung und Hilfe des Sozialamtes, wenn Sie Ihren Wohnsitz in der Stadt Gossau haben und sich in einer Notlage befinden bzw. Ihnen eine Notlage droht.

Hilfe zur Selbsthilfe
Wir unterstützen Sie darin, Ihre Probleme selbständig zu lösen. Unsere Hilfe erfordert Ihr aktives Mitwirken. Das gemeinsame Ziel ist, Ihre soziale und wirtschaftliche Selbständigkeit zu sichern. Die Hilfe des Sozialamtes erfolgt stets als „Hilfe zur Selbsthilfe" und ist Ihrer Situation individuell angepasst.

Individuelle Anpassung
Die Sozialhilfeleistungen müssen in jedem Fall besonders berechnet werden. Ihre Höhe ist abhängig von den persönlichen Verhältnissen, den Lebenshaltungskosten, den Einkommensverhältnissen, der Dauer der Hilfeleistungen usw.

Persönliche Verantwortung
Die Erledigung Ihrer persönlichen Angelegenheiten bleibt soweit als möglich in Ihrer Verantwortung. Dabei bleiben Ihre persönlichen Rechte erhalten.

Rekursmöglichkeit
[Gegen die Verfügungen des Sozialamtes kann Rekurs eingelegt werden].

Eigenaktivität/Einschränkungen/Arbeitsleistungen
Es ist unerlässlich, dass Sie selbst nach Kräften dazu beitragen, Ihre finanzielle Notlage zu lindern oder zu beheben. Sie müssen insbesondere Ihre Rechtsansprüche ausschöpfen und Ihre Forderungen gegenüber Dritten geltend machen. Ebenso müssen Sie übersetzte Lebenshaltungskosten (z. B. Mietzinsen) nach Möglichkeit reduzieren. Wer arbeitsfähig ist, muss sich um einen angemessenen Arbeitserwerb bemühen und die Hilfe des Regionalen Arbeitsvermittlungszentrums (RAV) in Anspruch nehmen. Das Sozialamt kann die Hilfe mit Weisungen und Auflagen an Sie verbinden.

Offenlegung
Wahrheitsgetreue und vollständige Auskunft. Die wahrheitsgetreue und vollständige Auskunft über Ihre aktuellen Einkommens- und Vermögensverhältnisse sowie über Ihre persönlichen Verhältnisse ist Voraussetzung für die Unterstützung.

Rückerstattung
Sozialhilfeleistungen werden aus Steuergeldern finanziert und sind grundsätzlich rückzahlbar. Nach Beendigung der finanziellen Unterstützung wird geprüft, ob Ihre wirtschaftlichen Verhältnisse Rückzahlungen zulassen.

Rückgriff auf Verwandte
Ihre Verwandten, insbesondere Ihre Eltern oder Kinder, können zur Leistung von Unterstützungsbeiträgen verpflichtet werden, sofern sie in günstigen wirtschaftlichen Verhältnissen leben.

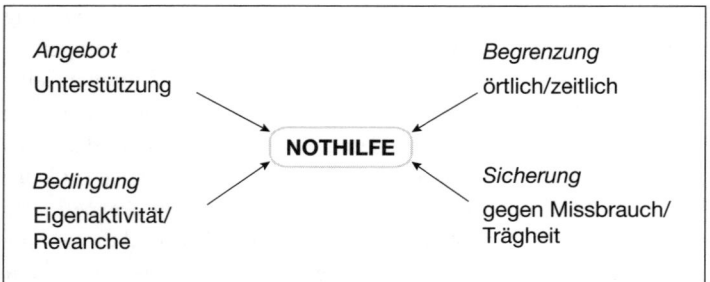

Abb. 2

als dynamisches Gleichgewicht statt im Spannungsfeld zwischen den in Abbildung 2 dargestellten Punkten.

Vornstehender Text zeigt, wie eine kleine Kommune exemplarisch versucht, sich mit den genannten Ambivalenzen in sozialen Notlagen auseinanderzusetzen (s. Kasten).

Literatur

Das Thema ist dermaßen dispers, dass es unmöglich ist, dazu Kompendien zu benennen; Spezifikationen (sozialer, politischer, ökonomischer, medizinischer … Art) sind unumgänglich bei der Suche nach einschlägiger Literatur.

Übergänge und Krisen

Willi Düe

1 Definition, Begriffs- und Gegenstandsgeschichte

Seit Menschen ihr Zusammenleben bewusst wahrnehmen, werden Übergänge im Lebenslauf und Lebensereignisse gestaltet. Dabei sind zwei Seiten des Lebensentwurfs von Bedeutung, die als institutionale und individuale Vorgaben Zeitpunkt und Ablauf des Übergangs in einen neuen Lebensabschnitt bestimmen. Übergänge bringen dynamische Veränderungen des Individuums, der Familie und der sozialen Umwelt mit sich. In diesem Prozess sind Erwartungshaltungen, Neugier, Freude, wie auch Unsicherheiten, Sorgen, Krisen enthalten, die im Spannungsfeld von individuellem Zugang und gesellschaftlicher Struktur verortet sind. Deutlicher als in Perioden des „glatten adaptierten Funktionierens"

werden bei krisenhaften Übergängen die Einflussfaktoren auf das Veränderungsgeschehen und den Verlauf des Prozesses für die betroffenen Personen erfahrbar und damit auch klarer registrierbar (vgl. Olbrich 1995, 125).

Theoretische Ansätze über Verknüpfungen bei Übergängen sind in kulturgeschichtlichen Aufteilungen von Übergängen in Stufenmodellen, lebenszyklisch orientierten Statuspassagen/-übergängen, biographischen Entscheidungsmodellen, Transitionsmodellen und sozialökologischen Beschreibungen zu erkennen (vgl. Olbrich 1995; Hoerning 1979; Heinz 2000; Welzer 1993; Bronfenbrenner 1981). Kulturgeschichtliche Aufteilungen von Übergängen in Stufenmodellen, Lebenszyklen, in Sieben-Jahres-Einheiten oder in sieben Stadien/Lebensalter beschreiben nicht die Übergangsperioden näher; auch befassen sie sich weniger mit dem Prozess des

Übergangs selbst. Sie betonen eher zwischen Übergängen liegende, relativ statisch gesehene Entwicklungsabschnitte. Die Fragen nach den Auslösern des Weitergangs von einer Stufe zur nächsten und nach Erklärungen des Übergangs werden nur sekundär erkennbar. Demgegenüber betonen Konzepte des Übergangs unmittelbarer den Veränderungsprozess. „Vor allem intensive, krisen- oder konflikthaft erlebte Übergänge bieten eine Chance zu seiner Erfassung" (Olbrich 1995, 125). Krisen können unterschiedliche Auslöser haben: „eine einschneidende Erfahrung, eine Veränderung der Lebensumstände, Selbstzweifel, das Gefühl eigenen Versagens, Krankheit, Veränderungen in den Beziehungen zu anderen Menschen, Bedrohungen, Verluste … Soweit diese zu einer Krise führen, ist ihnen mindestens eines gemeinsam: Sie bedeuten für die betreffende Person eine (schmerzhafte, belastende) Unterbrechung ihrer alltäglichen Lebensvollzüge, eine Unterbrechung der Kontinuität ihres Lebens, Erlebens und ihrer Handlungen. Nicht allmähliche Veränderungen sind hier gemeint, wie z. B. eine kontinuierliche Verschlechterung der materiellen Lebenslage oder die durch das Älterwerden bedingte übergangsweise Veränderung und Neubildung der emotionalen Beziehungen zwischen Eltern und ihren Kindern. Sondern ‚Krise' akzentuiert das Diskontinuierliche, Einschneidenste an belastenden Veränderungen, die natürlich ebenfalls vorhersehbar und oft auch beeinflussbar sein können" (Ulich 1987, 4).

Übergänge im Lebenslauf fordern und ermöglichen ebenfalls biographische Entscheidungen, die von Akteuren unter Berücksichtigung von sozialen Normen und institutionellen Möglichkeiten beschleunigt, verlangsamt oder zeitnah getroffen werden (vgl. Heinz 2000, 170). Es gilt, unter subjektiver Beurteilung der Handlungsoptionen eine Passung zwischen Anforderungen und Voraussetzungen herzustellen. Asymmetrien bzw. Inkongruenzen können im Prozess der Passung zu krisenhaften Entwicklungen führen, die von einer Neugestaltung und der Herstellung von Gleichgewichten begleitet werden.

Lebenszyklischorientierte Statuspassagen/-übergänge zeigen sich darin, dass „eine Orientierung am Lebensalter gegeben ist; Reichweite und Dauer erkennbar sind; für den Prozess des Übergangs eine Moratoriumszeit (Separation und Transition) vorgesehen ist; eine schon bestehende Statusstruktur eingeführt wird (Inkorporation)" (vgl. Hoerning 1979, 200).

Im Transitionsprozess lassen sich auf der individuellen, auf der interaktiven und auf der kontextuellen Ebene Übergänge mit den jeweils spezifischen Anforderungen aufzeigen. Wobei die komplexen, ineinander übergehenden und sich überblendenden Wandlungsprozesse in veränderten Kontexten dargestellt werden. Ökopsychologische Ansätze und Stressentstehungen werden integriert und Veränderungen der Identität des Einzelnen erklärt (vgl. Griebel 2004).

In einer sozialökologischen Betrachtung beschreibt Bronfenbrenner auf vier Systemebenen (Mikrosystem, Mesosystem, Exosystem und Makrosystem), wie ökologische Übergänge zu gestalten sind, um günstige Entwicklungsmöglichkeiten zu initiieren. Ökologische Übergangssituationen liegen dann vor, „wenn eine Person ihre Position in der ökologisch verstandenen Umwelt durch einen Wechsel ihrer Rolle, ihres Lebensbereiches oder beider verändert" (Bronfenbrenner 1981, 43). Jeder ökologische Übergang ist Folge wie Anstoß von Entwicklungsprozessen. Der Übergang von der Schule in das Arbeitsleben stellt ein typisches Beispiel eines derartigen ökologischen Übergangs dar.

2 Zentrale Erkenntnisse, Forschungsstand

Übergangssituationen sind in unterschiedlichen Kontexten aus psychologischer Perspektive, aus soziologischer Sicht, aus sozialökologischer Betrachtung erforscht worden. Die vielschichtigen Verknüpfungen im Prozess des Übergangs und die Analyse der Anforderungen, die Menschen auf den verschiedenen Systemebenen zu bewältigen haben, fanden einen prägnanten theoretischen Rahmen in der ökologischen Sozialforschung. Mit den Aussagen zu Prinzipien und theoretischen Ansätzen zur Normalisierung der Hilfen, zu Erschwernissen der Entwicklung der Identität, zu ökologischen Übergängen und sozialen Netzwerken werden allgemeine und grundsätzliche Aspekte des Zusammenlebens und von Übergängen dargestellt. In der Entwicklung des Lebenslaufs [→ Sozialisation, Biographie und Lebenslauf] lassen sich hier verschiedene Facetten der individuellen Erfüllung wichtiger sozialer Rollen erkennen: die persönlichen Ressourcen, über die ein Individuum verfügt, die Ressourcen an Unterstützung und Anleitung, der Zugang zu Lebenschancen oder die Barrieren im Zugang zu Lebenschancen, die persönlichen Bemühungen, die das Individuum seinerseits investiert, sein Engagement und die Mobilisierung von Kräften, um die eigenen Ziele zu erreichen (vgl. Clausen 1976, 207).

Das bedeutet bei der Beantwortung pädagogisch relevanter Fragen im schulischen und außerschulischen Kontext des Übergangs, dass heute Disziplin- und Theoriegrenzen überschritten werden müssen. „Einerseits spielen soziologisch orientierte quantitative Erhebungen eine Rolle, weil sie das Handeln von definierten sozialen Gruppen [...] unter sich verändernden [...] Rahmenbedingungen analysieren. Andererseits thematisiert die Entwicklungspsychologie der Lebensspanne wichtige Entwicklungsaufgaben, Entwicklungskrisen sowie Übergänge in den verschiedenen kindlichen und jugendlichen Lebens- und Entwicklungszyklen" (Tippelt 2004, 8). Auch die vom Einzelfall ausgehende interpretative Biographieforschung ist in Übergangssituationen eine Grundlage, um wichtige Erkenntnisse über divergierende Lebensverläufe sowie den Prozess der Inklusion zu gewinnen.

Ein Bildungssystem, das die Mechanismen der Zuteilung von ungleichen Lebenschancen

aufweist, bereitet auch auf unterschiedliche gesellschaftliche Positionen mit ungleichem Status und Anerkennung vor (vgl. Stauber & Walther 2004, 49). Denn „der schulische Lebenslauf eines Heranwachsenden ist nicht nur durch individuelle Kompetenzen, sondern auch durch die Vorgaben gesellschaftlicher Institutionen und durch die gegebenen gesellschaftlichen Schnittstellen prädisponiert. In typischen schulischen Phasen der Einschulung, der schulischen Etablierung, der schulischen Orientierung, des Übergangs in die Sekundarstufe, der Einmündung in die berufliche Ausbildung und in die spätere Berufsarbeit müssen heute die reproduktiven Komplementärrollen der Familien und der Peergroups berücksichtigt werden" (Tippelt 2004, 8).

Aus der Vielfalt der Übergänge im Lebenslauf, wird im Übergangsstadium von der Schule ins Arbeitsleben exemplarisch das Überschreiten von Disziplin- und Theoriegrenzen besonders deutlich (vgl. Appelhans et al. 1992, 34). Im Übergang von der Schule ins Arbeitsleben ist für junge Menschen eine Phase zusätzlicher Neuorientierung zu bewältigen. Sie fordert ihnen in der Regel wichtige Entscheidungen ab. Handelt es sich um junge Menschen mit einer Behinderung, ist mit Besonderheiten und Erschwernissen in dem Prozess, die dieser Übergang auslöst, zu rechnen.

Übergang ist hier keineswegs nur ein Wechsel, bei dem der Betrieb oder die überbetriebliche Einrichtung an die Stelle der Schule tritt. Vielmehr verändert sich dabei das gesamte soziale Gefüge, in das Jugendliche eingebunden sind. Es entsteht ein neuer sozialer Status, innerhalb und außerhalb der Familie, der mit einer Veränderung des gesamten Alltagslebens einhergeht; im Falle der Arbeitslosigkeit in weitgehend negativer Zuschreibung. „Die Übergänge von der Schule in berufsqualifizierende Maßnahmen bzw. von der Ausbildung in Arbeit stellen für Familien mit [sehgeschädigten] Jugendlichen häufig krisenhafte, mit hoher Belastung verbundene Situationen dar, die phasenspezifisch unterschiedlich erlebt werden" (Heck-mann 2004, 155).

Im Übergang begegnen die Jugendlichen einem ständig wachsenden Personenkreis, ihr soziales Netzwerk weitet sich aus, sie erleben den Zugang zur Berufswelt als zunehmend komplexer und schwieriger. Eine Fülle neuer Anforderungen ergibt sich aus diesen teils gleichzeitigen, teils sich überlappenden, teils alternierenden Abschnitten des Berufswahl- und Berufsausbildungsprozesses, besonders ausgeprägt in einer Arbeitslosigkeit [→ Erwerbstätigkeit, Leben ohne Arbeit und berufliche Bildung].

In der Folge einer veränderten Arbeitsmarktsituation werden die in der beruflichen Rehabilitation angestrebten Ziele einer sozialen Teilhabe nur von einem ständig kleiner werdenden Kreis schwer behinderter junger Menschen unter großen Erschwernissen erreicht. Der kulturelle und technologische Wandel, ein angestrebtes Wachstum ohne Beschäftigungserhöhung, eine zunehmende Automatisierung und Computerisierung im gewerblichen und kaufmännisch-verwaltenden Bereich bedeutet für viele Schwerbehinderte einen Abbau von Arbeitsmöglichkeiten nicht nur in an- und ungelernten Berufen. Die verbleibenden Arbeitsplätze weisen zudem erheblich höhere Qualifikationsanforderungen und Ansprüche an kompetentem Verhalten auf. Für schwer behinderte Jugendliche und junge Erwachsene sind in diesem Prozess zusätzliche Schwierigkeiten in der Bildung und Entwicklung von Handlungskompetenzen deutlich bemerkbar. Auf der einen Seite ist das zur Verfügung stehende Zeitbudget bereits durch lebensnotwendige Tätigkeiten stark ausgefüllt; auf der anderen Seite ermöglichen erst gut ausgeprägte Kompetenzen [→ VI Kompetenzen] überhaupt die Chance einer gleichwertigen Teilhabe am gesellschaftlichen Leben. Wenn diese Teilhabe nicht nur eindimensional unter den Aspekten beruflicher, arbeitsplatztechnischer Rehabilitation betrachtet wird, sondern der Passungsprozess gewichtet wird, so sind für junge Behinderte sachliche und personelle Ressourcen

bereitzustellen, die dazu beitragen, im Übergangsprozess Bewältigungsstrategien zu entfalten und zu neuen Handlungskompetenzen zu gelangen.

3 Ausblick

„In Arbeitsgesellschaften, in denen Erwerbsarbeit zentrales Medium der Vergesellschaftung ist, reduziert die institutionelle Sicht Übergänge im Lebenslauf in der Regel auf ihre Erwerbskomponente: Aus dem Übergang von der Jugend ins Erwachsensein wird der Übergang Schule-Beruf. Damit ist die Normalitätsannahme verbunden, dass soziale Integration im Sinne der erfolgreichen Bewältigung von Übergängen in neue Lebensphasen in anderen Lebensbereichen [...] nachgeordnet sind, d. h. abhängig von der Bewältigung des Übergang in die Arbeit" (Stauber & Walther 2004, 51).

Jugendliche mit Behinderung brauchen eine kontinuierliche Unterstützung, wenn sie den Übergang in das Erwerbs- *und* Erwachsenenleben erfolgreich bewältigen sollen. Es ist entscheidend, dass Behörden, Ämter und Mitarbeiter zur Gewährleistung dieser Kontinuität auf übereinstimmende Ziele hinarbeiten, so dass Unabhängigkeit im Berufsleben von allen Menschen erlangt werden kann (vgl. OECD/CERI 1993, 93).

Behinderte junge Menschen benötigen diese Hilfe und Begleitung nicht nur zur Kompensation der unmittelbaren Folgen ihrer Behinderung. Das erforderliche pädagogische Handeln ist auf den ganzen Menschen in seiner Lebenswelt [→ Lebenswelt, Lebenslage] und auf die bewusste Entwicklung einer Identität abzustimmen, die die Bedingungen von Behinderungen einbezieht. Aus dieser pädagogischen Grundposition ergibt sich, dass pädagogisches Handeln alle Entwicklungsmöglichkeiten und Lebenschancen des einzelnen im Blickfeld haben muss. Eine entsprechend konzipierte pädagogische Netzwerkarbeit für behinderte junge Menschen, für ihr soziales Umfeld und andere am Bildungsprozess, der Berufswahlvorbereitung und der beruflichen Ausbildung Beteiligte ist somit ein entwicklungsbegleitendes Angebot im Übergangsprozess, das sich durch Individualität, geklärte Kooperationen und Nachhaltigkeit auszeichnet.

Literatur

Appelhans, Peter et al. (1992): Übergang von der Schule ins Arbeitsleben. Hamburg

Bronfenbrenner, Urie (1981): Die Ökologie der menschlichen Entwicklung. Stuttgart

Clausen, John A. (1976): Die gesellschaftliche Konstitution individueller Lebensläufe. In: Hurrelmann, Klaus (Hrsg.): Sozialisation und Lebenslauf. Hamburg, 203–220

Griebel, Wilfried (2004): Übergangsforschung aus psychologischer Sicht. In: Schumacher, Eva (Hrsg.): Übergänge in Bildung und Ausbildung. Bad Heilbrunn, 25–45

Heckmann, Christoph (2004): Die Belastungssituation von Familien mit behinderten Kindern. Heidelberg

Heinz, Walter R. (2000): Selbstsozialisation im Lebenslauf. Umrisse einer Theorie biographischen Handelns. In: Hoerning, Erika M. (Hrsg.): Biographische Sozialisation. Stuttgart, 165–186

Hoerning, Erika M. (1979): Statuspassagen und Lebensverlauf. In: Griese, Hartmut M. (Hrsg.): Sozialisation im Erwachsenenalter. Weinheim, 198–212

OECD/CERI (1993): Behinderte Jugendliche und ihr Übergang ins Erwerbs- und Erwachsenenleben. Frankfurt a. M.

Olbrich, Erhard (1995): Normative Übergänge im menschlichen Lebenslauf: Entwicklungskrisen oder Herausforderungen? In: Filipp, Sigrun-Heide (Hrsg.): Kritische Lebensereignisse. 3. Aufl. Weinheim, 123–138

Stauber, Barbara & Walther, Andreas (2004): Übergangsforschung aus soziologischer Perspektive: Entstandardisierung von Übergängen im Lebenslauf junger Erwachsener. In: Schumacher, Eva (Hrsg.): Übergänge in Bildung und Ausbildung. Bad Heilbrunn, 47–67

Tippelt, Rudolf (2004): Geleitwort. In: Schumacher, Eva (Hrsg.): Übergänge in Bildung und Ausbildung. Bad Heilbrunn, 7–17

Ulich, Dieter (1987): Krise und Entwicklung. München

Welzer, Harald (1993): Transitionen. Zur Sozialpsychologie biographischer Wandlungsprozesse. Tübingen

Hilfe, Helfen, Selbsthilfe

Georg Antor

1 Vorbemerkungen und begriffliche Bestimmungen

Das Wort „Hilfe" kommt in vielerlei Zusammenhängen vor: so etwa als individuelle oder kollektive, beiläufige oder aufopfernde, pädagogische oder, wenn z. B. der Arzt einem Kranken hilft, als außerpädagogische Hilfe. Allen gemein ist der Versuch, Kompetenzunterschiede, materielle wie soziale Einschränkungen auszugleichen. Das trifft auch auf Selbsthilfe zu. Sie soll es Menschen mit einer Behinderung ermöglichen, z. B. ihren durch Mobilitätsgrenzen oder Pflegebedarf belasteten Alltag besser zu bewältigen. Damit ist weniger Selbsthilfe in einem buchstäblichen Sinn gemeint. Es geht um „soziale Selbsthilfe" (Grunow), wie sie innerhalb von Familie, im Freundeskreis und, wenn diese Hilfsquellen erschöpft sind, unter Gleichbetroffenen (Selbsthilfegruppen) erbracht wird. Nicht zuletzt dem politischen Mobilisierungspotential der Selbsthilfe (in Gestalt überregionaler

Selbsthilfeverbände wie etwa der Integrationsbewegung) ist es zu danken, wenn heute unter der Signatur von Selbstbestimmung und lebensweltlicher Geborgenheit ein Strukturwandel von institutionell-professionellen zu eher ambulant-lebensweltlichen Hilfen im Gang ist. Man verspricht sich davon eine behindertengerechtere, menschliche Hilfe, und das schulisch wie außerschulisch.

Diesem Wandel ist die Behindertenpädagogik in ihrem Disziplinverständnis „von der bloßen Schulorientierung zum Lebenslaufbezug" gefolgt, wie Ansätze zu einer außerschulischen Behindertenpädagogik belegen. Auch in dieser Ausweitung des Gegenstandbereichs liegt ein Motiv für die vermutlich zunehmende Verbreitung des Hilfebegriffs. Andere Begriffe (etwa Begleitung, Unterstützung oder Assistenz), die für das Ziel eines nicht bevormundenden pädagogischen Umgangs mit behinderten Menschen stehen, gehören ebenso hierher. Damit kommen sonderpädagogische Tätigkeitsfelder wie Arbeit und Wohnen in den Blick, in denen die tradierten Grundbegriffe „Bildung" und „Unterricht" nicht mehr ausreichen bzw. im Prozess lebenslangen Lernens, das betrifft Erziehung, an Bedeutung verlieren. Im Folgenden geht es neben einer Abgrenzung zwischen Hilfe und Erziehung (2.1), um Hilfe als Oberbegriff und zugleich Orientierungspunkt für ein sich nach Institutionen und Professionen ausdifferenzierendes Fach (2.2) und um Hilfe als eine grundsätzlich asymmetrische Beziehung (2.3).

2 Zentrale Erkenntnisse und Probleme

2.1 Hilfe und Erziehung

Dass es heute einen „Rückzug" aus der Erziehungsverantwortung, eine „Erziehungsvergessenheit" gibt, nicht nur im Alltag von Familie und Schule, auch in Teilen der Erziehungswissenschaft, wurde zuletzt vor allem vor dem Hintergrund gefährdeter Kinder und Jugendlicher behauptet (Ahrbeck 2004). Man folge dem neuen gesellschaftlichen Leitbild vom selbstständigen Kind als kompetenten Gestalter seiner selbst in einer Weise, die diese Selbstständigkeit im Wesentlichen als Tatsache voraussetzt. Auch die Abwehr autoritärer Unterordnung spiele hier mit. Da sei für eine durch stabile Beziehungserfahrungen gestützte Entwicklung, und damit für Erziehung, kein Platz mehr. Es herrsche eine Vorstellung von Selbstbestimmung [→ II Selbstbestimmung/Autonomie] vor, die ohne soziale Rückbindung auszukommen meint. Das bestätigt sich im Übrigen, wenn man sieht, wie Selbstbestimmung zwar im Sozialgesetzbuch IX als Zweck sozialer Leistungen eingeführt ist, faktisch aber bei knappen Ressourcen zum Ausschlusskriterium für diejenigen (etwa Menschen mit schwersten Behinderungen) werden kann, die dem nicht entsprechen können (Fornefeld 2008, 122 f.). Die Sorge, dass es im Namen von Erziehung zu einer „Zerstörung oder Verstörung des autonomen Systems" kommt, ist auch der Sonderpädagogik nicht fremd (Speck 2003, 179). Und anders als der Bildungsbegriff, dessen metaphorischer Gehalt bis heute „das Vokabular für einen nicht-instrumentellen Umgang mit Menschen", für Unverfügbarkeit liefert (und der wohl auch deshalb als eher zeitgemäß und als der „noblere Ausdruck" gilt), betont der Erziehungsbegriff, bildlich gesprochen, den Zuchtgedanken. Das soll heißen: „Unterordnung" der Belange des Einzelnen unter etwas Allgemeines wie Regeln oder Gesetze (Meyer-Drawe 1999, 162).

Hilfe sollte Erziehung nicht ersetzen, auch wenn der Sonderpädagogik die Begriffsverwendung „Hilfe" schon mal als „Flucht" vor ihren eigentlichen Aufgaben Bildung und Erziehung vorgehalten wird („Man will zwar noch (Sonder-)Pädagoge sein, aber offenbar ohne Erziehungs- oder Bildungsabsicht": Niemeyer 1994, 172). Sie sollte aber das erzieherische Anliegen verdeutlichen und es gegen die „Zumutung" in Schutz nehmen, ihr ginge es um eine Bemächtigung nach Art Schwarzer Pädagogik. Helfen wäre demnach eine Handlungsregel, wie erzogen werden soll: nicht manipulierend, sondern durch (Erziehungs-)Hilfen. In dieser zusammengesetzten Form, abgeleitet von Grundbegriffen wie Erziehung, Bildung oder Lernen, hat sich der Hilfebegriff in der deutschen Sonderpädagogik längst etabliert. Erziehung bei Verhaltensstörungen z. B. findet teilweise in Schulen für Erziehungshilfe statt. Auch haben Sorgeberechtigte nach dem Kinder- und Jugendhilfegesetz Anspruch auf „Hilfen zur Erziehung". Hilfen sind ehestens dann erfolgreich – so heißt es schon früh in dem bislang einzigen Versuch, Helfen als Grundbegriff einer „heilpädagogischen Arbeit" zu definieren –, wenn „die helfende Hand ergriffen" wird (Rössel 1931, 29). Hier zielt Helfen „auf eine Stärkung von Selbsthilfeaktivitäten", dabei bildet das „Nochkönnen" (ebd.) den „pädagogischen Anknüpfungspunkt" (Bleidick 1984, 179, 88). Freilich muss man dazu den „je besonderen Ansprüchen des Individuums gerecht [...] werden". Das ist, der Zuchtmetaphorik zum Trotz, „ein unhintergehbares Prinzip aller Erziehung" (Bleidick 1999, 99).

2.2 Hilfe als verbindender und verbindlicher Kern

Im Lebenslauf behinderter Menschen stellen sich die Fragen ihrer gesellschaftlichen Teilhabe oftmals problem- und disziplin- sowie altersübergreifend. Daher muss man verhindern, dass die an der Rehabilitation behinderter Menschen beteiligten Institutionen [→ VI Institution und Organisation] über den individuellen Hilfebedarf unabhängig voneinander entscheiden, bisweilen ohne Kenntnis der anderen. Hilfe käme hier eine übergreifende Verweisungsfunktion zu. Solange sie jedoch nicht mehr ist als ein gemeinsamer Name für ansonsten auseinander laufende Entwicklungen in der Behindertenhilfe, ohne ein Mindestmaß an Gemeinsamkeit in den Zielen (Beck 2005, 393), wird sich an dem Zustand wenig ändern. Dabei ist der Koordinierungsbedarf erheblich: im Gan-

zen zwischen pädagogischen Maßnahmen und dem Hilfesystem des Behindertenrechts, das schon für sich betrachtet so komplex ist, dass es zu einem integrierenden Anliegen eher konträr steht; speziell vor allem zwischen schulischen und außerschulischen Hilfen (Kinder- und Jugendhilfe, außerschulische Behindertenhilfe), die nur ausnahmsweise vernetzt sind (so ein Projektbericht). Koordinierungsbedarf besteht darüber hinaus im Verhältnis zwischen professionellen Hilfen und Selbsthilfe (etwa in Form sog. Unterstützerkreise). Um solche Selbsthilfe zu mobilisieren, die nicht einfach abrufbar ist, bedürfte es der Unterstützung durch berufliche Helfer, die dies als Teil ihres beruflichen Auftrags ansehen. Im Verein mit anderen Unterstützern würden sie behinderten Menschen bei der persönlichen Zukunftsplanung helfen bzw. Hilfen vermitteln.

Hilfe verstanden als „Bindemittel des Gemeinschaftsleben" (Scherpner) oder als „Gradmesser für den Wert einer Kultur" (Speck 2003, 177): Damit verbinden sich Vorstellungen von Hilfe als einer humanen Verpflichtung (statt eines bloß formalen Oberbegriffs). Für die Behindertenhilfe werden daraus weitgehende Forderungen abgeleitet: neben disziplinären (gemeinsames Fundament für Sonder- und Sozialpädagogik), konzeptionellen (Zielsetzung Normalisierung: alltägliche Bedürfnisse, Wohnortnähe) sind das vor allem normative Forderungen. Sonderpädagogische Professionalität wird anthropologisch mit einer „Grundausrichtung auf den anderen Menschen" gerechtfertigt, die „alle Aspekte beruflicher wie alltäglicher helfender Beziehungen" umfassen möchte (Thimm 2005, 146), vor allem mit Hilfsbedürftigkeit als „Signum menschlicher Existenz schlechthin" (ebd., 332). Helfern, denen es gelingt, „ihre eigene anthropologisch determinierte Hilfsbedürftigkeit als Grunderfahrung" in ihre berufliche Arbeit einfließen zu lassen, werden eher in der Lage sein, eine „Empfindung der Gleichheit" mit Hilfsbedürftigen zu entwickeln, so Sluzalek-Drabent (2005, 146f.), gegen die reale Asymmetrie (s. Kap. 2.3). Die „Schlüssigkeit" einer solchen Anthropologie der Hilfsbedürftigkeit ist wissenschaftlich nicht belangbar. Dem Helfer bleibt der Weg der Verifizierung „an der eigenen Lebenserfahrung", um Hilfsbedürftigkeit in sich selbst und im anderen wahrnehmen zu können (ebd., 143). Extern ist der Maßstab für eine Professionsmoral widersprüchlich: Sie soll nicht nur die „Du-Beziehung zwischen Helfer und Klient, zwischen Lehrer und Schüler, zwischen Sonderpädagoge und Behinderten […] als persönliches Ethos" legitimieren, sie muss auch zur systembürokratischen Wirklichkeit vertraglicher und ausdifferenzierter Hilfen passen (Bleidick 1988, 75).

Freilich kann die Selektivität freiwilliger Hilfen – was die Auswahl der Hilfsbedürftigen anbelangt sowie die Bereitschaft, Opfer an Zeit auf sich zu nehmen – zum Problem werden. Das gilt auch für die jederzeitige Wählbarkeit und Kündbarkeit, jedenfalls wenn es an einem festen Verbund mit professionellen Helfern fehlt. Für eine künftige Ausweitung des freiwilligen sozialen Engagements wird viel davon abhängen, ob es gelingt, die instabil gewordene Motivation zur Hilfe (Hilfe als Selbstverwirklichung, aus Spaß, aus „existentiellen Schuldgefühlen", Montada) zu verstetigen und frühzeitig auch mit schulischer Unterstützung einzuüben. Schließlich darf bei einer realistischen Einschätzung der weiteren Entwicklung der Hinweis auf Deprofessionalisierungsängste der beruflichen Helfer nicht fehlen, erleben sie doch das Selbsthilfepotential „als latente Bedrohung des eigenen Nützlichkeitsnachweises" (Sluzalek-Drabent 2005, 290).

2.3 Hilfe – Eine asymmetrische Konstellation

Das Normalisierungskonzept ist eine konstruktive Antwort auf die soziologische Professions- und Institutionskritik der 1970er und 1980er Jahre, mit der eine kritische Sicht auf Folgeprobleme hilfreichen Verhaltens, zumal in Sondereinrichtungen, eingeleitet wurde. Die Zeit ihres ungebremsten Ausbaus war zu Ende gegangen, deutlich trat die Kehrseite, eine institutionelle und professionelle Eigendynamik, zutage. Verallgemeinert wurden drei Verdachtsmomente vorgebracht, dass sich in solchen Hilfen das Kontrollmotiv auf Kosten des Hilfsbedürftigen durchsetzen könnte (Baecker 1994, 93): dass professionelle Helfer Hilfe aus Eigennutz leisten („Motivverdacht"), durch eine „Markierung" der Hilfsbedürftigkeit diese auf Dauer stellen („Stigmatisierungsverdacht") und die „Potentiale der Selbsthilfe" ungenutzt lassen („Effizienzverdacht"). Freilich hat gerade die Radikalität der Kritik am organisierten Hilfesystem neue Probleme erzeugt. Wenn nämlich Hilfe nur noch „das ist, was man ablehnt, weil man […] in ihrem Vollzug ,Kontrolle' ausmacht" (Niemeyer 1994, 175), was bleibt dann anderes, als Hilfsbedürftigkeit gleich ganz zu dementieren? Doch wie „weit der Kontrollaspekt zum Tragen kommt", ob man z. B. in einem Heim die ganz elementaren Lebensvollzüge seiner Bewohner weiter den Organisationserfordernissen unterordnet, das hängt davon ab, inwieweit ein Abbau reglementierender zugunsten Selbstbestimmung ermöglichender Regelungen (Deinstitutionalisierung) gelingt: über Formen direkter Beteiligung der Betroffenen bei der Hilfeplanung etwa im Bereich Wohnen (Beck 2005, 396 f.); durch Barrierefreiheit nach innen wie nach außen zur Gemeinde hin. Unter dem Einfluss einer menschenrechtlichen Sichtweise, für die exemplarisch die UN-Konvention über die Rechte von Menschen mit Behinderung steht, ist der Prozess der Deinstitutionalisierung von Hilfen (primär verstanden als Auflösung von Sondereinrichtungen) inzwischen weltweit geworden. Das schließt die Gefahr ein, dass Deinstitutionalisierung zum Selbstzweck wird, eine personale Orientierung aus Kostengründen unterbleibt.

Gleichwohl bleibt die Asymmetrie der Rollenverteilung in Hilfebeziehungen, in der Regel zu Lasten des Hilfsbedürftigen, empirisch unumgänglich. Wer die handelnden Personen und was ihre Motive auch sein mögen: Es ist die strukturell geforderte Überlegenheit des Helfers, also die Hilfesituation selbst, die diese asymmetrische Beziehung erst hervorbringt. An gleichaltrigen Schulkindern, die sich im Grunde von gleich zu gleich begegnen müssten, ließ sich aber auch beobachten, wie die erbetenen (nicht nur schulbezogenen) Hilfen nicht selten ohne Angabe von Gründen verweigert oder mit persönlicher Kränkung versehen wurden (Krappmann & Oswald 1995). Mit Asymmetrie ist auch psychologisch ein prekäres „Ungleichgewicht an Einflusschancen" gegeben, das vom Helfer ausgenutzt werden kann (wogegen sich schon mal der Hilfeempfänger, um nicht als Unterlegener zu erscheinen, zu wehren sucht) (ebd., 163). Menschen mit einer Behinderung sind abhängig davon, dass ihnen wirksam geholfen wird und dass dies gleichsam nebenwirkungsfrei geschieht. Inwieweit können sie sich den mit einer Abhängigkeit verbundenen Gefährdungen wie Bloßstellung oder gar Gewalt in ihren vielfältigen körperlichen und seelischen Formen entziehen und so trotz Hilfsbedürftigkeit die Kontrolle über ihr Leben weitgehend behalten? Die nachstehenden Vorgehensweisen bzw. Hilfeformen greifen noch einmal das Anliegen der Selbsthilfebewegung auf, ein selbstbestimmtes und lebensweltintegriertes Leben führen zu können: (Mit-)Entscheidung der Betroffenen über den Eintritt in eine Hilfebeziehung, ferner über den institutionellen Ort sonderpädagogischer Hilfen; zeitliche Befristung einer Hilfesituation und besondere Rechtfertigungsbedürftigkeit: Hilfe zur Selbsthilfe als pädagogische Legitimationsfigur; Akzentuierung lebensweltlicher statt professioneller und institutioneller Hilfen: Selbsthilfegruppen; Hilfen in der Familie. Auch eine freundschaftliche Verbundenheit zwischen Helfer und Hilfsbedürftigem, überhaupt ein auf Dauer angelegter sozialer Bezugsrahmen mag den Schaden bei problematischen Hilfen begrenzen. Eine besondere Rolle spielt neben der Priorisierung lebensweltlicher Hilfen der Grundsatz der Freiwilligkeit. Dass er die Möglichkeit erhält, die ihm zugedachte Hilfe auch zurückzuweisen, bringt den Hilfsbedürftigen wieder „auf Augenhöhe" mit seinem Helfer, kann aber auch überfordern und dann lebensdienliche Hilfen blockieren.

Literatur

Ahrbeck, Bernd (2004): Kinder brauchen Erziehung. Die vergessene pädagogische Verantwortung. Stuttgart

Antor, Georg (1987): Hilfe – einige Problemaspekte in Sonderpädagogik und Sozialpolitik. In: Vierteljahresschrift Sonderpädagogik 17, 3, 97–111

Baecker, Dirk (1994): Soziale Hilfe als Funktionssystem der Gesellschaft. In: Zeitschrift für Soziologie 23, 2, 93–110

Beck, Iris (2005): Diagnostik und individueller Hilfebedarf. In: Stahl, Burkhard & Irblich, Dieter: Diagnostik bei Menschen mit geistiger Behinderung. Ein interdisziplinäres Handbuch. Göttingen, 388–398

Beck, Iris (2006): Selbsthilfe und Selbsthilfegruppen. In: Antor, Georg & Bleidick, Ulrich (Hrsg.): Handlexikon der Behindertenpädagogik. Schlüsselbegriffe aus Theorie und Praxis. 2., überarb. u. erw. Aufl. Stuttgart, 383–386

Bleidick, Ulrich (1984): Pädagogik der Behinderten. Grundzüge einer Theorie der Erziehung behinderter Kinder und Jugendlicher. 5. Aufl. Berlin

Bleidick, Ulrich (1988): Ethos, Caritas, System oder der Versuch, pädagogische Hilfe für Behinderte auf einen kategorialen Begriff zu bringen. In: Blickenstorfer, Jürg et al. (Hrsg.): Ethik in der Sonderpädagogik. Festschrift zum 65. Geburtstag von Prof. Dr. Heinz Bach. Berlin, 61–79

Bleidick, Ulrich (1999): Behinderung als pädagogische Aufgabe. Behinderungsbegriff und behindertenpädagogische Theorie. Stuttgart

Fornefeld, Barbara (Hrsg.) (2008): Menschen mit Komplexer Behinderung. Selbstverständnis und Aufgaben der Behindertenpädagogik. München

Krappmann, Lothar & Oswald, Hans (1995): Alltag der Schulkinder. Beobachtungen und Analysen von Interaktionen und Sozialbeziehungen. Weinheim, 157–171

Meyer-Drawe, Käte (1999): Zum metaphorischen Gehalt von „Bildung" und „Erziehung". In: Zeitschrift für Pädagogik 45, 2, 161–175

Niemeyer, Christian (1994): Hilfe: In: Lenzen, Dieter: (Hrsg.): Erziehungswissenschaft. Ein Grundkurs. Reinbek, 159–184

Rössel, Fritz (1931): Das Helfen in der heilpädagogischen Arbeit (Beiträge zur Grundfrage der Heilpädagogik). Halle

Sluzalek-Drabent, Ralf (2005): Berufliches Helfen und freiwilliges soziales Bürgerengagement. Die Beziehung zwischen dem freiwilligen sozialen Bürgerengagement und dem beruflichen Helfen bei der

Integration erwachsener Menschen mit Behinderungen. Hamburg
Speck, Otto (2003): System Heilpädagogik. Eine ökologisch reflexive Grundlegung. 5., neu bearb. Aufl.
München

Thimm, Walter (2005): Helfen als Beruf – Gedanken zur Beendigung einer 30-jährigen Hoch-
schullehrertätigkeit. In: Vierteljahresschrift für
Heilpädagogik und ihre Nachbargebiete 74, 326–
334

Vereine/Verbände

Helmut Richter

1 Definition, Begriffs- und Gegenstandsgeschichte

Vereine im Sinne des Vereinsgesetzes sind
ohne Rücksicht auf die Rechtsform alle Vereinigungen, zu denen sich eine Mehrheit na-
türlicher oder juristischer Personen freiwillig
für eine längere Zeit zu einem gemeinsamen
Zweck zusammenschließt und einer organisierten Willensbildung unterwirft. Keine Vereine im Sinne dieses Gesetzes sind politische
Parteien und Weltanschauungsgemeinschaf-
ten. Nach dem Bürgerlichen Gesetzbuch wird
zwischen *Idealvereinen* und *wirtschaftlichen
Vereinen* unterschieden. Idealvereine, deren
Zweck nicht auf einen wirtschaftlichen Ge-
schäftsbetrieb und deren Betätigung daher
gemeinnützig-ehrenamtlich ausgerichtet ist,
werden durch einen Vorstand vertreten, fassen ihre Beschlüsse grundsätzlich *demokratisch* durch Stimmenmehrheit der Mitglieder
und erlangen ihre Rechtsfähigkeit durch Ein-
tragung in das Vereinsregister: eingetragener
Verein (e.V.). Über die Anerkennung der Ge-
meinnützigkeit entscheidet das Finanzamt.
Wirtschaftliche Vereine erlangen ihre Rechtsfähigkeit durch Verleihung des Bundeslandes, in dessen Gebiet der Verein seinen Sitz
hat (vgl. Waldner et al. 2006). Unter dem juristisch nicht eindeutig definierten Begriff
des *Verbands* werden im Folgenden *überregi-
onal* zu mitgliederstarken Großorganisationen
zusammengeschlossene eingetragene Verei-

ne verstanden. Im Unterschied zum Verband
ist der Idealverein daher über die juristische
Rahmung hinaus auch noch durch seine *lokale bzw. kommunale* Begrenzung und eine damit verbundene überschaubare *Öffentlichkeit*
[→ VI Öffentlichkeit und Gemeinde] charakterisiert.

Neben der gemeinnützig-ehrenamtlichen
Betätigung ist es dieser kommunale Bezug,
der die Idealvereine – von denen im weiteren Text unter dem Begriff des Vereins ausschließlich die Rede sein wird – bei entspre-
chendem Satzungszweck in besonderer Weise
für eine Mitwirkung in der kommunalen sozialen Arbeit prädestiniert (vgl. Richter 2003).
Dies hat zur Folge, dass die kommunale Sozialverwaltung, der als Leistungsträger die Gesamtverantwortung für die Erbringung der
Sozial- und Jugendhilfe obliegt, bei der Ausführung dieser Leistungen nach § 17 Abs. 3
SGB I dazu verpflichtet ist, mit den Vereinen
als den sog. freigemeinnützigen Trägern zu
kooperieren. Im BSHG und KJHG wird diese
Ergänzungsverpflichtung sogar noch dahingehend präzisiert, dass die freigemeinnützigen Träger den *Vorrang* vor dem öffentlichen
Träger haben sollen, soweit sie schon geeignete Einrichtungen, Dienste oder Veranstaltun-
gen betreiben oder rechtzeitig schaffen können (§ 10 Abs. 4 BSHG; § 4 Abs. 2 KJHG).

Bei den hier angesprochenen freigemeinnützigen Trägern handelt es sich nach dem
BSHG zum einen um die Kirchen und Religi-
onsgesellschaften und zum anderen um die in

der Bundesarbeitsgemeinschaft (BAG) Freie Wohlfahrtspflege zusammengeschlossenen sechs Spitzenverbände:

- Arbeiterwohlfahrt, Bundesverband e.V.
- Deutscher Caritasverband e.V.
- Deutsches Rotes Kreuz e.V.
- Diakonisches Werk der evangelischen Kirche in Deutschland e.V.
- Paritätischer Wohlfahrtsverband – Gesamtverband e.V.
- Zentrale Wohlfahrtsstelle der Juden in Deutschland e.V.

Nach dem KJHG sind zusätzlich noch zu berücksichtigen:

- Jugendverbände
- Jugendgruppen und Initiativen als lose Zusammenschlüsse mit i.d.R. nur regionaler Ausrichtung
- Selbsthilfe-/selbstorganisierte Gruppen (vgl. Münder et al. 1998b, 524 f.).

Und für die Behindertenpädagogik ist besonders zu erwähnen:

- Bundesarbeitsgemeinschaft Selbsthilfe e.V. (früher: BAG Hilfe für Behinderte).

Das BSHG und das KJHG unterscheiden jedoch nicht nur zwischen öffentlichen Trägern und Trägern der Freien Wohlfahrtspflege bzw. der freien Jugendhilfe, sondern verwenden zusätzlich den allgemeinen Begriff „Träger". Hierunter sind – in der Jugendhilfe zumindest seit der Einführung der §§ 78a–78g SGB VIII/ KJHG zum 1.1.1999 – *auch* privatgewerbliche, auf Gewinnerzielung ausgerichtete und damit nicht gemeinnützige Träger zu verstehen, die Leistungen im Sinne des BSHG oder des KJHG erbringen oder erbringen wollen (Schellhorn in Schellhorn 2000, § 78a, Rz. 2). Ihnen gegenüber sind die freigemeinnützigen Träger nur privilegiert, soweit es um die Förderung ihrer Tätigkeiten (§ 74 SGB VIII/ KJHG) bzw. um die Anerkennung als Träger der freien Jugendhilfe (§ 75 SGB/KJHG) geht, nicht aber in Bezug auf Vereinbarungen über die Höhe der Kosten von zu erbringen-

den Leistungen (§§ 77 SGB VIII/ KJHG u. § 93 Abs. 1 BSHG).

Mit dem Kooperationsgebot [→ VI Kooperation und Koordination] und der besonderen Betonung der freigemeinnützigen Träger gegenüber dem öffentlichen Träger knüpft das SGB an eine lange Tradition an: Über Jahrhunderte war die Fürsorge und Wohlfahrtspflege in Deutschland Sache der Gemeinden und wurde im Wesentlichen von vielfältigen, insbesondere konfessionell oder sozialistisch ausgerichteten lokalen Vereinen organisiert. Ihre Mitglieder waren ehrenamtlich engagiert und verstanden ihre Klientel zumindest noch als Mitglieder der (christlichen) Gemeinde oder der Arbeiterklasse. Mit der Etablierung des demokratischen Wohlfahrtsstaats in der Weimarer Republik wurde das Reich zur zentralen Instanz für die Regulierung und Finanzierung der Fürsorge und Jugendhilfe. Für die Umsetzung seines wohlfahrtsstaatlichen Programms benötigte es wiederum entsprechende zentrale Ansprechpartner und fand sie in den sich neu formierenden konfessionellen Spitzenverbänden und den neu geschaffenen nicht konfessionellen Dachverbänden, wie der Arbeiterwohlfahrt oder dem Deutschen Roten Kreuz: „Die Weimarer Republik war also die Geburtsstunde des korporatistischen Aushandlungssystems, das die deutsche Wohlfahrtspflege bis heute kennzeichnet" (Sachße 1995, 133).

Für den Bereich der Behindertenhilfe gilt diese Entwicklung allerdings nur mit erheblicher zeitlicher Verzögerung. Erst in der Bundesrepublik entwickelte sich eine aus der Selbsthilfe hervorgegangene Eigenorganisation der Behinderten (vgl. Breuer 1982). 1958 wurde die Lebenshilfe e.V. als Zusammenschluss von Angehörigen geistig behinderter Kinder gegründet, die heute mehr als 130 000 Mitglieder zählt. Und erst 1966 schlossen sich mehrere Elternvereinigungen zur Bundesarbeitsgemeinschaft Hilfe für Behinderte e.V. zusammen, die heute in BAG Selbsthilfe e.V. umbenannt ist, und wurden damit Teil des Systems der „dualen" deutschen Wohlfahrtspflege.

In der Bundesrepublik wurde dieses System aber nicht nur bestätigt, sondern 1961 mit dem im Jugendwohlfahrtsgesetz (§ 5 Abs. 3 JWG) – und analog im Bundessozialhilfegesetz (§ 93 Abs. 1 BSHG) – formulierten Vorrangprinzip der freien gegenüber dem öffentlichen Träger noch verstärkt. Um zu verhindern, dass dieses aus dem Subsidiaritätsgedanken [→ Subsidiarität, Solidarität und Selbstverantwortung] der katholischen Soziallehre abgeleitete Vorrangprinzip das Sozialstaatsprinzip und damit die staatliche Verantwortung für die sozialen Dienstleistungen außer Kraft setzte, beantragten sozialdemokratisch regierte Länder und Städte ein Normenkontrollverfahren beim Bundesverfassungsgericht (BVerfG). Mit der Zurückweisung der Verfassungsbeschwerde entschied das BVerfG im Jahre 1967 scheinbar zugunsten des Subsidiaritätsprinzips. Indem es jedoch das Wort „Subsidiarität" in sein Urteil gar nicht aufnahm und das Wort „Vorrang" nur mit dem Adjektiv „so genannter" verwendete, machte das Gericht deutlich, dass es bei der „durch Jahrzehnte bewährte[n] Zusammenarbeit von Staat und freien Verbänden" lediglich um den *Aspekt der Wirtschaftlichkeit* gehe, d. h. um eine „vernünftige Aufgabenverteilung und eine möglichst wirtschaftliche Verwendung der zur Verfügung stehenden öffentlichen und privaten Mittel" (BVerfGE 22, 200 u. 206). Davon unberührt bleibe aber die Gesamtverantwortung der Gemeinden für die Erfordernisse der Jugendhilfe.

2 Zentrale Erkenntnisse, Forschungsstand

Mit der Zurückweisung der Verfassungsbeschwerde im Jahre 1967 bestätigte das Bundesverfassungsgericht zugleich das korporatistische Zusammenwirken zwischen öffentlichen und privaten Trägern – worunter bis zum Ende der 1980er Jahre im Wesentlichen nur die freien Träger subsumiert worden sind – und legitimierte auch die damit einhergehen-

de verbandliche Zentralisierung und Bürokratisierung. In Verbindung mit der wachsenden gesellschaftlichen Säkularisierung und Rationalisierung und der daraus resultierenden Fachlichkeit und Professionalisierung hatte diese Entwicklung allerdings zur Folge, dass zunehmend auch die Beziehung zu den Adressaten nur noch vertraglich und „tendenziell fürsorglich" (Münder 1998a, 5), aber nicht mehr mitgliedschaftlich und ehrenamtlich in egalitär-lebensweltlicher Form ausgestaltet worden ist.

Dieser Tendenz versuchen seit den 1970er Jahren kleine, lokal organisierte Projekte, Initiativen und Selbsthilfegruppen im Sozial- und Jugendhilfebereich entgegenzutreten. In der Behindertenhilfe entstehen zu dieser Zeit u. a. die Clubs Behinderter und ihrer Freunde (CeBeeF), die Krüppelbewegung, die Vereinigung für Integrationsförderung und das Modell „Autonom-Leben" (vgl. Radtke 1990). Im Verständnis einer neuen Subsidiarität und unter Rückbezug auf das alte, dezentral-kommunale Vereinsverständnis wendet sich diese Bewegung gegen die formale Alternative zwischen den öffentlichen und freien Trägern in der Form der zentralisierten großen Verbände. Stattdessen fordert sie einen inhaltlichen Vorrang für diejenigen Träger, die die Zielgruppen partnerschaftlich und lebensweltlich integrieren. Und sie erreicht immerhin, dass auch ihre Gruppen im KJHG erstmals als freie Träger aufgeführt werden.

Das Problem des seit Ende der 1980er Jahre wachsenden Kostendrucks gerade im Bereich der kommunal zu erbringenden Sozialleistungen bei gleichzeitig sinkenden Staatseinnahmen konnte dadurch jedoch ebenso wenig gelöst werden. Deshalb kommt es seit Mitte der 1990er Jahre zu neuen staatlichen Steuerungsstrategien gerade auch gegenüber den nicht staatlichen Akteuren der Jugend- und Sozialhilfe.

Bis dahin basierte die Finanzierung der Sozialleistungen, soweit sie nicht von der Kommune erbracht wurden, grundsätzlich auf Absprachen zwischen den *öffentlichen* und den *freien* Trägern über *Zuwendungen* bzw.

Subventionen (§ 10 BSHG und § 74 SGB VIII/ KJHG) oder *Vereinbarungen* (§ 93 BSHG und § 74 SGB VIII/KJHG).

Mit der Einführung der neuen Steuerungs-modelle wird nun nicht nur die Finanzierung durch Vereinbarungen priorisiert und spezifiziert, es werden vor allem auch die freigemeinnützigen Träger mit den privatgewerblichen Trägern gleichgestellt und einem Träger-Wettbewerb ausgesetzt. Im Sinne des Bundesverfassungsgerichtsentscheids vom Jahre 1967, der keineswegs die Geltung des Subsidiaritätsprinzips bestätigte, sondern einzig eine möglichst wirtschaftliche Verwendung öffentlicher und privater Mittel anmahnte, wurden im Jahre 1994 mit dem neuen Gesetz zur Sozialen Pflegeversicherung zum ersten Mal die freigemeinnützigen mit den privaten – und damit ebenso den privatgewerblichen – Trägern auf eine Stufe gehoben, sodass nur noch ihr *gemeinsamer* Vorrang gegenüber den öffentlichen Trägern zu beachten war (§ 11 Abs. 2 SGB XI). Im Jahre 1996 folgte eine Novelle zum BSHG, wonach für den Abschluss von Vereinbarungen der bisherige § 93 Abs. 6 BSHG mit seiner Bevorzugung der freien Träger entfällt und stattdessen nach § 93 Abs. 1 vorrangig der Träger mit der kostengünstigsten Vergütung zu wählen ist. Und schließlich ist Anfang 1999 auch beim KJHG durch die Einfügung der §§ 78a–g bei Vereinbarungen der Vorrang der freien Träger durch den Vergütungsvorrang ersetzt worden.

leistungsberechtigten Kunden erhoben hat (Münder 1998b, 11).

Unklar bleibt allerdings, ob hier nur in einem Quasi-Markt eine Schein-Kundschaft mit einer Schein-Kaufkraft etabliert wird. Unklar bleibt nicht minder, wie ein solcher Markt *pädagogisch*-fachliche Ansprüche befriedigen kann, wo doch der Markt per se eine dialogische Verständigung ohne Informationsvorbehalt nicht zulässt (vgl. Habermas 1981). Unklar bleibt weiterhin, ob denn der nach § 10 Abs. 4 BSHG und § 4 Abs. 2 SGB VIII/KJHG fortbestehende Vorrang der *freien* Träger problemlos in einen Vorrang der *privaten* Träger umgemünzt werden darf. Unklar bleibt damit die pädagogische Zukunft der gemeinnützig und demokratisch-ehrenamtlich organisierten Vereine.

Dabei verdient insbesondere die letzte Frage eine besondere Beachtung. Denn sie ist nicht allein unter dem (Kosten-)Aspekt des zunehmenden Verlusts an Ehrenamtlichkeit zu diskutieren, zumal dann nicht, wenn der Verlust vor allem durch hauptamtlich geleitete Freiwilligenagenturen abgebaut werden soll (Keupp 2000, 89). Vielmehr ist zu bedenken, dass wir das höchste Maß an gesellschaftlichem und ehrenamtlichem Engagement im Dritten Reich zu verzeichnen hatten. Und diese Erinnerung lenkt den Blick auf die eigentliche Gefahr der marktförmigen Dienstleistungs- anstelle der kommunalen Vereinsorientierung: die Gefahr des Verlustes von Demokratie als Lebensform (vgl. Richter 2000).

3 Ausblick

Mit diesen gesetzlichen Neuerungen sind die negativen Implikationen und Konsequenzen der „dualen" Wohlfahrtspflege – die tendenzielle Fürsorglichkeit und die der Lebenswelt entfremdete Bürokratie – in einem Marktmodell „rationalisiert" worden, das nicht nur einen triadischen Wohlfahrtsmix hervorgebracht, sondern insbesondere die Klientel zu

Literatur

Breuer, Rolf (1982): Die politische Bedeutung freier Vereinigungen und Verbände im Behindertenbereich. In: Heinze, Rolf G. & Runde, Peter (Hrsg.): Lebensbedingungen Behinderter im Sozialstaat. Opladen, 298–319

Habermas, Jürgen (1981): Theorie des kommunikativen Handelns. 2 Bde. Frankfurt a. M.

Keupp, Heiner (2000): Eine Gesellschaft der Ichlinge? Zum bürgerschaftlichen Engagement von Heranwachsenden. München

Münder, Johannes (1998a): Von der Subsidiarität über den Korporatismus zum Markt? In: Neue Praxis, Jg. 26, 3–12

Münder, Johannes et al. (Hrsg.) (1998b): Frankfurter Lehr- und Praxiskommentar zum Kinder- und Jugendhilfegesetz. 3., vollst. überarb. Aufl., Münster

Radtke, Peter (1990): Selbsthilfegruppen. In: Speck, Otto & Martin, Klaus-Rainer (Hrsg.): Sonderpädagogik und Sozialarbeit. Berlin, 252–266

Richter, Helmut (2000): Vereinspädagogik. In: Müller, Siegfried et al. (Hrsg.): Soziale Arbeit. Gesellschaftliche Bedingungen und professionelle Perspektiven. Neuwied, 153–164

Richter, Helmut (2003): Die Gemeinde/Kommune als Akteur Sozialer Arbeit. In: Homfeldt, Hans-Günther & Schulze-Krüdener, Jörgen (Hrsg.): Handlungsfelder der sozialen Arbeit. Baltmannsweiler, 85–108

Sachße, Christoph (1995): Verein, Verband und Wohlfahrtsstaat. Entstehung und Entwicklung der „dualen" Wohlfahrtspflege. In: Rauschenbach, Thomas et al. (Hrsg.): Von der Wertgemeinschaft zum Dienstleistungsunternehmen. Jugend- und Wohlfahrtsverbände im Umbruch. Frankfurt a. M., 123–149

Schellhorn, Walter & Fischer, Lothar (2000): Sozialgesetzbuch achtes Buch – Kinder- und Jugendhilfe. SGB VIII KJHG; ein Kommentar für Ausbildung, Praxis, Rechtsprechung und Wissenschaft. 2. Aufl., Neuwied

Waldner, Wolfram et al. (2006): Der eingetragene Verein. Gemeinverständliche Erläuterung des Vereinsrechts unter Berücksichtigung neuester Rechtsprechung mit Formularteil. 18., neu bearb. Aufl., München

Politische Beteiligungsverfahren und kommunale Interessenvertretung

Karin Evers-Meyer

In einer lebendigen Demokratie ist die Beteiligung der Bürger eine notwendige Voraussetzung. Dies kann nicht allein durch Wahlen oder formale Mitbestimmungsprozesse gewährleistet werden. Aktive Parteiarbeit ist die offensichtlichste Form der Beteiligung. Beteiligung der Bürgerschaft wird aber vor allem auch durch ein aktives Vereinswesen, Selbsthilfegruppen, politische Arbeitskreise oder andere z. B. kirchliche Initiativen garantiert. Nur so können die Interessen der Bürger direkt in politische Entscheidungsprozesse einfließen. Auch die Interessen und Bedürfnisse von Menschen mit Behinderungen finden auf diese Weise zunehmende Berücksichtigung.

In den letzten Jahrzehnten hat in der Behindertenpolitik ein Fokuswechsel stattgefunden. Menschen mit Behinderungen werden nicht mehr als defizitäre Wesen wahrgenommen, die primär der von Fachleuten organisierten Fürsorge bedürfen, sondern als gleichberechtigte Bürgerinnen und Bürger. Dieses Umdenken in der Politik wurde nicht nur durch einen allgemeinen gesellschaftlichen Wandel verursacht, sondern gerade dadurch, dass behinderte Menschen selbst diese Bürgerrechte lautstark einforderten. Bereits dieser Paradigmenwechsel [→ I Paradigma und Paradigmawechsel] ist also auch eine Folge selbstbewusster Lobbyarbeit vieler Verbände [→ Verein, Verbände] und Einzelpersonen.

In Deutschland leben derzeit ca. 8,6 Mio. Menschen mit einer anerkannten Behinderung. Der größte Teil mit rund 6,7 Mio. Menschen ist schwerbehindert. Viele von ihnen sind in Selbsthilfegruppen oder Verbänden auf kommunaler, Landes- oder Bundesebene organisiert. Es handelt sich somit nicht um eine Randgruppe oder eine unbedeutende Minderheit. Aufgrund der demographischen Entwicklung und einer zunehmend älter werdenden Bevölkerung ist außerdem damit zu rechnen, dass die Zahl der Menschen mit Beeinträchtigungen eher zu- als abnehmen wird. Die Berücksichtigung der Bedürfnisse dieser größer werdenden Gruppe gewinnt somit auch an Dringlichkeit.

Spätestens seit der Erarbeitung des Neunten Buches des Sozialgesetzbuchs im Jahr 2001 ist der Grundsatz der Beteiligung ein zentraler Punkt der deutschen Behindertenpolitik geworden. Der Leitsatz „Nicht über uns ohne uns" verdeutlicht dies. Der behinderte Mensch steht im Mittelpunkt und artikuliert seine Bedürfnisse. Eine umfassende und glaubwürdige Beteiligung ist eben erst dann gegeben, wenn die Erfahrungen und Kompetenzen behinderter Menschen als Experten in eigener Sache in Entscheidungsprozesse aktiv einbezogen werden. Unter Einbeziehung ist hier deutlich mehr als eine reine Sachstandsunterrichtung zu verstehen: Es gilt, die Wünsche der Betroffenen zu berücksichtigen und Maßnahmen und Projekte auf diese Weise realitätsnah umzusetzen. Menschen, die nicht direkt oder indirekt von einer Behinderung betroffen sind, sind in den meisten Fällen nicht in der Lage, die Anforderungen und Bedürfnisse eines behinderten Menschen zu antizipieren und entsprechend in die Gesetzgebung einzubringen.

Die Beteiligung behinderter Menschen erfolgt auf unterschiedlichen Ebenen, sowohl in institutionalisierter als auch in informeller Form. So sind die Verbände behinderter Menschen seit dem Behindertengleichstellungsgesetz (BGG) von 2002 bei bestimmten Planungen im Bereich des öffentlichen Nah- und Fernverkehrs (Nahverkehrspläne, Bahnprogramme) zu beteiligen, seit 2004 beraten sie bei der Ausgestaltung der Leistungen der gesetzlichen Krankenversicherung im Gemeinsamen Bundesausschuss mit.

Die Berücksichtigung der Belange behinderter Menschen ist auf Länder- und Bundesebene außerdem durch Beauftragte für die Belange behinderter Menschen institutionalisiert. Die Beauftragten kommunizieren die Anliegen, die ihnen von Bürgern und Verbänden zugetragen werden und setzen sich für ihre Realisierung bzw. Berücksichtigung z. B. in Gesetzgebungsverfahren ein. Insbesondere durch Verbände und Selbsthilfegruppen, die den Beauftragten die Interessen bestimmter Gruppen behinderter Menschen gebündelt vortragen, werden die Bedürfnisse in den politischen Prozess eingebracht. Der politische Dialog mit Betroffenen ermöglicht dann eine zielgenaue Maßnahmen- und Gesetzgestaltung.

In den Ländern und Gemeinden ist die institutionalisierte Beteiligung durch landesweite und kommunale Behindertenbeiräte und -beauftragte unterschiedlich stark ausgeprägt. Gerade der kommunale Bereich ist für die konkrete Situation behinderter Menschen besonders wichtig; beispielsweise ist die barrierefreie Gestaltung von Gebäuden des Bundes für einen Menschen im Rollstuhl wohl meist nicht so bedeutend wie eine sichere Straßenüberquerung vor seinem Haus oder der barrierefreie Zugang zur Grundschule oder zur Bibliothek in seinem Stadtteil.

Behinderte Menschen gehören in die Mitte unserer Gesellschaft – zu dieser Erkenntnis ist die Politik leider erst gelangt, nachdem viele Mittel in ausgrenzende Einrichtungen investiert wurden. Damit behinderte Menschen gar nicht erst ausgegrenzt werden, muss die konkrete Lebensumwelt vor Ort so gestaltet werden, dass behinderte und nicht behinderte Menschen dort zusammenleben können.

Die konkrete Gestaltung der Lebensbedingungen vor Ort kann in vielen Fällen nicht zentral bestimmt, sondern muss auch vor Ort entschieden werden. Vielen Entscheidern und Planern erscheint barrierefreies Bauen immer noch als sehr schwierig und aufwändig. Im Dialog mit Betroffenen wird dann oftmals klar, dass bei nachhaltiger Planung nicht einmal Mehrkosten entstehen und dass es möglich ist, gemeinsam einfache und bedarfsgerechte Lösungen zu entwickeln.

Einer der wichtigsten Wege, der in letzter Zeit zur Umsetzung dieser Ziele beschritten wurde, ist der Weg über die Finanzierung. So bestimmte das mit dem BGG geänderte Gemeindeverkehrsfinanzierungsgesetz (GVFG), dass mit Mitteln dieses Gesetzes finanzierte Verkehrsinfrastrukturmaßnahmen die Belange behinderter Menschen berücksichtigt und ihre Verbände vor Ort in die Planung einbezogen werden müssen. Dies führte in vielen Gemeinden erstmalig dazu, dass Beiräte behinderter Menschen gegründet wurden und dass die Belange behinderter Menschen im Bewusstsein kommunaler Entscheider wichtiger wurden.

Leider ist dieses Instrument mit der Föderalismusreform weggefallen. Nachdem jedoch vergleichbare Regelungen in einigen Bundesländern angekündigt wurden und auch die Vergabe von Fördergeldern aus den EU-Fonds von der EU an die Bedingung des diskriminierungsfreien Zugangs für behinderte Menschen geknüpft wurde, bleibt zu hoffen, dass dies ähnlich wie beim GVFG dafür sorgt, dass behinderte Menschen an der Gestaltung der Lebensbedingungen in ihren Kommunen stärker beteiligt werden.

Die in der Bürgerschaft vorhandenen Kompetenzen können durch rechtzeitige Beteiligung genutzt werden. Der erhöhte Planungsaufwand wird in den meisten Fällen durch bessere Ergebnisse und Akzeptanz des Angebots ausgeglichen. Insbesondere in Zeiten eines immer stärker werdenden Kostendrucks und geringeren Budgets ist es wichtig, die vorhandenen Mittel effizient einzusetzen. Um dies zu ermöglichen, muss das Angebot der Nachfrage entsprechen. Es muss daher den Bürgern die Möglichkeit eröffnet werden, ihren Bedarf zu definieren und so ihre Nachfrage zu konkretisieren. Angebote, die nicht am Bedarf orientiert sind, werden vielfach gar nicht nachgefragt und führen zu Ressourcenverschwendung. Hier können die unterschiedlichen kommunalen Interessenvertreter hilfreich sein.

Empirische Untersuchungen über die Ergebnisse der Gremien- und Lobbyarbeit der Verbände behinderter Menschen liegen derzeit nicht vor. Zum einen sind viele der geschilderten Beteiligungsformen noch so neu, dass eine Erfolgskontrolle noch schwerlich möglich ist. Zum anderen ist gerade im engeren politischen Bereich, also z. B. bei der Erarbeitung von Gesetzen, im Nachhinein sehr schwer feststellbar, welche Faktoren genau zu einer bestimmten Entscheidung geführt haben.

Die Erfahrungen mit der Beteiligung der Behinderten- und Patientenverbände im Gemeinsamen Bundesausschuss der gesetzlichen Krankenversicherung haben jedoch insbesondere gelehrt, dass zuvor geäußerte Horrorszenarien, die Beteiligung werde zu überzogenen Forderungen, Chaos und endlosen Streitereien führen, unbegründet waren. Im Gegenteil hat sich gezeigt, dass die Kompetenz der Experten in eigener Sache gerade bei schwierigen Entscheidungen des Gemeinsamen Bundesausschusses sehr hilfreich war.

In Zukunft muss allerdings noch wesentlich mehr dafür getan werden, die Verbände in der Wahrnehmung dieser neuen Aufgaben zu unterstützen, zum Beispiel durch die Schaffung von Kompetenzzentren, die das vorhandene Wissen der Verbände besser bündeln und organisieren können.

Eine umfassende Beteiligung und ausgeprägtes bürgerschaftliches Engagement [→ VI Bürgerschaftliches Engagement und Zivilgesellschaft] spielen bei der Modernisierung einer Gesellschaft eine wichtige Rolle. Die umfassende Integration behinderter Menschen in die Gesellschaft kann hier durchaus als ein Modernisierungsprozess verstanden werden.

Beteiligung der betroffenen Bürger unterstützt die Gremien, die letztlich über eine Realisierung und Finanzierung entscheiden müssen, bei ihrer Entscheidung und der Durchführung der Maßnahmen. Rechtzeitig vor der Umsetzung kann so bereits eine Akzeptanz des Vorhabens innerhalb der Bürgerschaft geschaffen werden. Auch wenn die Empfehlungen der Bürgerschaft für die politischen Entscheidungsträger nicht bindend sind, erleichtern sie die Entscheidungsfindung und werden daher in vielen Fällen berücksichtigt.

Literatur

Frehe, Horst & Welti, Felix (2010): Behinderten-gleichstellungsrecht. Baden-Baden

Lachwitz, Klaus et al. (Hrsg.) (2006): Handkommentar zum Sozialgesetzbuch IX – (HK-SGB IX). Rehabilitation und Teilhabe behinderter Menschen. 2., überarb. u. aktual. Aufl. Neuwied.

Interessenvertretung in Kindheit und Jugend

Ingrid Burdewick

1 Begriffs- und Gegenstandsbestimmung

Interesse bedeutet dazwischen sein, dabei sein, teilnehmen und von Wichtigkeit sein (Meyers 1974, 644). Im Rahmen einer Interessenvertretung werden politische, kulturelle und wirtschaftliche Belange von Personengruppen vertreten – entweder durch die betroffenen Personen selbst oder durch Beauftragte. Grundgedanke der Interessenvertretung ist die Mitbestimmung in dem Sinne, dass Menschen, die von gesellschaftlichen oder anderen Entwicklungen und Entscheidungen tangiert sind, die Möglichkeit zur Teilnahme und Einflussnahme und damit zur Partizipation [→ Politische und soziale Partizipation] erhalten. Partizipation bildet ein *Grundprinzip demokratischer Gesellschaften*, wonach Herrschaftsrechte und Leitungsbefugnisse nicht einseitig, sondern unter Mitwirkung der Bürger eines Staates ausgeübt werden. Im Rahmen einer Interessenvertretung erhalten Bürger also die Möglichkeit, teilzunehmen oder dabei zu sein. Ihre Wünsche, Vorstellungen und Fähigkeiten werden im Rahmen des Gemeinwesens als wichtig anerkannt.

Die Interessenvertretung durch und für Kinder und Jugendliche ist zu einem zentralen Thema sowohl in der Kinder- und Jugendarbeit und in der Politik als auch in der Kindheits- und Jugendforschung avanciert.

Die Gründe für diese Entwicklung sind vielfältig.

Ein Grund liegt in der ausgeprägten *Distanz der nachwachsenden Generation zur traditionellen Politik*. Durch die Bereitstellung von Teilhabemöglichkeiten im (kommunal-) politischen Bereich will man der vielfach diagnostizierten Skepsis junger Menschen gegenüber politischen Parteien sowie ihrem fehlenden Vertrauen in politische Institutionen und deren Vertreter entgegenwirken (vgl. Deutsche Shell 2002; Shell Deutschland Holding 2006).

Weiterhin werden mittlerweile nicht nur von Erwachsenen, sondern auch von Kindern und Jugendlichen vermehrt *Kompetenzen zur Bewältigung von Pluralisierungs- und Individualisierungsprozessen* gefordert. Gesellschaftliche Modernisierungsprozesse führen zu Verunsicherungen, beispielsweise durch eine gesteigerte Bindungslosigkeit, durch ungewisse offene Biographien und gesellschaftliche Desintegrationsprozesse. Vor dem Hintergrund dieser Entwicklungen wird nach neuen Formen der sozialen Integration gesucht. Kinder und Jugendliche werden zu Experten ihrer eigenen Lebensgestaltung. Die Interessenvertretung für und durch Kinder und Jugendliche bedeutet in diesem Kontext, junge Menschen als Subjekte mit spezifischen Fähigkeiten und nicht als Objekte von Politik, Erziehung und Bildung zu betrachten. Diese Fokussierung der Subjektstellung knüpft an Sichtweisen der aktuellen Kindheitsforschung an, die *Kinder als soziale Akteure und Ko-Produzenten ihrer Lebensumwelt* verstehen (vgl. Zeiher et al. 1996).

2 Zentrale Probleme und Erkenntnisse

2.1 Modelle und Handlungsfelder

Im Kontext der Interessenvertretung in Kindheit und Jugend ist zwischen verschiedenen Modellen und Handlungsfeldern der Beteiligung zu unterscheiden. Christian Palentien und Klaus Hurrelmann (1997, 22 f.) differenzieren mit Blick auf die politische Partizipation zwischen Modellen direkter, konsultativer und advokatorischer Einflussnahme.

Zu den Modellen *direkter Einflussnahme* gehören Forderungen nach einer Absenkung des aktiven Wahlrechts von 18 auf 16 oder sogar auf zwölf Jahre.

Konsultative Möglichkeiten der Einflussnahme werden Kindern und Jugendlichen in Gremien und Projekten vor allem auf kommunaler Ebene eingeräumt. Dies geschieht in der Bundesrepublik vermehrt seit ca. 15 Jahren. Zu unterscheiden sind hier erstens offene Partizipationsformen, die allen interessierten Kindern und Jugendlichen die Gelegenheit bieten, ihre Meinung zu äußern, wie beispielsweise Kinderkonferenzen oder Jugendforen, zweitens projektorientierte Formen, in denen ein spezifisches Vorhaben, wie zum Beispiel die Umgestaltung eines Spielplatzes oder eines Jugendhauses, geplant und umgesetzt wird und drittens parlamentarische bzw. repräsentative Beteiligungsmodelle mit gewählten oder delegierten Abgeordneten, zu denen Kinder- und Jugendparlamente bzw. Jugendgemeinderäte zählen.

Das am breitesten diskutierte Instrument *advokatorischer Einflussnahme* sind Kinderbeauftragte. Inspiriert durch das Modell des norwegischen Ombudsmanns für Kinder forderte der Deutsche Kinderschutzbund 1979 im Internationalen Jahr des Kindes einen Kinderbeauftragten, der vom Bundestag berufen werden sollte. Der Bundestag richtete stattdessen 1988 eine Kommission für die Belange des Kindes ein. Ihr gehören die Kinderbeauftragten der Bundestagsfraktionen und -gruppen an. Nordrhein-Westfalen stellte 1989 den ersten Kinderbeauftragten eines Bundeslandes (vgl. Honig 2005, 937). Weiterhin verstehen sich die Jugendverbände in ihren landes- und bundesweiten Zusammenschlüssen als Interessenvertretung von Kindern und Jugendlichen. Der Deutsche Bundesjugendring sieht beispielsweise die Vertretung jugendpolitischer Interessen gegenüber der Regierung, dem Parlament und der Öffentlichkeit als eine seiner Hauptaufgaben an.

Aber nicht nur im Bereich von *Bundes- und Kommunalpolitik* spielt die Interessenvertretung in Kindheit und Jugend eine Rolle. Auch in der *Familie* [→ Familie], in *Kindergärten* und *Horten* gibt es vielfältige Möglichkeiten, wie junge Menschen ihre Interessen vertreten bzw. an Entscheidungen und Planungsprozessen beteiligt werden können, z. B. in Kinderkonferenzen, an denen alle Kinder einer Einrichtung mitwirken. Hier kann es um Regeln des Spielens oder um Lösungsvorschläge bei Konflikten gehen. Kinder und Jugendliche können auch in Projekten, beispielsweise zur (Neu-)Gestaltung von Außenanlagen, mitwirken.

Junge Menschen werden vom Leben in der *Schule* maßgeblich geprägt. Die Mitwirkung von Schülern am Schulleben stellt sowohl eine Bildungsaufgabe als auch die Anerkennung ihrer Subjektstellung dar. Partizipation in der Schule bedeutet Beteiligung bei der Gestaltung des Schullebens und bei der Gestaltung eigener Bildungsprozesse. Auch wenn das Thema der Mitbestimmung in der Schule eine lange Tradition hat – bereits zu Beginn des 20. Jahrhunderts gab es vor allem durch die Reformpädagogik inspirierte Bemühungen, Schüler bei der Organisation des Schullebens zu beteiligen – und die Partizipation strukturell in den Schulgesetzgebungen der

Länder verankert ist, findet sie in der Schule bisher nur in begrenztem Maße statt (vgl. Palentien & Hurrelmann 2003).

Interessenvertretung und Mitbestimmung von Kindern und Jugendlichen gehört ebenfalls zu den Kernthemen der *Jugendhilfe*. Da Beteiligungskonzepte in Jugendhilfeeinrichtungen sich in erster Linie an den – teilweise problematischen – Lebensverhältnissen junger Menschen orientieren, findet sich hier eine große Bandbreite von Partizipationsangeboten. Themen sind die demokratische Gestaltung gemeinsamen Handelns und die Einmischung in öffentliche Entscheidungsprozesse. Damit zusammenhängend werden den Kindern und Jugendlichen Möglichkeiten eingeräumt, Entscheidungen für das eigene Leben zu treffen.

2.2 Rechtliche Grundlagen

Eine rechtliche Verankerung findet die Partizipation von Kindern und Jugendlichen im *Kinder- und Jugendhilfegesetz* (KJHG) – kodifiziert im Sozialgesetzbuch (SGB) VIII – von 1990 und der im gleichen Jahr unterzeichneten und 1992 durch den deutschen Gesetzgeber ratifizierten *UN-Kinderrechtskonvention*. In § 8 des KJHG heißt es, dass Kinder und Jugendliche entsprechend ihres Entwicklungsstands an allen Entscheidungen der Jugendhilfe zu beteiligen sind. § 11 sieht vor, dass Angebote der Jugendarbeit nicht nur auf die Interessen junger Menschen zugeschnitten sein müssen, sondern auch von ihnen mitbestimmt und mitgestaltet werden sollen. In der UN-Konvention über die Rechte des Kindes ist die Mitwirkung von jungen Leuten unter anderem in Artikel 12 festgeschrieben. Dort wird Kindern und Jugendlichen zugesichert, dass sie in allen sie betreffenden Angelegenheiten ihre Meinung äußern können. Dabei soll die Mitbestimmung dem Alter und dem Entwicklungsstand entsprechend erfolgen.

Einige Bundesländer haben mittlerweile ergänzende Bestimmungen in ihre *Gemeindeordnungen* aufgenommen, die eine Partizipation von Kindern und Jugendlichen gewährleisten sollen. Den ersten Schritt machte hier Schleswig-Holstein. In die dortige Gemeindeordnung wurde 1996 ein Paragraph (47f GO) aufgenommen, der eine Beteiligung von Kindern und Jugendlichen bei Planungen und Vorhaben, die sie betreffen, vorsieht. Es folgten im Jahr 1997 das Saarland sowie 1998 Rheinland-Pfalz und Hessen mit ähnlichen Bestimmungen. Ebenfalls 1998 hat Baden-Württemberg eine Regelung für die dort sehr verbreiteten Jugendgemeinderäte in die Gemeindeordnung aufgenommen. Diese Regelung ermöglicht die Einrichtung von Jugendgemeinderäten und räumt den jungen Abgeordneten ein Vorschlags- und Anhörungsrecht ein. Eine Verpflichtung der Gemeinden zur Beteiligung der jungen Generation an Planungs- und Entscheidungsprozessen findet sich hier jedoch nicht. Seit 2001 existiert auch in Niedersachsen eine Gemeindeordnung, die eine Beteiligung von Kindern und Jugendlichen bei Planungen und Vorhaben, die die Interessen der jungen Generation berühren, vorsieht. Zudem werden die Gemeinden dazu angehalten, adäquate Beteiligungsverfahren zu konzipieren und umzusetzen.

In einigen Bundesländern wird Jugendlichen ab 16 Jahren bei den Kommunalwahlen ein *aktives Wahlrecht* eingeräumt. Auch dadurch erhalten junge Leute die Möglichkeit, kommunalpolitische Entscheidungsprozesse zu beeinflussen. Bisher gilt diese Regelung in Niedersachsen (seit 1996), in Schleswig-Holstein (seit 1997), in Sachsen-Anhalt (seit 1997) in Nordrhein-Westfalen (seit 1998), in Mecklenburg-Vorpommern (seit 1999) und in Berlin (seit 2005).

Beteiligungsmöglichkeiten für Schüler sind heute in *Schulmitwirkungs- und Schulverfassungsgesetzen* festgeschrieben. In den schulrechtlichen Regelungen fast aller Bundesländer wird die Mitwirkung ausdrücklich genannt (vgl. Palentien & Hurrelmann 2003, 9 ff.).

Die oben genannten rechtlichen Bestimmungen gelten selbstverständlich für alle jungen Menschen gleichermaßen. Die *gesellschaft-*

liche Teilhabe von Menschen mit Behinderung ist zusätzlich im *SGB IX* geregelt. Hier wird in § 1 die Förderung der Selbstbestimmung und gleichberechtigten Teilhabe am gesellschaftlichen Leben gefordert. Dabei sollen insbesondere die spezifischen Bedürfnisse von Kindern und Frauen Berücksichtigung finden. Laut § 4 sollen Kinder mit Behinderungen ihrem Alters- und Entwicklungsstand entsprechend an Hilfen, beispielsweise zur selbstständigen Lebensführung, beteiligt und ihre Sorgeberechtigten in entsprechende Planungs- und Gestaltungsprozesse einbezogen werden.

3 Forschungsstand zur Interessenvertretung und Beteiligungspraxis von Kindern und Jugendlichen mit Behinderung

Wissenschaftliche Publikationen zur Interessenvertretung von Kindern und Jugendlichen im öffentlichen Bereich sind mittlerweile zahlreich erschienen. Die Interessenvertretung, Mitbestimmung und Partizipation von Kindern und Jugendlichen mit Behinderung wird allerdings in der wissenschaftlichen Literatur kaum bzw. nur partiell in den Blick genommen. Der zwölfte Kinder- und Jugendbericht der Bundesregierung stellt beispielsweise die Bedeutung der sozialen und gesellschaftlichen Teilhabe von Kindern und Jugendlichen heraus und geht dabei auf die sozio-ökonomische Situation, auf die ethnische Zugehörigkeit, das Geschlecht und regionale Lebensbedingungen als zentrale Einflussfaktoren ein (vgl. Bundesministerium für Familie, Senioren, Frauen und Jugend 2005, 75 ff.). Möglichkeiten und Einschränkungen der Teilhabe von behinderten Kindern und Jugendlichen werden jedoch nicht thematisiert, obwohl dies im elften Jugendbericht ausdrücklich empfohlen wird (vgl. Beck 2002, 290). Forschungsaktivitäten in der Behindertenpädagogik, in der Soziologie und Psychologie fokussieren nach Iris Beck zum Themenbereich Kinder und Jugendliche mit Behinderung vor allem Therapie und Förderung sowie Möglichkeiten der Eingliederung, nicht aber das Themenfeld der öffentlichen Partizipation (vgl. 185).

Auch in die *Beteiligungspraxis* scheinen behinderte Kinder und Jugendliche kaum einbezogen zu sein. Aus einer Studie, die unter anderem praxisorientierte Beteiligungsprojekte in Schleswig-Holstein im Rahmen einer quantitativen Befragung analysiert hat, geht hervor, dass von den insgesamt 97 untersuchten Modellen 11 % Kinder und Jugendliche mit Behinderung überhaupt als Zielgruppe im Blick hatten und nur in 6 % der Partizipationsprojekte wirkten tatsächlich behinderte junge Menschen mit (vgl. Knauer et al. 2004, 147). Die Autorinnen einer der wenigen Publikationen zur Kinder- und Jugendbeteiligung, die der Partizipation von jungen Menschen mit Behinderungen ein eigenes Kapitel widmen, stellen entsprechend heraus, dass eine konkrete Beteiligung dieser Zielgruppe in der Regel nicht stattfindet. Veränderungen seien lediglich bei Bestrebungen zur Integration im Elementarbereich und teilweise in Grundschulen feststellbar (vgl. Knauer & Brandt 1998, 147 f.).

4 Interessenvertretung von Kindern und Jugendlichen mit Behinderung – Ein Ausblick

1954 erklärte das Bundesverfassungsgericht die Auffassung, dass Behinderung als individuelles Schicksal zu betrachten sei, als mit dem Grundgesetz unvereinbar. Als eigentliche Behinderung sei vielmehr die erschwerte gesellschaftliche Teilhabe anzusehen (vgl. Beck 2002, 196). In der Behindertenhilfe lässt sich seit mehr als 30 Jahren ein Paradigmenwechsel [→ I Paradigma und Paradigmawechsel] von einer defizitorientierten Betrachtungsweise hin zur Subjekt- und Bedürfnisorientierung beobachten. Zu den zentralen Handlungsaufgaben zählen in diesem Kontext die *Förderung der Selbstbestimmung* behinderter Menschen und die Ausweitung ihrer Möglichkeiten zur *Teilhabe am gesellschaftlichen Leben*. Vor diesem Hintergrund wird umso deutlicher, wie wichtig sowohl eine Verbesserung der Beteiligungspraxis für junge Menschen mit Behinderung als auch eine Ausweitung der Forschungsaktivitäten in Bezug auf die öffentliche Partizipation dieser Zielgruppe ist.

Interessenvertretung und Partizipation sind Modi der *sozialen Integration*. Belange von behinderten Kindern und Jugendlichen könnten durch vermehrte und gezielte Partizipationsmaßnahmen – z. B. im Rahmen kommunaler Planungs- und Beteiligungsprozesse [→ Politische Beteiligungsverfahren und kommunale Interessenvertretung] – besser in die Gesellschaft integriert werden. Durch eine adäquate Interessenvertretung im öffentlichen Bereich würden die Wünsche, Vorstellungen und Potentiale von Kindern und Jugendlichen mit Behinderung stärker als bisher sichtbar. In diesem Kontext ist zu berücksichtigen, dass Menschen mit Behinderungen keine homogene Gruppe sind, dass ihre Mobilität und Kommunikationsfähigkeit stark variiert. Deshalb dürften eine grundlegende Quotenregelung und die Entwicklung prinzipieller Beteiligungsmethoden eher problematisch sein. Wichtig ist, junge Menschen mit Behinderung nicht von vorn herein aus Partizipationsprozessen auszuschließen, sondern sie als selbstverständliche Zielgruppe bei der Beteiligungsplanung im Blick zu haben (vgl. Knauer & Brandt 1998, 147 ff.). Ihre Lebenswelten sollten dabei ebenso differenziert betrachtet werden, wie beispielsweise die von jungen Leuten mit Migrationshintergrund, von Mädchen und Jungen oder von Heranwachsenden aus unterschiedlichen Regionen. Zentral sind hier das Prinzip der Chancengleichheit für alle als Grundlage demokratischer Gesellschaften und als Basis für die Entfaltung der eigenen Identität sowie die *soziale Anerkennung* jedes Einzelnen mit seinen spezifischen Fähigkeiten und Vorstellun-

gen (vgl. Burdewick 2003). Damit bietet sich die Möglichkeit, das Selbstbewusstsein von Kindern und Jugendlichen mit Behinderung zu stärken, Stigmatisierungen zu überwinden und soziale Anerkennungsverhältnisse dahingehend auszuweiten, dass behinderte junge Menschen selbstverständlicher und somit stärker als bisher in gesellschaftliche Entscheidungsprozesse einbezogen werden.

Literatur

Beck, Iris (2002): Die Lebenslagen von Kindern und Jugendlichen mit Behinderung und ihrer Familien in Deutschland: soziale und strukturelle Dimensionen. In: Hackauf, Horst et al. (Hrsg.): Gesundheit und Behinderung im Leben von Kindern und Jugendlichen. Materialien zum elften Kinder- und Jugendbericht. Bd. 4. München, 178–315

Bundesministerium für Familie, Senioren, Frauen und Jugend (Hrsg.) (2005): Zwölfter Kinder- und Jugendbericht. Bericht über die Lebenssituation junger Menschen und die Leistungen der Kinder- und Jugendhilfe. Berlin

Burdewick, Ingrid (2003): Jugend – Politik – Anerkennung. Eine qualitative empirische Studie zur politischen Partizipation 11- bis 18-Jähriger. Opladen

Deutsche Shell (Hrsg.) (2002): Jugend 2002. Zwischen pragmatischem Idealismus und robustem Materialismus. Frankfurt a. M.

Honig, Michael-Sebastian (2005): Kinderpolitik. In: Otto, Hans-Uwe & Thiersch, Hans (Hrsg.): Handbuch Sozialarbeit Sozialpädagogik. 3. Aufl., München, 936–948

Knauer, Raingard & Brandt, Petra (1998): Kinder können mitentscheiden. Beteiligung von Kindern und Jugendlichen in Kindergarten, Schule und Jugendarbeit. Neuwied

Knauer, Raingard et al. (2004): Beteiligungsprojekte mit Kindern und Jugendlichen in der Kommune. Vom Beteiligungsprojekt zum demokratischen Gemeinwesen. Wiesbaden

Meyers Enzyklopädisches Lexikon (1974): Bd. 12. Mannheim

Palentien, Christian & Hurrelmann, Klaus (1997) (Hrsg.): Jugend und Politik. Ein Handbuch für Forschung, Lehre und Praxis. Neuwied

Palentien, Christian & Hurrelmann, Klaus (2003): Schüler-Demokratie – ein Plädoyer für den Beginn längst fälliger Reformen. In: Palentien, Christian & Hurrelmann, Klaus (Hrsg.): Schülerdemokratie. Mitbestimmung in der Schule. München

Shell Deutschland Holding (Hrsg.) (2006): Jugend 2006. Eine pragmatische Generation unter Druck. Frankfurt a. M.

Zeiher, Helga et al. (Hrsg.) (1996): Kinder als Außenseiter? Umbrüche in der gesellschaftlichen Wahrnehmung von Kindern und Kindheit. Weinheim

Interessenvertretung am Arbeitsplatz

Ulrich Scheibner

1 Interessenvertretung – Ein demokratischer Begriff

Die heutige Bedeutung des Kompositums „Interessenvertretung", selbst oder durch Beauftragte mitzuwirken, mitzuentscheiden und mitzubestimmen, spiegelt ein Entwicklungsergebnis z. T. heftiger gesellschaftlicher Auseinandersetzungen wider. Die institutionellen Wurzeln der Interessenvertretung liegen in den mittelalterlichen Städten des 12. Jahrhunderts mit ihrem Hanse-, Gilde-, Innungs- und Zunftwesen als frühe Form kollektiver und individueller Identität. In den Bauernkriegen des 16. Jahrhunderts gelang es den verschiedenen unterdrückten sozialen Gruppen noch nicht, beständige Organisationsformen zu finden, um ihre gemeinsamen Interessen äußern und durchsetzen zu können. Erst die revolutionären Auffassungen im Bürgertum des 18. Jahrhunderts (Adam Smith, P. H. D. von Holbach, Immanuel Kant, G. W. F. Herder) und ihre Forderungen nach Freiheit des Einzelnen (liberté), Gleichheit aller Bürger vor dem Gesetz (égalité) und Brüderlichkeit (fraternité) oder der gleichen Menschenwürde führten zu kollektiven Interessenvertretungen als stabile Organe sozialer Gegenmacht. Der Zusammenschluss von Individuen mit gleichen Interessen zu Parteien schließlich war eine weitere Voraussetzung zur Entstehung von Interessenvertretungen sozial benachteiligter Schichten und Gruppen. Auch dieser hatte seinen europäischen Ausgangspunkt im revolutionären Frankreich des ausgehenden 18. Jahrhunderts.

Interessenvertretung und Interessendurchsetzung bedürfen zahlreicher Bedingungen, die sich aus dem Begriff selbst nicht erschließen. Die organisierte Vertretung von Interessen setzt die Erkenntnis über Interessenunterschiede oder gar -gegensätze innerhalb sozialer Gemeinschaften, deren Ursachen und Wirkungen voraus, erfordert ein geeignetes Instrumentarium, um sie zu vermindern oder gar zu lösen und verlangt letztlich nach wissenschaftlichen Begründungen für ihre Entstehung, ihre Steuerung und Zügelung oder Aufhebung.

Der erste Teil des Begriffs „Interessenvertretung" – Interesse – wurzelt im Lateinischen und bedeutete u. a. beiwohnen, dazwischen liegen, teilnehmen. Mit der Verwendung im Sinne von Anteil nehmen, wuchs schon im 13. Jahrhundert, besonders aber im 17. Jahrhundert die ökonomische Bedeutung des Wortes. Der ökonomische Inhalt wurde vorrangig und prägend. Als Interesse wurde der Anspruch auf einen zu ersetzenden Schaden bezeichnet, „der namentlich dann in Betracht kommt, wenn eine geschuldete Sache nicht rechtzeitig, nicht vertragsmäßig, nicht vollständig oder gar nicht geliefert, eine sonstige geschuldete Leistung nicht oder nicht gehörig verrichtet oder eine Sache beschädigt oder zugrunde gerichtet wurde" (Meyers 1905, 883). Seit dem frühen 20. Jahrhundert heißen „im gewöhnlichen Leben [...] die Zinsen des Kapitals [...] Interessen" (ebd.). Der französische Begriff dafür ist offenbarend: „taux d'intérêt". Mit „Interesse" verbindet sich schließlich der Vorteil schlechthin (Grimm 1854, 2147), aber auch der „Anteil, den man an etwas nimmt; der Wert und die Bedeutung, die einer Sache beigelegt werden, oder die sie für uns hat" (ebd.).

Der zweite Begriffsteil – Vertretung – wird immer noch vor allem als Stellvertretung und weniger als Selbstvertretung verstanden. Beispielhaft dafür ist das Bürgerliche Gesetzbuch (BGB) aus dem Jahr 1900 mit seinen bis heute wirksamen Bestimmungen: § 26 Vertretung eines Vereins durch den Vorstand, § 164 Wirkung der Erklärung eines Vertreters, § 714 Vertretungsmacht innerhalb einer (Kapital-) Gesellschaft, § 1629 Vertretung des Kindes durch die Eltern, § 1793 Vertretung durch einen Vormund, § 1902 Aufgaben des Betreuers für den Betreuten. Auch beim Wort „Vertretung" stehen seit dem 19. Jahrhundert die ökonomischen Interessen im Vordergrund, vor allem die des Besitzbürgertums.

Die heutige Bedeutung von Interessenvertretung, durch eigenes oder ergänzt durch stellvertretendes Handeln die Grund- und Menschenrechte individuell nutzbar zu machen, verlangt angemessene gesellschaftliche Bedingungen und soziale Strukturen. Dazu gehört ein Gemeinwesen, dessen Staat, Bürokratie und Institutionen [→ VI Institution und Organisation] demokratisch und republikanisch agieren. Erst im Rahmen solcher Staatsstrukturprinzipien mit parlamentarischen, föderativen, subsidiären und solidarischen [→ Subsidiarität, Solidarität und Selbstverantwortung] Grundsätzen und auf der Basis konsequenter Gewaltenteilung wird der soziale Rechtsstaat zu einem die Interessen des Volkes vertretender Staat i. S. der Art. 20 und 23 des Grundgesetzes. Interessenvertretung in allen Bereichen des demokratischen und sozialen Bundesstaates setzt Organisationsfreiheit und das Recht zum Widerstand als Gefahrenabwehr und notwendiges, konstruktives politisches Mitgestaltungselement voraus. Gerade diese zur Interessenvertretung erforderlichen Bedingungen wurden erst durch die verschiedenen sozialen Bewegungen, in der Bundesrepublik Deutschland vor allem seit Mitte der 1960er Jahre, bewusst und lebendig gemacht

und zum Allgemeingut. Bis dahin galt in der Bundesrepublik für den Begriff „Interessenvertretung" Ähnliches wie für seinen Wortteil „Interesse": Es wurde als Modewort herabgesetzt (Volkslexikon 1979, 170).

2 Interessenvertretung in privaten Unternehmen und öffentlichen Einrichtungen

In der noch jungen Geschichte der organisierten Interessenvertretung wirtschaftlich abhängiger Bevölkerungsteile ist die in den Institutionen der Privatwirtschaft und am Arbeitsplatz die jüngste. Gerade die Unternehmensverfassungen gelten selbst in demokratischen Staaten weithin als demokratieresistent. Das Anrecht auf stärkere Beteiligung der Arbeiter und Angestellten an allen betrieblichen Entscheidungen bleibt darum aktuell. In der Gemeinschafts-charta der sozialen Grundrechte der Arbeitnehmer, von den Staats- und Regierungschefs der Europäischen Gemeinschaft 1989 in Straßburg verabschiedet, wird gefordert (Ziff. 17): „Unterrichtung, Anhörung und Mitwirkung der Arbeitnehmer müssen in geeigneter Weise, unter Berücksichtigung der in den verschiedenen Mitgliedstaaten herrschenden Gepflogenheiten, weiterentwickelt werden". In den Sozialenzykliken der Päpste wird in unterschiedlicher Intensität stets die Mitwirkung der abhängig beschäftigten Menschen verlangt. In diesen Ermahnungen der höchsten katholischen Autorität finden sich immer wieder Gebote wie die nach „Achtung der Rechte und der Bedürfnisse aller, besonders der Armen, der Gedemütigten und der Schutzlosen" (s. Enzykliken „Ut Unum Sint", 1995 und „Deus Caritas Est", 2005). Die Forderung nach „mehr Demokratie in der Wirtschaft" ist zeitgemäß und stand als Motto über der Jubiläumsveranstaltung des Deutschen Gewerkschaftsbundes zur 30-Jahrfeier des Mitbestimmungsgesetzes von 1976.

Seit dem Montan-Mitbestimmungsgesetz von 1951, dem Betriebsverfassungsgesetz von 1952 und dem Personalvertretungsgesetz von 1955 müssen sich Unternehmensstrukturen den demokratischen Regeln wie Mitbeteiligung, Mitsprache, Mitwirkung und Mitbestimmung der Arbeiter und Angestellten anpassen. Dieses Kollektivrecht, das im Wesentlichen ein Stellvertreterrecht nach demokratischen Grundsätzen direkter, freier und geheimer Wahlen ist, wurzelt in Rechtsnormen der Weimarer Republik, vor allem im Betriebsrätegesetz von 1920. Seit den 1970er Jahren wird aber durch unternehmensnahe Experten nachdrücklich und anhaltend gefordert, das kollektive Recht der Interessenvertretung im Betrieb durch ein individuelles zu beschränken oder sogar zu ersetzen (Biedenkopf 1974, 74 ff.). Dem gegenüber steht das Konzept der Interessenvertretung durch die direkte Mitbestimmung des einzelnen am Arbeitsplatz, gleichrangig verbunden mit einer repräsentativen Interessenvertretung durch gewählte Organe (Vilmar, 1971, 98). Es lässt sich von dem Grundsatz leiten, dass das Recht auf demokratische Wirtschafts-, Betriebs- und Arbeitsstrukturen aus dem Faktor Arbeit abzuleiten ist, dem der gesellschaftliche Vorrang vor dem Faktor Kapital eingeräumt wird, weil er mit dem Menschen und seiner lebendigen Arbeitskraft und damit der Mehrheit des Volkes als Träger der demokratischen Staatsgewalt untrennbar verbunden ist. Die Vorrangstellung der Arbeit vor dem Kapital wird ebenso von Gewerkschaftsseite begründet wie in den päpstlichen Sozialenzykliken. Sie wird zudem aus Artikel 33 Abs. 1 GG abgeleitet: „Jeder Deutsche hat in jedem Lande die gleichen staatsbürgerlichen Rechte und Pflichten", damit auch an jedem Ort das Recht auf Ausübung der verfassungsmäßigen Grundrechte. Die erwerbswirtschaftlichen Betriebe des allgemeinen Arbeitsmarktes sind darin eingeschlossen.

3 Interessenvertretung am Arbeitsplatz

Der Begriff Arbeitsplatz ist erst 2004 in der Arbeitsstättenverordnung präzise definiert worden (vgl. § 2 Abs. 2 ArbStättV n. F.). Inzwischen wurde seine Bedeutung aufgrund des wirtschaftlichen Wandels weiterentwickelt. Als Arbeitsplatz gilt der räumliche Bereich innerhalb einer Arbeitsstätte, in dem der vertragsgemäß vereinbarte Arbeitsauftrag durch sozialversicherungspflichtige abhängig Beschäftigte verrichtet wird. Für die Pflicht von Unternehmen, schwer behinderte Arbeitnehmer zu beschäftigen, erläutert § 73 SGB IX den Begriff „Arbeitsplatz". Die entscheidende Rechtsnorm zur Durchsetzung demokratischer Strukturen auf Arbeitsplätzen in den privatwirtschaftlichen Unternehmen, das Betriebsverfassungsgesetz von 1972 in seiner heutigen Fassung, wurde durch das Schwerbehindertengesetz von 1974 um die Mitwirkung einer eigenen Interessenvertretung der schwer behinderten Arbeitnehmer ergänzt. Dabei wurde den jeweiligen Räten der Beschäftigten – den Betriebsräten, Personalräten, Richter- und Präsidialräten – auferlegt, auf die Wahl eines „Vertrauensmannes" der schwer behinderten Beschäftigten hinzuwirken (§ 20 SchwbG). Nach den Grundsätzen des Mehrheitswahlrechts müssen seit dem in Betrieben und Dienststellen mit wenigstens fünf schwer behinderten Beschäftigten Vertrauensleute und ihre Stellvertreter gewählt werden (§ 21 SchwbG).

Zur Sicherung der Teilnahme am Arbeitsleben gilt das Schwerbehindertengesetz von 1974 bis heute als eine ganz herausragende Rechtsnorm. Es nahm Einfluss auf das Betriebsverfassungsgesetz, hatte Signalwirkung über die Bundesrepublik Deutschland hinaus und fand Eingang in das Neunte Buch im Sozialgesetzbuch von 2001 (SGB IX), dem Rehabilitationsgesetz. Seine wesentlichen Bestimmungen, auch die über die Vertrauensmänner, finden sich schon im Kriegsfolgegesetz der Weimarer Republik „über die Beschäftigung Schwerbeschädigter". In seiner

Fassung vom 12. Januar 1923 ist es „eines der besten sozialpolitischen Gesetze nach dem 1. Weltkrieg" (Jung & Cramer 1987, 3 ff.).

Das Schwerbehindertengesetz von 1974 war politisch ein tief greifender Fortschritt. Es löste sich vom bisherigen Kausalprinzip und orientierte sich nur noch am Finalprinzip, ließ also die Gründe der Behinderung außer Acht und stellte alle behinderten Arbeitnehmer in ihren Rechtsansprüchen gleich, unabhängig von Ursache und der Art ihrer Behinderung. Den politisch Beteiligten war klar, dass die dadurch geschützten Beschäftigten ihre Interessen mit Hilfe des Vertrauensmannes sowohl gegenüber dem Arbeitgeber als auch der kollektiven Interessenvertretung – Betriebs- oder Personalräte – durchsetzen müssen. Deshalb wurde die Schwerbehindertenvertretung zusätzlich zu den kollektiven Räten geschaffen und mit besonderen Rechten ausgestattet. Ihre weitreichende Aufgabenstellung umfasst vier Schwerpunkte: Eingliederung fördern, Interessen vertreten, Beratung sichern und Hilfe anbieten (§ 95 Abs. 1 SGB IX). Gegenüber den kollektiven Räten erhielt sie schon 1974 das Recht, an allen Betriebsratssitzungen teilzunehmen und sogar dessen Beschlüsse vorübergehend aussetzen zu können, die sie „als eine erhebliche Beeinträchtigung wichtiger Interessen der Schwerbehinderten" ansehen (§ 22 SchwbG). Dem Arbeitgeber wurde eine weitreichende Informations- und Anhörungspflicht auferlegt.

Das SGB IX löste 2001 das Schwerbehindertengesetz ab, übernahm alle wesentlichen Rechtsnormen für die Arbeit der von den schwer behinderten Beschäftigten gewählten Vertrauenspersonen und verstärkte darüber hinaus einige Vorschriften zu ihren Gunsten (§§ 93 ff. SGB IX). Die frühere Soll-Bestimmung, nach der die Kollektivräte auf die Wahl einer Schwerbehindertenvertretung hinwirken sollen (§ 20, Satz 2 SchwbG), ist eine unbedingte Pflichtregelung geworden (§ 93, Satz 2 SGB IX). Sie kann Einfluss auf deren Tagesordnung nehmen, ist bei deren Beratungen mit dem Arbeitgeber hinzuzuziehen und hat ein erweitertes Rederecht auf Be-

triebs- und Personalversammlungen erhalten (§ 95 Abs. 4, Abs. 5, Abs. 8 SGB IX). Wie die gewählte Vertrauensperson wurde ebenso das stellvertretende Mitglied der Schwerbehindertenvertretung in seinen Rechten gestärkt, insbesondere für die Teilnahme an Bildungs- und Schulungsveranstaltungen (§ 96 Abs. 4 SGB IX). Die seit 1974 geltende Verpflichtung des Arbeitgebers, seinerseits einen Beauftragten für die Angelegenheiten der schwer behinderten Beschäftigten zu bestellen (§ 25 SchwbG), wurde durch das Neunte Buch im Sozialgesetz weiter konkretisiert: Diese Person „soll nach Möglichkeit selbst ein schwer behinderter Mensch sein" (§ 98 SGB IX).

Wesentlich komplizierter als bei den Arbeitnehmern gestaltete sich die Interessenvertretung bei solchen Personen, die zwar am Arbeitsleben teilnehmen, aber nicht am erwerbswirtschaftlichen, sondern an einem geschützten und besonders angepassten. Es ist die Bevölkerungsgruppe, die ihrer Behinderung wegen nicht, noch nicht oder noch nicht wieder auf dem allgemeinen Arbeitsmarkt tätig sein kann. Für sie, die mehrheitlich als geistig behindert bezeichnet wird und als geschäftsunfähig gilt (§§ 104 ff. BGB), wurde vom Deutschen Bundestag mit den „Grundsätzen zur Konzeption der Werkstatt für Behinderte" von 1974 (BT-D 7/3999) ein völlig neuer Typus von Arbeitsstätten geschaffen: die heute in allen Rechtsnormen als „Werkstätten für behinderte Menschen" bezeichneten Einrichtungen des angepassten Arbeitslebens (§§ 136 ff. SGB IX). Sie arbeiten in keiner privatwirtschaftlich organisierten Arbeitsstätte, auf keinem Arbeitsplatz i. S. § 73 SGB IX und sind nach geltendem Recht keine Arbeitnehmer. Für diese Personengruppe hatte die Bundesregierung schon in ihren Überlegungen zu einer verordnungsrechtlich gesicherten Interessenwahrnehmung von 1979 eine „angemessene Mitwirkung" als notwendig angesehen.

Mit der 1980 in Kraft getretenen Werkstättenverordnung wurde die Mitwirkung als fachliche Anforderung an die Werkstatt formuliert (§ 14 SchwbWV a. F.). Unter Mitwirkung ist aber nicht die eingeschränkte Form der Einflussnahme zu verstehen ist, wie sie das Betriebsverfassungsgesetz kennt: „Mitwirkung umfasst alle Formen der Beteiligung – von der Unterrichtung über die Anhörung, die Mitsprache bis hin zur Mitbestimmung" (Jung & Cramer 1987, 727). Zahlreiche Werkstattträger hatten bereits vor der Werkstättenverordnung Interessenvertretungsorgane der behinderten Beschäftigten unter verschiedenen Bezeichnungen und unterschiedlicher Zusammensetzung initiiert: Sprecherräte, Mitarbeiterräte, Behindertenvertretung u. a. Andere Werkstattträger hatten Zweifel, ob Menschen, die nach Abschluss einer Sonderschule die allgemeinen Kulturtechniken wie Lesen, Schreiben und Rechnen kaum oder gar nicht beherrschen, überhaupt in der Lage sind, eigene Interessen zu erkennen, zu vertreten und deren Durchsetzung einzufordern. Die praktischen Erfahrungen in den Werkstätten führten bis Ende der 1990er Jahre zu dem Ergebnis, dass Interessenvertretungsregelungen sinnvoll sind, die dem Betriebsverfassungsgesetz nachgebildet sind. „Modifikationen waren im Hinblick auf den Personenkreis der Werkstattbeschäftigten, die zu mehr als 85 % geistig behindert und großenteils nicht geschäftsfähig sind, erforderlich" (Cramer 2006, 321). Am 25. Juni 2001 wurde die Werkstätten-Mitwirkungsverordnung (WMVO) für die im Arbeitsbereich der Werkstätten Beschäftigten erlassen. Ihre inhaltlichen Regelungen gelten für alle amtlich anerkannten Werkstätten unabhängig von ihrer Trägerschaft, auch wenn den kirchlichen Werkstattträgern das Recht auf eigenständige Regelungen zugestanden wurde. Der Deutsche Caritasverband und das Diakonische Werk haben für ihre Einrichtungen eigene Bestimmungen aufgrund der vorgegebenen Rechtsgrundlage getroffen, die nicht hinter der staatlichen Rechtsverordnung zurückbleiben.

Den Werkstatträten wurden weitgehende Mitwirkungsmöglichkeiten eingeräumt. Allerdings gesteht die entscheidende Rechtsgrundlage (ab 1996 § 54c SchwbG, seit 2001 § 139 SGB IX) den einzelnen Werkstattbeschäftigten nicht mehr die eigene Mitwirkung zu, sondern nur noch die Vertretung ihrer Interessen durch die kollektiven Räte (§ 14 WVO). Deren Rechte zur Interessenwahrnehmung der Werkstattbeschäftigten im Arbeitsbereich wurden nachdrücklich gestärkt, konkretisiert und in der Mitwirkungsverordnung aufgelistet. Die Rechtsnorm unterscheidet zwischen den sogenannten allgemeinen Aufgaben (§ 4 WMVO), den Mitwirkungsrechten (§ 5 WMVO), den Unterrichtungsrechten (§ 7 WMVO) und dem Versammlungsrecht (§ 9 WMVO) der Werkstatträte. Ausdrücklich ist die Möglichkeit vorgesehen, dass sich Werkstatträte von Verbänden und Gewerkschaften beraten lassen können (§ 8 WMVO), zur Werkstattversammlung externe Fachleute hinzuladen (§ 9 WMVO), sich auf eine Vertrauensperson aus der Werkstatt zu stützen und für die laufende Arbeit auch Dienstleistungen einer Bürokraft in Anspruch nehmen zu können (§ 39 WMVO).

Die Entwicklung der Interessenvertretung ist weder in den Werkstätten noch in der Erwerbswirtschaft abgeschlossen. Eine rechtlich abgesicherte Kombination von individueller und kollektiver Interessenvertretung am Arbeitsplatz steht ebenso aus wie die Weiterentwicklung der Mitbestimmung in den europa- und weltweit agierenden Unternehmen.

Literatur

Biedenkopf, Kurt (1974): Fortschritt in Freiheit. Umrisse einer politischen Strategie. München

Cramer, Horst H. (2006): Werkstattbeschäftigten für behinderte Menschen. Kommentar. 4. Aufl., München

Grimm, Jacob & Grimm, Wilhelm (1854): Deutsches Wörterbuch. Bd. 10

Jung, Karl & Cramer, Horst (1987): Schwerbehindertengesetz. Kommentar. München

Meyers Großes Konversationslexikon (1905): Bd. 9

Neues Großes Volkslexikon (1979): Bd. 5

Sozialenzykliken (1891): Rerum Novarum; Quadragesimo Anno (1931); Mater et Magistra (1961); Populorum Progressio (1967); Laborem Exercens (1981)

Vilmar, Fritz (1971): Mitbestimmung am Arbeitsplatz. Neuwied

Interessenvertretung in Institutionen

Bettina Schneider

1 Definitionen, Begriffs- und Gegenstandsgeschichte

Wer als behinderter Mensch auf eine umfassende Versorgung, Pflege, Erziehung und Bildung in einer Komplexeinrichtung zurückblickt, in der sich lebenslang alle Lebensbereiche wie Wohnen, Arbeit und Freizeit auf einem großen abgegrenzten Gelände in Gebäudekomplexen abspielen, weiß sowohl um die Bedeutung eines Gesamt- und Dienstplanes einer Organisation [→ VI Institution und Organisation] als auch um die individuellen Einschränkungen der Nutzer. Da sich Bedürfnisse und Interessen immer an dem „Geist" einer Organisation orientieren müssen, bleiben eigentliche Fähigkeiten und Möglichkeiten, auch bei wohlwollender Unterstützung, oftmals unentdeckt. Wer hingegen als junger Mensch, als Frau oder Mann mit Behinderung das Recht kennen lernt, ein selbst bestimmtes Leben zu leben, wird Beteiligung als Lern- und Bildungsprozess erfahren, sich selbst als Bürgerin und Bürger unserer Gesellschaft verstehen und sich immer für eine Vielfalt in der Welt aussprechen.

Das Thema Interessensvertretung in Institutionen – die Mitsprache, Mitwirkung und Mitbestimmung behinderter Menschen in Einrichtungen – kann nicht ohne den normierten defizitorientierten Behinderungsbegriff, den historischen und gesellschaftlichen Kontext und die behindertenpolitische Forderung nach Selbstbestimmung betrachtet werden [→ Politische und soziale Partizipation; → VI Paternalismus]. Grundlegend von Bedeutung ist auch die Verständigung darüber, wie weitgehend über eine Beteiligung auf Entscheidungen Einfluss genommen werden kann. Darüber hinaus ist bei der Umsetzung der Interessen von Frauen und Männern mit

Behinderung der Blick vermehrt auf allgemeine Menschen- und Bürgerrechte zu richten.

Unter der Berücksichtigung der Interessen behinderter Menschen verstand man lange Zeit anstelle von Mitsprache und Mitbestimmung vor allem Fürsorge und Wohlfahrt – das Sicherstellen von Versorgung und Pflege in eigens dafür errichteten Institutionen (Stiftungen, Einrichtungen). An die Stelle der sogenannten Anstalten ist ein differenziertes Angebot an Hilfen in Sondereinrichtungen getreten. Die zunehmende Differenzierung von Einrichtungsstrukturen und Etablierung spezifischer Hilfen in den letzten vier Jahrzehnten galt einerseits als Fortschritt, andererseits trug dieses System zunehmend zu Desintegration bei, indem es behinderte Menschen ausschließlich auf Sonderbereiche der Bildung, der Arbeit und des Wohnens verwies (vgl. Hermes 2006). Für Menschen mit Behinderung in Sondereinrichtungen impliziert dies vielfach, dass andere über ihre Bedürfnisse und Interessen ebenso entscheiden wie über die Ziele, die mit spezifischen Hilfen und Diensten verfolgt werden [→ VI Personenorientierte Hilfen, Soziale Netzwerkförderung, Umfeldkonzepte].

Um gegen diese Entwicklung der gesellschaftlichen Ausgrenzung und Entmündigung vorzugehen, schlossen sich nach amerikanischem Vorbild bereits ab Mitte der 1970er Jahre behinderte Menschen in Interessensgruppen zusammen mit dem Ziel, sich für die Anerkennung behinderter Menschen als Bürgerinnen und Bürger einzusetzen (Independent Living; Krüppelbewegung; Selbstbestimmt-Leben-Bewegung). Die neuen politischen Bewegungen stellten alle Arten von Sondereinrichtungen sowie den herrschenden Normalitätsbegriff radikal infrage und forderten als Zielperspektiven Selbstbestimmung, gesetzliche Gleichstellung und gemeindenahe Lebens- und Unterstützungsformen (vgl. Miles-Paul 1992). Noch immer tritt die Selbstbestimmt-Leben-Bewegung für die vollständige Auflösung aller Sondereinrichtungen und die Integration aller erforderlichen Unterstützungsleistungen in gesellschaftlich übliche Dienstleistungen ein. Nach wie vor lehnt sie es ab, dass Fürsprecher sich für die Belange behinderter Menschen einsetzen, vielmehr sollen diese sich selbst vertreten („Nicht über uns ohne uns.“; People-First-Bewegung). Der für das Europäische Jahr der Behinderten (2003) gewählte Slogan „Nicht über uns ohne uns!“ wurde zum Leitsatz der Behindertenbewegung und zielt auf eine konsequente Einbeziehung und Selbstbestimmung behinderter Menschen als „Expertinnen und Experten in eigener Sache“. Weltweit setzen sich mittlerweile auch Frauen und Männer mit Lernschwierigkeiten in Netzwerken der People-First-Bewegung in Selbstvertretungsgruppen für die Belange und Interessen behinderter Menschen in der Öffentlichkeit ein (vgl. Engelmeyer 2005; Göbel 1999). Infolge der gemeinsamen aktiven Beteiligung an der Gleichstellungs- und Teilhabediskussion konnten die politischen Interessensgruppen bis heute an entscheidenden gesetzlichen Veränderungen mitwirken (Benachteiligungsverbot 1994; SGB IX 2001; Behindertengleichstellungsgesetz 2002; UN-Konvention 2006).

2 Erkenntnisse und Probleme

Mit dem Paradigmenwechsel [→ I Paradigma und Paradigmawechsel] – der Ablösung des Fürsorgegedankens durch den Teilhabegedanke – finden sich zunehmend die Leitideen der Behindertenbewegung nicht nur in politischen Diskursen zur Partizipation vor, sondern die Prämissen Normalisierung, Integration [→ Normalisierung, Integration, Lebensqualität], Eigenkompetenz sowie Selbstbestimmung [→ II Selbstbestimmung/Autonomie]

tauchen zunehmend auch in neueren Konzepten von Leistungsanbietern im Bereich von Einrichtungen der Behindertenhilfe auf. Vor dem Hintergrund des behindertenpolitischen Selbstbestimmungs- und Teilhabeverständnisses stellt sich bei stationären Leistungen zur Eingliederung/Teilhabe die Frage nach der tatsächlichen Umsetzung der Interessensvertretung junger Menschen [→ Interessenvertretung in Kindheit und Jugend], erwachsener Frauen und Männer mit Behinderung in Einrichtungen sowie ihrer Perspektive, hier insbesondere im Bereich des Lebens und Wohnens [→ Wohnen; → Leben im Heim]. Die Betreuungs- und Unterstützungsangebote im stationären Bereich sind mittlerweile so stark ausdifferenziert, dass die tatsächlichen Beteiligungsmöglichkeiten behinderter Menschen an ihrer individuellen Lebensgestaltung nur schwer zu bestimmen sind. Der Anspruch auf Mitbestimmung wird auch in abgestuften Wohnkonzepten häufig durch strukturelle Zwänge eingeengt, die mit der institutionellen „Anstaltslogik“ und Finanzierung von Plätzen einhergeht. In Deutschland ergab sich für das Jahr 2003 eine Gesamtzahl von etwa 5 100 stationären Einrichtungen für behinderte Menschen mit knapp 179 000 Plätzen (vgl. BMFSFJ 2006).

Eine Präzisierung der Klärung und Umsetzung von Interessensgruppen behinderter Menschen in Einrichtungen eröffnet folgende allgemeine Formel: Wer partizipiert wie und an was (vgl. Petersen 1999, zit. n. Kriener 2001)? Die Frage nach dem „Wer“ zeigt auf, dass es nicht zwangsläufig um die direkte Beteiligung der „Adressaten“ in Einrichtungen gehen muss. Häufig werden die Interessen behinderter junger Menschen und Erwachsener durch Dritte oder von Trägern und Einrichtungen selbst formuliert. Die Frage nach dem „Wie“ beinhaltet, wie weitgehend die Betroffenen durch die Beteiligung auf Entscheidungen Einfluss nehmen können (z. B. Hilfeplanung, Zielvereinbarung, Zukunftsplanung). Die Frage nach dem „Was“ bezieht sich auf konkrete Bereiche, in denen Einfluss genommen wird. Besonders letzteres verdeutlicht, ob Menschen mit Behinderung in Einrichtungen tatsächlich eine inhaltliche und formelle Beteiligung zugestanden wird.

Grundgedanke jeder Interessensvertretung (jeder Interessensgruppe) ist die Mitbestimmung, das heißt, Menschen und Unternehmen, die von gesellschaftlichen Entscheidungen oder anderen Entscheidungen und Entwicklungen betroffen sind, die Gelegenheit der Mitsprache und darüber hinaus die Beteiligung an Entscheidungen zu geben (Interesse, lat. interesse = dabei sein, von Wichtigkeit sein; Partizipation, lat. particeps = an etwas teilnehmend; zugehöriges Verb: partizipieren = Beteiligung, Teilhabe, Mitwirkung, Mitbestimmung, Einbeziehung; Hillmann 2007, 388 ff.). Obwohl die Begriffe „Beteiligung" und „Partizipation" häufig synonym verwendet werden, findet sich der Begriff der Partizipation in der Behindertenhilfe eher selten. Deutlich pointiert beschrieb Petersen (zit. n. Kriener 2001) Partizipation anhand folgender Bewertungsskala (s. Abb. 1), aus der sich die Form und Intensität der Partizipation bzw. Teilnahme und Teilhabe behinderter Menschen in Einrichtungen deutlich ablesen lassen.

Entscheidend für die Interessensvertretung in Einrichtungen ist, ob sie durch gesetzliche Grundlagen ausdrücklich untermauert wird und vom Einrichtungsträger „gewollt" ist [→ VI Rechtsgrundlagen von Teilhabe und Gleichstellung]. Mit der Schaffung des (bundesrechtlichen) Heimgesetzes im Jahre 1974 sollte unter Schutz- und Beteiligungsaspekten die Mitwirkung erwachsener Bewohnerinnen und Bewohner bei der Gestaltung des Heimlebens durch den Gesetzgeber abgesichert werden (HeimG). Anders als die Regelungen im SGB VIII (Einrichtungen für Kinder und Jugendliche gem. §§ 45 ff. SGB VIII) sieht das Heimgesetz vor, dass in der Form einer Rechtsverordnung Mindestanforderungen in baulicher und personeller Hinsicht festgelegt werden, ebenso die Mitwirkungsrechte der HeimbewohnerInnen durch Heimbeiräte oder Heimfürsprecher (vgl. Heimmitwirkungsverordnung, HeimmV 2002). Besonders mit dem 3. Änderungsgesetz (HeimG 2001) wurden wesentliche Fragen aufgegriffen, die zur Weiterentwicklung der Heimmitwirkung beitrugen. Wesentliche Kernpunkte innerhalb der Interessensvertretung waren die Einbindung externer Personen in die Heimbeiräte, die Mitwirkung bei Leistungs-, Qualitäts-, Vergütungs- und Prüfvereinbarungen sowie die allgemeine Stärkung des Verbraucherschutzes (vgl. Mingot et al.

Strategie Manipulation Therapie (Behandlung)	Nicht-Beteiligung
Information Beratung Beschwichtigung	Quasi-Beteiligung
Partnerschaftliche Aushandlung Delegation von Entscheidungs- kompetenz an die AdressatInnen	Partizipation
Autonomie	

(Quelle: Kriener 2001, 134)

Abb. 1

2007). Diese Themen wurden durch das am 01.01.2009 in Kraft getretene „Wohn- und Teilhabegesetz" in Nordrhein-Westfalen noch weiter gesetzlich verankert. Als wichtiges Element des Paradigmenwechsels berücksichtigt das SGB IX zusätzlich einen neuen Selbstbestimmungsansatz und einen größeren Schutz der Privatsphäre im Rahmen stationärer Leistungen (vgl. BMFSFJ 2006). Welche Folgen die Föderalismusreform (2006) auf das Heimrecht auf lokaler Ebene nach sich ziehen wird, kann zurzeit noch nicht abgesehen werden.

Trotz erweiterter Mitwirkungsmöglichkeiten verfügen die Heimbeiräte (Fürsprecher, Ersatzgremien) in Einrichtungen für behinderte oder ältere Menschen lediglich über Mitwirkungsrechte, d. h., die Entscheidungsbefugnis und damit die Verantwortung für die Entscheidungsbefugnis bleiben beim Einrichtungsträger. Ebenso entsprechen die Mitwirkungs- und Mitentscheidungsmöglichkeiten in Werkstätten für behinderte Menschen einer bloßen Mitsprache, da die Werkstätten nach wie vor aus dem Geltungsbereich des Betriebsverfassungsgesetzes und somit aus dem Bereich der gesetzlich verankerten Mitbestimmung ausgenommen sind.

Ein grundsätzliches Problem für die Interessensvertretung besteht darin, dass es in Einrichtungen – dies bezieht sich nicht nur auf Kinder und Jugendliche in Heimen, sondern auch auf Erwachsene in Wohneinrichtungen – für die direkt Betroffenen wie auch Angehörigen oftmals nur begrenzte Möglichkeiten gibt, sich über das Machtgefälle einer Einrichtung hinwegzusetzen [→ Macht, Herrschaft, Gewalt]. Aus der Jugendhilfe ist bekannt, dass Kinder und Jugendliche meistens nicht in der Lage sind, festgestellte Missstände, deren Ursachen oft in den strukturellen Bedingungen liegen, direkt gegenüber der Leitung oder Heimaufsicht anzusprechen. Es besteht besonders für diejenigen (jungen) Menschen, die auf Dauer in einer Einrichtung leben, eine deutliche Abhängigkeit. Dieser institutionellen Abhängigkeit stehen die Grundrechte gegenüber, die besonders der Heimaufsicht

verbraucherschutzähnliche Funktionen zuweisen, und bei denen sich die Bewohnerinnen und Bewohner von Einrichtungen zunehmend als „Qualitätsmesser" einer Einrichtung etablieren. Der Heimbeirat wird in die Qualitätssicherung und in die Überwachung durch die Heimaufsicht einbezogen.

Während in Diskussionen mit Fachkräften immer mal wieder die Frage auftaucht, ob und wie weit sich mit Kindern oder Erwachsenen mit Behinderung Mitsprache und Mitbestimmung in Einrichtungen realisieren lasse, mangelt es Bewohnerinnen und Bewohnern in Einrichtungen häufig an Informationen und Unterstützung bei der Ausübung ihrer Mitwirkungsmöglichkeiten. Richtungweisend sind Erkenntnisse aus Tagungen und Schulungen des Netzwerks People First Deutschland, in denen Betroffene in der Rolle als Referentin und Referent andere Menschen aus Einrichtungen und Werkstätten über ihre Rechte und Mitwirkungsmöglichkeiten informieren. Die Information und das Wissen um die eigenen Rechte und Beteiligungsmöglichkeiten stellen eine wesentliche Grundvoraussetzung für Beteiligung in Einrichtungen dar. Von inhaltlicher Bedeutung ist ebenfalls die ernst gemeinte Kundeneinbeziehung sowie Beteiligung an den Kontrollen bei der Zusammenarbeit zwischen der Heimaufsicht und dem Heimbeirat: „Schließlich geht es bei der Kontrolle der Einrichtungen darum, wie unser Leben in den Einrichtungen ist. Deshalb sollten wir auch entscheidend an den Kontrollen beteiligt werden", so Groß vom Netzwerk People First Deutschland (Groß 2002, zit. in kobinet-nachrichten 2003). Da sich Heimgesetz und Heimmitwirkungsverordnung wesentlich an den Belangen der Altenhilfe orientieren, nehmen Schulungen für Heimbeiräte in Einrichtungen von und für junge und erwachsene Menschen mit Behinderung bei der Ermächtigung zur Selbstvertretung eine bedeutsame Rolle ein. Ob eine Interessensvertretung in Einrichtungen sich auf der Ebene der Partizipation (Autonomie) bewegt, kann letztendlich nur aufgrund der subjektiven Einschätzung der Beteiligten erfasst werden.

Bis heute gibt es allerdings nur begrenzt sozialwissenschaftliche Erkenntnisse zur Situation der Mitwirkung in Heimen (vgl. Mingot et al. 2007). Laut der Ergebnisse einer Studie zur „Lebensqualität von Menschen mit schwerer Behinderung in Heimen" ist das übergreifende Ziel der Partizipation an allen subjektiv bedeutsamen Lebensbereichen im weit gefassten Verständnis der Weltgesundheitsorganisation (WHO 2001) für die meisten Frauen und Männer mit Schwerbehinderung nur punktuell realisiert. Die Normalisierung der Lebensbedingungen bezieht sich in erster Linie auf institutionelle Strukturen (vgl. Seifert 2002).

3 Ausblick

Angesichts dieser Erkenntnisse ist die reale Mitbestimmung in allen Lebensbereichen ein zentrales Thema politischer Debatten hinsichtlich der Partizipation behinderter Menschen. Verstärkt ist über ein Leben in der Gemeinde und die Orientierung an individuellen bedarfsorientierten Unterstützungsangeboten nachzudenken (i. S.: „Daheim statt Heim."). Für die Fortentwicklung einer gemeinsamen Kultur der Partizipation bedarf es der verstärkten Beteiligung politischer Interessensgruppen und Selbsthilfeorganisationen an zukünftigen Reformprozessen sowie einer Definition von Beteiligung, die Menschen mit Behinderung als Nutzerinnen oder Nutzer bzw. als Expertinnen und Experten in der Beurteilung von Dienst- und Unterstützungsleistungen anerkennt. Interessensgruppen sind bei den zukünftigen Herausforderungen – auch vor dem Hintergrund des gesellschaftlichen und demographischen Wandels [→ Demographie, demographischer Wandel] – verstärkt politisch einzubeziehen, damit sich die Träger besser auf die Bedürfnisse und Interessen von Menschen mit Unterstützungsbedarf einstellen, vorhandene finanzielle Ressourcen gezielter genutzt werden und dem Gedanken zur In-

tegration/Inklusion Rechnung getragen werden kann [→ Politische Beteiligungsverfahren und kommunale Interessensvertretung]. Als notwendig erweist sich gleichermaßen ein „neues Denken" über Interessensvertretung in Einrichtungen. Künftige Forschungsarbeiten sollten sich mit der effektiven Umsetzung und Wirkung von Beteiligung behinderter junger Menschen, Frauen und Männer im Alltag befassen. Da der Anspruch der Interessensvertretung von und für Menschen mit Behinderung verschiedenste Formen der Repräsentanz in allen Lebensbereichen voraussetzt, gilt es, den Widerspruch, der in der Interessensvertretung in Einrichtungen beinhaltet ist, aufzuklären. Die Auflösung dieses Widerspruchs ist ein weiterer wichtiger Schritt in Richtung Bürgergesellschaft.

Literatur

BMFSFJ-Bundesministerium für Familie, Senioren, Frauen und Jugend (2006): Erster Bericht des Bundesministeriums für Familie, Senioren, Frauen und Jugend über die Situation der Heime und die Betreuung der Bewohnerinnen und Bewohner. URL: http//:www.bmfsfj.de/Publikationen/heimbericht/7-Stationare-einrichtungen-der-behinderteneinrichtungen-der-behindertenhilfe/7-5strukturdaten-der-stationaren-behindertenhilfe.html (Stand: 15.08.2006)

Bundesinitiative – Daheim statt Heim (2007). URL: http://www.bundesinitiative-daheim-statt-heim.de. Berlin

Engelmeyer, Elisabeth (2005): Das eigene Leben in die Hand nehmen. Mitglieder der People-First-Bewegung erzählen über Selbstbestimmung von „behinderten" Menschen. Kassel

Groß, Petra (2002): „Wir lernen mehr über den Heimbeirat". URL: http://Iv-selbsthilfe-berlin.de/ kobinet.html (Stand: 16.07.2003)

Göbel, Susanne (1999): „Wir vertreten uns selbst!" Ein Arbeitsbuch zum Aufbau von Selbsthilfegruppen für Menschen mit Lernschwierigkeiten. In: Bildungs- und Forschungsinstitut zum selbstbestimmten Leben Behinderter – bifos e. V. (Hrsg.): Schriftenreihe zum selbstbestimmten Leben Behinderter. Bd. 5, Kassel

Heimgesetz-HeimG (1974/2001): Heimgesetz in der Bekanntmachung v. 05.11.2001. URL: http:// bundesrecht.juris.de/heimg/BJNR018730974.html

Heimmitwirkungsverordnung-HeimmV (2002). In: BMFSFJ – Bundesministerium für Familie, Senioren, Frauen und Jugend (2004): Der Heimbeirat – Rechte und Pflichten von Heimbewohnerinnen und Heimbewohner. Broschüre

Hermes, Gisela (2006): Von der Segregation über die Integration zur Inklusion. URL: http://www.zedis.uni-hamburg.de/wp-content/uploads/2007/01/segr

Hillmann, Karl-Heinz (2007): Wörterbuch der Soziologie. 5. Aufl., Stuttgart

Kriener, Martina (2001): Beteiligung als Gestaltungsprinzip. In: Birtsch, Vera et al. (Hrsg): Handbuch der Erziehungshilfen. Münster, 128–145

Miles-Paul, Ottmar (1992): Wir sind nicht mehr aufzuhalten. Behinderte auf dem Weg zur Selbstbestimmung. München

Mingot, Karl et al. (2007): Forschungsprojekt „Evaluation der Heimmitwirkung". In: Endbericht an das Bundesministerium für Familie, Senioren, Frauen und Jugend in Bonn. Institut für soziale Infrastruktur, Frankfurt a. M.

Mörsberger, Thomas (2006): In: Wiesner, Reinhard (2006): SGB VIII Kinder- und Jugendhilfekommentar. 3. Aufl., München, 834 ff.

Seifert, Monika (2002): Menschen mit schwerer Behinderung in Heimen. Kölner Lebensqualität-Studie. In: Geistige Behinderung 41, 3, 202–222

Technologien

Emil Erich Kobi

1 Definition, Begriffsgeschichte

Technologie ist ein schillernder Begriff. Zunächst ist die neuzeitlich durch nachlässige Übersetzung von engl. „technology" und „technique/technic" beförderte Bedeutungsvermischung von *Technik* und *Technologie* aufzulösen, zumal der moderne Slang „Technologie, technologisch" auch da gern als Blähwort benutzt, wo eigentlich „Technik, technisch" angemessen wäre. Der Begriff der *Technik* ist dreifältig (Fischer 1996, 256):

- „Gesamtheit der Einrichtungen und Verfahren zur Erschließung und zur Nutzung der natürlichen Stoff- und Energiequellen sowie die Anwendung der naturwissenschaftlichen Erkenntnisse für die zivilisatorische Befriedigung der Bedürfnisse der Menschen";

- „Gesamt der Kunstgriffe und Verfahren, die auf einem bestimmten Gebiet üblich sind, also eine lehrbare Methode bzw. Arbeitsweise";

- „die das virtuose Talent voraussetzende Kunstfertigkeit bei der Erzielung einer speziellen Leistung".

Die indoeuropäische etymologische Wurzel von „Technik" geht auf „flechten", „das Holzwerk des Hauses zusammenfügen" zurück. Auch das griechische τέχνη, *techné* umfasste mit „Fähigkeit, Kunstfertigkeit, Handwerk" ursprünglich mehr als industrielle Produktionsweisen und ingenieurwissenschaftliche Verfahren, auf die der Begriff „Technik" in der Moderne oft eingeengt wird. Neben der Befriedigung materieller werden auch kulturelle und spirituelle Bedürfnisse durch Anwendung von Techniken gedeckt. So auch durch den Einsatz wissenschaftlich als unwirksam und/oder irrational geltender Formen (wie z. B. magische Techniken).

Technik als Handlungsfertigkeit ist in sämtlichen Bereichen menschlicher Aktivitäten anzutreffen: im Sport (Technik des Stabhochsprungs), in der Kunst (Technik der Aquarellmalerei), im Bildungswesen (Technik des Lehrens und Lernens), in Alltagsaktivitäten (Technik des Fensterputzens) u. a. m. Die Beispiele machen auch deutlich, dass der Begriff „Technik" verschiedentlich synonym mit „Methodik" verwendet wird.

Der Begriff *Technologie* findet sich seit dem 18. Jahrhundert im Zusammenhang mit dem Paradigmenwechsel von der Natureinordnung zur technischen Naturbeherrschung durch den Menschen und den sich damit stellenden Sinnfragen. Unter Technologie (griech. τεχνολογία, *technología* = Herstellungs- bzw. Verarbeitungslehre) versteht man – ähnlich dem Verhältnis von Methodik/Methodologie – den reflexiven, theoretischen und lehrhaften Überbau, d. h. die Art und Weise, die Strategie und Logistik, nach welcher technische Gegebenheiten und Möglichkeiten in einem bestimmten gesellschaftlichen Kontext entwickelt, eingesetzt und beurteilt werden. Technologie ist somit ein Unterbegriff von Technik und bezieht sich auf deren Anwendungsweisen: Eine *technische* Frage bezieht sich auf die apparatliche Leistung und Funktionstüchtigkeit und stellt eine Herausforderung für Techniker dar. *Technologische* Fragen hingegen stellen sich bzgl. der Art und Weise der Adaptation, der Handhabung, der optimalen Verwendung und erweisen sich als eine Aufgabe für Anwender und Beurteiler. Unter dem Technologietitel werden dementsprechend auch die Sparten der Technikphilosophie, -ethik, -soziologie subsumiert.

2 Problemfeld und Erkenntnisstand

Heilpädagogisch stehen hauptsächlich technologische Probleme an: Fragen des personen- und entwicklungsstufengemäßen, kontext- und situationsadäquaten problemlösungsorientierten Einsatzes bestimmter Techniken, wie z. B.

- Schallverstärkung und -differenzierung (durch Hörhilfen) für Hörbehinderte;
- Vergrößerung, Beleuchtung und Konturierung figuraler Gebilde und Texte (durch

Brillen, Lupen, Beleuchtung, Farbgebung) für Sehbehinderte;
- effiziente Fortbewegung (mittels Stöcken, Krücken, mechanischen/elektrischen Rollstühlen) für Körperbehinderte;
- Informations- und Kommunikations-Technik (IKT) elektronischer Art (sog. „Neue Technologien");
- sowie im erweiterten Sinne spezielle Vorgehensweisen, wie sie auch unter dem Begriff „Methoden" zur Darstellung gelangen: Behandlungs-/Therapietechniken; Instruktions-/Unterrichtstechniken; Beratungs-/Kommunikationstechniken u. a. m.

Bis in die Neuzeit erfolgten technische Entwicklungen hauptsächlich im handwerklich-mechanischen und damit in einem weitgehend einsichtigen Bereich und für die meisten Menschen auf eine sinnlich und kognitiv nachvollziehbare Art. Erste Bemühungen um wissenschaftliche Begründungen finden sich von der Renaissance weg. Später kamen messende und experimentelle Verfahren dazu und in der weiteren Folge dann auch gezielte Berechnungen und Planungen. Die Trias Industrie – Technik – Naturwissenschaft (zu der sich im Westen der Kapitalismus als Produktivkraft gesellte) führte vom 19. Jahrhundert und anhaltend bis in die Gegenwart zu einem weltumspannenden Technik- und Technologieboom. Eine ausgeprägte Ideologisierung erfuhr technisches Denken in der materialistischen Politphilosophie sowjetischer Konvenienz („ein Pädagoge ist ein Ingenieur von Menschenseelen", Kalinin, M. I.). Diese bestimmte später auch paradigmatisch die „Polytechnische Erziehung" im Bildungswesen der DDR.

In der Heilpädagogik spiegeln sich diese Entwicklungen im Umstand wider, dass über Jahrhunderte Stock und Krücke – abgesehen von wenig effizienten und nicht allgemein zugänglichen Instrumenten zur verbesserten Schallnutzung und Objektvergrößerung – praktisch die einzigen technischen Hilfsmittel für Behinderte blieben und dadurch zum Emblem für Gebrechlichkeit wurden. Im 19. und vor allem dann im 20. Jahrhundert breitete sich in den Industriestaaten sodann aber die Rehabilitationstechnik/-technologie exponentiell aus. Deren *surrogate Kompensatorik* keilt sich heutzutage mit einer beachtlichen (auch wirtschaftlichen) Dynamik zwischen das auf *Heilung ad integrum* ausgerichtete Medizinal- und das mit *Kompetenzerweiterung ad personam* befasste Bildungssystem.

Technologische Themenkomplexe, die direkt und indirekt auch die Heilpädagogik berühren, lassen sich in folgenden Punkten zusammenfassen:

- Natur und Technik werden zwar oft als Gegensatz gesehen. Dennoch sind gegenseitige Bezüge nicht zu übersehen. Zum einen ahmt Technik Natur häufig nach oder (über-)steigert sie. Zum andern beeinflussen technologisches Denken und technisches Handeln das Verhältnis des Menschen zu (seiner) Natur und Lebenswelt und die Umgangsweisen damit in erheblichem Maße. Daraus ergibt sich eine umfassende Entfremdungsproblematik, die oft kulturpessimistisch unter Titeln wie: Entmenschlichung, Entsinnlichung, Sinnverlust, Warencharakter, anonyme Austauschbarkeit der Human Ressources u. ä. abgehandelt wird.

- Eine für die Pädagogik zentrale Frage betrifft die Beeinflussung der Art des zwischenmenschlichen Umgangs durch technische Vollzüge. Was der spanische Jesuitenpater B. Gracian mit seiner im „Handorakel" (1647) erläuterten Erfahrung, wonach durch geschickte Steuerung niedrigster Beweggründe „die Daumenschraube eines jeden zu finden" sei und ein Jahrhundert später der französischer Arzt J. O. de La Mettrie mit seinem „Homme machine" (1748) („Le corps humain est une Machine qui monte elle-même ses ressorts …") vorskizziert hatten, fand im technischen Fortschritt der Neuzeit progredient zu ausdifferenzierten praktischen Anwendungen. Handwerkliche und naturhafte Metaphern des Erziehungsgeschehens (Tonklümpchen und Töpfer; Kinderpflan-

ze und Gärtner) wichen gleichzeitig dem technologischen Bild vom programmierbaren Design-Kind als einem ad ultimo förderbaren Ausbeutungsobjekt. Die Sprache ist durchsetzt mit technischen Vokabeln zur Beschreibung intra- und interpersonaler Austauschprozesse, und eine Vielzahl technoformer Rezeptologien zur Handhabung von Kindern und technokratischen Verwaltung von Bildungsinstitutionen überschwemmen den Markt. So stellt sich die alte Frage immer wieder neu, ob und wie weit technische Modelle und Methoden übertragbar und geeignet sind auf/ für interpersonale Kommunikationsweisen. Probleme der Pässlichkeit/Stimmigkeit, der Vergewaltigung und versächlichenden Reduktion des Subjekts bzw. der Ausklammerung und nichtig erklärten, da technisch nicht handhabbarer Phänomene und Themen werden denn auch kontrovers diskutiert.

- Auch was die Wertung technischer Entwicklungen und des Technischen Zeitalters insgesamt anbetrifft, schwanken die Einschätzungen zwischen den Extremen von Faszination und Diabolisierung. Im historischen Verlauf kulminierte eine sich bis in die Sciencefiction-Literatur hinein steigernde Technik-Begeisterung im 19./20. Jahrhundert. Diese wich neuzeitlich dann aber vermehrt skeptischen Positionen und auch düsteren Utopien (A. Huxley, G. Orwell).

- Technik ist sowohl für den Einzelnen wie auch für ein ganzes Kollektiv zweifellos mit einem ungeheuren Macht- und Verfügungszuwachs verbunden. Technisierung gilt für Gesellschaften weitum als gleichbedeutend mit kultureller und politischer Überlegenheit und fortgeschrittener Entwicklung. Der sog. „Stand der Technik" ist ein Maßstab hierfür. Zugleich werden technische Entwicklungen aber auch, z. B. in Hinblick auf Massenvernichtungswaffen und globale Umweltverschmutzung, zunehmend als bedrohlich und eine kaum mehr kontrollierbare Hybris erlebt.

- Pädagogik hatte von Alters her eine ausgeprägte Affinität zu Technologie und Technik, zumal sie meistenteils auf eine Methodologie zur Erreichung kirchlich und/oder gesellschaftsdoktrinär vorgegebener Erziehungs- und Unterrichtsziele verwiesen war. Daher das ostinat beklagte „Technologie (eigentlich: Technik-) defizit" und die seit dem 17./18. Jahrhundert progrediente Methodenbeflissenheit (vgl. neben A. Comenius, W. Ratke und vielen anderen auch J. H. Pestalozzis intensive Suche nach dem „Faden *der* Methode").

Parallel dazu hielt eine Pädagogik der Existenz (von Sokrates über Montaigne und Rousseau bis neuzeitlich zu T. Litt, M. Buber, O. F. Bollnow u. a.) immer wieder auf skeptische Distanz zu uneingeschränkter Verfügungsgewalt (manipulativer, propagandistischer, entmündigender Art) der Definitionsmächte gegenüber individueller Auctotitas und deren Selbstentfaltungsstreben.

Die Nähe der Heilpädagogik zu verschiedenen medizinischen Spezialdisziplinen brachte es mit sich, dass selbst die Auseinandersetzung mit Technik und Technologie seit je direkter und konkreter stattzufinden hatte als in der Regelpädagogik.

Bezeichnend dazu ist die Aussage von P. Weibel auf dem Symposium der Ars Electronica 1994 in Linz: „[...] die Elektronik ist reine Behindertentechnologie [...] Weil wir von Natur aus Behinderte sind [!], besitzen wir Technik. Die zentrale Metapher für die Funktion der Technik ist der Behinderte". Das „Mängelwesen Mensch" (J. G. Herder im 18., A. Gehlen im 20. Jh.) stand offensichtlich sowohl hier wie auch der geläufigen Floskel „Wir alle sind behindert!" Pate.

Ein Wesensmerkmal der Technik liegt zweifellos darin, die Grenzen des Möglichen auszureizen, und das Machbare drängt mit Macht zum Machen! *Vorbehalte* werden in der Perspektive eines demokratischen Egalitarismus heutzutage freilich rasch als ein *Vorenthalten* empfunden.

Auch im Behindertenwesen ist aus egalitärer Perspektive Me-too!-Forderungen nichts entgegenzuhalten angesichts des Umstandes, dass unter dem herrschenden Konsumismus (Alle, alles, sofort, bestens!) Technik/Technologie nicht nur Bedürfnisse befriedigt, sondern gleichzeitig auch weckt.

Der Glaube, dass es sich für den Menschen nicht gezieme, sich über seine naturhafte Ausstattung hinausstrebend den Göttern gleichzustellen und dadurch deren Zorn, Eifersucht und Rache hervorzurufen, wie dies die Ikarus-Sage ins Bild setzt, ist nur noch als verblasste Mahnung präsent und durchquert allenfalls nach Katastrophen jeweils kurzfristig das kollektive Bewusstsein. Desgleichen haben sich Warnungen vor „Pleonexie" (der Summation unersättlicher Begehrlichkeit, Anmaßung und Herrschsucht) durch ständige Wiederholung allmählich verbraucht.

Dennoch ist nicht zu verkennen, dass Orthesen und Prothesen behinderten Menschen nicht nur einen Potenzzuwachs, sondern sie gleichzeitig auch in Abhängigkeit davon bringen: im Extremfall (eines Beatmungsgeräts z. B.) bis zu einer solchen existenziellen Art. Dasselbe gilt für Umfeldadaptationen und Optimierungen im lebensweltlichen Kontext, wo technische Errungenschaften ebenfalls eine zentrale Rolle spielen: Lifte, individuelle Arbeitsplatzeinrichtungen, Spezialfahrzeuge. Auch da stellen sich permanent Ermessensfragen bezüglich des maximierten und flächendeckenden Ausbaustandards.

Damit verknüpft sich die Frage des Surrogats/der Surrogation und mithin der Ich-Identität, des Selbst(-wert-)gefühls, der Denaturierung, der Wesensentfremdung und immer wieder des mit der Abhängigkeit von technischen Surrogaten erkauften Sieges über die Natur.

In einer technisch hoch gerüsteten Pushbutton-Culture sind weder funk- noch automobiltechnische Kenntnisse erforderlich, um Radio zu hören und Auto zu fahren. So nahm im technischen Zeitalter das Anwendungswissen gegenüber dem Begründungswissen massiv überhand. Das Wissen und Können der Menschheit haben zwar exponentiell zugenommen, nicht jedoch gleichermaßen das des einzelnen Menschen. Wir leben als Verband von Laien reihum in kollektiver technischer/technologischer Abhängigkeit von Spezialisten.

Mittels Taschenrechner und einem elementaren Know-how betreffs Tastenbedienung sind heute zwar auch geistig Behinderte in der Lage, anspruchsvolle Rechenoperationen zu richtigen Ergebnissen zu steuern. Ist die Erreichung arithmetisch korrekter Resultate jedoch ein Beleg für erlangte Rechenfertigkeit? „Wir" können heute, dank Technik, *in der Tat* Vieles, was wir als Einzelne strukturell und funktionell allerdings oft nur vage verstehen. Technische Surrogate haben offensichtlich auch eine egalisierende Wirkung und sind ein moderner Beleg für die Relativität und die Situationsabhängigkeit eines Behindertseins.

3 Ausblick

Die technologische Pivot-Frage (um die sich letztlich alles „dreht" und die die Technik nicht selber zu beantworten vermag) ist daher jene nach dem Verhältnis von Können und Sollen: Soll Technik alles können, was sie kann/könnte? Und umgekehrt: Kann Technik alles, was menschlich (und so auch pädagogisch) erforderlich ist? Gibt es nicht nur Grenzen des (technisch/objektiv) Machbaren, sondern auch des (technologisch/subjekthaft) zumutbar und verantwortbar Realisierungswürdigen?

Technik erreicht die für die Pädagogik existentiellen Konstituenten nicht: Beziehung und Wertorientierung. „Das sittliche Handeln ist eine reflexive, sich auf das Subjekt selbst beziehende Tätigkeit" (Fischer 1996, 269). Gemeinsame Daseinsgestaltung lässt sich nicht in Ausrichtung auf das technologische Paradigma kausal-linearer Machbarkeit auf ein bloßes Problem reduzieren, das seinem Wesen gemäß prinzipiell lösbar ist. Pädagogik kann sich so wenig in Social Technology erschöpfen wie Staatsführung in Technokratie.

Technik und Technologie laufen auf an der paradoxalen Grundstruktur erzieherischer Aufgaben und entsprechender Handlungen. Erfolgreiches technisches Wirken hat transparente Problemstrukturen zur Voraussetzung. Pädagogische Probleme hingegen sind opak: durchschimmernd, nur partiell und passager durchsichtig. In einer zeitweiligen „Black box" wie der des menschlichen Subjekts verlieren Techniken daher rasch die Orientierung. Technik hat Handhabbarkeit und diese ihrerseits Objekthaftigkeit zur Voraussetzung. Die Grenzen technischer Steuerbarkeit des Menschen und technologischer Paradigmen fallen zusammen, sind mit jenen zwischen Objekt- und Subjektwelt. Menschen sind stets beides: Objekte und Subjekte und ihre Möglichkeiten, sich als Subjekte objektivierenden Gängelungen zu entziehen, sind schwankend und unberechenbar (vgl. Non-compliance-Problematik).

Beispiele liefern Orthesen-/Prothesen-Anpassungen im Rahmen subjektiver Bewältigungsstrategien. Das jeweils aktuelle personale Handling auch quantitativ und qualitativ identischer Einschränkungen ist enorm variantenreich. Die objektive Ausmessung einer Seh-/Hör*schädigung* z. B. ist das Eine, das beobachtbare subjekthafte Hör-/Seh*verhalten* ein Anderes (und diesfalls das pädagogisch Bedeutsamere).

Eine umfassende Behinderten-Rehabilitation hat sich *sowohl* mit Fragen der Handhabbarkeit technischer Instrumente *als auch* mit deren inter- und intrapersonalen Adaptation und Integration zu befassen. Die konzertierte Zusammenarbeit von Kompensationstechnik und subjektorientierten pädagogischen Bemühungen ist unverzichtbar, sollen behinderte Menschen je ihr eigenes integrales (techno-)logisches Gesamtkonzept optimal entwickeln können.

Literatur

Fischer, Peter (Hrsg.) (1996): Technikphilosophie. Leipzig

Barrieren

Helmut Heck

1 Begriffsbestimmung: Allgemeiner Barriere-Begriff

Allgemein definiert ist eine Barriere eine Schranke, ein Hindernis oder ein erhebliches Hemmnis, welches räumliche Bereiche voneinander trennt oder abgrenzt. Sie verhindert, behindert oder hemmt die Ausübung eines Bestrebens, einer Absicht oder eines Verlangens.

Beispiele: Barrieren begegnen uns viel öfter und an viel mehr Stellen, als es uns bewusst ist. So – kann z.B. ein Bergrutsch einen Gerölldamm bewirken, der sich als Barriere dem gewohnten Verlauf einen Bergflusses in den Weg stellt und das Wasser am natürlichen Bestreben, bergab zu fließen, zunächst hindert, das Flussbett anstauen lässt und den Fluss möglicherweise einen neuen Weg suchen lässt. – So kann ein Fluss für einen Wanderer beim Betrachten Grund zur Freude sein, ihm dann aber augenblicklich zur Barriere werden, wenn er seinen Weg zu einem Ort jenseits des Flusses fortsetzen will. – So kann die Bordsteinkante eines Bürgersteigs für einen Rollstuhlfahrer, der die Straße überqueren will, zu einer Barriere werden, während dieselbe Bordsteinkante dem Blinden eine Leitlinie beim Gehen ist und ein gut erkennbares, verlässliches Zeichen gibt, dass er den sicheren Bereich des Bürgersteigs verlässt und den unsicheren Bereich der Straße betritt. – So kann ein Verkehrsschild mit der Bedeutung „Durchgang für Fußgänger verboten" verbunden mit einer Verbotsvorschrift mit Strafandrohung eine psychologische Barriere darstellen, den Weg wie geplant fortzusetzen, vorausgesetzt der Fußgänger nimmt das Schild wahr und kennt dessen Bedeutung. – So kann allein die irrige Annahme, dass der Durchgang verboten ist, den Fußgänger von der Benutzung abhalten. – So kann ein Zaun um das Gelände eines Kindergartens die Kinder von den Gefahren des Straßenverkehrs schützen, den Zutritt Unbefugten oder älteren Jugendlichen verwehren, den Kindern einen beschränkten Raum der Freiheit (zum Spielen) geben, aber auch dem Freiheitsdrang (zum Weglaufen) Grenzen setzen und das gemeinsame Spielen mit einem nicht der Gruppe angehörigen Freund verhindern; die Erzieherinnen in der Ausübung ihrer Aufsichtspflicht entlasten und ihnen mehr Möglichkeit zum pädagogischen Arbeiten geben; die Kindergartenarbeit rechtlich absichern.

Die Beispiele machen Folgendes deutlich: Barrieren können gegenständlich oder abstrakt, natürlich oder menschengemacht, absichtlich oder (als Barriere) unbeabsichtigt erstellt, bewusst wahrgenommen oder unbewusst erfahren, hinweisend und leitend oder verbietend und umleitend, diskriminierend oder Exklusivität wahrend, regulierend oder deregulierend, schützend oder beengend, trennend oder zusammenführend oder -haltend, Freiheit gebend oder nehmend, Sicherheitsgefühl gebend oder beängstigend usw. sein. – Personen, Gegenstände, Vorschriften, Sitten, Gewohnheiten, Ansichten, Einstellungen, (Un-)Fähigkeiten etc. sind keine Barrieren an sich, sondern stellen möglicherweise Barrieren für etwas Lebendes bzw. Veränderliches dar. Damit drückt das „Barrieresein" ein Verhältnis bzw. eine Wirkungsbeziehung aus und ist damit individuell und subjektiv, kontext- und intentionsabhängig und somit auch zeitlich veränderlich. – Dasselbe Ding kann für dieselbe Person mal eine Barriere darstellen, mal nicht. Dasselbe Ding kann für verschiedene Personen gleichzeitig eine Barriere oder verschiedene Barrieren darstellen – mit unterschiedlichen Wirkungen – und auch nicht.

So unterschiedlich wie die Eigenschaften bzw. Wirkungen von Barrieren sind, wurden und werden Barrieren *bewusst* für unterschiedliche Zwecke eingesetzt und sind damit ein Mittel der Machtausübung, ob regulierend oder leitend, schützend oder abwehrend, einschließend, ausschließend oder diskriminierend.

2 Zentrale Erkenntnisse und Probleme

2.1 Barrieren für bzw. gegen Menschen mit Behinderungen

Auch wenn praktisch alle Menschen von Barrieren betroffen sind, gibt es (a) Barrieren, die *beabsichtigt* speziell für bzw. gegen Menschen mit Behinderung errichtet wurden, und (b) Barrieren, die sich *unbeabsichtigt* nur oder in besonderem Maße auf Menschen mit Behinderung auswirken.

Beabsichtigte Barrieren – Barriereaufbau

Über die letzten Jahrhunderte hat sich die Einstellung [→ II Stigma/Vorurteil] der Gesellschaft gegenüber Menschen mit Behinderung gewandelt. Dass jemand behindert war, zeigte sich konkret daran, dass Dinge für ihn Barrieren darstellten, die für die Masse der anderen Menschen keine Barriere waren. Somit waren Barrieren Indikatoren für Behinderung. Ausgehend von einer europäisch-christlichen Ethik wurde für behinderte Menschen gesorgt (*Fürsorgeprinzip*), einhergehend aber mit einer weitgehenden Entmündigung dieser Personen. Untermauert wurde die praktizierte Unmündigkeit durch die Lehren der Aufklärung: Nur wer seinen Willen nach seinen eigenen Prinzipien gebrauchen kann, der kann zur Mündigkeit und Freiheit kommen. Damit legitimierte die Aufklärung die Unfreiheit und den Freiheitsentzug derjenigen behinderten und alten Menschen, die man für nicht (mehr) vernunftfähig hielt. Mit der Aufklärung, der

später einsetzenden Industrialisierung und Verarmung der Massen kam das Anstaltswesen [→ Leben im Heim] auf, das mindestens bis zur Psychiatriereform in den 70er Jahren des 20. Jahrhunderts die Unterstützung und Fürsorge von behinderten, kranken und alten Menschen prägte. Die Anstaltsmauern waren als Barrieren positiv besetzte Steuerungselemente in mehrfacher Hinsicht: vermeintlicher Schutz der Versorgten vor der Gesellschaft und der neuen, krankmachenden Zeit; Schutz der Gesellschaft vor den Versorgten. Diese Barrieren waren gewollt: verschlossene Türen, verriegelte Fenster, Badewannen mit verschließbaren Deckeln, Gitterbetten und Holzschuhe, die das Weglaufen erschwerten. Gehandhabt wurden die Barrieren als Mittel der Machtausübung von dem aufkommenden Stand der Irrenärzte und von den untergeordneten Wärtern.

Unbeabsichtigte Barrieren – Barriereabbau

Mit den verbesserten medizinischen, therapeutischen und pädagogischen Möglichkeiten ab den 50er Jahren des 20. Jahrhunderts wurde die Förderung von Menschen mit Behinderung verstärkt (*Förderprinzip*). In Bezug auf Barrieren bedeutet dies, dass die Fähigkeiten der Personen ausgebildet und gestärkt werden, so dass sich dann weniger Dinge für die betreffende Person als Barriere darstellen. Das Aufkommen neuer Technologien [→ Technologien] und ein finanzstärkeres Sozialsystem erlaubten eine ausgeweitete *Versorgung* von Menschen mit Behinderung mit technischen Hilfsmitteln (Rehabilitationstechnologie, Assistive Technologie), die die persönlichen Fähigkeiten ergänzen und ausweiten und damit Barrieren – wieder auf Seiten der Person – reduzieren. Erst im späten 20. Jahrhundert setzte sich ein wesentlicher Blickwechsel durch: Während bislang „Behinderung" als ein Defizit einer Person angesehen wurde, eine Person also behindert ist, wurde zunehmend erkannt, dass eine Person auch (vermeidbar) durch ihre Umwelt behindert wird, das Defizit also in der Umwelt liegt. Dieses neue Bewusstsein beflügelte endlich den Barriereabbau auf Seiten der Dinge bzw. gesellschaftlichen Verhältnisse, um eine uneingeschränkte Teilhabe am gesellschaftlichen Leben auch für Menschen mit Behinderung zu ermöglichen.

Der Barriere-Begriff der ICF

Diese Sichtweise findet sich auch in der ICF (Internationale Klassifikation der Funktionsfähigkeit, Behinderung und Gesundheit; WHO 2005) [→ VI ICF]. In der Terminologie der ICF gehören Barrieren zu den auf die Umwelt bezogenen Kontextfaktoren (Umweltfaktoren) mit negativer Wirkung. „Umweltfaktoren bilden die materielle, soziale und einstellungsbezogene Umwelt, in der Menschen leben und ihr Leben gestalten. Diese Faktoren liegen außerhalb des Individuums und können seine Leistung als Mitglied der Gesellschaft, seine Leistungsfähigkeit zur Durchführung von Aufgaben bzw. Handlungen oder seine Körperfunktionen und -strukturen positiv oder negativ beeinflussen" (DIMDI 2005, 21). „Barrieren sind (vorhandene oder fehlende) Faktoren in der Umwelt einer Person, welche die Funktionsfähigkeit einschränken und Behinderung schaffen. Diese umfassen insbesondere Aspekte wie Unzugänglichkeit der materiellen Umwelt, mangelnde Verfügbarkeit relevanter Hilfstechnologie, negative Einstellungen der Menschen zu Behinderung, sowie Dienste, Systeme und Handlungsgrundsätze, die entweder fehlen oder die verhindern, dass alle Menschen mit Gesundheitsproblemen in alle Lebensbereiche einbezogen werden" (DIMDI 2005, 147). Im Sinne der ICF findet der Begriff „Barriere" in Bezug auf die eigene Person und in Bezug auf eine leitende oder schützende Funktion keine Anwendung.

Beispiele von Barrieren

Barrieren können in praktisch allen Lebensbereichen auftreten, z.B.: topographische Gegebenheiten, Unwegsamkeit des Geländes, Pollenflug, Klima und Wetter in der natürlichen Umwelt; Treppen, fehlende Handläufe, fehlende Orientierungshilfen, mangelnde Beleuchtung in Gebäuden; enge Türen, ein enges Badezimmer, ein niedriger Toilettensitz, ein hoher Badewannenrand in Wohnungen; fehlende oder ungeeignete Fußgängerampel und Bordsteinkanten im Wohnumfeld; Einstiegsstufen oder -spalten, fehlende oder belegte Stellplätze für Rollstühle in Verkehrsmitteln; unhandliche Bedienelemente oder eine komplizierte Bedienung von Geräten; zu kleine und enge Tasten, ein kleines und kontrastschwaches Display, unverständliche Funktionen und Menüführung am Mobiltelefon; schwer zu öffnende Verpackungen (Kraft, Fingerfertigkeit, Beweglichkeit) und unlesbare oder unverständliche Aufschriften von Ver-/Gebrauchsgegenständen; die Funktionsunfähigkeit eines vorhandenen Hilfsmittels; die inkonsistente Bedienung oder unerwartetes Verhalten von Software; fehlende Alternativen für Standard-Bedienelemente für Eingabe und Ausgabe sowie die Komplexität von informationstechnischen Systemen; unstrukturierte oder ungeeignete Darstellungsform (z. B. ein Buch nur in gedruckter nicht aber elektronischer Form) von Information; komplexer Satzbau, Wortwahl, fehlende Erklärung von Abkürzungen in der Sprache; unterschiedliche Sprachen bzw. fehlender Gebärdendolmetscher beim Behördengang; Dienste oder Dienstleistungen, die Menschen mit Behinderung ausschließen bzw. nicht für sie geeignet sind; ein nicht verfügbarer, aber benötigter Dienst; benachteiligende oder ausgrenzende Vorschriften, Regelungen, Gesetze, Einstellungen, Weltanschauungen, Werte, Normen, Tabus in der Gesellschaft; eingeschränktes (Selbst-)Bewusstsein, falsche Vorstellungen, Vorurteile, Unsicherheit, Angst, „Barrieren im Kopf", fehlendes Wissen bzw. mangelnde Bildung, Gewohnheiten einer *anderen* Person (Dieselben Beschränkungen oder Hemmnisse in der *eigenen* Person werden jedoch gemäß ICF explizit nicht als Barrieren angesehen!).

Strategien im Umgang mit Barrieren

Prinzipiell gibt es verschiedene Strategien, die der Einzelne bzw. die Gesellschaft im Umgang mit Barrieren anwenden kann: Man kann *mit Barrieren leben*, d.h. die Einschränkungen oder Hemmnisse für sich akzeptieren. Man kann Barrieren *meiden*, d.h. sich einen barriereärmeren Lebensraum suchen. Man kann Barrieren *entmachten*, indem man seine eigene Einstellung bzw. Intention so ändert, dass die Barrieren als solche bedeutungslos werden. Man kann Barrieren *überwinden*, d.h. durch zusätzliche Anstrengung und ggf. unter Einsatz (technischer) Hilfsmittel kompensieren; sie ggf. als sportliche Herausforderung betrachten und an ihren Widerständen wachsen. Man kann Barrieren *umgehen*, d.h. Alternativen suchen. Man kann Barrieren *durchbrechen*, d.h. z.B. Vorschriften missachten und Tabus brechen, oder gegenständliche Barrieren *zerstören*. Man kann Barrieren *abbauen*, d.h. die Dinge, Einstellungen oder Verhältnisse, die Barrieren darstellen, ändern. Man kann zukünftig Barrieren *vermeiden*; dies setzt gute Kenntnisse der Anforderungen und Möglichkeiten sowie (persönlichen oder politischen) Willen voraus.

2.2 Barrierefreiheit

Barrierefreiheit als Ziel/Ideal/Utopie

Der Abbau und die Vermeidung von (negativen) Barrieren zielen auf das Ideal der Barrierefreiheit der Umwelt ab, um eine vermeidbare Einschränkung der Teilhabe am gesellschaftlichen Leben zu beseitigen – wohlwissend, dass es eine dauerhafte und vollständige Barrierefreiheit in einer sich dynamisch ändernden Umwelt mit unterschiedlichen und veränderlichen Bedürfnissen und Intentionen der vielen Akteure nicht geben kann.

In Deutschland, Österreich und der Schweiz gibt es ähnliche gesetzliche Bestimmungen, die zum Ziel haben, eine Benachteiligung oder Diskriminierung aufgrund von Behinderung auszuschließen [→ Europäische Behindertenpolitik; → VI Rechtsgrundlagen von Gleichstellung und Teilhabe].

Die Verankerung besteht schon auf verfassungsrechtlicher Ebene: Im Grundgesetz Deutschland (in Artikel 3 (3)): „Niemand darf wegen seiner Behinderung benachteiligt werden." Im Bundes-Verfassungsgesetz Österreich (in Artikel 7 (1)): „Niemand darf wegen seiner Behinderung benachteiligt werden. Die Republik (Bund, Länder und Gemeinden) bekennt sich dazu, die Gleichbehandlung von behinderten und nichtbehinderten Menschen in allen Bereichen des täglichen Lebens zu gewährleisten." In der Bundesverfassung der Schweizerischen Eidgenossenschaft (in Artikel 8 (2)): „Niemand darf diskriminiert werden, namentlich nicht [...] wegen einer körperlichen, geistigen oder psychischen Behinderung."

Auf zivilrechtlicher Ebene verbietet in Deutschland das Allgemeine Gleichbehandlungsgesetz (AGG), umgangssprachlich auch Antidiskriminierungsgesetz genannt, die ungerechtfertigte Benachteiligung u.a. wegen einer Behinderung in einigen aufgeführten sozialen (insbesondere beruflichen) Situationen – und damit auch implizit die Errichtung bzw. die Nutzung von Barrieren gegen Menschen mit Behinderung.

Auf der öffentlich-rechtlichen Ebene gibt es Behindertengleichstellungsgesetze: in Österreich das Bundesgesetz über die Gleichstellung von Menschen mit Behinderungen (BGStG 2005) und in Deutschland das Bundesgesetz zur Gleichstellung behinderter Menschen (BGG 2002). – In der Schweiz stellt das Bundesgesetz über die Beseitigung von Benachteiligungen von Menschen mit Behinderungen (BehiG 2002) einen Gesetzesrahmen für zivil- wie öffentlich-rechtliche Angelegenheiten.

Das BGG und die deutschen Landesgleichstellungsgesetze fordern von öffentlichen Einrichtungen die aktive Förderung des Ziels, „die Benachteiligung von behinderten Menschen zu beseitigen und zu verhindern sowie die gleichberechtigte Teilhabe [...] am Leben in der Gesellschaft zu gewährleisten und ihnen eine selbstbestimmte Lebensführung zu ermöglichen" – insbesondere in den Bereichen Bau, Verkehr und Information. Die Definition von Barrierefreiheit im § 4 BGG ist nutzerorientiert, wenn auch im Anwendungsbereich stark eingeschränkt. Sie löst frühere, an technischen Spezifikationen orientierte Definitionen ab: „Barrierefrei sind bauliche und sonstige Anlagen, Verkehrsmittel, technische Gebrauchsgegenstände, Systeme der Informationsverarbeitung, akustische und visuelle Informationsquellen und Kommunikationseinrichtungen sowie andere gestaltete Lebensbereiche, wenn sie für behinderte Menschen in der allgemein üblichen Weise, ohne besondere Erschwernis und grundsätzlich ohne fremde Hilfe zugänglich und nutzbar sind." Ähnlich formuliert das BGStG § 6 (5). Auch wenn in dieser Definition „zugänglich" und „nutzbar" als Teilaspekte der Barrierefreiheit unterschieden werden, wird der Begriff „zugänglich" im Sprachgebrauch oftmals synonym zu „barrierefrei" gebraucht.

Ergänzt werden die gesetzlichen Vorgaben durch konkretisierende Umsetzungsvorschriften, wie z. B. die Barrierefreie Informationstechnik-Verordnung (BITV 2002), die detaillierte Anforderungen an Internet-Auftritte und Bedienoberflächen von Computerprogrammen definiert.

Auf sozialrechtlicher Ebene regeln das Sozialgesetzbuch (SGB IX 2001) in Deutschland bzw. Gesetze der Länder oder Kantone die Leistungen für Menschen mit Behinderungen, „um die Selbstbestimmung und gleichberechtigte Teilhabe am Leben in der Gesellschaft zu fördern". Diese können auch geeignet sein, Barrieren oder Benachteiligungen zu vermeiden oder zu kompensieren.

Realisierung von Barrierefreiheit

Der Abbau von Barrieren erfolgt in gesellschaftlichen Prozessen, die mit dem Bewusstwerden bzw. Bewusstmachen von Barrieren und ihren Folgen beginnen. Ein grundsätzliches Problem besteht darin, dass auf der ei-

nen Seite Barrieren individuell unterschiedlich und konkret erfahren werden und damit die Anforderungen bzgl. Barrierefreiheit individuell unterschiedlich und teilweise widersprüchlich sind, während auf der anderen Seite technische und nichttechnische Systeme auf Zielgruppen mit einem abstrahierten, verallgemeinerten Anforderungsprofil ausgelegt sind.

Aus technologischer Sicht ist bei Geräten und baulichen, verkehrs- und informationstechnischen Anlagen auf eine *Kompatibilität* der Teilsysteme zu achten; die Beachtung von technischen Standards und Normen zur Barrierefreiheit ist geboten. So ist beispielsweise eine Reise für eine behinderte Person nur dann barrierefrei, wenn alle auf der Reise benötigten Infrastuktur-Elemente, also die vollständige „Reisekette", lückenlos barrierefrei nutzbar sind und die Übergänge zwischen angrenzenden Elementen (z. B. Höhe und Abstand zwischen Bahnsteig und Verkehrsmitteleinstieg) ebenfalls barrierefrei sind. Dazu gehört auch, dass Informationen auffindbar, gut erkennbar, in einfacher Sprache und in geeigneter Form bereitgestellt werden. – Eine barrierefreie, aber nicht (barrierefrei) zugängliche Insel(-lösung) ist nutzlos. Ggf. sind *redundante* Teilsysteme anzubieten, z. B. Treppe, Rampe und Aufzug, die alternativ verwendet werden können, oder akustische und optische Anzeige der nächsten Haltestelle (Zwei-Sinne-Prinzip). Beim Abbau von Barrieren für eine Personengruppe ist darauf zu achten, dass dadurch nicht eine Barriere für eine andere Gruppe entsteht, z. B. kann eine Bordsteinabsenkungen „ohne besonderen Belag" für Rollstuhlbenutzer ein Förderfaktor, für blinde Personen jedoch eine Barriere werden.

Im pragmatischen Umgang mit Barrieren kann es sehr hilfreich sein, wenn wenigstens ausreichende, zugängliche *Informationen* über Barrieren bzw. Barrierefreiheit verfügbar sind. Beispielsweise kann ein automatisches Fahrplanauskunftssystem eine den individuellen Bedürfnissen des Reisenden entsprechende barrierefreie Reisekette von

A nach B mit öffentlichen Verkehrsmitteln finden, solange der Öffentliche Personenverkehr wenigstens in Teilbereichen barrierefrei gestaltet ist.

Im Bemühen um barrierefreies Produktdesign werden Prinzipien für ein „Universelles Design" (auch: „Design für Alle") entwickelt. Der Lösungsansatz besteht darin, ein Produkt entweder direkt für alle potentiellen Anwender handhabbar oder es individuell anpassbar zu machen. Wenn beides nicht möglich ist, soll das Produkt über normierte Schnittstellen zu ergänzenden, alternativen Bediengeräten verfügen.

Die Prinzipien des Universellen Designs beziehen sich auf: eine *breite Nutzbarkeit* für Menschen mit unterschiedlichen Fähigkeiten; die *Flexibilität in der Benutzung* durch Unterstützung einer breiten Palette individueller Vorlieben und Möglichkeiten; *einfache und intuitive Benutzung*, unabhängig von der Erfahrung, dem Wissen, den Sprachfähigkeiten oder der momentanen Konzentration des Nutzers; *sensorisch wahrnehmbare Informationen*, indem notwendige Informationen effektiv zur Verfügung stehen, unabhängig von der Umgebungssituation oder den sensorischen Fähigkeiten der Benutzer; *Fehlertoleranz* zur Minimierung von Risiken und negativen Konsequenzen von zufälligen oder unbeabsichtigten Aktionen; *niedriger körperlicher Aufwand* für eine effiziente und komfortable Nutzung mit minimaler Ermüdung; *Zugänglichkeit*, insbesondere angemessene Größe und Platz für den Zugang, die Erreichbarkeit, die Handhabbarkeit und die Benutzung unabhängig von der Größe des Benutzers, seiner Haltung oder Beweglichkeit.

3 Ausblick

Abbau und Vermeidung von Barrieren liegen in der Verantwortung aller beteiligten Akteure und bleiben aufgrund der gesellschaftlichen, aber auch technologischen Entwicklungen eine dauerhafte Aufgabe. Die aktuelle Entwicklung zu einer „Informationsgesellschaft" birgt Möglichkeiten und Chancen, vorhandene Benachteiligungen zu mindern und Barrieren abzubauen, aber auch die Gefahr, neue Barrieren durch unzureichende bzw. ungeeignete Informationszugänge und Kommunikationsmethoden aufzubauen und damit die gesellschaftliche Teilhabe einiger Bevölkerungsgruppen stark zu beschränken. Die Aufgabe der Behindertenpädagogik kann u. a. darin bestehen, vorhandene und potentielle Barrieren und ihre Folgen im gesellschaftlichen Dialog bewusst zu machen; Strategien zur Bewältigung von Barrieren zu entwickeln, zu lehren und zu praktizieren. Sie selbst sollte Barrieren vermeiden, indem sie z. B. dafür sorgt, dass Informationsmaterial für und über Menschen mit Behinderung (z. B. ein Handbuch der Behindertenpädagogik) entsprechend der aktuellen technischen Möglichkeiten barrierefrei angeboten wird.

Literatur

DIMDI – Deutsches Institut für Medizinische Dokumentation und Information (Hrsg.) (2005): ICF – Internationale Klassifikation der Funktionsfähigkeit, Behinderung und Gesundheit. Übersetzung der Originalversion der WHO 2001. Köln

Foucault, Michel (1969): Wahnsinn und Gesellschaft: Eine Geschichte des Wahns im Zeitalter der Vernunft. (aus dem Französischen), Frankfurt a. M.

Europäische Behindertenpolitik

Alois Bürli

1 Begriffe und Vorgeschichte

Politik kann ganz allgemein umschrieben werden als „Kunst der Staatsverwaltung", die mit zielgerichteten Handlungen und Anordnungen für öffentliche Belange generell verbindliche Regeln sozialer Gemeinschaften oder eines bzw. mehrerer Staaten aufzustellen und durchzusetzen versucht. Dadurch initiiert und fördert sie den Prozess der gesellschaftlichen Veränderung. Es besteht keine Einigkeit darüber, welche der einschlägigen Begriffe (wie: Macht, Herrschaft, Konflikt, Frieden, Ordnung, Freiheit, Gemeinwohl) zum zentralen Gegenstand der Politik gehört.

Das Verständnis von Politik und ihrer vielschichtigen, mehrdimensionalen Wirklichkeit variiert von Kultur zu Kultur. Dem deutschsprachigen Begriff stehen drei englischsprachige Ausdrücke gegenüber (s. Brockhaus 2006, 655; Rohe 1994): *Policy* steht für die normative, inhaltliche Dimension (Grundsätze, Aufgaben, Ziele), *Politics* für den prozessualen Aspekt (Verfahren, Vorgehen) und *Polity* für den institutionellen Gesichtspunkt (Handlungsrahmen, Rechtsordnung, Tradition, Kultur, Gemeinwesen).

Dementsprechend erscheint Politik in verschiedenen institutionellen Formen (z. B. Demokratie, Diktatur) und in unterschiedlichen Bereichen (z. B. Sozial-, Bildungs-, Gesundheitspolitik). Für den Bereich der Behindertenpolitik ist nachfolgend zu prüfen, welche Aufgaben und Ziele (policy) sie mit welchen Mitteln und Strategien (politics) im europäischen Rahmen (polity) anvisiert und realisiert.

Behindertenpolitik bezieht sich inhaltlich selbstredend auf sog. „Behinderte", die aber hier nicht näher umschrieben werden können. „Behinderung" [→ II Behinderung als sozial- und kulturwissenschaftliche Kategorie] muss als allgemein verständlicher Begriff stehen bleiben, obwohl es diesbezüglich – auch im europäischen Raum und je nach Kontext – sehr unterschiedliche Auffassungen gibt (Europäische Kommission 2002). Zudem hat ein Wandel des Behindertenbegriffs auch zu einer veränderten Behindertenpolitik geführt (siehe 2.1). Durch Festschreibungen kann Behindertenpolitik zu Behindertenrecht führen und umgekehrt. Ferner unterstützt und begleitet sie die Behindertenpädagogik (vgl. Bürli 2007).

Europäische Behindertenpolitik operiert im institutionellen Rahmen *Europa*. Zugrunde gelegt wird hier nicht ein geographischer Begriff von Europa, sondern der politische Staatenbund in Form der Europäischen Union (EU) und der vorausgehenden Europäischen Gemeinschaft (EG). Nicht in Betracht gezogen werden die sehr uneinheitliche Behindertenpolitik in den einzelnen europäischen Ländern sowie die entsprechenden Aktivitäten europäischer Nichtregierungs-Organisationen. Diese Einschränkung bedeutet aber nicht, dass es daneben nicht auch andere behindertenpolitische Akteure (Selbsthilfegruppen, Fachleute, NGOs) gibt und geben soll. Nicht zu vergessen ist auch die Europa überdachende internationale Behindertenpolitik (vgl. UN).

Die *Entwicklung zu einer Europäischen Behindertenpolitik* geht Hand in Hand mit dem engeren politischen Zusammenschluss in Europa. Gleichzeitig ist der Wechsel von der Sozialhilfe hin zur Sozialpolitik eine Reaktion auf die negativen Auswirkungen der Industrialisierung und des Kapitalismus. Bereits mit der Bildung der Europäischen Gemeinschaft (EG) taucht eine *soziale Dimension des Binnenmarktes* auf (vgl. Bürli 1994). Explizit machte die Kommission der EG erstmals in den 1970er Jahren auf Probleme behinderter Menschen aufmerksam. In der 1989 unterzeichneten Sozialcharta der EG befasste sich einer der 13 Bereiche des dazugehörigen Aktionsprogramms mit dem Thema *Behinderung*. Zur Unterstützung des Problembewusstseins und der sozialpolitischen Aktionen schuf die EG 1981 auf Verwaltungsebene eine *Abteilung für die Aktionen zugunsten behinderter Mitmenschen*.

Seither wurden die behindertenpolitischen Absichten in den nachfolgenden Verträgen der EG/EU (siehe 2.2) sowie durch Aktionsprogramme und Gemeinschaftsinitiativen (siehe 2.5) in den Bereichen Recht, Soziales und Bildung (siehe 3) vertieft und erweitert.

2 Zentrale Erkenntnisse und Probleme

2.1 Strukturen und Strategien europäischer Behindertenpolitik

Um die europäische Behindertenpolitik verstehen und einordnen zu können, ist ein kurzer Blick auf ihre rechtlichen Grundlagen und institutionellen Rahmenbedingungen (polity) sowie auf ihre Instrumente und Strategien (politics) von Nutzen (für nähere Ausführungen: Bürli 2008).

Akteure europäischer Behindertenpolitik

Die offiziellen Akteure europäischer Behindertenpolitik sind die *Organe* der Europäischen Gemeinschaft (EG); sie, ihre Erlasse und Aktivitäten wurden weitgehend von der heutigen Europäische Union (EU) übernommen. Als Organe sind insbesondere zu erwähnen (vgl.: http://europa.eu.int):

- *Europäisches Parlament:* Volksvertretung der EU; Legislative zusammen mit dem Ministerrat
- *Rat der Europäischen Union:* Strategisches Organ, bestehend aus den Staats- und Re-

gierungschefs der Mitgliedsstaaten sowie dem Präsidenten der Europäischen Kommission
- *Europäische Kommission:* Ausführendes Organ; schlägt Rechtsvorschriften, politische Maßnahmen und Aktionsprogramme vor; verantwortlich für die Umsetzung der Beschlüsse des Parlaments und des Rates
- *EU-Ministerrat:* Wichtiges Entscheidungsorgan, zusammengesetzt aus Vertretern der Mitgliedsstaaten auf Ministerebene

Auf der Ebene der *Administration* ist die Generaldirektion V *Beschäftigung, soziale Angelegenheiten und Chancengleichheit* und darin die Unterabteilung für die *Eingliederung von Menschen mit Behinderungen* zuständig.

Verschiedene *übergreifende Gruppierungen*, bestehend aus Vertretern der Regierungsgremien und/oder der Verwaltung und Verbänden, sollen sicherstellen, dass die behindertenpolitischen Interessen auf allen Ebenen und in allen Bereichen berücksichtigt und untereinander koordiniert werden.

Der *Europarat*, 1949 gegründet (http://www.coe.int/), ist nicht identisch mit dem Rat der Europäischen Union. Als gesamteuropäische Organisation, die heute 47 Mitgliedsstaaten zählt, setzt sie sich ein für Menschenrechte, demokratische Stabilität und die Lösung aktueller gesellschaftlicher Herausforderungen. Zum Schutz der Rechte und der Würde behinderter Menschen hat der Europarat am 5. April 2006 einen Aktionsplan (Disability Action Plan 2006–2015) verabschiedet. In dieser behindertenpolitischen Empfehlung an alle Mitgliedsstaaten des Europarates weist er auf die Prinzipien der Nichtdiskriminierung, der Chancengleichheit und der Förderung der vollen Teilhabe behinderter Menschen hin.

Rechtsgrundlagen europäischer Behindertenpolitik

Mit der zunehmenden europäischen Einigung, beginnend mit der *Gründung der Europäischen Gemeinschaft (EG)* 1957 in Rom, wurde auch die europäische Behindertenpolitik immer stärker in den verschiedenen Verträgen (als primäres Gemeinschaftsrecht bezeichnet) grundlegend vorangetrieben. Die EG ist das Kernstück der Europäischen Gemeinschaften, die wiederum die wichtigste Säule der EU ist. Die Bezeichnung EU hat heute in der Umgangsprache die EG ersetzt, jedoch bleiben EU und EG vorderhand (bis zum Inkrafttreten einer EU-Verfassung) juristisch eigenständig.

Der *Vertrag über die Europäische Union* (EUV, 1992 in Maastricht unterzeichnet) brachte die bisher größten Änderungen der EG-Verträge. Von besonderer Relevanz ist hier der weitere Ausbau der EG als *Sozialgemeinschaft* auf der Grundlage der Gemeinschaftscharta der sozialen Grundrechte (1989). Auf eine Vereinheitlichung der Sozialsysteme unter den Mitgliedsstaaten verzichtet die EU angesichts sehr unterschiedlicher Auffassungen und Strukturen.

Auch beim Bereich (namentlich der allgemeinen und beruflichen) Bildung, der als einer der sechs neuen Politikbereiche Eingang in den Vertrag von Maastricht fand, geht es nicht um Harmonisierung oder Vereinheitlichung, sondern um die Entwicklung der europäischen Dimension im Bildungswesen, der Förderung der Mobilität, der Zusammenarbeit sowie des Informations- und Erfahrungsaustauschs. In diesen Zusammenhang gehören auch die EU-Bildungsprogramme (wie: ERASMUS, COMENIUS, GRUNDTWIG, LEONARDO) und die gegenseitige Anerkennung von Diplomen. „Die Gemeinschaft trägt zur Entwicklung einer qualitativ hoch stehenden Bildung dadurch bei, dass sie die Zusammenarbeit zwischen den Mitgliedsstaaten fördert und die Tätigkeit der Mitgliedsstaaten unter strikter Beachtung der Verantwortung der Mitgliedsstaaten für die Lehrinhalte und die Gestaltung der Bildungssysteme sowie der Vielfalt ihrer Kulturen und Sprachen erforderlichenfalls unterstützt und ergänzt" (Titel VIII: Sozialpolitik, allgemeine und berufliche Bildung und Jugend, Art. 126). Dasselbe gilt selbstverständlich auch für die Behindertenpädagogik.

Der *Vertrag über die Verfassung für Europa* (VVE, 2004 in Rom unterzeichnet) sollte den EG-Vertrag (1957) und den EU-Vertrag (1992) ablösen und der Europäischen Union eine einheitliche Struktur und Rechtspersönlichkeit geben. Er sollte ursprünglich am 1. November 2006 in Kraft treten (vgl.: http://europa.eu.int/constitution/index_de.htm). Da jedoch die Ratifizierung misslang, wurde die Inkraftsetzung verzögert bzw. verunmöglicht. Dennoch ist (gerade auch im Hinblick auf den Reformvertrag) von Interesse, was in der EU-Verfassung in behindertenpolitischer Hinsicht vorgesehen gewesen wäre.

Der VVE legt bereits in *Teil I (Grundsätze)* wichtige behindertenpolitische Grundlagen. Zu den Werten der Union (Art. I–2) gehören nämlich u. a. die „Achtung der Menschenwürde […] und die Wahrung der Menschenrechte einschließlich der Rechte der Personen, die Minderheiten angehören […]". Zu den Zielen der Union (Art. I–3) gehört u. a. die Bekämpfung sozialer Ausgrenzung und Diskriminierungen sowie die Förderung sozialer Gerechtigkeit und sozialen Schutzes.

Teil II des VVE enthält die *Charta der Grundrechte der Union*. Dieses behindertenpolitisch bedeutsame Wertefundament wurde 1999–2000 erarbeitet, an der Regierungskonferenz 2000 in Nizza feierlich proklamiert. Die Charta blieb zunächst unverbindlich, wurde nun aber sozusagen unverändert in den VVE integriert und hätte nach dessen Inkrafttreten verbindlich werden sollen. In der Präambel der Charta stützt sich die EU auf die unteilbaren und universellen Werte: die Würde des Menschen, die Freiheit, die Gleichheit und die Solidarität.

Direkten Bezug zur Behindertenfrage nimmt der VVE unter Titel II (Gleichheit). Nach Art. II-81 sind Diskriminierungen u. a. wegen einer Behinderung verboten. Zur Integration von Menschen mit Behinderung hält Art. II-86 fest: „Die Union anerkennt und achtet den Anspruch von Menschen mit Behinderung auf Maßnahmen zur Gewährleistung ihrer Eigenständigkeit, ihrer sozialen und beruflichen Eingliederung und ihrer Teilnahme am Leben der Gemeinschaft".

In Bezug auf die *Politikbereiche und die Arbeitsweise der Union (Teil III)* will die EU ganz allgemein Diskriminierungen, auch aus Gründen einer Behinderung, bekämpfen (Art. III-123). Die dazu erforderlichen Maßnahmen können auch durch Europäisches Gesetz festgelegt werden (Art. III-124). Im späteren ergänzenden Vertrag von Amsterdam (1997) wurde diese Möglichkeit (in Art. 13) ausdrücklich bestätigt. Auf sozialpolitischem Gebiet verfolgen die Union und die Mitgliedsstaaten das Ziel, Ausgrenzungen zu bekämpfen (Art. III-209; III-210).

Zu den „Bereichen, in denen die Union beschließen kann, eine Unterstützungs-, Koordinierungs- oder Ergänzungsmaßnahme durchzuführen" *(Kap. V)*, gehören „Allgemeine Bildung, Jugend, Sport und berufliche Bildung". Die Aussagen in Art. III-282 und 283 zur Bildung sind praktisch identisch mit jenen in Art. 126 EUV. Weder dort noch hier noch in der Aufzählung der Tätigkeiten und Ziele wird auf Behinderungen Bezug genommen.

Der *Reformvertrag bzw. EU-Grundlagenvertrag von Lissabon* soll den 2005 gescheiterten Vertrag über eine Verfassung für Europa (VVE) ersetzen. Der VVE wurde 2007 in Lissabon revidiert und unterzeichnet und trat nach Wiederholung des Referendums im Herbst 2009 am 1.12.2009 in Kraft. Er übernimmt größtenteils die Inhalte des VVE; die darin integrierte Charta der Grundrechte soll somit, ausgenommen in Großbritannien und Polen, rechtlich verbindlich werden.

Grundkonzepte europäischer Behindertenpolitik

Alle Maßnahmen der Europäischen Kommission, die einen Bezug zur Behindertenthematik aufweisen, verfolgen ein gemeinsames Ziel: die Förderung der Chancengleichheit und der Gleichberechtigung von Menschen mit Behinderungen. Diese Grundsätze wurden in der *Strategie der EU im Bereich Behinderung* (2000) festgehalten. Sie umfasst drei Schwerpunkte:

1. Zusammenarbeit der EU-Kommission mit den Mitgliedsstaaten, die gemäß Subsidi-

aritätsprinzip für die praktische Durchführung verantwortlich sind. Die Kommission unterstützt sie bezüglich der Kooperation, beim Informations- und Erfahrungsaustausch, in der Sensibilisierung der Öffentlichkeit und beim Einbezug von Behindertenanliegen bei der Planung und Gesetzgebung.
2. Volle Teilhabe von Personen mit Behinderungen, die als Partner in Planung, Begleitung und Auswertung von Neuerungen in Politik, Praxis und Programmen involviert sein sollen.
3. Mitberücksichtigung des Behinderungsaspekts (Mainstreaming Disability) bei politisch-gesetzgeberischen Formulierungen allgemein.

Der *EU-Aktionsplan zugunsten behinderter Menschen* dient dazu, die entsprechende Strategie in der Praxis umzusetzen. Der Rahmenplan 2004–2010 wird regelmäßig aktualisiert und konkretisiert. Die letzte Fassung wurde mit der Mitteilung vom November 2005 veröffentlicht unter dem Titel „Situation behinderter Menschen in der erweiterten Europäischen Union. Europäischer Aktionsplan 2006–2007".

Die europäische Behindertenpolitik war und bleibt wohl weiterhin verschiedenen Einflüssen und *Wandlungen* unterworfen, einerseits durch eine veränderte Auffassung des Behindertenkonzepts und der Behindertenrolle, andererseits durch die Behindertenrechtsbewegung.

Es gibt (nach Doose 2003) im europäischen Raum nicht nur gleichzeitig sehr unterschiedliche Begriffe und *Konzepte von Behinderung*, sondern diese haben sich auch im Verlauf der neueren Zeit erheblich gewandelt. Einseitige negative Klassifikationen machen sukzessive dem dreistufigen bio-psycho-sozialen Modell (ICF) Platz [→ VI ICF]. Behinderung wird nicht mehr primär als medizinisches, sondern als gesellschaftliches Problem betrachtet. Demzufolge tritt der Aspekt der Rehabilitation zugunsten der Integration/Inklusion in den Hintergrund. Betroffene werden als Partner ernster genommen. Im Zentrum stehen die Eröffnung gleicher Chancen und der Zugang zum Mainstream. Dies soll durch ein Benachteiligungsverbot in Politik und Recht verankert werden (Ratke 1996).

Als zweite Stoßkraft hat die *Behindertenrechtsbewegung* zu einem allmählichen Bewusstseinswandel in der behindertenpolitischen Ausrichtung geführt, deren Ansatzpunkt nicht mehr wohlfahrtsstaatliche Fürsorge, sondern der rechtlich begründete Anspruch auf Chancengleichheit und Schutz vor Diskriminierung ist (Doose 2003). Chancengleichheit bedeutet, die Systeme der Gesellschaft allen zugänglich zu machen, insbesondere auch den behinderten Menschen. Diese sollen die von ihnen benötigte Unterstützung im Rahmen der üblichen Bildungs-, Gesundheits-, Beschäftigungs- und sozialen Dienstleistungsstrukturen erhalten.

Die Europäische Union hat diese Entwicklung aufgegriffen und bereits am 20. 12. 1996 eine *Neue Strategie der Europäischen Gemeinschaften zur Chancengleichheit für behinderte Menschen* verabschiedet. Dieser neue umfassende Ansatz basiert auf Bürgerrechten und der Einbeziehung behinderter Menschen statt auf deren Aussonderung und Ausgrenzung (Doose 2003).

Damit ist das Thema Behinderung zu einem *Querschnittsthema* der Politik der Europäischen Union geworden, das in allen Politikbereichen (z. B. der Sozial-, Arbeitsmarkt- und Verkehrspolitik) berücksichtigt werden soll.

Die *Neuorientierung der Behindertenpolitik* wird sich künftig zunehmend auch auf die Behindertenpädagogik, die Beschäftigung, das Wohnen und die Förderung behinderter Menschen allgemein auswirken. Gemeindenahe Dienstleistungen wie Unterstützte Beschäftigung, ambulante Konzepte der Rehabilitation, persönliche Assistenz und betreutes Wohnen im eigenen Wohnraum passen zur neuen Grundausrichtung auf Selbstbestimmung [→ II Selbstbestimmung/Autonomie] und umfassende gesellschaftliche Teilhabe [→ Politische und soziale Partizipation] behinderter Menschen, während die Zuweisung

von Menschen mit Behinderung in Sondereinrichtungen und Spezialmaßnahmen immer mehr Zurückhaltung entgegengebracht wird (Doose 2003).

Formen der Rechtssetzungen zur europäischen Behindertenpolitik

In Ergänzung zum primären Gemeinschaftsrecht in Form von Verträgen (siehe 2.1.2) gibt es (als sekundäres Gemeinschaftsrecht) verschiedene Formen der Rechtssetzung von unterschiedlicher Verbindlichkeit und Reichweite. Sie treten selbstverständlich auch in der europäischen Behindertenpolitik in Erscheinung:

- *Richtlinien der EG* sind Rechtsetzungen, mit denen die Mitgliedsstaaten zur Verwirklichung bestimmter Ziele verpflichtet werden, wobei jedoch die Wahl der Methode den einzelnen Staaten überlassen bleibt.
- *Verordnungen der EG* sind Rechtsakte des Rates oder der Kommission; sie sind von allgemeiner Geltung, in allen ihren Teilen verbindlich und gelten unmittelbar in jedem Mitgliedsstaat.
- *Entschließungen der EG* regeln einen Einzelfall, werden üblicherweise von der Kommission erlassen und sind nur für spezielle Adressaten verbindlich.
- Neben diesen drei Rechtsakten sieht der EG-Vertrag noch die Möglichkeit von *Empfehlungen* und *Stellungnahmen* vor, die jedoch von geringerer praktischer Bedeutung sind.

Aktionsprogramme und Gemeinschaftsinitiativen

Neben den Rechtsetzungen (siehe 2.1.2 und 2.1.3) benutzt die EG/EU als weitere Instrumente Aktionsprogramme und Gemeinschaftsinitiativen, die von mehr oder weniger direkter behindertenpolitischer Relevanz sind. Dabei lässt sich eine Entwicklung feststellen, die weg von speziellen Aktivitäten zugunsten von behinderten Menschen hin zur Berücksichtigung solcher Anliegen innerhalb allgemeiner Aktionen geht (Disability Mainstreaming).

Zwei *allgemeine Bildungsprogramme* mit Behinderungsbezug sind SOKRATES und LEONARDO DA VINCI (beide ab 1995). Das erste Programm hat die Entwicklung einer europäischen Bildungsdimension und die grenzüberschreitende Zusammenarbeit in Bereichen der allgemeinen Bildung zum Ziel. Dabei wird gleichen Bildungschancen und der Integration behinderter Menschen große Beachtung geschenkt. Das zweite Programm beinhaltet die Förderung neuer Ansätze in der beruflichen Grund- und Fortbildung, unter besonderer Berücksichtigung des gleichberechtigten Bildungszugangs für Benachteiligte, Behinderte und Migranten.

Drei *behinderungsspezifische Bildungsprogramme* wurden von der Europäischen Gemeinschaft beschlossen, mit dem jeweiligen Schwerpunkt, den Informations- und Erfahrungsaustausch über Maßnahmen auf nationaler Ebene zwischen den Mitgliedsstaaten und mit den Nichtregierungsorganisationen zu ermöglichen und zu erleichtern (s. BAR 1997; Kreuzer 2003; Schulte 2008). Nach dem ersten Aktionsprogramm (ab 1974) folgte von 1988–1991 das zweite unter dem Namen *HELIOS I* (Handicapped People in the European Community living independendly in an Open Society). Seine Zielvorstellung war die selbstständige Lebensführung aller behinderten Menschen. Die HELIOS-Ergebnisse fanden Eingang in der Charta von Luxemburg (1996). Das Anschlussprogramm *HELIOS II* (1992–1996) knüpfte hauptsächlich bei der UNESCO-Erklärung von Salamanca (1994) und den UN-Standardregeln zur Chancengleichheit (1993) an. Als Abschlussdokument wurde ein Europäischer Leitfaden erarbeitet, der als umfassende Anleitung für koordinierte nationale Programme und Weiterentwicklungen gedacht ist (Europäische Kommission 1996).

Als weitere Aktionsprogramme zur Beschäftigung und Integration von Menschen mit Behinderung sind zu nennen:

- *HANDYNET:* ein mehrsprachiges, EDV-gestütztes Datenbanksystem über technische Hilfsmittel und Integrationstechnologien,
- *HORIZON:* eine Initiative zur Verbesserung der Zugangsbedingungen für behinderte Menschen zum allgemeinen Arbeitsmarkt und zur Verminderung ihrer Arbeitslosigkeit,
- *TIDE:* ein sozio-ökonomisches Integrationsprogramm für behinderte und ältere Menschen,
- *EUCREA:* ein Programm, das kreatives Handeln behinderter Menschen fördern und ihre Möglichkeiten in allen Kunstformen und kulturellen Aktivitäten erhöhen will,
- *EQUAL:* eine Gemeinschaftsinitiative (2000–2006), die neue Ideen für die Europäischen Beschäftigungsstrategie und den sozialen Eingliederungsprozess entwickeln soll.

Der *Europäische Tag* und das *Europäische Jahr der Menschen mit Behinderungen* sind weitere behindertenpolitische Instrumentarien, um die Öffentlichkeit für die Bedürfnisse behinderter Menschen zu sensibilisieren. Die Europäische Kommission erklärte 1993 den gleichen Tag (jeweils den 3. Dezember) wie die UN (1992) zum Europäischen Tag behinderter Menschen. Darüber hinaus erklärte der Rat der EU das Jahr 2003 zum „Europäischen Jahr der Menschen mit Behinderungen". Hauptzielrichtung beider Anlässe sind die Rechte behinderter Menschen, vor allem der Schutz vor Diskriminierung sowie die Wahrnehmung der vollen Bürgerrechte. Ferner wird der Austausch von Erfahrungen, empfehlenswerten Vorgehensweisen und gezielten Strategien auf allen Ebenen angestrebt. Eine breite Verankerung des Anliegens soll durch den Einbezug der Regierungen, der Privatwirtschaft, der Gemeinden, der Sozialpartner, der Freiwilligenverbände sowie der Menschen mit Behinderungen und ihren Familien erreicht werden. Der positive Beitrag, den Menschen mit Behinderungen zu unserer Gesellschaft leisten, ist hervorzuheben.

2.2 Bereiche europäischer Behindertenpolitik

Bei der europäischen Behindertenpolitik lassen sich materiell drei Bereiche (policy) unterscheiden, nämlich jener des Rechts, des Sozialen und der Beschäftigung sowie der Bildung (vgl. Heimlich & Willmann 2002). Eine Übersicht zum sekundären Gemeinschaftsrecht zum „Thema Behinderung" ist u. a. zu finden unter: http://ec.europa.eu/.

Rechtsbereich

Nach modernem behindertenpolitischen Verständnis (siehe 2.3) ist die Forderung nach *Chancengleichheit* und *Gleichbehandlung* sowie – im Gegenzug dazu – um Vermeidung von *Diskriminierung* gegenüber Menschen mit Behinderungen von zentraler Bedeutung. Im Zusammenhang und in Ergänzung zu den entsprechenden Forderungen in den EG/EU-Verträgen (siehe 2.2) gibt es dazu weitere Äußerungen und Aktionen von EG/EU-Organen (vgl. Schulte 2008).

Bereits im Juli 1996 verabschiedete die Kommission ein Strategiepapier zur *Chancengleichheit* für behinderte Menschen. Darin wendet sie sich gegen jede Ausgrenzung und Diskriminierung behinderter Menschen u. a. durch Mobilitätsschranken, Einstellungshindernisse oder die Ausgrenzung behinderter Kinder aus dem allgemeinen Bildungswesen. Für behinderte Menschen werden die uneingeschränkte Chancengleichheit sowie die volle Teilhabe an allen gesellschaftlichen Lebensbereichen gefordert.

In der Entschließung des Rates vom 20. Dezember 1996 bekennen sich in der Folge die Mitgliedsstaaten zur Chancengleichheit für behinderte Menschen und verpflichten sich zur Beseitigung aller Formen von Diskriminierungen. Zugleich wurden die Mitgliedsstaaten aufgefordert, die Behindertenperspektive bei der Festlegung von Maßnahmen in allen einschlägigen Bereichen einzubeziehen, behinderten Menschen durch den Abbau von Hindernissen eine uneingeschränk-te Mitwirkung am gesellschaftlichen Leben zu ermöglichen und die öffentliche Meinung dahingehend zu beeinflussen, dass sie sowohl den Fähigkeiten von Menschen mit Behinderung als auch Strategien, die auf Chancengleichheit für behinderte Menschen abzielen, aufgeschlossen gegenübersteht.

Im November 1999 hat die Kommission einem umfassenden *Antidiskriminierungspaket* zugestimmt, zusammen mit einem Vorschlag für eine entsprechende Richtlinie und einem Aktionsprogramm (2001–2006). Durch die Richtlinie sollte ein Rahmen für einklagbare Rechte geschaffen werden.

Nach der Mitteilung der Kommission vom Oktober 2003 sollte ein *Europäischer Aktionsplan* zur *Chancengleichheit* für Menschen mit Behinderungen die Impulse und Errungenschaften des Europäischen Jahres für Menschen mit Behinderungen nutzen und ein tragfähiges, nachhaltiges Konzept für die Behindertenthematik in einem erweiterten Europa entwickeln. Die Dimension „Behinderung" soll in allen relevanten EU-Politiken gefestigt werden; gleichzeitig sind die Strategien auf nationaler Ebene zu fördern. Eine uneingeschränkte Gleichbehandlung in Beschäftigung und Beruf und der Zugang für alle werden angestrebt.

Bereich Soziales und Beschäftigung

Die Bereiche soziale Integration und Beschäftigung behinderter Menschen sind miteinander, aber auch mit dem Rechtsaspekt (Chancengleichheit, Diskriminierung) eng verbunden. Behinderung führt oft zu *sozialem Ausschluss* und zu Armut. In der Europäischen Sozialagenda, im Dezember 2000 in Nizza vom Europäischen Rat verabschiedet, wird vorgesehen, sämtliche Maßnahmen zugunsten einer besseren Eingliederung behinderter Personen in alle Bereichen des sozialen Lebens durch die EU weiterzuentwickeln. Ferner wurde beschlossen, ab 2001 die soziale Integration durch das Erstellen entsprechender nationaler Pläne (NAPincl: Nationale Action Plan on Social Inclusion) zu fördern.

In der Miteilung der EU-Kommission „Auf dem Weg zu einem Europa ohne Hindernisse" vom Mai 2000 werden konkrete Maßnahmen zur Beseitigung von Barrieren und Hindernissen im Bereich der Mobilität, Zugänglichkeit, Informationstechnologien und Verbraucherrechte vorgeschlagen.

Behinderte Menschen sind in großem Ausmaß von *Arbeitslosigkeit* [→ Erwerbstätigkeit, Leben ohne Arbeit und berufliche Bildung] betroffen, was die soziale Eingliederung und Stellung erschwert. Rechtliche Absicherungen, Initiativen und Programme auf Gemeinschaftsebene verfolgen deshalb das Ziel, die Beschäftigungsmöglichkeiten für behinderte Menschen zu verbessern. Einer der Eckpfeiler europäischer Beschäftigungs- und Sozialpolitik der EU ist das Bereitstellen von mehr und besseren Arbeitplätzen. Die Sozialagenda soll dafür einen wichtigen Rahmen darstellen, damit die Vorteile des Europäischen Wachstums jedem Bürger zugute kommen. Sie legt für den Zeitraum 2005–2010 die Eckwerte zur Schaffung von Arbeitsplätzen für alle fest. Die Chancengleichheit ist dabei eine zentrale Voraussetzung. Vorrangiges Anliegen des europäischen Sozialmodells ist es deshalb, gegen fundamentale Ungleichheiten zwischen Menschen anzugehen. Menschen, die sich – z. B. infolge einer Behinderung – in schwierigen Lebenssituationen befinden, sollen unterstützt werden. Eine wesentliche unterstützende Funktion kommt dabei dem Europäischen Sozialfonds zu.

Die Entschließung des Rates vom 17. Juni 1999 zu gleichen Beschäftigungsmöglichkeiten für behinderte Personen fordert die Mitgliedsstaaten auf, Förderprogramme für die Integration [→ III Integration und Exklusion] von unterschiedlich behinderten Personen zu erarbeiten, zu bewerten und zu überwachen.

Später wird mit der Entschließung des Rates vom 15. Juli 2003 ebenfalls die Förderung der Beschäftigung und der sozialen Eingliederung der Menschen mit Behinderungen gefordert. Darin werden die Mitgliedsstaaten und die Kommission aufgefordert, weitere Anstrengungen zur Beseitigung der Hindernisse für eine Eingliederung der Menschen mit Behinderungen in den Arbeitsmarkt und ihre Beteiligung am Arbeitsmarkt zu unternehmen.

Im Bereich Beschäftigung setzt die EU (nach Doose 2003) heute auf neuere, offensivere Ansätze wie: aktive Unterstützung bei der Stellensuche und Bewerbung, Antidiskriminierungsgesetze, Aufklärungskampagnen, maßgeschneiderte Arbeitsangebote, Anpassung des Arbeitsplatzes, Ausbildungsangebote, Integrationsfirmen usw.

Bereich Bildung

Die Zuständigkeit der EG/EU im Bereich Bildung ist bekanntlich sehr eingeschränkt (siehe 2.2). Dennoch befasste sich die EG schon früh mit der schulischen und beruflichen Bildung und Integration und publizierte dazu 1986 Empfehlungen und 1988 einen Bericht. 1987 erschienen Schlussfolgerungen zu einem europäischen Kooperationsprogramm für die schulische Eingliederung behinderter Kinder und 1992 der Integrationsbericht (vgl. Bürli 1994).

Gemäß der Entschließung des Rates und der im Rat vereinigten Minister für das Bildungswesen vom Mai 1990 über die Eingliederung von behinderten Kindern und Jugendlichen in das allgemeine Bildungssystem sind die Mitgliedsstaaten übereingekommen, „sich in allen geeigneten Fällen um die Eingliederung behinderter Schüler und Studenten in ihre allgemeinen Bildungssysteme zu bemühen. Die Arbeit der Sonderschulen und -einrichtungen ist als Ergänzung der Arbeit des allgemeinen Bildungssystems anzusehen. Es soll die Zusammenarbeit zwischen allen Einrichtungen, die sich behinderter Kinder und Jugendlicher annehmen, gefördert werden (schulische Einrichtungen, Berufsvorbereitung, Freizeitgestaltung, Gesundheitswesen, Sozialwesen). [...] Der Rat und die Minister halten es für erforderlich, dass im Zusammenhang mit dem im Juli 1992 vorgelegten Bericht über das HELIOS-Programm auch Bericht erstattet wird über die bisher getroffenen Maßnahmen zur Erleichterung der Eingliederung in das allgemeine Bildungssystem, zum Ausbau der Funktion der Sondereinrichtungen bei der Förderung der Entwicklung der integrierten Bildung, zur Entwicklung einer aktiveren Zusammenarbeit zwischen den Bildungseinrichtungen und den anderen Einrichtungen, zur Förderung der Ausarbeitung einer umfassenderen und kohärenten Bildungspolitik sowie zur Beseitigung von Schwierigkeiten, die die Lehrpläne allgemeiner Bildungseinrichtungen für behinderte Kinder und Jugendliche aufwerfen können".

Ein für den europäischen Raum wichtiges Dokument ist die Charta von Luxemburg (1996), welche die Ergebnisse des HELIOS-Programms (1993–1996) zusammenfasst. „Auf dem Weg zu einer Schule für alle" nimmt sie keine Einengung der Integration auf behinderte Kinder vor, sondern zieht auch andere Kinder mit besonderen Bedürfnissen mit ein. Das Hauptanliegen der Charta ist aber die Verbesserung und Verbreitung der Integration behinderter Kinder und nicht so sehr der Einbezug aller Kinder mit besonderen pädagogischen Bedürfnissen in einen veränderten, inklusiven Unterricht.

Die Entschließung des Rates vom 5. Mai 2003 postuliert die Chancengleichheit für Schüler und Studierende mit Behinderungen in der allgemeinen und beruflichen Bildung (vgl.: http://europa.eu.int). „Im Zusammenhang mit den europäischen Initiativen zum Europäischen Jahr der Menschen mit Behinderungen 2003 fordert diese Entschließung die Mitgliedsstaaten und die Kommission auf, im Rahmen ihrer jeweiligen Befugnisse:

- die volle Integration von Kindern und Jugendlichen mit besonderen Bedürfnissen in die Gesellschaft durch eine angemessene allgemeine und berufliche Bildung sowie durch deren Eingliederung in ein Schulsystem, das ihren Bedürfnissen angepasst ist, zu fördern und zu unterstützen;
- das lebenslange Lernen für Menschen mit Behinderungen besser zugänglich zu machen […];

- weiterhin geeignete Information und Beratung zu ermöglichen;
- die Bemühungen zur Aus- und Fortbildung von Lehrkräften auf dem Gebiet der besonderen Bedürfnisse fortzusetzen und gegebenenfalls zu verstärken;
- eine europaweite Zusammenarbeit zwischen den für die allgemeine und berufliche Bildung von Kindern und Jugendlichen mit Behinderungen zuständigen Fachkreisen zu fördern […]."

Schließlich ist gemäß der Entschließung des Rates vom 6. Februar 2003 die „eAccessability", d. h. der Zugang von Menschen mit Behinderungen zur Wissensgesellschaft zu verbessern. Das Potential der Informationsgesellschaft ist für Menschen mit Behinderungen zu erschließen und Schranken für ihre Beteiligung sind zu beseitigen.

Aber auch die Zugänglichkeit kultureller Einrichtungen und kultureller Aktivitäten für Menschen mit Behinderungen ist gemäß Entschließung des Rates vom 6. Mai 2003 zu fördern. Möglichkeiten zur Integration von Menschen mit Behinderungen in die Bereiche Kunst und Kultur sind zu prüfen, der physische Zugang zu kulturellen Stätten zu erleichtern und der Einsatz von Zeichensprache und Blindenschrift zu verstärken.

3 Ausblick

Das sich in der Neuzeit zunehmend vereinigende Europa hat, sei dies im Rahmen der EG oder der EU, von Anfang an eine bemerkenswerte Aktivität auf dem Gebiet der Behindertenpolitik entfaltet, die wohl keineswegs als abgeschlossen betrachtet werden kann. Die der Behindertenpolitik zugrunde gelegten Inhalte und Werte (policy) tragen viel zum Selbstverständnis und zur Profilierung Europas bei, ohne sich dadurch als Wertegemeinschaft (als „Festung" Europa) gegenüber anderen Kontinenten und Weltanschauungen abheben und abgrenzen zu müssen. Wichtig ist allerdings, dass diese Grundaussagen der Öffentlichkeit und den Bürgern Europas überhaupt bzw. hinreichend vermittelt und von ihnen *zur Kenntnis* genommen werden.

Europäische Behindertenpolitik ist ein Ausdruck *europäischen Gemeinsinns*. Sie begründet sich in der Menschenwürde, der Rechts- und Chancengleichheit, der Nicht-Diskriminierung und in der Beschäftigung. Wohl aus historischen Gründen (vgl. Wirtschaftsgemeinschaft) steht die Sozial- und Behindertenpolitik bis heute noch etwas im Schatten der Wirtschaftspolitik und die Eingliederung in den Arbeitsmarkt scheint gegenüber der sozialen Integration im Vordergrund zu stehen. Immerhin ist Behindertenpolitik erfreulicherweise dabei, von einem Spezialanliegen zu einem Querschnittsthema europäischer Politik zu werden.

Das Ergebnis der Behindertenpolitik (policy) ist maßgeblich von den *Willensbildungs- und Vermittlungsprozessen* (politics) abhängig. Nun sind aber die behindertenpolitischen Äußerungen der EU von unterschiedlicher Verbindlichkeit und die EU übt teilweise nur beschränkt oder nur indirekt Macht und Einfluss auf deren Umsetzung aus. Das heißt aber nicht, dass ihre teils unverbindlichen Leitideen nicht richtungweisend zur Stärkung der europäischen Behindertenpolitik beitragen können. Es ist aber anzunehmen, dass *Rechtsverbindlichkeiten* in der Behindertenfrage an Bedeutung gewinnen werden.

Europäische Behindertenpolitik richtet sich bei den Mitgliedsländern an ein sehr heterogenes Umfeld mit *großen Unterschieden* bezüglich Rechtsordnungen, Traditionen, Kulturen, Regierungssystemen und Verfassungen (polity). Die Sozial- und Bildungssysteme in Europa sind stark in ihrem nationalen Kontext verankert. Auch in der Behindertenpolitik gibt es in den Mitgliedsländern unterschiedliche Traditionen und Entwicklungsverläufe (vgl. Maschke 2000). Erwiesenermaßen führen wechselseitige und supranationale Annäherungen zu umfänglichen Schwierigkeiten. Generell ist nach heutigem Kenntnisstand nicht davon auszugehen, dass

europäische Richtlinien und Empfehlungen grenzüberschreitend linear umgesetzt werden, sondern sie lösen auf der rezipierenden Seite Uminterpretations- und Adaptationsleistungen aus. Dabei entstehen interessengelenkte, bedarfs- und situationsspezifisch adaptierte und kulturkonform umgedeutete strukturelle *Neubildungen* (Bürli 2006, 41 f.).

Somit ist damit zu rechnen, dass die *Entwicklung* und vor allem die Umsetzung gemeinsamer behindertenpolitischer Auffassungen in Europa ein sehr langwieriger Prozess sein wird. Die Grundlage einer behindertenpolitischen europäischen Identität liegt darin, dass jeder seinen Beitrag einbringt und sich darin wiederfindet.

Politik folgt *anderen Regeln* als die Wissenschaft. Die Behindertenpolitik z. B. beachtet nicht immer die „richtigen" oder „falschen" Erkenntnisse der Behindertenpädagogik, sondern sie steht im ständigen Kampf um Macht und Einfluss, muss Meinungen und Überzeugungen anderer Menschen einkalkulieren und Kompromisse eingehen. Sachfragen können nicht rein wissenschaftlich-technokratisch von Fachleuten entschieden werden. Bei politisch-normativen Grundsatzentscheidungen geht es immer auch um ein Abwägen von prinzipiell gleichberechtigten Ansprüchen, bei denen es kein Richtig oder Falsch im Sinne absoluter Wahrheit gibt. Bei der Lösung politischer Fragen spielt neben subjektiven Meinungen und Überzeugungen immer auch der Wille, Interessen und Rechte – im Idealfall mit der nötigen Empathie – durchzusetzen, eine Rolle.

Selbstverständlich kann sich Behindertenpolitik nicht auf die offiziellen staatlichen und supranationalen Akteure beschränken, sondern es bedarf – anknüpfend daran – der aktiven *persönlichen Teilnahme* von Individuen und Gruppen am öffentlichen Leben.

Europäische Behindertenpolitik ist (nach Kreuzer 2003, 58 ff.) weiterhin nötig angesichts der Gefahr des öffentlichen Desinteresses gegenüber behinderten Menschen in einer kapitalistischen Staats- und Wirtschaftsordnung, der „Alten Behindertenfeindlichkeit"

(Eugenik, Zwangssterilisation, Maxime der sozialen Brauchbarkeit) und der „Neuen Behindertenfeindlichkeit" (Bio-Medizin, utilitaristische Praktische Ethik).

Literatur

BAR Bundesarbeitsgemeinschaft für Rehabilitation (1997): Programme, Projekte und Initiativen für behinderte Menschen im Rahmen der Europäischen Union. Europamaterialien. Frankfurt

Brockhaus (2006): Politik. Leipzig: Enzyklopädie in 30 Bd., Bd. 21, 655–656

Bürli, Alois (1994): Interesse der Europäischen Gemeinschaft an sonderpädagogischen Fragen. In: Zeitschrift für Heilpädagogik 12, 841–857

Bürli, Alois (2006): Internationale und vergleichende Heil- und Sonderpädagogik zwischen Naivität, Objektivismus und Skeptizismus. In: Albrecht, Friedrich et al. (Hrsg.): Internationale und vergleichende Heil- und Sonderpädagogik. Aktuelle Diskussionen, Ergebnisse und Herausforderungen. Bad Heilbrunn, 25–46

Bürli, Alois (2007): Europäische Heilpädagogik. In: Greving, Heinrich: Kompendium der Heilpädagogik. Bd. 1, Troisdorf, 228–240

Bürli, Alois (2008): Grundlagen, Inhalte und Strategien europäischer Behindertenpolitik. In: Behindertenpädagogik, Heft 2 (im Druck)

Europäische Kommission (1996): Europäischer Leitfaden für empfehlenswerte Praktiken auf dem Weg zur Chancengleichheit für behinderte Menschen (HELIOS II). Brüssel

Europäische Kommission (2002): Definitionen des Begriffs „Behinderung" in Europa. Eine vergleichende Analyse. Beschäftigung und Soziales. Sozialschutz und soziale Integration (http://ec.europa.eu/employment_social/index/complete_report_de.pdf)

Doose, Stefan (2003): Unterstützte Beschäftigung im Kontext von internationalen, europäischen und deutschen Entwicklungen in der Behindertenpolitik. In: Impulse, 27, 3–13 (http://bidok.uibk.ac.at/library/doose-kontext.html)

Heimlich, Ulrich & Willmann, B (2002): Behindertenpolitik. In: Bundschuh, Konrad et al. (Hrsg.): Wörterbuch Heilpädagogik. Bad Heilbrunn, 36–38

Kreuzer, Max (2003): Aspekte aus der europäischen Geschichte der Heilpädagogik und der Behindertenhilfe – Ein Beitrag zum Europäischen Jahr von Menschen mit Behinderungen. In: Zeitschrift Gemeinsam leben, 11, 2, 56–65

Maschke, Michael (2008): Entwicklung der Behindertenpolitik in der Europäischen Union. Wiesbaden

Ratke, Peter (1996): Was bringt Europa der Behindertenbewegung? In: Dokumentation der LAGH-Fachtagung Europäische Behindertenpolitik. http://www.lagh-bayern.de/ftag96.htm

Rohe, Karl (1994): Politik – Begriffe und Wirklichkeiten. Stuttgart

Schulte, Bernd (2008): Behindertenrecht und Behindertenpolitik in der Europäischen Union. http://www.bpb.de/publikationen/ASCNEC

Internationale Behindertenpolitik

Friedrich Albrecht

„In allen Gesellschaften der Welt bestehen weiter Hindernisse, die es Behinderten unmöglich machen, ihre Rechte und Freiheiten wahrzunehmen, und die ihnen die volle Teilhabe am Leben der Gesellschaft erschweren. Es obliegt den Staaten, geeignete Maßnahmen zur Beseitigung dieser Hindernisse zu ergreifen. Behinderte und ihre Organisationen sollen in diesem Prozess eine Rolle als aktiver Partner spielen. Die Herstellung der Chancengleichheit für Behinderte ist ein wesentlicher Beitrag zu den allgemeinen und weltweiten Bemühungen um die Mobilisierung der Humanressourcen. Es wird unter Umständen notwendig sein, Gruppen wie Frauen, Kindern, älteren Menschen, Armen, Wanderarbeitern, Doppel- oder Mehrfachbehinderten, Ureinwohnern und ethnischen Minderheiten besondere Aufmerksamkeit zu widmen. Außerdem gibt es zahlreiche behinderte Flüchtlinge, deren besondere Bedürfnisse Aufmerksamkeit erfordern" (Generalversammlung der Vereinten Nationen 1993).

1 Definition, Begriffs- und Gegenstandsgeschichte

Internationale Behindertenpolitik wird hier in einem generalistischen Sinne verstanden als alle Zielsetzungen, Maßnahmen und Strukturbildungen, die sich im globalen, transnationalen und -kulturellen Kontext mit dem Umgang mit Behinderung befassen. In Anlehnung an den Duktus der *Standard Rules* (der „Rahmenbedingungen für die Herstellung der Chancengleichheit für Behinderte") der Vereinten Nationen (ebd.) handelt es sich hierbei um ein komplexes System global und lokal agierender *Organisationen* (von der UN bis zum lokalen Bündnis), *Interventionsfelder* (von der Frühförderung bis zur beruflichen Eingliederung), *zielgruppenorientierter Maßnahmen* (von der Flüchtlingshilfe bis zur Berücksichtigung der besonderen Lebenslagen von Frauen mit Behinderung) bis zu spezifischen *Themen- und Aufgabenfeldern* (von Empowerment und Selbstvertretung bis zur interkulturellen Grundlagenforschung).

Mit Fragen einer in diesem Sinne verstandenen internationalen Behindertenpolitik – synonym wird auch der Begriff *Behindertenarbeit, engl. Disability Work* verwendet – wird sich in Deutschland insbesondere im Rahmen eines Arbeitsgebiets befasst, das unter dem Etikett „Behinderung und Dritte Welt" bzw. „Behinderung und Entwicklungszusammenarbeit" firmiert.

Sehr lange war der behindertenpädagogische Blick „über den eigenen Tellerrand" fast ausschließlich auf kulturnahe Räume und solche Regionen gerichtet, deren Stand der gesellschaftlichen Entwicklung mit dem unsrigen vergleichbar war. Erst ab der zweiten Hälfte der 1980er Jahre stieg das Interesse in der Fachöffentlichkeit deutlich und es kam zu einer merklichen quantitativen, aber auch qualitativen Steigerung der Forschungs- und Publikationsaktivitäten. So legten Klauer & Mitter (1987) den ersten systematischen Band zur Vergleichenden Sonderpädagogik vor; von besonderer wissenschaftlicher Bedeutung war ebenso die ethnologische Vergleichsstudie von Neubert & Cloerkes über „Behinderung und Behinderte in verschiedenen Kulturen" (1987) sowie Kemlers Herausgabe zu „Behinderung und Dritte Welt" (1988).

Ins Bewusstsein rückte in dieser Zeit, dass der Nord-Süd-Konflikt einen „Bildungsauftrag für die Zukunft" beinhaltet und auch nicht vor den Grenzen der Behindertenpädagogik halt machen dürfe. An einigen Hochschulen entwickelten sich kleine Forschungsnischen zu diesem Gegenstand. Zur zentralen Fragestellung wurde: Welche Wege interkultureller Verständigung und Kooperation sind praktisch zu entwickeln und theoretisch zu begründen, die es in den Ländern der Dritten Welt ermöglichen, dass sich eine eigenständige, den sozioökonomischen und -kulturellen Bedingungen angepasste behindertenpädagogische Theorie und Praxis entfalten kann?

Für die 1990er Jahre lässt sich dann eine kontinuierliche Weiterentwicklung in der Bearbeitung und in dem Umgang mit dieser Thematik feststellen. Die Akteure, die sich mit internationaler Behindertenpolitik befassen, waren nun keine „In-Group" einiger Hochschulvertreter mehr. Die Vernetzung schritt voran, sei dies international, interdisziplinär oder auch in nicht wissenschaftlichen Bereichen wie der Entwicklungszusammenarbeit. Viele Nichtregierungsorganisationen, die Entwicklungszusammenarbeit im Behindertensektor betreiben, beteiligten sich am „Forum Behinderung und Internationale Entwicklung" oder wurden dort über Mitarbeiter vertreten, der internationale Austausch hatte sich erheblich intensiviert, auch zu anderen Disziplinen wie Ethnologie oder medizinische Rehabilitation. Nicht zuletzt sei darauf hingewiesen, dass sich auch zu Forschern, Praktikern und Selbstvertretungsgruppen in Entwicklungsländern nachhaltig vernetzte Bezüge entwickelten.

Dies alles trug dazu bei, dass es auch im Hinblick auf die Akkumulation von Wissen ständig voran ging. Einzelne Beiträge hier gesondert herauszustellen, würde den gegebenen Rahmen sprengen, hervorgehoben sei aber an dieser Stelle die Rolle der „Zeitschrift Behinderung und Dritte Welt. Journal for Disability and International Development" (ZBDW) als besonders zu würdigendes Diskussionsorgan. Ihre Reichweite geht weit über den deutschsprachigen Raum hinaus, bedingt dadurch, dass auch – wie der Untertitel signalisiert – in Englisch publiziert wird. Sie hat seit Jahren ein bewährtes inhaltliches Format, das sich über jeweils ein Schwerpunktthema pro Ausgabe – in dem aktuelle und grundlegende Fragestellungen thematisiert werden – sowie einen Berichts- und Informationsteil auszeichnet. Ihr ist es immer besser gelungen, die empirische Fundierung der Diskussion und auch die Einbindung deutscher Beiträge in internationale Diskurse zu befördern sowie vice versa Positionen und Problemstellungen von Forschern und Praktikern aus Entwicklungsländern einem breiteren Fachpublikum zugänglich zu machen.

In der wissenschaftlichen Bearbeitung haben sich drei zentrale Gegenstandskomplexe herauskristallisiert:

- Erstens geht es um Fragestellungen, die die Entwicklungszusammenarbeit im behindertenpädagogischen Arbeitsfeld betreffen, also um Fragen einer gelingenden internationalen Kooperation und damit die Umsetzung Erfolg versprechender Handlungsmodelle: Als global „gesetzt" kann man die Strategien der „Community-Based-Rehabilitation (CBR)" und der „Inclusive Education" ansehen. In diesem Kontext sind u. a. Fragen der Projektetablierung und Evaluation, Fragen des Verhältnisses wie auch der Kommunikation und Kooperation von Partnern im Entwicklungsprozess, die Weiterentwicklung angepasster Technologien und Unterstützung von Empowerment-Prozessen berührt.

- Zweitens geht es um interkulturell vergleichende Fragestellungen, z. B. wie das Phänomen Schädigung in kulturelle Muster eingebunden ist, welche kollektiven Bedeutungszusammenhänge in welchen Variationen hier reproduziert werden und wie diese individuell in Sinn umgemünzt werden.

- Drittens geht es um selbstreflexive Fragestellungen, die von dem Motiv getragen werden, mit dem „Blick über den eigenen Tellerrand" und der damit verbundenen Auseinandersetzung mit dem „Fremden" zu einem besseren Verständnis des eigenen kulturellen Systems und seines Umgehens mit Behinderung zu gelangen.

Im abschließenden Abschnitt fokussiere ich auf den ersten Komplex und verweise bezüglich der beiden anderen auf zwei Beiträge (Albrecht 2001; 2003), es sei aber betont, dass es sich hierbei nicht um getrennte, sondern um komplementäre Gegenstandsbereiche handelt.

2 Zentrale Erkenntnisse, Forschungsstand

Festzuhalten ist zunächst: Der hier beschriebenen Entwicklung einer internationalen Behindertenpolitik wohnt eine Strategie der UN-Organisationen inne und in der Retrospektive ist dieser Strategie durchaus Erfolg zu bescheinigen.

Man kann sie als eine in der *ersten Phase* (bis Mitte der 1990er Jahre) auf den „Trickle-Down-Effekt" setzende Vorgehensweise beschreiben, die durch das Voranbringen und Etablieren universaler Standards und Begrifflichkeiten zunächst einmal für globale Sensibilisierung sowie empirische und begriffliche Vergleichbarkeit sorgte, über die sich dann lokale, nationale, kontinentale und globale Programme und Aktivitäten fachlich orientieren und vernetzen ließen.

Meilensteine für diese erste Phase waren die Entwicklung der WHO-Klassifikation ICIDH, das Ausrufen des Jahres der Behinderten 1981 durch die Vereinten Nationen und die darauf folgende Dekade der Menschen mit Behinderung (1983–1992) mit dem ersten Weltaktionsprogramm und der Verabschiedung der Standard Rules durch die UN im Jahr 1993. Inhaltlich hatte diese Phase einen Paradigmenwechsel [→ I Paradigma und Paradigmenwechsel] zu einem menschenrechtsbasierten, sozialpolitischen und gemeinwesenbasierten Ansatz zur Folge. Das Konzept der Standard Rules liest sich auch heute noch als höchst moderne Programmatik der Abkehr vom karitativen, funktionalistisch-rehabilitativen und segregativen Denken, für das sich im internationalen Sprachgebrauch der Begriff *Institution Based Rehabilitation (IBR)* eingebürgert hatte: eine „Spezialpädagogik" in abgeschlossenen Zentren, relativ aufwändig und kostenintensiv – das Ganze aber ohne große Breitenwirkung.

Propagiert wurde nun die *Community Based Rehabilitation (CBR)*, die im Gegensatz hierzu auf Empowerment, Gemeinwesenentwicklung, Dezentralisierung und Vernetzung setzte. CBR ist ein von Einar Helander u. a. für die WHO entwickeltes Konzept (vgl. Helander et al. 1989; Helander 1993), das davon ausgeht, dass knapp 70 % der Menschen mit Beeinträchtigung mit einfachen Mitteln innerhalb der Familie und Gemeinschaft geholfen werden kann, und zwar unter Einbezug aller am Ort oder der näheren Umgebung befindlichen Ressourcen wie etwa Basisgesundheitsdienste. Eine sehr wichtige Rolle innerhalb dieses Konzeptes haben lokale freiwillige Helfer (CBR-workers), die die beeinträchtigten Personen und deren Familien unterstützen und anleiten und über eine sektoriale Koordinierungsstelle in ein vernetztes Hilfesystem eingebunden sind. Zur Seite gestellt bekam CBR ab Mitte der 1990er Jahre das Modell der *Inclusive Education*, mit dem die Abkehr von der Sonderschule hin zur Schule für Alle als globales Leitprinzip im Bildungssektor eingeleitet wurde. Auch hier wurde wie bei CBR von einer UN-Organisation – nun der UNESCO – ein Trainingsmanual als „Initialzündung" zum verbreiteten Einsatz in der Aus- und Fortbildung insbesondere in Entwicklungsländern erarbeitet. Am Rande sei erwähnt, dass mit Inclusive Education das erste tatsächlich globale Handlungskonzept vorliegt. CBR ist in Afrika, Lateinamerika und Asien eine nicht mehr wegzudenkende Größe, aber in Europa kaum ein Begriff, die Salamanca-Deklaration (UNESCO 1994) und Inclusion als Begriff und Strategie dagegen wurden auch bei uns in den fachlichen Diskurs integriert.

Während in der ersten Phase die Leitprinzipien, Begriffssysteme und Technologien weltweit „durchsickerten", ist die *anschließende Phase* (ab Mitte der 1990er Jahre) durch Buttom-Up- und Top-Down-Prozesse zu kennzeichnen. Die durch die Weltorganisationen gesetzten Impulse wurden national und lokal aufgegriffen, adaptiert und in vielerlei Projekten umgesetzt. Kritische Analysen, Programmevaluationen, Best-Practice-Beispiele und Manuals insbesondere zu CBR und Inclusive Education, aber auch zu spezifischen Themen wie Einbeziehung von Betroffenen in die Entwicklungszusammenarbeit stehen mittlerweile in sehr großer Zahl zur Verfügung. Nicht unerheblich unterstützt wurde dieses Anwachsen durch das Internet und die damit verbundenen Möglichkeiten für die Bereitstellung von Information und die Erleichterung der Kommunikation. Es würde den vorhandenen Rahmen sprengen, die Dynamik der letzten zehn Jahre angemessen zu beschreiben und zu würdigen, deshalb sei ein weiteres Mal auf die ZBDW als geeignetes „Einstiegsportal" in den Themenkomplex verwiesen.

Aus den angedeuteten Analysen und Evaluationen entstanden Rückkoppelungen und Austauschprozesse, die dann wiederum bis ganz nach oben in die Etagen der politischen Entscheidungsträger wirkten. Die Weiterentwicklung der ICIDH zur ICF [→ VI ICF] kann man als Ergebnis dieses Effekts sehen, als jüngster Meilenstein soll aber besonders auf das „Übereinkommen der Vereinten Nationen über die Rechte von Menschen mit Behinderungen" [→ II Menschenrechte und Behinderung] hingewiesen werden, das am 13.12.2006 von der Generalversammlung verabschiedet wurde und seit dem 03.05.2008 in Kraft ist. Behindertenpolitisch ist diese Konvention, in der der Paradigmenwechsel zu einem menschenrechtsbasierten, inklusiven und am sozialen Modell von Behinderung orientierten Ansatz nun auch völkerrechtsverbindlich geregelt ist, als kleiner Quantensprung zu werten. Resolutionen wie die Standard Rules haben empfehlenden Charakter, Konventionen sind dagegen für die, die sie unterzeichnen, verpflichtend. Verpflichtend ist damit auch der im Art. 32 festgehaltene Einbezug von Menschen mit Behinderung und deren Organisationen in die internationale Entwicklungszusammenarbeit. Insbesondere hier wird auch deutlich, dass die Selbstvertretungsorganisationen der Menschen mit Behinderung mit ihren Forderungen am Entstehungsprozess der Konvention beteiligt und erfolgreich waren.

Deutschland, das im März 2007 die Konvention unterzeichnet hat, hat im Vorfeld der Verabschiedung ein überzeugendes Politikpapier vorgelegt (GTZ 2006), in dem die deutsche Entwicklungspolitik ganz im Sinne der UN-Konvention nachjustiert wurde.

Angesichts der Tatsache, dass noch im Jahr 1995 Menschen mit Behinderung in den Sektorkonzepten des BMZ quasi nicht vorkamen und als marginale Randgruppe für die Entwicklungszusammenarbeit angesehen wurden (vgl. ZBDW 2/1995, Editorial), kann man also auch hier bescheinigen, dass das Problem- und Verantwortungsbewusstsein für die geschätzten 650 Mio. Menschen mit Behinderungen in der Welt erheblich gestiegen ist.

3 Ausblick

Inclusive Development, Behinderung als Querschnittsthema, CBR, Inclusive Education, UN-Konvention – die in der internationalen Behindertenpolitik entwickelten Instrumente stehen zur Verfügung. Sie entsprechen dem aktuellen Stand der Forschung und den policies der Selbstvertretungsorganisationen. Ob sie sich als wirksam für eine merkliche Verbesserung der Bildungssituation, der beruflichen Integration und sozialen Partizipation erweisen können, wird aber nicht von den Instrumenten selbst bestimmt, sondern von denjenigen, die sie nutzen können, sprich den Nationen dieser Welt und der internationalen Entwicklungszusammenarbeit.

Literatur

Albrecht, Friedrich (2001): Inwieweit können wir irgendetwas Praktisches vom Studium fremder Kulturen lernen? Reichweiten und Grenzen des interkulturellen Vergleichs in der Heilpädagogik. In: Zeitschrift für Heilpädagogik 52, 5, 194–199

Albrecht, Friedrich (2003): Die Relativität des Begriffes. Behinderungskonzepte in verschiedenen Kulturen. In: Fachbereichstag Heilpädagogik (Hrsg.): Das Europäische Jahr der Menschen mit Behinderung (Jahrbuch Heilpädagogik 2003). Freiburg i. Br., 37–59

Generalversammlung der Vereinten Nationen (1993): Rahmenbedingungen für die Herstellung der Chancengleichheit für Behinderte. Verfügbar im Internet: http://www.behindert.or.at/bg/themen/rules_b.htm, Download: 20.07.2008

GTZ (Deutsche Gesellschaft für Technische Zusammenarbeit) (2006) (Hrsg.): Behinderung und Entwicklung. Ein Beitrag zur Stärkung der Belange von Menschen mit Behinderungen in der deutschen Entwicklungszusammenarbeit. Politikpapier. Verfügbar im Internet: http://www.bmz.de/de/zentrales_downloadarchiv/Presse/Politikpapier_Behinderung.pdf, Download: 22.07.2008

Helander, Einar et al. (1989): Training in the community for people with disabilities. Genf

Helander, Einar (1989): Prejudice and Dignity. An Introduction to Community-Based Rehabilitation. New York

Kemler, Herbert (Hrsg.) (1988): Behinderung und Dritte Welt. Annäherung an das zweifach Fremde. Frankfurt a. M.

Klauer, Karl Josef & Mitter, Wolfgang (Hrsg.) (1987): Vergleichende Sonderpädagogik. Handbuch der Sonderpädagogik Bd. 11. Berlin

Neubert, Dieter & Cloerkes, Günther (1987): Behinderung und Behinderte in verschiedenen Kulturen. Eine vergleichende Analyse ethnologischer Studien. Heidelberg

Übereinkommen über die Rechte von Menschen mit Behinderungen [Zwischen Deutschland, Liechtenstein, Österreich und der Schweiz abgestimmte Übersetzung]. Verfügbar im Internet: http://www. bmas.de/coremedia/generator/2888/property=pdf/ uebereinkommen_ueber_die_rechte_behinderter_menschen.pdf, Download: 20. 07. 2008

UNESCO (1994): The Salamanca Statement a Framework for Action on Special Needs Education. World Conference on Special Needs Education: Access and Quality. Paris

Zeitschrift Behinderung und Dritte Welt, Jg. 1–19, ISSN 1430-5895. Verfügbar auch im Internet: www. zbdw.de

Stichwortregister

Die Autoren

Prof. Dr. Friedrich Albrecht
Hochschule Zittau/Görlitz
Theodor-Körner-Allee 16
02763 Zittau

Prof. em. Dr. Georg Antor
Holsteinstraße 12a
21465 Reinbek

Prof. Dr. Iris Beck
Universität Hamburg
Fakultät IV
Fachbereich 2, Behindertenpädagogik
Sedanstraße 19
20146 Hamburg

Prof. Dr. Christel Bienstein
Universität Witten/Herdecke
Fakultät für Gesundheit (Department für
Pflegewissenschaft)
Stockumer Straße 12
58453 Witten

Dr. Alois Bürli
Bifangstraße 14
CH-6210 Sursee/LU

Prof. Dr. Ingrid Burdewick (†)
Fachhochschule Oldenburg/Ostfriesland/
Wilhelmshaven
Fachbereich Sozialwesen
Constantiaplatz 4
26723 Emden

Prof. Dr. Friedrich Dieckmann
Katholische Hochschule NRW
Abt. Münster
Piusallee 89
48147 Münster

Willi Düe
Heesterberg 17a
24837 Schleswig

Prof. Dr. Angelika Engelbert
Universität Bielefeld
Fakultät f. Soziologie
Postfach 10 01 31
33501 Bielefeld

Karin Evers-Meyer, MdB
Platz der Republik 1
11011 Berlin

Prof. Dr. Ulrike Greb
Universität Hamburg
Fachbereich 3, Berufspädagogik
Sedanstraße 19
20146 Hamburg

Prof. Dr. Heinrich Greving
Katholische Hochschule NRW
Abteilung Münster
Piusallee 89
48147 Münster

Prof. Dr. Dieter Gröschke
Katholische Hochschule NRW
Abteilung Münster
Piusallee 89
48147 Münster

Dr. Helmut Heck
Forschungsinstitut Technologie und
Behinderung
Grundschötteler Straße 40
58300 Wetter/Ruhr

Dr. Christoph Heckmann
Caritasverband Warendorf
Erziehungshilfe „St. Klara"
Paterweg 54
59269 Beckum

Prof. Dr. Ullrich Heimlich
Ludwig-Maximilians-Universität München
Lehrstuhl für Lernbehinderten- und Körper-
behindertenpädagogik
Leopoldstraße 13
80802 München

Prof. em. Dr. Walther R. Heinz
Humboldtstraße 91
28203 Bremen

Dr. Martin Herz
Fakultät IV
Fachbereich 2, Behindertenpädagogik
Sedanstrasse 19
20146 Hamburg

Prof. Dr. Detlef Horster
Philosophische Fakultät der Universität
Hannover
Schloßwender Straße 1
30159 Hannover

Prof. em. Dr. Stefan Hradil
Johannes-Gutenberg-Universität Mainz
Institut f. Soziologie
Colonel-Kleinmann-Straße 2
55099 Mainz

Prof. em. Dr. Wolfgang Jantzen
Ria Bardenheuer-Str. 24
28213 Bremen

Dr. em. Emil Erich Kobi (†)
Universität Basel
Unter-Geissenstein 8
CH-6005 Luzern

Benjamin Kuntz
Universität Bielefeld
Fakultät für Gesundheitswissenschaften
AG 1, Sozialepidemiologie
Postfach 10 01 31
33501 Bielefeld

Prof. Dr. Reinhard Markowetz
Ludwig-Maximilians-Universität München
Fakultät Psychologie und Pädagogik
Lehrstuhl für Pädagogik bei geistiger Behinde-
rung und Pädagogik bei Verhaltensstörungen
Leopoldstraße 13
80802 München

Prof. em. Dr. Richard Münchmeier
FU Berlin
FB Erziehungswissenschaft und Psychologie
Arbeitsbereich Sozialpädagogik
Arnimallee 12
14195 Berlin

Dr. Christian Mürner
Brunsberg 26
22529 Hamburg

Prof. Dr. Ursula Pixa-Kettner
Universität Bremen
FB 12/Erziehungswissenschaft u. Bildungswis-
senschaft
Bibliothekstraße 1
28359 Bremen

Prof. Dr. Helmut Richter
Universität Hamburg
Fakultät IV
Fachbereich 2, Sozialpädagogik
Binderstraße 34
20146 Hamburg

Prof. Dr. Christiane Rohleder
Katholische Hochschule NRW
Abteilung Münster
Piusallee 89
48147 Münster

Prof. Dr. Eckhard Rohrmann
Institut für Erziehungswissenschaft der
Philipps-Universität Marburg
Pilgrimstein 2
35037 Marburg

Ulrich Scheibner
Wickers Immberg 24
29308 Winsen a. d. Aller

Bettina Schneider
Landkreis Kassel – Jugendamt
Wilhelmshöher Allee 19–21
34117 Kassel

Dr. Thomas Schott
Universität Bielefeld
Fakultät für Gesundheitswissenschaften
AG 1, Sozialepidemiologie
Postfach 10 01 31
33501 Bielefeld

Prof. em. Dr. Klaus Struve
Universität Hamburg
Fakultät IV
Fachbereich 3, Berufspädagogik
Sedanstraße 19
20146 Hamburg

Prof. em. Dr. Christian von Ferber
Auf dem Ufer 7
40593 Düsseldorf

Prof. Dr. Jan Weisser
Fachhochschule Nordwestschweiz
Institut Spezielle Pädagogik und Psychologie
Elisabethenstraße 53
CH-4002 Basel

Prof. em. Dr. Heinz Wieland
Hochschule Vechta
Institut f. Gerontologie
Driverstraße 22
49377 Vechta

Behinderung, Bildung, Partizipation
Enzyklopädisches Handbuch der Behindertenpädagogik

Überblick über das Gesamtwerk

2011. 314 Seiten. Fester Einband
€ 35,90
ISBN 978-3-17-019635-3

Behinderung, Bildung, Partizipation
Enzyklopädisches Handbuch der
Behindertenpädagogik, Band 6

Iris Beck/Heinrich Greving (Hrsg.)

Gemeindeorientierte pädagogische Dienstleistungen

Im Mittelpunkt des Bandes stehen Organisation und Erbringung professioneller pädagogischer und sozialer Dienstleistungen für eine gemeindeintegrierte Lebensführung. Der Band fokussiert professionelle Hilfen als Teil der sozialen Netzwerke behinderter Menschen, als Unterstützungssysteme im Kontext der Lebenslage und Lebensbewältigung von Menschen in Gemeinden; zugleich sind sie Dienstleistungssysteme in der Gesellschaft und damit eingespannt in gesellschaftliche Fragen der Verteilung gerechter Teilhabechancen und der politisch-rechtlichen Steuerung. Ausgehend von grundsätzlichen Fragen nach der Gesellschaftsentwicklung und sozialer Gerechtigkeit, nach der Institutionalisierung von Behinderung und der modernen Organisation des professionellen Handelns bietet der Band Auseinandersetzungen um gesellschaftliche Bedingungen und Felder, die Rolle, Funktionen und Leistungen der Dienstleistungen beeinflussen, sowie eine lebensphasen- und lebensbereichsübergreifende Widerspiegelung zentraler Aufgabenfelder, der Qualitätsentwicklung bis hin zu den rechtlichen Aspekten und ihren strukturellen Folgen.

W. Kohlhammer GmbH · 70549 Stuttgart
Tel. 0711/7863 - 7280 · Fax 0711/7863 - 8430 · www.kohlhammer.de

2009. 320 Seiten. Fester Einband
€ 32,–
ISBN 978-3-17-019631-5

Behinderung, Bildung, Partizipation
Enzyklopädisches Handbuch der
Behindertenpädagogik, Band 2

Markus Dederich/Wolfgang Jantzen (Hrsg.)

Behinderung und Anerkennung

Im Mittelpunkt dieses Bandes steht die Kategorie Behinderung, die durch-
gängig in der Perspektive von „Partizipation und Anerkennung" unter
sozial- und kulturwissenschaftlichen, ethischen und rechtlichen Aspekten
betrachtet wird. Die Auseinandersetzung mit grundlegenden Dimensionen
von sozialer und personaler Anerkennung, aber auch historische, philosophische, psychologische und sozialwissenschaftliche Analysen von
Mechanismen, die zu Diskriminierung und sozialem Ausschluss führen,
zeichnen ein fundiertes sozial- und humanwissenschaftliches Bild von
Behinderung als sozialer Konstruktion. Eine vergleichbar interdisziplinäre
sowie kompakte Bestandsaufnahme und Diskussion humanwissenschaft-
licher Grundlagen der Behindertenpädagogik liegt bisher nicht vor.

Prof. Dr. Markus Dederich lehrt „Allgemeine Heilpädagogik" an der
Humanwissenschaftlichen Fakultät der Universität zu Kölln. **Prof. Dr.
Wolfgang Jantzen** lehrte „Allgemeine Behindertenpädagogik" an der
Universität Bremen.

W. Kohlhammer GmbH · 70549 Stuttgart
Tel. 0711/7863-7280 · Fax 0711/7863-8430 · www.kohlhammer.de

2010. 340 Seiten. Fester Einband
€ 34,90
ISBN 978-3-17-019638-4

Behinderung, Bildung, Partizipation
Enzyklopädisches Handbuch der
Behindertenpädagogik, Band 9

Markus Dederich/Wolfgang Jantzen/Renate Walthes (Hrsg.)

Sinne, Körper und Bewegung

Der Band erörtert die für eine synthetische Humanwissenschaft wie die Behindertenpädagogik zentralen Fragen der Zusammenhänge von Körper, Sinnen und Bewegung. Abgesteckt wird ein weites Spektrum von Themen, das allgemeine Fragen des „beseelten" Körpers in der Welt (wie z.B. Psychosomatik, Organismus und Umwelt, Körper und Geschlecht) ebenso aufgreift wie die soziale und psychische Entwicklung im Kontext höchst komplexer körperlicher Einschränkungen (z.B. chronische Krankheit, Koma, Anencephalie u.a.m.). Neben der körperlichen Beeinflussung durch gesellschaftliche, kulturelle, therapeutische und pädagogische Faktoren stehen vor allem unterschiedliche Aspekte der individuellen Entwicklung und Identitätsbildung im Mittelpunkt.

Prof. Dr. Markus Dederich und **Prof. Dr. Renate Walthes** lehren an der Universität zu Kölln bzw. an der Technischen Universität Dortmund. **Prof. Dr. Wolfgang Jantzen** lehrte an der Universität Bremen.

W. Kohlhammer GmbH · 70549 Stuttgart
Tel. 0711/7863 - 7280 · Fax 0711/7863 - 8430 · www.kohlhammer.de